DE GEÏLLUSTREERDE GESCHIEDENIS VAN DE

TWINTIGSTE EEUW

DE GEÏLLUSTREERDE GESCHIEDENIS VAN DE

TWINTIGSTE EEUW

VAN MAAND TOT MAAND, JAAR TOT JAAR

productie: Fire Publishing Ltd en Book Creation Illustrated Ltd, Engeland
tekst: Simon Adams, Viv Croot, Margaret Crowther, Will Fowler, Ann Kramer, Dan McCausland, ATH. Rowland-Entwisle, Helen Varley, Philip Wilkinson
ontwerp en lay-out: Casebourne Rose Design Associates
assistentie: Mat Rose
redactie: Cover (to) Cover a.t.e., Engeland
redactieassistentie: Fiona Corbridge
projectcoördinatie: Tami Rex, Book Creation Illustrated Ltd
fotoresearch en fotografie: Anne Hobart Lang en Rolf Lang, AHL Archives, Washington, VS
aanvullende research: Heritage Picture Collection, Londen, Engeland

vertaling: Anda Witsenburg, Jan Bert Kanon
redactie: Ingrid Hadders, TextCase
productie Nederlandstalige uitgave: TextCase, Groningen
opmaak: Hof&Land Typografie, Maarssen
omslagontwerp: Grafisch Buro Minkowsky, Enkhuizen

lithografie: Colour Gallery, Maleisië
druk: Delo Tiskarna, Ljublijana

ISBN 90 366 1260 8

0447rebo

INHOUD

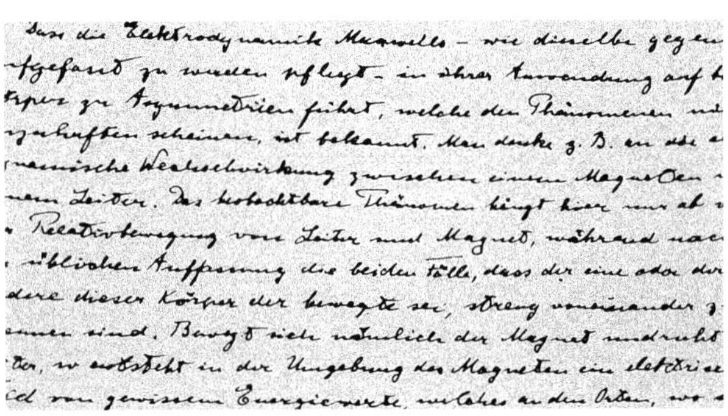

BELANGRIJKE PERSONEN

INLEIDING

De gevierde historicus Eric Hobsbawn heeft de 20e eeuw 'de korte eeuw' genoemd. De eeuw mag dan kort lijken, maar deze eeuw kende vele incidenten, werd verscheurd door oorlogen en kwam in een stroomversnelling door nieuwe technologieën en een communicatierevolutie. We zijn naar de maan geweest, waren getuige van de verwoestende uitwerking van kernwapens, hebben dodelijke ziekten met succes bestreden –en doen ontstaan– en we leerden op onze kleine planeet te leven met een bevolking die sinds 1900 meer dan verdubbeld is. Opvallend genoeg is het einde van deze verbazingwekkende eeuw ook het einde van het tweede millennium, waardoor de 20e eeuw extra boeiend is.

Met behulp van fraaie foto's en toegankelijke teksten beschrijft dit boek het enorme belang van de eeuw. Het boek begint met drie inleidende essays, waarin de thema's die de eeuw hebben bepaald, worden geschetst: politiek, cultuur en oorlog. Daarna wordt het verhaal van de eeuw in chronologische volgorde vervolgd, van decennium tot decennium, en binnen elk decennium van jaar tot jaar. De belangrijkste gebeurtenissen van elk jaar –van politieke gebeurtenissen tot alledaagse kleine dingen– worden behandeld in toegankelijke tekstjes. Opvallende foto's brengen de gebeurtenissen tot leven.

Daar waar nodig worden tekst- en fotoblokken gepresenteerd waarin specifieke onderwerpen nader worden belicht, zoals oorlog, revolutie, wetenschappelijke ontwikkelingen en culturele hoogtepunten. Daarnaast zijn er meer dan honderd biografieën opgenomen. Het boek eindigt met zeer uitgebreide en verhelderende informatie over de verschillende prestaties op het gebied van sport, film, wetenschap en kunst.

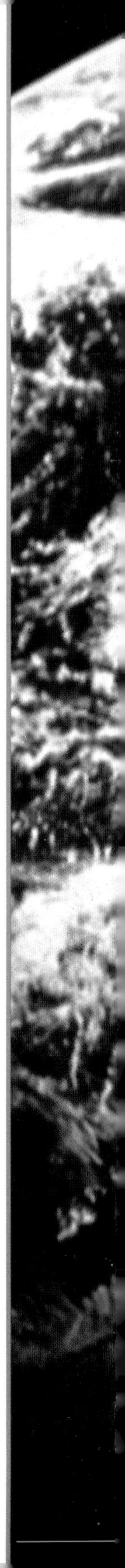

POLITIEK EN IDEOLOGIEEN

Om iets van de politiek van onze eeuw te begrijpen, moeten we proberen objectief te zijn over ons eigen leven en de gebeurtenissen die we hebben meegemaakt. Omdat de afstand tot deze gebeurtenissen gering is, lijkt de politiek van deze eeuw te persoonlijk – een warrige kluwen van verschrikkelijke en banale, van heroïsche en gewone zaken. Maar nu we zijn aanbeland aan het einde van een eeuw die eindigt zoals hij begon, met oorlogen op de Balkan, labiliteit in Rusland, armoede en uitbuiting in Afrika en de voortdurende overheersing van de VS, is het mogelijk een bepaalde samenhang te ontdekken in de gebeurtenissen die deze eeuw een van de gewelddadigste en gevarieerdste van dit millennium hebben gemaakt.

BOVEN: de Russische koninklijke familie voor de Revolutie van 1917, die het einde van de monarchie betekende.

EEN EINDE VAN IMPERIUMS

We kunnen deze eeuw in 1900 laten beginnen, maar dat jaar verschilt in niets van 1899 of 1901, of zelfs van het jaar 1910. De wereldorde die is ontstaan in de tweede helft van de 19e eeuw duurde tot in de 20e eeuw. En deze orde was gegrondvest op de Europese imperiale overheersing in de handel, technologie en koloniaal bezit. De Europese dominantie vond haar gelijke alleen in de agressieve pionier VS, die al snel een tegenwicht vormen voor de Europese hegemonie. Maar hoewel het systeem van machtige rijken trots werd uitgedragen in Groot-Brittannië, Frankrijk, Duitsland, Rusland en Oostenrijk-Hongarije, was het systeem minder sterk dan het leek. In 1911 stortte het oude Chinese rijk uiteindelijk ineen toen een quasi-democratische en republikeinse regering de macht in Peking overnam. In 1913 was het Ottomaanse rijk geslonken tot een klein landje en had het de controle over Noord-Afrika reeds verloren. En 1914 werd de Oostenrijkse troonopvolger in Sarajevo vermoord, waarna het hele imperiale systeem bezweek. De 20e eeuw begon pas echt met een pistoolschot in Sarajevo, de katalysator van de eerste oorlog ooit die gedoemd was een wereldoorlog te worden.

EEN NIEUWE ORDE

De Eerste Wereldoorlog veranderde het wereldtoneel compleet, een totale oorlog die hele bevolkingsgroepen in Europa mobiliseerde, werd uitgevochten in koloniën op elk continent – er kwam een einde aan de zekerheden van de vorige eeuw en de wereldkaart werd opnieuw getekend. Verdwenen waren de Duitse, Oostenrijks-Hongaarse, Russische en Ottomaanse rijken, verzwakt de Franse en Britse. In hun plaats waren drie dominante ideologieën gekomen: het ongeremde kapitalisme en de liberale democratie van de VS, de totalitaire staatsorde van het fascisme en het even totalitaire systeem van het communisme. De nieuwe orde stond nu gelijk aan wanorde.

BOVEN: het beeld van de swastika domineert de jaren '30 en '40.

Gedurende de zeventig jaren die volgden, streefden deze botsende ideologieën naar absolute macht. Terwijl het communisme in eerste instantie beperkt bleef tot één land –Rusland– leidde de zwakte van het kapitalisme samen met het herstel van de Europese economie na de oorlog tot een situatie waarbij het fascisme terrein won – eerst in Italië en vervolgens in Duitsland, Spanje en enkele Oost-Europese landen. De naoorlogse politieke en economische labiliteit en de ineenstorting van de wereldeconomie na de Krach van 1929 zorgde voor een vruchtbare bodem voor een totalitair systeem, aangezien zowel Duitsland onder de nazi's als Japan onder militair bestuur militaire macht en economische spierkracht gebruikten om de afhandeling van het Verdrag van Versailles uit 1919 ter discussie te stellen. In 1939 was de wereld opnieuw in oorlog, maar nu vochten het kapitalisme en het communisme samen tegen de gemeenschappelijke vijand, het fascisme.

BOVEN: foto's van Hitlers dodenkampen schokken de wereld.

DE VERSCHRIKKINGEN VAN DE HOLOCAUST

De Tweede Wereldoorlog was in zekere zin een voortzetting van de wreedheden uit de Eerste Wereldoorlog, met veel dezelfde spelers aan dezelfde kanten. Eén gebeurtenis onderscheidt zich hierbij echter – het gaat hier om een verschrikking die nog nooit eerder was vertoond. Bijna zestig jaar later probeert de wereld nog steeds in het reine te komen met de holocaust, de opzettelijke poging van een enkele natie om elk lid van een andere natie van de aardbodem te doen verdwijnen. De duistere banaliteit van de industrie van de genocide –de kampen, de treinen, de nauwkeurige verslagen– liet zien hoe wreed de mens kon en kan zijn.

RIVALISERENDE WERELDSYSTEMEN

De zege op het fascisme in 1945 vereenvoudigde en intensiveerde het ideologische conflict. De nieuwe wereldorde werd gebaseerd op het conflict tussen de twee belangrijkste overwinnaars – de Sovjet-Unie en de VS. Deze Koude Oorlog zou de wereld de komende 45 jaar domineren. Beide supermachten gebruikten kapitalen om hun helften van Europa naar eigen inzicht te herinrichten, terwijl de belangrijkste Europese koloniale machten –Groot-Brittannië, Frankrijk, Nederland en later Spanje en Portugal– hun internationale pretenties en hun koloniën opgaven, waardoor diverse nieuwe naties het wereldtoneel betraden: enkele oude landen zoals India kregen hun onafhankelijkheid terug, de meeste andere waren nieuwe creaties met zwakke grenzen en weinig ervaring op het gebied van zelfbestuur. Hier en in de rest van de zogenaamde Derde Wereld werd het conflict tussen de supermachten uitgevochten in een reeks oorlogen 'bij volmacht', met conflicthaarden in Korea, Vietnam, Zuidoost-Azië, Angola, Afrika, Afganistan, Cuba en Nicaragua.

BOVEN: de Berlijnse muur wordt door beide zijden streng bewaakt.

DE SUPREMATIE VAN DE SUPERMACHTEN

Twee reacties volgden er op de overheersing van de supermachten. In Zuid-Amerika, Afrika en Azië werd niet-gebondenheid een daad van politiek vertrouwen voor veel pas onafhankelijk geworden naties, gebaseerd op het gezonde principe dat beide ideologieën een plaag vormden. In West-Europa werd de eeuwenoude rivaliteit tussen Frankrijk en Duitsland omgezet in een economisch en politiek partnerschap om Europa te herbouwen, dat tegen het einde van de eeuw onder meer bestaat uit vijftien landen die een politiek en economisch verbond zijn aangegaan met één munt en gemeenschappelijke instellingen en wetten. Maar de rivaliteit tussen de supermachten heeft beslist een schaduw over de wereld geworpen: zij was gebaseerd op militaire macht, waarbij beide kanten kernwapens en ruimtevaarttechnologie ontwikkelden om elkaar op afstand te houden. Ze was ook gebaseerd op ideologische overtuigingen, aangezien beide kanten overtuigd waren van hun gelijk.

BOVEN: Amerikaanse Pershing-raket.

Vreemd genoeg begonnen beide kanten ondanks bezweringen van het tegendeel al snel gelijkenis te vertonen met de imperiale giganten die in 1914 werden bedwongen.

Uiteindelijk was het het geld dat telde, niet de ideologie. Met hun capaciteit om welvaart te genereren en nieuwe technologieën te ontwikkelen wisten de VS de USSR qua prestaties en financiën te overtreffen – met als gevolg dat de Sovjet-Unie failliet ging en het systeem in 1991 instortte. Tegen die tijd waren er echter nieuwe krachten opgekomen: in de hele wereld leidde een groeiend bewustzijn van mensenrechten en burgerlijke vrijheden tot de emancipatie van de vrouwen, homo's en verschillende rassen; men eiste zowel gelijke kansen als vrije meningsuiting. Om olie, en steeds vaker ook om water, werd gevochten. En in de Arabische wereld begon met de opkomst van de staat Israël een proces dat leidde tot een renaissance zoals het christendom die vijfhonderd jaar eerder had ervaren. In een wereld die steeds meer seculier werd –beide supermachten waren hoe dan ook gebaseerd op een economische en niet een religieuze ideologie– plaatste de opkomst van theocratieën in onder andere Iran en Afganistan het kapitalisme en de vercommercialisering van een groot deel van de wereld in een scherp contrast. Waar ooit koloniale machten heersten, maken nu Coca Cola, MTV, Microsoft en McDonald's de dienst uit. Winkelcentra in Seoel of Jakarta onderscheiden zich in niets van die in Londen of Los Angeles. Het winnen van grondstoffen heeft een prijs en zoals de islamitische fundamentalisten de westerse decadentie de rug hebben toegekeerd, zo hebben anderen erop gewezen dat een dergelijke decadentie gebruik maakt van beperkte mondiale hulpbronnen. De wereld kan dan wel blij zijn dat zij de verschrikkingen van deze eeuw achter zich kan laten, maar kan de volgende niet met vertrouwen tegemoet zien.

BOVEN: vrouwen betogen voor gelijke kansen.

BOVEN: Khomeini brengt het fundamentalisme naar Iran.

KUNST EN CULTUUR

De snelle verandering in de 20e eeuw beïnvloedde ook de kunsten. Stijlen en bewegingen volgden elkaar in rap tempo op, doordat kunstenaars hun blik probeerden te verruimen door nieuwe vormen te ontwikkelen, nieuwe onderwerpen te behandelen en nieuwe technieken te gebruiken. Deze trends werden versneld door verbeteringen in communicatie, waarbij kunstwerken veel aandacht kregen.

Veranderingen in lifestyle, met meer vrije tijd voor meer mensen en massamedia die in hun behoeften voorzagen, hadden een ingrijpend effect op de kunsten. Een van de gevolgen was de scheiding van 'populaire' en 'hoge' cultuur. Nieuwe vormen van kunst ontstonden met doelen die ver verwijderd leken van die van de 'hoge' kunst.

Maar toch, aan het eind van de eeuw hebben veel kunstenaars die op conventionele wijze werkten, zich laten beïnvloeden door de populaire cultuur. En de multimedia hebben 'hoge' en 'lage' cultuur weer bij elkaar gebracht.

LITERATUUR EN TONEEL

De 20e eeuw begon met enkele van de krachtigste revolutionaire literaire bewegingen ooit. In de poëzie ontwikkelden mensen als Guillaume Apollinaire en Ezra Pound nieuwe vormen en veranderden ze de ideeën van de lezer over wat poëzie zou kunnen zijn. Bewegingen als Dadaïsme en Surrealisme ontsloten nieuwe werelden van experimenten met taal en verbeelding. De roman werd een veel ruimer begrip. Terwijl veel schrijvers realistische fictie bleven schrijven, gaven ze uiteindelijk elk facet van het menselijk leven een plaats in hun werk. De auteur James Joyce zorgde meer dan ieder ander voor een revolutie in de roman. Zijn meesterwerk *Ulysses* heeft ontelbare werken beïnvloed.

BOVEN: literaire giganten van de 20e eeuw, onder wie James Joyce en Ezra Pound.

Het idee van het 'knap gemaakte toneelstuk' bereikte een hoogtepunt in de 19e eeuw. Enkele 20e-eeuwse toneelschrijvers zoals George Bernard Shaw bleven in deze traditie werken, maar anderen sloegen een nieuwe richting in. De Duitse expressionistische beweging zocht een nieuwe intensiteit van taal en handeling: dramaturg Bertolt Brecht en componist Kurt Weill becommentarieerden de sociale omstandigheden in het muziektheater; het Franse absurdistische theater creëerde een ongrijpbaar symbolisme; schrijvers als de Ier Samuel Beckett ontdeden het drama van zijn essentiële elementen; de Franse theoreticus Antonin Artaud vormde de inspiratiebron voor het 'theater van de wreedheid', waarin geweld, spektakel en religie werden samengevoegd.

BOVEN: Igor Stravinsky, een van de grootste muzikale vernieuwers van de eeuw.

MUZIEK

Muziek heeft meer dan welke andere kunstvorm ook laten zien hoe populaire cultuur en 'dat wat hoort' in de loop van de 20e eeuw uit elkaar zijn gegroeid. Componisten in de 'serieuze' traditie bleven schrijven voor klassieke ensembles, maar anderen negeerden tonaliteit en melodie, die voorheen de klassieke muziek toegankelijk maakten voor een groot publiek.

BOVEN: de eerste platen.

Ondertussen bleef een bloeiende populaire cultuur zorgen voor toegankelijke muziek. Jazz, de muziek van zwart Amerika, zette de trend. Andere culturen pikten al snel het jazzidioom op en beïnvloeden diverse populaire stijlen in de tweede helft van de eeuw.

Populaire muziek maakte ook gebruik van de nieuwe technieken. Het werd bovenal een geregistreerd medium toen verschillende geluidsdragers zorgden voor een beter geluid. 'Serieuze' componisten waren evenzeer geboeid door de nieuwe techniek. In de jaren '40 en '50 vervulden Karlheinz Stockhausen in Duitsland en Pierre Henri in Frankrijk een pioniersrol op het gebied van de elektronische muziek; later stichtte Pierre Boulez IRCAM, een Parijs centrum voor onderzoek naar elektronica en akoestiek in muziek.

ARCHITECTUUR

De architecten van de 20e eeuw gebruikten de materialen van de 19e, zoals staal en gewapend beton, en vergrootten hun gebruiksmogelijkheden met als eerste resultaat de wolkenkrabber. Architecten als Le Corbusier liepen voorop in het maatschappelijk denken en ontwierpen nieuwe steden met een verbeterde leefomgeving.

En toch heeft de eeuw gebouwen voortgebracht die de tand des tijds hebben weerstaan: de wolkenkrabbers, de woningbouwprojecten van

BOVEN: Seagram Building (1954-1958), New York, door Ludwig Mies van der Rohe en Philip Johnson.

J.J.P. Oud, de huizen van Frank Lloyd Wright. Architecten in Duitsland ontwierpen een basisstijl met Bauhaus, de in 1919 in Weimar gestarte school. Verdreven door de nazi's namen de Bauhaus-ontwerpers hun stijl mee naar de VS, waar zij bekend werd als de International Style.

BEELDENDE KUNSTEN

Met diverse vormen, variërend van fotografie tot klassieke portretkunst, hebben 19e-eeuwse kunstenaars enkele van de meest realistische stijlen in de kunstgeschiedenis gerealiseerd. Stromingen als het Kubisme gaven een nieuwe betekenis aan het Realisme: ze haalden het beeld uit elkaar en legden verschillende standpunten tegelijk vast. Andere kunstenaars omarmden het Surrealisme en maakten gebruik van realistische technieken om figuren te portretteren vanuit fantasie en droom. Abstractie was de weg die men volgde in Rusland en Nederland. En aan het einde van de eeuw is deze stroming in de vorm van het Abstract Realisme favoriet bij veel vooraanstaande Amerikaanse kunstenaars.

BOVEN: hedendaagse sculptuur.

Een andere oplossing was de bestudering van de ideeën achter de beelden. Van de readymades van de Fransman Marcel Duchamp tot de recentere conceptuele werken – veel kunstenaars hebben geprobeerd hun publiek aan het denken te zetten, waarbij het doel belangrijker was dan de 'pure' visuele aantrekkingskracht. Kunstenaars stonden eveneens open voor de invloed van nieuwe media en maakten gebruikt van film en video in de recente installatiekunst.

FILM EN TELEVISIE

De filmkunst groeide met de eeuw. Technologische vooruitgang bracht geluid, vervolgens kleur en later een eindeloze serie special effects. De ontwikkeling van voor film geschikte regie- en acteertechnieken gaven de film zijn ware kracht, maar de groei van grote filmindustrie in Hollywood, India en Australië zorgt voor financiële middelen waarmee films overal ter wereld vertoond kunnen worden.

BOVEN: *The Empire Strikes Back*, een van de delen van Star Wars-trilogie, een fenomeen uit de jaren '70.

Film is als kunstvorm het meest typerend voor de 20e eeuw. Televisie werd geboren in de jaren '20 en ontwikkelde zich op dezelfde wijze als film – om uiteindelijk de kunstvorm te worden die in elk huis thuis was. De kracht van televisie ligt in de verscheidenheid en het vermogen informatie te verschaffen en de gebeurtenissen te tonen op het moment dat ze plaatsvinden.

HOE OORLOGEN DE EEUW VORMDEN

In de eerste vijftig jaar van de eeuw hebben oorlogen niet alleen het militaire, maar ook het diplomatieke, sociale, wetenschappelijke, technologische en economische karakter van de wereld bepaald. Niet alle neveneffecten van de oorlog zijn zo grimmig als de gebeurtenis zelf: de 20e eeuw heeft zeker geprofiteerd van medische en technologische doorbraken die er misschien niet zouden zijn geweest als de behoeften van het leger niet tot onderzoek hadden geleid.

BOVEN: een soldaat in de Eerste Wereldoorlog.

De schade die oorlogen individuen en hele naties kan berokkenen, kan zeer lang merkbaar blijven. De herstelbetalingen na de Frans-Duitse Oorlog voedden het Franse verlangen tot wraak in de Eerste Wereldoorlog. Na 1918 leden de Duitsers weer onder de Franse eisen – en dat was weer een factor in de opkomst van Hitler en het nationaal-socialisme en het uitbreken van Tweede Wereldoorlog.

DE POSITIEVE KANTEN VAN EEN CONFLICT

Oorlogen maken het echter noodzakelijk onderzoek te doen, onder meer op het gebied van radar en radio. Penicilline en plastische chirurgie werden net als het dubieuze DDT ontwikkeld of verbeterd als gevolg van onderzoek in de Tweede Wereldoorlog. Nylon verving het zijden en katoenen weefsel in parachutes. De tank, ontwikkeld om het prikkeldraad en de loopgraven in Frankrijk en België te trotseren, zou een sleutelwapen worden in grondoorlogen in de rest van de eeuw. Zelfs explosieven hebben vriendelijke toepassingen. De kneedbommen, ontstaan uit geligniet, die door de Britten in de vroege jaren '40 waren ontwikkeld, worden nu gebruikt bij de sloop van overbodig geworden fabrieken en flats. De brandvertragende en kogelbestendige materialen, toegepast in de overalls van tankbemanningen en kogelvrije vesten, worden gebruikt in kleding voor brandweerlieden.

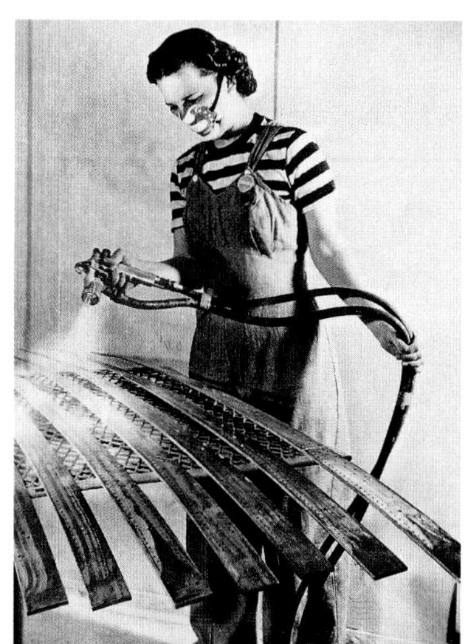

BOVEN: de vrouwen werken in de fabriek.

De Tweede Wereldoorlog versnelde het einde van de koloniale machten Groot-Brittannië, Frankrijk en Nederland, en creëerde nieuwe, onafhankelijke naties in Afrika en Azië. Toen mannen tussen 1914 en 1918 en masse onder de wapenen werden geroepen, namen vrouwen in fabrieken hun plaatsen in. Hun werk op terreinen die voorheen het domein waren van mannen, droeg veel bij aan een snellere emancipatie na de oorlog. In de Tweede Wereldoorlog gingen de vrouwen weer naar de fabrieken en na de oorlog kregen vrouwen steeds meer kansen op werk.

BOVEN: troepen op het strand van Normandië, 1941.

Na de Eerste Wereldoorlog werd de eerste non-stop transatlantische vlucht ondernomen in een voormalige Vickers Vimy bommenwerper van de RAF. In de amper vier jaar die de Eerste Wereldoorlog duurde, waren vliegtuigen veranderd van breekbare vliegers in robuuste machines die ook onder moeilijke weersomstandigheden konden vliegen. De straalmotor die nu de vliegtuigen voortstuwt, werd in de Tweede Wereldoorlog ontwikkeld in Engeland en Duitsland.

ULTIEME AFSCHRIKKING EN ONBEPERKTE MACHT

Het onderzoek dat de meeste invloed had op de wereld, was de ontwikkeling van de atoombom. Terwijl de westerse geallieerden de atoombom ontwikkelden, produceerden Duitse raketspecialisten de eerste ballistische raket, de V2. De combinatie van raketten en kernkoppen heeft de wereld sinds 1945 zowel gevaarlijker als veiliger gemaakt. Doordat kernwapens verspreid zijn over Rusland, Europa en de VS neemt de dreiging van wereldvernietiging in een 'kleine' kernoorlog toe. Deze dreiging zorgde ervoor dat de vrede in Europa tussen de voormalige Sovjet-Unie en het Westen bewaard bleef tot de Koude Oorlog werd beëindigd.

BOVEN: atoombom op Nagasaki.

Kernenergie heeft vele critici, maar in vreedzaam gebruik zorgt kernenergie voor elektriciteit en de aandrijving van grote schepen. De rakettechnologie die een kernkop kan genereren, wordt gebruikt om de ruimte te verkennen. Hoewel de impulsen voor deze onderneming deels terug waren te voeren op wetenschappelijke nieuwsgierigheid, werd het ruimteprogramma aanvankelijk vooral gestimuleerd en gefinancierd door de 'ruimterace' tussen de Sovjet-Unie en de VS.

Navigatie en satelliettechnologie, die in eerste instantie waren bedoeld voor militaire identificatie, heeft cartografen in staat gesteld kaarten van de verste delen van de wereld bij te werken. Reizigers zijn hierdoor in staat deze gebieden te bezoeken.

BOVEN: oorlog in Vietnam.

DE VOORDELEN VAN DE KOUDE OORLOG

Men moet echter beseffen dat een van de opmerkelijke aspecten van deze eeuw de vele jaren van vrede waren –of althans het ontbreken van agressie op wereldschaal–, wat het directe gevolg was van de scheiding tussen oost en west na de Tweede Wereldoorlog. De wereld waande zich –met aan beide kanten genoeg vuurkracht om duizend aardes te vernietigen– in een soort afzijdigheid en een complete westerse generatie heeft de middelbare leeftijd bereikt zonder de verwoesting te kennen die hun ouders wel hebben meegemaakt. Nu het Oostblok is geïmplodeerd en uiteengevallen is in afzonderlijke staatjes, lijkt het erop dat we terugkeren naar ouderwetse lokale incidenten en schermutselingen. Wat er na deze eeuw en dit millennium zal gebeuren, moeten we afwachten.

De oorlogen in de 20e eeuw zijn in kortere tijd verwoestender dan ooit geweest. De mensheid heeft wetenschap, technologie en medische kennis aangewend voor het ontwerpen van wapens. Oorlog kan een vernederende, verwoestende, corrumperende en ondermijnende activiteit zijn en is dat ook geweest, maar kan ook de enige mogelijkheid zijn om tirannen te verslaan en onderdrukte en tot slaaf gemaakte naties te bevrijden.

BOVEN: kernfusie, een bijproduct van de wapenwedloop.

EEN NIEUWE EEUW

Met de nieuwe eeuw verandert er nogal wat: in Europa verschijnen er nieuwe bondgenoten, in Azië komt Japan uit zijn isolement en begint China aan zijn laatste keizerlijke fase, Rusland maakt zijn eerste revolutie mee; in de VS nemen industrie en technologie een steeds belangrijker plaats in. Vrouwen aan weerszijden van de Atlantische Oceaan strijden voor het stemrecht. Ook in de wetenschap vinden er revoluties plaats: de eerste bemande vlucht, draadloze transmissie, nieuwe plasticsoorten, psychoanalyse, de relativiteitstheorie en grootschalig geproduceerde auto's.

BLZ. 21: de Wereldtentoonstelling in Parijs wordt geopend op 14 april.

1900–1909

DE BELANGRIJKSTE GEBEURTENISSEN

- DE BOERENOORLOG
- DE BOKSEROPSTAND
- FREUD ONTWIKKELT DE PSYCHOANALYSE
- DE EERSTE GESLAAGDE BEMANDE VLUCHT
- DE RUSSISCH-JAPANSE OORLOG
- VROUWEN VOEREN ACTIE VOOR KIESRECHT
- REVOLUTIE IN RUSLAND
- EINSTEIN PUBLICEERT RELATIVITEITSTHEORIE
- ONTDEKKING VAN HORMONEN
- RADIOACTIVITEIT WORDT VERKLAARD
- BLERIOT VLIEGT OVER HET KANAAL
- DE EERSTE NOBELPRIJZEN
- DE EERSTE TRANSATLANTISCHE RADIOTRANSMISSIE
- UITVINDING VAN DE STOFZUIGER
- FORD ONTWIKKELT DE T-FORD
- PEARY BEREIKT DE NOORDPOOL
- OPKOMST VAN HET KUBISME
- OPRICHTING VAN BALLETS RUSSES
- DE EERSTE WESTERN OP HET WITTE DOEK

TOTALE WERELDBEVOLKING: 1.608 MILJOEN

BOERENOORLOG EN BOKSEROPSTAND

Aan het begin van deze nieuwe eeuw is 'conflict' een terugkerend thema. De Boerenoorlog woedt nog steeds in Zuid-Afrika, waar de ingebruikname van concentratiekampen de wereld schokt. In China geeft de Bokseropstand op een gewelddadige manier uiting aan de antiwesterse gevoelens. In de wetenschap brengen Sigmund Freud en Max Planck een revolutie teweeg in de psychologie en de natuurkunde. In Parijs beheerst de Art Nouveau de straten.

BLZ. 23: een Chinese nationalist, lid van de Boksers.

1900

23 januari Gevecht bij Spionkop in Zuid-Afrika. De Boeren dwingen de Britten zich terug te trekken

9 februari Dwight Davis organiseert het Davis Cup tennistoernooi
27 februari Oprichting van de Labour Party in Groot-Brittannië

19 maart Arthur Evans begint met de opgravingen in Knossos op Kreta

14 april Opening van de Wereldtentoonstelling in Parijs

17 mei Het Britse leger ontzet Mafeking, Zuid-Afrika
20 mei De tweede moderne Olympische Spelen beginnen in Parijs
31 mei Bokseropstand breekt uit in China

19 juni De Republikeinen nomineren Theodore Roosevelt voor het presidentsschap van de VS

24 juni De Boksers vernielen buitenlandse ambassades in China

1 juli De eerste vlucht van de zeppelin in Duitsland
19 juli De Parijse metro wordt geopend
29 juli Anarchisten vermoorden koning Umberto van Italië

14 augustus Geallieerde troepenmachten vallen Peking binnen
25 augustus Friedrich Nietzsche overlijdt

19 september Alfred Dreyfus wordt vrijgesproken in Frankrijk

14 oktober Sigmund Freud publiceert *Die Traumdeutung*
26 oktober Groot-Brittannië annexeert Transvaal, Zuid-Afrika

9 november Rusland voltooit de annexatie van Mantsjoerije
30 november Oscar Wilde overlijdt

DE BOERENOORLOG

Na jaren van spanning tussen Groot-Brittannië en de Boeren in Zuid-Afrika proberen Britse strijdkrachten onder aanvoering van generaal Buller in januari door de linies van de Boeren te breken om Ladysmith te ontzetten. Uiteindelijk worden de Britten gedwongen zich terug te trekken; ze verliezen 87 officieren en 1647 soldaten.
In februari wordt het diamantmijnstadje Kimberley, dat sinds oktober 1899 door de Boeren wordt belegerd en zwaar onder vuur ligt, ontzet door een Britse cavalerie-eenheid van 5000 man. Het stadje Mafeking wordt sinds oktober 1899 verdedigd door een garnizoen van zevenhonderd rebellen en gewapende inwoners. Het wordt belegerd door vijfduizend Boeren onder aanvoering van generaal Cronjé. De stad wordt constant bestookt en op 12 mei gaan driehonderd Boeren tot de aanval over. Ze slagen erin binnen te komen, maar worden dan gedwongen zich over te geven. Op 17 mei wordt de stad ontzet door de cavalerie van kolonel Mahon.

BOVEN: een menigte verzamelt zich voor het stadhuis in Kaapstad wanneer de Britten besluiten de republiek te annexeren.

BOVEN: afstammelingen van Nederlandse kolonisten, de Boeren, vechten voor de heerschappij over Transvaal en Oranje-Vrijstaat.

BOVEN: troepen uit New South Wales vertrekken naar Zuid-Afrika. De versterking bezorgt de Britten uiteindelijk de overwinning.

BOVEN: Britse troepen steken de rivier de Tugela over op weg naar Spionkop, waar de Boeren de Britten terugdringen.

RECHTS: Britse krijgsgevangenen in Nooitgedacht. Als reactie op de Boerenguerilla richten de Britten concentratiekampen in voor de Boerenburgers.

BOVEN: geallieerde troepen betreden de Verboden stad in Peking en doorbreken de belegering van de Boksers.

BOKSEROPSTAND
In mei leiden antiwesterse gevoelens in China tot een opstand, als leden van de 'Society of Harmonious Fists' –de Boksers– de Duitse ambassadeur vermoorden en buitenlandse gezantschappen bezetten. De Boksers, gesteund door de keizerin-weduwe, streven ernaar China te vrijwaren van alle westerse invloeden. Europese landen onder aanvoering van Groot-Brittannië en Duitsland ontzetten de gezantschappen later dit jaar en herstellen hun gezag in China.

DROMEN VERKLAREN
Sigmund Freud (1856-1939), een arts geboren in Moravië en werkzaam in Wenen, publiceert zijn eerste belangrijke boek. In *Die Traumdeutung* legt hij zijn theorie op basis van de bestudering of psychoanalyse van zijn patiënten uit: onbewuste drijfveren beïnvloeden het gedrag. Freud analyseert dromen, die verwijzen naar onbewuste herinneringen.

ANARCHIST VERMOORDT ITALIAANSE KONING
Na 22 jaar op de troon hebben gezeten wordt Umberto I van Italië in juli vermoord. Waarschijnlijk werd de koning doodgeschoten uit wraak voor de inzet van het leger tegen een opstand in Milaan in 1898. Umberto wordt opgevolgd door zijn zoon Victor Emmanuel.

POLITIEKE ARBEIDERSPARTIJ
In Groot-Brittannië komen vertegenwoordigers bijeen van de vakbeweging, de Independent Labour Party (ILP), de neo-marxistische Social Democratic Federation en de Fabian Society, een socialistische denktank. Zij richten de Labour Representation Committee (LRC) op, die tot doel heeft de vertegenwoordiging van arbeiders in het parlement te vergroten en de recente anti-vakbeweginguitspraken van de rechtbank te laten herzien.

DE EERSTE BOXCAMERA
De Amerikaan George Eastman brengt zijn eerste boxcamera met een filmrolletje op de markt. De camera kost ongeveer een dollar en maakt fotograferen toegankelijk voor de grote massa.

EERSTE DAVIS CUP
De Amerikaan Dwight F. Davis organiseert een tenniswedstrijd tussen diverse landen. Hij looft een zilveren beker uit als prijs en wint vervolgens zelf de eerste wedstrijd van het toernooi. Davis leidt ook de Amerikanen naar de overwinning tegen Groot-Brittannië in de eerste ronde.

BOVEN: het luchtschip van graaf Zeppelin ligt aangemeerd na een geslaagde eerste vlucht.

ZEPPELIN KIEST HET LUCHTRUIM

De Duitse graaf Ferdinand von Zeppelin lanceert in juli zijn eerste bestuurbare luchtschip, de LZ 1. De vlucht duurt ca. 20 minuten. Zeppelins zullen later tijdens de oorlog worden ingezet.

SALOONBESTRIJDER

In de VS voert de Amerikaanse voorvechtster voor geheelonthouding Carry Nation campagne voor sluiting van illegale saloons. Gewapend met een strijdbijl en begeleid door psalmen zingende vrouwen, trekt zij ten strijde.

METRO VERANDERT PARIJS

De Art Nouveau-architect Hector Guimard verandert de straten van Parijs met zijn ingangen voor de Parijse metro. Hij verwerkt ijzer en glas op een nieuwe manier, met vloeiende lijnen, plantenvormen en opvallende belettering. Het ontwerp is tevens praktisch: zo zijn de plafondpanelen gestandaardiseerd en dus gemakkelijker te maken.

PETER RABBIT WORDT GEBOREN

The tale of Peter Rabbit, een kinderverhaal van de Engelse schrijfster en illustratrice Beatrix Potter (1866-1943), wordt gepubliceerd. Peter Rabbit wordt erg populair en er volgen meer deeltjes in de serie. De tekeningen zijn door Potter zelf gemaakt.

EERSTE OPVOERING VAN TOSCA

De opera *Tosca* van Puccini bestaat uit indringende muziek, hevig geweld, felle emoties en levensechte karakters, en is een goed voorbeeld van de beste traditionele Italiaanse opera. Puccini (1858-1924) is ook de belangrijkste exponent van de 'verismo', de realistische stijl. Het verhaal is zo dramatisch dat het publiek het begrijpt aan de hand van de muziek en de handelingen, terwijl men de taal niet verstaat.

MINOISCHE ONTDEKKING

De Britse archeoloog Arthur Evans (1851-1941) ontdekt op Kreta Knossos, de hoofdstad van de Minoïsche beschaving in de Bronstijd. Het paleis van de legendarische koning Minos en aardewerkfragmenten met Minoïsche tekens zijn enkele van Evans' ontdekkingen.

LORD JIM

De eerste grote roman van Joseph Conrad, *Lord Jim*, maakt de Poolse vluchteling op slag beroemd. Door zijn besef van de macht van het kwaad en de manier waarop idealisme kan ontaarden, wordt Conrad een belangrijk schrijver.

TRAM

Amsterdam gaat over op elektrificatie van het tramnet. Op één traject na is de paardentram geheel verdwenen.

PAPERCLIP

De Noorse uitvinder Johann Vaaler vraagt in Duitsland

BOVEN: een indrukwekkende trap leidt naar het Java-paviljoen op de Wereldtentoonstelling in Parijs.

patent aan voor de paperclip. Vóór deze uitvinding werden papieren bijeengehouden met spelden.

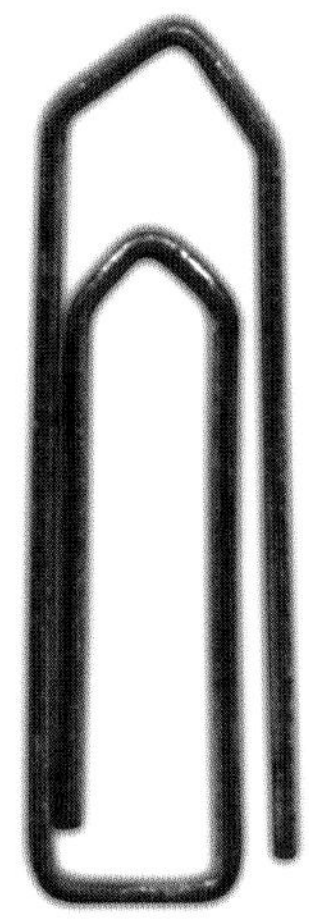

BOVEN: een paperclip – van onschatbare waarde.

KOPJE ONDER

De Amerikaanse uitvinder John Holland heeft enkele verbeteringen aan zijn onderzeeboot *Plunger* aangebracht. Het is de eerste gestroomlijnde onderzeeboot die onder water wordt aangedreven door elektriciteit en, in eerdere uitvoeringen, aan de oppervlakte door stoom. Holland heeft de stoommachine vervangen door een benzinemotor.

CONCENTRATIEKAMPEN

Britse troepen veroveren in november Transvaal en Oranje-Vrijstaat en drijven de legers van de Boeren uiteen.
De Britten beginnen met de internering van de vrouwen en kinderen van de Boeren om te voorkomen dat ze de soldaten helpen. De internationale verontwaardiging is zeer groot.

BOVEN: een modieus jachtkostuum voor sportieve dames.

SCHANDALIG TONEELSTUK

De Oostenrijkse schrijver Arthur Schnitzler (1862-1931) schrijft *Reigen*, dat de relatie toont tussen tien mensen die met elkaar verbonden zijn door een reeks seksuele contacten, en dat de corruptie en decadentie van de laatste jaren van de Habsburgers aan de kaak stelt. Het toneelstuk veroorzaakt een schandaal en wordt pas in 1920 voor het eerst opgevoerd.

CAKEWALK

De cakewalk, een dans die oorspronkelijk door zwarte Amerikaanse slaven werd gedanst, wordt populair in de Europese danshallen.

GEWAAGD BADPAK

Annette Kellerman, een Amerikaanse zwemster, introduceert het eendelige badpak.

OLYMPISCHE SPELEN

De tweede moderne Olympische Spelen worden van mei tot oktober gehouden in Parijs en vallen samen met de Wereldtentoonstelling. De evenementen zijn verspreid over zes maanden en vinden plaats in heel Noord-Frankrijk, waardoor de belangstelling van het publiek afneemt.
Er zijn nu ook enkele onderdelen voor vrouwen.

KWANTUMTHEORIE

De Duitse natuurkundige Max Planck (1858-1947) van de Universiteit van Berlijn ontdekt dat energie bestaat uit porties van een bepaalde grootte, die hij kwantums noemt. Dit vormt de grondslag voor de kwantumtheorie, die een omwenteling in de natuurwetenschap betekent en waarvoor Planck in 1918 de Nobelprijs wordt toegekend.

RADIOACTIEF GAS

De Duitse natuurkundige Friedrich Ernst Dorn ontdekt het radioactieve gas radon, het zesde van de 'edele gassen'. Hij ontdekt dat het voorkomt uit radium.

WERELDTENTOONSTELLING IN PARIJS

De vernieuwendste technologie ter wereld wordt in Parijs tentoongesteld. Het Elektriciteitspaleis, dat 's nachts verlicht is, en roltrappen uit de VS laten zien hoe het dagelijks leven in de 20e eeuw zal veranderen. De belangrijkste bijdrage van Frankrijk, het Rodin paviljoen, is een eerbetoon aan de grote beeldhouwer.

OSCAR WILDE (1854–1900)

De eens zo flamboyante Ierse schrijver en dichter Oscar Wilde overlijdt op 46-jarige leeftijd in Parijs. De schrijver van *The importance of being Ernest* en *The picture of Dorian Gray* zat in 1895 in de gevangenis nadat hij was beschuldigd van homoseksualiteit. Hij verichtte twee jaar dwangarbeid, waarvan hij in *The Ballad of Reading Gaol* verslag doet.

GELE KOORTS

Walter Reed, een Amerikaanse legerarts, ontdekt dat de dodelijke ziekte gele koorts wordt overgebracht door muggen. Hij komt tot deze ontdekking door de ziekte in Cuba te bestuderen met hulp van menselijke vrijwilligers. Verdelging van de muggen in Panama stelt de mens later in staat het Panamakanaal aan te leggen.

GAMMASTRALEN

De Franse natuurkundige Paul Ulrich Villard ontdekt dat radium een derde soort straling afgeeft, naast de alfastralen en de bètastralen die al eerder ontdekt waren. Deze elektromagnetische stralen worden later gammastralen genoemd.

ELEKTRONEN

De Franse natuurkundige Henri Becquerel (1852-1908) ontdekt dat de radioactiviteit van het element radium bestaat uit subatomaire deeltjes, elektronen. Hij ontdekt ook dat radioactiviteit er de oorzaak van kan zijn dat een element verandert in een ander element.

SISTER CARRIE

De zeer realistische roman *Sister Carrie* van de Amerikaanse schrijver Theodore Dreiser wordt door de uitgevers geboycot vanwege de vermeende immoraliteit: de 'zonde' wordt niet 'bestraft'. De roman wordt gepubliceerd, maar er wordt geen reclame voor gemaakt.

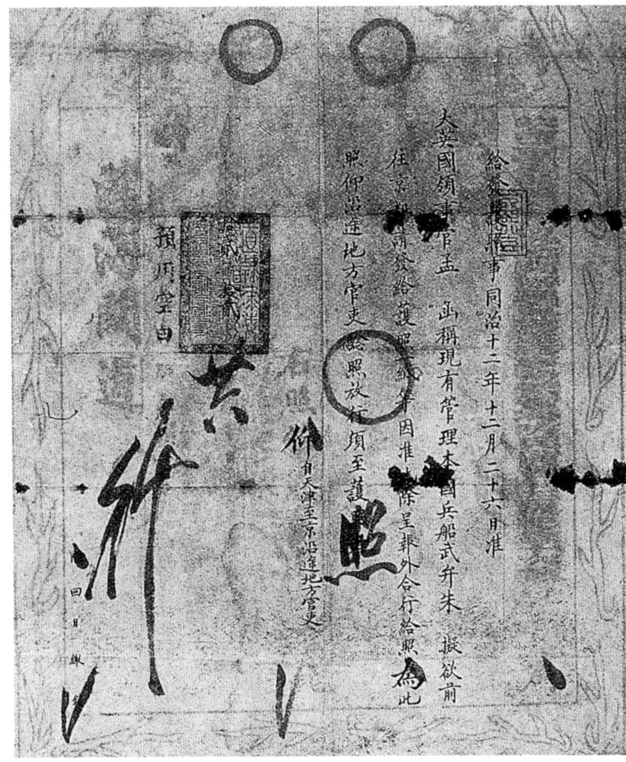

BOVEN: een Chinees paspoort ondertekend door Li-Hung-Chang. Deze leider was pro-westers en stimuleerde banden met Europa, waarvoor de Boksers hem verachtten.

BOVEN: een ernstige overstroming in Rome geeft een ongebruikelijk beeld van het Forum.

RADIO'S, TORPEDO'S EN NOBELPRIJZEN

Landen in Europa en het Gemenebest rouwen na de dood van de Britse vorstin Victoria – ze regeerde maar liefst 64 jaar, enkele generaties lang. Als een soort aankondiging van een nieuwe tijd wordt het allereerste radiosignaal uitgezonden. En zwart Amerika wordt voor de eerste keer geëerd in het Witte Huis.

BLZ. 31: Britse matrozen begeleiden de kist van koningin Victoria door de straten van Londen.

1901

1 januari Oprichting van de staat Australië
10 januari Olie wordt ontdekt in Texas
22 januari Koningin Victoria overlijdt

7 februari Koningin Wilhelmina trouwt met Hendrik van Mecklenburg-Schwerin
26 februari Leiders van de Bokseropstand worden in het openbaar geëxecuteerd

13 maart De eerste Mercedes wordt in Duitsland gebouwd door Daimler
17 maart Studentenoproer in Rusland

24 juni De onbekende kunstenaar Pablo Picasso exposeert voor het eerst

4 augustus In Rand in Zuid-Afrika wordt goud ontdekt

6 september De Amerikaanse president McKinley wordt doodgeschoten
7 september Het verdrag van Peking betekent het einde van de Bokseropstand
9 september Toulouse-Lautrec (geboren in 1864) overlijdt

16 oktober De zwarte Amerikaan Booker T. Washington dineert in het Witte Huis

10 december De eerste Nobelprijzen worden uitgereikt
12 december Marconi verstuurt zijn eerste radioberichten over de Atlantische Oceaan

BOVEN: de Amerikaanse president McKinley en zijn kabinet in het Witte Huis..

EINDE VAN EEN TIJDPERK
Koningin Victoria overlijdt op 82-jarige leeftijd. Ze regeerde Groot-Brittannië sinds 1837 en zag het land uitgroeien tot de sterkste economische en militaire macht ter wereld. Door haar kinderen en kleinkinderen is ze verbonden aan ieder Europees vorstenhuis en haar begrafenis wordt bijgewoond door staatshoofden uit de hele wereld. Met haar dood komt er een einde aan het victoriaanse tijdperk.

PRESIDENT VERMOORD
President McKinley wordt in september doodgeschoten in Buffalo in de staat New York door de Poolse anarchist Leon Czolgosz, die protesteert tegen de Amerikaanse regering. Vice-president Theodore Roosevelt wordt op 42-jarige leeftijd beëdigd als de 26e president.

EERSTE TRANSATLANTISCHE RADIO
Wereldwijde radiocommunicatie wordt mogelijk als het eerste radiosignaal, het morseteken 'S' wordt overgeseind. Het team van de Italiaan Guglielmo Marconi (1874-1937) verstuurt het signaal op 12 december vanuit Cornwall in Groot-Brittannië naar St.-John's in Newfoundland.

MAN OP DE MAAN
De schrijver H.G. Wells (1866-1946) lijkt de toekomst te kunnen voorspellen in zijn roman *The first men in the moon*. Het gevoel voor avontuur, de verklaring van technologie en de verovering van de ruimte zijn thema's die later heel gewoon worden in de science fiction.

EUROPEES ELEMENT
De Franse chemicus Eugène Dumarçay ontdekt het zeldzame aarde-element europium.

EERSTE ZWARTE AMERIKAAN IN HET WITTE HUIS
Roosevelt (1858-1919) nodigt de zwarte Amerikaan Booker T. Washington uit voor een diner; Washington is de Afro-Amerikaan die deze eer te beurt valt. Booker T. Washington (1856-1915) is hervormer, leraar en president van de eerste universiteit voor Afro-Amerikanen in de VS. Twee weken later vallen er 34 doden bij rellen in het zuiden van de VS, die uitbreken als protest tegen het bezoek.

DRIE GEZUSTERS
Konstantin Stanislavsky regisseert het toneelstuk van Anton Tsjechov, dat speciaal voor het theater van Moskou werd

LINKS: treinreizigers van Parijs via Lyon naar de Middellandse Zee konden dineren in stijl.

BOVEN: Marconi en zijn radio-ontvangstsysteem.

geschreven. De gedenkwaardige productie brengt hem grote roem. Het belang dat hij hecht aan een vaste groep uitstekende acteurs, zijn enthousiasme voor een realistische acteerstijl en zijn geloof in het theater als een middel om de mensen iets bij te brengen, komt later tot uitdrukking in de 'method style' van acteren, waarbij de acteur gebruikt maakt van eigen ervaringen om een rol neer te zetten.

BEGIN VAN DE MORO-OORLOGEN

Er breken ongeregeldheden uit op de Filippijnen als de VS, die sinds 1898 de Filippijnen onder hun beheer hebben, eisen dat de Moro's, leden van de moslimstammen, integreren met de christelijke eilandbewoners.

ONDER: een torpedokanon wordt geladen – een nieuw en dodelijk wapen.

BOVEN: motorracen wordt populair. Hier bereikt een Franse deelnemer Berlijn.

BLOEDGROEPEN

De in Wenen geboren immunoloog Karl Landsteiner ontdekt dat bloed in drie categorieën kan worden ingedeeld, A, B, en O. Later ontdekt Landsteiner een vierde groep: AB.

STOFZUIGER

Herbert Cecil Booth, een Engels ingenieur, vindt de stofzuiger uit. Zijn eerste machine staat op een paard-en-wagen en wordt aangedreven door een benzinemotor. Lange buizen gaan de huizen in om ze schoon te zuigen.

MUTATIES

De Nederlandse botanicus Hugo de Vries, die in 1900 de erfelijkheidswetten van Gregor Mendel herontdekte, ontdekt dat nieuwe plantenvariaties plotseling kunnen ontstaan en noemt deze variaties 'mutaties'. Hij introduceert de experimentele methode om de evolutie van planten te bestuderen.

HUWELIJK

Op 7 februari trouwt de Nederlandse koningin Wilhelmina met de Pruisische legerofficier hertog Hendrik von Mecklenburg-Schwerin.

BUDDENBROOKS

De Duitse schrijver Thomas Mann (1875-1955) publiceert zijn eerste roman, *De Buddenbrooks*. Mann beschrijft de ondergang van een Duitse familie, die haar geld, creativiteit en zelfs de wil om te leven verliest. Mann gebruikt deze familie als een symbool voor het verval van Duitsland.

STUDENTES IN ROCHESTER

De Amerikaanse feministe Susan B. Antony overtuigt de Universiteit van Rochester in de staat New York ervan vrouwelijke studenten toe te laten. Ze zamelt bijna 100.000 dollar in om de kosten te betalen.

TIJD OM TE SCHEREN

Het eerste veiligheidsscheermes met wegwerpmesjes wordt gemaakt door King Camp Gillette uit Boston. Twee jaar lang heeft hij moeten zoeken naar iemand die hem financieel wil steunen. Omstreeks 1908 verkoopt hij veertien miljoen mesjes per jaar.

KORFBAL

De Nederlandse schoolmeester Nico Broekhuysen bedenkt het spel korfbal. Het wordt gespeeld door twee teams van 12 personen op een veld met drie zones. In de twee buitenste zones hangt een mandje op 3,5 m boven de grond, waar de bal in geworpen moet worden.

EXPEDITIE NAAR DE ZUIDPOOL

Robert Falcon Scott, leider van de Britse Nationale Expe-

LINKS: arbeiders verstevigen de Brooklyn bridge, de brug die de oevers van de East River in New York met elkaar verbindt.

LINKS: de *Shamrock II* strijdt om de America Cup.

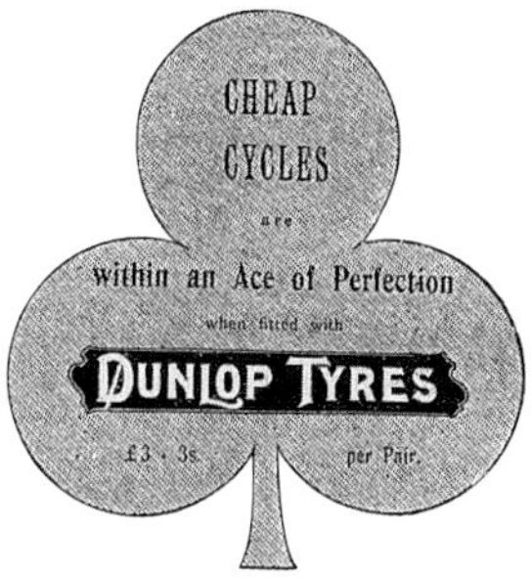

RECHTS: Dunlop – het nieuwste op het gebied van luchtbanden.

ditie naar de Zuidpool, vertrekt op de *Discovery* vanuit Nieuw-Zeeland. De expeditie onderzoekt het gebied van de Rosszee, neemt de Transantarctische Bergen waar, bereikt het ijsplateau en ontdekt de Taylorvallei.

ROCKEFELLER INSTITUUT

De Amerikaanse filantroop en oliemagnaat John D. Rockefeller richt het Rockefeller Institute for Medical Research op.

EERSTE NOBELPRIJZEN

De Nobelprijzen voor verrichtingen op het gebied van scheikunde, natuurkunde, geneeskunde of fysiologie, literatuur en de vrede worden voor de allereerste keer uitgereikt. Ze werden in 1895 uitgeloofd door de Zweedse chemicus en uitvinder van het dynamiet Alfred Nobel om het streven naar vrede te bevorderen. De Nederlander Van 't Hoff krijgt de prijs voor de scheikunde. De Duitser Röntgen krijgt de prijs voor natuurkunde vanwege zijn ontdekking van röntgenstralen. Sully Prudhomme uit Frankrijk krijgt de literatuurprijs, en Jean-Henri Dunant (Zwitserland), oprichter van het Rode Kruis, en Frederik Passy (Frankrijk) krijgen de prijs voor de vrede.

AUSTRALIE

In januari wordt de staat Australië opgericht. De zes voormalige Australische koloniën zijn verenigd in een federale staat, maar er zijn al moeilijkheden gerezen over de immigratie van niet-blanken en de eisen van de vakbond en arbeidersbeweging voor betere werkomstandigheden.

ANTISEMITISME

Om het antisemitisme te ontvluchten vertrekken veel Russische joden naar Palestina, waar ze in boerderijcommunes gaan wonen die zijn gesticht door baron Rothschild.

ONDER: graafwerkzaamheden ten behoeve van de enorme Nijldam in Egypte.

DE GEBOORTE VAN DE TEDDYBEER

De Boerenoorlog komt tot een einde, de Japanners en de Britten vormen een formele alliantie, en Frankrijk en Italië ondertekenen een entente. Hormonen worden ontdekt en de chirurgie maakt een enorme sprong voorwaarts door de ontwikkeling van het hechten. De Italiaanse tenor Enrico Caruso neemt een plaat op en de Amerikaanse president Teddy Roosevelt geeft zijn naam aan een voorwerp dat 's werelds populairste speelgoed zal worden.

1902

7 januari Het Chinese Keizerlijke hof keert terug naar Peking na het einde van de Bokser-opstand

30 januari Groot-Brittannië en Japan ondertekenen een vredesverdrag

1 februari Het afbinden van voeten wordt in China verboden

26 maart Cecil Rhodes, de architect van het imperialisme, overlijdt

31 mei Het verdrag van Vereeniging maakt een einde aan de Boerenoorlog

9 augustus Kroning van de Britse Edward VII

29 september De Franse romanschrijver Emile Zola (geboren in 1840) overlijdt

1 november Frans-Italiaanse entente

BOVEN: de Russische schrijver en ziener Leo Tolstoi (1828-1910) is beroemd om zijn romans en zijn verwerping van het materiële.

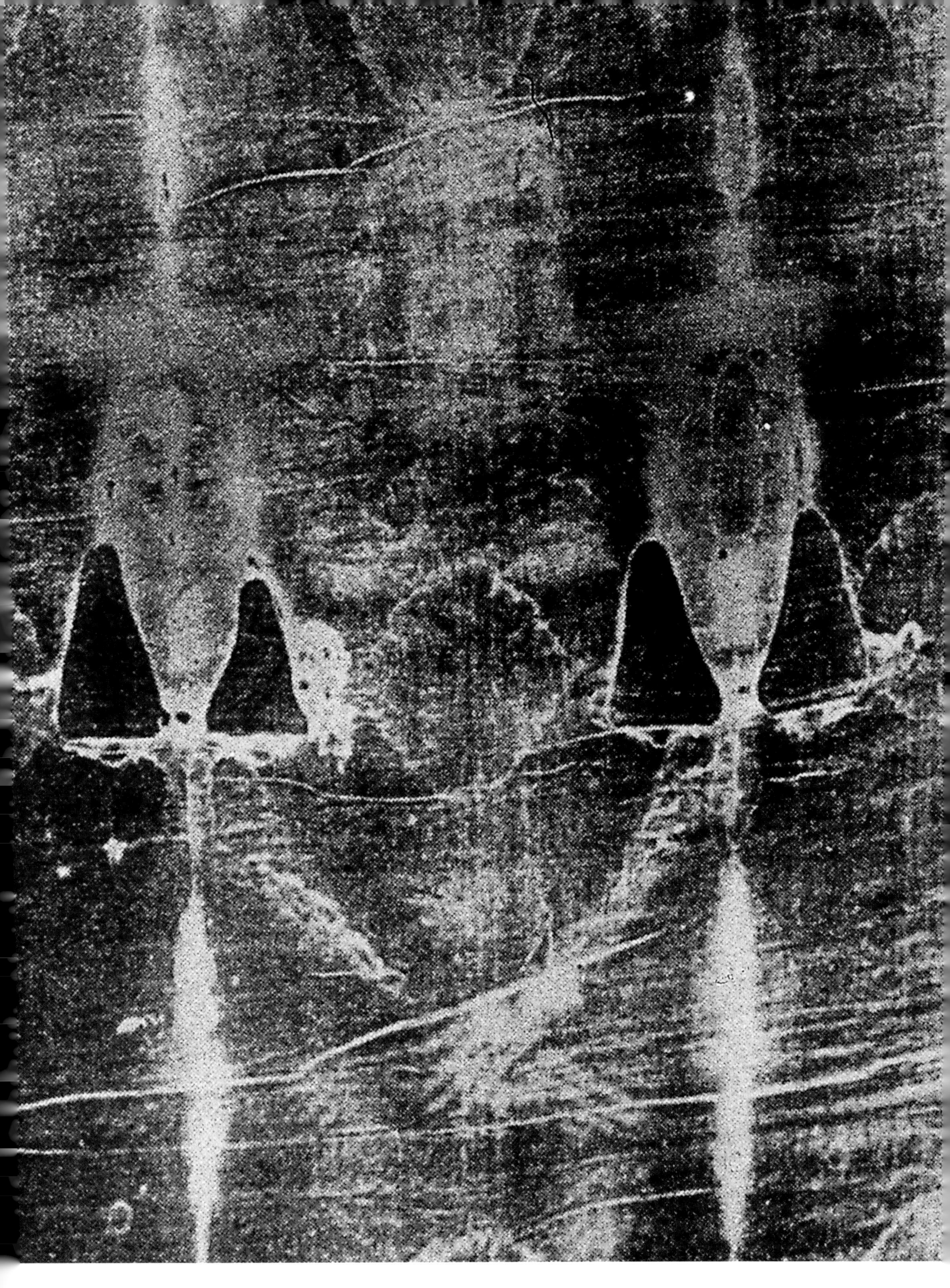

BOVEN: de lijkwade van Turijn. Sommigen beweren dat de verkleuringen zijn veroorzaakt door het lichaam van Christus.

BOVEN: ondanks de vreselijke omstandigheden vermaken de Boeren in de interneringskampen zich met toneelspelen.

BOERENOORLOG TEN EINDE

In Vereeniging, Zuid-Afrika, tekenen de Britten en de Boeren eindelijk een verdrag, dat een einde maakt aan de Boerenoorlog die al in 1899 begonnen was. De Boeren worden gedwongen Brits koloniaal bestuur te accepteren, maar krijgen de belofte van zelfbestuur op een later tijdstip. Verder krijgen de Boeren de aanzienlijke som van drie miljoen pond voor de wederopbouw van hun land.

ALGEMEEN STEMRECHT IN AUSTRALIE

Australië verleent aan iedereen stemrecht, waardoor vrouwen vanaf 21 jaar bij landelijke verkiezingen dezelfde rechten hebben als mannen. Men volgt hierbij het voorbeeld van Nieuw-Zeeland, waar ook algeheel stemrecht bestaat – wat in Europa en de VS nog ondenkbaar is.

JAPANS-BRITSE ALLIANTIE

Groot-Brittannië en Japan tekenen in januari een verdrag, waarin ze overeenkomen dat ze geen van tweeën een verdrag zullen sluiten met een derde land zonder de goedkeuring van de ander. Het verdrag stelt de belangen van Groot-Brittannië in China en de Japanse belangen in Korea veilig.

EEN REIS NAAR DE MAAN

De nieuwste film van Georges Méliès *Een reis naar de maan* wordt enthousiast ontvangen. De film bestaat uit dertig scènes waarin gebruik wordt gemaakt van special effects, en een combinatie van trucage en fantasie. De film brengt de illusionist Méliès internationale roem.

DE EERSTE TEDDYBEER

De in Rusland geboren Morris Michton, verkoper in een snoepwinkel in New York, maakt de eerste teddybeer ter wereld. Hij kwam op het idee door een karikatuur van Clifford Berryman in de *Washington Evening Star*, waarop te zien was hoe president 'Teddy' Roosevelt tijdens een jachtpartij weigert een berenmoeder te doden.

KLEINE STEEKJES

De Franse chirurg Alexis Carrell ontwikkelt een techniek om de uiteinden van slagaders en aders aan elkaar te hechten – een zeer belangrijke ontwikkeling in de chirurgie.

BOVEN: de Franse schrijver Emile Zola verdedigde Dreyfus in zijn boek *J'accuse* (1898) en sterft in 1902.

AAN DE TOP

De Italiaanse tenor Enrico Caruso (1873-1921) is de eerste artiest die wordt opgenomen: hij maakt tien grammofoonplaten voor het label Victor. Een van die tien is *Vesti la giubba* van Pagliacci – de eerste klassieke plaat waarvan een miljoen exemplaren wordt verkocht.

FRANS-ITALIAANSE ENTENTE

Frankrijk en Italië tekenen een entente, waarin Italië Frankrijk de verzekering geeft neutraal te blijven, mocht Frankrijk aangevallen worden. De Franse regering wordt steeds bezorgder door de toenemende militaire en economische macht van Duitsland en stelt op deze manier de grens met Italië veilig.

RIAD HEROVERD

Abdul Azis ibn Abdul Rahman van de familie al-Saud herovert Riad op de Turken. Dit is het resultaat van een reeks veldslagen die hij geleverd heeft met de Turken en met verschillende families.

KOPJE THEE

Frank Clarke, een wapensmid uit het Engelse Birmingham, maakt de eerste automatische theemachine. Het apparaat werkt door middel van een uurwerk; een lucifer wordt afgestreken en steekt een spiritusbrander aan, waarna heet water in een theepot wordt gegoten. Vervolgens gaat er een wekker af.

FLATIRON-GEBOUW

Het twintig verdiepingen tellende gebouw Flatiron van Daniel H. Burnham in New York –met zijn slanke, zeer spits toelopende lijnen– laat voor het eerst zien hoe de moderne technologie met beton en staal de architect in staat stelt nieuwe vormen te creëren die ruimte in de hoogte benutten.

BOVEN: Franz Josef, keizer van Oostenrijk. Zijn aanval op Servië in 1914 was het begin van de Eerste Wereldoorlog.

RECHTS: de Britse koning Edward VII en zijn echtgenote Alexandra aan boord van het koninklijke jacht *Victoria and Albert*.

BOVEN: na vier jaar is de bouw van de Nijldam voltooid.

RAMP IN AFRIKA
Door de uitbarsting van de vulkaan Mont Pele op Martinique komen 30.000 mensen om.

PHOTO-SECESSION GROUP
Alfred Stieglitz en Edward Steichen zijn de voormannen van deze groep fotografen uit New York. Zij zijn van mening dat de fotograaf dient te worden beschouwd als een kunstenaar; ze geven tot 1917 het tijdschrift *Camera work* uit, een van de invloedrijkste bladen op het gebied van de fotografie.

DE DAG VAN DE KRONING
Europese staatshoofden komen in augustus naar Londen voor de kroning van Edward VII. De kroning werd in juni uitgesteld, omdat Edward een spoedoperatie vanwege een blindedarmontsteking moest ondergaan. De zestigjarige koning is voorspoedig hersteld – juist op tijd voor de kroning en de vele diplomatieke en openbare feestelijkheden die ermee gepaard gaan.

ONTDEKKING VAN HORMONEN
De Britse natuurkundigen Ernest Henry Starling en William Bayliss ontdekken dat secretin, dat gemaakt wordt in het duodenum, de pancreas of alvleesklier beïnvloedt. Drie jaar later noemen zij deze en andere substanties 'hormonen'.

INGEBONDEN VOETEN
Het inbinden van de voeten van Chinese vrouwen wordt bij keizerlijk decreet verboden.

IONOSFEER
De Britse natuurkundige Oliver Heaviside oppert de mogelijkheid dat een elektrisch geladen laag in de atmosfeer draadloze geluidsgolven zou kunnen terugkaatsen naar de aarde. In Amerika komt Arthur Edwin Kennelly tegelijkertijd op hetzelfde idee. Twintig jaar later wordt het bewezen – de ionosfeer.

HEART OF DARKNESS
Joseph Conrad (1857-1924) publiceert *Heart of darkness*, een verslag van een reis naar de binnenlanden van Afrika, waar Conrad zelf ook is geweest. Het verhaal beschrijft de vreselijke gevolgen van de omkoopbaarheid van mensen in een vreemde omgeving.

PELLEAS EN MELISANDE
Pélléas en Mélisande, de enige opera die de vertegenwoordiger van het impressionisme in de muziek Claude Debussy (1862-1918) heeft voltooid, gaat in première. In dit werk roept Debussy, die werd beïnvloed door de verhalen van Edgar Allan Poe, een nachtmerrieachtige sfeer op.

GEMAKKELIJK MAAIEN
De eerste benzinemotormaaier die een commercieel succes is, wordt gemaakt in Groot-Brittannië.

ELIZABETH CADY STANTON (1815–1902)

De Amerikaanse feministe Elizabeth Cady Stanton overlijdt op 87-jarige leeftijd. Samen met de pacifiste en activiste tegen de slavernij Lucretia Mott richtte ze in 1848 de Beweging voor de Rechten van de Amerikaanse Vrouw op. Haar leven lang vocht ze voor gelijke rechten voor mannen en vrouwen en in 1869 richtte ze met Susan B. Anthony de Nationale Vereniging voor Vrouwenkiesrecht op, waarvan ze tot 1892 voorzitter was. Op latere leeftijd schreef ze drie van de zes delen van de *History of woman suffrage* (1881-1886, met Lucretia Mott en Matilda Joslyn Gage), en haar autobiografie.

HET BROEIT IN DE BALKAN

Er vinden vreselijke dingen plaats in de Balkan, waar duizenden Bulgaren worden vermoord. In Noord-Amerika wordt de grens tussen Canada en de VS eindelijk definitief en in Midden-Amerika wordt Panama onafhankelijk. Britse vrouwen strijden voor het kiesrecht en Marie Curie wint als eerste vrouw de Nobelprijs. De kleurenfotografie wordt ontwikkeld en in Frankrijk wordt de eerste Tour de France verreden.

1903

24 februari Britse troepen trekken ten strijde tegen Mohammed bin Abdullah

16 april Joden afgeslacht in Bessarabië

15 juni *The great train robbery* trekt veel publiek naar de bioscopen

19 juli Finish van de eerste Tour de France

2 augustus Rellen in Macedonië

8 september Turken richten een bloedbad aan onder Bulgaren

10 oktober De Sociale en Politieke Unie voor Vrouwen (WSPU) wordt opgericht in Engeland

20 oktober De grenzen van Alaska worden vastgelegd

17 december De eerste succesvolle vlucht van de gebroeders Wright

18 december Verdrag tussen de VS en Panama

BOVEN: Scotts schip *Discovery* ten zuiden van Nieuw-Zeeland op de Zuidpoolexpeditie. Aan boord bevindt zich de jonge officier Ernest Shackleton.

BLZ. 43: opstandelingen in Macedonië dansen rond een kampvuur, terwijl hun priester toekijkt.

JOODSE POGROM
Een groot aantal joden wordt door de plaatselijke bevolking gedood in Kishinev in Bessarabië, Zuidwest-Rusland. De politie houdt zich afzijdig van de pogrom, die op Eerste Paasdag begon, net als de regering, die al joden vervolgt vanaf het moment dat tsaar Nicolaas de troon besteeg in 1893.

SCHEURING TUSSEN DE BOLSJEWIEKEN
De Russische Sociaal-democratische Partij is tijdens het congres in Londen in augustus uiteen gevallen in de gematigde mensjewieken (de minderheid) onder leiding van Plecharoff en de radicalere bolsjewieken (de meerderheid) onder leiding van Lenin. De breuk heeft een nadelig effect op de oppositie die men kan voeren tegen de regering van tsaar Nicolaas II.

GEEN WOORDEN MAAR DADEN
Emmeline Pankhurst (1857-1928) en andere vrouwen komen bijeen in Manchester, Groot-Brittannië, om een nieuwe vereniging voor vrouwenstemrecht op te richten: de Women's Social and Political Union (WSPU). Hun doel is om koste wat kost stemrecht voor vrouwen te verkrijgen. Ze worden al gauw 'suffragettes' genoemd.

EERSTE SUCCESVOLLE VLUCHT
De broers Wilbur en Orville Wright uit Ohio maken in december een geslaagde vlucht met een vliegtuig, in Kitty Hawk, Noord-Carolina. Hun machine, de *Flyer*, legt een afstand af van zo'n 40 meter. Orville bedient de stuurknuppel tijdens deze vlucht.

DE EERSTE 'WESTERN'
De film *The great train robbery* van Edwin S. Porter is de eerste Amerikaanse speelfilm en de eerste 'western'. De film is het begin van een belangrijk onderdeel van de Amerikaanse cultuur.

PRIJS VOOR RADIUM
De Franse wetenschappers Marie en Pierre Curie krijgen samen met Henri Becquerel de Nobelprijs voor natuurkunde voor hun ontdekking van de radioactieve elementen radium en polonium. Marie Curie (1867-1936) is de eerste vrouw die een Nobelprijs krijgt.

HARTMETING
De eerste elektrocardiograaf om de hartslag te meten, wordt gemaakt door de Nederlandse medicus Willem Einthoven. Hij gebruikt een eenvoudige galvanometer.

ONDER: de Zuidpoolexpeditie van Scott in 1901-1904. De sleeën, gefotografeerd door Shackleton, vertrekken vanuit het winterverblijf naar de Zuidpool.

BULGAREN VERMOORD
In Macedonië richt het Turkse leger een bloedbad aan onder meer dan 50.000 mannen, vrouwen en kinderen in hun strijd tegen Macedonische separatisten. De slachtoffers, allen Bulgaars, worden door de Turken vermoord tijdens hun campagne die moet voorkomen dat Bulgarije zijn territorium uitbreidt tot in het door Turkije bezette Macedonië.

GRENSBESLUIT
De commissie die ingesteld is om de grens te bepalen tussen de Amerikaanse staat Alaska en Canada, is het eindelijk eens geworden. Het besluit van de Britse vertegenwoordiger om Alaska te bevoordelen wekt de woede van Canada.

DE EERSTE TOUR DE FRANCE
Maurice Garin bereikt op 19 juli als eerste de finish in de eerste Tour de France, die zestien dagen heeft geduurd. In de eerste jaren zijn er zeer lange etappes, vaak tot 's avonds laat.

VEILIG SCHEREN
In Boston wordt patent aangevraagd op het 'veiligheidsscheermes' door King Camp Gillette in samenwerking met William Nickerson, een technicus die een manier bedacht heeft om dunne, zeer scherpe mesjes te vervaardigen.

PANAMA ONAFHANKELIJK
In november heeft de provincie Panama zich onafhankelijk van Colombia verklaard, uit protest tegen de vertragingen bij het bepalen van de loop van het Panama-kanaal. In december wordt in een verdrag tussen Panama en de VS de kanaalzone bepaald en wordt het beheer overgedragen aan de VS.

THE WAY OF ALL FLESH
Dit deels autobiografische boek van de Engelse schrijver Samuel Butler (1835-1902) verschijnt posthuum. Het laat de verzwakkende invloed van traditie en familie op het leven zien en maakt deel uit van de beweging die zich afzet tegen de victoriaanse normen en waarden.

THE CALL OF THE WILD
The call of the wild van Jack London wordt gepubliceerd. Het verhaal over de hond Buck die een troep wolven leidt na het overlijden van zijn baas, wordt een van de populairste boeken van deze veelgelezen socialistische schrijver.

HOOFDPIJN
De pijnstiller aspirine wordt op de markt gebracht door de Duitse firma Bayer.

BOVEN: werkzaamheden aan de World's Fair of Industry and Technology in St.-Louis. De opening zal plaatsvinden in 1904.

VERKLARING VAN RADIOACTIVITEIT

De in Canada werkende, Britse wetenschappers Ernest Rutherford en Frederick Soddy ontdekken dat radioactiviteit het gevolg is van de afbraak van atomen in een radioactief element, waardoor een nieuw element ontstaat. Zij publiceren *De oorzaak en de eigenschappen van radioactiviteit.*

VIKINGOPGRAVING

Het vikingschip dat in Oseberg ontdekt is in een turflaag aan de rand van een Noors fjord nabij Oslo, wordt opgegraven. Er zijn twee vrouwen in begraven, mogelijk 9e-eeuwse vikingvrouwen van adellijke afkomst. Behalve de vrouwen worden er ook prachtige sleeën, wagens, meubels, keukenvoorwerpen en stukken textiel in het schip gevonden.

PAUL GAUGUIN (1848–1903)

Paul Gauguin, de Franse postimpressionistische kunstschilder, overlijdt. In 1883 brak Gauguin zijn carrière als beurshandelaar af om te gaan schilderen in Bretagne. Voor zijn bekendste werk liet hij zich inspireren door de kunst en cultuur van het zuidelijk deel van de Stille Zuidzee, waar hij vanaf 1891 woonde. Zijn primitieve, exotische en dromerige stijl ('Synthese') is te zien in schilderijen als *No te aha de riri* (1896) en *Faa iheihe, Getooid met versieringen* (1898).

KWIJLEN ALS REACTIE

De Russische psycholoog Ivan Pavlov (1849-1936) schrijft dat een hongerige hond zal gaan kwijlen bij het horen van een bel, als de bel steeds wordt geluid vlak voor de hond zijn voer krijgt. Pavlov noemt dit een 'geconditioneerde reflex' en meent dat het menselijk gedrag op dezelfde manier bepaald wordt.

DE AMSTERDAMSE BEURS

De reconstructie van de Amsterdamse Beurs van Berlage, die in 1885 door brand was verwoest, is eindelijk klaar. Het gebouw valt o.a. op door de rode bakstenen en het dak van glas en metaal. Het is een fraaie vertegenwoordiger van de Amsterdamse School. Anno 2000 wordt het gebruikt als o.a. expositieruimte.

IJSHOORNTJES

Italo Marcioni, een ijsverkoper uit New Jersey, wist zijn concurrenten voor te blijven bij het aanvragen van het patent op het eerste ijshoorntje. Het hoorntje, dat gemaakt wordt van wafeldeeg, wordt in 1904 op de Louisiana Handelsbeurs in St.-Louis, Missouri, geïntroduceerd.

BOVEN: de pracht en praal van de raj: Indiase prinsen en Bengaalse lanciers lopen in optocht door Delhi ter ere van Edward VII, keizer van India.

ONDERZOEK ONDER HOMOSEKSUELEN
Het Berlijnse Wetenschappelijk-humanitaire Comité, de eerste organisatie voor rechten voor homoseksuelen en opgericht in 1898, ondervraagt meer dan zesduizend studenten en fabrieksarbeiders en komt tot de conclusie dat 2,2 procent van de totale bevolking homoseksueel is.

PULITZER-PRIJS
Joseph Pulitzer, een in Hongarije geboren Amerikaanse krantenmagnaat, die ooit zelf journalist was bij de Duitstalige *Westliche Post*, schenkt twee miljoen dollar aan een te oprichten faculteit voor journalistiek aan de Universiteit van Columbia. Hij looft jaarlijks prijzen voor journalistiek uit.

ONTSNAPT
De beroemde boeienkoning Houdini ontsnapt uit een cel op het Amsterdamse politiebureau.

KLEURENFOTOGRAFIE
De Franse broers Louis en Auguste Lumière verbeteren het eerste proces voor kleurenfotografie met één plaat. Het wordt in 1907 op de markt gebracht onder de naam 'Autochroom'.

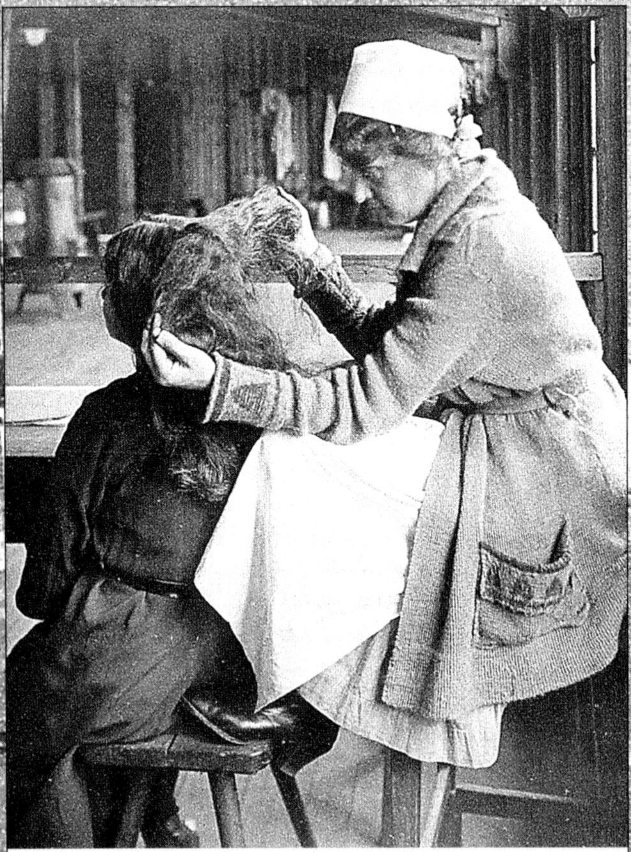

BOVEN: emigreren is voor sommigen de enige manier om te ontkomen aan vervolging in Oost-Europa.

ACHTERGROND: Ellis Island. Hier worden de emigranten die de VS binnen willen, geïnterneerd.

RUSLAND VERSUS JAPAN

Japan, na eeuwenlang geïsoleerd te zijn geweest, en Rusland, van plan zich in oostelijke richting uit te breiden, botsen vanwege hun belangen in Mantsjoerije en Korea – en beginnen een oorlog. Groot-Brittannië en Frankrijk daarentegen maken een eind aan eeuwenlange vijandigheden en tekenen een 'entente cordiale'. Steeds meer Oost-Europeanen ontvluchten de vervolging en vertrekken naar de VS.

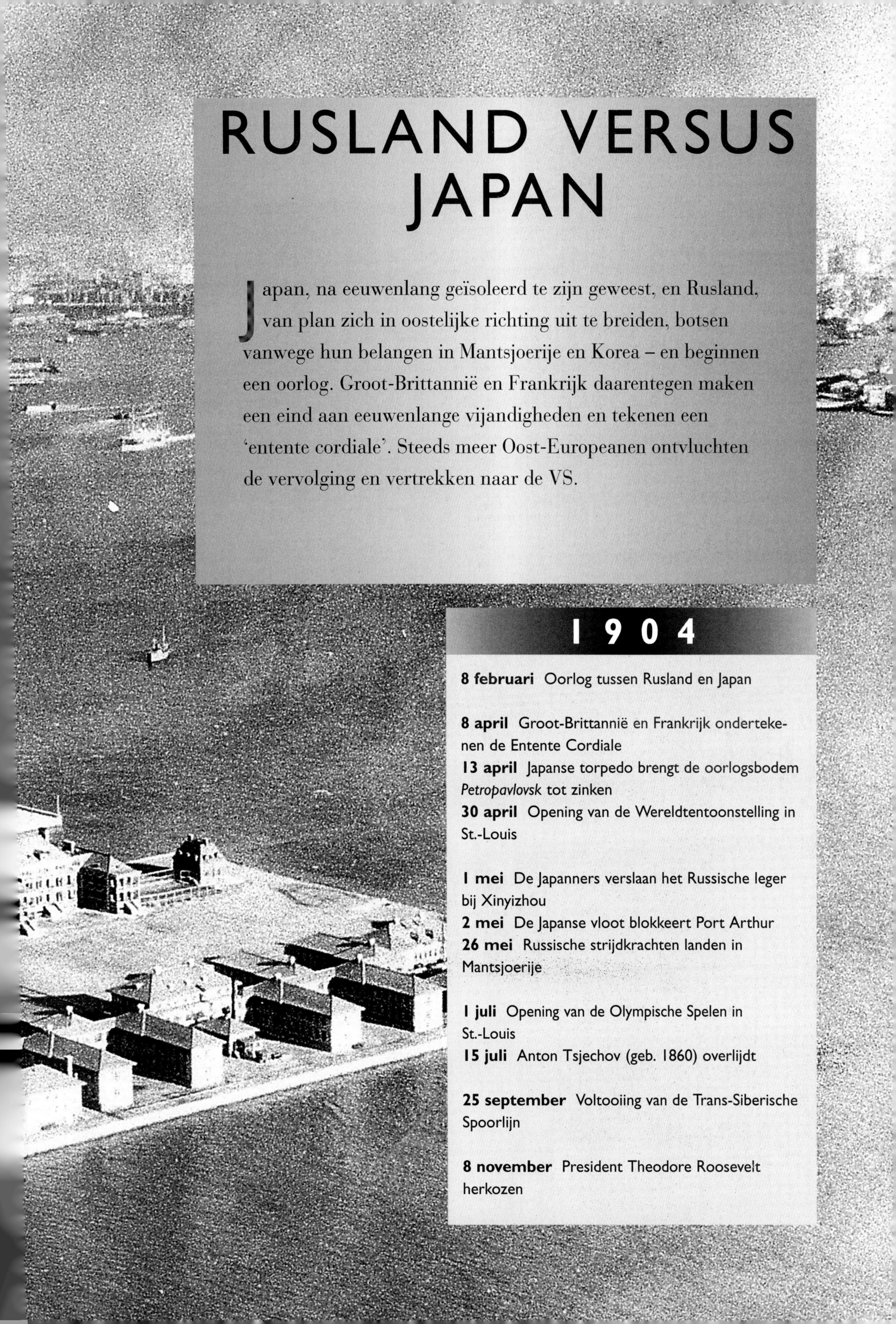

1904

8 februari Oorlog tussen Rusland en Japan

8 april Groot-Brittannië en Frankrijk ondertekenen de Entente Cordiale
13 april Japanse torpedo brengt de oorlogsbodem *Petropavlovsk* tot zinken
30 april Opening van de Wereldtentoonstelling in St.-Louis

1 mei De Japanners verslaan het Russische leger bij Xinyizhou
2 mei De Japanse vloot blokkeert Port Arthur
26 mei Russische strijdkrachten landen in Mantsjoerije

1 juli Opening van de Olympische Spelen in St.-Louis
15 juli Anton Tsjechov (geb. 1860) overlijdt

25 september Voltooiing van de Trans-Siberische Spoorlijn

8 november President Theodore Roosevelt herkozen

OORLOG TUSSEN RUSLAND EN JAPAN

In 1903 stellen de Japanners voor dat de Japanse en de Russische regering elkaars economische belangen in Mantsjoerije en Korea zullen waarborgen. Maar uit woede over het gebrek aan respons aan Russische zijde worden de onderhandelingen vervolgens door de Japanse ambassadeur afgebroken. In februari vallen ter hoogte van Port Arthur zestien oorlogsbodems onder commando van admiraal Togo een vloot van zes Russische slagschepen en tien kruisers onder commando van vice-admiraal Stark aan. Japanse torpedoboten brengen ernstige schade toe aan twee slagschepen en een kruiser. Andere schepen raken beschadigd en de oorlog is een feit. In april brengen Japanse torpedoboten de Russische oorlogsbodem *Petropavlovsk* tot zinken. In mei dringen Japanse schepen door tot Port Arthur en blokkeren de haven.

In augustus tracht de Russische vloot, die in Port Arthur in de val zit en vanaf de wal onder vuur wordt

RECHTS: de Chinese gouverneur van Sinsan wordt aan land gedragen.

UITERST RECHTS: Japanse soldaten executeren verraders.

LINKS: Russische troepen op de uitkijk voor de Japanners.

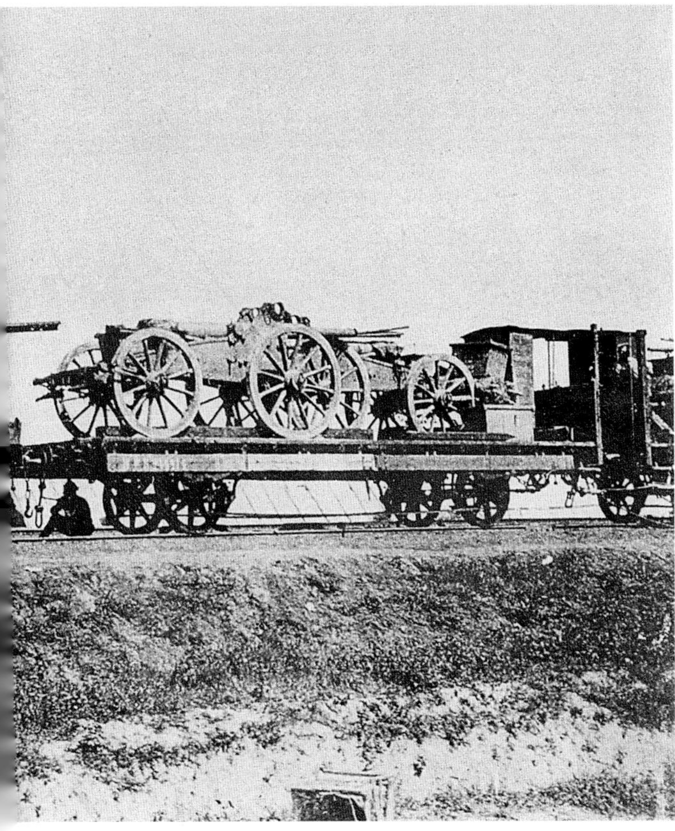

genomen, een doorgang naar open zee te forceren. De Japanse vloot van Togo blokkeert de weg en dwingt de vloot terug de haven in. Na een jaar van gevechten geeft Rusland Port Arthur in januari aan de Japan.

In mei treffen de Russische Oostzeevloot (met zeven oorlogsbodems en zes kruisers) en een Japanse vloot van dezelfde omvang, maar met meer vuurkracht en snelheid, elkaar bij Tsushima. Op 27 mei brengt Japan vier Russische oorlogsbodems tot zinken en beschadigt er een. De Russen vluchten naar Wladiwostok, maar de Japanners weten 's nachts nog drie schepen tot zinken te brengen. De strijd duurt de hele nacht voort tot de gehele Russische vloot in belag is genomen of in gezonken.

In september tekenen Rusland en Japan een verdrag dat het eind van de oorlog betekent. Het is de eerste keer dat een Europese macht is verslagen door een Aziatische natie.

BOVEN: kanonnen, door de Japanners in augustus 1904 in beslag genomen, gaan per trein naar Liao-Yang.

RECHTS: Russische troepen vullen een ballon met lucht bij Mukdon in 1905. De Russen werden verslagen.

ANTON TSJECHOV (1860–1904)

De toneelstukken van de Russische schrijver Anton Tsjechov zijn uitgesproken Russisch en tegelijkertijd zeer universeel. Tsjechov was tevens arts en schreef dertien verhalenbundels. Enkele van zijn beroemde toneelstukken zijn *De meeuw* (1896), *Oom Wanja* (1900), *De drie zusters* (1901) en *De kersentuin* (1904). In 1897 verhuist hij vanwege zijn tuberculose naar de Krim en in 1904 overlijdt hij in Jalta.

ENTENTE CORDIALE
Groot-Brittannië en Frankrijk ondertekenen een entente, waarmee er een einde komt aan de al eeuwen durende vijandigheden tussen de twee landen. De entente beslist de koloniale geschillen tussen de twee landen in Noord-Amerika, Afrika en de Stille Zuidzee en continueert het Britse beleid om bondgenoten te zoeken om de belangen over de hele wereld veilig te stellen.

INTERNATIONAAL VROUWENSTEMRECHT
De bejaarde Amerikaanse feministe Susan B. Antony (1820-1906) richt samen met activiste Carrie Catt in Berlijn de Internationale Beweging voor Vrouwenstemrecht op.

LABOUR MINISTER-PRESIDENT
John Watson wordt in Australie minister-president – de eerste van Labour ter wereld. Het duurt evenwel slechts tot augustus. Dan valt zijn kabinet, dat wordt opgevolgd door een coalitieregering.

IMMIGRATIE NEEMT TOE
Door de daling in de kosten van de overtocht per stoomboot neemt de immigratie van Oost-Europeanen naar de VS toe. Slaven, Slowaken, Serviërs, Kroaten, Bosniërs, mensen uit Herzegovina en veel joodse immigranten die de vervolging willen ontvluchten, vormen het grootste deel van de groep.

ONDERZEEER MET DIESELMOTOR
De Fransman Maxim Laubeuf bouwt een onderzeeboot met een dieselmotor, de *Aigret*. Door het lagere ontvlammingspunt is hij veiliger dan een bezinemotor.

VOETBALBOND
In Parijs wordt de Fédération Internationale de Football (FIFA) opgericht. Ook de Nederlandse voetbalbond sluit zich hierbij aan.

PIJNSTILLER
De Duitse chemicus Albert Einhorn produceert als eerste procaïne, ook wel bekend als novocaïne, dat gebruikt kan worden voor een plaatselijke verdoving. Het middel vervangt het gevaarlijker middel cocaïne.

PETER PAN
Het nieuwe toneelstuk *Peter Pan* van de Schotse dramaturg J.M. Barrie, met de eeuwig jonge held, de Slimme Jongens en Nooitgedachtland, wordt een groot succes. Barrie schrijft er vervolgens een kort verhaal (1806) en een boek (1911) over.

JEAN-CHRISTOPHE
De Franse schrijver Romain Rolland (1866-1944) krijgt de Nobelprijs voor het eerste deel van zijn roman *Jean Christophe* over een fictieve musicus. Rolland is een socialist, een idealist en een pacifist en hij heeft deze waarden in zijn literatuur verwerkt.

WARENHUIS IN CHICAGO
Een van de beste voorbeelden van een vroeg 20e-eeuws warenhuis is Schlesinger en Meyer van Louis Sullivan. De stijl is een combinatie van rijk geornamenteerde verdiepingen en een moderne constructie van staal, glas en beton. In het gebouw bevinden zich ook voor iedereen toegankelijke ruimten, zoals een kunstgalerie, restaurant en lounge.

ONBRANDBAAR CELLULOID
Franse chemici maken een onbrandbaar soort celluloid door metaalhoudende zouten tijdens het vervaardigingsproces toe te voegen.

ELEKTRONISCH OOG
De eerste bruikbare foto-elektrische cel, ook wel het 'elektronisch oog' genoemd, wordt door de Duitser Johann Elster uitgevonden. In ditzelfde jaar gebruikt de Duitse hoogleraar Arthur Korn er een om een afbeelding via een telegraaflijn over te seinen.

BOVEN: de verwoeste plezierboot *General Slocum* ligt in de haven van New York. De brand kost duizend passagiers het leven.

BOVEN: pelgrims stromen Jeruzalem binnen om de geboorte van Christus te vieren.

ABBEY THEATRE
De Ierse dichter W.B. Yeats en Lady Gregory (en later ook J.M. Synge) richten in Dublin het Abbey Theatre op. Het theater staat voor de wedergeboorte van de Ierse cultuur en veel van de belangrijke Ierse toneelstukken van de 20e eeuw zullen hier hun première beleven.

SATELLIET JUPITER
De Amerikaanse astronoom Charles Dillon Perrine ontdekt Himalia, de zesde satelliet van de planeet Jupiter.

NOBELPRIJS
Het Instituut voor Internationaal Recht te Gent ontvangt de Nobelprijs voor de vrede.

OLYMPISCHE SPELEN
De Olympische Spelen en de Wereldtentoonstelling vinden tegelijkertijd plaats in St.-Louis. Grote hoeveelheden mensen komen naar de tentoonstelling, maar de Spelen slagen er weer niet in veel mensen te trekken. Deelname van Europeanen is beperkt vanwege de reiskosten. Slechts 680 atleten doen aan de Spelen mee, waarvan er 500 afkomstig zijn uit Amerika en Canada.

GIBSON GIRL
Charles Dana Gibson, een illustrator uit New York die grote bekendheid kreeg door de tekeningen van zijn aristocratische idealen, creeërt de Gibson Girl, een elegante schoonheid. Zijn vrouw Irene Langhorne is zijn inspiratiebron en het toonbeeld van vrouwelijkheid met het frisse gezicht wordt afgedrukt in societybladen als *Life* en *Harper's*.

THEE IN EEN ZAKJE
Het theezakje wordt bij toeval bedacht door Thomas Sullivan, een groothandelaar uit New York, die proefmonsters thee naar zijn klanten stuurt in kleine zijden zakjes in plaats van blikjes.

ONRUST IN RUSLAND EN RELATIVITEIT

In Rusland slaan troepen van de tsaar een demonstratie neer bij het Winterpaleis in St.-Petersburg. Er volgt een muiterij en de tsaar wordt gedwongen hervormingen door te voeren. Na hevige gevechten komt er een eind aan de oorlog tussen Rusland en Japan, waarbij Japan als winnaar uit de bus komt. Noorwegen wordt onafhankelijk van Zweden en Albert Einstein publiceert zijn relativiteitstheorie.

1905

2 januari Rusland geeft Port Arthur over aan Japan
22 januari De troepen van de tsaar richten een bloedbad aan onder vreedzame demonstranten in St.-Petersburg

24 maart De Franse schrijver Jules Verne (geb. 1828) overlijdt

27-28 mei Bij de slag bij Tsushima vernietigen de Japanners de Russische Oostzeevloot

7 juni Expositie van Die Brücke in Dresden
27 juni Muiterij op het slagschip Potemkin

19 augustus De Doema wordt in Rusland gevormd

5 september Rusland en Japan tekenen een akkoord om de oorlog te beëindigen

1 oktober Expositie van de Fauvisten in Parijs
14 oktober De Engelse suffragettes Christobel Pankhurst en Annie Kenney in de gevangenis
26 oktober Noorwegen maakt zich los van Zweden

28 november Algemeen stemrecht in Oostenrijk

ONDER: een auto voor het volk: een 4-cilinder Fiat.

BLZ. 55: Port Arthur, een strategische Chinese haven, valt in Japanse handen.

RUSLAND KOMT IN OPSTAND

In januari worden stakers die in de hoofdstad St.-Petersburg tsaar Nicolaas II een petitie aan willen bieden voor betere arbeidsomstandigheden, onder vuur genomen door troepen die het Winterpaleis verdedigen. Meer dan vijfhonderd mensen worden gedood en velen raken gewond. Door deze moordpartij neemt de roep om hervormingen in Rusland sterk toe.

In juni beginnen zeelieden op het slagschip *Potemkin* te muiten na klachten over de omstandigheden aan boord. Andere schepen in de haven van Odessa sluiten zich bij de muiterij aan, terwijl in de stad een algemene staking heerst. De muiterij verzwakt de regering van de tsaar verder.

In oktober stemt Nicolaas II in met een nieuwe grondwet, die Rusland moet veranderen van een autocratie in een semiconstitutionele monarchie. Deze toezegging wordt afgedwongen door een algemene staking die het land maandenlang heeft lamgelegd, en door de nederlaag in de oorlog met Japan.

BOVEN: muiterij aan boord van de *Potemkin*. Een spoorweghuisje is totaal verwoest als muitende zeelieden door Odessa trekken.

RECHTS: de *Potemkin*, waar de dood van een matroos het begin van een grootschalige muiterij betekent.

DE KEIZER IN AFRIKA
Het bezoek van de Duitse keizer Wilhelm II (1859-1941) aan Marokko leidt tot spanningen tussen Duitsland en Frankrijk, dat claimt een 'speciale status' in Marokko te hebben. De keizer beweert dat hij de Duitse economische belangen beschermt.

SALOME EN DE ZEVEN SLUIERS
De opera *Salomé* van Richard Strauss, gebaseerd op het toneelstuk (1893) van Oscar Wilde, gaat in Dresden in première. Door de fantastische muziek en het grote orkest (reden waarom de zangers een groot volume dienen te hebben) wordt Strauss (1864-1949) beschouwd als de belangrijkste Duitse operacomponist van zijn tijd. De beroemde dans met de zeven sluiers veroorzaakt een schandaal.

ONAFHANKELIJK NOORWEGEN
Het Noorse parlement in Oslo verklaart in juni het land onafhankelijk van Zweden. De bevolking geeft in augustus in een volksstemming haar goedkeuring en Noorwegen wordt in oktober onafhankelijk. Prins Karel van Denemarken aanvaart het koningschap en regeert het land als Haakon VII (1872-1957).

EINSTEIN EN DE RELATIVITEIT
De in Duitsland geboren fysicus Albert Einstein (1879-1955) publiceert zijn relativiteitstheorie, waarmee hij een revolutie in de manier van denken veroorzaakt door ervan uit te gaan dat tijd en beweging relatief zijn. Hij schrijft ook artikelen over de Brownse beweging en het foto-elektrisch effect.

DIE BRUCKE TOONT EXPRESSIE
Een groep Duitse kunstenaars richt in een lampenfabriek in Dresden zijn eerste tentoonstelling in. Het zijn de eerste expressionisten en de oprichters zijn Fritz Bleyl, Eric Heckel, Ludwig Kirchner en Karl Schmidt-Rottluff (die de groep de naam Die Brücke, de brug, gaf). De scherpe contouren en krachtige kleurvlakken verlevendigen de Europese kunst en hebben een blijvende invloed.

SNELHEIDSCONTROLE
De AA (Automobile Association) wordt opgericht in Engeland om autorijders te waarschuwen voor snelheidscontroles door de politie. De snelheidslimiet is 20 mijl per uur.

RADIOTHORIUM
De Duitse radiochemicus Otto Hahn (1879-1968) ontdekt radiothorium, een radioactieve isotoop die ontstaat na de vernietiging en afbraak van het radioactieve element thorium.

EERSTE STRIJD VOOR BURGERRECHTEN
De militante Niagarabeweging wordt in de VS opgericht door 29 zwarte intellectuelen uit veertien staten. De beweging wordt geleid door professor William Edward Burghardt Du Bois van de Universiteit van Atlanta. Men eist algemeen kiesrecht voor mannen en een einde aan discriminatie op grond van ras of huidskleur.

WILDE BEESTEN IN PARIJS
Werk van de kunstenaars Matisse, Marquet, Derain, De Vlaminck, Rouault en anderen wordt in een ruimte bij elkaar gehangen tijdens de Herfstsalon. Door het overweldigende effect van de felle kleuren en de wilde vormen geeft men hen de bijnaam *Les fauves* (de wilde beesten).

MAGNETISCH NOORDEN
De tocht van de Stille Oceaan naar de Atlantische Oceaan langs de kust van de Zuidpool wordt door de Noorse ontdekkingsreiziger Roald Amundsen (1872-1928) voltooid. Tijdens deze tocht bepaalt hij de huidige positie van het magnetische noorden.

ONDER: huzaren slaan een groep stakers in Warschau uiteen.

BOVEN: vissen op steur in de rivier de Oeral.

ONDER: de aanleg van het Panamakanaal.

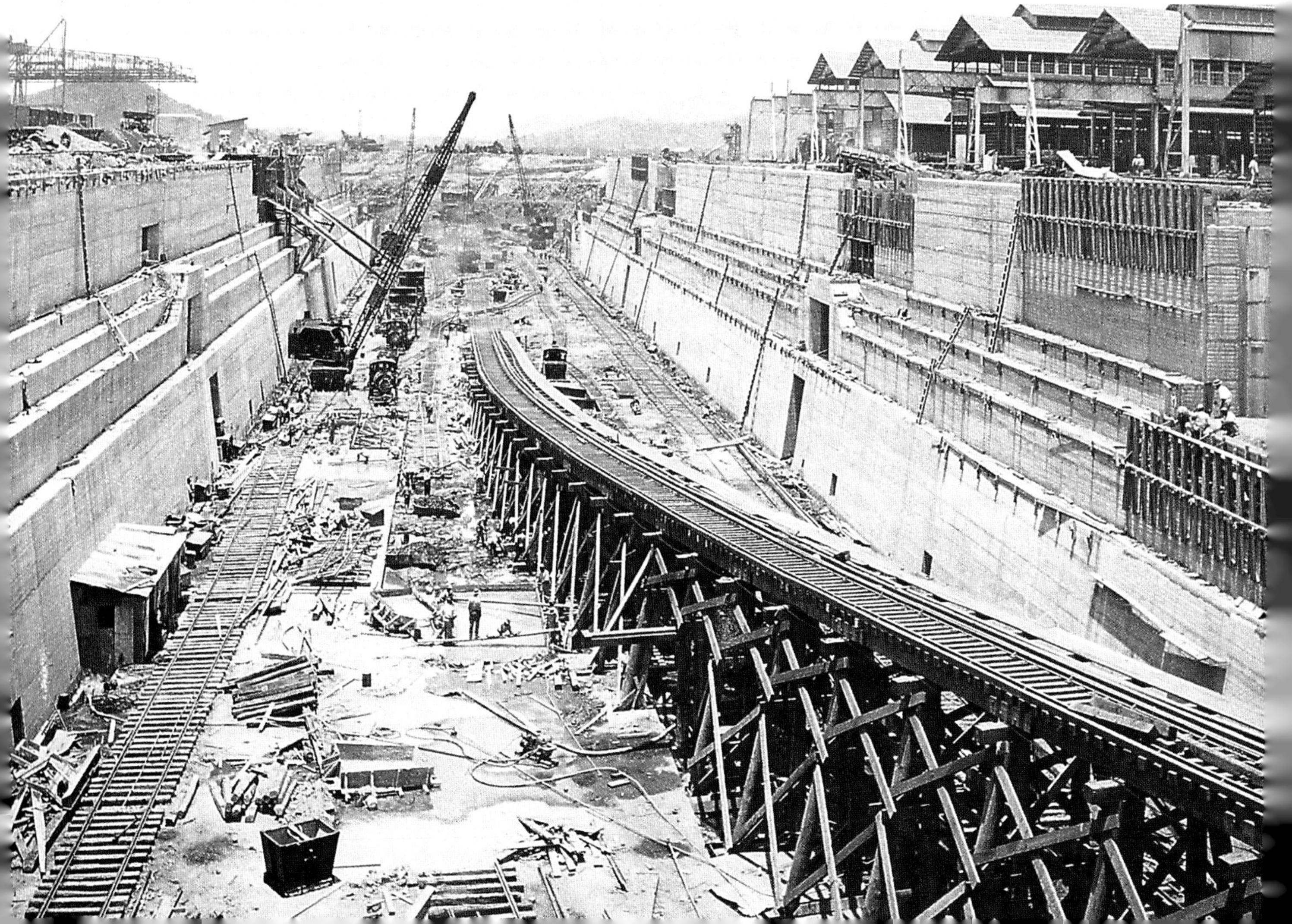

NOORDSE SPELEN

In Scandinavië strijdt men tegen elkaar tijdens de eerste Noordse Spelen. Het evenement, waarbij onder meer aan langlaufen en schansspringen wordt gedaan, wordt later verdrongen door de Olympische Winterspelen.

EERSTE SUFFRAGETTES IN DE GEVANGENIS

In Groot-Brittannië kiezen Christabel Pankhurst (1880-1958) en Annie Kenney van de militante beweging voor vrouwenstemrecht voor een gevangenisstraf in plaats van een boete. Ze worden veroordeeld voor het aanvallen van politieagenten, nadat zij met geweld verwijderd werden bij een politieke bijeenkomst waar stemrecht voor vrouwen werd geëist.

ZIJDE VOOR IEDEREEN

Rayon, een nieuw materiaal dat ook wel 'kunstzijde' wordt genoemd, wordt geproduceerd door de Britse textielfabriek Courtaulds. De fabriek heeft de rechten voor de vervaardiging in Engeland gekocht van de Britse uitvinder C.H. Stearn, die er in 1898 patent op heeft aangevraagd. Het materiaal is ideaal voor ondergoed en kousen.

WASSERMANTEST

De Duitse bacterioloog August Wasserman (1866-1925) onwikkelt een test om syfilis vast te stellen.

PIZZA

De eerste pizzeria in de VS, Lombardi's in de New Yorkse wijk Little Italy, begint met de verkoop van de pizza, een gerecht uit Napels.

KINKHOEST

De Belgische microbioloog Jules Jean Baptiste Vincent Bordet (1870-1961) ontdekt dat kinkhoest wordt veroorzaakt door een bacterie, *Bordetella pertussis*.

KINDEREN TESTEN

Alfred Binet (1857-1911), directeur van het Psychologisch Laboratorium van de Sorbonne in Parijs, en zijn collega Theodore Simon ontwikkelen tests om kinderen op grond van hun geestelijk vermogen in groepen in te delen. Ze zijn hiermee begonnen na het verzoek van de Franse regering in 1904 om kinderen die speciaal onderwijs nodig hebben te bestuderen.

SPECIAAL ONDERWIJS

De eerste scholen voor speciaal onderwijs voor kinderen met een leerachterstand worden in Nederland opgericht en door de staat gesubsidieerd.

BOVEN: president Roosevelt bekijkt de onderzeeër *Plunger go*.

RECHTS: de verhoogde spoorweg in New York voor de trein eraf stortte.

AARDBEVINGEN EN CORNFLAKES

Het Kubisme wordt geboren met het werk van Pablo Picasso, die een revolutie veroorzaakt met zijn nieuwe manier om menselijke vormen te schilderen. In de architectuur breekt Antonio Gaudí met de traditie en introduceert zijn opvallende ontwerpen in Barcelona. De uitbarsting van de Vesuvius in Italië en een grote aardbeving in San Francisco veroorzaken veel leed en schade.

BLZ. 61: vernielingen nadat Russische revolutionairen het huis van premier Stolypin hebben gebombardeerd.

1906

7 april Uitbarsting van de Vesuvius in Italië
8 april Verdrag van Algeciras maakt een einde aan de crisis in Marokko
18 april San Francisco verwoest door aardbeving

10 mei De eerste Doema komt in Rusland bijeen
23 mei De Noorweegse toneelschrijver Hendrik Ibsen overlijdt

26-27 juni De eerste Grand Prix in Le Mans, Frankrijk

12 juli Alfred Dreyfus wordt onderscheiden

22 oktober Paul Cézanne overlijdt
23 oktober Suffragettes in de gevangenis, na een demonstratie bij het parlementsgebouw in Groot-Brittannië

BOVEN: de kerk van de Christian Science in Boston, gesticht door Mary Eddy Baker.

BOVEN: de Spaanse koning Alfonso en zijn bruid Victoria rijden door de straten van Madrid. Enkele minuten later zal een anarchist een bom werpen.

CRISIS IN MAROKKO

Frankrijk, Spanje, Groot-Brittannië en Duitsland komen op een conferentie in het Spaanse Algeciras bijeen om over de toekomst van Marokko te beslissen. De vier machten stemmen toe in blijvende onafhankelijkheid van Marokko onder de sultan van Marokko, maar Spanje en Frankrijk zullen samen de politiek van het land bepalen. Het verdrag versterkt de Engels-Franse entente en isoleert Duitsland verder.

EERSTE GRAND PRIX

De eerste Grand Prix vindt plaats in Frankrijk. De race over 104 km duurt twee dagen en wordt gewonnen door de Hongaar Ferenc Szisz, die gemiddeld 100 km/u rijdt.

HOT DOG

Hot dogs worden een populaire snack, nadat Tad Dorgan, een tekenaar van spotprenten uit Chicago, een teckel tussen een langwerpig broodje heeft getekend.

DREYFUS ONSCHULDIG

Na elf jaar vernietigt de Franse regering formeel de veroordeling van Alfred Dreyfus, de joodse legerofficier die vals werd beschuldigd van verraad en spionage tegen Frankrijk, en verleent hem het Legioen van Eer. De zaak heeft Frankrijk verdeeld en toont aan dat er sprake is van zeer veel antisemitisme in het land.

AMUNDSEN

De Noorse ontdekkingsreiziger Roald Amundsen (1872-1928) bereikt de Stille Oceaan in de *Gjöa* na een reis van drie jaar, waarin hij de magnetische pool bepaalde en de noordwestpassage ontdekte, de zeeroute van de Atlantische Oceaan door de Noordpoolarchipel.

TRANSFORMATIE VAN BARCELONA

De Catalaanse architect Antonio Gaudí (1852-1926) heeft een huis ontworpen voor een textielfabrikant in Barcelona, het Casa Battló. De golvende muren, het dak dat lijkt op de rug van een hagedis, het gebruik van tegels en gekleurd glas zijn de kenmerken van Gaudís stijl, die is afgeleid van de Art Nouveau. Barcelona zal voor eeuwig worden bepaald door Gaudí.

LINKS: achttien omstanders vinden de dood en het rijtuig wordt vernield. Koning Alfonso en koningin Victoria overleven de aanslag.

ONDER: ballonvaarders, vlak voor hun poging het afstandsrecord te verbeteren.

STEMRECHT VOOR VROUWEN

De strijd van Britse vrouwen voor stemrecht wordt steeds heviger als vrouwen in het hele land de orde verstoren tijdens politieke bijeenkomsten in de aanloop naar de algemene verkiezingen. In juni gaat een afvaardiging die zo'n half miljoen vrouwen vertegenwoordigt, naar het parlement om een petitie aan de nieuwe liberale regering aan te bieden. De petitie wordt afgewezen en er volgt een grote rel op Trafalgar Square. In oktober verstoren vrouwen de officiële opening van het parlement en tien leden van de WSPU kiezen voor gevangenisstraf in plaats van een boete. In dit jaar krijgen de leden van de WSPU, vanwege hun strijdvaardigheid, de bijnaam 'suffragettes', na een honend artikel in de *Daily Mail*. De Finse vrouwen zijn in 1906 de eerste vrouwen in Europa die stemrecht krijgen. Het jaar erop hebben negentien vrouwen een zetel in het parlement.

IBERIA

De Spaanse componist Isaac Albéniz begint aan de suite voor piano, die zijn bekendste werk zal worden. Hij wordt geïnspireerd door de muziek en de dansritmes van Andalusië en laat in *Iberia* Spaanse componisten horen hoe zij het uitgesproken nationale karakter kunnen gebruiken in muziek.

HET KUBISME WORDT GEBOREN

Pablo Picasso (1881-1973) schildert *Les demoiselles d'Avignon*. De hoekige weergave van menselijke vormen is zo schokkend dat hij het schilderij slechts aan een zeer select gezelschap wil tonen. Het Kubisme en andere kunstvormen waarin natuurlijke onderwerpen in stukjes worden gebroken en in een nieuwe vorm worden samengevoegd, zijn afgeleid van dit schilderij.

ELEKTRISCHE WASMACHINE

Alva J. Fisher uit de VS vraagt patent aan op de eerste elektrische wasmachine, die een belangrijke vermindering van het werk van de huisvrouw zal betekenen.

ONTBIJTGRANEN

Will Keith Kellogg en zijn partner Charles D. Bolin richten de Battle Creek Toasted Corn Flake Co. op om hun

BOVEN: het stadhuis van San Francisco is verwoest na de aardbeving en een brand die drie dagen woedde. Inzet: een politieagent tussen het puin.

ontbijtgranen aan de man te brengen. Hun nieuwe Sanitas cornflakes zijn lichter en krokanter dan hun eerste cornflakes uit 1898.

NATUURRAMPEN

In april wordt door een uitbarsting van de Vesuvius het stadje Ottaiano verwoest en wordt schade aangericht in het vlakbij gelegen Napels. In dezelfde maand treft een zware aardbeving San Francisco. De schokken en de daaropvolgende vuurzee die drie dagen duurt, verwoesten bijna de hele stad.

VEILIGHEID BIJ SPORT

Na de dood van achttien studenten en ernstige verwondingen bij 159 studenten eist de Amerikaanse president Theodore Roosevelt dat er veranderingen komen om American football veiliger te maken. De opvallendste verandering in de regels is de invoering van de voorwaartse pass – een kenmerk van het moderne spel.

PAUL CEZANNE (1839–1906)

De Franse schilder Paul Cézanne is overleden. In zijn werk richtte hij zich steeds meer op de onderliggende vormen in de natuur. Het werd pas in de laatste tien jaar van zijn leven op grote schaal erkend, maar het zou een enorme invloed hebben op de ontwikkeling van de abstracte kunst. Enkele van zijn bekendste schilderijen zijn *De kaartspelers* (1890-1892), *Aix paysage Rocheux* (1887) en *De tuinman* (1906).

GANDHI, BALLONNEN EN HELIKOPTERS

Noorse vrouwen krijgen kiesrecht, nadat de Finse vrouwen dat een jaar eerder al hadden verworven. Er wordt voor het eerst een succesvolle vlucht met een helikopter gemaakt, het schip de *Lusitania* steekt in een recordtijd de Atlantische Oceaan over en Franse ballonvaarders varen naar de andere kant van de Noordzee. Gandhi introduceert de vreedzame burgerlijke ongehoorzaamheid. En wassen wordt een stuk eenvoudiger met een nieuwe wasmachine en waspoeder.

BLZ. 67: de nevel van Orion, gefotografeerd door Yerkes Observatory, nabij Chicago, Illinois.

1907

14 januari Jamaica wordt getroffen door een aardbeving

22 maart Gandhi begint in Zuid-Afrika aan zijn campagne van burgerlijke ongehoorzaamheid

14 juni Noorse vrouwen krijgen stemrecht
16 juni De Russische Doema wordt ontbonden

29 juli De padvinderij wordt opgericht

4 augustus De Franse vloot beschiet Casablanca na rellen tegen buitenlanders

26 september Nieuw-Zeeland wordt een dominion

13 november Eerste helikoptervlucht door Cornu in Frankrijk

BOVEN: in Parijs wordt afval door enorme pijpen afgevoerd en omgezet in energie.

BURGERLIJKE ONGEHOORZAAMHEID
Mohandas Gandhi (1869-1948) begint in Zuid-Afrika een campagne van burgerlijke ongehoorzaamheid, 'satyagraha', tegen de regering van dat land. Hij protesteert daarmee tegen de wet die eist dat alle Indiërs zich laten registreren, hun vingerafdrukken moeten laten nemen en altijd een registratiekaart bij zich moeten hebben. Gandhi vindt de nieuwe wet discriminerend voor de Indiase inwoners van Transvaal.

DOEMA ONTBONDEN
In St.-Petersburg ontbindt de Russische tsaar Nicolaas II (1868-1918) de Doema wanneer eerste minister Peter Stolypin 55 socialistische afgevaardigden ervan beschuldigt samen te zweren tegen de tsaar. De tsaar had gehoopt dat er in de Doema afgevaardigden zouden zijn die voorstander waren van zijn conservatieve politiek, maar er bleken liberalen en socialisten in te zitten, die streefden naar radicale hervormingen.

NOORS STEMRECHT
Het Noorse parlement besluit dat vrouwen mogen stemmen bij verkiezingen onder dezelfde voorwaarden als mannen. Hiermee volgen ze het besluit van het Finse parlement van 1906. Omdat Finland echter een provincie van Rusland is, is Noorwegen het eerste onafhankelijke land in Europa dat algemeen stemrecht heeft.

MOEDER
De Russische schrijver Maxim Gorki (1868-1936) publiceert *Moeder*, een invloedrijke roman over revolutionairen.

ONDER: door de dam in de Nijl komt de Isis-tempel op het eiland Philae in gevaar.

SUFFRAGETTES EN DE POLITIE
In Groot-Brittannië demonstreren suffragettes voor het Lagerhuis en bestormen het gebouw. De politie treedt hardhandig op. Er worden steeds meer vrouwen in de gevangenis gezet.

TRIPLE ALLIANTIE VERLENGD
Duitsland, Oostenrijk en Italië verlengen de Triple Alliantie met nog eens zes jaar, ondanks de bedenkingen van Italië. De alliantie heeft steeds meer te maken met de sterker wordende alliantie tussen Frankrijk en Groot-Brittannië. Een maand later tekent Engeland een overeenkomst met Rusland, waardoor ook Rusland bij de alliantie betrokken wordt.

NIEUW-ZEELAND
Na 48 jaar een Britse kolonie te zijn geweest, wordt Nieuw-Zeeland een onafhankelijk dominion van het Britse Rijk, na Australië en Canada.

STERVENDE ZWAAN
De Russische ballerina Anna Pavlova (1885-1931) danst de stervende zwaan in het *Zwanenmeer*. De choreografie is van Mikhail Fokine, en de dans wordt het handelsmerk van Pavlova. Ze zal hem op muziek van Saint-Saëns met het Ballets Russes in Parijs en later met haar eigen gezelschap uitvoeren. De dans wordt een symbool van het klassieke ballet.

HENRI MATISSE
Het schilderij *Het blauwe naakt* van de Franse schilder Henri Matisse (1869-1954) wordt als schandalig beschouwd door conservatieve toeschouwers. Matisse schildert het na een kort bezoek aan Noord-Afrika en combi-

BOVEN: de groten der aarde ontmoeten elkaar op een vredesconferentie in Den Haag. Ze bespreken manieren om conflicten op te lossen.

neert een klassieke pose met een primitieve manier van schilderen. Door dit primitieve onderscheidt Matisse zich en wordt het schandaal veroorzaakt.

RELLEN IN MAROKKO
De Franse vloot beschiet de havenstad Casablanca en Franse troepen bezetten de stad na gewelddadige acties van Marokkanen tegen buitenlandse arbeiders. Meer dan duizend moslims worden gedood.

PADVINDERIJ OPGERICHT
In Groot-Brittannië richt Sir Baden-Powell, een veteraan uit de Boerenoorlog, een nieuwe organisatie voor jongens op, die gebaseerd is op zijn ervaringen in het leger. De leden worden 'padvinders' en 'verkenners' genoemd. Tegenwoordig wordt er gesproken van 'scouting'.

HET GEBED
De Roemeense beeldhouwer Constantin Brancusi (1876-1957) is de eerste vertegenwoordiger van de abstracte beeldhouwkunst met zijn werk *Het gebed*. Het is een grafmonument met een jong meisje dat op haar knieën zit te bidden. De vereenvoudigde vorm zal al snel leiden tot totale abstractie.

VERTICAAL OPSTIJGEN
De Franse rijwielhandelaar en uitvinder Pierre Cornu vliegt als eerste ter wereld in een 'helikopter'. De machine van Cornu heeft twee door een motor aangedreven, horizontale schroeven en een motor van 24 pk en stijgt verticaal op.

LUSITANIA: DE SNELSTE LIJNBOOT
De lijnboot *Lusitania* van de scheepvaartmaatschappij Cunard, gebouwd in 1906, wint de Blauwe Band van de Atlantische Oceaan, een prijs voor de snelste overtocht. Het schip legt de afstand New York-Liverpool af met een gemiddelde snelheid van 23,99 knopen.

MOTORRACE
Motorgekken organiseren een festival voor motorraces op het eiland Man voor de Britse kust, nadat het racen op de wegen van het vasteland van Groot-Brittannië is verboden.

BOVEN: de Ierse suffragette juffrouw Maloney luidt net zo lang de bel tot de kandidaat voor de liberalen, Winston Churchill, zijn toespraak staakt. Churchill was een fanatiek tegenstander van stemrecht voor vrouwen.

'EEN JOODSE MARK TWAIN'

De schrijver Sholem Aleichem is begonnen met het schrijven van een serie verhalen, *Mottel, of de zoon van de voorzanger*. Ze worden geschreven in het Jiddisch en beschrijven de ervaringen en de humor van gewone joodse mensen in de VS. De verhalen worden in 1916 gepubliceerd en Aleichom wordt bekend als de 'joodse Mark Twain'.

NATUURRAMPEN

In januari wordt Jamaica getroffen door een enorme aardbeving. Een week later overspoelt een vloedgolf Nederlands-Indië.

VERBETERDE BUIS

De Amerikaanse uitvinder Lee de Forest verbetert Flemings diodebuis met twee elektroden (1904) door er een derde elektrode aan toe te voegen, waardoor een triode ontstaat. In de derde elektrode –de roosterplaat– zitten gaten; door de elektrische lading op de roosterplaat te veranderen, kan de doorstroming van de elektroden gevarieerd worden.

SCHEURBUIK

De Britse biochemicus Frederick Gowland Hopkins is van mening dat een gebrek aan bepaalde sporenelementen in de voeding ziekten als rachitis en scheurbuik kan veroorzaken. Deze elementen worden later vitaminen genoemd.

OVER DE NOORDZEE

De eerste oversteek door de lucht over de Noordzee wordt in oktober voltooid door drie Franse ballonvaarders in de luchtballon de *Mammoth*. De vlucht gaat van Crystal Palace in Londen naar de oever van het Vänernmeer in Zweden, een afstand van zo'n 1160 km.

ELEMENT ONTDEKT

De Franse chemicus Georges Urbain ontdekt de zwaarste van de zeldzame aardmetalen, lutetium. Een radioactief isotoop van het element wordt negentig jaar later gebruikt om de ouderdom van meteorieten te bepalen.

ITALIAANSE WINNAAR

Prins Scipione Borghese uit Italië bereikt de Franse hoofdstad twee maanden eerder dan zijn snelste tegenstander en wint daardoor de rally van Peking naar Parijs met een enorme voorsprong. Borghese en zijn bijrijder leggen 14.994 km af in 62 dagen.

VERPLEEGSTER GEEERD

Florence Nightingale, inmiddels 87 jaar oud, blind en hulpbehoevend, krijgt als eerste vrouw de Britse Orde van Verdienste. De eer wordt haar verleend door koning Edward VII voor haar verdiensten voor de verpleging.

LINKS: tabak wordt hier in Puerto Rico verbouwd onder enorme lappen kaasdoek – een Amerikaanse uitvinding.

ONDER: Cresta in Zwitserland, 's werelds beroemdste rodelbaan.

RECORDAANTAL IMMIGRANTEN
1907 is een recordjaar in de VS wat betreft de immigratie: meer dan een miljoen nieuwe Amerikaanse staatsburgers worden toegelaten.

NIEUW WASPOEDER
Persil, een schoonmaakpoeder dat door Henkel & Cie in Düsseldorf wordt geproduceerd, wordt op de markt gebracht. Men kan er kleding mee wassen.

DRAAIENDE WASMACHINE
Thor, de eerste elektrische wasmachine die ronddraait, wordt vervaardigd door de Amerikaanse Hurley Machine Company. Ingenieur John Hurley, die hem heeft ontworpen, gebruikt een elektrische motor om een ronddraaiende wasstamper aan te drijven.

DMITRI IVANOVITSJ MENDELEJEV (1834–1907)

De Russische wetenschapper Dmitri Mendelejev overlijdt. Door zijn werk met betrekking tot de indeling van elementen op basis van hun atoomgewicht konden de eigenschappen van diverse elementen die nog niet ontdekt waren, met grote nauwkeurigheid voorspeld worden. Mendelejev deed ook onderzoek naar het gedrag van gassen en aëronautiek en steeg als experiment in 1887 op met een luchtballon.

EEN AUTO VOOR IEDEREEN

Een kind van twee wordt de laatste Mantsjoekeizer van China. De Olympische Spelen worden weer geoganiseerd en in Amerika wordt de eerste stofzuiger verkocht. De ergste aardbeving in de geschiedenis van Europa verwoest het Italiaanse stadje Messina. En de droom van een auto voor elke Amerikaan wordt werkelijkheid als Henry Ford met de productie van de T-Ford begint.

BLZ. 73: Franse cancandanseressen betoveren het publiek in de Londense nachtclubs.

1908

1 februari Moord op koning Carlos en prins Luiz van Portugal

21 juni 200.000 mensen wonen een bijeenkomst van de suffragettes bij

13 juli Opening van de Olympische Spelen in Groot-Brittannië

12 augustus In de VS wordt de eerste T-Ford geproduceerd
20 augustus Kongo wordt een Belgische kolonie

5 oktober Bulgarije onafhankelijk
6 oktober Oostenrijk annexeert Bosnië en Herzegowina

15 november De twee-jarige Pu-Yi wordt keizer van China

28 december Aardbeving verwoest Messina op Sicilië

BOVEN: reusachtige bamboe in de botanische tuin van Peradeniya op Ceylon. Deze plant is droog en kwetsbaar voor vuur.

BOVEN: Orville Wright maakt zich op voor de vlucht.

BOVEN: Orville Wright boven Fort Myer, Virginia. Door een ongeluk tijdens deze militaire oefeningen komt Wrights compagnon T.E. Selfridge om het leven.

BELGISCH KONGO

Leopold II, koning der Belgen, doet zijn enorme privédomeinen in Centraal-Afrika over aan de Belgische regering. Kongo is de eerste kolonie van België – negentig keer zo groot als het land zelf.

VERNIETIGENDE AARDBEVING

Een enorme aardbeving, de grootste die ooit in Europa geregistreerd is, verwoest de stad Messina op Sicilië. Duizenden mensen worden gedood of zijn dakloos.

DE BALKAN

Op de Balkan verklaart koning Ferdinand I (1861-1948) Bulgarije onafhankelijk van Turkije en roept zichzelf uit tot tsaar. Tegelijkertijd annexeert Oostenrijk de Turkse provincie Bosnië-Herzegowina en sluit Kreta zich bij Griekenland aan. Het Ottomaanse keizerrijk begint uiteen te vallen.

KEIZERTJE

Na de dood van keizer Kuang-Hsu en de keizerin-weduwe Cixi wordt de twee jaar oude Pu-Yi keizer van China. Hij krijgt de titel Hsuan T'ung. De echte macht is echter in handen van de krijgsheren die de Chinese troon onder controle houden.

AMMONIAK MAKEN

De Duitse chemicus Fritz Haber (1868-1934) ontwikkelt het Haber-proces om kunstmatig ammoniak te maken. Hij voegt daartoe stikstof en waterstof samen.

MASSAAL GEPRODUCEERDE T-FORD

De Amerikaanse autofabrikant Henry Ford begint met behulp van een zeer moderne montagelijn met de massaproductie van zijn T-Ford. Hij verkoopt het nieuwe model voor 850 dollar, maar in 1925 is de prijs nog slechts 260 dollar. Als de productie in 1927 wordt stopgezet, zijn er vijftien miljoen T-Fords gemaakt.

OORLOG IN DE LUCHT

In zijn profetische boek beschrijft H.G. Wells het militaire gebruik van het vliegtuig – een vorm van oorlogvoeren die weldra maar al te bekend zal worden. Mede door deze voorspelling krijgt Wells later de status van modern profeet.

EINDELIJK STROOM
Na diverse mislukkingen verbetert de Amerikaanse uitvinder Thomas Alva Edison (1847-1931) zijn alkalinebatterij. In deze batterij kan twee keer zoveel energie worden opgeslagen als in een eerdere versie.

STRALING WAARNEMEN
De Duitse fysicus Hans Geiger (1882-1931) bedenkt in Manchester de Geigerteller, een apparaat waarmee straling waargenomen kan worden.

'DE ACHT'
Een groep van acht Amerikaanse schilders, wier werk door de National Academy of Design werd afgewezen, richten samen 'the Eight' op, een groep die later deel zal gaan uitmaken van de Ashcan-school. Ze worden belachelijk gemaakt als de 'apostels van de lelijkheid' en hebben slechts één gezamenlijke expositie.

MAGNETISCHE ZONNEVLEKKEN
De Amerikaanse astronoom George Ellery Hale (1868-1938) ontdekt dat zonnevlekken een sterk magnetisch veld hebben: de eerste magnetische velden die buiten de aarde ontdekt worden. Hale installeert een spiegeltelescoop van 150 cm in het Mount Wilson Observatorium in Californië, dat hij zelf oprichtte.

VERBAND RUIMTE EN TIJD
Professor Hermann Minkowski, een wiskundige uit Letland, beweert dat ruimte en tijd met elkaar verband houden, het zogenaamde ruimte-tijdcontinuüm.

CELLOFAAN
De Zwitserse chemicus dr. Jacques Edwin Brandenburger vraagt patent aan op een dunne, transparante en flexibele papiersoort, die gemaakt wordt uit houtcellulose. Hij noemt het cellofaan.

EXPEDITIE NAAR ANTARCTICA
Ernest Shackleton, Robert Scott en Edward Wilson trekken met de Nationale Antarctica Expeditie naar 88° 22' zuiderbreedte. Ze komen daardoor dichter bij de Zuidpool dan alle voorgaande expedities.

VLOEIBAAR HELIUM
De Nederlandse natuurkundige Heike Kamerlingh Onnes (1853-1926) ontdekt hoe heliumgas vloeibaar gemaakt kan worden. Deze bijzondere vloeistof zet bij afkoeling uit en is een goede warmtegeleider.

INTERNATIONAAL PSYCHOLOGIECONGRES
Het eerste internationale psychologiecongres wordt in april in Salzburg gehouden. Het wordt bijgewoond door de kopstukken van deze controversiële nieuwe tak van geneeskunde, onder wie Sigmund Freud en zijn collega's Alfred Adler en Karl Jung.

DISKWALIFICATIE MARATHONLOPER
Nadat Rome zich heeft teruggetrokken, neemt Londen de organisatie van de vierde Olympische Spelen op zich. Er komen veel toeschouwers af op deze Spelen. De marathon eindigt in een drama: de Italiaan Dorando Pietri wordt als eerste over de finish geholpen. maar de gouden plak wordt hem afgenomen omdat het accepteren van hulp tegen de regels is. Hij wint wel de sympathie van het publiek.

EERSTE HANDBOEK VOOR PSYCHOLOGIE
Het eerste handboek voor sociale psychologie wordt geschreven door William McDougall, een Britse psycholoog die een biologische in plaats van een filosofische benadering van de psychologie voorstaat. Hij is van mening dat instincten en karakteristieke eigenschappen van mensen die hen in staat stellen onbewuste doelen te bereiken, erfelijk zijn.

WEGWERPBEKERS
Papieren bekertjes worden in de VS op de markt gebracht door de International Paper Company, een conglomeraat van Amerikaanse en Canadese papierfabrieken.

CHAMPAGNERAMP
De Franse streek Champagne is de laatste Europese wijnstreek die wordt getroffen door de wijnluis, *Phylloxera aphid*, waardoor de oogst abominabel is. De totale productie van dit jaar is iets meer dan de hoeveelheid die normaal gesproken door een enkele wijngaard wordt geproduceerd.

STOFZUIGER
De eerste commerciële stofzuiger wordt in de VS gemaakt door William Hoover, een leerfabrikant.

BOVEN: residu's van pek worden in deze tanks doorgeroerd, waardoor er radioactief radium ontstaat – een ontdekking van Pierre en Marie Curie.

BLERIOT EN BALLETS RUSSES

Louis Blériot haalt de kranten met zijn geslaagde vlucht over het Kanaal – hij is de eerste die daarin slaagt. Ballets Russes wordt opgericht en brengt drastische vernieuwingen in de wereld van de dans. De AEG turbinefabriek in Berlijn laat zien dat moderne architectuur en de eisen van de industrie goed samen kunnen gaan. De allereerste synthetische plasticsoort wordt uitgevonden en in de bioscoop worden voor het eerst nieuwsberichten getoond. Neon brengt licht in de duisternis en in Friesland wordt een officieuze elfstedentocht verreden. In Engeland gaan de suffragettes in de gevangenis in hongerstaking.

1909

31 maart Pathé-nieuws wordt in Parijse bioscopen getoond

6 april Robert Peary bereikt de Noordpool
23 april Bloedbad onder Armeniërs in Turkije
27 april Jonge Turken zetten Sultan Abdul Hamid af

18 mei Ballets Russes treedt op in Parijs

16 juli De 12 jaar oude Soltan Ahmed Mirza wordt sjah van Perzië
25 juli Blériot vliegt over het Kanaal

26 oktober De eerste minister van Japan, prins Ito Hirobumi, wordt vermoord

16 december President Jose Zelaya van Nicaragua treedt af

BOVEN: koninklijk Engeland en keizerlijk Rusland: de prins van Wales en de tsaar met hun zonen.

BOVEN: vanuit dit poolkamp bereikt de Amerikaanse commandant Robert Peary op 6 april als eerste mens de Noordpool.

BLOEDBAD ONDER ARMENIERS

Duizenden Armeniërs worden in april gedood door de Turken in de provincie Cilicia. Sultan Abdul Hamid (1842-1918) geeft daartoe opdracht nadat Armeense revolutionairen, die demonstreerden tegen de onderdrukking van het Turkse regime, de inwoners en bestuurders van Armenië ophitsten. De VS en enkele Europese landen grijpen in om een einde te maken aan de moordpartij. Abdul Hamid wordt afgezet na een unanieme stemming in de twee parlementen, die hij een jaar eerder gedwongen was op te richten. De oppositie tegen de sultan wordt geleid door de Jonge Turken, die aandringen op veranderingen in het wankelende Ottomaanse keizerrijk. De sultan wordt opgevolgd door zijn broer Mahmud Reshad.

BLERIOT OVER HET KANAAL

De Fransman Louis Blériot (1872-1936) is de eerste die over het Kanaal vliegt in zijn zelf ontworpen en gebouwde vliegtuigje. De historische vlucht van Calais naar Dover duurt amper 37 minuten.

MAROKKO

Tijdens de Marokkaanse oorlog vechten Franse en Spaanse strijdkrachten in Marokko tegen leden van de Rif-stam.

BURGEROORLOG IN NICARAGUA

In Nicaragua breekt een oorlog uit na een opstand van de conservatieven tegen de liberale dictator-president Jose Santos Zelaya. Dr. Jose Madriz wordt zijn opvolger.

BALLETS RUSSES OPGERICHT

De Russische impresario Serge Diaghilev (1872-1929) richt een gezelschap op dat een zeer grote invloed zal hebben op het 20e-eeuwse ballet. Veel van zijn dansers, choreografen en kunstenaars zijn Russische ballingen, onder wie Nijinski, Pavlova, Karsavina, Fokine en Stravinsky, maar hij weet ook de grootste Franse talenten aan te trekken. Het gezelschap staat bekend om de mengeling van klassiek ballet, passie, fantasie, kleur en geluid.

HONGERSTAKING

In Groot-Brittannië gaan suffragettes in de gevangenis in hongerstaking. De Britse regering beveelt dat zij gedwongen moeten worden te eten; de publieke verontwaardiging is groot.

KUNSTACADEMIE VAN GLASGOW

Charles Rennie Macintosh introduceert de Art Nouveau en de Weense Secessie-stijl in Schotland. De kunstacademie is een van de mooiste voorbeelden van zijn unieke stijl en is beroemd om het vernieuwende gebruik van ruimte, ongebruikelijke versieringen en verticale elementen. De bibliotheek werd in 1909 voltooid en is het allermooiste deel.

INDUSTRIE EN ARCHITECTUUR

De AEG turbinefabriek in Berlijn, ontworpen door de experimentele Duitse architect Peter Behrens (1868-1940), laat voor het eerst zien dat de moderne architectuurstijl heel geschikt is voor industriële gebouwen – en dat dergelijke gebouwen ook mooi kunnen zijn. Enorme ramen geven veel licht, en door metalen staanders en dakconstructies ontstaat een brede overspanning. Er worden geen ornamenten aangebracht – de structuur zelf is elegant genoeg.

BAKELIET, EERSTE SYNTHETISCHE PLASTIC
De in België geboren, Amerikaanse chemicus Leo Hendrik Baekeland vindt het eerste hittebestendige synthetische plastic uit. Het wordt fenolhars genoemd, maar is beter bekend onder de handelsnaam bakeliet.

NIEUWSBERICHTEN
De Franse filmpionier Charles Pathé (1863-1957) begint met het maken en vertonen van de eerste nieuwsfilm voor de Parijse bioscoop. Het volgende jaar introduceert hij het idee in de VS.

DURF HOMOSEKSUEEL TE ZIJN
Het boek *Strait is the gate* markeert het begin van de carrière van de schrijver André Gide (1869-1951). Hij verdedigt zijn recht om homoseksueel te zijn, al is het boek een eerbetoon aan zijn vrouw, in het boek *Madeleine*.

NEONVERLICHTING
De Franse wetenschapper Georges Claude ontwikkelt de neonbuis, een glazen buis met een kleine hoeveelheid neongas, dat roodgloeiend wordt als er stroom door geleid wordt. Verschillende kleuren ontstaan als er andere gassen worden toegevoegd

BELGISCHE TROON
De Belgische koning Leopold II wordt opgevolgd door zijn neef Albert.

EEN PRINSESJE
Op 30 april bevalt koningin Wilhelmina van een dochter, Juliana Louise Emma Marie Wilhelmina.

RADIO BIJ REDDING OP ZEE
De radio wordt voor de eerste keer gebruikt bij het redden van mensenlevens op zee: het schip de *Republic* is

BOVEN: Louis Blériot in zijn vliegtuigje. Later deze dag wordt Blériot de eerste mens die het Kanaal overvliegt. Hij vliegt van Frankrijk naar Engeland in slechts 37 minuten.

BOVEN: na zijn inauguratie rijden president Taft en zijn vrouw naar het Witte Huis. Taft volgt Roosevelt op..

betrokken bij een aanvaring op de Atlantische Oceaan en vraagt om hulp. Bijna alle passagiers worden gered.

ZES STUKKEN VOOR GROOT ORKEST
Dit zeer belangrijke werk van de Tweede Weense School, gecomponeerd door Anton Webern, is opmerkelijk door het gebruik van hout en percussie, waarmee een unieke orchestrale kleur en een gevoel van ruimte worden gecreëerd.

ELFSTEDENTOCHT
In Friesland vindt een elfstedentocht plaats. (De eerste officiële wordt verreden in 1912.) De rit is eerder een tocht dan een wedstrijd en de deelnemers schaatsen in tegenstelling tot tegenwoordig tegen de klok in. 22 schaatsers gaan van start en Minne Hoekstra is na 13 uur en 50 minuten de eerste van de negen schaatsers die de finish halen.

LILIOM, TONEELSTUK, MUSICAL EN FILM
De Hongaarse schrijver Ferenc Molnar schrijft *Liliom*, zijn beroemdste toneelstuk. Jaren later wordt er een musical van gemaakt (1945) en daarna de film *Carousel* (1956).

PEARY BEREIKT DE POOL
Robert E. Peary, een Amerikaans gezagvoerder, is de eerste mens die de Noordpool bereikt. Het is zijn tweede poging en hij wordt op het laatste gedeelte vergezeld door zijn collega Matthew Henson en vier Inuits.

EEN NIEUWE WERELD
De Nationale Commissie voor Natuurbeheer, ingesteld door president Roosevelt, publiceert haar eerste overzicht van de natuurlijke rijkdommen van Amerika. Op advies van de belangrijkste houtvester, Gifford Pinchot, heeft Roosevelt al diverse maatregelen afgekondigd om de natuur te beschermen.

NOBELPRIJS
De Belg A. Beernaert wordt de Nobelprijs voor de vrede toegekend.

GERONIMO (1829–1909)

De indianenleider Geronimo, die de Apaches aanvoerde in hun strijd tegen de Mexicanen en later tegen de Noord-Amerikanen, is dood. Nadat hij zich uiteindelijk had overgegeven in 1886, bekeerde hij zich tot het christendom en werd hij boer in Oklahoma. Zijn oorspronkelijke Amerikaanse naam was Goyathlay, oftewel 'Hij die gaapt'.

DE WERELD IN OORLOG

In deze periode schudde de wereld werkelijk op zijn grondvesten. De oorlog die in 1914 uitbrak, is het eerste, maar helaas niet het laatste, mondiale conflict van deze eeuw. De oorlog zal levens en sociale gewoonten voor altijd veranderen en de kaart van de wereld opnieuw inrichten. Meer dan negen miljoen mensen sterven en meer dan twaalf miljoen raken gewond. Het Verdrag van Versailles, dat een einde maakt aan de oorlog, bevat de kiem voor het conflict van twintig jaar later. Er zijn ook positieve dingen te melden, zoals de geslaagde ontdekkingstochten: de herontdekking van de Machu Picchu en de plaatsbepaling van de Zuidpool.

BLZ. 81: het Vredespaleis in Den Haag, geesteskind van Andrew Carnegie.

1910–1919

DE BELANGRIJKSTE GEBEURTENISSEN

- DE UNIE VAN ZUID-AFRIKA WORDT GEVORMD
- REVOLUTIE IN CHINA
- OORLOGEN OP DE BALKAN
- DE MEXICAANSE REVOLUTIE
- DE ARMORY-SHOW IN NEW YORK
- DE EERSTE WERELDOORLOG
- PAASOPSTAND IN DUBLIN
- EINSTEIN PUBLICEERT ZIJN RELATIVITEITSTHEORIE
- HET DADAÏSME
- EERSTE AMERIKAANSE KLINIEK VOOR GEBOORTEBEPERKING
- DE RUSSISCHE REVOLUTIE
- ATOOMSPLITSING
- VROUWENKIESRECHT IN GROOT-BRITTANNIË
- OPRICHTING VOLKENBOND
- MUSSOLINI RICHT FASCISTISCHE PARTIJ OP
- ALCOCK EN BROWN VLIEGEN OVER DE ATLANTISCHE OCEAAN
- HET BLOEDBAD IN AMRITSAR

TOTALE WERELDBEVOLKING: 1.712 MILJOEN

DE SPANNING VAN SNELHEID EN GELUID

De Unie van Zuid-Afrika wordt gevormd en Japan annexeert Korea. Zwarte Amerikanen verenigen zich om te strijden tegen de rassenscheiding, terwijl in China de slavernij wordt afgeschaft. Internationale opsporingseenheden kunnen veel sneller werken nu men de radio gebruikt om een misdadiger op te pakken. De Nederlandse regering introduceert een overheidspensioen, en een nieuwe gepassioneerde dans, de tango, verovert Europa. In Italië schrijven enkele kunstenaars een manifest, waarmee ze het verleden achter zich willen laten en snelheid en kracht begroeten.

BLZ. 83: een brand op de Wereldtentoonstelling in Brussel leidt tot een chaos.

1910

10 februari Eerste solovlucht door vrouwelijke piloot

6 mei Dood van koning Edward VII van Groot-Brittannië; George V volgt hem op
31 mei Unie van Zuid-Afrika wordt gesticht
31 mei Padvindersorganisatie voor meisjes opgericht: de gidsen

25 juni Eerste opvoering van het ballet De vuurvogel van Igor Strawinsky

1 juli Unie van Zuid-Afrika wordt een dominion
31 juli Dr. Crippen wordt gearresteerd in Canada na een tip via de radio

20 augustus Florence Nightingale, de grondlegster van de moderne verpleging, overlijdt op 91-jarige leeftijd
24 augustus Korea wordt geannexeerd

7 september Marie Curie en André Debierne isoleren zuiver radium

5 oktober Portugal wordt een republiek
30 oktober De oprichter van het Rode Kruis, Henri Dunant, overlijdt op 82-jarige leeftijd

10 december De Nederlander Johannes Diederik van der Waals krijgt de Nobelprijs voor natuurkunde

BOVEN: infraroodfotografie, ontwikkeld in de VS, toont foto's die bij daglicht zijn genomen als maanlandschappen. Later wordt de techniek ontwikkelt voor nachtelijke spionage.

RASSENVERHOUDINGEN

In New York richten Afro-Amerikaanse liberalen de Nationale organisatie voor de vooruitgang van kleurlingen (NAACP) op, met als doel een einde te maken aan de rassenscheidingen en discriminatie. De organisatie geeft de krant *The Crisis* uit, met de schrijver en professor William Du Bois (1868-1963) als redacteur. In de krant wordt over rassenverhoudingen over de hele wereld geschreven.

ZUID-AFRIKAANSE UNIE

De Unie van Zuid-Afrika ontstaat uit de voormalige Britse koloniën, de Kaap, Natal en de voormalige Boerenstaten Transvaal en Oranje-Vrijstaat. Het nieuwe land wordt een dominion van het Britse Rijk.

VROUWENSTEMRECHT IN DE VS

In de VS krijgen vrouwen in Washington het recht om te stemmen.

GRAAF LEO NIKOLAYEVITCH TOLSTOI (1828–1910)

De Russische schrijver Leo Tolstoi sterft aan een longontsteking op een rangeerterrein, op de vlucht voor zijn vrouw. Na zijn militaire dienst in de Krimoorlog en een druk sociaal leven in St.-Petersburg en in het buitenland als hoogwaardigheidsbekleder, trouwt hij in 1862 en vestigt hij zich op zijn landgoed aan de Wolga. Terwijl zijn vrouw dertien kinderen baart, schrijft hij *Oorlog en vrede* (1863-1869), *Anna Karenina* (1874-1876) en *De dood van Iwan Illyitch* (1887). Vanaf 1879 hangt hij een extreem ascetische vorm van het christendom aan, beschouwt zijn eigen werk als waardeloos en vervreemdt van zijn vrouw.

KOREA WORDT GEANNEXEERD

De Japanse regering annexeert formeel het schiereiland Korea. Japan bezette Korea tijdens de Japans-Russische oorlog van 1904-1905 en heeft er sindsdien steeds meer de macht naar zich toegetrokken.

REVOLUTIE IN PORTUGAL

Koning Manuel van Portugal wordt afgezet na een revolutie en vlucht op zijn jacht naar Gibraltar. De revolutie begon na een tien jaar durend protest tegen de monarchie. Portugal wordt een republiek en neemt het jaar erop een liberale grondwet aan.

EERSTE VROUWELIJKE PILOOT

Barones Raymonde de Laroche, een Franse pilote, wordt in februari de eerste vrouw die een solovlucht maakt. Zij is de eerste vrouw ooit die een vliegbrevet krijgt. De barones, geboren Elise Deroche, heeft gewerkt als model en actrice en beweert dat ze haar titel heeft gekregen van tsaar Nicolaas II.

SLAVERNIJ AFGESCHAFT IN CHINA

De Chinese keizerlijke regering heeft slavernij afgeschaft. Tot nu toe maakte de regerende Mantsjoe-elite slaven van krijgsgevangenen; hun bedienden hadden slaven en soms waren leden van de familie, meestal vrouwen, slaven.

ZWARTE MIGRATIE

De oprichting van de NAACP is het begin van een grote migratie. Ongeveer twee miljoen mensen verhuizen naar het noordelijk deel van de VS.

VLOEIBARE GASSEN

De Nederlandse hoogleraar Johannes Diederik van der Waals (1837-1923) krijgt de Nobelprijs voor natuurkunde voor zijn onderzoek naar de relatie tussen gassen en vloeistoffen, waardoor wetenschappers later in staat zijn de zogenaamde 'permanente' gassen om te zetten in vloeistoffen.

BOVEN: de Eiffeltoren kijkt uit over de overstroomde Seine, die de stad bijna geheel onder water zet.

VUURVOGEL

De vuurvogel van de Russische componist Igor Stravinsky (1882-1971) wordt uitgevoerd in Parijs. Het wordt gedanst door het Ballets Russes en is gebaseerd op traditionele Russische verhalen en heeft de opvallende ritmen, ongewone harmonieën en de vrolijke kleurtonen van de verschillende instrumenten, die kenmerkend zijn voor het latere werk van de componist.

CRIPPEN GEPAKT

In juli wordt voor het eerst de radio gebruikt om een misdadiger op te pakken. De kapitein van een lijnschip op de Atlantische Oceaan, op weg naar New York, seint naar Scotland Yard dat hij vermoedt de van moord verdachte dr. Hawley Harvey Crippen aan boord te hebben. Crippen wordt later aangeklaagd en schuldig bevonden aan het vergiftigen van zijn vrouw; hij wordt ter dood gebracht.

MODERNE HUISVESTING

Het moderne huis doet zijn intrede met het Steinerhuis in Wenen. Het is ontworpen door de Oostenrijkse architect Adolf Loos (1870-1933). Het huis heeft geen versieringen, het witte exterieur is symmetrisch en het heeft een plat dak. Alles is uiterst functioneel.

MARY (MORSE) BAKER EDDY (1821–1910)

De grondlegster van de Christian Science, Mary Baker Eddy, overlijdt. In haar werk *Science and health with key to the scriptures* (1875) uit ze haar overtuiging dat ziekten ingebeeld zijn. Met haar derde echtgenoot, Asa G. Eddy, richt zij in 1879 de kerk van de Christian Science op in Boston.

FUTURISTISCH MANIFEST

De Italiaanse kunstenaars Umberto Boccioni en Giacomo Balla schrijven het *Technical manifesto of futurist painting*. De artiesten zeggen dat zij snelheid en beweging uitbeelden, vooral van machines en vliegtuigen. De schilders ontwikkelen een bijzondere stijl en implementeren de gefragmenteerde stijl van het Kubisme om beweging in de ruimte te suggereren.

ELEKTRISCHE MIXER

De eerste elektrische mixer voor voedingsmiddelen voor huishoudelijk gebruik wordt gemaakt door de Hamilton Beach Manufacturing Company in Amerika.

BOVEN: prinses Hélène van Portugal op nijlpaardjacht in de Portugese koloniën in West-Afrika.

THE BIG REVIEW
FRIVOLITIES OF 1919
60 PEOPLE
GIRLS
ORCHESTRA

RADIUM GEISOLEERD
De Franse wetenschappers Marie Curie en André Debierne hebben de eerste hoeveelheid zuiver radium geïsoleerd uit het uraniumerts uraniet. Zij slaagden hierin door middel van elektrolyse.

WE DANSEN DE TANGO
Een nieuwe dans, afkomstig uit Argentinië, is de grootste rage op de dansvloeren in Europa en de VS, en de inspiratiebron voor de lange tangojurk en de bijbehorende schoenen.

KOMEET HALLEY
In mei kruist de aarde de staart van de komeet Halley, die elke 76 jaar terugkeert. Ongefundeerde angst voor 'giftige gassen' uit de staart leidt tot een grote stijging in de verkoop van een zogenaamd tegengif, 'komeetpillen'.

LINKS: de 'Zwarte Huzaren', de paramilitaire politie te paard, gebruikt knuppels en revolvers tegen stakers in Philadelphia. De staking was begonnen door trampersoneel en had zich uitgebreid tot een algemene staking.

MARK TWAIN (1835–1910)

Mark Twain, geboren als Samuel Langhorne Clemens, de Amerikaanse schrijver van de *Avonturen van Tom Sawyer* (1876) en *De Avonturen van Huckleberry Finn* (1885), overlijdt. De journalist, komiek en docent verwerkt zijn ervaringen als schipper op de Mississippi, gouddelver in Nevada en reiziger in het buitenland in zijn werk.

BOVEN: een skelet van stalen buizen ondersteunt het vliegtuig van luitenant J.W. Seddon, dat plaats biedt aan zes passagiers.

PENSIOENEN
De Nederlandse regering heeft pensioenen ingevoerd voor mensen van zeventig jaar en ouder, maar deze zullen pas vanaf de jaren '30 worden uitbetaald.

EERSTE ABSTRACTE AQUAREL
Een nieuw werkstuk zonder titel van de Russische schilder Wassily Kandinsky (1866-1944) is het begin van abstracte kunst.

HET ROBIE-HUIS
De Amerikaanse architect Frank Lloyd Wright (1867-1959) ontwerpt een serie huizen, die door hun lange, lage, horizontale lijnen uit de grond lijken op te rijzen en een eenheid met de aarde lijken te vormen – een aspect dat door Wright 'organische architectuur' wordt genoemd. In de huizen valt vooral de ruimtewerking op.

DE STANLEY CUP
De Stanley Cup, genoemd naar de gouverneur-generaal van Canada, Lord Stanley of Preston, is de prijs voor de winnaar van de professionele ijshockeycompetitie. In 1917 wordt de National Hockey League opgericht, waarin de Canadese en Amerikaanse teams tegen elkaar strijden om deze beker.

DOOD VAN DE BRITSE KONING
Edward VII overlijdt op 68-jarige leeftijd en wordt opgevolgd door zijn zoon, George V. Edward was zeer gerespecteerd en zijn voorliefde voor buitenlandse reizen en openbare ceremonies hebben zeker aan de populariteit en bekendheid van de Britse monarchie bijgedragen.

TRIOMF OP DE ZUIDPOOL EN EEN INCASTAD

De Noorse ontdekkingsreiziger Amundsen bereikt de Zuidpool, een van de laatste grote, nog niet ontdekte gebieden ter wereld. In de jungle van Peru vindt een Amerikaan de resten van een geweldige Incastad. In Mexico en China breekt een revolutie uit, Duitsland maakt duidelijk dat het land weer een rol van belang wil spelen en Italiaanse troepen vallen Tripoli binnen. Het eerste vliegdekschip wordt in gebruik genomen en de eerste torpedo wordt getest.

BLZ. 89: kapitein Robert F. Scott, de leider van de ongelukkige expeditie over de Zuidpool.

1911

18 januari Eugene Ely landt met een vliegtuig op een oorlogsschip
26 januari Eerste uitvoering van Der Rosenkavalier van Richard Strauss

23 april Franse en Algerijnse troepen trekken Marokko binnen

18 mei De Oostenrijkste componist Gustav Mahler sterft op 50-jarige leeftijd.
25 mei De Mexicaanse dictator Porfirio Diaz treedt af
30 mei De eerste Indy 500 race in de VS

9 juni De Amerikaanse activiste voor geheelonthouding Carrie Nation overlijdt op 65-jarige leeftijd

2 juli Duitsers sturen een kanonneerboot naar de Marokkaanse haven Agadir, wat leidt tot een internationaal incident

22 augustus De Mona Lisa wordt gestolen uit het Louvre

30 september Italië valt de Libische havenstad Tripoli van het Ottomaanse rijk aan

9 oktober De revolutie begint in China

4 november Einde van de crisis rond Agadir in Marokko
14 november Het eerste vliegtuig stijgt op van een schip

14 december De Noorse expeditie van Roald Amundsen bereikt de Zuidpool
31 december Marie Curie ontvangt haar tweede Nobelprijs

MEXICAANSE PRESIDENT TREEDT AF
Porfirio Díaz (1830-1915) treedt af als president van Mexico, nadat hij het land bijna 35 jaar als een dictator geregeerd heeft. Hoewel hij in het buitenland populair was, werd Diaz in eigen land gehaat vanwege zijn corruptie en bruutheid. Na de val van Diaz breken er in Mexico een lange tijd revolutie en burgeroorlog aan.

EEN BELANGRIJKE ROL
De Duitse keizer Wilhelm II (1859-1941) kondigt aan dat Duitsland van plan is "een plaats in de zon" te verwerven, waar zijn marine zorg voor zal dragen. De intentie van Duitsland om een groot rijk te stichten alarmeert Groot-Brittannië en Frankrijk. Met name het sturen van de Duitse kanonneerboot de *Panther* naar Agadir in Marokko, in juli, brengt de Franse controle over Marokko in gevaar.

ITALIANEN VALLEN TRIPOLI AAN
Italiaanse oorlogsschepen vallen in september de Libische havenstad Tripoli aan, nadat Italië het Ottomaanse Rijk de oorlog heeft verklaard. Libië is het enige deel van Noord-Afrika dat nog onder Ottomaans bestuur valt. Rond november is de Italiaanse verovering van het land een feit.

ONDER: de opgravingen bij Knossos op Kreta, het centrum van de Minoïsche beschaving met de minotaurs. Het paleis en de gebouwen zijn opgegraven door een team onder leiding van de Britse archeoloog Arthur Evans. Deze ruimten waren voorraadkelders met enorme potten en kruiken.

REVOLUTIE IN CHINA
De Chinese bevolking komt in opstand tegen de regering van de Mantsjoe-keizer Hsuan T'ung, die in januari volgend jaar aftreedt. China wordt een republiek en kiest Sun Yat-Sen (1866-1925), leider van de nationalistische Kwomintang, als de eerste president.

BLAUWE RUITERS
Wassily Kandinsky en Franz Marc richten de groep *Der blaue Reiter* op, genoemd naar een van Kandinsky's schilderijen. De zeer diverse groep kunstenaars, onder wie Paul Klee, is voorstander van het heldere kleurgebruik van de expressionisten. Er is geen stilistische grote gemene deler, maar de groep biedt de Europese avant-garde een basis.

EERSTE VLIEGDEKSCHIP
Het eerste vliegdekschip is een feit als de Amerikaanse piloot van de burgerluchtvaart Eugene B. Ely in een Curtiss-tweedekker landt op een speciaal daarvoor gebouwd platform op het halfdek van het slagschip *USS Pennsylvania*, waarbij draden, die bevestigd zijn aan zandzakken op het platform, gebruikt worden om het toestel te stoppen. Na de lunch vertrekt Ely weer. Hij was in 1910 ook al als eerste opgestegen van een schip.

EERSTE WATERVLIEGTUIG
De Franse vliegtuigontwerper Henri Fabre stijgt bij Marseille als eerste op van het water in een vliegtuig, dat is uitgerust met drijvers.

THE EGOIST
In een nieuw literair tijdschrift, *The Egoist*, met als redacteur de Amerikaanse dichter Ezra Pound (1885-1972), verschijnen enkele van de opmerkelijkste stukken –proza en poëzie– van het begin van deze eeuw. Het tijdschrift is voortgekomen uit *The Freewoman*, een onmiskenbaar feministisch blad.

SUPERGELEIDING
De Nederlandse fysicus Heike Kamerlingh Onnes (1853-1926) ontdekt in bevroren kwik supergeleiding, de eigenschap van materialen die elektriciteit kunnen geleiden. Het principe wordt later gebruikt in magneten.

NOBELPRIJS
De Nederlandse jurist Tobias Asser ontvangt de Nobelprijs voor de vrede. De Belg Maeterlinck krijgt de Nobelprijs voor de letterkunde.

LUCHTPOST
Gustav Hamel vervoert in een Blériot-vliegtuig de eerste luchtpost van Londen naar Berkshire.

DER ROSENKAVALIER
Der Rosenkavalier, waarschijnlijk zijn beroemdste en succesvolste opera, is een triomf voor de Duitse componist Richard Strauss (1864-1949) en zijn librettoschrijver, de dichter Hugo von Hofmannsthal. De opera, ook wel 'een komedie op muziek' genoemd, speelt zich af in het 18e-eeuwse Wenen en bevat veel melodieuze walsen en kleurrijke karakters.

TREEMONISHA
De Amerikaanse ragtimecomponist Scott Joplin (1868-1917) giet zijn muzikale ideeën in een melodramatische vorm. Zo ontstaat *Treemonisha*, over een niet-bestaande zwarte leider. Hoewel het stuk slechts één keer tijdens zijn leven werd opgevoerd, beschouwt Joplin het als zijn belangrijkste werk.

TORPEDO GETEST
De Italiaan Capitano Guidoni laat als eerste een 160 kg zware Whiteheadtorpedo bij wijze van proef uit een Farmandubbeldekker vallen.

INCASTAD ONTDEKT
Overwoekerd door de jungle, op een hoogte van 2500 m in de Andes in Peru, wordt door de Amerikaanse ontdekkingsreiziger Hiram Bingham, een archeoloog die aan het hoofd staat van een expeditie van Yale, de al sinds eeuwen verlaten Incastad Machu Picchu ontdekt.

TOLKOMPAS
De Amerikaanse ingenieur en uitvinder Elmer Ambrose Sperry ontwikkelt het tolkompas, een apparaat dat nauwkeuriger is dan een gewoon magnetisch kompas. Het wijst naar het echte noorden en niet naar het magnetische noorden, en wordt niet beïnvloed door de bewegingen van het schip waarop het is geïnstalleerd.

GUSTAV MAHLER (1860–1911)
De Boheemse componist en dirigent Gustav Mahler overlijdt terwijl hij de New York Philharmonic Society dirigeert. Zijn negen symfonieën, de cyclus *Kindertotenlieder* (1902) en *Das Lied von der Erde* (1908) vormen een overgang van de 19e-eeuwse romantiek naar de 20e-eeuwse atonale muziek.

ELEKTRISCH VUUR TE KOOP
Het eerste commercieel gefabriceerde elektrische vuur wordt in Groot-Brittannië op de markt gebracht door General Electric Co. (GEC).

NICARAGUA
Het blijft onrustig in Nicaragua. Met hulp van de VS volgt de conservatieve Adolfo Diaz de liberale president Jose Santos Zelaya op.

RACEBAAN
De eerste Indy 500 race vindt plaats op het circuit van Indianapolis in de VS. Er komen 77.000 bezoekers naar de openingsrace. Ray Harrou is de winnaar, de enige van de veertig deelnemers die geen monteur had meegenomen.

MASSALE DEMONSTRATIE
Tussen de 40.000 en de 60.000 vrouwen marcheren door Londen om te demonstreren voor vrouwenstemrecht.

AMUNDSEN BEREIKT DE ZUIDPOOL
De Noorse ontdekkingsreiziger Roald Amundsen (1872-1928) bereikt de Zuidpool na een tocht van meer dan 3200 km over sneeuw en ijs. Vertrouwend op zijn husky's en met een goed en efficiënt team komt hij een maand eerder aan op de Pool dan de Brit Sir Robert Scott die, samen met zijn team, de terugreis niet zal overleven.

EERSTE GASTROSCOOP
In Groot-Brittannië vindt de Londense arts William Hill de gastroscoop uit, een buis die de patiënt inslikt, zodat de arts de binnenkant van de maag kan bestuderen.

CARNEGIESTICHTING OPGERICHT
De Carnegiestichting wordt opgericht om het fortuin te beheren van Andrew Carnegie, de Schotse oprichter van Carnegie Steel. Na de verkoop van het bedrijf in 1901 stichtte Carnegie diverse filantropische en educatieve instituten en onderzoeksinstituten in Schotland en de VS.

ZEEHONDEN VANGEN VERBODEN
De conventie over pelsrobben in het noordelijk deel van de Stille Oceaan gheeft geleid tot een overeenkomst tussen de VS, Groot-Brittannië, Japan en Rusland: het vangen van zeehonden in zee wordt beëindigd, omdat het aantal pelsrobben is afgenomen tot nog maar zo'n 200.000.

DE TITANIC GAAT TEN ONDER

Er breekt wederom oorlog uit in de door conflicten geplaagde Balkan. Een burgeroorlog dreigt in Ierland en in Nicaragua wordt een opstand van de liberalen neergeslagen. De 'uiterst veilige' *Titanic* loopt op een ijsberg en zinkt; er komen meer dan 1500 mensen om het leven. Neon wordt nu gebruikt voor reclameborden en cellofaan wordt voor de handel geproduceerd. De Duitse wetenschapper Alfred Wegener oppert dat de verschillende continenten ooit één grote landmassa waren.

1912

1 maart De eerste parachutesprong uit een vliegtuig

6 juli De vijfde Olympische Spelen worden geopend in Stockholm
15 juli Yoshihito wordt keizer van Japan
11 augustus De sultan van Marokko treedt af
13 augustus De Franse componist Jules Massenet overlijdt op zeventigjarige leeftijd

1 september Franse troepen slaan een opstand in Marokko neer

8 oktober Eerste Balkanoorlog breekt uit
25 oktober Slag bij Kirk-Kilissa in de Balkan

5 november Woodrow Wilson wordt gekozen als president van de VS
5 november Slag bij Monastir in de Balkan

18 december De Piltdown-man wordt ontdekt in Engeland

BOVEN: overlevenden van de gezonken *Titanic* in reddingsboten op weg naar de *Carpathia*.

BOVEN: de overlevenden worden in de VS aan land gebracht.

BOVEN: het onderzoek naar het ongeluk met de *Titanic* wordt gehouden in de VS.
ACHTERGROND: de bouw van de *Titanic* op de werf Shorts in Belfast.

BALKANOORLOG

Er breekt een oorlog uit in de Balkan als Bulgarije, Servië, Griekenland en Montenegro een alliantie vormen in een poging het resterende gebied van de Turken in de Balkan in te nemen; ze vallen de Ottomaanse provincie Macedonië binnen. Turkije is eerder al Libië, Rodos en Dodekanisos al kwijtgeraakt aan Italië tijdens een ander conflict. In oktober, tijdens de slag bij Kirk-Kilissa, verjagen de Bulgaren de Turken en brengen hun zware verliezen toe. In november verjagen de bij Monastir vechtende Serviërs en de Griekse troepen de Turken. Er vallen 20.000 doden.

DE RAMP MET DE TITANIC

Het gigantische lijnschip de *Titanic* raakt tijdens zijn eerste vaart een ijsberg en zinkt. Van de 2224 passagiers komt meer dan de helft om het leven; velen van hen vriezen dood in het ijskoude water. Het zeer luxueuze lijnschip werd onkwetsbaar geacht vanwege de waterdichte compartimenten, maar deze konden de ramp uiteindelijk toch niet voorkomen. Het tekort aan reddingsboten maakte de tragedie nog veel groter.

RONTGENSTRALEN METEN

Max von Laue, een Duitse natuurkundige, laat röntgenstralen door een kristal schijnen en ontdekt dat hij op deze manier de golflengten van de stralen kan meten.

DREIGENDE BURGEROORLOG IERLAND

In het Lagerhuis wordt de Home Rule Bill aangenomen, waarin Ierland zelfbestuur wordt beloofd. Unionisten in het noorden van Ierland weigeren het nieuwe parlement te erkennen en dreigen met een burgeroorlog.

NIEUWE PRESIDENT VAN DE VS

Woodrow Wilson (1856-1924), gouverneur van New Jersey, wint de presidentsverkiezingen voor de democraten en wordt de 28e president van de VS. Hij is de eerste democraat sinds twintig jaar.

EINDE AAN DE CRISIS IN MAROKKO

In Marokko tekent de sultan het Verdrag van Fez, waardoor Marokko een protectoraat wordt van Frankrijk en Spanje. Hierdoor wordt de dreiging van een Europese oorlog om Marokko voorkomen, die was ontstaan na de verschijning van de Duitse kanonneerboot *Panther* in de regio.

OPSTAND IN NICARAGUA

In Nicaragua komen liberalen in opstand tegen het conservatisme en de invloed van de VS en roepen "Stop het Yankee-imperialisme". President Diaz roept de hulp van de VS in, waarop de VS 2500 mariniers stuurt. De opstand wordt binnen twee maanden onderdrukt.

AUTOBIOGRAFIE VAN EEN EX-KLEURLING
James Weldon Johnson (1871-1938), de eerste zwarte advocaat in Florida en consul voor Venezuela en Nicaragua, schrijft *Autobiography of an ex-coroled man*. Johnson probeert meer dan wie ook aan het begin van de 20e eeuw de Amerikanen te wijzen op de rijkdom van de Amerikaanse zwarte cultuur.

LOPEN
De in de Oekraïne geboren, Amerikaanse beeldhouwer Archipenko boort gaten in geheel massieve beelden om het idee van innerlijke ruimte weer te geven. Zijn sculptuur *Lopen* is het eerste massieve beeld met gaten.

QUO VADIS
De stomme Italiaanse film *Quo Vadis* van regisseur Enrico Guazzoni is de langste film die tot nog toe werd gemaakt. Het is de eerste van de verfilmingen die gemaakt worden van het boek van Henryk Sienkiewicz. Het filmepos zal een grote invloed hebben.

RECLAMELICHT
Het eerste neon reclamebord –voor het aperitief Cinzano– straalt in Parijs. Een rode neonbuislamp werd in 1910 voor het eerst in Parijs gedemonstreerd door de Franse natuurkundige Georges Claude.

PILTDOWN-MAN
In het Engelse Sussex worden een versteende schedel en kaakbeen gevonden. De resten, die de 'Piltdown'-man worden genoemd, worden gezien als de ontbrekende schakel in de ontwikkeling van de mens. Vele jaren later zal blijken dat de Piltdown-man bedrog is.

PARACHUTESPRONG
De Amerikaanse stuntman Albert Berry springt in maart als eerste uit een vliegende dubbeldekker boven St.-Louis, Missouri. Hij valt ongeveer 122 m naar beneden voor zijn parachute opengaat en heeft hiermee bewezen dat op deze manier levens gered kunnen worden.

VITAMINEN
De van oorsprong Poolse biochemicus Casimir Funk introduceert de naam *vitaminen* voor de elementen die in 1907 door Frederick Hopkins waren ontdekt.

NAAKT LOOPT VAN DE TRAP AF
Dit historische schilderij van de Franse kunstenaar Marcel Duchamps (1887-1968) is geschilderd volgens de futuristische techniek, waarbij het beeld in stukjes wordt gebroken om beweging te suggereren. Het veroorzaakt een schandaal, maar wordt een van de invloedrijkste werken uit de moderne kunst.

BOVEN: de moderne Olympische Spelen trekken steeds meer toeschouwers. Dit detail van een affiche in meerdere talen is een eerste poging tot internationale marketing.

LINKS: deze vier zusters werken in een kolenmijn in het noorden van Engeland.

RECHTS: hoewel ze nog steeds geen stemrecht hebben, krijgen vrouwen die in de mijnen werken wel dezelfde behandeling als mannen.

POSTKANTOOR EN SPAARBANK

De Spaarbank van Otto Wagner in Wenen wordt beroemd doordat de gehele constructie zichtbaar is – zelfs de klinknagels zijn te zien. De vorm en de structuur van het gebouw vormen een eenheid en er is veel metaal en glas gebruikt. Glazen tegels in de vloer laten licht door naar de kelder.

MONTESSORI-SCHOLEN

De Italiaanse onderwijskundige Maria Montessori (1870-1951) richt in Europa en New York scholen op na het succes van haar school voor verwaarloosde kinderen, die zij in 1907 in Rome opende. Onderdeel van de Montessori-methode is dat de natuurlijke drang van kinderen om te leren wordt gestimuleerd met behulp van speelgoed en puzzels.

ELEKTRISCH FORNUIS

Het elektrische fornuis, dat is uitgevonden door de Britse ingenieur Charles Belling, is de succesvolste van diverse pogingen om elektriciteit toe te passen in de keuken. De temperatuur van de elektrische fornuizen kan nog niet geregeld worden.

GITANJALI

De Indiase dichter Rabindranath Tagore (1861-1941) ver-

BOVEN: landelijke bijeenkomst van de republikeinen in Chicago. Door de verkiezing van William Howard Taft als kandidaat voor het presidentschap wordt Roosevelt gedwongen de partij te verlaten om het tegen Taft op te nemen.

CONTINENTEN DRIJVEN

De Duitse wetenschapper Alfred Wegener (1880-1930) beweert dat Afrika en Zuid-Amerika ooit één geheel vormden en uiteenvielen door een proces dat hij 'continentale verlijering' noemt. Omdat hij geen geoloog maar meteoroloog is, lachen geologen om zijn theorie.

PIERROT LUNAIRE

Een 'melodrama', waarin een vrouwelijke actrice (verkleed als mannelijke pierrot met een witgeschminkt gezicht) half zingend en half sprekend het stuk *Pierrot* van de Oostenrijks-Hongaarse componist Arnold Schönberg uitvoert, is aanvankelijk schokkend, maar wordt uiteindelijk een klassieker. De techniek van half spreken en half zingen heet in Duitsland *Sprechstimme*. Het is weliswaar niet door Schönberg bedacht, maar in *Pierrot* worden wel voor het eerst de vele mogelijkheden ervan aangetoond.

BOVEN: Russische boeren in de streek Novgorod. In dit decennium zal er veel veranderen in hun situatie.

taalt zijn reeks gedichten *Gitanjali* in het Engels, waardoor de mystieke dichter heel beroemd in Europa wordt. De Ier W.B. Yeats schrijft het voorwoord en werkt op deze manier mee aan de eerste publicatie van Indiase dichtkunst in het Westen.

OLYMPISCHE SPELEN

Atleten uit vijf continenten strijden tegen elkaar tijdens de vijfde Olympische Spelen, die in Stockholm in Zweden worden gehouden. Er doen meer vrouwen mee, en de fotofinish en de elektronische tijdmeting worden geïntroduceerd. De Amerikaanse atleet Jim Thorpe wint twee gouden medailles, maar moet ze afstaan, omdat hij vroeger als honkbalspeler betaald werd en dus geen amateursporter is.

VROUWENSTEMRECHT

In de VS verlenen Arizona, Kansas en Oregon de vrouwen het recht om te stemmen. In Groot-Brittannië vallen suffragettes het Lagerhuis binnen en breken etalageruiten tijdens een georganiseerde demonstratie. Meer dan tweehonderd vrouwen worden gearresteerd.

JUNG VERSUS FREUD

Karl Jung (1875-1961), de Zwitserse pionier van de psychologie, die in 1911 voorzitter werd van de Internationale Vereniging voor Psychoanalyse, schrijft *Psychologie van het onderbewustzijn*. Hierin wordt het meningsverschil uitgelegd, dat hij heeft met zijn collega Sigmund Freud over de seksuele oorsprong van onbewust gedrag.

COMMERCIEEL CELLOFAAN

Cellofaan, ontwikkeld door de Zwitserse chemicus Jacques Brandenberger, wordt commercieel gefabriceerd in Parijs. Het wordt als inpakmateriaal gebruikt.

JOHAN AUGUST STRINDBERG (1849–1912)

August Strindberg, de controversiële Zweedse schrijver, overlijdt. Zijn werk heeft een grote invloed op de 20e-eeuwse toneelschrijvers. Zijn boek *De rode kamer* (1879) introduceert het naturalisme in Zweden en zijn toneelstukken voor grote en kleine gezelschappen, zoals *De vader* (1887), *Miss Julie* (1888) en *De geest Sonata* (1907) zijn een combinatie van naturalisme en psychoanalyse.

DONKERE WOLKEN BOVEN DE BALKAN

De moeilijkheden in de Balkan duren voort, terwijl de wereld gestaag op weg is naar een oorlog. De oppositie in Mexico wordt heviger en het eerste gevecht vindt in de lucht plaats. Strawinski's *Le sacre du printemps* veroorzaakt een rel en in New York kunnen de Amerikanen op de Armory-show voor het eerst moderne kunst uit Europa bewonderen. De Woolworth Building, ook in New York, is het hoogste gebouw. Vitamine A en B worden geïsoleerd en in Groot-Brittannië wordt de sociale verzekering ingevoerd.

1913

2 februari Het grootste station, Grand Central Station in New York, wordt geopend
23 februari Afgezette president doodgeschoten in Mexico

18 maart Koning George I van Griekenland wordt vermoord in Thessaloniki

10 mei Mexicaanse kanonneerboten getorpedeerd
29 mei Het ballet *Le sacre du printemps* van Strawinsky leidt in Parijs tot rellen
30 mei Einde eerste Balkanoorlog

8 juni De Britse suffragette Emily Davidson verongelukt

31 juli De tweede Balkanoorlog breekt uit als Bulgarije Servië aanvalt

10 augustus Het verdrag van Bukarest beëindigt de tweede Balkanoorlog

29 september Rudolf Diesel, uitvinder van de dieselmotor, overlijdt op 55-jarige leeftijd

10 oktober Laatste rotsobstakel voor het Panamakanaal wordt opgeblazen

10 december De Nederlander Kamerlingh Onnes krijgt de Nobelprijs voor natuurkunde

BLZ. 99: de activiste Emily Davison is dodelijk gewond, nadat ze onder het paard van de koning, Anmer, is gevallen tijdens de jaarlijkse race van Derby.

PHIL COOPER

BOVEN: een van de opmerkelijke foto's van Eadward Muybridge, waarin hij het lichaam in beweging heeft vastgelegd. Zijn werk heeft een grote invloed op kunstenaars van die tijd.

BALKANOORLOGEN
In maart geeft Adrianopel zich over aan de Bulgaren, die de stad belegerden, en in mei wordt een vredesverdrag gesloten met de Turken. Er breekt echter opnieuw oorlog uit en de Turken heroveren Adrianopel. Na een oorlog van een jaar waarin hard gevochten is, keert in augustus eindelijk de vrede terug in de Balkan. Door het verdrag wordt het Ottomaanse Rijk in Europa teruggebracht tot Constantinopel en omgeving, komt er een nieuwe staat Albanië, worden Servië en Montenegro tweemaal zo groot en wordt de status van Griekenland als belangrijkste macht in de Egeïsche Zee bevestigd. Zowel Bulgarije als Turkije betreuren de overeenkomst.

MEXICAANSE REVOLUTIE
De rechtse generaal Victoriano Huerta grijpt de macht van de gekozen president Madero, die vervolgens wordt vermoord. Huerta's dictatoriale regime leidt onder aanvoering van generaal Alvaro Obregon en de opstandelingen Francisco 'Pancho' Villa en Emiliano Zapata tot rellen. In mei gooit piloot Didier Masson, een medestander van de rebellen, voor het eerst granaten op een vijandige oorlogsbodem als hij Mexicaanse kanonneerboten aanvalt in de Guayamasbaai. In november vindt het eerste luchtgevecht ooit plaats: een vliegtuig met piloot Phillip Rader, een medestander van president Huerta, en een vliegtuig van de opstandelingen met piloot Dean Ivan Lamb vuren schoten op elkaar af.

A BOY'S WILL
De Amerikaanse dichter Robert Frost (1874-1963) voltooit zijn eerste dichtbundel en voor het eerst is een authentieke Amerikaanse stem te horen in de moderne dichtkunst.

PANAMA-KANAAL GEOPEND
Het kanaal dat de verbinding legt tussen de Stille en de Atlantische Oceaan wordt eindelijk geopend. Het kanaal loopt door een door de VS gecontroleerde zone en bekort de reis van de Amerikaanse oost- naar de westkust aanzienlijk.

GRIEKSE KONING VERMOORD
Koning George I van Griekenland wordt vermoord door Alexander Schinas in Thessaloniki, de stad die pas werd veroverd op de Turken. George was koning sedert 1863 en wordt opgevolgd door zijn zoon, Constantijn I.

VROUWENSTEMRECHT
In de VS leiden Alice Paul en Lucy Burns in Washington een demonstratie van vijfduizend mensen die stemrecht voor vrouwen eisen op de dag voor de inauguratie van president Wilson. In Groot-Brittannië overlijdt de Britse suffragette Emily Davison, nadat ze bij de Derby onder de hoeven van het paard van de koning is gekomen.

LES GRANDES MEAULNES
In zijn enige voltooide boek roept de Franse schrijver Alain-Fournier (1886-1914), die in de eerste weken van de Eerste Wereldoorlog zal sterven, een droomwereld en een kinderwereld op, die beide definitief verloren zijn. Het is een van de weinige succesvolle boeken uit de symbolistische stroming in kunst en literatuur.

THE FOURTH OF JULY
In dit nieuwe werk creeërt de Amerikaanse componist Charles Ives (1874-1954) een uniek geluid, waarin veel stukjes van Amerikaanse deuntjes verwerkt zijn. De techniek en de harmonieleer zijn de voorlopers van veel latere ontwikkelingen. Ives is overigens een verzekeringsagent die in zijn vrije tijd componeert.

LENTERITUEEL VEROORZAAKT RELLEN
Le sacre du printemps van de Russische componist Igor Strawinsky (1882-1971) gaat in Parijs in première. Het wordt uitgevoerd door het Ballets Russes en beeldt een vruchtbaarheidsrite uit die eindigt in een rituele offerande. Het stuk veroorzaakt een rel in het theater. Door het strakke ritme en de levendige orkestratie wordt het werk een van de populairste composities van de 20e eeuw.

DE MANIER VAN SWANN
Het eerste deel van de beroemde roman van de Franse schrijver Marcel Proust, *A la recherche du temps perdu* (1913-1927), wordt gepubliceerd. De breed uitgemeten beschrijving van herinnering en karakter maakt het tot een belangrijk literair werk. Het literaire doel van Proust is de creatieve energie die voortkomt uit ervaringen uit het verleden, los te maken uit de verborgen ruimten van het onderbewustzijn.

ROESTVRIJSTAAL
De metalurgen Henry Brearley (Groot-Brittannië) en F.M. Becker (VS) vervaardigen roestvrijstaal, een legering van ijzer en chroom die niet kan roesten.

ARMORYTENTOONSTELLING
Zo'n 1600 werken, waaronder ongeveer vierhonderd moderne Europese stukken, worden getoond op de Armoryshow in New York. Zo krijgt Amerika de kans veel moderne Europese werken voor het eerst te zien, en moderne kunstenaars krijgen er veel publiciteit door. Enkele werken, zoals *Blauw naakt* van Matisse (waarvan een afbeelding wordt verbrand) en *Naakt dat van de trap af komt* van Duchamp wekken veel beroering.

HOOGSTE GEBOUW TER WERELD
De Woolworth Building in New York, de wolkenkrabber in gotische stijl van architect Cass Gilbert, is 241 m hoog en daarmee het hoogste gebouw ter wereld. Het is zo hoog dat mede daarom besloten wordt zones in te stellen, waarin hoge gebouwen naar achteren geplaatst moeten worden om licht toe te laten en de windstroom te verbeteren.

PROFESSOR IN DE SOCIOLOGIE
De socioloog Emile Durkheim (1858-1917), die in Frankrijk baanbrekend werk heeft verricht, wordt de eerste professor in de sociologie aan de Sorbonne in Parijs.

PRIJS VOOR ONNES
De Nederlandse wetenschapper Heike Kamerlingh Onnes krijgt de Nobelprijs voor natuurkunde voor het vloeibaar maken van helium.

NOBELPRIJS
De Belg H. la Fontaine ontvangst de Nobelprijs voor de vrede.

LAMPEN MET GAS
De Amerikaanse chemicus Irving Langmuir ontdekt dat elektrische lampen langer werken als ze worden gevuld met een edel gas zoals stikstof of argon.

NATIONALE VERZEKERING
In Groot-Brittannië worden Britse arbeiders via een National Health Insurance Act uitbetaald. Volgens deze overeenkomst zullen de staat en de werkgever een beperkte financiële bijdrage geven bij ziekte en werkloosheid. De opzet van deze sociale verzekering is gebaseerd op soortgelijke verzekeringen, waar de Scandinavische regering aan het einde van de 19e eeuw en de Nederlandse regering al in 1901 mee begonnen.

ONTDEKKING VAN DE OZONLAAG
De Franse natuurkundige Charles Fabry ontdekt dat er hoeveelheden ozon zitten in de bovenste laag van de atmosfeer op 10 tot 48 km hoogte.

VITAMINE A EN B
De Amerikaanse biochemicus Elmer Verner McCollum ontdekt vitamine A en B, elementen in bepaalde vetsoorten, die letterlijk van levensbelang zijn.

ONDER: leden van de Schotse Zuidpoolexpeditie, onder wie Scott (midden) en Oates (tweede van rechts). Vijf leden komen om het leven, onder wie Scott.

DEN NORWEGERN

GEDRAGSPSYCHOLOGIE

In *Behaviourism* beweert John Broadus Watson (1878-1958), een Amerikaanse hoogleraar in de psychologie, dat psychologie de studie van het zichtbare gedrag is, dat op zijn beurt een respons is op een fysiologische stimulus. Deze 'gedragspsychologische' benadering van de psychologie wordt goed ontvangen.

KOELKAST TE KOOP

De eerste elektrische koelkast wordt in Chicago in de VS verkocht. De compressor (die lucht samenperst om de temperatuur te verlagen) wordt aangedreven door een elektromotor in plaats van door een motor op stoom.

LINKS: een indrukwekkend cadeau van de Duitse keizer een het Noorse volk: een kolossaal beeld van Frithjof.

ONDER: diamantzoekers rennen om een stukje grond te claimen in Killarney, het nieuwe 'El Dorado' van Zuid-Afrika.

KUNSTNIER

In dit jaar ontwikkelen de Amerikaanse farmacoloog Jon James Abel en zijn collega's de eerste kunstnier. De nier is echter nog niet bruikbaar.

VREDESPALEIS

In Den Haag opent koningin Wilhelmina het Vredespaleis.

HARRIET TUBMAN (1821–1913)

De voormalige slavin Harriet Tubman overlijdt in haar huis is Auburn, New York. Tubman is een moedige vrouw die bekendstaat als 'de Mozes van haar volk', omdat ze, nadat ze zelf is ontsnapt, meer dan driehonderd slaven naar de vrijheid smokkelt via de zogenaamde Ondergrondse Spoorlijn.

HET EIND VAN DE GOUDEN ZOMER

Aartshertog Franz Ferdinand komt bij een aanslag in Sarajevo om het leven. De rivaliserende Europese machten mobiliseren hun troepen en in augustus zijn Frankrijk, Groot-Brittannië en Rusland in oorlog met Duitsland en Oostenrijk-Hongarije – het eerste mondiale conflict is hard op weg een feit te worden. Aan de andere kant van de oceaan wordt het Panamakanaal geopend en moederdag uitgevonden.

BLZ. 105: soldaten ploeteren voort door de modder in de loopgravenoorlog die later de Eerste Wereldoorlog werd genoemd.

1914

28 juni De Servische student Gavrilo Princip vermoordt in Sarajevo aartshertog Franz Ferdinand van Oostenrijk

28 juli Oostenrijk-Hongarije verklaart de oorlog aan Servië
29 juli Rusland mobiliseert zijn leger
30 juli In Groot-Brittannië wordt de overeenkomst over Iers zelfbestuur uitgesteld

1 augustus Duitsland verklaart Rusland de oorlog vanwege de Russische mobilisatie
3 augustus Duitsland verklaart Frankrijk, een bondgenoot van Rusland, de oorlog
4 augustus Duitsland valt België binnen om Frankrijk te bereiken; Groot-Brittannië verklaart Duitsland de oorlog
6 augustus Oostenrijk-Hongarije verklaart Rusland de oorlog
14 augustus Officiële opening van het Panamakanaal
23 augustus De slag bij Mons: het Britse leger begint zich terug te trekken
26-30 augustus De slag bij Tannenberg: Rusland wordt verslagen door Duitsland

5 september De Duitsers nemen Reims in
6-8 september De slag bij de Marne: de Duitse opmars wordt gestopt
19 september Zuid-Afrikaanse troepen vallen Duits West-Afrika (Namibië) binnen
23 september Duitsers brengen Britse schepen tot zinken voor de kust van Nederland

13 oktober Het Ottomaanse rijk (Turkije) sluit zich, aan Duitse zijde, bij de oorlog aan
14 oktober-11 november Slag bij Ieper
23-24 oktober Slag bij Mons

11 november Loopgravenoorlog aan het westelijk front in Frankrijk

11 december Slag om de Falkland Eilanden: vier Duitse kruisers zinken
25 december Kerstbestand aan het westelijk front

DE EERSTE WERELDOORLOG BREEKT UIT

In juni wordt in Sarajevo de Oostenrijkse troonopvolger aartshertog Franz Ferdinand vermoord door de Servische Gavrilo Princip. De Oostenrijkse regering verdenkt Servië van betrokkenheid bij de moord en dreigt met vergeldingsacties. De rivaliserende Europese machten mobiliseren na de moord hun legers. Oostenrijk verklaart Servië, dat wordt gesteund door Rusland, de oorlog en valt het land binnen. Duitsland betuigt steun aan Oostenrijk en verklaart Rusland de oorlog. Frankrijk steunt Rusland en maakt zich op voor een oorlog. In augustus valt Duitsland België binnen om via dat land Frankrijk binnen te kunnen vallen, waarna Groot-Brittannië Duitsland de oorlog verklaart. (Italië, Nederland, Spanje, Portugal en Scandinavië raken niet betrokken bij de oorlog.) In september breidt de oorlog zich uit naar de Stille Oceaan en Afrika, wanneer Britse troepen de Duitse koloniën Togo, Kameroen, Duits Oost-Afrika, Duits Zuidwest-Afrika, Nieuw-Guinea en de Carolina Eilanden veroveren. Er wordt nu letterlijk overal ter wereld gevochten.

BOVEN: *HMS Iron Duke* strijdt op de Noordzee.

ONDER: beide zijden maken al snel gebruik van vliegtuigen.

BOVEN: bommen worden uit een vliegtuig geworpen.

BOVEN: de Amerikaanse artillerie speelt een essentiële rol in het laatste jaar van de oorlog. Dit kanon kan op een treinwagon worden gezet en zo gemakkelijk vervoerd en afgevuurd worden.

BOVEN: de bemanning van een Duitse onderzeeër.

LINKS: Duitse commandanten bepalen de tactiek en de strategie in het veld.

RECHTS: wanneer de soldaten uit de loopgraven klimmen, worden ze maar al te vaak direct neergeschoten.

BLZ. 109 ONDER: Oostenrijkse troepen executeren geblinddoekte Servische gevangenen.

FILMSTER

De Amerikaanse actrice Mary Pickford (1893-1979) is de ster van *Tess of the storm country*, een film van Edward S. Porter. Het is haar eerste grote film en een van de vele die haar de naam 'godin van het witte doek' zullen bezorgen.

DE EERSTE TARZAN

Tarzan of the apes door Edgar Rise Burroughs wordt gepubliceerd. Het is de eerste van een reeks boeken over Tarzan, een Britse aristocraat die wordt achtergelaten in het oerwoud en wordt grootgebracht door de apen.

OPENING VAN HET PANAMAKANAAL

Het Panamakanaal wordt in augustus officieel geopend voor scheepvaartverkeer. Er is tien jaar aan gewerkt – kosten: 380 miljoen dollar. Een scheepsreis van New York naar San Francisco is nu ongeveer 12.500 km korter.

DE EERSTE VERKEERSLICHTEN

Vanwege het groeiende aantal auto's worden de allereerste verkeerslichten met twee kleuren –rood en groen– geplaatst in Cleveland, Ohio, op het kruispunt van Euclid Avenue en 105th Street.

SUFFRAGETTES TEKENEN VOOR DE OORLOG

Na jaren tegen de Britse regering gestreden te hebben sporen de suffragettes Emmeline en Christabel Pankhurst vrouwen aan zich in te zetten voor de oorlog. Velen geven gehoor aan deze oproep; sommigen sluiten zich aan bij een internationale vredesbeweging voor vrouwen.

HORMOON GEISOLEERD

De Amerikaanse biochemicus Edward Calvin Kendall (1886-1972) isoleert het hormoon thyroxine in gekristalliseerde vorm. Dit hormoon is essentieel voor de lichamelijke groei en de geestelijke ontwikkeling.

A BLUE NOTE

De donkere componist W.C. Handy (1873-1958) wordt bekend als de 'vader van de blues' met nummers als *St. Louis Blues*. Hij mengt ragtime met jazz en bedenkt een karakteristiek effect met 'a blue note': een zevende noot op de balk, ongeveer een halve toon lager, afkomstig uit de traditionele negermuziek.

PORTRAIT OF THE ARTIST AS A YOUNG MAN

De semi-autobiografische roman *A portrait of the artist as a young man* van de Ierse schrijver James Joyce (1882-1941) wordt in afleveringen gepubliceerd in *The Egoist*. Het is een klassieke 'Bildungsroman' en een inspiratiebron voor andere schrijvers. *Dubliners*, een bundel korte verhalen van Joyce, verschijnt hetzelfde jaar.

DE KERN VAN DE AARDE

Na het bestuderen van aardbevingen komt de Amerikaanse geoloog Beno Gutenberg tot de conclusie de de aarde een centrale kern heeft – een theorie die nu algemeen wordt geaccepteerd.

DE EERSTE BH

De eerste bh komt op de markt en is gebaseerd op een ontwerp van Mary Phelps Jacob. Haar eerste model wordt gemaakt van twee zakdoeken en een stuk elastiek.

VOETBAL IN DE LOOPGRAVEN

Tijdens het kerstbestand spelen Duitse en Britse soldaten in Frankrijk een partijtje voetbal in het niemandsland tussen de loopgraven.

MOEDERDAG

Moederdag wordt ingevoerd in de VS na initiatieven van Anna Jarvis uit West Virginia, die haar overleden moeder gedenkt op 10 mei. Het congres tekent een besluit dat de tweede zondag in mei voortaan een nationale feestdag is.

GAS, GALLIPOLI EN ZEPPELIN

Rond Kerst wordt de oorlog heviger. Door de verbeterde technologie is het machinegeweer nu een vreselijke machine en beide zijden maken gebruik van gifgas – de resultaten zijn afschuwelijk. Zeppelins bombarderen de Britse steden. Italië raakt betrokken bij de oorlog. De *Lusitania* wordt door Duitse onderzeeboten tot zinken gebracht. En terwijl de mannen oorlog voeren, komen de vrouwen in Den Haag om te praten over vrede. Radiogolven worden over de Atlantische oceaan gezonden en in de VS krijgt de racistische Ku Klux Klan meer aanhangers.

BLZ. 111: Turkse troepen bij Gallipoli, de strijd die bijna een jaar duurde.

1915

9 januari Duitse zeppelins bombarderen Engelse steden

2 februari Duitsland legt een blokkade van onderzeeërs voor de Britse kust

19 februari Britse schepen nemen Turkse forten op de Dardanellen onder vuur

22 april-25 mei Duitsers gebruiken bij Ieper voor het eerst gifgas

25 april Britse, Australische en Nieuw-Zeelandse troepen landen in Gallipoli

7 mei Duitse onderzeeër brengt het Britse lijnschip Lusitania tot zinken

23 mei Italië verklaart Oostenrijk-Hongarije de oorlog

1 juni Zeppelins bombarderen Londen

30 augustus Duitsers nemen het Russische fort Brest-Litovsk in

5 september De tsaar neemt het commando over de Russische troepen over

12 oktober De Britse verpleegster Edith Cavell wordt doodgeschoten in het door de Duitsers bezette België

5 november Voor het eerst stijgt een vliegtuig op van een Amerikaanse vliegdekschip

10 december De 100e auto rolt van de lopende band in de Fordfabriek

20 december De strijd om Gallipoli wordt beëindigd

ITALIE MENGT ZICH IN DE OORLOG
Na het afwijzen van een alliantie met Duitsland en Oostenrijk mengt Italië zich in de oorlog en bezet het Italiaans sprekende deel van Oostenrijk. Ondanks de successen in het begin blijven enkele gevechten aan de rivier Isonzo van het Italiaanse tegen het Oostenrijkse leger onbeslist.

NEDERLAND BLIJFT NEUTRAAL
Nederland blijft tijdens de hele Eerste Wereldoorlog neutraal.

ONDERGANG VAN DE LUSITANIA
Het lijnschip *Lusitania* zinkt voor de kust van Ierland, nadat het zonder waarschuwing vooraf getorpedeerd werd door een Duitse onderzeeboot. Meer dan 1100 van de 1978 opvarenden verdrinken, waaronder 128 Amerikaanse staatsburgers. Het incident versterkt de anti-Duitse gevoelens in de VS, die neutraal proberen te blijven.

VERPLEEGSTER GEEXECUTEERD
In België wordt de Britse verpleegster Edith Cavell (geb. 1865) geëxecuteerd door een Duits vuurpeleton. Ze had dienstplichtige Belgen helpen onderduiken en Britse en Franse soldaten over de Nederlandse grens geholpen. Haar dood veroorzaakt internationaal verontwaardiging.

GESYNCHRONISEERD MACHINEGEWEER
Duitsland introduceert een apparaat waarmee een machinegeweer gesynchroniseerd wordt, zodat de kogels door een ronddraaiende propellor van een vliegtuig kunnen worden afgevuurd zonder de bladen te raken. Het apparaat wordt geïnstalleerd op een Fokker E-1 gevechtsvliegtuig.

GIFGAS
Duitse eenheden gebruiken chloorgas tegen Britse troepen in Ieper; de gevolgen zijn afschuwelijk. In de volgende vier jaar worden aan beide zijden fosgeen en mosterdgas ontwikkeld, die vreselijke verwondingen en heel veel doden tot gevolg hebben.

VROUWEN IN DEN HAAG
In april komen in Den Haag tweeduizend vrouwen uit veel verschillende landen samen om te praten over de mogelijkheden de oorlog te beëindigen. Ze richten de Internationale Organisatie van Vrouwen voor Vrede en Vrijheid op en spreken af dat zij bij hun regeringen zullen pleiten voor de vrede. Rond november hebben de vrouwen organisaties opgericht in elf Europese landen, waaronder Oostenrijk, België, Groot-Brittannië, Duitsland, Italië, Frankrijk en Hongarije.

BOVEN: de fanatieke Ku Klux Klan op een bijeenkomst in Atlanta, Georgia.

LINKS: het passagiersschip *Lusitania*, dat niet veel later vernield zou worden.

OPLEVING VAN DE KKK
De Ku Klux Klan, de blanke racistische organisatie die werd opgericht in de zuidelijke staten van de VS na de Burgeroorlog, wordt in Atlanta, Georgia, nieuw leven ingeblazen door de voormalige dominee William J. Simmons.

EEN NATIE WORDT GEBOREN
The birth of a nation, de beroemdste van alle prachtige stomme films van de Amerikaanse regisseur D.W. Griffith, wordt in de bioscopen getoond. Het is een verhaal over de Amerikaanse Burgeroorlog en in de film wordt op een bijzondere manier gebruik gemaakt van close-ups, fade-outs en flashbacks. Er is echter kritiek op Griffith (1875-1948) vanwege zijn vooroordelen over rassen en de verheerlijking van de Ku Klux Klan.

HOGER ONDERWIJS VOOR CHINESE VROUWEN
Het Ginling College, het eerste Chinese instituut voor hoger onderwijs voor vrouwen, wordt geopend in Nanking.

DE GOEDE SOLDAAT
Met *The good soldier* krijgt de schrijver Ford Madox Ford (1873-1939) grote bekendheid. De roman wordt geprezen om zijn subtiele beschrijving van de illusies en waarheden van het leven. Ford staat ook bekend om zijn voorliefde voor experimenten met fictie en zijn steun aan belangrijke schrijvers als D.H. Lawrence in het begin van hun carrière.

HERLAND
Nadat ze het verhaal *The yellow wallpaper* (1892) over de zenuwinzinking van een jonge victoriaanse vrouw heeft geschreven, schrijft de Amerikaanse feministe Charlotte Perkins Gilman (1860-1935) *Herland*, een feministische utopie.

INTERLOKAAL TELEFONEREN
In januari wordt de eerste Noord-Amerikaanse transcontinentale telefoondienst geopend tussen New York en San

ONDER: de Duitse kruiser *Eleucher* zinkt in de Noordzee.

BOVEN: een Duitse onderzeeër in wilde zee.

BOVEN: een Turks veldhospitaal in Gallipoli.

Francisco. Initiatiefnemers zijn de uitvinder van de telefoon, de Schot Alexander Graham Bell (1847-1922), en zijn voormalige assistent Thomas Watson.

GELANCEERD
In november stijgt een vliegboot op vanaf het dek van de Amerikaanse oorlogsbodem *Carolina* in Pensacola Bay, Florida – het is het eerste vliegtuig dat op deze manier op zee wordt gelanceerd.

ZWART VIERKANT
De Russische schilder Kasimir Malevich (1878-1935) gaat nog verder dan de kubisten en brengt abstractie in zijn schilderijen terug tot eenvoudige composities van vlakke geometrische vormen. Hij noemt dit 'suprematisme'.

TRANSATLANTISCH SPREKEN
Voor het eerst wordt een gesprek via de radio naar de andere kant van de Atlantische Oceaan verzonden. Het wordt verstuurd vanaf een Amerikaanse marinebasis in Virginia en opgevangen in Parijs door een station op de Eiffeltoren.

PAUL EHRLICH (1854–1915)

De in Duitsland geboren chemicus, bacterioloog en haematoloog Paul Ehrlich overlijdt. Hij is de eerste die experimenteerde met chemotherapie, ontwikkelt een succesvolle behandeling voor syfilis en krijgt in 1908 de Nobelprijs voor zijn werk op het gebied van de fysiologie en de geneeskunde.

HET WESTELIJK FRONT

De oorlog houdt de hele wereld bezig. En zoals wel vaker stimuleert de oorlog de techniek; er verschijnt een nieuw wapen: de tank, die voor het eerst wordt ingezet aan de Somme. De plastische chirurgie wordt ontwikkeld naar aanleiding van de vreselijke verwondingen die de soldaten oplopen. In Ierland wordt de Paasopstand met geweld neergeslagen en in Rusland wordt de monnik Raspoetin vermoord. De kunststroming Dadaïsme protesteert tegen de oorlogsslachtingen.

BLZ. 117: voor het eerst worden ook tanks ingezet in een oorlog. Tanks zijn een Britse uitvinding en worden voor het eerst gebruikt bij Cambrai in Frankrijk.

1916

6 januari Het Britse Lagerhuis stemt voor invoering van militaire dienstplicht
16 januari De slag om Gallipoli eindigt als de geallieerde troepen zich terugtrekken

21 februari De slag bij Verdun begint na een Duitse aanval en eindigt op 18 december

25 april In Ierland wordt de Paasopstand na een week neergeslagen

21 mei-1 juni Slag om Jutland

6 juni Veldmaarschalk Kitchener, de Britse minister van Oorlog, verdrinkt
21 juni De Arabische leider Hussein, de sjeik van Mekka, komt in opstand tegen de Turken die Arabië overheersen

1 juli-18 november De slag aan de Somme aan het westfront. Beide zijden lijden enorme verliezen: meer dan 1.260.000 doden en gewonden

15 september De Britten zetten tanks in bij de slag aan de Somme

21 november Keizer Franz Jozef van Oostenrijk-Hongarije overlijdt op 86-jarige leeftijd

7 december David Lloyd George wordt premier van Groot-Brittannië
30 december Grigori Raspoetin, uitgeroepen tot 'heilige' en adviseur van de tsarina van Rusland, wordt door enkele edellieden vermoord

BOVEN: pantserkruisers stomen op in formatie.

MEXICAANSE REVOLUTIE
In Mexico steken soldaten van rebellenleider Pancho Villa de grens met de VS over en doden achttien Amerikaanse werknemers van een mijnbouwmaatschappij. Als vergelding vallen Amerikaanse troepen Mexico binnen en vallen Villa aan, waarbij zijn leger wordt verslagen en dertig van zijn mensen worden gedood.

PAASOPROER
Opstandige Ierse republikeinen vallen op eerste Paasdag strategische gebouwen in Dublin aan en roepen de Ierse Republiek uit. De Britten beschieten de stad om een einde te maken aan de opstand, die zich uitbreidt naar andere steden in Ierland, en executeren de leiders. Als gevolg hiervan neemt de steun voor de Ierse onafhankelijkheid in heel Ierland toe.

RASPOETIN
In Petrograd vermoordt een groep edellieden Raspoetin, de Siberische monnik en mysticus die beticht werd van inmenging in staatszaken.

EASTER 1916
De Ierse dichter W.B. Yeats (1865-1939) schrijft het ontroerende gedicht *Easter 1916* over het Ierse Paasoproer. In het gedicht worden de Ierse nationalistische helden verheerlijkt, en de regel "A terrible beauty is born" vat de gebeurtenis treffend samen. In 1922, na de Engels-Ierse oorlog, wordt Yeats parlementslid voor de Ierse Vrijstaat.

ARABISCHE OPSTAND
De Arabieren komen in opstand tegen hun Ottomaanse overheersers in Hejaz in Saudi-Arabië. De opstand wordt geleid door emir Feisal en zijn zoon Hussein en wordt gesteund door de Britse kolonel T.E. Lawrence.

BRITSE DIENSTPLICHT
In Groot-Brittannië stemt het Lagerhuis in met de invoering van de dienstplicht. De regering was er steeds van uitgegaan dat mannelijke vrijgezellen zich zouden aanmelden als vrijwilligers, maar door de verliezen aan het westelijke front zijn de aanmeldingen minimaal.

DOOD VAN EEN KEIZER
Franz Jozef, de keizer van Oostenrijk-Hongarije, overlijdt

op 86-jarige leeftijd. Hij regeerde zijn land sinds 1848 en wordt opgevolgd door zijn achterneef Karel I.

HET DEBUUT VAN DE TANK
In Groot-Brittannië worden de eerste tankoefeningen gehouden. De tank wordt voor het eerst ingezet bij de slag aan de Somme. Het nieuwe oorlogstuig is een gepantserd voertuig, dat zich ook over het moeilijkste terrein kan voortbewegen en hevig artillerievuur kan weerstaan.

PLASTISCHE CHIRURGIE
De Britse chirurg Harold Gilles start een afdeling voor plastische chirurgie om de tweeduizend gevallen van aangezichtsletsel na de slag aan de Somme te behandelen.

SCHEEPVAARTHUIS
Een opvallend, nieuw gebouw is neergezet in Amsterdam, het Scheepvaarthuis. Het kantoorgebouw, dat gebruikt wordt door zes scheepvaartmaatschappijen, bestaat uit een betonnen skelet, dat is afgebouwd met bakstenen en reliëfs die verschillende aspecten van de schaapvaarthandel voorstellen. Het thema van de scheepvaart wordt voortgezet in het interieur en de gebrandschilderde ramen. Het gebouw is een goed voorbeeld van het combineren van modern materiaal (beton) en prachtige ornamenten.

DADAISME
In Zürich richt een groep jonge kunstenaars de Dadabeweging op, een antikunststroming die haar oorsprong vindt in het protest tegen de slachting van de Eerste Wereldoorlog. De kunstenaars richten Cabaret Voltaire op, waarin ze bizarre voordrachten en eigenaardige shows opvoeren. Ze zijn dol op onzin en het irrationele, en veel leden van de groep (onder wie Marcel Duchamp, Jean Arp en de dichter Tristan Tzara) worden later prominente surrealisten.

HET VUUR
De Franse schrijver Henri Barbusse (1873-1935) schrijft *Le feu*, een anti-oorlogsverhaal, gebaseerd op Barbusses eigen ervaringen aan het front. De roman beschrijft de smerige aspecten van de oorlog en het leven van de gewone soldaten in de loopgraven.

RELATIVITEIT
De Duitse natuurkundige Albert Einstein publiceert zijn algemene relativiteitstheorie, waarin hij verklaart dat het gewicht van een massa (zoals een hemellichaam) de ruimte vervormt.

WASMIDDELEN
De Duitse wetenschapper Fritz Gunther ontwikkelt de eerste synthetische wasmiddelen die zeep moeten vervangen. Het product blijkt te agressief te zijn voor huishoudelijk gebruik.

DE PLANETEN
De Britse componist Gustav Holst (1874-1934) schrijft deze suite voor groot orkest, geïnspireerd door zijn eigen bestudering van de planeten. Omdat hij de kans dat zo'n gigantisch werk ooit zal worden uitgevoerd heel klein acht, legt hij de partituur weg. Wanneer vrienden het werk ontdekken en het laten uitvoeren, zijn het publiek en de musici zeer enthousiast door de manier waarop Holst ritme en orkestrale klankkleur verwerkt heeft.

BLINDENGELEIDEHONDEN
In Oostenrijk en Duitsland worden de eerste blindengeleidehonden getraind om soldaten die in de oorlog blind geworden zijn te helpen.

BOEING GAAT VAN START
De Amerikaanse industrieel William E. Boeing (1881-1954) richt de Pacific Aero Products Company op – de latere Boeing Company, een van de grootste vliegtuigbouwers ter wereld.

GEEN OLYMPISCHE SPELEN
Vanwege de Eerste Wereloorlog gaan de Olympische Spelen niet door.

GEBOORTEBEPERKING
De eerste kliniek voor geboortebeperking, geleid door Margeret Sanger (1883-1966), opent haar deuren in New York. Net als de kliniek die in 1878 in Amsterdam werd geopend, is de kliniek in Brooklyn officieel illegaal. Sanger werd in 1914 in de gevangenis gezet voor het verspreiden van literatuur over geboortebeperking.

EERSTE VROUW IN HET CONGRES
Jeannette Rankin (1880-1975), activiste voor vrouwenstemrecht, is de eerste vrouw die gekozen wordt in het Amerikanse congres. Ze neemt een pacifistisch standpunt over de oorlog in Europa in en zal zich inzetten voor onafhankelijke burgerrechten voor getrouwde vrouwen.

NATIONALE PARKEN
De National Park Service wordt opgericht door de Amerikaanse regering. President Cleveland nam in de 19e eeuw al initiativen ten behoeve van parken en natuurreservaten. Sinds 1872 zijn er in de VS meer dan twintig natuurreservaten ingesteld.

HORATIO HERBERT KITCHENER (1850–1916)
Lord Kitchener, de van oorsprong Ierse veldmaarschalk, is overboord geslagen nadat zijn schip *HMS Hampshire* in juni voor de kust van Orkney op een mijn liep. Hij heeft gevochten in de Sudan-oorlog (1883-1885) en is commandant van de Britse troepen tijdens de tweede Boerenoorlog (1900-1902) en in India (1902-1909). In 1914 wordt hij benoemd tot minister van Oorlog en organiseert hij een zeer succesvolle recruteringscampagne.

DE EERSTE WERELDOORLOG

Tijdens de Eerste Wereldoorlog, of 'de oorlog die een einde aan alle andere oorlogen moest maken', werd er gevochten in Europa, Afrika, het Midden-Oosten en het Verre Oosten. Enkele Midden-Europese machten (Duitsland, Oostenrijk-Hongarije en hun bondgenoten) namen het op tegen de Triple Entente (Groot-Brittannië en de Gemenebest, Frankrijk, Rusland, en hun bondgenoten) en de VS, die zich in 1917 aansloten. Zo'n tien miljoen mensen kwamen om het leven en twintig miljoen raakten gewond.

BELANGRIJKSTE DATA

HET WESTFRONT 1914-1918, FRANKRIJK EN BELGIE

• NAMEN **20-25 augustus 1914.** Duitse zware artillerie met onder meer 540 stuks zwaar geschut dwingt België tot overgave. Er vallen 30.000 slachtoffers.

• MONS **23-24 augustus 1914.** Het Britse 2nd Corps trekt zich al vechtend terug na zware Duitse aanvallen. De Britten verliezen 1600 scherpschutters; aan Duitse zijde vallen 3000 slachtoffers.

• DE EERSTE SLAG AAN DE MARNE **6-8 september 1914.** De slag betekent de redding van Parijs. De Duitsers zetten 44 divisies infanterie en 7 divisies cavalerie in; de geallieerden 56 divisies infanterie en 9 divisies cavalerie. Er vallen 200.000 Duitse, 250.000 Franse en ruim 1000 Britse slachtoffers.

• IEPER **14 oktober-11 november 1914.** Duits offensief. Er vallen 130.000 Duitse en 50.000 Franse slachtoffers; aan Britse zijde vallen ruim 2300 officieren en bijna 56.000 manschappen en aan Belgische zijde 32.000 slachtoffers.

• IEPER **22 april-25 mei 1915.** De Duitsers gebruiken gifgas. Hierdoor en door de gevechten aan het front vallen er 60.000 geallieerde slachtoffers en 35.000 Duitse.

• VERDUN **21 februari-18 december 1916.** Een zware uitputtingsslag. De Duitsers vuren 40 miljoen granaten af. Beide zijden lijden zware verliezen en er vallen vele doden.

• DE EERSTE SLAG AAN DE SOMME **1 juli-18 november 1916.** De Britten verliezen op de allereerste dag 57.470 manschappen. Op 18 november zijn de geallieerden 11 km opgerukt over een front van 32 km. De Britten verliezen 418.000 manschappen, de Fransen 195.000 en aan Duitse zijde zijn 650.000 manschappen gedood of gewond.

• CAMBRAI **20 november-4 december 1917.** Door de eerste grote tankslag, waarbij 324 tanks worden ingezet, wordt een gat van 10 km geslagen in de Duitse linies. De Duitsers zetten de tegenaanval in en als de gevechten voorbij zijn, hebben de Britten 43.000 manschappen verloren, van wie er 6000 gevangen zijn genomen, en hebben de Duitsers 41.000 manschappen verloren, van wie er 11.000 gevangen zijn genomen.

• IEPER **21 juli-6 november 1917.** Een Brits offensief met als doel de druk op de Fransen te verminderen. Door de Duitse tegenaanvallen en het gebruik van kazematten worden er zware verliezen geleden, 400.000 aan geallieerde en 65.000 (inclusief 9000 gevangenen) aan Duitse zijde.

• VILLERS-BRETONNEUX **24 april 1918.** Het eerste tankgevecht: drie Britse Mark IV tanks vechten in een uitgelokte confrontatie tegen drie zware Duitse A7V's.

• DE TWEEDE SLAG AAN DE SOMME **21 maart-4 april 1918.** Een enorme aanval door 71 Duitse divisies met 6000 eenheden geschut. De Duitsers rukken 60 km op, maar moeten door uitputting en gebrek aan voorraden opgeven. De geallieerden tellen 160.000 doden en 70.000 gevangenen; aan Duitse zijde raken 150.000 manschappen gedood of gewond.

• DE TWEEDE SLAG AAN DE MARNE **15 juli-6 augustus 1918.** Een zware Duitse aanval door 52 divisies die wordt afgeslagen door 36 divisies van Fransen, Amerikanen, Britten en Italianen. Er vallen 100.000 Duitse en 20.000 geallieerde slachtoffers; er worden 40.000 geallieerde manschappen gevangengenomen.

BELANGRIJKSTE DATA

HET OOSTFRONT 1914-1917, RUSLAND, POLEN, OOSTENRIJK–HONGARIJE, ROEMENIE

• TANNENBERG **26-30 augustus 1914.** Een klinkende overwinning voor de Duitsers op de Russen. Onder de Russen vallen 30.000 doden en gewonden en er worden 92.000 soldaten gevangengenomen. Bij de Duitsers vallen 13.000 doden en gewonden.

• GORLICE-TARNÓW **28 april-5 augustus 1915.** Duitsland en Oostenrijk rukken op via Polen en de Oekraïne. De Russen worden bestookt door zwaar artillerievuur en tellen een miljoen doden en gewonden en een miljoen gevangenen; ze verliezen bovendien veel waardevolle landbouwgrond.

• NARAC-MEER **18 maart 1916.** Na aanvankelijke successen wordt de Russische infanterie zelf aangevallen en verliest meer dan 80.000 manschappen.

BELANGRIJKSTE DATA
DE OORLOG OP ZEE 1914-1918

• CORONEL **1 november 1914.** De vijf Duitse kruisers *Gneisenau*, *Scharnhorst*, *Nürnberg*, *Dresden* en *Leipzig* vernietigen de *HMS Good Hope* en *HMS Monmouth*. De kleinere en snellere *HMS Glasgow* weet te ontkomen.
• FALKLAND-EILANDEN **8 december 1914.** *HMS Invincible, Inflexible, Kent, Cornwall, Glasgow, Bristol, Otranto* en *Macedonia* vernietigen het Duitse eskader dat de overwinning heeft behaald bij Coronel. Alleen de *Dresden* ontkomt.
• DARDANELLEN **19 februari-18 maart 1915.** Een vergeefse poging van de Fransen en de Britten om de doorgang bij de Dardanellen te veroveren. Door mijnen en geschut vanaf de kust worden drie zware schepen tot zinken gebracht en raken drie andere beschadigd.
• JUTLAND, **21 mei-1 juni 1916.** De Duitsers verliezen vier kruisers en vijf torpedoboten; de Britse marine verliest drie slagschepen, drie lichte kruisers en acht torpedoboten. Beide zijden eisen de overwinning op. De Duitse vloot waagt zich niet opnieuw aan een aanval op zee en de blokkade van Duitsland door de marine van de geallieerden blijft gehandhaafd.

BELANGRIJKSTE DATA
DE OORLOG IN DE LUCHT

• **14 augustus 1914.** De eerste bombardementen van de Eerste Wereldoorlog: een vliegtuig van de Franse luchtmacht bombardeert zeppelinhangars bij Metz-Frescaty.
• **30 augustus 1914.** De eerste bombardementen op een belangrijke stad: Parijs. Een Duitse Taube dropt vijf bommen: er vallen een dode en twee gewonden.
• **5 oktober 1914.** Het eerste vliegtuig wordt in een luchtgevecht neergeschoten.
• **15-26 april 1916.** De eerste bevoorrading via de lucht bij Kut-el-Amara in Mesopotamië. Voedsel, post, geld, goud, zilver en radio-onderdelen worden door de RFC en de RNAS afgeleverd.
• **5-6 april 1917.** De Britten bombarderen voor het eerst 's nachts en raken de vliegtuighangars op het vliegveld van Douai.
• **13 juni 1917.** Duitse Gothabommenwerpers voeren voor het eerst een reeks bombardementen op Londen uit. Veertien Gothabommenwerpers droppen 72 bommen, waardoor 162 mensen worden gedood en 432 mensen gewond.

BELANGRIJKSTE DATA
MIDDELLANDSE-ZEEGEBIED EN HET MIDDEN-OOSTEN 1914-1918, EGYPTE, PALESTINA EN MESOPOTAMIE

• GALLIPOLI **25 april 1915-16 januari 1916.** Amfibievoertuigen landen op de Turkse kust, maar door fouten aan Britse zijde slagen ze er niet in de doorgang bij de Dardanellen te blokkeren. Na zware gevechten moeten de geallieerden zich terugtrekken. Er vallen 252.000 geallieerde slachtoffers, 185.000 Turkse gewonden en 66.000 Turkse doden.
• KUT-EL-AMARA **8 december 1915-29 april 1916.** Aanvankelijk bezetten de Britten de stad. Een belegering volgt en de Britten worden verslagen. 10.000 uitgehongerde en zieke mensen geven zich over aan de Turken.
• RIVIER ISONZO **(het Italiaanse front) 23 juni 1915-oktober 1917.** Elf gevechten in totaal. Italiaanse troepen vallen Oostenrijkse stellingen langs de Isonzo aan. Bij vier gevechten in 1915 zijn er 66.000 Italianen dood, 185.000 gewond en 22.000 gevangen; ze winnen er niets bij.
• GAZA **26-27 maart, 17-19 april 1917**
• CAPORETTO **24 oktober-12 november 1917.** Zeven Duitse en acht Oostenrijkse divisies vallen het muitende 2e Italiaanse leger van generaal Capello aan. De Italianen worden teruggedrongen tot de Brentavallei. In Caporetto en bij de daaropvolgende gevechten vallen er 40.000 Italiaanse doden en gewonden.
• JERUZALEM **11 december 1917.** Generaal Allenby trekt Jeruzalem binnen na de nederlaag van de Turken bij de bergen van Nebi Samwil.
• WADI FARA **1918.** Eerste grote zege na een grondaanval.
• VITTORIO VENETO **24 oktober-4 november 1918.** 57 Italiaanse divisies met 7700 eenheden geschut vallen 52 Oostenrijkse divisies met 6000 eenheden geschut aan. De Italianen forceren samen met de Britten en Fransen een doorbraak over de Piave en nemen de stad in. Deze zege betekent het begin van het einde van het Oostenrijks-Hongaarse keizerrijk. De Oostenrijkers verliezen 5000 eenheden geschut; er zijn 300.000 Oostenrijkse krijgsgevangenen en 36.000 Italiaanse doden.

OORLOG EN REVOLUTIE

De VS scharen zich in het conflict aan de zijde van de geallieerden. In Rusland vindt een revolutie plaats, die eindigt in een overwinning voor de bolsjewieken en de allereerste communistische staat; de gevolgen blijven de rest van de eeuw merkbaar. In de wetenschap vindt ook een revolutie plaats: Rutherford slaagt erin een atoom te splitsen – het begin van het atoomtijdperk.

BLZ. 124 BOVEN: de Fransen gebruiken gifgas tegen de Duitsers als ze hen aanvallen in Vlaanderen. Gas werd voor het eerst door de Duitsers gebruikt; de gevolgen waren enorm.

blz. 124 ONDER: Australische troepen worden verzorgd bij een medische post nabij Ieper.

1917

10 januari William F. Cody, beter bekend als Buffalo Bill, sterft

3 februari De VS verbreken de diplomatieke betrekkingen met Duitsland

8 maart Graaf Ferdinand von Zeppelin overlijdt op 78-jarige leeftijd
8 maart Russische Revolutie breekt uit
14 maart Voorlopige regering wordt gevormd in Rusland
15 maart De Russische tsaar Nicolaas II treedt af
16-17 maart Duitse onderzeeërs brengen drie Amerikaanse schepen tot zinken

6 april De VS verklaren Duitsland de oorlog
16 april Met Duitse hulp keert de bolsjewiek Lenin na tien jaar ballingschap terug naar Rusland

24 juni De eerste Amerikaanse soldaten landen in Frankrijk

16 juli Alexander Kerensky wordt premier van Rusland
31 juli Aan het westfront begint de slag om Passchendale (tot 10 november)

17 september De Duitsers veroveren Riga

2 november De Britse minister van Buitenlandse Zaken Balfour belooft de joden een thuisland in Palestina
7 november Oktoberrevolutie in Rusland; Lenin en de bolsjewieken grijpen de macht
17 november De Franse beeldhouwer Auguste Rodin overlijdt op 77-jarige leeftijd
20 november De Oekraïne roept zichzelf uit tot republiek

6 december Finland verklaart zichzelf onafhankelijk van Rusland
15 december Rusland tekent een wapenstilstand met Duitsland

OEKRAINE EN FINLAND ONAFHANKELIJK
Na de revolutie in Rusland roept de Oekraïne zichzelf uit tot republiek en maakt zich los van Rusland. Finland doet een maand later hetzelfde en wordt door de nieuwe Russische regering erkent als onafhankelijke staat.

DE VS DOEN MEE
In april sluiten de VS zich aan bij de geallieerde troepen in de oorlog tegen Duitsland. President Wilson verklaart dat "democratie in de wereld moet kunnen blijven bestaan". In Amerika wordt de productie in de scheepsbouw en staalproductie opgevoerd ten behoeve van de oorlogsinspanningen, en duizenden soldaten varen naar Europa.

JOODS THUISLAND
Arthur Balfour, de Britse minister van Buitenlandse Zaken, legt een verklaring af, waarin hij de joden een eigen thuisland in Palestina belooft. De Britse regering hoopt dat door deze verklaring de joodse steun voor de oorlog zal toenemen.

DE STIJL
De Nederlandse kunstschilder, dichter en architect Theo van Doesburg (1883-1931) richt het tijdschrift *De Stijl* op. De kunstenaars die zich bij De Stijl aansluiten (onder wie Mondriaan en Gerrit Rietveld) hangen een opvatting aan die zowel op de schilderkunst, als op architectuur en de beeldende kunst toegepast kan worden. Ze werken met primaire kleuren en rechte hoeken en verwerpen kunst met de natuur als inspiratiebron.

RADIOACTIEF ELEMENT ONTDEKT
Twee wetenschappelijke teams hebben onafhankelijk van elkaar het element protactinium ontdekt, een radioactief metaal: Otto Hahn (1879-1968) en Lise Meitner (1878-1968) uit Duitsland en Frederick Soddy en John Cranston uit Groot-Brittannië.

MATA HARI GEEXECUTEERD
Mata Hari wordt in Frankrijk geëxecuteerd op verdenking van spionage. De Nederlandse Margaretha Geertruida Zelle, die na haar scheiding van haar Schotse echtgenoot, danseres was geworden in Parijs, werd er van verdacht zich in 1907 bij de Duitse geheime dienst aangesloten te hebben en militaire geheimen die haar door geallieerde officieren waren toevertrouwd, verraden te hebben.

ENORME TELESCOOP
De Amerikaanse astronoom George E. Hale (1868-1938) installeert een refractor van 2,54 m doorsnee in het Mount Wilson Observatory in Californië. Hales telescoop is tot op heden de grootste ter wereld.

SONAR
De Franse natuurwetenschapper Paul Langevin (1872-1946) bedenkt een methode om geluid onder water waar te nemen. De methode wordt later gebruikt om onderzeeboten op te sporen en vormt de basis van de sonar (Sound Navigation and Ranging).

HILAIRE GERMAIN EDGAR DEGAS (1834–1917)
Edgar Degas, de Franse impressionistische schilder en beeldhouwer, overlijdt op 83-jarige leeftijd. Op zijn schilderijen en pastels zijn de bewegingen en vormen van paarden en hun ruiters, circusartiesten en balletdansers te zien. Enkele van zijn bekendste werken zijn *Absinth* (1876-1877), *De dansschool* (1874) en *Miss Lola van Circus Fernando* (1879).

DE EERSTE LUCHTPOSTZEGEL
Italië geeft in mei de eerste luchtpostzegel uit door over een expressepostzegel de volgende tekst te drukken: *ESPERIMENTO POSTA AEREA MAGGIO 1917 TORINO-ROMA-ROMA-TORINO.*

ATOOMSPLITSING
De Britse wetenschapper Ernest Rutherford (1871-1937) beschiet stikstofatomen, waardoor de kern uiteenvalt en een atoom voor het eerst door een mens wordt gesplitst. Hij publiceert zijn resultaten pas in 1919, maar zijn ontdekking zal belangrijke en verstrekkende gevolgen hebben.

VROUWEN IN DE OORLOGSINDUSTRIE
Steeds meer Amerikaanse, Britse en Franse vrouwen melden zich vanaf 1915 aan voor werk in munitiefabrieken, de landbouw, het transport en het leger. Vooral in de VS en Groot-Brittannië heeft hun deelname een positief effect op de emancipatie van vrouwen.

BOBLIJN
De bob, een kort kapsel dat Irene Castle zich als eerste had laten aanmeten, wordt door vrouwelijke arbeiders in de munitiefabrieken uit veiligheidsoverwegingen overgenomen. Het kapsel raakt al snel in de mode.

DIXIELAND JAZZ
De Original Dixieland Jazz Band neemt zijn eerste grammofoonplaat op: *The Darktown Strutters' Ball.*

WASMIDDEL
Het eerste kunstmatig gefabriceerde wasmiddel, Nekal, wordt tijdens de Eerste Wereldoorlog op grote schaal geproduceerd in Duitsland. Het middel wordt gebruikt om kleding te wassen en zeep, dat voor andere doeleinden nodig is, uit te sparen. Met de nieuwe chemische wasmiddelen wordt kleding schoner dan ooit.

DE RUSSISCHE REVOLUTIE

Na het uitbreken van de revolutie in heel Rusland treedt tsaar Nicolaas II (1868-1918) in maart af. Door de onvrede over de oorlog tegen Duitsland en Oostenrijk, de vele doden aan het oostfront en de voedseltekorten in eigen land is de macht van de tsaar afgenomen. Nadat de broer van de tsaar geweigerd heeft de kroon te accepteren, wordt een voorlopige regering gevormd. In juli slaagt de bolsjewistische partij van Vladimir Ilytsj Lenin (1870-1924) er niet in de macht na een mislukte coup over te nemen. Lenin valt in ongenade en vlucht; Alexander Kerensky (1881-1970), een socialistisch Doemalid en minister van Oorlog in de voorlopige regering, wordt premier. Hij belooft de oorlog tegen Duitsland voort te zetten. In november (volgens de Russische kalender oktober) werpen de bolsjewieken de voorlopige regering van Alexander Kerensky omver en grijpen de macht zonder bloedvergieten. De bolsjewieken beloven "vrede, land, brood en alle macht aan de Sovjets". De nieuwe regering, onder leiding van Lenin, begint vredesonderhandelingen met de Duitsers.

BOVEN: de luxueuze levensstijl van de tsaren stond in schril contrast met de armoede van de meeste Russen.

BOVEN: tijdens de revolutie in 1917 werden belangrijke gebouwen beschermd tegen kogels en plunderaars.

BOVEN: een mensenmassa voor het Winterpaleis in St.-Petersburg, het toneel van de revolutie.

RECHTS: Nicholaas II, verbannen en onder toezicht, was de laatste Russische tsaar.

VREDE EN DE NIEUWE KAART VAN EUROPA

Duitsland capituleert en de Eerste Wereldoorlog komt tot een einde. In na-oorlogse verdragen wordt de opsplitsing van het Oostenrijks-Hongaarse rijk geregeld en veranderen de grenzen in Europa. In Rusland worden de Romanovs vermoord en breekt er een burgeroorlog uit wanneer de bolsjewieken de revolutie veilig willen stellen. Britse vrouwen krijgen stemrecht en in de VS wordt de luchtpost verder ontwikkeld.

1918

9 januari De Amerikaanse president Wilson formuleert veertien doelen die de VS willen bereiken met de oorlog

3 maart Rusland en Duitsland tekenen de Vrede van Brest-Litovsk
21 maart Duitsland begint een reeks van drie aanvallen aan het westfront
25 maart De Franse componist Claude Debussy overlijdt op 65-jarige leeftijd

22 april De Rode Baron wordt bij de tweede slag aan de Somme neergeschoten

16 juli In Rusland schieten bolsjewieken tsaar Nicolaas II en zijn gezin dood

26 september Begin van het laatste offensief van de geallieerde troepen aan het westfront

3 november Oostenrijk tekent een wapenstilstand met de geallieerden
9 november Keizer Wilhelm II treedt na rellen in Duitsland af
11 november Duitsland erkent zijn nederlaag en capituleert; de Oostenrijkse keizer Karel treedt af
13 november Oostenrijk wordt een republiek
14 november Tomas Masaryk wordt de eerste president van het nieuwe Tsjechoslowakije

BOVEN: verpleegsters vieren het einde van de oorlog.

BLZ. 127: de geweren zwijgen op de elfde dag van de elfde maand van het jaar 1918.

VEERTIEN VOORWAARDEN

In een speech voor het Congres in januari noemt de Amerikaanse president Wilson een lijst van veertien punten, die verwerkt dienen te worden in een vredesverdrag: de opsplitsing van Oostenrijk en Hongarije, de onafhankelijkheid van Polen en de oprichting van een internationale organisatie om de onafhankelijkheid en integriteit van alle staten te garanderen.

RUSLAND BEEINDIGT DE OORLOG

Duitsland en Rusland tekenen een vredesverdrag in Brest-Litovsk in Polen, waardoor er voor Rusland een einde komt aan de oorlog. Rusland wordt gedwongen Polen en de Baltische staten aan Duitsland en grote delen van de Kaukasus aan het Ottomaanse rijk over te dragen. Tevens moet de onafhankelijkheid van de Oekraïne erkend worden. Door het verdrag is Duitsland in staat de legers naar het westfront te verplaatsen, waardoor de strijd daar nog verhevigd wordt.

TSAAR VERMOORD

In Rusland breekt een burgeroorlog uit en de voormalige tsaar Nicolaas II en zijn gezin worden doodgeschoten door de bolsjewieken, die hiermee willen voorkomen dat de Romanovs in handen van de contrarevolutionairen vallen. De bolsjewieken richten het Rode Leger op onder aanvoering van Leon Trotski (1879-1940), de Volkscommissaris van Oorlog.

EEN EINDE AAN DE OORLOG

Als het Duitse rijk ineenstort, vlucht keizer Wilhelm II naar Nederland. Op 11 november sluiten Duitsland en de geallieerden een vredesverdrag; ook het Ottomaanse rijk en Oostenrijk willen vrede. Na meer dan vier jaar komt er een einde aan deze grote oorlog. Volgens een voorzichtige schatting zijn er dan meer dan tien miljoen mensen omgekomen.

NIEUWE LANDEN

Na de vredesakkoorden wordt het Oostenrijks-Hongaarse rijk opgesplitst en ontstaan er vier nieuwe landen. Oostenrijk, Hongarije en Tsjechoslowakije worden onafhankelijke republieken. De Slaven in het zuiden vormen een nieuw koninkrijk, dat later Joegoslavië genoemd wordt, met aan het hoofd koning Peter I van Servië, die zijn volk in de oorlog naar de overwinning voerde.

WILFRED OWEN (1893–1918)

De jonge Engelse dichter Wilfred Owen sneuvelt een week voor het einde van de Eerste Wereldoorlog. Zijn vriend, de dichter Siegfried Sassoon, zal in 1920 zijn nog niet verschenen werk verzamelen en uitgeven. De beroemde gedichten van Owen *Dulce et decorum est* en *Anthem for doomed youth* zijn aangrijpende aanklachten tegen de oorlog en wreedheid.

ACHILLE CLAUDE DEBUSSY (1862–1918)

Claude Debussy overlijdt na een langdurig gevecht tegen kanker. De Parijse componist is de grondlegger van het impressionisme in de muziek en heeft een grote invloed op andere componisten. Zijn werk bestaat onder meer uit het orkestrale toondicht *Le mer* (1905), kamermuziek, stukken voor piano en veel prachtige liederen.

DE TWAALF

De twaalf, een gedicht van de Russische dichter Alexander Blok over een groep van twaalf Rode Gardisten, speelt zich af in St.-Petersburg tijdens de revolutie. Dit eerbetoon aan de revolutie maakt gebruik van diverse technieken, zoals volksliedjes en politieke leuzen, en beschrijft de revolutionairen als de apostelen van Christus.

STEMRECHT VERKREGEN

Na 67 jaar strijd krijgen de Britse vrouwen eindelijk stemrecht. Door een nieuwe wet mogen vrouwen boven de 30 en mannen boven de 21 jaar stemmen.

CALLIGRAMMES

Het tweede deel, *Calligrammes*, van de twee gedichtenbundels van de Franse schrijver Guillaume Apollinaire wordt gepubliceerd. (Het eerste was *Alcools* uit 1913.) De vorm van de gedichten is aangepast aan de inhoud. Zo wordt regen weergegeven in letters die verticaal over het papier 'druppelen' en weerspiegelt de typografie de vormen van veldkanonnen en kathedralen.

ROOD-ORANJE-GROEN

Verkeerslichten met drie kleuren, met een oranje licht tussen het groene en het rode, worden in Engeland en in de stad New York geplaatst.

ZUIDERZEE

De Nederlandse regering neemt een wet van ingenieur Lely aan waarin wordt besloten de Zuiderzee af te sluiten.

LUCHTPOST

De eerste reguliere luchtpostdienst wordt opgezet in de VS. Amerikaanse legerpiloten bemannen de dienst tussen Washington DC, New York en Philadelphia. Kort hierna start men ook met de burgerluchtvaart.

SUPREMATISTISCHE COMPOSITIE

Met zijn schilderij *Wit op wit* rondt de Russische kunstenaar Malevich zijn suprematistische stijl af: hij schildert witte vormen op een witte ondergrond. Het werk wordt het symbool voor extreem modernisme in de schilderkunst.

RECHTS: vrouwen verrichten zwaar werk tijdens de oorlog.

BOVEN: een Amerikaanse soldaat. Meer dan 116.000 Amerikaanse soldaten komen om het leven.

RECHTS: de rode baron, Manfred von Richthofen, wordt gedood.

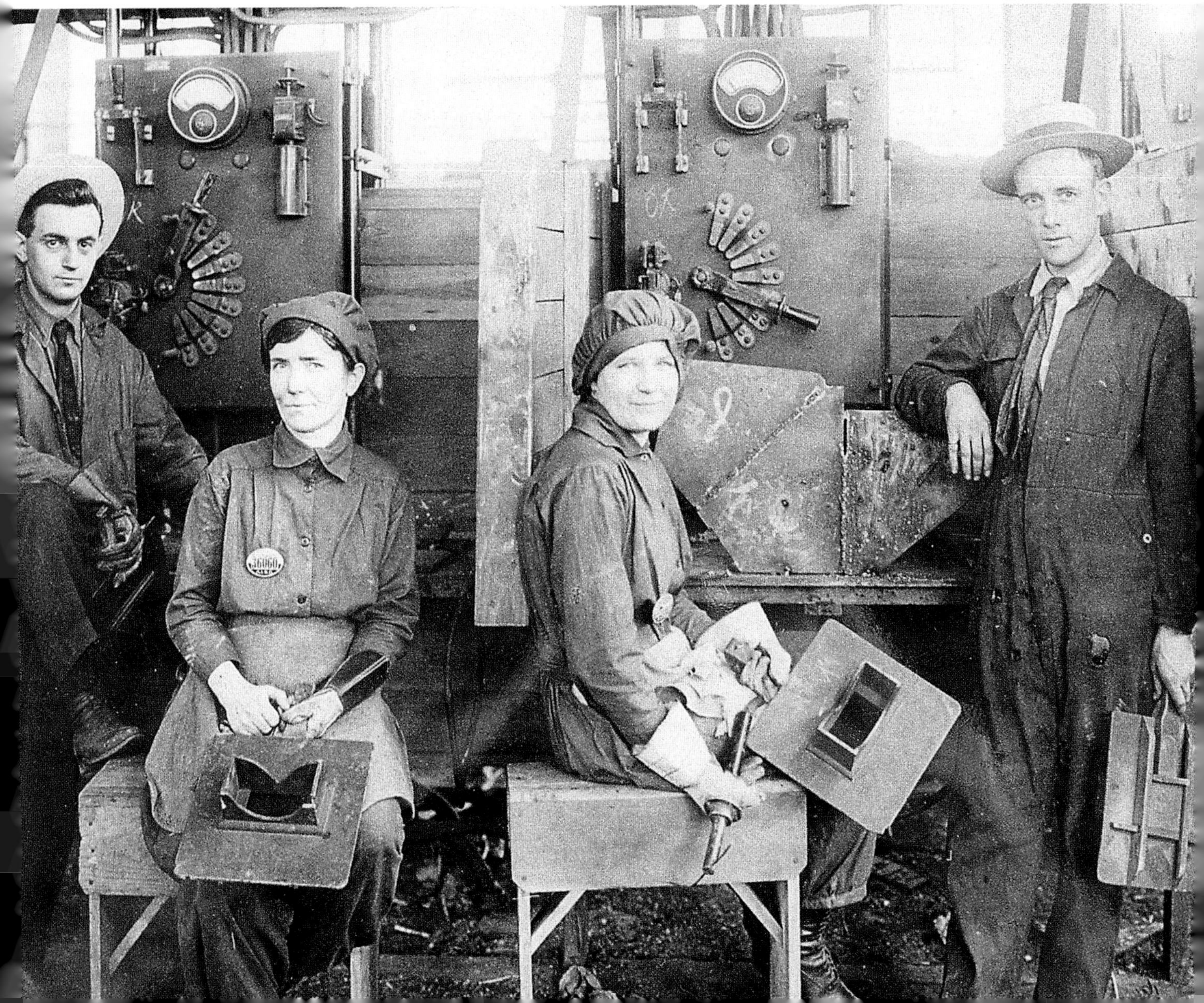

DE GEVOLGEN VAN DE OORLOG

BOVEN: een verwoeste brug over de river de Maas bij Namen in België.

BOVEN: verwoeste versterkingen nabij Luik.

BOVEN: Parijs, vernield door zwaar geschut.

BOVEN: Duitse krijgsgevangenen in een Frans kamp.

ONDER: Passchendaele – een eindeloze zee van modder.

VERSAILLES EN DE WEIMARREPUBLIEK

De Volkenbond wordt opgericht door een wereld die zijn buik vol heeft van bloedvergieten. De Vrede van Versailles legt Duitsland herstelbetalingen op. In Duitsland leidt een nieuwe grondwet tot de Weimarrepubliek. In Italië richt Mussolini een fascistische partij op. Britse troepen nemen Sikhs onder vuur in de stad Amritsar en er breekt een oorlog uit tussen Brits-Indië en Afghanistan. De piloten Alcock en Brown vliegen over de Atlantische Oceaan.

BLZ. 133: de Franse tennisster Suzanne Lenglen wint het damesenkelspel op Wimbledon.

1919

5 januari Spartakistenopoer in Berlijn wordt snel onderdrukt
6 januari Theodore Roosevelt overlijdt op 60-jarige leeftijd
18 januari In Versailles beginnen de vredesonderhandelingen
21 januari Parlementsleden van Sinn Fein richten in Dublin een onofficieel parlement op

6 februari Bolsjewieken nemen Kiev in de Oekraïne in
14 februari De Volkenbond wordt opgericht in Versailles
14 februari De bolsjewieken vallen Estland binnen
20 februari De emir van Afghanistan wordt vermoord

23 maart De Italiaanse journalist Benito Mussolini richt een fascistische partij op

13 april Britse troepen schieten 379 ongewapende demonstranten neer in Amritsar, India

3 mei Begin van de oorlog tussen Brits-Indië en Afghanistan

28 juni Het vredesverdrag wordt ondertekend door Duitsland en de geallieerden

5 juli De Franse tennisster Suzanne Lenglen wint het damesenkelspel op Wimbledon
13 juli Het Britse luchtschip R-34 vliegt over de Atlantische Oceaan en terug
31 juli De Republiek van Weimar wordt in Duitsland gesticht

8 augustus Afghanistan wordt onafhankelijk

7 oktober De Nederlandse luchtvaarmaatschappij KLM wordt opgericht

3 november De Franse kunstenaar Auguste Renoir overlijdt op 78-jarige leeftijd
15 november Het Rode Leger verovert Omsk

BOVEN: kapitein John Alcock (links) en luitenant Arthur Brown na hun geslaagde transatlantische vlucht. Alcock beschrijft de historische vlucht als 'afgrijselijk'.

SPARTAKISTENOPROER
Een communistische opstand door Spartakisten tegen het nieuwe Duitse bewind wordt neergeslagen. De belangrijkste leiders Karl Liebknecht en Rosa Luxemburg worden doodgeschoten.

SINN FEIN
De 73 parlementsleden die tijdens de algemene verkiezingen in december 1918 werden gekozen als afgevaardigden van Sinn Fein, richten hun eigen parlement Dail Eireann op in Dublin. Het parlement van de opstandelingen vormt een eigen regering in Ierland en voert oppositie tegen de Britten.

VOLKENBOND
Geallieerde landen die in Parijs vergaderen over een vredesverdrag, vormen de eerste vergadering van de Volkenbond. President Wilson van de VS is voorzitter. De vredesconferentie bereikt later overeenstemming over het convenant, waardoor de oprichting van deze nieuwe internationale organisatie een feit is.

FASCISTISCHE PARTIJ OPGERICHT
Benito Mussolini (1883-1945), een Italiaanse journalist die bij het uitbreken van de oorlog zijn lidmaatschap van de socialistische partij had opgezegd, richt de Fasci di Combattimento op, een nationalistische partij die later omschreven zal worden als fascistisch.

BLOEDBAD IN AMRITSAR
Britse troepen onder generaal Dyer openen het vuur op ongewapende demonstranten in de heilige Sikhstad Amritsar. Het bloedbad volgt na enkele dagen van rellen, die veroorzaakt werden door een sluiting van alle winkels uit protest tegen nieuwe veiligheidsmaatregelen.

VREDE VAN VERSAILLES
In juni ondertekenen Duitsland en de geallieerden in Versailles bij Parijs een verdrag, dat vierhonderd clausules telt en veel grondgebied van Duitsland afpakt. Duitsland wordt verplicht tot herstelbetalingen aan de geallieerden en tot demilitarisatie van het Rijnland. De Britse premier David Lloyd George (1865-1945) acht het verdrag te hard en voorspelt dat het binnen 25 jaar tot een nieuwe oorlog zal leiden.

REPUBLIEK VAN WEIMAR
In de Duitse stad Weimar wordt overeenstemming bereikt over een nieuwe grondwet, waardoor een republiek ontstaat waarin de president alle macht in handen heeft. De extreemlinkse en -rechtse partijen zijn tegen de nieuwe grondwet.

DERDE OORLOG IN AFGHANISTAN
Tussen Groot-Brittannië en Afghanistan breken gevechten uit, als Afghanistan onder emir Amanullah protesteert tegen de Britse interventie in Afghaanse binnenlandse aangelegenheden. Na enkele schermutselingen tussen troepen van beide landen wordt de Afghaanse soevereiniteit erkend.

RODEN EN WITTEN
De burgeroorlog in Rusland tussen het bolsjewistische Rode Leger en de Witten, of contrarevolutionairen, duurt voort. Na bijna twee jaar vechten neemt het Rode Leger in november Omsk in en lijkt het de oorlog te winnen.

BELGIE
België eist bij de conferentie over de herziening van de traktaten van 1839 land van Nederland, omdat Nederland volgens België Zeeuws-Vlaanderen geannexeerd had. Het Belgische verzoek wordt afgewezen en Nederland mag het grondgebied houden.

J'ACCUSE
Deze anti-oorlogsfilm is het eerste grote werk van de Franse regisseur Abel Gance (1889-1981). Het is een groot succes en de eerste in een serie heroïsche films, waarvan

Napoleon, vu par Abel Gance (1927) de bekendste is. Gance krijgt bekendheid door de vernieuwende manier waarop hij technieken als breedbeeld en splitscreen toepast.

LITTERATURE

De Franse schrijver André Breton (1896-1966) richt samen met Louis Aragon en Phillippe Soupault het invloedrijke tijdschrift *Littérature* op. Het wordt een spreekbuis van de surrealistische beweging en publiceert een vroeg voorbeeld van het 'automatische schrift' in 1920.

HET KABINET VAN DR. CALIGARI

Het kabinet van dr. Caligari door de Duitse regisseur Robert Wiene (1881-1938), met in de hoofdrollen Conrad Veidt en Werner Krauss, is een opvallende, expressionistische film. De verteller is een gek die enkele moorden beschrijft die gepleegd worden door een slaapwandelaar op aanwijzingen van een krankzinnige charlatan. De geprojecteerde lichtpatronen maken de film erg griezelig.

VLIEGEN OVER DE ATLANTISCHE OCEAAN

In mei maakt de Amerikaanse vliegboot NC-4, met luitenant ter Zee 2e klasse A.C. Read als gezagvoerder, de eerste transatlantische vlucht van Rockaway, New York, naar Plymouth in Engeland; Read maakt zeven tussenstops en de reis duurt 23 dagen. Een maand later maken twee Britten, kapitein John Alcock en luitenant Arthur Whitten-Brown, de eerste non-stop vlucht over de Atlantische Oceaan in een omgebouwde Vickers Vimy jachtbommenwerper; ze vliegen van van St.-John's op Newfoundland naar Clifden in Ierland en de vlucht duurt 16 uur en 12 minuten. In juli maakt het Britse luchtschip R-34 de eerste retourvlucht over de Oceaan: van Schotland naar New York en van New York naar Engeland. Het is een afstand van 10.187 km en deze allereerste retourvlucht duurt 183 uur en 8 minuten.

NOBELPRIJS

De Belg Bordet ontvangt de Nobelprijs voor de geneeskunde.

MEDICIJN TEGEN SLAAPZIEKTE

De Amerikaanse wetenschapper Louise Pearce ontdekt tryparsamide, een mengsel tegen slaapziekte (trypanosomiasis).

PIERRE AUGUST RENOIR (1841–1919)

De Franse impressionistische schilder Pierre Renoir, die als een van de eersten buiten schilderde om het effect van het licht vast te kunnen leggen, overlijdt. Zijn impressionistische schilderijen *Moulin de la Galette* (1876) en *Les parapluies* (1883) zijn typische voorbeelden van zijn stijl van 1874-1884. Zijn latere werk is echter conservatiever.

BOVEN: het vliegtuig Vickers Vimy, dat Alcock en Brown veilig over de Atlantische Oceaan hadden gebracht, is in Ierland neergestort.

PROTOTYPE VAN DE RADAR

De Britse fysicus Robert Watson-Watt (1892-1973) vraagt patent aan op zijn 'radioplaatsbepaler', een apparaat waarmee de positie van vliegtuigen of schepen bepaald kan worden. Hieruit wordt later de radar ontwikkeld.

KLM OPGERICHT

De Koninklijke Nederlandse Luchtvaartmaatschappij KLM wordt in oktober opgericht.

TENNISMODE

De Française Suzanne Lenglen (1899-1938) luidt een nieuw tijdperk in het damestennis in met de eerste van haar zes titels in het enkelspel op Wimbledon. 'De keizerin van de tennisbaan' draagt losse jurken, terwijl in deze tijd zware kleding met gesteven boorden, manchetten en petticoats gebruikelijk is.

EERSTE VROUW IN HET PARLEMENT

De eerste vrouw die een zetel in het Britse Lagerhuis inneemt, is de in Amerika geboren Nancy Astor – de zus van de 'Gibson Girl'. Ze zit in het parlement voor het kiesdistrict van Plymouth.

WEBER ONEENS MET MARX

Max Weber (1864-1920), de Duitse wetenschapper en schrijver van *Die Protestante Ethik und der Geist des Kapitalismus*, wordt hoogleraar in de sociologie aan de universiteit van München. Hij is voorstander van een wetenschappelijke benadering van de sociologie, maar is het niet eens met Marx dat alleen economische drijfveren maatschappelijk handelen bepalen – Weber legt de nadruk op de effecten van culturele factoren (zoals religie) op economische ontwikkelingen.

DE TURBULENTE JAREN ’20

De jaren na de Eerste Wereldoorlog zijn net een mallemolen. Door het trauma van het wereldwijde conflict lijkt men vastbesloten sneller en intenser te willen leven. Mode, haar, muziek en kunst worden ingrijpend gemoderniseerd – veranderingen waar vooral vrouwen mee te maken krijgen, omdat ze eindelijk hun keurslijf mogen afleggen. Reizen wordt voor veel meer mensen mogelijk, want door de ontwikkelingen in de scheep- en luchtvaart wordt de aarde steeds kleiner. De economische gevolgen van de oorlog worden aan het einde van deze periode merkbaar, als de financiële crisis van Wall Street zich uitbreidt over heel Amerika en daarna over de rest van de wereld – een vruchtbare bodem voor onrust en nieuwe conflicten.

BLZ. 137: de Wall Street Crash veroorzaakt overal ter wereld paniek en economische crises.

1920–1929

DE BELANGRIJKSTE GEBEURTENISSEN

- DROOGLEGGING IN DE VS
- DE CHINESE COMMUNISTISCHE PARTIJ WORDT OPGERICHT
- OPRICHTING VAN DE IERSE VRIJSTAAT
- MUSSOLINI GRIJPT DE MACHT
- RUSLAND HEET NU USSR
- DE EERSTE NAZIRELLEN IN DUITSLAND
- PUBLICATIE VAN HET SURREALISTISCH MANIFEST
- STALIN KOMT AAN DE MACHT
- SAUDI-ARABIË WORDT GESTICHT
- HET BAUHAUS WORDT GEBOUWD
- *THE JAZZ SINGER* VERSCHIJNT OP HET WITTE DOEK
- MICKEY MOUSE GEBOREN
- PENICILLINE WORDT ONTDEKT
- DE WALL STREET CRASH
- EEN ZEPPELIN VLIEGT ROND DE WERELD

TOTALE WERELDBEVOLKING: 1.834 MILJOEN

CAUTION
8
10

HET BEGIN VAN DE ONRUST

De jaren '20 beginnen met de drooglegging in de VS. Het maken en verkopen van alcohol wordt verboden, wat leidt tot een toename van de misdaad. Het Verdrag van Trianon verandert de kaart van Europa en het Ottomaanse Rijk valt uiteen in protectoraten die worden gestuurd door Frankrijk en Groot-Brittannië. Nederland breidt uit en verovert land op de Zuiderzee. Marcus Garvey propageert bewustzijn van zwarte Amerikanen en sticht de Universal Negro Improvement Asssociation. In Tsjechoslowakije wordt de robot geboren.

BLZ. 139: burgerwachten ontspannen even tijdens de demonstraties in Berlijn.

1920

16 januari 16 januari Verbod op alcohol van kracht in de VS

20 februari Amerikaanse ontdekkingsreiziger Robert Peary overlijdt op 63-jarige leeftijd

7 april Franse troepen bezetten het Duitse Ruhrgebied

25 april Volkenbond verleent Groot-Brittannië en Frankrijk mandaten in het Midden-Oosten

4 juni Grenzen in Oost-Europa veranderen na Verdrag van Trianon

9 juli Griekse troepen veroveren met goedkeuring van Groot-Brittannië Bursa in het Aziatische deel van Turkije

10 augustus Verdrag van Sèvres ontneemt Turkije 80 procent van het Ottomaanse Rijk

14 augustus De Olympische Spelen worden geopend in Antwerpen

14 augustus Kleine Entente tussen Tsjechoslowakije en Joegoslavië

16 november De burgeroorlog in Rusland wordt na drie jaar beëindigd

16 november In Australië wordt de luchtvaartmaatschappij Qantas opgericht

21 november In Ierland doodt de IRA veertien Britse soldaten op de eerste 'Bloody Sunday'

10 december Woodrow Wilson (1856-1924) krijgt de Nobelprijs voor de vrede

DEUTSCHE

BOVEN: de luchtpost maakt gebruik van watervliegtuigjes die overal waar water is, kunnen landen.

MANDAAT VOOR FRANKRIJK EN GROOT-BRITTANNIE
In april geeft de Volkenbond in het Italiaanse San Remo Frankrijk het mandaat over Syrië en Libanon en Groot-Brittannië het mandaat over Irak en Palestina, alle vier delen van het vroegere Ottomaanse Rijk. Groot-Brittannië kan nu de Verklaring van Balfour uit 1917 uitvoeren.

VREDE MET TURKIJE
In augustus wordt er in Sèvres in Frankrijk een vredesverdrag getekend met het voormalige Ottomaanse Rijk, waardoor het nog maar een vijfde van zijn grondgebied overhoudt. Turkije tekent bezwaar aan, omdat de Turken land aan de Grieken moet afstaan.

EINDE RUSSISCHE BURGEROORLOG
In november wint het Rode Leger onder leiding van Trotski het laatste gevecht tegen de contrarevolutionaire legers op de Krim. Hiermee komt er een einde aan de drie jaar durende Russische burgeroorlog.

GELUIDSFILM
De Amerikaanse wetenschapper Lee de Forest bedenkt een systeem om gesynchroniseerd geluid op te nemen op

een extra spoor van een bioscoopfilm, dat 'gelezen' kan worden door een foto-elektrische cel.

HET VERDRAG VAN TRIANON
In juni wordt het verdrag van Trianon (bij Parijs) met Hongarije ondertekend, waardoor de kaart van Oost-Europa compleet verandert. Voormalige delen van Hongarije worden verdeeld tussen Tsjechoslowakije, Polen, Oostenrijk, Joegoslavië en Italië, waardoor Hongarije nog maar een derde deel van zijn grondgebied overhoudt.

DE KLEINE ENTENTE
In augustus tekenen Joegoslavië en Tsjechoslowakije een vriendschapsverdrag dat ook wel de Kleine Entente genoemd wordt; Roemenië zal zich in april 1921 aansluiten. De landen koesteren de wens dat de Oost-Europese grenzen van dat moment gehandhaafd blijven.

THE AGE OF INNOCENCE
De beroemdste roman van de Amerikaanse schrijfster Edith Wharton (1861-1937) is een beschrijving van de hogere klassen in New York rond de eeuwwisseling. De roman toont aan hoe menselijke waarden zoals liefde vernietigd kunnen worden door verouderde gedragscodes.

ONDER: het begin van de Drooglegging: politie-eenheden sluiten kroegen en nachtclubs in heel Amerika.

INKTVLEKKEN
De Zwitserse psychiater Hermann Rorschach (1884-1922) ontwikkelt een test waarbij de persoonlijkheid, de intelligentie en de emotionele stabiliteit van patiënten vastgesteld kunnen worden door de analyse van hun interpretatie van inktvlekpatronen.

BONJOUR CHERI
In haar eerste roman beschrijft de Franse schrijfster Colette (Sidonie Gabrielle Colette, 1873-1954) een verhouding tussen een jonge man en een oudere vrouw. *Chéri* zal later gevolgd worden door andere romans, die opmerkelijk zijn door hun levendige beschrijving van waarnemingen, geluiden en geuren en door de openhartige beschrijvingen van de levens van vrouwen in het Frankrijk van die tijd.

QANTAS DE LUCHT IN
De Australische burgerluchtvaartmaatschappij Queensland And Northern Territory Aerial Service (QANTAS) wordt op 16 november opgericht.

ZWARTE MACHT
Marcus Garvey, de Jamaïcaanse hoofdredacteur van *The Negro World* dat in New York wordt uitgegeven, zit in augustus de eerste vergadering van de Universal Negro Improvement Association (UNIA) voor. Op de agenda staat een discussie van zo'n drieduizend afgevaardigden vanuit de hele VS over de rechten van negers.

BOVEN: Britse troepen moeten de orde herstellen in Londonderry, waar Sinn Fein en de Unionisten elkaar bestrijden.

BABE RUTH VERKOCHT

In januari verkopen de Boston Red Sox Babe Ruth aan the New York Yankees voor 125.000 dollar; het is de beruchtste transactie in de geschiedenis van de Amerikaanse sport. Na de verkoop winnen de Red Sox nooit de World Series –volgens sommigen door 'de vloek van de Bambino'–, terwijl de Yankees het succesvolste team ooit worden.

HUGH SELWYN MAUBERLEY

Mauberley, een serie gedichten van de Amerikaan Ezra Pound (1885-1972), beschrijft het literaire leven in Londen vlak na de Eerste Wereldoorlog. Door de klassieke, ironische stijl, het bondige taalgebruik en de zinspelingen wordt het al gauw een van de invloedrijkste voorbeelden van het modernisme in de literatuur.

OLYMPISCHE SPELEN

In augustus vinden de zevende Olympische Spelen plaats in Antwerpen. Eigenlijk zijn het de zesde Spelen, omdat de Spelen van 1916 geen doorgang vonden. De Olympische vlag met vijf gekleurde ringen die de continenten vertegenwoordigen, wordt voor het eerst gebruikt. De Amerikaanse duikster Aileen Riggin wordt met haar veertien jaar de jongste medaillewinnares.

DROOGLEGGING

In Nederland wordt een begin gemaakt met de Wieringerpolder, het grootste landwinningsplan ooit. Een dam van 32.000 m^3 zand uit de Zuiderzee zal Noord-Holland, de Wieringenmeer en Friesland met elkaar verbinden.

MONUMENT VOOR DE DERDE INTERNATIONALE

De Russische kunstenaar Vladimir Tatlin (1885-1953) ontwerpt zijn grote project: een constructie die de technologische en sociale vooruitgang weergeeft in een in opwaartse richting draaiende spiraal met daarin cilinders en een glazen piramide. Hoewel het monument nooit is gebouwd en er alleen een model van bekend is, is het een blijvend symbool van het soort modernistische kunst dat in de beginjaren van de Sovjet-Unie populair was.

RUR: DE EERSTE ROBOT

Het toneelstuk van Karel Capek introduceert het woord robot in de woordenschat. (RUR staat voor Rossum's Universele Robots.) De robots maken deel uit van een anti-utopia, waarin mensen proberen met machines de soort te verbeteren; de machines zijn echter zo effectief dat ze de zaak overnemen en hun scheppers overheersen.

RADIOVERBINDING

Het eerste commerciële radiostation in de VS, Pittsburgh KDKA, begint in november met wekelijkse uitzendingen: men kondigt de resultaten van de presidentsverkiezing tussen Harding en Cox aan. Het nieuwe station, eigendom van de Westinghouse Co., opent ook een vestiging in Frankrijk, Duitsland en Argentinië.

TOMMYGUN ONTWIKKELD

De Amerikaanse wapensmid John T. Thompson vraagt patent aan voor een machinepistool dat later bekend wordt als de 'tommygun'.

OLIVE SCHREINER (1855–1920)

De schrijfster, pacifiste en feministe Olive Schreiner, die haar echtgenoot ertoe wist over te halen haar naam aan te nemen na hun huwelijk (in 1894), overlijdt. Schreiner had een Duitse vader en een Engelse moeder, werd geboren in Zuid-Afrika waar ze het grootste deel van haar leven woonde, en publiceerde haar eerste boek *The story of an African farm* (1883) onder de naam Ralph Iron. Werk onder haar eigen naam is bijvoorbeeld *Trooper Peter Halket* (1897) en *Woman and labour* (1911).

NOG EEN DROOGLEGGING

Vanaf 16 januari is het in de VS verboden sterke drank te produceren, verkopen en vervoeren, nadat de Volstead Act, het 18e amendement op de grondwet van de VS dat op 29 januari 1919 geratificeerd werd, in werking treedt.

LEGALE ABORTUS

In het moderne Europa wordt abortus als eerste legaal in Rusland na de invoering van een abortuswet. Sinds 1918 heeft de bolsjewistische regering het huwelijk een burgerlijke formaliteit gemaakt, echtscheiding vereenvoudigd en gratis zorg voor zwangere vrouwen geïntroduceerd. Ook het nieuwe Tsjechoslowakije legaliseert abortus dit jaar.

NIEUWE HEILIGE

Paus Benedictus XV verklaart Jeanne d'Arc heilig.

ROBERT EDWIN PEARY (1856–1920)

De Amerikaanse luitenant ter zee en ontdekkingsreiziger Robert Edwin Peary overlijdt. Waarschijnlijk was hij de eerste die de Noordpool wist te bereiken (1909). Hij nam deel aan acht poolexpedities en een deel van Groenland is naar hem genoemd: Pearyland.

ONDER: een spijkerbom is tot ontploffing gebracht bij een gebouw van de Amerikaanse overheid. Meer dan 300 mensen raken gewond en 35 vinden de dood. De dader is nooit gevonden.

DE OPKOMST VAN FASCISME EN COMMUNISME

Rusland krijgt te maken met muiterij en een economische crisis. In China strijdt de jonge Mao Zedong voor het communisme. De Ierse Vrijstaat wordt een feit en het eiland raakt letterlijk verdeeld. Griekenland en Turkije verklaren elkaar de oorlog. In Groot-Brittannië introduceert Marie Stopes anticonceptie. In de VS slaat zwaargewicht Jack Dempsey Georges Carpentier knock-out. De leugendetector wordt ontwikkeld en er is voor het eerst een vrouwelijke priester. In Italië wordt Mussolini Il Duce en zingt Enrico Caruso voor de allerlaatste maal.

BLZ. 145: de mensenmassa bij het Kremlin draagt zowel ikonen als rode vlaggen.

1921

21 januari Tanks patrouilleren in Dublin op zoek naar IRA-scherpschutters

12 maart Lenin versoepelt de strenge controle op de Russische economie
17 maart Het Rode Leger slaat een antibolsjewistische opstand neer op de marinebasis Kronstadt

12 april President Warren Harding verklaart dat de VS zich niet zullen aansluiten bij de alliantie

22 juni In Ierland opent koning George V het eerste Ulster parlement
30 juni De eerste vergadering van de Chinese Communistische Partij

2 juli Recette van 1 miljoen dollar bij een bokswedstrijd
10 juli Mongolië wordt gedeeltelijk onafhankelijk van China

3 augustus De Italiaanse tenor Enrico Caruso overlijdt op 48-jarige leeftijd
5 augustus Mustafa Kemal wordt leider van Turkije

5 november Kroonprins Hirohito van Japan wordt regent voor zijn vader
7 november Benito Mussolini wordt leider van de Italiaanse fascistische partij en krijgt de titel Il Duce

7 december Vrede in Ierland; 26 zuidelijke provincies worden onafhankelijk, 7 provincies in het noorden blijven bij Groot-Brittannië
10 december Albert Einstein wordt de Nobelprijs voor de natuurwetenschappen toegekend
16 december De Franse componist Camille Saint-Saens overlijdt op 86-jarige leeftijd

MUITERIJ EN ECONOMISCHE CRISIS IN RUSLAND
In maart muiten Russische zeelieden op de marinebasis Kronstadt (in Petrograd, het vroegere St.-Petersburg) uit protest tegen het beleid van de nieuwe communistische regering. De zeelieden eisen vrije verkiezingen en hervormingen. De opstand is een klap voor de regering: tot nog toe stonden de zeelieden altijd pal achter de revolutie. Tegelijkertijd kondigt Lenin op het partijcongres van de communisten in Moskou aan dat hij de controle op de economie versoepelt, een einde maakt aan de staatsbemoeienis en privé-ondernemingen steunt. Hij wordt hiertoe gedwongen door de verslechterende economie ten gevolge van de burgeroorlog.

CHINA WORDT ROOD
In juli houdt de Chinese communistische partij haar eerste vergadering. Chen Duxiu, een hoogleraar aan de universiteit van Peking, wordt de eerste voorzitter. Een van de oprichters is Mao Zedong.

EINSTEINTOREN IN POTSDAM
In dit gebouw, ontworpen door de Duitser Erich Mendelsohn (1887-1953), bevinden zich een observatorium en een laboratorium. Het is zeer 'plastisch' vormgegeven met vrijwel alleen maar gebogen lijnen. Oorspronkelijk was het de bedoeling dat het gebouw gemaakt zou worden van gegoten beton, maar het is uiteindelijk gebouwd van bakstenen bedekt met cement.

VRIJE STAAT VOOR IERLAND
In december komen de onderhandelaars van de Ierse Republiek eindelijk tot een overeenkomst met de Britse regering, wat leidt tot de oprichting van een onafhankelijke Vrijstaat in het zuiden van Ierland. In 1920 besluit de Britse regering Ierland op te delen en het katholieke, republikeinse zuiden en het protestantse, unionistische noorden onafhankelijkheid te maken, maar het zuiden weigert beperkte autonomie te accepteren. De overeenkomst wordt gesloten na een felle burgeroorlog in het zuiden, die drie jaar heeft geduurd.

PROKOVIEVS EERSTE SUCCES
Het pianoconcert no. 3 van de Russische componist Sergei Prokoviev (1891-1955) gaat in première. Het is een van de belangrijkste en populairste werken van zijn vroege Russische periode. Door het stuk wordt zijn naam als componist met een duidelijke eigen stijl gevestigd.

RECETTE VAN EEN MILJOEN DOLLAR
In juli slaat de bokser Jack 'the Idol' Dempsey de Fransman Georges 'the Orchid Kid' Carpentier knock-out voor het oog van 80.000 fans. De partij voor het zwaargewichtkampioenschap is de eerste bokswedstrijd met een recette van een miljoen dollar.

SNELLE EERSTE HULP
Pleisters, het eerste verband dat vastgeplakt kan worden,

LINKS: bergbeklimmer kapitein Finch bereikt de top van de Mont Blanc, de reus in de Franse Alpen.

BOVEN: Lloyd George vraagt de Ierse president Eamonn de Valera (foto) een oplossing te zoeken voor de Ierse kwestie.

worden in de VS door Johnson & Johnson op de markt gebracht.

OORLOG AAN DE EGEISCHE ZEE
In januari breekt er een oorlog uit tussen Griekenland en Turkije als de Grieken West-Anatolië aan de Egeïsche Zee binnenvallen. Gevechten tussen de twee landen, in het gebied waar duizenden etnische Grieken wonen, duren voort tot in 1922.

DE EERSTE LEUGENDETECTOR
De Amerikaanse student medicijnen John Larson vindt de leugendetector uit. De machine stelt op basis van de hartslag, de snelheid van de ademhaling en de bloeddruk vast of iemand liegt. Larson gaat ervan uit gaat dat een leugenaar zeer gespannen is.

EEN 'BOOT' IN AMSTERDAM
Michel de Klerk ontwerpt 'het schip', een gebouw dat opvalt door het decoratieve gebruik van bakstenen, tegels en de verschillende raamvormen en ruiten. Omdat het wigvormige gebouw als een scheepsromp tussen de andere huizen ligt, geven buurtbewoners er de naam 'het schip' aan.

GEBOORTEBEPERKING IN GROOT-BRITTANNIE
In maart opent Marie Stopes (1880-1958) de eerste kliniek voor geboortebeperking van Groot-Brittannië in Londen

BOVEN: Georges Carpentier wankelt in zijn gevecht tegen kampioen Jack Dempsey.

ONDER: Suzanne Lenglen wint met haar partner ook het gemengd dubbel op Wimbledon.

onder groot protest van het establishment. In 1918 publiceerde ze *Married love*, het eerste handboek voor seksuele voorlichting, en *Wise parenthood*, waarin geboortebeperking en seksuele voorlichting voor vrouwen worden bepleit.

BOVEN: koningin Wilhelmina, prins Hendrik en prinses Juliana tijdens een rondvaart.

VAN KUST TOT KUST IN DE VS
In februari vliegt luitenant William D. Coney van de Amerikaanse luchtmacht als eerste van kust tot kust over Noord-Amerika – van Californië naar Florida.

ENRICO CARUSO (1873–1921)

De werelberoemde Italiaanse tenor Enrico Caruso overlijdt in Napels. Hij heeft diverse grammofoonplaten opgenomen, waardoor ook latere generaties zijn stemgeluid kunnen bewonderen. Hij trad voor het eerst op in 1895 in Napels en werd internationaal bekend toen hij in 1902 in Monte Carlo met Dame Nelly Melba in La Boheme zong. Hij trad meer dan zeshonderd keer op in de Met in New York, waar ook zijn laatste optreden op kerstavond 1920 plaatsvindt; hij heeft zo'n veertig verschillende rollen gezongen.

DE EERSTE SNELWEG
De eerste snelweg ter wereld, de Avus Autobahn, wordt in Berlijn geopend. De weg is het begin van het netwerk van Autobahnen dat in de jaren '30 gebouwd zal worden.

DE EERSTE VROUWELIJKE PRIESTER
De Amerikaanse Antoinette Brown Blackwell wordt als eerste vrouw tot priester van de Anglicaanse Kerk gewijd.

LYSOZYM ONTDEKT
De Schotse bacterioloog Alexander Fleming (1881-1955) ontdekt het bestaan van lysozym, een enzym dat in speeksel, tranen en snot zit, en dat bacteriën op een natuurlijke manier doodt en infecties voorkomt.

SEKSUELE HERVORMING
De Wereldorganisatie voor Seksuele Hervorming wordt in Berlijn opgericht door Magnus Hirschfeld, een homoseksuele arts en de oprichter van het Instituut voor Seksueel Onderzoek in Berlijn (1919).

BOVEN: een eerste blik in een zojuist geopend Egyptisch graf nabij Thebe – de wereld is in de ban van opgravingen.

GEHEIMEN UIT EEN EGYPTISCHE TOMBE

Een jaar van allianties en opgravingen. Rusland en zijn satellietstaten vormen de machtige USSR en Duitsland gaat een verbond met de Sovjets aan. Mussolini grijpt de macht in Italië. De oude stad Ur wordt ontdekt in Irak en in Egypte wordt het graf van de jonge Thoetanchamon geopend. Het eerste winkelcentrum wordt geopend in de VS, insuline wordt ontdekt en in Ierland wordt Michael Collins doodgeschoten. De Franse schrijver Marcel Proust eet zijn laatste madeleine en ook Alexander Bell overlijdt.

BLZ. 151: het masker van Thoetanchamon, wiens graf in dit jaar wordt gevonden.

1922

5 januari De Britse ontdekkingsreiziger Ernest Shackleton overlijdt op 49-jarige leeftijd

5 februari Het eerste nummer van The Reader's Digest wordt gepubliceerd in de VS

16 april Duitsland en de Sovjet-Unie tekenen een geheim verdrag
21 april De laatste castrato (gecastreerde zanger), Alessandro Moreschi, overlijdt

3 mei Vier Canadese wetenschappers melden de ontdekking van insuline

2 augustus De uitvinder van de telefoon, Alexander Graham Bell, overlijdt op 75-jarige leeftijd
14 augustus De Britse kranteneigenaar Northcliffe overlijdt op 57-jarige leeftijd
22 augustus In Ierland wordt de leider van Sinn Fein, Michael Collins, doodgeschoten

4 september De Amerikaanse piloot James H. Doolittle vliegt in één dag van Florida naar Californië

11 oktober Het verdrag van Mudanya maakt een einde aan de oorlog tussen Griekenland en Turkije
11 oktober Benito Mussolini en de fascisten grijpen de macht in Italië

15 november The British Broadcasting Company (BBC) zendt het eerste draadloze nieuwsbulletin uit
26 november Het graf van farao Thoetanchamon wordt gevonden in Egypte

30 december Sovjet-Rusland heet voortaan de Unie van Socialistische Sovjet Republieken (USSR)

BOVEN: een enorme mijnexplosie doet de Four Courts in Dublin op zijn grondvesten schudden. Dertig Free State Troopers komen om het leven en er wordt gevochten tot vier uur na de aanslag.

DUITSE EN RUSSISCHE ALLIANTIE

In april sluiten Duitsland en Rusland een geheim verdrag, waarin zij hernieuwde diplomatieke en handelsrelaties aangaan, afzien van herstelbetalingen en een volledige samenwerking tussen hun strijdkrachten overeenkomen. Duitsland is nu in staat zijn leger opnieuw op te bouwen.

IL DUCE GRIJPT DE MACHT

In Rome marcheren 24.000 leden van de Italiaanse fascistische partij van Napels naar Rome om de macht te grijpen. Er is geen tegenstand in Rome en koning Victor Emmanuel vraagt Mussolini een regering te vormen.

RUSLAND WORDT USSR

Rusland verandert formeel zijn naam en wordt de Unie van Socialistische Sovjet Republieken, een confederatie met Wit-Rusland, Oekraïne en de Transkaukasische Federatie.

THE WASTE LAND

In het belangrijkste werk van de dichter T.S. Eliot (1888-1965) wordt de troosteloosheid van de moderne samenleving en de teloorgang van waarden en religies weergegeven. De vermenging van stijlen, van Cockney tot literaire zinspelingen en citaten, verbijstert de lezers, maar maakt ook veel indruk.

COLLINS DOODGESCHOTEN

De 32-jarige Ierse premier Michael Collins wordt in County Cork vermoord door tegenstanders van het verdrag dat in december met Groot-Brittannië is gesloten. Er woedt nu een burgeroorlog in de Vrijstaat.

BOVEN: de leider van de IRA, Michael Collins, spreekt in Armagh. Hij wordt later in de Ierse burgeroorlog doodgeschoten.

ULYSSES

Het baanbrekende boek van de Ierse schrijver James Joyce verschijnt. In het boek zijn belangrijke vernieuwingen op het gebied van de monologue intérieur, filmische opbouw van scènes en het taalgebruik met elkaar verweven. De roman wordt verder zeer gewaardeerd om de realistische portrettering van de hoofdpersonen, de humor en de levendige beschrijving van Dublin. Vanwege de vermeende onwelvoeglijkheid wordt het boek gedrukt in Dijon en uitgegeven in Parijs.

VLIEGDEKSCHIP

De *USS Langley* wordt het eerste Amerikaanse vliegdekschip. Het is gemaakt van een omgebouwd kolenschip, de *Jupiter*.

ONTDEKKING VAN INSULINE

In februari meldt een groep Canadese wetenschappers, bestaande uit Frederick Banting, Charles Best, James Collip en professor John Macleod, de ontdekking van insuline en het nut ervan voor de behandeling van diabetes.

THOETANCHAMON ONTDEKT

Het graf met de sarcofaag van de jeugdige Egyptische koning Thoetanchamon, die tijdens de 18e dynastie regeerde (14e eeuw v.Chr.), wordt in november ontdekt door de Britse archeoloog Howard Carter en zijn geldschieter de graaf van Carnarvon.

BOVEN: het New Lincol Memorial is een gigantisch beeld van een vriendelijk ogende Abraham Lincoln, door de beeldhouwer Daniel Chester French.

DE OUDSTE STAD
Ur, een zeer oude stad aan de rivier de Eufraat in Irak, is opgegraven door een team van het British Museum en de universiteit van Pennsylvania, onder leiding van Charles Leonard Woolley (1880-1960), de Engelse archeoloog die pas de Egyptische plaats Tel-el-Amara heeft opgegraven. De ontdekking van een Sumerische tempel (ca. 2600 v.Chr.) bewijst dat Ur in die tijd een bloeiende stad was.

HET IMPERIAL HOTEL IN TOKYO
Na het verzoek een gebouw te ontwerpen dat aardbevingen kan doorstaan, ontwikkelt architect Frank Lloyd Wright (1869-1959) een systeem van betonnen palen die het gebouw ondersteunen, maar tegelijkertijd een beetje 'speling' geven tijdens een aardbeving. Ongeveer twee jaar na de voltooiing wordt het gebouw getroffen door een zware aardbeving: het blijft overeind en biedt een veilig heenkomen voor velen.

RED DE KOALA
De koalabeer, een inheems buideldier dat alleen in Australië voorkomt, wordt beschermd door een zeer strenge wet, nadat pelsjagers alleen al in de laatste vier jaar zo'n acht miljoen dieren hebben gedood.

DE LEVENDE DODEN ONSTERFELIJK GEMAAKT
Nosferatu, de eerste grote vampierfilm, is ook de eerste grote film van regisseur F.W. Murnau. Effecten als negatiefbeelden (zwart wordt wit en omgekeerd) om de griezelige en typische sfeer te verhogen, worden in de film gebruikt. De film blijkt in de 20e eeuw een bron van inspiratie.

VREDE TUSSEN TURKIJE EN GRIEKENLAND
De oorlog tussen Griekenland en Turkije is voorbij als de landen het verdrag van Mudanya tekenen. Griekenland trekt zich terug uit Anatolië en het gebied rond Constantinopel. Als gevolg hiervan wordt David Lloyd George, de Britse leider tijdens de oorlog, vervangen als premier door de conservatieve leider Andrew Bonar-Law.

GELUIDSFILM
De eerste commerciële geluidsfilm wordt gemaakt in Duitsland: *Der Brandstifter*. Dit betekent echter niet het onmiddellijke einde van de stomme film.

LINCOLN KOMT NAAR WASHINGTON
Het Lincoln Memorial in Washington DC wordt een na-

MARCEL PROUST
(1871–1922)

Een van de invloedrijkste schrijvers van de moderne tijd, de Fransman Marcel Proust, overlijdt. Hij werd geboren in Parijs, waar hij zijn leven lang woonde. Hij was gedeeltelijk invalide en bracht de laatste zeventien jaar van zijn leven schrijvend door in zijn appartement. Zijn dertiendelige werk *A la recherche du temps perdu* werd enthousiast ontvangen. Het tweede deel van de serie kreeg de Prix Goncourt in 1919 en bracht Proust internationale roem. Nu hij is overleden, moeten er nog drie delen gepubliceerd worden.

ALEXANDER GRAHAM BELL
(1847–1922)

Alexander Graham Bell, de uitvinder van de telefoon en oprichter van de Bell Telephone Company (1877), overlijdt. Deze Amerikaan, die werd geboren en opgroeide in Schotland, vestigde in Boston een opleidingsinstituut voor leraren aan dovenscholen en werd later hoogleraar in de vocale fysiologie. De telefoon ontstond uit experimenten met akoestische apparaten om doofstomme mensen te helpen. Bell was ook geïnteresseerd in de luchtvaart.

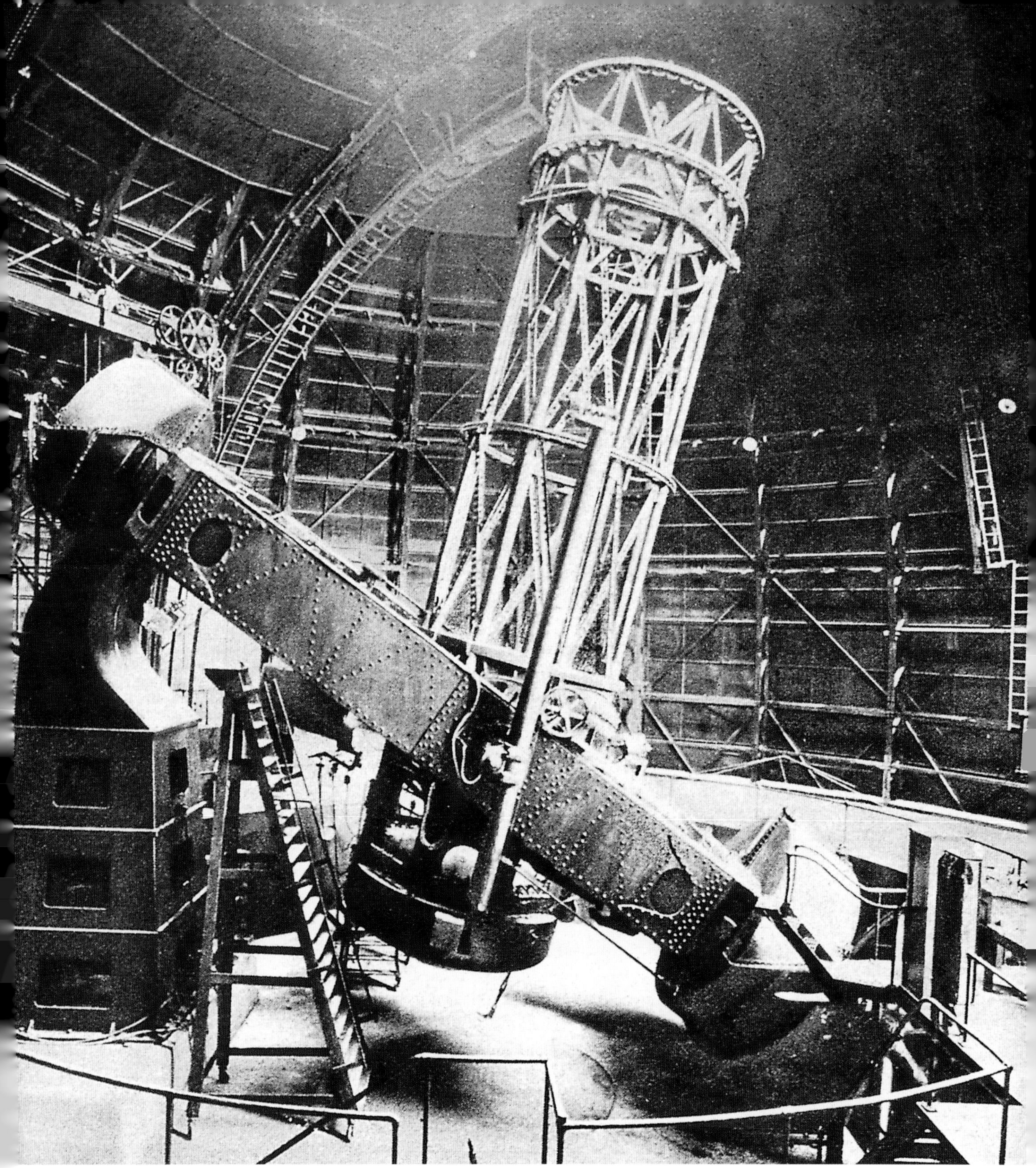

tionaal bedevaartsoord na de voltooiing van het monumentale beeld door Daniel Chester French.

BOVEN: de grootste telescoop ter wereld in Mount Wilson in Californië. De telescoop kan de doorsnede van sterren bepalen en zal zijn diensten bewijzen bij het ontdekken van zonnestelsels.

DAGTOCHT

Luitenant James H. Doolittle maakt de eerste vlucht over het vasteland van de VS, van Florida naar Californië, binnen een dag. De reis duurt 22 uur en 35 minuten.

WINKELEN

Het eerste overdekte winkelcentrum ter wereld, de Country Club Plaza, wordt in juli in de VS geopend.

KIESRECHT

Op 5 juli worden in Nederland de eerste algemene verkiezingen gehouden volgens algemeen mannen- en vrouwenkiesrecht.

EERSTE GLIMPEN VAN NAZISME EN HITLER

Het nazisme steekt de kop op en de eerste bijeenkomst wordt georganiseerd in München. Franse troepen bezetten het Ruhrgebied uit onvrede over de trage herstelbetalingen. De Deutschmark is steeds minder waard. Turkije wordt een republiek nu het Ottomaanse Rijk voorgoed verleden tijd is. Zonnestelsels en sterrennevels worden ontdekt. Een Spaanse ingenieur vliegt in de eerste autogiro en de Franse actrice Sarah Bernhardt neemt voorgoed afscheid.

1923

25 januari Franse troepen marcheren het Duitse Ruhrgebied binnen en eisen de herstelbetalingen
27 januari In München wordt de eerste bijeenkomst van nationaal-socialisten (nazi's) gehouden

10 februari Duitse ontdekker van de röntgenstralen Wilhelm Röntgen, overlijdt op 77-jarige leeftijd

9 maart Lenin krijgt een hartinfarct. Wilde speculaties over de opvolging doen de ronde
29 maart De legendarische actrice Sarah Bernhardt overlijdt op 78-jarige leeftijd

28 april De eerste voetbalcupfinale wordt gehouden in het Wembleystadion in Londen

16 juli De Nederlandse schrijver Louis Couperus (geboren 1863) overlijdt

2 augustus De Amerikaanse president Warren Harding overlijdt op 69-jarige leeftijd; hij wordt opgevolgd door vice-president Calvin Coolidge
12 augustus De Italiaan Enrico Triboschi zwemt het kanaal over in de recordtijd van 16 uur en 33 minuten

16 september Een aardbeving verwoest Tokyo en Yokohama: 300.000 mensen komen om en 2 miljoen zijn dakloos

29 oktober Mustafa Kemal roept de republiek Turkije uit en wordt zelf president

12 november Adolf Hitler probeert in Beieren in Duitsland de macht te grijpen en wordt gearresteerd
15 november De waarde van de Deutschmark daalt extreem. Een brood kost nu 201 miljard mark

28 december De Franse ingenieur Gustav Eiffel overlijdt op 91-jarige leeftijd

BOVEN: een krachtige aardbeving treft Tokyo. De binnenstad is verwoest en 59.000 mensen komen hier om het leven

DE 'ZIEKE MAN VAN EUROPA' OVERLIJDT

In oktober stort het Ottomaanse Rijk definitief in als Mustafa Kemal, een nationalistische leider, Turkije uitroept tot republiek en zichzelf president verklaart. Door het nieuwe vredesverdrag met de Grieken en de geallieerden, dat in juli wordt ondertekend in Lausanne, krijgt Turkije een deel van zijn gebied terug.

DE EERSTE FINALE VAN DE FA-CUP

In april wordt de bekerfinale van de Engelse Voetbalbond gespeeld op Wembley. De Bolton Wanderers verslaan West Ham met 2-0. De finale is ook gedenkwaardig vanwege de enorme mensenmassa die op de eerste wedstrijd in Wembley afkomt. Het stadion is zo vol dat de toeschouwers bijna tot op de lijnen van het veld staan en de orde door bereden politie gehandhaafd moet worden.

WILHELM KONRAD VON RÖNTGEN (1845–1923)

De Duitse winnaar van de eerste Nobelprijs voor natuurkunde (1901), Wilhelm Röntgen, overlijdt. In 1895 ontdekte hij röntgen- of elektromagnetische stralen. Hij behaalde verder belangrijke resultaten met zijn onderzoek naar warmte in gassen en kristallen en in diëlectricums (stoffen die geen elektriciteit geleiden).

FRANCISCO (PANCHO) VILLA (1877–1923)

De Mexicaanse rebellenleider Pancho Villa wordt vermoord in Parral. Hij werd geboren als Doroteo Arango, zoon van een landarbeider, en werd legercommandant tijdens de Mexicaanse revolutie. Nadat hij in 1915 verslagen was, ontpopte hij zich tot guerillastrijder. Hij sloot in 1920 vrede met de regering.

KOSTEN VAN EEN OORLOG

In januari bezetten Franse en Belgische troepen het industriegebied rond de Ruhr. Ze eisen kolen, hout, staal en andere betalingen, die Duitsland hun schuldig is op basis van het verdrag van Versailles. De Duitsers reageren met stakingen, sabotage en demonstraties. De Franse troepen blijven tot juli 1925 in het gebied.

DE EERSTE VLUCHT VAN DE AUTOGIRO

De Spaanse luchtvaartingenieur Juan de la Cierva maakt de eerste succesvolle vlucht met een autogiro, een vliegtuig met een molenwiek die dienst doet als vleugel.

ONDER: een lid van de expeditie van Lord Carnarvon, die op zoek is naar de schatten van Egypte.

LINKS: de grote expeditie door de Sahara van Citroën ontmoet een woestijnkrijger met een traditioneler vervoermiddel. De woestijn vraagt bijzonder veel van de auto's.

LOUIS COUPERUS (1863–1923)

Louis Couperus, de Nederlandse dichter en schrijver (1863-1923) overlijdt. Zijn eerste roman *Eline Vere*, geschreven in de nieuwe naturalistische stijl, werd in 1889 gepubliceerd. Daarna volgden diverse boeken die zich afspeelden in Nederlands-Indië, waar hij zelf opgroeide, en de serie *De boeken der kleine zielen* (1901-1903), die zijn gesitueerd in Den Haag.

DE PUTSCH IN DE BIERHALLE

De Nationaal Socialistische Partij, nazi's, onder leiding van Adolf Hitler, trachten in München de Duitse regering omver te werpen en doen in Beieren een poging de macht te grijpen. Het plan mislukt en Hitler wordt gevangengezet.

WARMTEBEHEERSING

De thermostaat brengt een ware revolutie in de energiebesparing teweeg; het apparaat wordt aangesloten op een fornuis van New World in Groot-Brittannië. Commerciële bedrijven onderzoeken de mogelijkheden van de thermostaat en monteren hem op elektrische fornuizen, strijkijzers, ketels en waterkokers.

GEEN GELD

In november devalueert de Duitse mark zo sterk dat de wisselkoers tegen de dollar daalt tot 4200.000 miljard mark tegen 1 dollar. De Duitse regering geeft een nieuwe geldeenheid uit: de Rentmark, met een koers van 4,2 mark tegen 1 dollar.

STERREN IN OVERVLOED

De Amerikaans astronoom Edwin Powell Hubble (1889-1953) ontdekt dat de Andromeda-nebula buiten ons eigen sterrenstelsel ligt. Hierdoor beseft men dat elke galactische nevel een apart sterrenstelsel is.

ELEKTRONISCHE CAMERABUIS

De in Rusland geboren elektrotechnisch ingenieur Vladimir Zworykin (1889-1982) vindt de iconoscoop uit, de eerste elektronische camerabuis.

RUIMTE VAN BETON

Vliegtuighangars op Orly bij Parijs, ontworpen door de Franse civiel ingenieur en betonexpert Eugène Freyssinet, laten zien dat constructies van beton en staal gebruikt kunnen worden om enorme ruimten te creëren. De grote paraboolvormige, betonnen gewelven zijn 60 m hoog en 175 m lang. De gewelven zijn zeer sterk vanwege de geribbelde constructie, die lijkt op een sterk vergroot soort golfkarton.

DE BRAVE SOLDAAT SCHWEIK

Dit onvoltooide meesterwerk van Jaroslav Hasek is gebaseerd op de ervaringen van de schrijver in het Oostenrijks-Tsjechische leger in 1915. De roman schildert een portret van een anarchistische, anti-autoritaire, soms zelfs asociale 'held', een Tsjech die de draak steekt met zijn Oostenrijkse superieuren. Schweik wordt het symbool van iedereen die in zijn eentje moet vechten tegen onderdrukking.

VOORLOPER VAN DE SUPERMARKT

Een voorloper van de supermarkt opent zijn deuren in San Francisco. De winkel wordt Crystal Palace genoemd en er worden etenswaren, medicijnen, sigaretten en sieraden verkocht. Er zijn ook een herenkapper, een dameskapper en schoonheidssalon en een stomerij.

SARAH MARIE HENRIETTE ROSINE BERNHARDT (1844–1923)

De Franse actrice Sarah Bernhardt, in 1844 geboren als Sarah Marie Henriette Rosine Bernard in Parijs, overlijdt. Na veertien jaar op het Parijse toneel krijgt ze in 1876 internationale bekendheid. Ze is beroemd om haar tragische rollen zoals die van Phedra in het gelijknamige stuk van Racine en richt in 1899 haar eigen theater op. Ondanks het feit dat ze in 1915 een been moet laten amputeren, blijft ze optreden in onder andere Frankrijk, de VS en Londen.

DE OPKOMST VAN ADOLF HITLER

In Duitsland worden de nazi's steeds belangrijker wanneer enkele leden van de partij in de Rijksdag worden gekozen. In de USSR overlijdt Lenin. De Franse kunstenaar en dichter André Breton publiceert zijn surrealistisch manifest, wellicht als reactie op de steeds gecompliceerder wordende wereld. In het huishouden draait het om centrifuges, diepvriesvoedsel en koelkasten. In de Franse Alpen worden de eerste Olympische Winterspelen gehouden en de schrijver Franz Kafka ondergaat zijn allerlaatste metamorfose.

1924

21 januari 21 januari De Russische leider Lenin overlijdt op 54-jarige leeftijd
22 januari De eerste Labourregering in Groot-Brittannië met Ramsay MacDonald als premier
22 januari Een revolutionaire raad, bestaande uit Grigoriy Zinoviev, Leon Kamenev en Jozef Stalin, wordt aangesteld om Lenin op te volgen
24 januari De eerste Internationale Wintersport-week wordt gehouden in Chamonix, de latere Olympische Winterspelen

12 februari De Amerikaanse pianist George Gershwin brengt voor het eerst zijn *Rhapsody in blue* ten gehoor

1 april Adolf Hitler wordt tot vijf jaar cel veroordeeld wegens hoogverraad

4 mei De eerste nazi's worden gekozen in de Duitse Rijksdag

2 juni De eerste draadloze verbinding tussen Groot-Brittannië en Australië

3 juni De Tsjechische schrijver Franz Kafka overlijdt op 40-jarige leeftijd

5 juli De achtste Olympische Spelen worden geopend in Parijs

3 augustus De Brits-Poolse schrijver Joseph Conrad overlijdt op 66-jarige leeftijd
16 augustus Op een conferentie in Londen wordt het Dawes-plan aangenomen om Duitsland te steunen bij de herstelbetalingen
24 augustus Het Britse lijnschip *Mauretania* krijgt een Blauwe Wimpel voor de recordoversteek van de Atlantische Oceaan: 5 dagen, 1 uur en 35 minuten

4 november De Franse componist Fauré overlijdt op 79-jarige leeftijd
29 november De Italiaanse componist Giacomo Puccini overlijdt op 65-jarige leeftijd

20 december Adolf Hitler wordt voorwaardelijk vrijgelaten

BOVEN: Adolf Hitler wordt gevangengenomen en weer vrijgelaten. Vanaf dat moment neemt zijn macht in Duitsland toe.

THOMAS WOODROW WILSON (1856–1924)

Woodrow Wilson, de 28e Amerikaanse president (1913-1921) en winnaar van de Nobelprijs voor de vrede in 1919, overlijdt. Wilson liet de VS met tegenzin deelnemen aan de Eerste Wereldoorlog en heeft zijn best gedaan de oorlog te beëindigen. Woodrow Wilson was een democraat en een van de initiatiefnemers voor de Volkenbond, waarvan de VS, door tegenstand van de Senaat, zelf geen lid werden.

LENIN OVERLIJDT

Vladimir Ilyich Lenin, oprichter van de USSR, overlijdt in Moskou op 54-jarige leeftijd. In mei 1922 kreeg hij zijn eerste beroerte, waarna er nog twee volgden. De macht binnen de regering werd toen al door anderen overgenomen, met name door Jozef Stalin, secretaris-generaal van de Communistische Partij.

EERSTE LABOURREGERING IN GROOT-BRITTANNIE

Voor de allerkeerste keer krijgt Groot-Brittannië een Labourregering; Ramsay MacDonald wordt premier. De regering krijgt steun van de Liberalen, maar valt al spoedig en verliest de macht bij de algemene verkiezingen in oktober.

NAZI'S OFFICIEEL GEACCEPTEERD

In mei nemen de nazi's voor het eerst plaats in het Duitse parlement, de Rijksdag; ze winnen 32 zetels bij de algemene verkiezingen. De Sociaal-Democraten blijven de grootste partij, maar zowel de nationalisten als de communisten krijgen veel stemmen.

SURREALISTEN IN DE OPENHEID

De Franse schrijver André Breton (1896-1966) publiceert zijn manifest, de officiële start van de surrealistische beweging die erop gericht is het onderscheid weg te nemen tussen droom en realiteit, krankzinnigheid en rationaliteit, in alle vormen van kunst.

A PASSAGE TO INDIA

De Engelse schrijver E.M. Forster (1879-1970) publiceert zijn waarschijnlijk bekendste boek, het laatste dat tijdens zijn leven uitgegeven zal worden. Het is een beschrijving van het leven in India onder Britse heerschappij en toont de vooroordelen die de Britten en Indiërs ten opzichte van elkaar hebben en de conflicten die daarvan het gevolg zijn.

WONEN IN STIJL

Met zijn witte wanden, rechte lijnen en details in primaire kleuren is het Schröder-huis in Utrecht, ontworpen door Gerrit Rietveld, een klassiek voorbeeld van de nieuwe kunstrichting De Stijl. Overal in het gebouw is de rechte hoek terug te vinden, zelfs de ramen kunnen alleen maar zo geopend worden dat ze in een hoek van 90° ten opzichte van de gevel staan.

MAANDAG WASDAG

De centrifuge, een ronddraaiende trommel, ingebouwd in een wasmachine, die door middelpuntvliedende kracht water extraheert en zo natte kleding helpt drogen, wordt gemaakt door de Savage Arms Corporation in de VS.

DUITSLAND BETAALT ZIJN SCHULDEN

Duitsland en de geallieerden zijn het eens over het Rapport Dawes om de oorlogsschulden af te wikkelen. Een plan voor jaarlijkse betalingen wordt aangenomen. De Rijksbank introduceert daarop een nieuwe mark om de economie te stabiliseren, gesteund door een buitenlandse lening.

DIEPGEVROREN VOEDSEL

Birdseye Seafoods brengt het eerste commercieel geproduceerde diepvriesvoedsel op de markt. De Amerikaanse bonthandelaar Clarence Birdseye (1886-1956) begon experimenten om bederfelijke voedingsmiddelen te bewaren na een bezoek aan Labrador in 1917, waar hij een heerlijke vis had gegeten die was geconserveerd in ijs. Birdseye is nu een bedrijf begonnen om diepgevroren voedsel te produceren voor de detailhandel.

CONTROVERSE OP HET TONEEL

Paul Robeson en Mary Blair spelen een interraciaal stel in *All God's Chillun Got Wings* van de Amerikaanse toneelschrijver Eugene O'Neill (1888-1953). Het controversiële stuk protesteert tegen het racisme.

MIJN LEVEN IN DE KUNST

De beroemde Russische regisseur Konstantin Stanislavski (1865-1938) kijkt terug op zijn leven en zijn ervaringen in het theater. In zijn boek zet hij diverse theorieën uiteen, die van invloed zijn geweest op de manier waarop veel moderne toneelregisseurs hun werk benaderden. De 'method' wordt in de jaren '20 door de boeken van Stanislavski steeds populairder.

DEELTJES = GOLVEN

De Franse natuurkundige Louis Broglie ontdekt dat elektronen en andere deeltjes zich kunnen gedragen als golven en als deeltjes. Dit is het begin van de golfmechanica.

JOSEPH CONRAD (JOZEF TEODOR KONRAD NALECZ KORZENIOWSKI) (1857–1924)

De in Polen geboren, tot Brit genaturaliseerde schrijver Joseph Conrad overlijdt. Op 21-jarige leeftijd monsterde hij aan op een Brits koopvaardijschip en zes jaar later behaalde hij zijn kapiteinsdiploma. Hij bracht vele jaren op zee door, maar vestigde zich na zijn huwelijk in 1896 in Kent. Daar begon hij met schrijven, waarbij hij zijn ervaringen als inspiratiebron gebruikte. Enkele van zijn beste werken zijn *Lord Jim* (1900), *Nostromo* (1904), *Heart of darkness* (1902) en *Victory* (1919). Hij werkte aan een roman, *Suspense*, toen hij overleed.

RHAPSODY IN BLUE
De Amerikaanse componist George Gershwin (1898-1938) schrijft dit populaire stuk aanvankelijk voor de jazzband van Paul Whiteman. Het zal later meer bekendheid krijgen in het arrangement voor een symfonieorkest.

DE ZUIDELIJKE AAP
De Australische antropoloog Raymond Dart (1893-1988) ontdekt een schedel in een Zuid-Afrikaanse steengroeve. Het is een primitieve hominide die door Dart de Australopithecus (zuidelijke aap) wordt genoemd.

ELEKTRISCHE KOELKAST
De Zweedse ingenieurs Balzer von Platen en Carl Munters vragen patent aan voor de eerste koelkast met een elektrische motor. Ze noemen hem de Electrolux.

WINTERSPORT
In januari worden de Internationale Wintersportweken in het Franse Chamonix de eerste Olympische Winterspelen genoemd. Vanwege het grote succes besluit het Internationaal Olympisch Comité de Winterspelen en de Olympische Zomerspelen in hetzelfde jaar te organiseren.

VLUCHT ROND DE WERELD
Twee Amerikaanse Douglas DCW tweedekkers –de *Chicago* met luitenant Lowell H. Smith als piloot en de *New Orleans* met luitenant Erik Nelson– maken de eerste vlucht rond de wereld. Ze vliegen tussen april en september in totaal 175 dagen. Twee andere vliegtuigen slagen er niet in de hele reis af te leggen.

NOBELPRIJS
Dit jaar gaat de Nobelprijs voor geneeskunde naar de Nederlander Willem Einthoven voor zijn ontdekking van het mechanisme van het elektrocardiogram.

FRANZ KAFKA (1883–1924)

De Tsjechische schrijver van Duits-joodse afkomst Franz Kafka overlijdt in Berlijn aan tuberculose na jaren met zijn gezondheid gesukkeld te hebben. Zijn boeken, die hij schreef in het Duits, beschrijven de angst van het gevoelige individu in een schijnbaar irrationele maatschappij; het bijvoegelijk naamwoord 'kafkaësk' is al snel een bekend begrip – ook bij hen die zijn boeken niet hebben gelezen. Tot zijn werk behoren het korte verhaal *Metamorfose* (1916) en de onvoltooide romans, *Het proces, Het kasteel* en *Amerika*, die allemaal posthuum worden uitgegeven.

ACHTSTE OLYMPISCHE SPELEN
De Finse atleet Paavo Nurmi wint vijf gouden medailles op de achtste Spelen in Parijs. Het olympisch dorp, waar de atleten wonen, wordt weer gebruikt en voor het eerst doet men live verslag van de gebeurtenissen via de radio. De Britten Eric Liddell en Harold Abrahams, die later vereeuwigd zullen worden in de film *Chariots of fire*, winnen medailles bij het hardlopen.

VRIJE OPVOEDING
Er wordt een begin gemaakt met een onderwijskundig experiment op Summerhill, de onafhankelijke, co-educatieve kostschool van de Britse onderwijzer Alexander Sutherland Neil. De leerlingen mogen zich op hun eigen manier ontwikkelen zonder de beperkingen van discipline, instructies en morele of religieuze voorschriften.

ZWEEDSE WARMTE
De Aga, een fornuis dat schone vaste brandstof gebruikt en waarbij de temperatuur efficiënt geregeld kan worden, wordt ontwikkeld door Gustav Galen, een blinde Zweedse wetenschapper.

NETWERK VAN SNELWEGEN
Italiaanse bedrijven beginnen met de bouw van een netwerk van 500 km *autostrada* – snelwegen waarvoor tol betaald moet worden. De eerste wordt in september geopend.

LINKS: kunstenaars en schrijvers in ballingschap. James Joyce, Ezra Pound, Ford Maddox Ford en John Quinn ontmoeten elkaar in Pounds studio in Parijs.

STALIN VERGROOT ZIJN MACHT

In dit jaar zijn drie mannen actief die over niet al te lange tijd de wereld zullen domineren: in de USSR grijpt Stalin de macht, in Duitsland publiceert Hitler *Mein Kampf* en in China wordt Tsjiang Kai-Sjek de nieuwe leider van de Volkspartij. In de VS draait het proces Scopes om fundamentalisme en evolutie, en kan een optocht van de Ku Klux Klan gewoon doorgang vinden. Charlie Chaplin filmt *The gold rush* en Sergei Eisenstein filmt *Pantserkruiser Potemkin*. De eerste frisbee wordt gegooid.

BLZ. 165: in Australië wordt de rivier Murrumbidgee tegengehouden door de Burrin Jackdam tijdens de overstromingen in mei.

1925

16 januari Stalin ontslaat Leon Trotski als volkscommissaris van Defensie

12 maart Dr. Sun Yat-sen, de leider van de Kwomintang, de Chinese Volkspartij, overlijdt op 69-jarige leeftijd. Hij wordt opgevolgd door generaal Tjiang Kai-Sjek

23 maart De staat Tennessee verbiedt het onderwijzen van de evolutietheorie

25 april Veldmaarschalk Von Hindenburg wordt gekozen tot president van Duitsland

1 mei Cyprus wordt een Britse kolonie

18 juli Adolf Hitlers *Mein Kampf* verschijnt

21 juli In Tennessee krijgt biologieleraar John Scopes een boete van 100 dollar, omdat hij de evolutieleer onderwijst

16 augustus Première van *The gold rush*, de film van Charlie Chaplin

16 oktober België, Groot-Brittannië, Frankrijk, Duitsland en Italië tekenen het verdrag van Locarno, waarin ze beloven de onderlinge vrede te zullen handhaven

14 november De eerste surrealistische tentoonstelling wordt gehouden in Parijs en bevat werk van Picasso en Klee

10 december George Bernard Shaw krijgt de Nobelprijs voor literatuur

VERDRAGEN VAN LOCARNO

Een belangrijke vredesconferentie tussen Duitsland en de geallieerden resulteert in enkele verdragen tussen West- en Midden-Europa, waarbij grenzen gegarandeerd worden en onenigheid opgelost wordt. Het verdrag lijkt een garantie voor vrede tussen Duitsland en zijn voormalige vijanden.

BURGEROORLOG IN NICARAGUA

In 1925 begint in Nicaragua een burgeroorlog, die tot 1933 zal duren. President Calles wordt bestreden door drie verschillende guerillagroepen, geleid door de generaals Moncada, Diaz en Sandino. Diaz en Moncada worden uiteindelijk bondgenoten, maar Sandino blijft onafhankelijk. De VS steunen de president en sturen de marine. Generaal Sandino vlucht naar Guatemala, maar keert terug als de marine is vertrokken. De oorlog wordt gewonnen door de presidentiële troepen, maar de opstandige Sandinisten (genoemd naar generaal Sandino) zetten de strijd voort.

TROTSKI ONTSLAGEN

Leon Trotski wordt ontslagen als volkscommissaris van Defensie door Jozef Stalin en wordt onder huisarrest geplaatst. Veel van zijn medestanders worden in de gevangenis gegooid of naar Siberië verbannen. Stalin versterkt zo zijn greep op de macht binnen de USSR na de dood van Lenin.

THE GREAT GATSBY

F. Scott Fitzgerald (1896-1940) is al beroemd als schrijver en vertegenwoordiger van de 'jazz age' als hij zijn beroemdste boek publiceert. Het beschrijft de noodlottige passie van de rijke Jay Gatsby voor Daisy Buchanan, en de glamour en misère van New York. De droom en de rijkdom van Gatsby worden uitstekend in het boek weergegeven, evenals de leegheid van zijn droombeeld als het op niets uitdraait.

DUITSLAND KIEST EEN PRESIDENT

In april wordt veldmaarschalk Von Hindenburg de eerste direct gekozen president van Duitsland. Von Hindenburg wordt gesteund door rechts en de nationalistische partijen, waarvan vele willen dat de Duitse monarchie terugkeert.

KOSMISCHE STRALEN

De Amerikaanse natuurkundige Robert Millikan (1868-1954) geeft de term 'kosmische stralen' aan straling vanuit de ruimte.

RUDOLF STEINER (1861–1925)

De oprichter van de Antroposofische Beweging (in 1912), de in Kroatië geboren Oostenrijker Rudolf Steiner, overlijdt. Hij werd beïnvloed door de theosofie en was van mening dat onze geestelijke ontwikkeling wordt geblokkeerd door het materialisme van de moderne tijd. Er is een groot aantal scholen van Steiner geopend sinds de oprichting van de eerste in 1919.

ERIK ALFRED LESLIE SATIE (1866–1925)

De Franse componist Erik Satie (wiens moeder Schots was) overlijdt in Parijs. Na zijn opleiding aan het Parijse conservatorium verdiende hij de kost als pianist in een cabaret op Montmartre. Zijn composities voor piano, zoals de *Trois gymnopédies* (1888) en *Trois morceaux* en *Forme de poire* (1903) waren excentriek en avant-gardistisch. Hij componeerde in 1917 de muziek voor het ballet *Parade* van Diaghilev en behoorde tot de kring van de surrealisten en de dadaïsten.

DRINKEN IN STIJL

Café de Unie in Rotterdam, ontworpen door J.J.P. Oud, is een zeer duidelijk voorbeeld van de architectuur van de Stijl. Het staat middenin de stad en wordt geflankeerd door twee traditionele gebouwen. Met de felgekleurde gevel en het uithangbord met grote schreefloze letters is het gebouw een opvallend symbool van de moderne tijd.

DE EERSTE FRISBEE

De frisbee wordt bedacht door studenten van de universiteit van Yale: zij gooien met de tinnen borden waarop de taarten van de Frisbie Baking Company uit Bridgeport, Connecticut, staan. Een aerodynamische versie wordt later op de markt gebracht als spel.

HET PROCES

Dit werk van Franz Kafka wordt een jaar na zijn dood uitgegeven. *Het proces* maakt meer dan welk ander boek van Kafka ook zeer goed duidelijk wat de term 'kafkaësk' betekent.

PANTSERKRUISER POTEMKIN

De wreedheid van het tsaristische regime wordt gedramatiseerd in de historische film van Sergei Eisenstein over een muiterij tijdens de revolutie in 1905. Eisenstein beroemdste werk toont ons de effecten van zijn montagetechniek, een methode die gebruik maakt van de visuele metafoor.

VERBETERDE VERPAKKING

Vacuüm thermosflessen met een plastic buitenkant zijn ontwikkeld. Ze zijn lichter, duurzamer en goedkoper dan de oudere modellen, waarop in 1902 patent werd aangevraagd door de Duitser Reinhold Burger. Deze flessen waren groot, onhandig, breekbaar en tamelijk duur, omdat de buitenkant van nikkel was.

OPKOMST VAN DE KLAN

De Ku Klux Klan krijgt een geduchte klap als de leider uit Kentucky, Stephenson, wordt gearresteerd wegens aanranding, verkrachting en ontvoering. De politieke macht van de Klan en het ledental zijn de laatste jaren sterk gegroeid: meer dan 40.000 mensen die het eerste nationale congres op 8 augustus bijwonen, lopen in een optocht door Washington.

PROCES TEGEN SCOPES
Natuurkundeleraar John T. Scopes moet in juli terechtstaan, omdat hij in de staat Tennessee de wet heeft overtreden, die verbiedt dat de evolutie wordt onderwezen. Scopes wordt veroordeeld en krijgt een boete van 100 dollar, maar wordt in hoger beroep vrijgesproken. De wet wordt in 1967 afgeschaft.

DOLLE MINA
Op 5 december overlijdt Wilhelmina Drucker (geboren 1847), de feministe die bij velen beter bekend is als Dolle Mina.

TOREN VAN PISA
Onderzoekers melden dat de beroemde toren van Pisa uiteindelijk om zal vallen. Wanneer dit gebeurt, kan men niet zeggen.

THE GOLD RUSH
Charles Chaplin schrijft, produceert, regisseert en speelt de hoofdrol in deze film. De film is een van de vele die Chaplin met United Artists heeft gemaakt. De unieke combinatie van humor en pathos en de veerkracht van de schooier maakt zijn films zeer populair.

MEIN KAMPF
Hitler publiceert *Mein Kampf*, geschreven toen hij in de gevangenis zat, over zijn nazifilosofie met onder andere het idee van 'Lebensraum', de uitbreiding van het Duiste grondgebied.

ONDER: een nieuw ontwerp parachute is ontworpen in de VS en is vooral populair bij de stuntmannen die in vliegshows in Europa en de VS optreden.

EEN JAAR VAN STAKINGEN EN ONVREDE

In Engeland verlamt een algemene staking het land, dat verdeeld raakt. De Noordpool wordt tweemaal via de lucht bezocht: één keer door een vliegtuig en één keer door een luchtschip. De staat Saudi-Arabië wordt gesticht. Duitsland sluit zich aan bij de Volkenbond en in Dessau richt Walter Gropius het eerste Bauhaus op, een academie voor kunst en architectuur. Vele harten breken als Rudolf Valentino overlijdt. Ook schilder Claude Monet overlijdt dit jaar.

BLZ. 170: enkele uren na een mislukte aanslag op zijn leven spreekt Mussolini de menigte toe in Rome.

1926

6 januari De Duitse luchtvaartmaatschappij Lufthansa wordt opgericht
8 januari Ibn Saud wordt uitgeroepen tot koning van de Hedzjaz in Arabië. Hij verandert de naam in Saudi-Arabië
27 januari De Schot John Logie Baird demonstreert de eerste televisie

6 maart Robert A. Goddard lanceert de eerste raket met vloeibare brandstof

30 april Mijnwerkers in Groot-Brittannië staken

5 mei In Groot-Brittannië begint een algemene staking om de mijnwerkers te steunen
9 mei Richard Byrd en Floyd Bennett vliegen over de Noordpool in een vliegtuig
12 mei De algemene staking in Groot-Brittannië wordt beëindigd, maar de mijnwerkers gaan nog niet aan het werk
13 mei Umberto Nobile, Roald Amundsen en Lincoln Ellsworth vliegen met een luchtschip over de Noordpool

10 juni De Spaanse architect Antonio Gaudi komt onder een bus en overlijdt

23 augustus De filmster Rudolf Valentino overlijdt op 31-jarige leeftijd

8 september Volkenbond stemt over toelating van Duitsland

14 oktober Winnie-the-Pooh van A.A. Milne wordt gepubliceerd
23 oktober In Rusland worden Leon Trotski en Grigori Zinoviev door Stalin ontslagen uit het Politbureau, het centrale comité van de communistische partij

12 november De mijnstaking in Groot-Brittannië wordt beëindigd
20 november Op een conferentie van het Britse Rijk wordt aangekondigd dat Canada, Australië, Zuid-Afrika en Newfoundland dominions worden met een eigen regering

5 december De Franse kunstenaar Claude Monet overlijdt op 86-jarige leeftijd

BOVEN: gewapende auto's in Londen bewaken tijdens de algemene staking de wagens met voedsel die worden bestuurd door stakingbrekers.

DE GEBOORTE VAN SAUDI-ARABIE
Ibn Saud wordt uitgeroepen tot koning van de Hedzjaz in Mekka en geeft zijn land een nieuwe naam: Saudi-Arabië. De proclamatie betekent het einde van een lange strijd door de Saud-familie om de heerschappij over het Arabische schiereiland.

STAKERS IN GROOT-BRITTANNIE
De vakbonden roepen een algemene staking uit om de mijnwerkers te steunen in hun strijd voor hogere lonen en betere arbeidsomstandigheden. De algemene staking duurt negen dagen, maar de mijnwerkers staken door tot november, wanneer ze worden gedwongen langere werkdagen en plaatselijke in plaats van landelijke onderhandelingen over loon en omstandigheden te accepteren.

DUITSLAND EN DE VOLKENBOND
De Volkenbond stemt unaniem voor toetreding van Duitsland. Rusland en de VS worden echter geen lid, waardoor het internationale belang van de Bond afneemt.

DE VALERA EN FIANNA FAIL
De leider van de Republikeinen, Eammon De Valera, tegenstander van het verdrag voor de oprichting van de Ierse Vrijstaat, breekt met zijn onbuigzame medestanders en richt Fianna Fáil, 'the soldiers of destiny', op om te vechten voor de macht in Ierland. In 1927 nemen ze voor het eerst zitting in de Dáil, het Ierse parlement.

TROTSKI EN ZINOVIEV GEROYEERD
Leon Trotski en Grigory Zinoviev, voorzitter van Komintern, het internationale comité van de communistische partij, worden uit het Politburo gezet, het uitvoerend comité van de communistische partij. Stalin heeft nu de absolute macht in de USSR.

IS HET EEN VOGEL?
De Roemeense beeldhouwer Constantin Brancusi (1876-1957) toont zijn beeldhouwwerk *Bird in space*. Door de mate van abstractie van het werk wordt dit een zaak van openbare discussie: de autoriteiten in New York weigeren het werk van Brancusi te erkennen als een kunst en willen er belasting over heffen, omdat het een stuk metaal is. Er volgt een rechtszaak en het hof besluit uiteindelijk dat het toch een kunstwerk is.

EEN NIEUW BAUHAUS IN DESSAU

Walter Gropius (1883-1969) ontwerpt zijn markante gebouw voor een belangrijk instituut, dat onder politieke druk gedwongen wordt van Weimar naar Dessau te verhuizen. Het elegante maar sobere gebouw verenigt kunst en industrie, net als het instituut dat er gevestigd is. Enkele van de beroemdste kunstenaars van Europa, zoals Kandinsky, Moholy-Nagy en Gropius zelf, onderwijzen er de kunst van het ontwerpen en de architectuur en verbreiden de idealen van het modernisme.

DE AMSTERDAMSE SCHOOL

In Hilversum wordt de Vondelschool gebouwd, een indrukwekkend gebouw, sober en elegant, opgetrokken uit baksteen met sterke horizontale lijnen. Het is een van de vele gebouwen van Dudok in Hilversum.

DE THEORIE VAN PIAGET

Jean Piaget, een Zwitserse psycholoog die gestudeerd heeft bij Jung en samen met Alfred Binet gewerkt heeft aan intelligentietests voor kinderen, publiceert een experimenteel onderzoek naar de geestelijke ontwikkeling van kinderen. Zijn theorie is dat de ontwikkeling van mentale processen genetisch bepaald is en altijd in vier fasen plaatsvindt.

MEXICAANS OPROER 1926-1929

In 1926 worden de anticlericale maatregelen, die in de Mexicaanse grondwet van 1917 werden vastgelegd, uitgevoerd. Land van de kerk wordt ingenomen, kerkeigendommen worden genationaliseerd en bisschoppen worden verbannen. De guerillagroep Cristoferos vecht aan de zijde van de geestelijken. Er zijn geen grote gevechten, maar wel veel schermutselingen. In 1929 wordt een akkoord bereikt.

CLAUDE MONET (1840–1926)

De Franse impressionistische schilder Claude Monet, aan wiens schilderij *Impression, soleil levant* (1874) het Impressionisme zijn naam dankt, overlijdt. Monet bouwde zijn werken op uit pure kleurvlekjes en maakte vaak series schilderijen die hetzelfde onderwerp steeds op een nieuwe manier bezagen: de serie *Argenteuil* (1872-1875), *Gezichten op Londen* (1902), *De kathedraal van Rouen* (1892-1895) en natuurlijk *Waterlelies* (1899-1926).

RUDOLF VALENTINO (RODOLPHO ALPHONSO GUGLIELMI DI VALENTINA D'ANTONGUOLLA) (1895–1926)

De in Italië geboren acteur en de lieveling van het witte doek in New York plotseling overlijdt aan een buikvliesontsteking. Hij emigreerde in 1913 naar de VS en werkte eerst als toneeldanser en later als figurant in Hollywood. Met zijn felle ogen, knappe en atletische gestalte en dramatische talent kreeg hij al spoedig de hoofdrol in een serie stomme films in de jaren '20. Zijn begrafenis veroorzaakt hysterische taferelen.

DE EERSTE TV

In januari demonstreert de Schotse uitvinder John Logie Baird (1888-1946) de eerste echte televisie-uitzending voor vijftig wetenschappers in het Royal Institution in Londen. Hij gebruikt daarvoor een mechanische scanner.

VLIEGEN OVER DE NOORDPOOL I

De Italiaanse piloot Umberto Nobile vliegt over de Noordpool met zijn luchtschip *Norge*, samen met de ontdekkingsreizigers Roald Amundsen uit Noorwegen en Lincoln Ellsworth uit de VS.

WATERDICHT HORLOGE

Het eerste waterdichte horloge wordt gemaakt door de firma Rolex in Zwitserland en krijgt de naam *Oester*.

METROPOLIS

Deze belangrijke film van de Oostenrijkse regisseur Fritz Lang (1876-1976) creëert met science fiction een nachtmerrieachtige stad, die veel andere filmmakers zal beïnvloeden. De film speelt zich af in een gemechaniseerde maatschappij in het jaar 2000, waarin slaven het werk doen, en gebruikt expressionistische decors en technieken om de verschrikkingen van de stad en de klassenoorlog te tonen.

RAKET GELANCEERD

In maart lanceert de Amerikaanse fysicus Robert Goddard de eerste door vloeibare brandstof aangedreven raket bij Auburn in Massachusetts. De raket vliegt 56 meter.

NATIONALE PARKEN IN DE VS

De Amerikaanse Forest Service wijst een zeer groot gebied niet-bebouwde grond aan als Nationaal Park. Het idee is gebieden met een grote natuurlijke schoonheid die van geologisch en ecologisch belang zijn, te behouden.

THIAMINE GEISOLEERD

De Amerikaanse wetenschapper Robert Runnels Williams (1886-1965) slaagt erin thiamine (vitamine B1) in pure vorm te isoleren.

LINKS: het gotische Woolworthgebouw (264 m) is een van de hoogste gebouwen van New York, maar dat zal niet lang meer duren.

BOVEN: het Italiaanse luchtschip *Norge* vliegt met een internationale bemanning over de Noordpool.

DICHTRITSEN

De rits –in 1891 in Chicago uitgevonden door Whitcomb L. Judson, in 1913 door Gideon Sundback verbeterd en sinds 1914 gebruikt in het Amerikaanse leger– wordt nu ook toegepast in jeans.

OVER HET KANAAL

De Amerikaanse Gertrude Ederle is de eerste vrouw die over het Kanaal van Frankrijk naar Engeland zwemt. Ze doet er 14 uur en 31 minuten over en verbreekt het oude record met 2 uur.

KONINKLIJK HUWELIJK

In België treedt prins Leopold III in het huwelijk met Astrid van Zweden. Het paar zal drie kinderen krijgen.

MACHT VOOR INDIASE VROUWEN

Vrouwen in India mogen zich kandidaat stellen voor openbare ambten.

MAJABESCHAVING OPNIEUW ONTDEKT

Beschrijvingen in de boeken van de 19e-eeuwse Amerikaanse auteur van reisboeken John L. Stephens hebben geleid tot de ontdekking van vijf oude majasteden in Yucatan in Mexico. De archeologen willen de grootste plaatsen –Chichen Itzá, Uxmal en Coba– opgraven.

GROTER EN BETER

Safeway Stores wordt de grootste winkelketen in de VS als Marion B. Skaggs, oprichter van de Safeway-kruideniers-winkels in 1923, een fusie aangaat met een bedrijf in Californië. Er ontstaat een keten van 466 winkels.

VLIEGEN OVER DE NOORDPOOL II

Op 9 mei zijn de Amerikaanse piloten Richard Byrd en Floyd Bennett de eersten die over de Noordpool vliegen. Zij vliegen vanuit het Noorse Spitsbergen in 15 uur heen en terug in een driemotorige Fokker. Bennett is de piloot en Byrd de navigator.

HARRY HOUDINI (ERICH WEISS) (1874–1926)

De Amerikaanse boeienkoning en voorzitter van de Amerikaaanse Vereniging van Illusionisten Harry Houdini overlijdt. De schijnbaar onoverwinnelijke man was beroemd om zijn vermogen elke klap te boven te komen, maar kreeg buikvliesontsteking nadat iemand uit zijn publiek hem een flinke stoot toebracht terwijl hij daarop niet voorbereid was. Houdini, geboren als Erich Weiss in Budapest, kon zichzelf uit allerlei situaties bevrijden en ontsnapte dan ook regelmatig uit kisten onder water of in de lucht. Houdini streed fel tegen oplichters.

DE FILMS KRIJGEN GELUID

In China woedt een burgeroorlog in dit jaar van Amerikaanse triomfen: Charles Lindbergh vliegt in zijn eentje over de Atlantische Oceaan en films worden voorzien van geluid. In de USSR is Stalin de absolute machthebber, nadat hij zijn tegenstanders verbant, in het gevang gooit of laat executeren. De Zwitserse architect Le Corbusier bepaalt de moderne architectuur.

RECHTS: een zeer modieuze dame met een bobkapsel, een korte rok en een geheel nieuwe houding.

BLZ. 174: generaal Tjiang Kai-Sjek geflankeerd door twee bodyguards bij de Ming-graven in Nanking.

1927

9 februari De opstand in Portugal wordt na zware gevechten neergeslagen

21 maart In China nemen de nationalisten Shanghai in

20-21 mei De Amerikaanse piloot Charles Lindbergh maakt de eerste solovlucht over de Atlantische Oceaan

15 juli In Oostenrijk slaat het leger een opstand neer

14 september Danseres Isadora Duncan overlijdt na een ongeluk

30 september Honkballer Babe Ruth slaat zestig home runs in één seizoen

6 oktober Première van *The jazz singer*, de eerste film met gesproken dialogen

3 november Luitenant-generaal A. Montgomery-Massingberd voorspelt een oorlog met Duitsland binnen twintig jaar

19 december In China executeren nationalisten zeshonderd vermeende communisten

BOVEN: de Amerikaanse piloot Charles A. Lindbergh landt veilig bij Le Bourget nabij Parijs na zijn non-stop vlucht vanuit New York.

BOVEN: de eenmotorige *Spirit of St. Louis*, het vliegtuig van Lindbergh. Het werd gefinancierd door de inwoners van St.-Louis in Missouri.

BOVEN: de krijgsheer van Mantsjoerije, Chang Tso Lin, wordt ontvangen op het Amerikaanse hoofdkwartier in Tientsin in China. De VS steunen Mantsjoerije tijdens de Chinese burgeroorlog.

STORMACHTIG WEER

In Groot-Brittannië vormen ijzige sneeuwstormen het einde van een jaar vol rampzalige weersomstandigheden, verwoestingen en vele slachtoffers. Groot-Brittannië wordt in februari getroffen door overstromingen. Overstromingen veroorzaken enorme schade in het dal van de Mississippi in de VS in mei, in Galicia in Polen in september, en in het noorden van de VS en Algerije in november.

BURGEROORLOG IN CHINA

Nationalistische eenheden van de Kwomintang veroveren de haven Shanghai op de noordelijke krijgsheren en zetten hun campagne voort om het land onder het leiderschap van Tjiang Kai-Sjek te verenigen. Al spoedig worden de communisten door de Kwomintang uit de partij gezet, waardoor de spanning tussen de twee partijen oploopt en er uiteindelijk een burgeroorlog uitbreekt.

PROBLEMEN IN WENEN

Rellen en een algemene staking breken uit in de Oostenrijkse hoofdstad, nadat drie antisocialisten worden vrijgesproken van de moord op twee communisten. Regeringsgezinde troepen maken een einde aan de staking, maar de Oostenrijkse regering wankelt door de gebeurtenissen.

STALIN TRIOMFEERT

Stalin heeft eindelijk de absolute macht in de communistische partij als hij Trotski en Zinoviev uit de partij zet. Een jaar later wordt Trotski verbannen naar de grens met China; anderen worden naar de gevangenis gestuurd.

SCHEERAPPARAAT

Kolonel Jacob Schick vraagt in de VS patent aan op het eerste elektrische scheerapparaat dat een commercieel succes genoemd kan worden. Het heeft een scheerblad dat naar voren en naar achteren beweegt.

CBS EN BBC

CBS (Columbia Broadcasting System) wordt in januari opgericht als William S. Paley een kleine radio-omroep koopt. In 1922 zendt de BBC (British Broadcasting Corporation), ontstaan in 1922 uit een consortium van radiomakers, zijn eerste berichten uit.

LE CORBUSIER EN DE STIJL

Villa Les Terraces in Garches bij Parijs is een van de beroemde huizen van Le Corbusier. Het huis heeft alle kenmerken die op dat moment met deze modernistische architect worden geassocieerd: witte muren, lange rijen ramen, een dakterras. De villa heeft binnenin geen dragende muren, waardoor er grote open ruimten ontstaan.

HERMAN GORTER

In dit jaar overlijdt de dichter, socialist en later communist Herman Gorter (geboren in 1864). Gorters bekendste werk is ongetwijfeld *Mei* (1889), een episch-lyrische hymne aan de vergankelijke aardse schoonheid.

DE MAN UIT PEKING

De Canadese antropoloog Davidson Black ontdekt fossiele prehistorische menselijke resten in de buurt van Peking. Het blijkt om een exemplaar van de *Homo erectus* te gaan.

BOVEN: het Utitski-paleis in Leningrad draagt het Sovjet-symbool: de hamer en sikkel.

RECHTS: de Big Apple, New York, in vogelvlucht – 800 km^2.

ONGEHOORD
Een nieuw tijdperk wordt ingeluid met *The jazz singer*, de eerste speelfilm met geluid. De hoofdrol wordt gespeeld door de joodse negerzanger Al Jolson.

FLESH AND THE DEVIL
De eerste film die Greta Garbo in Hollywood maakt, wordt beschouwd als de beste van haar drama's zonder geluid.

ISADORA DUNCAN (ANGELA DUNCAN) (1878–1927)

De in Amerika geboren danseres en choreografe Isadora Duncan overlijdt na een tragisch auto-ongeluk. Ze was de pionier van de moderne dans, waarin de vloeiende bewegingen van vogels en dieren, maar ook lopen, rennen en huppelen en klassieke posen verwerkt werden en richtte dansscholen op in Berlijn, Salzburg en Wenen. Duncan werd internationaal bekend, had een fanatieke aanhang en leidde een onconventioneel leven. In 1922 trouwde ze met de Russische dichter Sergei Yesenin, die in 1925 zelfmoord pleegde. Kort voor haar dood publiceerde ze haar autobiografie *My life*.

DE WERELD TELLEN
De eerste World Population Conference wordt door de Amerikaanse Margaret Sanger georganiseerd.

RECORD RUTH
Babe Ruth slaat voor de New York Yankees maar liefst zestig homeruns in één enkel seizoen. De prestatie van Ruth en de introductie van een nieuwe bal waarmee meer homeruns worden geslagen, zorgt ervoor dat honkbal in de VS aan populariteit wint.

KLEUR ONDER WATER
In januari publiceert *National Geographic Magazine* de eerste kleurenfoto's die in zee onder water zijn gemaakt. Er is maandenlang geëxperimenteerd door ichtyoloog W.H. Longley en fotograaf Charles Martin.

SOLOVLUCHT OVER DE ATLANTISCHE OCEAAN
Op 21 en 22 mei maakt de Amerikaanse piloot Charles A. Lindbergh (1902-1974) de eerste non-stop solovlucht over de Atlantische Oceaan in zijn vliegtuig *The Spirit of St. Louis*. Hij vliegt 5790 km in 33,5 uur.

DE ONTWIKKELING VAN DE AUTO

LINKS: president Taft in het model touringcar dat onderdeel van het presidentiele wagenpark is. De stoomauto, die plaats biedt aan zeven personen, is gebouwd rond 1910; productiekosten ca. 4000 dollar.

BOVEN: Henry Ford in 1903 in zijn 999 racewagen op de racebaan Grosse Point. Hij racet tegen Harry Harkness in een Simplex.

Sinds het moment dat Henry Ford zijn Model T in 1908 van de band liet rollen, is de auto niet meer weg te denken uit het Amerikaanse leven. De eerste modellen worden aangedreven door stoom, petroleum en zelfs elektriciteit, maar uiteindelijk wordt benzine het gebruikelijkst. De sportwagens passen ook uitstekend bij de actieve, vrijgevochten jonge vrouw van de jaren '20.

RECHTS: massaproductie komt voor het eerst voor bij de T-Ford in Fords Highland Park Factory.
BOVEN: Ford maakt reclame voor zijn vijftien miljoenste auto.

BOVEN: de eerste elektrische auto, gemaakt tussen 1917 en 1919 –de Detroit Electric coupé– , wordt opgeladen. Geheel opgeladen reed de auto 336 km tijdens een testrit; de gemiddelde afstand was 128 km.

LINKS: Amanda Preuss achter het stuur van de 1915 Oldsmobile Model 44 8-cilinder, die ze van San Francisco naar New York reed in 11 dagen, 5 uur en 45 minuten.

ONDER: de stijlvolle La Salle werd geproduceerd in 1927.

VIJFJARENPLANNEN EN VROUWENKIESRECHT

Britse vrouwen mogen eindelijk stemmen – in het jaar dat de suffragette Emmeline Pankhurst overlijdt. Keizer Hirohito bestijgt de Japanse troon en Japan en China verklaren elkaar de oorlog. Duitsland, Groot-Brittannië, Frankrijk en diverse andere landen ondertekenen het Briand-Kelloggpact, waarin de aanvalsoorlog wordt uitgebannd. Kleine geneugten bestaan uit de uitvinding van kauwgum en plakband. Mickey Mouse heeft zijn eerste optreden. En in Australië stijgen de Flying Doctors op.

BLZ. 183: gezond en sterk. Een Duits zwembad met golfslag en zonneschijn.

1928

14 januari De Britse schrijver Thomas Hardy overlijdt op 87-jarige leeftijd
16 januari In Rusland verbant Stalin al zijn politieke tegenstanders

11 februari De tweede Winterspelen worden in St.-Moritz in Zwitserland geopend

29 maart Alle vrouwen van 21 jaar en ouder krijgen stemrecht in Groot-Brittannië

11 mei In China verslaan Japanse eenheden het Chinese leger, dat probeert Jinan te heroveren, de hoofdstad van de provincie Shandong
15 mei De Flying Docter Service wordt in Australië opgezet

14 juni De Britse aanvoerster van de suffragettes Emmeline Pankhurst overlijdt op 69-jarige leeftijd
20 juni Roald Amundsen overlijdt als zijn vliegtuig neerstort

12 juli Nobile en zijn collega's worden gered door een ijsbreker
21 juli De Engelse actrice Ellen Terry overlijdt op 81-jarige leeftijd
30 juli George Eastman toont bewegende beelden in kleur in de VS

12 augustus De achtste Olympische Spelen worden afgesloten in Amsterdam
27 augustus Drieëntwintig landen, waaronder Duitsland, tekenen het Briand-Kelloggpact, waarin oorlog wordt afgezworen

19 september De eerste vertoning van de tekenfilm met bewegende beelden: *Steamboat Willie* met Mickey Mouse

1 oktober Stalin begint in Rusland met een vijfjarenplan om de industrie nieuw leven in te blazen

6 november De democraat Herbert Hoover wordt gekozen tot president van de VS

Ping-Pong

NIEUWE KOERS VOOR PORTUGAL

Antonio de Oliveira Salzar (1889-1970) wordt minister van Financiën en heeft vergaande bevoegdheden. Hij voert al snel veranderingen door in de Portugese economie en geeft zichzelf een haast dictatoriale macht als hij in juli 1932 premier wordt.

CHINA VALT JAPAN AAN

Nationalistische eenheden stuiten op het Japanse leger als zij oprukken naar de oude keizerlijke hoofdstad Peking. Hoewel de nationalisten de stad in juli veroveren en China daarmee voor het eerst sinds de revolutie van 1911 weer onder één leider verenigen, groeit de spanning tussen China en Japan over de controle over Noord-China. De leider van de Kwomintang, Tjiang Kai-Sjek, wordt in oktober gekozen tot president van China.

NOOIT MEER OORLOG

Vijftien landen, waaronder de VS, Frankrijk, Duitsland en Groot-Brittannië, tekenen in Parijs een verdrag tot uitbanning van de aanvalsoorlog. Het verdrag is het werk van de Amerikaanse en de Franse ministers van Buitenlandse Zaken, Frank Kellogg en Aristide Briand.

VIJFJARENPLAN

In de USSR gaat het eerste vijfjarenplan, bedoeld om dit voornamelijk agrarische land te veranderen in een industriële grootmacht, van start. Op het platteland worden kleine bedrijven ingelijfd bij grote collectieve boerderijen die eigendom zijn van de staat, zodat de boeren kunnen gaan werken in de nieuwe fabrieken en steden.

OLYMPISCHE SPELEN

Bekende sterren als Paavo Nurmi en Johnny Weissmuller blinken opnieuw uit, maar er zijn opvallende veranderingen bij de negende Olympische Spelen in Amsterdam. Door de toenemende macht van een concurrerende organisatie wordt het Internationaal Olympisch Comité gedwongen vrouwen toe te staan aan atletiekwedstrijden deel te nemen. Enkele weken lang brandt in het nieuwe Olympisch Stadion de olympische vlam. De bokser Bep van Klaveren is een van de sporters die een gouden plak mee naar huis neemt.

ONDER: de mode weerspiegelt een nieuwe vrijheid voor de vrouw. Dit zijn zwem- en strandpakjes.

BOVEN: spandoeken van het Japanse rijk zijn ook in Chian aanwezig, maar de strijd tussen de twee landen gaat voort.

BURGEROORLOG IN AFGHANISTAN

Amanullah Khan probeert nog steeds hervormingen door te voeren, maar ondervindt veel tegenstand. Hij zet zijn broer op de troon en wordt zelf rebel en leider van een guerillabende om zijn broer af te zetten. Hun neef Nadir Khan mengt zich in de strijd en doodt Amanullah. De Britten steunen Khans aanspraak op de troon. Hij moderniseert het land, stemt de rebellen gunstig en brengt rust. In 1929 is de rust weergekeerd.

STEAMBOAT WILLY

In deze eerste tekenfilm met geluid introduceert Walt

EMMELINE PANKHURST (GEBOREN GOULDEN) (1858–1928)

De Engelse activiste voor vrouwenrechten Emmeline Pankhurst overlijdt. Ze was getrouwd met een advocaat en vocht haar leven lang voor stemrecht en eigendomsrechten voor vrouwen. Ze richtte de Women's Franchise League op in 1889 en samen met haar dochter Christabelle belandde ze diverse malen in de gevangenis. Kort voor haar dood nam het Britse parlement een wet aan die een bekroning van haar veertig jaar lange strijd betekende.

ROALD ENGELBRECHT GRAVNING AMUNDSEN (1872–1928)

Roald Amundsen, de Noorse ontdekkingsreiziger, wordt vermist. Hij verdwijnt als hij op zoek is naar het vliegtuig van zijn collega-ontdekkingsreiziger Umberto Nobile in het Noordpoolgebied. Er wordt gevreesd dat Amundsen dood is. Tijdens zijn tochten naar het poolgebied ontdekte hij het magnetische noorden en hij was de eerste man die de Zuidpool bereikte (december 1911). In 1927 publiceerde hij zijn boek *My life as an explorer.*

Disney Mickey Mouse. De muis is direct een succes: er worden vervolgen gemaakt en uiteindelijk wordt het figuurtje het alomtegenwoordige symbool van Disney en een van de bekendste logo's van de 20e eeuw.

THE WELL OF LONELINESS
Vanwege de lesbische relaties die erin worden besproken, wordt de controversiële roman van Marguerite Radclyffe Hall in diverse landen verboden. De beschrijving van de relatie tussen een jong meisje en een oudere vrouw veroorzaakt een schandaal. Een Amerikaanse rechtbank echter besluit dat het boek niet verboden zou mogen worden.

DER DREIGROSCHENOPER
Bertolt Brecht en Kurt Weill maken een soort musical, waarin scherpe sociale kritiek wordt geleverd. De muziek van Weill bestaat uit eenvoudige liedjes en bittere harmonieën, terwijl de woorden van Brecht daar zeer sterke sociale satire aan geven.

SOLOVLUCHT NAAR AUSTRALIE
In februari wordt de eerste solovlucht van Engeland naar Australië gemaakt door eskadercommandant Bert Hinkler van de RAF, die tijdens de tocht van 17.711 km zestien keer moet landen.

VROUWELIJKE PASSAGIER
In april wordt de Amerikaanse piloot Amelia Earhart de eerste vrouw die over de Atlantische Oceaan vliegt – als passagier. De tocht gaat van Newfoundland naar Wales.

PLAKBAND
Het eerste doorzichtige plakband wordt uitgevonden door Richard Drew van de Amerikaanse firma 3-M. Plakband wordt op de markt gebracht onder de merknaam ™Scotch tape.

WEG UIT AFGHANISTAN
De RAF voert de eerste grootschalige evacuatie van burgers via het luchtruim uit. 568 mensen en 10.975 kg bagage worden tussen 23 december 1928 en 25 februari 1929 uit Kabul gevlogen in acht Vickers Victoria transportvliegtuigen van het 70e squadron RAF en een Handley Page Hinadi.

BOVEN: zwemmen is een belangrijk onderdeel op de negende Olympische Spelen in Amsterdam.

PENICILLINE ONTDEKT
De Schotse bacterioloog Alexander Fleming (1881-1955) ontdekt per ongeluk een schimmel die een substantie produceert die bacteriën doodt. Hij noemt de substantie penicilline, maar doet er verder niets mee.

TWEEDE WINTEROLYMPIADE
Aan de tweede Olympische Winterspelen in St.-Moritz doen ook weer weer Duitse sporters mee. Door het warme weer worden enkele wedstrijden afgelast, maar de Noren zijn nog steeds oppermachtig. De Noorse Sonja Henie, pas vijftien jaar oud, wint goud bij het kunstrijden en wordt immens populair.

VLIEGENDE ARTSEN
De eerste vlucht van de Australische Flying Doctor Service, die werd opgericht door de dominee John Flynn, vindt plaats op 15 mei. De dienst opereert vanuit Cloncurry in Queensland en biedt medische hulp aan mensen in de afgelegen gebieden van Australië.

EEN NIEUWE KEIZER
Hirohito wordt gekroond tot keizer van Japan. Hij wordt in 1921 regent voor zijn zieke vader Yoshihito en volgt hem op na zijn dood in december 1926.

UN CHIEN ANDALOU
Met deze film van Luis Buñuel en Salvador Dali wordt het wezenlijke van het surrealisme bereikt. In een tijd dat de filmmakers zo realistisch mogelijk proberen te zijn, is dit werk met de vaak groteske beelden een schok voor zowel kunstenaars als het gewone publiek.

CRISIS NA DE WALL STREET CRASH

In de VS beleeft in Wall Street de financiële handel een dieptepunt, dat door de hele wereld wordt ervaren. De paus schaart zich aan de zijde van Mussolini en het luchtschip *Graf Zeppelin* vliegt rond de wereld in drie weken. Kuifje en Bobbie beleven hun eerste avontuur. Het heelal wordt steeds groter en schuimrubber wordt in huishoudens geïntroduceerd.

1929

13 januari De voormalige Amerikaanse marshall Wyatt Earp overlijdt op 80-jarige leeftijd
30 januari Stalin beveelt Trotski de USSR te verlaten

1 februari Popeye maakt zijn debuut
11 februari In Italië tekenen Mussolini en de paus een overeenkomst waarin het Vaticaan souvereiniteit gegarandeerd wordt
13 februari Trotski zoekt zijn toevlucht in Turkije

29 augustus De Graf Zeppelin vliegt als eerste luchtschip rond de wereld

5 september De Franse premier Aristide Briand oppert het idee van een 'verenigde staten van Europa'

24 oktober Zwarte donderdag: de aandelenbeurs op Wall Street stort in en dertien miljoen aandelen worden in allerijl verkocht
29 oktober Er wordt nog meer verkocht op Wall Street: 16.400.000 aandelen

28-29 november De Amerikaanse piloot Richard Byrd vliegt als eerste met een vliegtuig over de Zuidpool

DE PAUS EN IL DUCE

Mussolini ondertekent het Lateraanse pact met de paus, dat de souvereiniteit van het Vaticaan garandeert. Het pact maakt een einde aan 59 jaar van spanning tussen de paus en de Italiaanse staat, nadat de pauselijke staat in 1870 door Italië werd geannexeerd. In juli wordt Pius X de eerste paus sinds 1870 die het Vaticaan verlaat.

WALL STREET CRASH

De aandelenbeurs van New York op Wall Street stort in en veel aandelen verliezen de helft van hun waarde. De crash maakt een einde aan een jarenlange waardestijging van de aandelen en de welvaart in de VS en veroorzaakt een economische depressie.

VLIEGEN OVER DE ZUIDPOOL

De Amerikaanse marinecommandant Richard Byrd maakt als navigator de eerste vlucht over de Zuidpool; het vliegtuig wordt bestuurd door Bert Balchen. De retourvlucht duurt negentien uur en men stijgt op vanaf Little America, de basis van de expeditie op het Ross-ijsplateau.

HOMOSEKSUALITEIT MAG

Homoseksualiteit wordt in de Weimarrepubliek gelegaliseerd. Na lobbyen door de Coalitie voor Hervorming van de Zedenwet neemt de Duitse Rijksdag een wetsvoorstel aan: clausule 172, die homoseksualiteit illegaal maakt, wordt uit het Wetboek van Strafrecht geschrapt.

ROND DE WERELD IN EEN LUCHTSCHIP

In augustus maakt het Duitse luchtschip de *Graf Zeppelin* zijn eerste vlucht rond de aarde. Start en finish zijn in Lakehurst in New Jersey en de tocht duurt 21 dagen, 7 uur en 34 minuten.

BLZ. 187: de menigte wacht op Trafalgar Square op de uitslag van de verkiezingen. De uitslag wordt sterk bepaald door de vrouwen, die nu ook mogen stemmen.

LIBERAL
Smoke

BOVEN: onrust in het Midden-Oosten. Arabieren demonstreren tegen de joodse inwoners van Jeruzalem in Palestina.

DUITS PAVILJOEN OP TENTOONSTELLING

Ludwig Mies van der Rohe (1886-1969) is de architect van het Duitse paviljoen op de Wereldtentoonstelling in Barcelona. Het paviljoen is een zeer eenvoudig, modernistisch gebouw. Het gebouw is kenmerkend voor het werk van de architect.

DE ONDERKONING VAN NEW DELHI

Een enorm contrast met de modernistische gebouwen die worden ontworpen door mensen als Mies van der Rohe en Le Corbusier, is het huis van de onderkoning. Het is ontworpen door Edwin Lutyens en is een mengsel van stijlen uit de Renaissance.

BLZ. 188: een spectaculaire uitbarsting van de Vesuvius. De grootste sinds 1906.

THE SOUND AND THE FURY

Het boek van de Amerikaanse schrijver William Faulkner beschrijft de neergang van het Amerikaanse Zuiden door de ogen van verschillende personen: de 'gek' Benjy Compson, de gemene Jason en de gevoelige Quentin. Faulkner maakt in zijn roman gebruik van verschillende verhaalperspectieven.

DE WET VAN HUBBLE

De Amerikaanse astronoom Edwin Hubble ontdekt dat hoe verder een melkwegstelsel van onze eigen melkweg afstaat, hoe sneller hij verdwijnt. Deze ontdekking, bekend als de Wet van Hubble, bewijst dat het heelal uitdijt.

GEORGES EUGENE BENJAMIN CLEMENCEAU (1841–1929)

De grote Franse staatsman, redenaar en journalist Clemenceau overlijdt op 88-jarige leeftijd. Hij werd in 1871 in de Nationale Assemblé gekozen en nam regelmatig een principieel standpunt in, onder andere in de zaak Dreyfus. (Hij was een medestander van Dreyfus.) Clemenceau was van 1906 tot 1909 en van 1917 tot 1920 premier van Frankrijk en voorzitter van de conferentie na de Eerste Wereldoorlog, waar over het Verdrag van Versailles werd onderhandeld.

SERGEI PAVLOVITCH DIAGHILEV (1872–1929)

De legendarische Russische danser en impressario Sergei (Serge) Diaghilev, directeur van het Ballets Russes, overlijdt. Diaghilev bracht de Russische dans naar Parijs in 1908 en richtte in 1909 Ballets Russes op. Onder zijn bezielende leiding heeft het gezelschap de grootste dansers, choreografen, artiesten en componisten van de eeuw aangetrokken, onder wie de dansers/choreografen Nijinsky en Massine, de kunstschilders Matisse en Picasso en de progressieve componisten Ravel, Prokofiev, Poulenc, Satie en Strawinski.

BOVEN: het gedoemde luchtschip R101 wordt getest.

TROTSKI VERBANNEN

Trotski gaat in Constantinopel in ballingschap, nadat hij eind januari uit de USSR is verbannen. Veel van zijn medestanders worden verbannen of gevangengezet.

IN WESTEN NICHTS NEUES

Het boek van de Duitse schrijver Erich Maria Remarque over de Eerste Wereldoorlog, gezien door de ogen van een gewone soldaat, is een groot succes. Het is in feite het verhaal van een hele generatie en laat de afschuwelijke en laffe aspecten van de oorlog zien.

DE GEBOORTE VAN KUIFJE

Kuifje, Bobbie, kapitein Haddock, professor Calculus, en Jansen en Jansen beleven hun eerst avontuur. De Belgische Hergé wordt er later van verdacht met de nazi's gesympathiseerd te hebben.

DE EERSTE IJZEREN LONG

De Amerikaanse ingenieur Philip Drinker ontwikkelt de eerste ijzeren long, een machine die mensen die verlamd zijn door poliomeyelitis helpt ademen. Er worden veel levens mee gered.

SCHUIMRUBBER

Wetenschappers van de Dunlop-rubberfabriek ontwikkelen schuimrubber door lucht met latex, het witte sap van de rubberboom, te mengen.

ELEKTRO-ENCEFALOGRAAF

De Duitse psychiater Hans Berger ontwikkelt de elektro-encefalograaf, een apparaat waarmee de elektrische voltages die geproduceerd worden in de hersenen kunnen worden gemeten. Een afdruk van deze voltages wordt een elektro-encefalogram genoemd (ECG).

NOBELPRIJS

Christiaan Eijkman, de Nederlanderse ontdekker van de vitamine B1, ontvangt de Nobelprijs voor de geneeskunde en fysiologie.

ALETTA JACOBS (1849–1929)

De Nederlandse artsendochter Aletta Jacobs overlijdt. Ze was na een verzoek aan de minister-president de eerste vrouw in Nederland die medicijnen ging studeren. Na haar studie begon ze een praktijk met haar vader, waar ze de armen gratis behandelde. Ze was een overtuigd feministe en startte in 1882 de eerste kliniek voor geboortebeperking in Amsterdam. Ze was de spreekbuis voor de gezondheidsleer voor vrouwen, stemrecht voor vrouwen en hervorming van de wetgeving die op vrouwen betrekking had.

BOVEN: het Duitse luchtschip *Graf Zeppelin* op de landingsbaan in Los Angeles na de transatlantische reis.

DE CRISIS-
JAREN

De jaren '30 vormen een beangstigende periode vol extremistische ideologieën, een economische puinhoop en het begin van een oorlog. Het decenium beleeft de opkomst van het communisme, het fascisme en het nationaal-socialisme. Het beeld van Adolf Hitler, de georganiseerde rellen en de onheilspellende swastika overheersen dit decenium. Gandhi kiest de tegenovergestelde weg door geweldloze weerstand te bepleiten. De financiële crisis leidt tot wereldwijde armoede. In de VS introduceert Roosevelt de New Deal en in China loopt Mao Zedong voorop in de 'Lange mars'. De Tweede Wereldoorlog, aan het einde van deze periode, blijkt onvermijdelijk.

BLZ. 193: Adolf Hitler en zijn volgelingen op een van de vele nazi-bijeenkomsten in dit decennium.

1930–1939

DE BELANGRIJKSTE GEBEURTENISSEN

- BURGEROORLOG IN CHINA
- DE TOENEMENDE MACHT VAN STALIN
- GANDHI EN BURGERLIJKE ONGEHOORZAAMHEID
- RAMPEN MET LUCHTSCHEPEN
- DE OPKOMST VAN HET NATIONAAL-SOCIALISME
- DE CULTUS ROND HITLER
- PLASTIC EN NYLON
- STRAALVLIEGTUIGEN
- DE SPAANSE BURGEROORLOG
- RADIO UIT DE RUIMTE
- FINANCIËLE CRISIS
- NEW DEAL
- DE LANGE MARS
- DE DUST BOWL IN OKLAHOMA
- BEGIN VAN DE OORLOG TUSSEN ITALIE EN ETHIOPIE
- DE ECONOMISCHE THEORIEËN VAN KEYNES
- BEGIN VAN DE TWEEDE WERELDOORLOG

TOTALE WERELDBEVOLKING: 2.295 MILJOEN

PLASTIC, PLUTO EN DE OPKOMST VAN HET NATIONAAL-SOCIALISME

Het nieuwe decenium is getuige van een burgeroorlog in China een en oproer in India als Ghandi burgerlijke ongehoorzaamheid tegen de Britten propageert. Een nieuw materiaal –plastic– wordt veelvuldig gebruikt door Art Deco-kunstenaars. Haile Selassie wordt gekroond tot keizer van Ethiopië en in Duitsland winnen de nationaal-socialisten de verkiezingen, waardoor Hitler de meerderheid in de Rijksdag krijgt. In Frankrijk neemt André Maginot de dreiging van de Duitse expansiepolitiek serieus en wordt begonnen met de Maginot-linie. Amy Johnson vliegt als eerste vrouw van Europa naar Australië en men vraagt patent aan op het prototype van de straalmotor. Pluto wordt ontdekt.

1930

18 februari De Amerikaanse astronoom Clyde Tombaugh ontdekt de planeet Pluto

6 april Gandhi en zijn volgelingen beëindigen hun mars naar de zee als protest tegen de zoutwetten die de Britten India hebben opgelegd
24 april Amy Johnson landt in Australië na haar vlucht vanuit Groot-Brittannië

1 juli In de VS verlaat de eerste greyhoundbus de garage

2 november Haile Selassie wordt gekroond tot keizer van Ethiopië

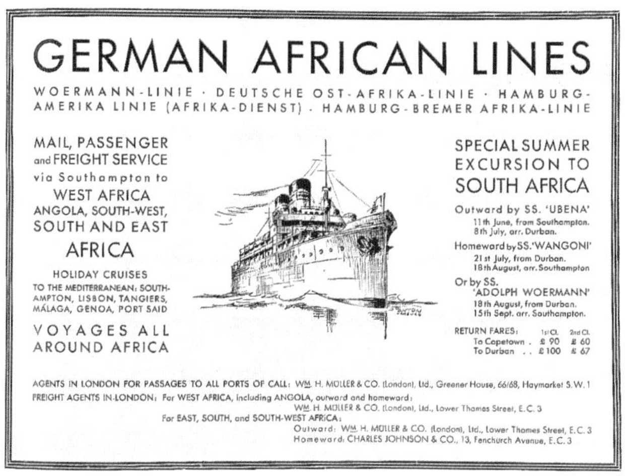

BOVEN: Europa en Afrika worden met elkaar verbonden door snelle stoomschepen die de passagiers alle comfort bieden.

BLZ. 195: het Britse luchtschip *R101* is op zijn allereerste vlucht neergestort in Frankrijk.

BOVEN: Russische kleuters in kolchozen worden opgevangen, zodat hun moeders op het land kunnen werken. Dit was onderdeel van Stalins vijfjarenplan voor de industrialisatie van de landbouw.

BURGEROORLOG IN CHINA

In China begint een burgeroorlog tussen de Kwomintang, de nationalistische legereenheden van Tjiang Kai-sjek, en de communisten. De oorlog zal tot 1934 duren. De Kwomintang verdrijven de communisten uit hun bases in de bergen in Zuid-China en dwingen hen tot de 'Lange mars' op zoek naar nieuwe bases. Een van hen is Mao Zedong.

GEDWONGEN COLLECTIVISATIE

Na het succes van het Vijfjarenplan, waarin alle kleine ondernemingen gedwongen werden samen te werken, breidt Stalin het programma uit naar grotere boerderijen en beveelt de koelakken (rijke boeren) hun land af te staan. Miljoenen koelakken worden gedood.

DE ZOUTMARS

In India begint Ghandi zijn campagne van burgerlijke ongehoorzaamheid tegen de Britten: hij protesteert tegen het monopolie van de overheid op het winnen van zout. Ghandi loopt voorop in een mars naar de zee en haalt daar een symbolische hoeveelheid zout uit het water. Door zijn arrestatie in april ontstaan er in heel India grote rellen en stakingen.

DE EERSTE CYCLOTRON

Een Amerikaans team onder leiding van Ernest O. Lawrence bouwt de eerste experimentele cyclotron ter wereld, een apparaat voor versnelling van elektrisch geladen materiedeeltjes.

HET EERSTE WK

Slechts dertien landen, waaronder maar vier uit Europa, strijden om het eerste wereldkampioenschap voetbal in Uruguay op 30 juli. Amerika is een van de vier geplaatste landen. Het gastland wint door Argentinië te verslaan met 4-2 en zet daarmee de trend van overwinningen door organiserende landen. De Fransman Guerin en de Nederlander Hirschman zijn de bedenkers van dit kampioenschap.

VLIEGEN NAAR HET ZUIDEN

De Engelse pilote Amy Johnson (1903-1941) komt op 24 mei in Australië aan in haar Gypsy Moth en is daarmee de eerste vrouw die een solovlucht vanuit Londen heeft gemaakt. Zij vestigt een wereldrecord door in zes dagen van Londen naar India te vliegen; na negentien dagen vliegen bereikt ze Darwin.

HAILE SELASSIE

In april, na de dood van de keizerin, wordt de Ethiopische regent Ras Tafari keizer. Hij laat zich Haile Selassie noemen en wordt gekroond in november. Rastafari's op Jamaica vereren hem als een god, de vervulling van een profetie door de zwarte Amerikaanse nationalistische leider Marcus Garvey.

BOVEN: Mahatma Gandhi (zie pijltje) kijkt toe, terwijl zijn volgelingen zand en zout water bij Dandi opscheppen in een protest tegen de Indiase overheid.

DE ONTDEKKING VAN PLUTO

De Amerikaanse astronoom Clyde W. Tombaugh, werkzaam bij het Amerikaanse Lowellobservatorium, ontdekt Pluto, de verst gelegen planeet. Pluto blijkt in een onregelmatige baan om de zon te draaien.

BLANKE STEMMEN IN ZUID-AFRIKA

In mei krijgen blanke vrouwen in Zuid-Afrika stemrecht, maar zwarte mannen en vrouwen wordt dit burgerrecht nog steeds onthouden.

EXTREMISTEN KOMEN AAN DE MACHT

De nazi's boeken grote winst bij de algemene verkiezingen in september. Ze krijgen 107 zetels en zijn daarmee na de socialisten de grootste partij. Door de toenemende economische crisis in Duitsland na de krach op Wall Street steunen veel mensen de partij in de hoop dat Duitsland weer een sterke regering zal krijgen.

DE EERSTE GROTE COMPUTER

Een team onder leiding van de Amerikaanse wetenschapper Vannevar Bush ontwikkeld de eerste grote analoge computer, een elektro-mechanische machine.

FANTASTIC PLASTIC

Sterk, helder plastic gemaakt uit acrylzuur is in de jaren '20 ontdekt door wetenschappers in Groot-Brittannië, Canada en Duitsland. Het zal onder de naam perspex verschijnen op de markt.

BOVEN: Amy Johnson vliegt in haar Gipsy Moth Jason als eerste vrouw solo van Engeland naar Australië. Een jaar later is ze opnieuw in het nieuws door solo naar Kaapstad te vliegen.

BOVEN: Adolf Hitler spreekt zijn trouwe volgelingen toe en bejubelt de recente nazi-overwinning bij de verkiezingen.

BOVEN: een brilmontuur – een van de toepassingen van het nieuwe materiaal plastic.

ART DECO BEREIKT NIEUWE HOOGTEN
De Chrysler Building in New York, ontworpen door William van Alen, is af. Door de overweldigende Art Deco-details (de met staalplaten bedekte spits van zeven verdiepingen, de ronde lijnen van de bovenste verdiepingen, de versieringen in het interieur, de deurposten) is dit misschien wel de allermooiste wolkenkrabber ooit. Tot de voltooiing van de Empire State Building is het het hoogste gebouw ter wereld (319 m).

BELGISCHE PRINS
Op 7 september krijgen de Belgische prins Leopold en zijn vrouw een zoon: Boudewijn.

BRUGGEN IN ZWITSERLAND
De Zwitserse ingenieur Robert Maillart ontwerpt een serie elegante bruggen van gewapend beton. De Salginatobelbrug met zijn fraaie lijnen en de spectaculaire manier waarop hij de kloof overbrugt, is de opvallendste. De schoonheid van het werk van Maillart wordt gekenmerkt door de functionele eenvoud ervan.

AMERIKAANSE GOTIEK
Het opmerkelijke schilderij van een boer en zijn vrouw uit het Midden-Westen van de VS geeft een helder beeld van het Amerikaanse platteland en wordt een blijvend symbool van het boerenleven. Het wordt in Iowa geschilderd door Grant Wood (1892-1942) en wordt het beroemdste schilderij van de Amerikaanse regionalistische kunstenaars.

DE EERSTE STRAALMOTOR
De Britse luchtvaartingenieur Frank Whittle (geboren in 1907) vraagt patent aan op een straalmotor die gebruikt kan worden in vliegtuigen.

VLIEGTUIGRAMP
Het Britse luchtschip R101 vliegt tijdens zijn eerste vlucht te pletter tegen een Franse bergwand; 47 mensen komen hierbij om het leven. De ramp betekent het einde van de Britse luchtschepenindustrie.

FRIDTJOF NANSEN
(1861–1930)

De Noorse ontdekkingsreiziger, zoöloog en oceanograaf overlijdt. Zijn eerste poolreis maakte hij in 1882 aan boord van een robbenvaartuig, en van 1893 tot 1895 testte hij zijn theorie dat hij drijvend op een ijsschots de Noordpool kon bereiken. Op deze manier kwam hij verder (86° 14″) dan ieder ander tot dusver. Na de Noorse onafhankelijkheid (1905) werd Nansen ambassadeur in Londen (1906-1908). Hij was commissaris van de Volkenbond voor vluchtelingen van 1920 tot 1922, bedacht in die periode het Nansenpaspoort voor staatloze burgers, en won in 1922 de Nobelprijs voor de Vrede.

IEPZIEKTE
De iepziekte, die voor het eerst werd gesignaleerd in 1919 in Nederland, heeft zich verspreid naar de VS.

HOOFDZAKEN
Karl Menninger, die in 1902 met zijn vader de eerste psychiatrische kliniek Menninger vestigde in Kansas (VS), schrijft *The human mind*. Hoewel het boek bedoeld is voor studenten medicijnen, wordt het door zeer velen gelezen: er wordt in uitgelegd hoe geestelijk gestoorden baat kunnen hebben bij een psychiatrische behandeling.

COUP IN PERU
Na een coup van het leger in augustus, waarbij de gekozen regering omver geworpen wordt, wordt kolonel Luis Sánchez Cerro president van Peru. Een maand later wordt in Argentinië na een legeropstand de hervormingsgezinde president Hipólito Irigoyen afgezet en een militaire regering onder generaal José Uriburu geïnstalleerd.

TICKET TO RIDE
De busmaatschappij Greyhound begint met busverbindingen door de hele VS.

DE REGELS VAN HAYS
Na de roep om censuur op films krijgt de Amerikaanse filmindustrie te maken met strenge regels. De campagne wordt geleid door Will H. Hays, directeur van Motion Pictures Producers and Distributors (ook wel Hays Office). Op een uitgebreide lijst staat wat wel en niet toegestaan is in films. De regels blijven gelden tot 1966.

FRANSE VERDEDIGING
Franse arbeiders beginnen met de bouw van de Maginot-linie, genoemd naar de Franse minister van Oorlog André Maginot. De linie bestaat uit een serie forten die Frankrijk tegen een eventuele Duitse inval moeten beschermen.

ONDER: de twee delen van de Sydney Harbourg-brug kruipen naar elkaar toe en vormen zo 's werelds langste boogbrug. De brug maakt het mogelijk voor voetgangers, wegverkeer en treinen de overkant van de haven te bereiken, terwijl onder hen enorme oceaanschepen varen.

OORLOG IN HET OOSTEN, BOUWEN IN HET WESTEN

Japan toont zijn keizerlijke spierballen en pakt Mantsjoerije af van China, waarmee de Chinees-Japanse oorlog (tot 1945) een feit is. In Spanje wordt de republiek uitgeroepen, maar een burgeroorlog kan niet verkomen worden. In Amerika wordt er ondanks de depressie steeds hoger en hoger gebouwd en beginnen de torenhoge gebouwen de wolken te kietelen. In Frankrijk bouwt de Zwitserse architect Charles Jeanneret, beter bekend als Le Corbusier, het prototype van de moderne architectuur. Het veroveren van het luchtruim wordt nog steeds door velen nagestreefd: de Franse wetenschapper August Piccard bereikt in een ballon de stratosfeer. Thomas Alvar Edison, de waarschijnlijke uitvinder van de gloeilamp, overlijdt.

1931

5 februari De Britse autocoureur Malcolm Campbell vestigt een nieuw wereldrecord in Daytona: hij rijdt 392 km per uur

3 maart 'The star-spangled banner' wordt het officiële volkslied van de VS

14 april Spanje wordt een republiek

1 mei De Empire State Building in New York
28 mei De Franse wetenschapper August Piccard bereikt de stratosfeer in een luchtballon

17 oktober Al Capone belandt in de gevangenis voor belastingfraude
18 oktober Thomas Edison overlijdt

BOVEN: Robert Frost (1874-1963) wint voor de tweede keer de Pulitzerprijs. Hij is een van Amerika's populairste dichters

GEBOORTE VAN DE SPAANSE REPUBLIEK

Koning Alfonso doet in april afstand van de troon en trekt zich in Londen in ballingschap terug wanneer in Spanje de republiek wordt uitgeroepen. Het einde van de monarchie is het gevolg van de grote overwinning van de Republikeinse Partij bij de lokale verkiezingen. De nieuwe regering wordt geleid door Alcalá Zamora. Bij de algemene verkiezingen in juni boeken de socialisten zeer grote winst.

HET BEGIN VAN DE ONDERGANG VAN EUROPA

In mei gaat de Credit-Anstalt, een kleine Oostenrijke bank, failliet. Het gevolg is een grote financiële crisis in Midden- en Oost-Europa. De crisis breidt zich in juli uit naar Duitsland en in augustus naar Groot-Brittannië, waardoor de Labour-regering die geen meerderheid heeft, valt en de nationale regering van Labour-premier Ramsay MacDonald de macht overneemt. Groot-Brittannië laat de goudstandaard los en devalueert in september het pond sterling, waardoor er grote financiële chaos ontstaat. De werkeloosheid stijgt enorm in heel Europa.

EEN HANDVEST VOOR HET BRITSE GEMENEBEST

Het Britse Parlement neemt de Statute of Westminster aan, waarin de onafhankelijkheid van de vijf Dominions van het Britse Rijk wordt omschreven. De Statute vormt de basis van het huidige Britse Gemenebest als de Britse kolonies onafhankelijkheid krijgen.

NACHTVLUCHT

De Franse schrijver en piloot Antoine de Saint-Exupéry (1900-1944), schrijver van *Le petit prince* (1943), schrijft *Vol de nuit*, over de leider van een nieuwe Zuid-Amerikaanse luchtvaartmaatschappij, een stoere piloot. Het boek draagt in de literatuur van de jaren '30 bij aan de liefde voor alles wat met de luchtvaart en vliegen te maken heeft.

EMPIRE STATE BUILDING

De nieuwste wolkenkrabber in New York is tevens het hoogste gebouw ter wereld. Hij is beroemd om zijn hoogte (381 m; inclusief antenne 449 m), de snelheid waarmee hij gebouwd werd, zijn glanzend gevels (grotendeels bekleed met een metaallegering) en de prachtige hal. Het gebouw wordt tijdens de depressie geopend, waardoor een groot deel van de kantoorruimten onverhuurd blijft; de eigenaren verkopen toegangskaartjes aan toeristen.

MAIGRET WERKT NIET MEE

De Belgische schrijver Georges Simenon (1903-1989) creëert in inspecteur Jules Maigret (de oorspronkelijke titel was *M. Gallet décédé*) en verheft daarmee de detectiveroman tot een verhaal met enige diepgang. Maigret is misschien wel de eerste politieman met 'gevoel' aan wie een boek wordt gewijd, een man die misdaden oplost doordat hij de misdadigers begrijpt. De boeken zijn ook bekend om de sfeerbeschrijvingen en zelfs de geuren (Simenon had een heel goede neus) van Parijs.

BOVEN: de George Washingtonbrug in New York, geopend op 24 oktober, is de langste: 1.100 m.

ANNA PAVLOVA (1885–1931)

De Russische ballerina overlijdt. Ze verliet Rusland in 1909 met het Ballets Russes, door Diaghilev opgericht in Parijs. Later richtte ze haar eigen gezelschap op en werd ze internationaal bekend – haar beroemdste vertolking is die van *De stervende zwaan*.

VILLA SAVOYE
Dit huis in Poissy in Frankrijk is een van de beroemdste ontwerpen van de Zwitserse architect Le Corbusier en de belichaming van zijn vijf beroemde 'regels voor de architectuur'. Het gebruik van betonnen palen (of pilotis zoals Le Corbusier ze noemde) om de woonverdieping te verhogen wordt nu populair. Andere kenmerken zijn de langgerekte ramen, witte muren, een plat dak en grote terrassen.

THE WAVES
De Engelse schrijfster Virginia Woolf (1822-1941) publiceert haar experimenteelste boek. Hierin beschrijft ze de levens van een groep vrienden, vanaf hun jeugd tot de middelbare leeftijd, in hun eigen woorden en gedachten. Tussen de gedachten van de verschillende karakters staan poëtische, sfeerbepalende passages, waarin een zeegezicht beschreven wordt met de opkomende en de ondergaande zon, de kust en de brekende golven.

HET MONSTER VAN FRANKENSTEIN LEEFT
De in Engeland geboren acteur Boris Karloff (1887-1969) speelt de rol van het monster in *Frankenstein*, onder de regie van James Whale. De film is deels gebaseerd is op het boek van Mary Shelley uit 1818. Van alle films die op dit verhaal gebaseerd zijn, is dit de populairste.

IONISATIE
De Franse modernistische componist Edgar Varèse (1885-1965) schrijft het eerste westerse muziekstuk voor alleen percussie. Het stuk is gebaseerd op het contrast tussen het diepe warme geluid van de tamtam en het drogere geluid van de militaire trommel.

GEBOORTEBEPERKING
Anticonceptie wordt verboden voor katholieken door paus Pius XII in zijn encycliek *Casti Connubi*, maar voor de Anglicanen goedgekeurd door de aartsbisschop van Canterbury. Terwijl de wereldbevolking bijna twee miljard mensen telt, wordt abortus in Italië onwettig verklaard door Mussolini.

OPSTIJGEN EN WEGWEZEN
Auguste Piccard (1884-1962), een Zwitsers natuurkundige, en zijn assistent Charles Kipfew zijn de eersten die de stratosfeer bereiken. Zij stijgen op tot een hoogte van 17.000 m in een gesloten, bolvormige drukcabine van aluminium, hangend onder een ballon.

MARKTONDERZOEK
De Starch Ratings worden geïntroduceerd door Daniel Starch, directeur van de Amerikaanse vereniging van adverteerders. De Ratings meten de lees- en luisterdichtheid.

FLITS
Er worden elektronische flitsapparaten voor fotografen

BOVEN: in het zwaar vervuilde Pittsburgh snakte men naar een oplossing voor de luchtvervuiling. Men kan nu weer (opgelucht) ademhalen.

THOMAS ALVA EDISON (1847–1931)

De in Ohio geboren uitvinder overlijdt. Hij heeft meer dan duizend patenten aangevraagd en zijn uitvindingen variëren van een stemmachine en de 'tikkertape' voor de aandelenbeurs tot de fonograaf, de elektrische gloeilamp, de simpele megafoon, de eerste elektriciteitscentrale en 'sprekende' films.

uitgevonden. Hierdoor zijn de vervangbare flitslampen overbodig geworden.

OVERBELICHT?
Het eerste onderzoek naar luchtvervuiling wordt uitgevoerd door de Amerikaanse Gezondheidszorg. Geschat wordt dat eenvijfde van het daglicht van New York City verloren gaat door vervuilende rook.

SNELLER SCHEREN
Het elektrische scheerapparaat, in 1923 gepatenteerd door kolonel Jacob Schick, wordt geproduceerd en op de markt gebracht door zijn eigen bedrijf, Schick Dry Shave Inc.

RUIMTERADIO
De Amerikaanse radioingenieur Karl G. Jansky ontdekt radiogolven die komen van buiten het zonnestelsel – het begin van de radioastronomie.

VEILIGHEIDSKETEL
De Britse fabrikant Walter Bulpitt ontwerpt een elektrische ketel die automatisch een terug te plaatsen veiligheidssteker uitstoot als de ketel oververhit dreigt te geraken.

OPKOMST VAN TELEX EN TWX
De Amerikaanse telefoon- en telegraafmaatschappij introduceert de tweezijdige teleprinterdienst –TWX in de VS en telex in Groot-Brittannië–, die door particulieren in hun eigen kantoor gebruikt kunnen worden.

EEN KATER
Alka Seltzer, een pijnstiller die bruist als hij wordt opgelost in water, wordt door Miles Laboratories uit Indiana in de VS op de markt gebracht. Hij bevat een stof tegen maagzuur en verlichting van maag- en darmstoornissen. Het wordt een populair middel tegen katers.

LENGTERECORD
De George Washingtonbrug over de Hudson, die New York City verbindt met New Jersey, wordt geopend. De lengte van de overspanning is 1.100 m, een absoluut record.

ELEKTRONENMICROSCOOP
De Duitse wetenschappers Ernst Ruska en Max Knoll bouwen de eerste elektronenmicroscoop, die veel sterker vergroot dan een gewone microscoop.

BOVEN: Thomas A. Edison overlijdt. De natuurkundige en uitvinder zit hier voor het kantoor van een mijn en is op zoek naar 'dat ene procent inspiratie'.

DAME NELLY MELBA (HELEN PORTER ARMSTRONG, geboren MITCHELL) (1861–1931)

De beroemde Australische sopraan overlijdt in Sydney (1931). Ze werd geboren als Helen Mitchell nabij Melbourne en leidde haar artiestennaam af van deze stad. Na haar opleiding in Parijs trad ze op in de beroemdste operahuizen ter wereld en ze was zo vermaard dat ze zelf de rolbezetting kon bepalen. Enkele van de rollen die zij beroemd maakte, waren Mimi in *La Boheme*, Gilda in *Rigoletto* en Desdemona in *Otello*. Net als Caruso, met wie ze zong, behoorde ze tot de eerste operazangers die een plaat opnam. Pêche Melba en Melba-toast zijn naar haar vernoemd en ze was beroemd om haar vele 'afscheidsoptredens'.

DE CHINEES-JAPANSE OORLOG

Japanse troepen vallen in september een Chinees garnizoen aan bij Moekden in de noordelijke provincie Mantsjoerije en bezetten de gehele provincie. In februari richten ze de marionettenstaat Mantsjoekwo op met de voormalige Chinese keizer Pu Yi als keizer. In januari 1932 vallen Japanse troepen de stad Shanghai binnen en beginnen van daaruit een invasie van China. Hoewel de Chinezen hen in maart uit de stad verjagen, vallen de Japanners het Chinese territorium in de volgende vijf jaar steeds opnieuw aan.

LINKS: Japanse troepen stuiten op groot verzet en vuren vanachter hun verstevigde linie, gesteund door pantservoertuigen.

ONDER: Chinese soldaten in de verdediging schieten terug vanachter een haastig opgeworpen barricade.

BOVEN: Japanse soldaten plaatsen boomstammen, zodat hun tanks de rivier kunnen oversteken.

RECHTS: een gewapend konvooi van Japanse zeelieden racet door de straten.

ONDER: generaal Tsa, commandant van de 19th Route Army, observeert de schade die is aangebracht door een van zijn houwitsers.

HET WESTEN ZAKT WEG IN EEN DEPRESSIE

De depressie heeft de westerse wereld steeds meer in haar greep door de naweeën van de Wall Street crash in 1929. In de VS komt Franklin D. Roosevelt aan de macht na zijn beloften van een New Deal om de armoede te bestrijden. De politieke ideeën van Adolf Hitler in Duitsland blijken heel aantrekkelijk voor een volk dat nog steeds de gevolgen van de Eerste Wereldoorlog niet te boven is. Natuurkundigen richten zich op details: de ontwikkeling van deeltjesversnellers stelt wetenschappers in staat om de –in die tijd– kleinste bouwstenen van het heelal te bestuderen en te benoemen. Amelia Earhart is de eerste vrouw die over de Atlantische Oceaan vliegt.

1932

31 januari Japan bezet Shanghai

2 maart Het zoontje van piloot Charles Lindbergh wordt ontvoerd. Twee maanden later wordt hij dood teruggevonden

10 mei President Paul Doumer van Frankrijk wordt vermoord
21 mei Amelia Earheart vliegt van Canada naar Groot-Brittannië

5 juli Antonio Salazar wordt dictator van Portugal

6 augustus Eerste filmfestival van Venetië

8 november Franklin D. Roosevelt wordt gekozen tot president van de VS

BOVEN: de Seagram Tower, gebouwd in 1954-1958, wordt duidelijk beïnvloed door het Bauhaus van Mies van der Rohe.

IJSSELMEER
Het Ministerie van Waterstaat maakt bekend dat de Zuiderzee na de afsluiting IJsselmeer zal heten. Het noordelijke deel zal de Waddenzee worden genoemd.

EL GRAN CHACO-CONFLICT
Tussen Bolivia en Paraguay breekt een oorlog uit over een grensconflict rond de Chaco Boreal of Gran Chaco, een mogelijke olieroute naar de zee. Paraguay roept de oorlog uit, maar Bolivia is beter getraind en uitgerust. Paraguay roept dan algehele mobilisatie uit en gaat in de tegenaanval. De oorlog sleept zich voort tot juni 1935. In het vredesverdrag van 1938 wordt aan Paraguay het Chacogebied toegewezen en krijgt Bolivia toegang tot de Atlantische Oceaan via twee rivieren.

DE VALERA LEIDER VAN IERLAND
Éamon de Valera wint de Ierse verkiezingen en wordt premier. Hij verslapt de band tussen Ierland en Groot-Brittannië en neemt in 1937 een nieuwe grondwet aan, waarin de Ierse Vrijstaat wordt omgedoopt tot Eire.

INTERNATIONAL STYLE
Dit boek over architectuur van Philip Johnson en Henry-Russell Hitchcock is van invloed op een hele generatie architecten. Het boek en de komst van gevluchte wetenschappers en architecten uit Duitsland zullen de ontwikkeling van de architectuur, eerst in Noord-Amerika en later overal ter wereld, beïnvloeden. Het boek beschrijft een stijl waarin de functie de vorm bepaalt.

FDR PRESIDENT
Franklin D. Roosevelt wint de presidentsverkiezingen na een verpletterende overwinning van de democraten; de zittende repubikeinse president Herbert Hoover wordt verslagen. Roosevelt, die als gevolg van polio in een rolstoel zit, wint in alle Amerikaanse staten, op zes na.

ANDRE LOUIS RENE MAGINOT (1877–1932)

De Franse politicus André Maginot overlijdt. In de jaren '20 liet hij de versterkingen bouwen langs de Frans-Duitse grens, die bekend werden as de Maginot-linie – een maatregel tegen een mogelijke oorlog met Duitsland. Toen de oorlog uitbrak vielen de Duitsers het land binnen via België, waardoor deze verdediging nutteloos bleek. De naam Maginot is de geschiedenis ingegaan als aanduiding voor een zinloos megaproject.

NEUTRON ONTDEKT ...
De Britse natuurkundige James Chadwick ontdekt het neutron, een deeltje zonder elektrische lading, in de kernen van alle atomen uitgezonderd waterstof.

... EN POSITRON ONTDEKT
De Amerikaanse natuurkundige Carl D. Andersen ontdekt de positron (positieve elektron), het eerste subatomaire deeltje van antimaterie dat ooit werd ontdekt.

HINDENBURG VERSLAAT HITLER
President Hindenburg wordt herkozen tijdens de presidentsverkiezingen in Duitsland; hij verslaat maar net Adolf Hitler. Bij de landelijke verkiezingen in juli wordt de NSDAP de grootste partij, maar heeft niet de meerderheid om een regering te kunnen vormen.

DEELTJESVERSNELLER
De Britse natuurkundige John Cockroft en de Ierse natuurkundige Ernest Walton bouwen de eerste lineaire atoomdeeltjesversneller. Ze bestoken lithium met protonen en veranderen het in helium – de eerste kunstmatige atoomtransformatie.

ONDER: werklozen in Californië wachten in een rij voor hun werkloosheidsuitkering.

BOVEN: Amelia Earhart is de eerste vrouw die in haar eentje over de Atlantische Oceaan vliegt: van Harbour Grace in Newfoundland naar Londonderry in Noord-Ierland.

BROTHER CAN YOU SPARE ME A DIME?
Dit liedje, geschreven door E.Y. Harburg en Jay Gorney, is zeer van toepassing op de crisistijd. Later wordt het gezongen door Bing Crosby en Rudy Vallee.

SOLISTE OVER DE ATLANTISCHE OCEAAN
De Amerikaanse pilote Amelia Earhart (1898-1937) is de eerste vrouw die in haar eentje over de Atlantische Oceaan vliegt, van Harbour Grace op Newfoundland naar Londonderry in Noord-Ierland.

KOETERWAALS
Vlaams wordt de officiële taal in het Vlaamse deel van België en Frans wordt de officiële taal van het Waalse deel.

BRAVE NEW WORLD
Brave new world van Aldous Huxley wordt gepubliceerd. Er wordt een maatschappij in beschreven waarin de mensen vanaf hun geboorte zijn geprogrammeerd om hun lot te accepteren en worden ingedeeld in een pseudowetenschappelijk kastenstelsel. Het boek laat zien wat er gebeurt als een wilde uit een reservaat de Wereldheerser met revolutionair gedrag confronteert en werkt het conflict tussen sociale stabiliteit en de vrijheid van het individu uit.

OLYMPISCHE SPELEN IN DE VS

In februari zijn er vanwege de wereldwijde economische crisis en het warme weer weinig deelnemers en weinig sneeuw te zien bij de derde Olympische Winterspelen in Lake Placid in de VS. Wederom domineren de Noord-Amerikanen en de Scandinaviërs. De negentienjarige Sonja Henie uit Noorwegen herhaalt haar succes op het nummer kunstrijden op de schaats voor vrouwen.

In juli worden in Los Angeles de tiende Olympische Spelen georganiseerd. Het deelnemersveld is sterk uitgedund door de economische chaos. Slechts 1400 atleten, de helft van het aantal in 1928, zijn naar Californië gereisd. Het Internationaal Olympisch Comité voorkomt dat Paavo Nurmi nog enkele exemplaren toevoegt aan zijn verzameling van negen gouden en drie zilveren medailles – hij blijkt geen echte amateursporter te zijn. Met twee gouden en een zilveren medaille is de Amerikaanse Mildred 'Babe' Didrikson de ster van de Spelen.

LINKS EN ONDER: in Los Angeles worden de tiende Olympische Spelen georganiseerd. Ondanks de financiële zorgen overal ter wereld komen duizenden toeschouwers de sporters toejuichen.

NEW DEAL VERSUS NATIONAAL-SOCIALISME

In Duitsland brandt de Rijksdag af, neemt Adolf Hitler de macht over en begint de Gestapo aan de etnische zuivering. In Amerika pakt Roosevelt de financiële crisis aan door zijn New Deal in de praktijk te brengen. Heel Amerika kan feestvieren wanneer de Drooglegging wordt beëindigd. De Volkenbond, opgericht na de Eerste Wereldoorlog om een eventuele wereldoorlog in de toekomst te voorkomen, valt uiteen. Cuba krijgt een dictatoriaal bewind. De Amerikaanse piloot Wiley Post vliegt in iets meer dan een week rond de aarde en *King Kong* zorgt voor gekte in de bioscopen.

1933

30 januari Hitler wordt benoemd tot kanselier van Duitsland

27 februari De Rijksdag wordt door brand verwoest

20 maart In Dachau bij München wordt het eerste concentratiekamp ingericht

27 mei Japan verlaat de Volkenbond

23 juni Hilter ontbindt alle oppositiepartijen

14 oktober Duitsland verlaat de Volkenbond

5 december Einde drooglegging in de VS

BOVEN: Thomas Mann spreekt over het toenemende gevaar van politiek extremisme. Na 1933 verhuist hij van Duitsland naar Zwitserland. In 1936 vestigt hij zich in de VS.

NEW DEAL, NIEUWE ENERGIE

Roosevelt komt aan de macht in de VS en pakt de economische crisis aan. New Deal wordt spoedig van kracht om de industrie en de productie te controleren, er wordt geld gepompt in openbare werken, boeren en banken worden financieel ondersteund met overheidsgeld en een enorm plan wordt geïntroduceerd om het stroomgebied van de Tennessee nieuw leven in te blazen. Erosie zal worden tegengegaan en 42 dammen en acht waterkrachtcentrales zullen worden gebouwd. De nieuwe regering levert een grote bijdrage aan het beëindigen van de crisis in de VS.

UIT DE VOLKENBOND

Japan trekt zich in mei terug uit de Volkenbond. Duitsland volgt in oktober.

BOVEN: tijdens de Drooglegging worden miljoenen liters illegale alcohol weggegooid. Het 18e amendement, waarin de Drooglegging wordt aangekondigd, blijft gelden tot december 1933.

KUNSTDIASPORA

'Ontaarde' kunstenaars worden uit nazi-Duitsland verdreven. Onder hen zijn de componisten Kurt Weill (1900-1950) en Arnold Schoenberg (1874-1951) en de schrijvers Thomas Mann (1875-1955) en Bertolt Brecht (1898-1956).

TERUG NAAR DE MOEDERSCHOOT

Newfoundland, dat in 1917 onafhankelijk werd van Groot-Brittannië, wordt weer een kolonie na een totale financiële ineenstorting.

BOVEN: New Deal geeft Amerikaanse boeren nieuwe hoop. Deze jongeman geniet van een goede oogst.

BOVEN: in de film *Duck soup*, een antioorlogssatire van de Marx Brothers, tonen de gebroeders wederom hun herkenbare oneerbiedigheid.

DUCK SOUP

De sterren in deze antioorlogsfilm zijn de Marx Brothers. Hun snelle, oneerbiedige grappen zullen een blijvende invloed hebben op de comedy.

DE RIJKSDAG BRANDT

In februari wordt de Rijksdag in Berlijn door brand verwoest. De Nederlander Marinus van der Lubbe wordt gearresteerd, maar de naziregering beschuldigt de communisten. De nazi's grijpen de gebeurtenis aan als excuus om burgerrechten als vrijheid van meningsuiting en de persvrijheid op te schorten en hardhandig op te treden tegen politieke tegenstanders.

CUBAANSE DICTATOR

In augustus zet het Cubaanse leger onder aanvoering van Fulgencio Batistá en met steun van de VS president Machado af en neemt het leger de macht over. Batistá wordt steeds meer een dictator en hoewel hij in 1944 vrijwillig in ballingschap gaat in de Dominicaanse Republiek, komt hij na een nieuwe coup in 1952 opnieuw aan de macht. Hij blijft aan de macht tot 1959.

NATUURLIJKE BEVALLING

Grantley Dick-Read publiceert *Natural childbirth in the USA*, een handboek met oefeningen en regels voor een bevalling zonder pijnstillers.

POLYETHYLEEN BIJ TOEVAL

Britse chemici ontdekken de plasticsoort polyethyleen, wanneer ze experimenteren met hoge druk. De ontdekking is gebaseerd op onderzoek van de Nederlandse chemicus A.M.J.S. Michels. Het is het eerste soort plastic dat gemaakt wordt door de polymerisatie van etheen.

BOVEN: de thee is klaar! De eerste elektrische 'Teasmade' komt in Engeland op de markt.

SANATORIUM VOOR TUBERCULOSEPATIENTEN

De Finse architect Alvar Aalto (1889-1976) is de meest vooraanstaande moderne architect in Scandinavië. Zijn sanatorium in het Finse Paimio toont aan hoe geschikt de modernistische stijl is voor gebouwen met een sociale functie. De strakke lijnen en degelijke indeling van het gebouw worden bewonderd door Le Corbusier, Mies van der Rohe en de oprichter van Bauhaus, Walter Gropius.

ONTEVREDEN KLANTEN

De Mexicaanse muurschilder Diego Rivera (1886-1957) voltooit zijn werk voor het Rockefeller Center. De muurschildering, met onder andere een portret van Lenin, wordt door de opdrachtgevers vernietigd vanwege de gekozen onderwerpen.

42ND STREET

Busby Berkeley (1895-1976) is de choreograaf van de bijzondere dansen in deze musical, die onmiddellijk een klassieker wordt. Het is de tweede film in zijn soort. Later volgen nog enkele andere films waarin Berkeley de gelegenheid krijgt nog meer van dergelijke dansen te laten zien. Door het gebruik van special effects ontstaan er caleidoscopische patronen van precies gelijk bewegende dansers.

BOYCOT

Er wordt in Nederland verontwaardigd gereageerd op de Duitse 'Juden Boykot' van joodse winkeliers, artsen en advocaten. De SDAP roept op tot het boycotten van Duitse artikelen.

SURINAME

Bij arbeidersonlusten in Suriname komen twee mensen om het leven.

SOLO ROND DE AARDE

De Amerikaanse luchtvaartpionier Wiley Post maakt de eerste solovlucht rond de aarde in een eenmotorig Lockheed-toestel. De tocht duurt 7 dagen, 18 uur en 49 minuten.

OERKNAL

De Belgische astronoom en priester Georges Lemaître (1894-1956) publiceert *Discussion on the evolution of the universe*, waarin voor het eerst geschreven wordt over de theorie van de oerknal. Lemaître baseerde zich daarbij op zijn theorie over het kosmische ei, de oorsprong der dingen, uit 1927.

DE HARDE HAND VAN DE GESTAPO

De Duitse Gestapo begint homoseksuelen te vervolgen: organisaties, bars, clubs, kranten en bibliotheken worden verboden, tijdschriften en boeken verbrand, en homoseksuelen opgejaagd en opgesloten. De Bund Deutsches Frauenverein en andere vrouwenorganisaties worden opgeheven, vrouwen uit de regering en bepaalde beroepen geweerd, en 'Arische' vrouwen baren kinderen voor geld.

NATUURBESCHERMING

In Amerika wordt het Civilian Conservation Corps opgericht om banen te scheppen. Drie miljoen jongemannen werken aan het behoud van het milieu: ze planten meer dan twee miljard bomen, bouwen kleine dammen, helpen bij de verbetering van de leefomstandigheden voor wilde dieren en pakken de erosieproblematiek aan.

TECHNISCHE VOORUITGANG

Op een expositie in Chicago is de technische vooruitgang van de stad sedert de oprichting in 1833 te zien. Raketachtige karretjes vervoeren de miljoenen bezoekers via de verhoogde 'Skyride'. General Motors toont vol trots zijn snelle productielijn en in de door Ford geïndustrialiseerde 'Amerikaanse schuur' worden sojaproducten getoond.

APENZAKEN

De kaartverkoop voor *King Kong*, geregiseerd door Merian Cooper en Ernest Schoedsack, breekt alle records. De hoofdrollen worden gespeeld door Fay Wray, Robert Armstrong, het Empire State Building en de speciale effecten van Willis H. O'Brien.

RECHTS: prachtig in polyethyleen – ondanks de regen.

LANGE MESSEN EN DE LANGE MARS

Hitler verstevigt zijn positie door de tegenstanders binnen de eigen gelederen uit te schakelen tijdens de 'Nacht van de lange messen'. In China begint de 'Lange mars' als de Chinese communisten, onder wie Mao Zedong, aan hun historische tocht beginnen om te ontkomen aan de nationalistische troepen van Tjang Kai-Sjek. In de Sovjet-Unie gaan de zuiveringen van Stalin onophoudelijk door. De winnares van de Nobelprijs, Marie Curie, overlijdt in Parijs aan een ziekte die vermoedelijk veroorzaakt is door haar werk. In de VS beginnen de zwarte moslims zich te roeren. Tornado's teisteren de Dust Bowl in het Midden-Westen en verwoesten de toch al zo kale vlakten. In Italië verbindt de fascist Mussolini zijn ster aan de overwinning van het Italiaanse elftal op het tweede WK.

1934

14 februari De Belgische koning Albert overlijdt

23 mei Bonnie Parker en Clyde Barrow sterven in een kogelregen

10 juni Italië wint het tweede wereldkampioenschap voetbal
30 juni De Nacht van de lange messen

2 juli De leider van de revolutionairen Lazara Cardenas wordt president van Mexico
25 juli De Oostenrijkse president Dollfuss wordt vermoord

26 september Tewaterlating van de *Queen Mary*

21 oktober In China begint de 'Lange mars'

STOOTTROEPEN AANGEVALLEN

Bondskanselier Hitler vernietigt de SA (Sturmabteilung), bekend en gevreesd als de bruinhemden, en laat de leiders vermoorden tijdens de Nacht van de lange messen. Als excuus voor de moordpartij wordt beweerd dat de SA een coup beraamde; feit is dat Hitler nu de absolute macht over de partij heeft. Andere tegenstanders van het regime worden eveneens gedood.

ZUIVERING NA ZUIVERING

Stalin begint met een enorme zuivering onder zijn tegenstanders na de moord op de leider van de communistische partij in Leningrad, Sergei Kirov. Wellicht gaf Stalin zelf opdracht tot de moord op Kirov, maar in elk geval worden in de volgende vier jaar meer dan zeven miljoen mensen gearresteerd en drie miljoen mensen gedood door executies en dwangarbeid. Onder de doden zijn meer dan de helft van de generaals van het Rode Leger en vele vooraanstaande leden van de Communistische Partij.

HEIL HITLER

De Duitse president Hindenburg overlijdt en Hitler grijpt de macht. Hij schaft het presidentschap af en benoemt zichzelf tot Führer en rijkskanselier. Tijdens een referendum dat later die maand wordt gehouden, keurt meer dan 90 procent van de stemgerechtigden Hitlers actie goed.

BOVEN: de gevangenis Alcatraz op een eiland in San Francisco Bay in Californië werd in 1836 geopend als een militaire gevangenis en is van 1934 tot 1963 een staatsgevangenis.

DOLLFUSS VERMOORD
Leden van de Oostenrijkse nationaal-socialistische partij plegen een coup en vermoorden kanselier Engelbert Dollfuss. De mislukte coup volgt op een poging van de socialisten om de macht te grijpen in februari. De Oostenrijkse onafhankelijkheid verzwakt hierdoor nog meer en de nazi's zetten Oostenrijk onder steeds meer druk zich bij Duitsland aan te sluiten.

DE LANGE MARS
Chinese communisten beginnen aan de 'Lange mars' om te ontsnappen aan de nationalistische regering. Circa 100.000 mensen vertrekken uit Jiangxi en lopen 9600 km naar de veilige stad Yan'an in de noordelijke provincie Shaanxi. Ze arriveren daar in oktober 1935.

ECHTELIJKE RADIOACTIVITEIT
Het Franse natuurkundigenechtpaar Frédéric en Irene Joliot-Curie ontdekt hoe radioactieve elementen nagemaakt kunnen worden. Hiervoor krijgen de twee in 1935 samen de Nobelprijs.

DIONNE-VIJFLING
In het Canadese Callanda, in Ontario, baart Olivia Dionne vijf dochters. De Dionne-vijfling is voor zover bekend de eerste vijfling waarvan alle baby's na de bevalling in leven bleven. De kinderen worden bij hun ouders weggehaald en opgevoed in een kindertehuis als een bezienswaardigheid.

GESTROOMLIJNDE AUTO'S
Vier bedrijven introduceren gestroomlijnde auto's op de internationale autoshow te Berlijn: de Chrysler-Airflow, de Steyr 32 PS, de Tatra 77 en de 1 liter DKW.

KATTENOGEN OP DE WEG
De Britse civiel ingenieur Percy Shaw vraagt patent aan voor kattenogen – reflectoren die de wegen markeren zodat ze beter te zien zijn bij mist en in het donker. De kattenogen worden in 1935 in gebruik genomen.

FORZA ITALIA
Italië wint op eigen bodem het tweede WK voetbal. 32 landen doen mee, en ook titelverdediger Uruguay is aanwezig. De Italianen verslaan in de finale Tsjechoslowakije met 2-1. Mussolini en de fascisten maken er een grote propagandestunt van en het Italiaanse elftal brengt voor de aftrap de fascistische groet.

ZWARTE ISLAM
Leider van de zwarte moslims van de Tempel voor de islam –een zwarte sekte, opgericht in Detroit door Wali Farad (W.D. Fard)– is de voormalige baptist Elijah Poole (Elijah Muhammad), assistent van Farad tot zijn verdwijning in 1934. Hij beschouwt zichzelf als de 'boodschapper van Allah' en propageert separatisme van de zwarte Amerikanen.

STOFRAMP
Stofstormen blazen driehonderd miljoen ton teelaarde van Kansas, Texas, Colorado en Oklahoma in de Atlantische Oceaan. De ramp is het gevolg van het omploegen van onontgonnen land tijdens de Eerste Wereldoorlog, toen de tarweprijzen hoog waren.

DUIKEN VOOR DE ZWAARTEKRACHT
De Nederlandse professor Felix Andries Vening Meinesz, die met behulp van onderzeeboten de zwaartekracht heeft onderzocht, maakt zijn langste, diepste en gedetailleerdst beschreven duik ooit in de K18-onderzeeër.

CULTUURONDERZOEK
Ruth Benedict, sociaal-antropologe aan de universiteit van Columbia, schrijft *Patterns of culture*, waarmee het begrip 'cultuur' bredere bekendheid krijgt. Door de beschrijving van hedendaagse Europese culturen en 'Native Americans' kunnen de heersende racistische opvattingen bestreden worden.

BEGIN VAN HET PLASTIC TIJDPERK
Perspex, een transparante plasticsoort van acryl, wordt in Groot-Brittannië commercieel vervaardigd door ICL.

GA TERUG NAAR AF
Dit spel, dat iedereen tot kapitalist maakt, komt uit in de VS. Het zal in vele landen op de markt komen.

ALBERT
De Belgische koning Albert komt om het leven bij een ongeluk tijdens het bergbeklimmen. Hij wordt opgevolgd door zijn zoon Leopold.

ONDER: vertegenwoordigers van het Duitse legers eren de slachtoffers van de Eerste Wereldoorlog en maken zich op voor het volgende conflict.

RUBBER
Durex vervaardigt de eerste condooms, een voorbehoedsmiddel voor mannen.

BROODJE KAAS?
De cheeseburger is een uitvinding van een restaurateur uit Kentucky. Hij belegde een hamburgerbroodje met gegrild vlees en daarop een plak kaas, die hij voor het serveren liet smelten.

DE VRIJGEZELLEN
De Franse schrijver Henri de Montherlant schrijft *Les celibataires*, een verhaal over twee aristocraten op leeftijd, waarin humor en tederheid gecombineerd worden met commentaar op een maatschappij waarin voor dit soort mensen geen plaats meer is. Het is een aangrijpend boek, misschien wel zijn beste: oude en dwaze mensen worden met gevoel beschreven.

BANKROVERS
Bonnie Parker en Clyde Barrow, minnaars en bankrovers, worden in Louisiana door een kogelregen gedood. Ze zijn beroemd vanwege het spoor van geweld dat zij in de afgelopen twee jaar achter zich hebben gelaten en verschijnen regelmatig in de media.

BELGISCHE PRINS
Op 6 juni krijgen de Belgische koning Leopold en zijn vrouw een tweede zoon: Albert.

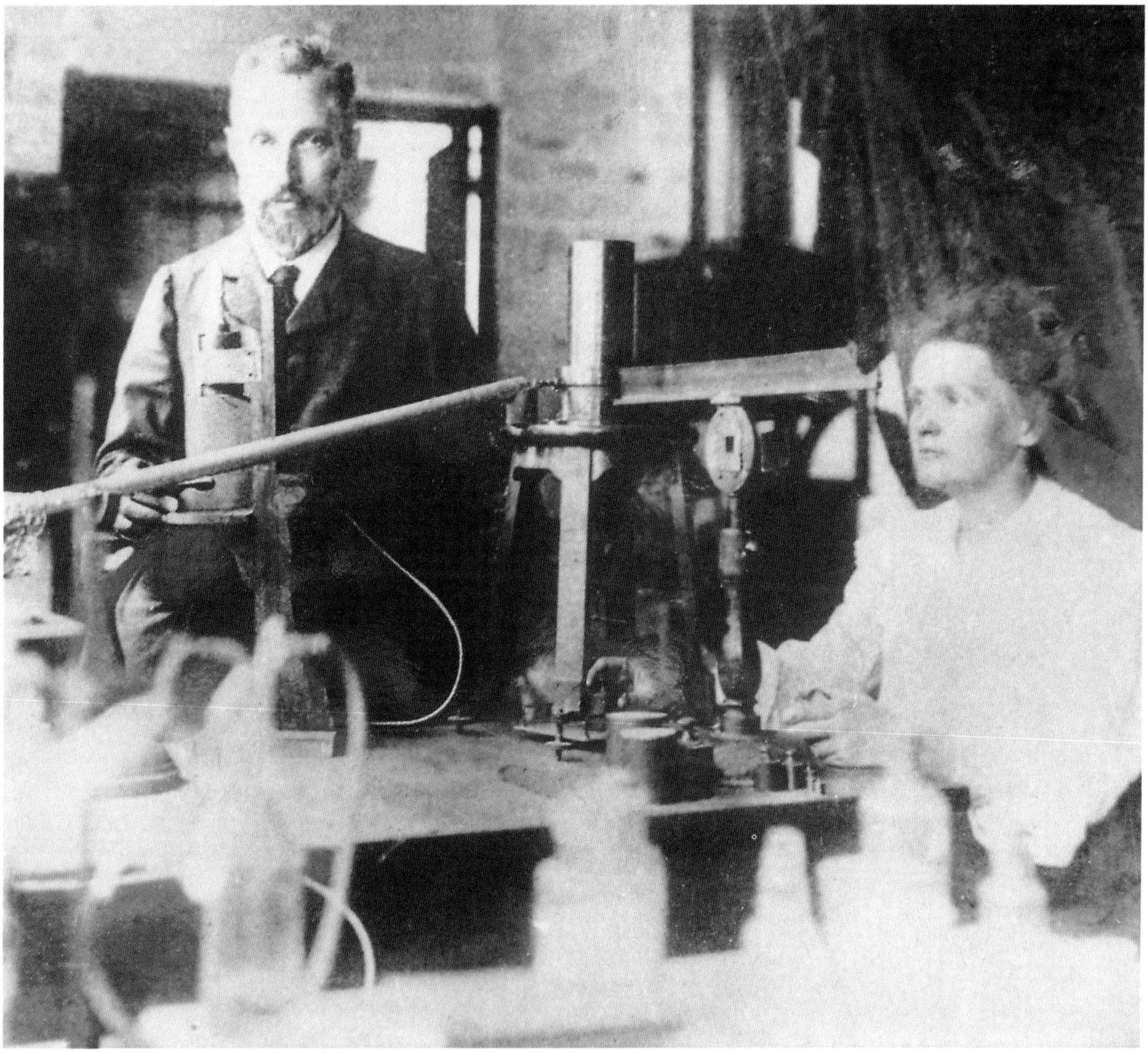

BOVEN: Marie en Pierre Curie werken samen aan de eigenschappen van magnetisme en radioactiviteit

FILMEEND
De opvliegende Donald Duck wordt aan de tekenfilmmenagerie van Walt Disney toegevoegd.

DE DOOD EN DE KUNSTENAAR
De Duitse grafische kunstenaar Käthe Kollwitz begint aan een reeks lithografieën (de laatste die ze zal maken), die beelden oproepen van concentratiekampen.

PINGUÏNAPPARTEMENTEN
De pinguïns in de dierentuin van Londen nemen hun intrek in een betonnen verblijf dat ontworpen is door de Russische architect Berthold Lubetkin en zijn bureau Tecton. Het is een van de modernste gebouwen in Engeland en heeft opvallende, gebogen hellingen.

MARIE CURIE (geb. MARIA SKLODOWSKA) (1867–1934)

De in Warschau geboren Franse natuurkundige overlijdt aan leukemie, nadat ze zo'n veertig jaar heeft gewerkt met radioactiviteit. In Warschau werkte ze als gouvernante om geld te sparen, zodat ze natuurkunde kon studeren in Parijs. Zij en haar echtgenoot Pierre Curie kregen in 1903, samen met Antoine Becquerel, de Nobelprijs (voor natuurkunde) voor hun onderzoek naar magnetisme en radioactiviteit. Na de dood van Pierre kreeg ze in 1911 nogmaals de Nobelprijs (voor chemie) voor het isoleren van zuiver radium. Ze ontwikkelde de röntgenfotografie tijdens de Eerste Wereldoorlog en van 1918 tot aan haar dood was ze directeur van het radiuminstituut in Parijs.

NAZIHEERSCHAPPIJ

Adolf Hitler komt in januari aan de macht als de Duitse regering valt en er straatgevechten uitbreken tussen de nazi's en leden van de communistische partij. Naast Hitler zitten er slechts twee andere nazi's in het kabinet, dat uit elf leden bestaat. De anderen zijn rechtse nationalisten die menen dat ze de excessen van de nazipartij wel binnen de perken kunnen houden.

BLZ. 218 LINKSBOVEN: het nazisme baseert zich graag op het verleden met de ridders als militair ideaal.

BLZ. 218 RECHTSBOVEN: Hiters ideaal van een machtig rijk komt ook naar voren in de legionair-achtige symbolen van zijn troepen.

BLZ. 218 ONDER: de nazi-ideologie richt zich zowel op het leger als op vrouwen en jongeren.

BOVEN: Hitler en Eva Braun trouwen in een Berlijnse bunker op 29 april 1945.

ONDER: Hitler weet hoe belangrijk zijn ontmoetingen met het volk zijn en hoe mensenmassa's reageren op een charismatische leider.

DUITSLAND HERBEWAPENT ZICH EN ITALIE ROEPT DE OORLOG UIT

Donkere wolken pakken samen boven Europa. Frankrijk en Rusland werken samen uit angst voor Duits expansionisme. Hitler maakt zijn intenties duidelijk door de oprichting van de Luftwaffe en door het herinvoeren van de dienstplicht. Hij blijkt ook een meester te zijn in het manipuleren van de media. Massale bijeenkomsten in Neurenberg, die gefilmd worden door Leni Riefenstahl, verblinden de wereld, terwijl het antisemitisme vastgelegd wordt in de Duitse wet. Mussolini begint een oorlog in Ethiopië. Charles Richter ontwikkelt de naar hem genoemde schaal om de kracht van aardbevingen te meten – alsof hij anticipeert op de wereldschokkende gebeurtenissen in de nabije toekomst.

1935

27 februari Shirley Temple is de jongste winnares van een Oscar

16 maart Duitsland voert de dienstplicht in
21 maart Perzië wordt omgedoopt tot Iran

11 april Stofstormen in het Midden-Westen van de VS

19 mei T.E. Lawrence overlijdt vijf dagen na een motorongeluk
25 mei Jesse Owens breekt vijf wereldrecords op één dag

28 juni Roosevelt geeft opdracht tot de bouw van Fort Knox

29 augustus De Belgische koningin Astrid overlijdt

8 september Alexis Stakhanov, een zeer productieve mijnwerker in Rusland, wordt door Stalin uitgeroepen tot het heroïsche ideaal van de Russische arbeider
10 september de Amerikaanse senator Huey Long overlijdt twee dagen nadat hij is neergeschoten door dr. Carl Weiss
15 september Hitler voert wetten in waardoor joden worden uitgesloten van het openbare leven

2 oktober Italië valt Ethiopië binnen

BOVEN: een van de vele bijeenkomsten van Hitler en de nazi's. De toespraken werden bijgewoond door duizenden Duitsers.

SAARLAND KOMT THUIS
Het steenkoolrijke gebied Saarland, dat door het verdrag van Versailles van Duitsland werd gescheiden, stemt bijna unaniem voor terugkeer onder Duits bestuur.

FRANKRIJK EN RUSLAND WERKEN SAMEN
De Sovjet-Unie en Frankrijk tekenen een overeenkomst waarin zij beloven elkaar te zullen helpen als een van beide wordt aangevallen, uit angst voor het naziregime.

INDIA RUIKT DE VRIJHEID
De Britse regering neemt de Government of India Act aan, waardoor een centrale wetgeving in Delhi mogelijk wordt, een grotere mate van zelfbestuur wordt verleend aan provinciale besturen en Burma en Aden worden afgescheiden van India. De Act is een eerste stap op weg naar Indiase zelfstandigheid.

WETTELIJK ANTISEMITISME
Hitler kondigt nieuwe wetten aan tegen de joden op een massale bijeenkomst in Neurenberg. Huwelijken tussen joden en niet-joden worden verboden, en joden worden uitgesloten van openbare functies. De wetten volgen na een lange reeks anti-joodse maatregelen in Duitsland.

OPROEP IN DUITSLAND
Hitler richt de Luftwaffe op en kondigt de herinvoering van de dienstplicht aan. Hij wil een leger op de been brengen van 50.000 man. Beide acties gaan lijnrecht in tegen het Verdrag van Versailles, dat bedoeld was om de Duitse militaire expansie te beteugelen.

DE UNIVERSELE TURINGMACHINE
De Britse wiskundige Alan Turing (1912-1954) bedenkt een theoretische machine –de universele Turingmachine– om wiskundige problemen op te lossen. De machine wordt nooit gebouwd, maar is het begin van veel onderdelen van de moderne computer.

PORGY AND BESS
George Gershwin (1898-1927) wilde een Amerikaanse opera maken. *Porgy and Bess* is het resultaat en tevens zijn laatste grote werk. Door de rolbezetting door zwarte Amerikanen, de melodieën en de combinatie van klassieke en populaire muziek is de opera een klassieker.

KONINGIN DER BELGEN
Astrid, de echtgenote van de Belgische koning Leopold, komt bij een auto-ongeluk in Zwitserland om het leven.

VIOOLCONCERT VAN BERG
Alban Bergs concert is beroemd vanwege de combinatie van moderne muziektechnieken (een notenbalk met twaalf noten) en citaten uit een lutherse koraal ("Es ist genug"), aan het slot gespeeld volgens de harmonisatie van Bach. Het werk is geschreven ter herinnering aan Manon Gropius die op achttienjarige leeftijd overleed.

SCHAAL VOOR AARDBEVINGEN
De Amerikaanse seismoloog Charles F. Richter ontwikkelt een schaal –de schaal van Richter– om de kracht van aardbevingen te meten.

DE EERSTE SUCCESVOLLE RADAR
De Schotse natuurkundige Robert Watson-Watt bouwt in het grootste geheim de eerste radar die erin slaagt vliegtuigen waar te nemen. Hij wordt gesubsidieerd door de Britse regering.

NYLON WORDT UITGEVONDEN
De Amerikaanse chemicus Wallace H. Carothers, die werkt voor de firma Du Pont, vindt nylon uit door polymerisering (het maken van grote moleculen) van twee substanties. In 1938 volgt de grootschalige productie.

OORLOG TUSSEN ITALIE EN ABESSINIE
Italiaanse troepen onder leiding van Benito Mussolini vallen het onafhankelijke Abessinië binnen met vliegtuigen, chemische wapens en pantservoertuigen. De slecht bewapende Ethiopiërs trekken zich terug en keizer Haile Selassie vlucht de hoofdstad Addis Abeba uit. De sancties van de Volkenbond tegen Italië hebben geen effect en Italië stapt in 1937 uit de Bond. De Italiaanse koning wordt uitgeroepen tot keizer van Ethiopië, zoals de Italianen hun aanwinst hebben genoemd. Ethiopië blijft tot 1941 onder Italiaans bestuur, tot Britse, Franse en Ethiopische troepen de keizer terugbrengen op de troon.

DER TRIUMPH DES WILLENS
Deze film van Leni Riefenstahl, opgenomen tijdens het Partijcongres van de nationaal-socialisten in Neurenberg een jaar eerder, was een van de effectiefste nazipropagandastunts. Riefenstahl kreeg de opdracht omdat Hitler onder de indruk was geraakt van een korte film die ze gemaakt had van een eerdere bijeenkomst. Haar werk is een belangrijke pijler van Hitlers propaganda.

SNELHEID
In zijn auto de Bluebird verbetert de Britse coureur Malcolm Campbell het snelheidsrecord over land van 480 km per uur. Hij bereikt een snelheid van 488,955 km/u op de zoutvlakten van Bonneville in Amerika.

HET EERSTE WONDERMIDDEL
De eerste sulfonamide medicijnen worden geproduceerd wanneer de Duitse bacterioloog Gerhard Domagk ontdekt dat de rode kleurstof *Prontosil rubra* een actief antibacterieel middel is. Prontosil wordt tegenwoordig niet meer gebruikt.

OPINIEPEILINGEN
George Callup, een statisticus uit Iowa, wordt gevraagd de reacties van lezers op nieuwsberichten te meten. Hij richt het American Institute of Public Opinion op om marktonderzoek en politieke peilingen te verrichten.

NATIONAAL PARK
Het eerste Nederlandse Nationale Park, de Hoge Veluwe. De grondslag werd gelegd door het Rotterdamse echtpaar Kröller-Müller. Het park wordt in 1935 ondergebracht in de Stichting Nationaal Park de Hoge Veluwe. Tegenwoordig bestaat het park uit drie delen: een zuidelijk deel met voornamelijk bos, een middengedeelte en een noordelijk gedeelte met daarin jachtslot Sint-Hubertus en rijksmuseum Kröller-Müller.

GERICHT LICHT
In Groot-Brittannië wordt door de Britse ontwerper George Cawardine een verstelbare bureaulamp gemaakt.

WERELDKAMPIOEN
De Nederlandse leraar wiskunde, mechanica en boekhouden Max Euwe is de nieuwe wereldkampioen schaken.

BETAALD PARKEREN
De eerste parkeermeters verschijnen in de straten van Oklahoma City in de VS. Ze werden in 1932 ontworpen en gepatenteerd door de uitgever van de krant in die stad, Charles Magee.

KUNT U MIJ VERSTAAN?
Het eerste draagbare hoortoestel, met een elektrische buis en een versterker die werkt op een batterij, weegt 1 kg en wordt geïntroduceerd door de Britse uitvinder A. Edwin Stevens, die de firma Amplivox opricht om het apparaat op de markt te brengen.

KLEURENFOTO'S
De firma Kodak maakt de Kodachromefilm om kleurnegatieven mee te maken.

BOVEN: een vroeg type van een mobiele radardetector. De radar, die werd ontwikkeld in Groot-Brittannië, was essentieel voor de verdediging tijdens de Tweede Wereldoorlog.

ALFRED DREYFUS (c.1859–1935)

De Franse legerofficier en hoofdpersoon in een beruchte rechtszaak overlijdt. Dreyfus, die omstreeks 1859 werd geboren uit joodse ouders, werd vals beschuldigd van hoogverraad in 1883-1894 en moest een levenslange gevangenisstraf uitzitten op Duivelseiland. Frankrijk was over de zaak sterk verdeeld en door de steun van veel politici en intellectuelen, onder wie de schrijver Emile Zola en de politicus Clemenceau, werd Dreyfus in 1906 gerehabiliteerd. Hij vocht mee in de Eerste Wereldoorlog en kreeg het Legion d'Honneur.

THOMAS EDWARD (T.E.) LAWRENCE (LAWRENCE OF ARABIA) (1888–1935)

De schrijver van *Seven Pillars of Wisdom*, kolonel T.E. Lawrence, overlijdt na een motorongeluk in de buurt van zijn huis in Dorset. Hij werd in 1888 geboren, was van Engels-Ierse afkomst en kwam in aanraking met bedoeïenen toen hij als jongeman meewerkte aan een archeologische opgraving bij de Eufraat; hij werd een groot bewonderaar van hun karakter en manier van leven. Lawrence leidde de Arabische opstandelingen in hun strijd tegen de Turken (1916) en was afgevaardigde bij de Vredesconferentie in Parijs in 1919. Later, toen hij wilde ontkomen aan zijn eigen familie, nam hij dienst bij de Royal Air Force onder de naam J.H. Ross. Hij was pas met pensioen toen hij stierf.

OORLOG IN SPANJE EN DE OPKOMST VAN DE ASMOGENDHEDEN

Spanje wordt het toneel van de oorlog in Europa als generaal Franco, met steun van nazi-Duitsland en het fascistische Italië, vecht tegen het republikeinse Spanje (dat gesteund wordt door communisten en socialisten uit heel Europa en Rusland). In Duitsland doet de Amerikaanse superatleet Jesse Owens de hoop van Hitler teniet door als grote held van de Olympische Spelen te Berlijn uit de bus te komen. Duitsland, Italië en Japan vormen samen de Asmogendheden. In Groot-Brittannië wordt het prototype van de Spitfire getest, het jachtvliegtuig waardoor de Battle of Britain gewonnen zal worden. De British Broadcasting Company zendt de eerste televisieprogramma's uit.

1936

26 februari Volkswagenfabriek geopend in Duitsland

7 maart Duitse troepen marcheren het Rijnland binnen, ondanks het verdrag van Versailles

19 juli Begin van de Spaanse Burgeroorlog

5 oktober Protestmarsen tegen de werkloosheid in Engeland.

11 december Edward VIII doet afstand van de Britse troon

BOVEN: de Britse acteur en regisseur Charlie Chaplin wordt populair met zijn grappige en ontroerende optredens.

GELD MOET ROLLEN
De Britse econoom John Maynard Keynes (1883-1946) publiceert *The general theory of employment, interest and money*, waarin hij uitlegt dat de werkloosheid bestreden kan worden door de mensen meer geld te laten uitgeven. De Keynesiaanse economische theorieën raken binnen een paar jaar ingeburgerd en vormen de basis voor de naoorlogse economische opleving.

VALSE HOOP IN SPANJE
Het Volksfront van de linkse partijen wint de algemene verkiezingen in Spanje. Manuel Azãna wordt premier en herstelt de Republikeinse grondwet van 1931. Anticlericale en antilandheergevoelens barsten in heel Spanje los. Kerken worden aangevallen en land wordt afgepakt.

ONGERUSTHEID OVER DUITSLAND
Duitse troepen bezetten het Rijnland dat sinds 1919 gedemilitariseerd is. Frankrijk maakt zich ongerust over de actie, maar de Britten protesteren niet.

GROOT-BRITTANNIË AANGEVALLEN IN PALESTINA
Er breekt een opstand onder de Arabische bevolking uit tegen de Britse overheersers in Palestina. Joden worden vermoord en joodse eigendommen worden aangevallen. Het Britse leger grijpt in en wordt daarop aangevallen door zowel Arabieren als joden.

GROOT-BRITTANNIË EN EGYPTE
Groot-Brittannië beëindigt zijn protectoraat over Egypte, met uitzondering van de zone rond het Suezkanaal, en sluit een overeenkomst met Egypte die twintig jaar zal duren.

DEMONSTRANTEN IN JARROW
Tweehonderd werklozen lopen van Jarrow in Noordoost-Engeland naar Londen om aandacht te krijgen voor de werkloosheid in de stad. Maar liefst 68 procent van de mannen in Jarrow is werkloos.

ALLES VOOR DE LIEFDE
Koning Edward VIII doet afstand van de troon, omdat hij wil trouwen met een gescheiden vrouw, de Amerikaanse Wallis Simpson. Hij wordt opgevolgd door zijn jongere broer George VI. Edward verlaat het land en trouwt in juni in Frankrijk met Wallis.

IVAN PETROVICH PAVLOV (1849–1936)

De Russische fysioloog, wiens experimenten met honden de theorie van de geconditioneerde reflex of voorwaardelijke reactie (ook van toepassing op mensen) bevestigde, overlijdt. Pavlov ontving in 1904 de Nobelprijs voor zijn werk.

BOVEN: een turnster tijdens de Olympische Spelen van 1936 in Berlijn, een foto van fotografe Leni Riefenstahl.

SCHITTERENDE ZONNEBRILLEN
Polaroid zonnebrillen met glazen die de schittering tegengaan, zijn ontwikkeld door de Amerikaanse natuurkundige Edwin Land en worden door Land-Wheelwight Laboratories geïntroduceerd.

DE ASMOGENDHEDEN OP EEN LIJN
De Italiaanse en de Duitse regering tekenen een anticommunistisch verdrag. Korte tijd later tekent Duitsland een anti-Kominternpact met Japan.

MODERN TIMES
Een van de stomme speelfilms die Charlie Chaplin (1889-1977) en zijn bedrijf United Artists produceren. In deze film wordt Chaplins serieuze grappenmakerij (de zwerver als gewoon mens) gebruikt om een satire te maken op de automatisering van het moderne leven en werk. Chaplin is schrijver, regisseur, producent en acteur (met Paulette Goddard).

NOBELPRIJS
De Nederlandse natuurkundige Peter Debije ontvangt in Zweden de Nobelprijs voor de scheikunde voor zijn moleculenonderzoek.

BOVEN: de beroemde *Hindenberg* tankt bij.

MOEDER VAN DE MIGRANTEN
Dorothea Lange (1895-1965) werkt net als enkele andere beroemde Amerikaanse fotografen voor de Farm Security Administration. Zij legt het leven op het Amerikaanse platteland ten tijde van de depressie vast: de armoede van de mensen, het verval van het land. Het werk van deze fotografe blijft de mensen het beste bij en vergroot de steun voor overheidshulp.

VEILIGE STRIJKBOUT
Het eerste elektrische strijkijzer met een thermostaat wordt verkocht in de VS. Elektrische strijkijzers zijn er al sinds 1920, maar de temperatuur kon niet geregeld worden.

EEN PORSCHE VOOR HET VOLK
Het prototype van de 'kever' van Volkswagen wordt getoond op de autotentoonstelling in Berlijn. Het is een ontwerp van Ferdinand Porsche en Adolf Hitler vindt het geweldig.

MAXIM GORKY
(ALEKSEI MAXIMOVITSJ PETSJKOV)
(1868–1936)

De Russische schrijver overlijdt in 1936. Hij was een boer die zich grotendeels door zelfstudie had ontwikkeld. Gorki heeft veel eenvoudig werk verricht en beschreef in zijn werk het leven van boeren en misdeelden. Hij was een aanhanger van de Revolutie en uiteindelijk een nationale held.

FALLINGWATER
Het beroemdste huis van Frank Lloyd Wright wordt gebouwd bij een waterval nabij Bear Run in Philadelphia. Het is een gedurfd ontwerp, zowel vanwege de precaire manier waarop het boven het water lijkt te hangen als de combinatie van oude en nieuwe materialen.

MUZIEK VOOR STRIJKINSTRUMENTEN, PERCUSSIE EN CELESTA
Een van de belangrijkste werken uit de productieve periode van Bela Bartók in de jaren '30. In dit stuk is zijn flair om verschillende instrumentale kleuren te mengen en ritme in te brengen goed te horen.

MAANDVERBAND
Kotex-maandverband wordt geïntroduceerd door het Amerikaanse Kimberley & Clark uit Wisconsin. Ze maken gebruik van een houtcellulosesubstituut voor katoen, dat door de Duitse chemicus Ernst Mahler was ontwikkeld als verband in de Eerste Wereldoorlog.

VERLOVING
Op 8 september verlooft prinses Juliana zich met de Duitser Bernhard von Lippe-Biesterfeld.

ACHTUNG! SPITFIRE!
Het eerste prototype van de Britse Spitfire, ontworpen door Reginald J. Mitchell, maakt een testvlucht.

VLUCHT VAN HAWAII
Amelia Earhart is de eerste vrouw die een solovlucht maakt van Hawaii naar het vasteland van Amerika. Ze heeft 18 uur en 16 minuten nodig.

HELIKOPTER
De eerste geslaagde vlucht met een helikopter vindt plaats in juni als de Focke-Wulf Fw 61 voor het eerst de lucht in gaat.

SCHATTEN VAN DE WOESTIJN
De Zweedse ontdekkingsreiziger Sven Hedin keert op tachtigjarige leeftijd terug na een reis van negen jaar in de Gobiwoestijn, waar hij onderzoek heeft gedaan naar de steeds van plaats veranderende Lopnor-zoutmeren. Hij heeft een belangrijke cultuur uit het Stenen Tijdperk ontdekt tussen Mantsjoerije en Sinkiang.

FEDERICO GARCIA LORCA (1899–1936)

De moord op de jonge Spaanse dichter en toneelschrijver Frederico García Lorca (bekend als Lorca), uitgevoerd in Granada op bevel van de Burgerlijk Gouverneur) is een van de schanddaden van de Spaanse Burgeroorlog. In zijn werk, zoals de gedichten *Zigeunerromances* (1928) en *Klaagzang voor de dood van een stierenvechter* (1935) en het toneelstuk *Bloedbruiloft* (1933) wist hij de Spaanse levenslust te vangen.

ONDER: Frank Lloyd Wright laat zien hoe hij op een geniale manier een modern ontwerp in een natuurlijke omgeving inpast.

SPAANSE BURGEROORLOG

✣ BELANGRIJKE DATA ✣

juli 1936-31 maart 1939 BELEGERING VAN MADRID
Een belegering door de nationalisten met artillerie en luchtaanvallen en een burgeroorlog in de hoofdstad na een anticommunistische opstand.

20 juli-27 september 1936 BELEGERING VAN TOLEDO Een nationalistisch garnizoen van 1300 man verdedigt het fort van Alcazar tegen 15.000 republikeinen tijdens een belegering die wordt verbroken door twee colonnes van het nationalistische leger op 26 september.

21 juli 1936 HET BEGIN VAN DE EERSTE GROTE EVACUATIE PER VLIEGTUIG. Zes weken lang brengen Duitse Junkers JU 7.350 nationalistische manschappen van Marokko naar Spanje.

30 september 1936 Franco wordt uitgeroepen tot staatshoofd.

17 januari 1937 SLAG OM MALAGA De republikeinen worden na een hevige strijd verdreven en lijden zware verliezen: 15.000 mannen worden gewond of gedood.

8-17 maart 1937 STRIJD OM GUADALAJARA
22.000 Spanjaarden, geholpen door 30.000 Italianen, vallen de republikeinen aan die verdreven worden, maar terugkomen met hulp van de Russen.

26 april 1937 BOMBARDEMENTEN OP GUERNICA
Duitse bommenjagers vallen Guernica aan, de hoofdstad van Baskenland, zogenaamd om Franco te steunen. De stad is van geen enkel strategisch belang, maar eenderde van de bevolking wordt gedood. De aanval is een voorbeeld van psychologische oorlogvoering en een goede oefening voor de Luftwaffe.

23 december 1938-10 februari 1939 SLAG OM BARCELONA Zes nationalistische legers en vier Italiaanse divisies vallen in december aan in noordelijke richting en dwingen de republikeinen zich terug te trekken richting Barcelona. Op 26 januari wordt de stad zwaar gebombardeerd. Enkele dagen later bezetten de nationalisten de stad en ca. een half miljoen republikeinse manschappen en aanhangers trekken de Franse grens over.

Op 17 juli breekt een burgeroorlog uit als het nationalistische leger onder aanvoering van generaal Francisco Franco in opstand komt tegen de republikeinse regering. Veel landen, waaronder Groot-Brittannië en Frankrijk, beloven zich niet met de oorlog te bemoeien, terwijl Duitsland en Italië de opstandelingen openlijk steunen. Een internationale brigade van linkse activisten uit Europa en Amerika, die de regering moet steunen, neemt deel aan een groot aantal gevechten en vooral aan de belegering van Madrid, die begint in november en duurt tot maart 1939. Nieuwe wapens en tactieken worden in Spanje uitgeprobeerd door de deelnemende partijen. De oorlog is officieel afgelopen op 1 april 1939 met Franco als de grote winnaar.

BOVEN: bombardementen en mijnen worden gebruikt om historische gebouwen in Toledo, Barcelona en Madrid te verwoesten.

ONDER: paarden worden door beide partijen gebruikt voor wapenvervoer. Dode paarden zijn handige barricaden.

BOVEN: Italië en Duitsland steunen Franco. De republikeinen worden gesteund door de Sovjet-Unie en de Internationale Brigade.

BOVEN: oorlog betekent zoals altijd ook chaos, ontheemde burgers en ontelbare vluchtelingen.

RECHTS: generaal Francisco Franco, leider van de nationalistische troepen en de personificatie van het Spaanse fascisme. Hij leidt Spanje van zijn overwinning in 1936 tot aan zijn dood in 1977.

HITLERS OLYMPISCHE SPELEN

De elfde Zomer- en de vierde Winterspelen worden in Duitsland gehouden. De spelen geven Hitler de gelegenheid zijn plannen te tonen en de superioriteit van het Arische ras te bewijzen. In het Duitse Garmisch-Partenkirchen is er voor het eerst een alpineskinummer, een combinatie van afdaling en slalom. De nazi's oefenen controle en censuur uit. De Noorse Sonja Henie stopt met schaatsen na het behalen van haar derde opeenvolgende gouden medaille voor kunstrijden op de schaats, en Groot-Brittannië is een verrassende winnaar bij ijshockey. De elfde Olympische Spelen waren al aan Berlijn toegewezen voor Hitler aan de macht kwam. De nazi's tonen met een grootse propagandacampagne de opstanding van Duitsland. Voor het eerst brengt een reeks van 3075 hardlopers het Olympisch vuur van Griekenland naar Berlijn. Ondanks de hoop van de nazi's is de onbetwiste ster van de Spelen niet een Duitser, maar Jesse Owens, een zwarte Amerikaan. Owens verovert het goud op de 100 m, 200 m, 4 x 100 m estafette en verspringen. Hitler verlaat het stadion, opdat hij de medailles niet aan de zwarte atleet hoeft uit te reiken. De succesvolste vrouwelijke deelneemster is de zwemster Hendrika 'Rie' Mastenbroek uit Nederland. Ze wint drie gouden en een zilveren medaille.

LINKSBOVEN: het Arische ideaal wordt uitgebeeld door klassieke beelden. De beelden zetten de toon voor Riefenstahls film over de Spelen. Hitler wilde de film gebruiken als nazipropaganda.

BOVEN: de Spelen zijn zeer goed georganiseerd en er zijn speciale zwembaden en atletiekbanen voor gebouwd. Het is duidelijk dat Hitlers Duitsland zich wil profileren ten overstaan van de hele wereld.

LINKS: een beeld van Riefenstahl. Bij het zwemmen domineert Nederland bij de vrouwen en gaan bij de mannen bijna alle medailles naar Japan en de VS.

BOVEN: jonge Duitse vrouwen tonen hun getrainde lichamen. Duitsland wint goud bij het discuswerpen en het speerwerpen, maar weet bij de hardloopnummers de Amerikanen niet te verslaan.

BOVEN: Riefenstahls gestileerde beelden, zoals van deze discuswerper, zijn zeer overtuigend. In werkelijkheid winnen de VS goud en zilver en Italië brons bij dit onderdeel.

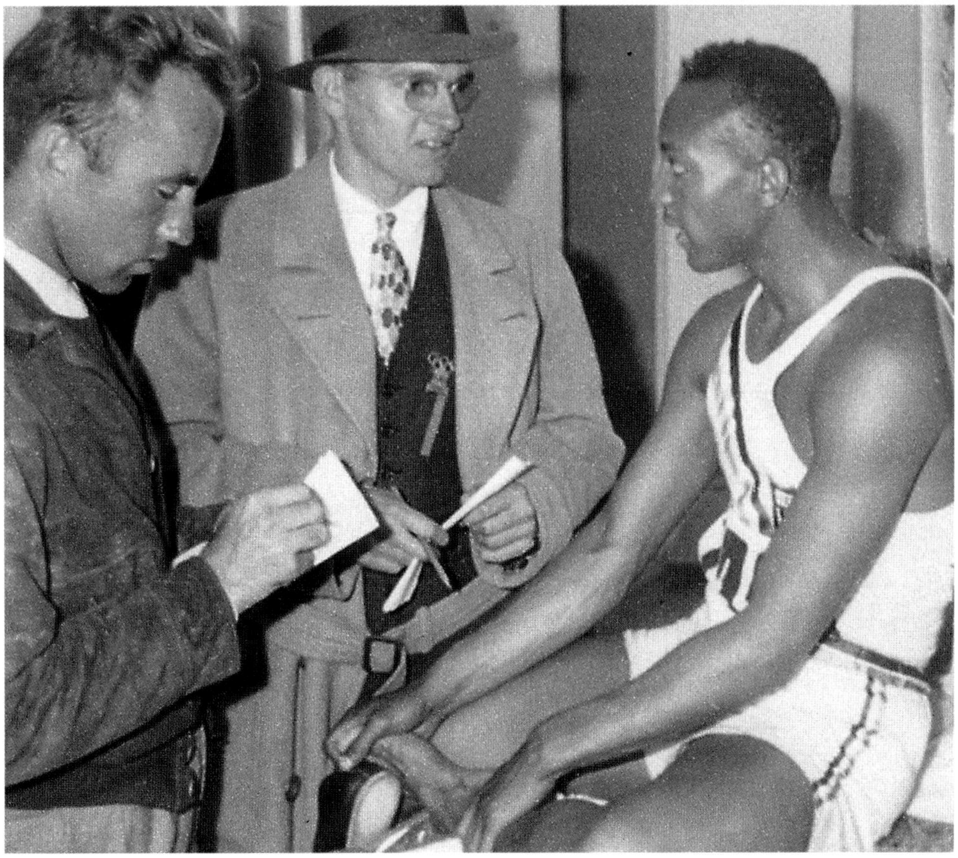

LINKS: ster van de Spelen is de zwarte Amerikaan Jesse Owens, die Hitlers verwachtingen van het Arische ras ondermijnt door vier gouden medailles te winnen.

GRUWELDADEN EN RAMPEN, SHOW-PROCESSEN EN SNEEUWWITJE

Japan voert bombardementen uit op Shanghai in China en Duitsland op Guernica in Spaans Baskenland. In Rusland gaat Stalin door met zijn gruwelijke showprocessen, die hij gebruikt als excuus om zijn tegenstanders te elimineren. In de VS opent de Golden Gatebrug de weg naar Californië, maar in New Jersey ontploft het luchtschip *Hindenburg* tijdens een landingspoging. Het principe van fotokopiëren wordt ontdekt, al weet nog niemand hoe het toegepast moet worden. Walt Disney brengt vrolijkheid in een sombere wereld met de eerste lange tekenfilm, *Sneeuwwitje en de zeven dwergen*.

1937

26 april Guernica wordt gebombardeerd op verzoek van Franco

6 mei Het luchtschip de Hindenburg ontploft tijdens de landing
27 mei De Golden Gatebrug in San Francisco wordt geopend

13 augustus Japan trekt China binnen en valt Shanghai aan

28 september Hitler en Mussolini organiseren een demonstratie 'voor de vrede' in Berlijn

BOVEN: op de grond staan mensen die de *Hindenburg* aan touwen vasthc

BOVEN: 6 mei, Lakehurst in New Jersey. De met gas gevulde *Hindenberg* wordt door brand verwoest.

RAMP MET DE HINDENBURG
Op 6 mei wordt het Duitse luchtschip door vuur verwoest tijdens een landing op Lakehurst in New Jersey; 33 van de 97 inzittenden komen om het leven.

ZWEVEN BOVEN HET WATER
De eerste commerciële draagvleugelboot wordt ingebruikgenomen op de Duitse Rijn.

JEAN HARLOW (HARLEAN CARPENTIER) (1911–1937)

De Amerikaanse filmster Jean Harlow overlijdt aan een hersentumor. Hoewel ze nog maar 26 jaar oud is, heeft ze al naam gemaakt als een geestige en getalenteerde actrice. Enkele van haar films zijn *Hell's Angels* (1930), *Platinum Blonde* (1931), *Dinner at Eight* (1933) en *Libelled Lady* (1936).

GRUWELDADEN TEGEN DE BASKEN
Duitse bommenwerpers bombarderen de Baskische stad Guernica in Noord-Spanje – velen worden gedood. De Duitse luchtmacht steunt de nationalistische legereenheden in heel Spanje, waardoor zij oppermachtig zijn in de lucht. Pablo Picasso's *Guernica*, waarin hij het lijden toont, is een reactie op de bombardementen van de stad. Het werk wordt een symbool voor de vernietigingsdrang en onmenselijkheid van het fascisme. Door de combinatie van surrealistische en symbolistische elementen heeft het werk een duidelijke visuele zeggingskracht.

MEER ANTICONCEPTIE
Anticonceptie wordt onderschreven door het Comité voor Geboortebeperking van de Amerikaanse Vereniging voor Geneeskunst en door de Groot Moefti van de Islam. Deze laatste spreekt een fatwa uit, waardoor het islamieten is toegestaan om geboortebeperkende maatregelen te nemen, mits man en vrouw het daarover eens zijn.

BOVEN: schepen passeren de San Francisco-Oakland Baybrug en verderop de Golden Gatebrug op weg naar de Stille Oceaan.

GUGLIELMO, MARCHESE MARCONI (1874–1937)

De Italiaanse natuurkundige en uitvinder, beroemd geworden door het versturen van de eerste radiosignalen over de Atlantische Oceaan in 1901, overlijdt. Zijn experimenten met de kort daarvoor ontdekte elektromagnetische golven hebben geleid tot de uitvinding van de draadloze telegraaf. Marconi ontwikkelt een kortegolfradio-installatie in Engeland voor een wereldwijd radiotelegrafienetwerk.

SNEEUWWITJE EN DE ZEVEN DWERGEN

De eerste lange tekenfilm van Walt Disney is al snel een succes. Na deze film volgen er nog talloze andere.

SHOWPROCESSEN

Stalin zet zijn plannen om alle tegenstanders de mond te snoeren door: hij laat velen van hen terechtstaan om hen daarna te executeren.

HUWELIJK

Op 7 januari trouwt de Nederlandse kroonprinses Juliana met haar Bernhard. In sociaal-democratische kringen is men enigszins ongerust over Juliana's ongelukkige keus: haar echtgenoot is een Duitser.

LA GRANDE ILLUSION

Deze antioorlogsfilm, geregisseerd door Jean Renoir, zoon van de impressionistische schilder Pierre-Auguste, gaat over Franse krijgsgevangenen die hun vlucht uit een gevangenkamp in de Eerste Wereldoorlog voorbereiden. De film toont de verweving van waarden zien tijdens een oorlog (o.a. patriottisme versus maatschappelijke klasse) en kiest uiteindelijk voor humaniteit.

STRAALMOTOREN

In Engeland bouwt Frank Whittle zijn eerste straalmotor voor een vliegtuig (waarop in 1930 patent werd aangevraagd). Duitse ingenieurs bouwen er ook een.

BOVEN: koning George VI en zijn familie poseren na zijn kroning op 12 mei.

BARON PIERRE DE COUBERTIN (1863–1937)

De oprichter van de moderne Olympische Spelen overlijdt. De eerste moderne versie van de spelen die ter ere van Zeus werden gehouden in het Oude Griekenland, vond plaats in 1896 in Athene.

FOTOKOPIE
De Amerikaanse rechtenstudent Chester Carlson demonstreert een manier van kopiëren, waardoor talloze kopieën gemaakt kunnen worden. Hij noemt het proces 'droog kopiëren' of 'xerografie'. Het duurt nog jaren voor men van de techniek gebruik weet te maken.

GOLDEN GATE
De Golden Gatebrug, die de toegang naar de baai van San Francisco overspant, wordt geopend. Het is de langste hangbrug ter wereld.

RADIOTELESCOOP
George Reber, een radioamateur uit Illinois, bouwt in zijn achtertuin de eerste radiotelescoop ter wereld. Hij gebruikt een schijfvormige reflector van 9,4 m doorsnee.

WINKELWAGENTJE
Het winkelwagentje, geïntroduceerd door Sylvan N. Goldman, eigenaar van Standard Food Markets in Oklahoma City, laat de snelle evolutie van het winkelen sinds 1930 zien – in dat jaar opende Harry Socoloff de eerste moderne supermarkt.

JAVA-MENS
Op het eiland Java worden schedelresten gevonden van een miljoen jaar oude hominide. Het is het oudste bewijs van de 'ontbrekende schakel' tussen aap en mens.

SLIMME MACHINES
De eerste machine die kan leren door ervaring, wordt getoond door de Amerikaanse ingenieur Thos Ross, die een mechanische muis maakt die zich voortbeweegt over rails van een speelgoedtrein en de weg leert vinden door een doolhof.

RONDSCHEREN
Het Nederlandse bedrijf Philips produceert de Philishave, een elektrisch scheerapparaat met ronde scheermessen.

GOEDKOOP LICHT
Energiebesparende fluorescerende verlichting, uitgevonden door de natuurkundige Arthur Holly en de universiteit van Chicago, wordt in de VS geïntroduceerd door GEC & Westinghouse Electric Corporation.

ERNEST RUTHERFORD, 1E BARON RUTHERFORD (1871–1937)

De in Nieuw-Zeeland geboren Britse natuurkundige overlijdt. Zijn onderzoek en ontdekkingen betreffende de structuur en gedragingen van atomen leveren hem de titel 'vader van de atoomfysica' op.

✣ LAATSTE NIEUWS ✣
OVER DE CHINEES-JAPANSE OORLOG

Japanse eenheden vallen op grote schaal China binnen. Ze nemen Peking in en bombarderen in augustus Shanghai. Met brandbommen wordt Shanghai met de grond gelijkgemaakt voor de Japanners de stad innemen, die zij ook al in 1932 veroverden.
In december veroveren de Japanners Nanking. 250.000 mensen worden gedood en velen verkracht. Japanse eenheden rukken verder op naar het zuiden en westen.

KRISTALNACHT EN VREDE OP AARDE

Duitsland schendt het Verdrag van Versailles en annexeert Sudetenland; Hitler voert zelf het bevel over de troepen. In september, op een vredesconferentie in München, wordt door concessies de vrede nog een jaar langer bewaard en de Britse premier Neville Chamberlain komt thuis met zijn 'stukje papier'. De Kristalnacht, waarin joodse winkels door nazi's in uniform worden geplunderd en vernield, toont Hitlers minachting voor de rest van de wereld. Werner von Braun begint met de ontwikkeling van raketten en men ontdekt een coelacant voor de kust van Zuid-Afrika. Balpennen en oploskoffie komen journalisten goed van pas.

1938

6 januari Sigmund Freud en enkele van zijn studenten verlaten Wenen en gaan naar Londen
31 januari Geboorte prinses Beatrix

12 maart De *Anschluss*: Duitsland annexeert Oostenrijk

27 september Tewaterlating van de QEI
30 september Verdrag van München

5 oktober Duitsland bezet Sudetenland in Tsjechoslowakije
21 oktober Japan bezet Kanton

10 november De Kristalnacht in Duitsland. Joodse winkels en bedrijven worden aangevallen

25 december Een coelacant wordt opgevist uit de diepe oceaan

BOVEN: Vlak voor de oorlog uitbreekt, annexeert Duitsland Oostenrijk en Sudetenland.

ANSCHLUSS
Duitse troepen trekken Oostenrijk binnen en verbinden het land met Duitsland. De Anschluss is volgens het Verdrag van Versailles niet toegestaan en de rest van Europa maakt zich ongerust.

DUITSLAND ANNEXEERT SUDETENLAND
'Sudetenduitsers', die aan de grens met Duitsland wonen, eisen onafhankelijkheid van Tsjechoslowakije. Ze worden door Hitler aangemoedigd en hij grijpt de situatie aan als excuus om de druk op de Tsjechoslowaakse regering op te voeren.

PEACE IN OUR TIME?
Op een conferentie in München, die als doel heeft een einde te maken aan de Sudetenkwestie, komen Groot-Brittannië, Frankrijk, Italië en Duitsland overeen dat Tsjechoslowakije Sudetenland moet afstaan aan Duitsland. De maand erop bezetten Duitse troepen het gebied, terwijl Polen Tsjechië inneemt. Eduard Benes neemt zijn ontslag als president van Tsjechoslowakije. In november bezet Hongarije Zuid-Slowakije.

NOBELPRIJS
De Belgische medicus C. Heymans ontvangt de Nobelprijs voor de geneeskunde.

KRISTALNACHT
In een nacht vol plundering en geweld worden meer dan zevenduizend joodse winkels aangevallen en vele joden gemolesteerd. Honderden synagogen worden in brand gestoken. De Kristalnacht is een zware aanval op de joodse gemeenschap in Duitsland.

WAR OF THE WORLDS
De macht van de media wordt zeer duidelijk aangetoond als duizenden mensen in paniek raken tijdens een radiouitzending van het sciencefictionverhaal *War of the Worlds* van H.G. Wells, waarin beschreven wordt hoe wezens van Mars op aarde landen. De acteur Orson Welles leest de tekst voor.

EEN PRINSESJE
Prinses Juliana bevalt van een dochter, Beatrix Wilhelmina Armgard. De schooljeugd krijgt een dag vrij.

DE BALLPOINT
De Hongaarse journalist Ladislao Biró vraagt patent aan op de ballpoint. De pen wordt vanaf 1940 geproduceerd, maar Biró wordt er niet rijk van.

MUSEUM
In het Nationale Park de Hoge Veluwe wordt het Kröller-Müllermuseum geopend. De collectie bevat schilderijen, beeldhouwwerken, tekeningen en grafiek.

HOOVERGEBOUW
Sterke geometrische vormen en een spaarzaam gebruik van opvallende kleuren en dessins maken het fabrieksgebouw van Wallis Gilbert voor Hoover, aan de rand van Londen, tot een van de opvallendste Art Deco-gebouwen van deze tijd.

BOVEN: Orson Welles' radioproductie van *The war of the worlds* deed velen geloven dat er werkelijk Marsmannetjes op aarde waren geland. Welles bleef zijn leven lang gefascineerd door de macht van de radio.

DE ONTWIKKELING VAN DE RAKET
Een Duits team onder leiding van ingenieur Werner von Braun (1912-1977) bouwt een raket op vloeibare brandstof, die een afstand van 18 km aflegt – voorlopig de grootste afstand.

SUZANNE LENGLEN (1899–1938)

Het Franse tennisidool uit de jaren '20 won enkele malen Wimbledon. Ze won haar eerste belangrijke kampioenschap (wk enkelspel op gravel voor dames in Parijs) toen ze vijftien jaar oud was. Ze stopte met tennis in 1927, richtte haar eigen tennisschool op in Parijs en schreef een boek over tennis, *Lawn Tennis*, the *Game of Nations* en een roman, *The Love Game* (beide in 1925).

GABRIELE D'ANNUNZIO (1863–1938)

De Italiaanse schrijver en patriot, soldaat in de Eerste Wereldoorlog, zeeman en piloot overlijdt. D'Annunzio werkte samen met Friedrich Nietzsche aan de trilogie *De roman van de roos* (1889-1894). In 1897 werd hij lid van het parlement. Hij had een verhouding met de actrice Eleonora Duse, voor wie hij toneelstukken schreef. Hij benoemde zichzelf tot dictator van Fiume (Rijeka) en hing later het fascisme aan.

BOVEN: nylonkousen maken velen gelukkig en worden overal ter wereld populair.

ATOOMSPLITSING ONTDEKT

De Duitse radiochemici Otto Hahn en Fritz Strassmann ontdekken atoomsplitsing door uranium te beschieten met neutronen. De ontwikkeling van kernenergie volgt.

AANGEBRAND

Ingenieur Roy Plunkett van Du Pont in de VS ontdekt bij toeval polytetrafluorethyleen, een plasticsoort die bekender is onder de naam Teflon of Fluon. Het materiaal wordt gebruikt in ruimtepakken voor astronauten en als antiaanbaklaag in koekenpannen.

LEVENDE FOSSIEL

In december haalt een visser in Zuid-Afrika een 'levend fossiel' naar boven: een coelacant. Wetenschappers meenden dat deze primitieve vissoort al zeventig miljoen jaar uitgestorven was.

ALCOMOBILISTEN

De drankmeter is de eerste blaaspijp om alcohol in de adem van automobolisten op te sporen en werd ontworpen door R.N. Harger. Het apparaat wordt getest in Indiana in de VS: 250 van de 1750 worden gepakt.

BOVEN: met een optocht door Parijs wordt de ondertekening van de Entente Cordiale tussen Frankrijk en Groot-Brittannië gevierd.

NOGMAALS ITALIE

De Italianen winnen opnieuw het WK voetbal – deze keer door Hongarije met 4-2 te verslaan in de finale in Parijs.

MISS MOODY VEROVERT WIMBLEDON

De Amerikaanse tennisster Helen Wills Moody wint haar achtste en laatste enkelspelfinale op Wimbledon. Meedogenloos verovert ze de titels tussen 1927 en 1938. Daarnaast wint ze ook nog zeven keer het US Open en zes keer de Franse titel.

RED DE WALVIS

Tijdens de Internationale Conventie voor de Regulering van de Walvisvangst worden vrijwillige quota voor alle deelnemende landen voorgesteld. De Japanners, de Russen en de Noren negeren de overeenkomst echter.

MUSTAFA KEMAL ATATURK (geb. MUSTAFA KEMAL) (1881–1938)

Mustafa Kemal, de Turkse leider die later bekend zal worden als Atatürk (vader van de Turken), overlijdt. Hij was een nationalistische leider tijdens en na de Eerste Wereldoorlog. Als de eerste moderne president van Turkije (vanaf 1923) was hij verantwoordelijk voor veel hervormingen, waaronder de emancipatie van vrouwen en de invoering van het Latijnse alfabet.

EEN HELEBOEL KOFFIE
De Zwitserse firma Nestlé brengt instantkoffie op de markt na een verzoek van de Braziliaanse regering om een oplossing te vinden voor het Braziliaanse koffieoverschot. Na acht jaar onderzoek heeft men gevriesdroogd koffiepoeder ontwikkeld.

BREAKFAST AT TIFFANY'S
De nieuwe vestiging van Tiffany & Co op 5th Avenue in New York is de eerste winkel met volledige airconditioning. Airconditioning werd in 1902 uitgevonden door W.H. Carrier en sindsdien toegepast om fabrieken te koelen.

OVERWINNING EN VRIJHEID
De campagne 'V voor Victory' wordt gestart door twee Belgen die werken voor de Londense BBC. De V staat ook voor vrijheid in Vlaanderen en Nederland en voor victoire in Frankrijk. De eerste V's verschijnen op muren in het door de Duitsers bezette België.

ZIJDEN KOUSEN
Nylon werd door de Amerikaan Wallace Hume uitgevonden, die er in 1934 patent op kreeg. Nylon wordt nu commercieel geproduceerd door Du Pont in de VS.

GAS IN CHINA
De Chinees-Japanse oorlog is nog steeds gaande. De Japanners gebruiken Lewisitegas tegen de Chinezen tijdens een reeks verrassingsaanvallen via Mantsjoerije en bij landingen met amfibievoertuigen om delen van het achterland en belangrijke havens in te nemen.

BOVEN: de hertog van Windsor en Wallis Simpson, voor wie hij de troon opgaf.

ONDER: er wordt gevochten in de straten in Mantsjoerije, wanneer Japan China binnenvalt.

WEER WORDT DE WERELD OVERSPOELD

Een door oorlog verscheurd decennium eindigt met het ernstigste conflict ooit. Aan het einde van het jaar is het grootste deel van Europa in oorlog. Franco is de overwinnaar in Spanje, de burgeroorlog raakt op de achtergrond door gebeurtenissen elders in de wereld. Geallieerden en Asmogendheden stellen zich tegenover elkaar op en Amerika houdt zich afzijdig. Op het witte doek verdedigen Dorothy en haar drie vrienden zich tegen het kwaad in *The wizard of Oz*, terwijl Scarlett O'Hara zich aan de kant van de verliezers bevindt in *Gone with the wind*. Ondertussen ontdekken wetenschappers de geheimen van atoomsplitsing, wat uiteindelijk zal leiden tot de atoombom.

1939

7 april Italië valt Albanië binnen

22 mei Duitsland en Italië vormen een alliantie: de as Rome-Berlijn

20 juli De nieuwe Dalai Lama wordt ontdekt in Tibet

23 augustus Hitler en Stalin tekenen een niet-aanvalsverdrag

1 september Duitsland valt Polen binnen
3 september Duitsland en Groot-Brittannië zijn officieel in oorlog

8 november Bommen vernielen de Duitse Bierhalle waar Hitler een toespraak heeft gehouden

18 december Het kleine Duitse slagschip *Graf Spee* wordt tot zinken gebracht door de eigen bemanning

BOVEN: de mobilisatie van Poolse troepen om de Duitse oorlogsmachine af te stoppen.

DE OORLOG IS EEN FEIT

Het Duitse leger valt Polen vanuit het westen aan, waarna het Russische leger het land vanuit het oosten binnenvalt. Groot-Brittannië en Frankrijk verklaren Duitsland de oorlog. Britse kinderen worden uit steden geëvacueerd uit angst voor luchtaanvallen en het Britse leger landt in Frankrijk om het te beschermen tegen een mogelijke Duitse aanval. Beide zijden voeren de wapenproductie op, maar er wordt niet gevochten.

FRANCO WINT

De Spaanse burgeroorlog eindigt in een overwinning voor de nationalisten onder leiding van generaal Franco. Groot-Brittannië en Frankrijk erkennen de nieuwe regering, die tegenstanders onderdrukt en steeds fascistischer trekken vertoont. In april sluit Spanje zich aan bij Italië, Duitsland en Japan in het anti-Komintern-pact.

1 SEPTEMBER 1939

Dit is de titel van het gedicht van de Engelse dichter Auden, waarin hij treurt om een Europa dat op de drempel van een oorlog staat.

ONDER: de New York Giants en de Brooklyn Dodgers openen het honkbalseizn 1939 in Ebbets Field in Brooklyn.

AANKONDIGING VAN DE OORLOG

In januari verklaart Slowakije zich onafhankelijk van Tsjechië en wordt het land een Duits protectoraat. Duitsland annexeert de provincies Bohemen en Moravië in het westen van Tsjechië en de oostelijke provincie Roethenië wordt ingenomen door Hongarije. Hitler trekt triomferend Praag binnen. Ook in januari verovert Duitsland Memel op Litouwen.

In maart, na de Duitse inname van Tsjechoslowakije, verwerpt Hitler het niet-aanvalsverdrag met Polen, dat in 1934 werd ondertekend. Hij eist Gdansk aan de Oostzee en routes naar Oost-Pruisen via de Oostzee-corridor, waardoor Polen toegang heeft tot de zee. Groot-Brittannië en Frankrijk beloven Polen te zullen verdedigen tegen een aanval. In april beloven ze hetzelfde aan Roemenië en Griekenland.

In april doet Rusland een voorstel aan Groot-Brittannië en Frankrijk voor een alliantie tegen Duitsland en Italië. Engeland weigert, maar besluit zich wel beter te bewapenen: dienstplicht wordt ingevoerd en de wapenproductie wordt opgevoerd. Ook Frankrijk bereidt zich voor op een oorlog.

In augustus tekenen Stalin en de Duitse minister van Buitenlandse Zaken Joachim von Ribbentrop een niet-aanvalsverdrag in Moskou, waardoor Duitsland de vrije hand krijgt in West-Polen.

BOVEN: Duitse soldaten banen zich een weg door de met puin bezaaide straten van Warschau.

ITALIE BREIDT ZICH UIT
Italië verovert Albanië aan de Adriatische Zee, waardoor het rijk rond de Middellandse Zee wordt uitgebreid.

FINNEGANS WAKE
In het boek *Ulysses* van James Joyce worden de gebeurtenissen van een enkele dag beschreven. In *Finnegans wake* richt Joyce zich op de wereld van de nacht, slaap en dromen. Hij creëert zijn eigen taal en schrijft een boek dat vanwege zijn moeilijkheidsgraad meer besproken dan gelezen wordt.

GEJAAGD DOOR DE WIND
De verfilming van het boek van Margaret Mitchell wordt al heel snel overal ter wereld een succes. Vivien Leigh speelt de rol van Scarlett O'Hara en Clark Gable is onweerstaanbaar als Rhett Butler.

EEN PRINSESJE
Kroonprinses Juliana bevalt van een tweede dochter: Irene.

THE WIZZARD OF OZ
De hoofdrol in de musicalfilm naar het boek van L. Frank Baum wordt gespeeld door Judy Garland. Voor haar vertolking van het liedje *'Somewhere over the rainbow'* krijgt ze een Oscar. Dit is voor Garland het begin van een reeks hoofdrollen in belangrijke Amerikaanse films.

WILLIAM BUTLER (WB) YEATS (1865–1939)

De Ierse dichter en schrijver overlijdt in Cap Martin in de Franse Alpes Maritimes waar hij de laatste jaren woonde. Yeats kreeg in 1923 de Nobelprijs voor de Literatuur, schreef diverse dichtbundels, waaronder *The Tower* (1928) en *The Winding Stair* (1929), verhalen en legenden zoals *The Celtic Twilight* (1893) en toneelstukken waaronder *Cathleen ni Houlihan* (1902). Hij richtte het Ierse Nationale Theatergezelschap op in het Abbey Theatre in Dublin (1899-1904).

WESTERBORK
Het kabinet-Colijn besluit in het Drentse Westerbork een kamp voor de opvang van Duitse joden in te richten.

DE POSTKOETS
De klassieke western van John Ford met de cowboy der cowboys, John 'the Duke' Wayne, in de hoofdrol. Door deze film wordt de naam van Ford een synoniem voor de western en films over het verleden van Amerika. Het is tevens de eerste belangrijke rol van Wayne in een grote film, waardoor zijn naam als beroemde filmster werd gevestigd.

HET EERSTE STRAALVLIEGTUIG
De Duitse Heinkel He 178, het eerste vliegtuig ter wereld dat wordt aangedreven door een straalmotor, maakt een testvlucht. De motor is ontworpen door dr. Hans von Ohain. Het vliegtuig kan een snelheid van 500 km per uur bereiken.

SIKORSKY-HELIKOPTER
De in Rusland geboren Amerikaanse ingenieur Igor Sikorsky ontwerpt zijn eerste helikopter, de VS-300. Het toestel maakt in september zijn eerste vlucht een lijn, maar is nog niet geschikt voor productie op grote schaal.

SIGMUND FREUD (1856–1939)

De vader van de psychoanalyse overlijdt in Londen aan kanker, na in 1938 ontsnapt te zijn aan de nazi's in zijn geboorteland Oostenrijk. Het werk van deze zeer controversiële, maar uiterst invloedrijke voorstander van de theorieën over onderdrukte seksualiteit en het onderbewustzijn omvat onder meer *Die Traumdeutung* (1900), *Zur Psychopathologie des Alltagslebens* (1904) en *Das Ich und das Es* (1923).

ATOOMSPLITSING
De in Oostenrijk geboren natuurkundigen Otto Frisch en zijn tante Lise Meitner zetten het werk voort van Meitner en Otto Hahn. Ze realiseren zich dat het ontstaan van bariumatomen na het beschieten van uraniumnuclei met neutronen een kernsplitsing betekent en noemen het proces 'atoomsplitsing' – het begin van atoomkracht.

DDT KRIJGT ERKENNING
Volgens de bevindingen van de Zwitserse chemicus Paul Hermann Müller is dichlorodiphenyltrichloroethaan of DDT, dat in 1874 ontdekt werd, een krachtig insecticide. Het wordt met succes ingezet ter bestrijding van de coloradokever, die schadelijk is voor de aardappelplant.

ZONNEWARMTE
Het eerste huis met zonne-energie wordt als experiment gebouwd bij het Massachusetts Institute of Technology. Door een zonnepaneel op het dak wordt water in een tank verwarmd.

BOVEN: op 26 april 1936 vliegt kapitein Wendel van de Duitse luchtmacht een wereldsnelheidsrecord: 755 km per uur.

EEN EERSTE ANTIBIOTICUM
De Franse wetenschapper René Dubos ontdekt het antibioticum tyrothricine. Het middel blijkt echter veel te giftig te zijn voor de mens.

DE WERELDTENTOONSTELLING
Hoogtepunten van de Wereldtentoonstelling in New York zijn de Trylon en Perisfeer, een piramidevormige toren van 218 m hoog en een reusachtige bol waarin futuristische films vertoond worden. Onder de uitvindingen die door zestig landen getoond worden, zijn een hogedrukpan, Electro, en een sprekende robot.

BASKETBAL
Carl Stotz en George en Bert Bebble starten een jeugdbasketbalcompetitie in Williamsport, Pennsylvania. Basketbal wordt enorm populair. Er zijn inmiddels jeugdcompetities vrijwel overal ter wereld.

FINLAND VECHT TEGEN RUSLAND

De Sovjet-Unie valt Finland in November binnen, maar de aanval wordt gepareerd door het Finse leger dat eraan gewend is te vechten onder winterse omstandigheden. In 1939 eist het Sovjet-leger dat Finland de grens demilitariseert en eilanden en een basis aan de Russen afstaat. Finland weigert en in november stuurt de Sovjet-Unie ongeveer een miljoen soldaten naar Finland om te vechten tegen zo'n 300.000 Finse manschappen. De Finnen verdedigen de Mannerheimlinie en maken gebruik van hun vaardigheid op de ski's, waardoor de Russen te maken hebben met ernstige verliezen.

BELANGRIJKE DATA
IN DE RUSSISCH-FINSE OORLOG

11 december 1939-8 januari 1940 SUOMUSSALMI: Twee Sovjet-divisies worden verslagen in de bossen in Oost-Finland na een reeks aanvallen vanuit hinderlagen en achterhoedegevechten.

februari 1940 MANNERHEIM-LINIE: De verdediging in West-Karelië staat bloot aan zware lucht- en artillerieaanvallen en in februari breken de Russische troepen ondanks grote verliezen door. Hierdoor zijn de Finnen, die 25.000 doden en 44.000 gewonden te betreuren hebben, gedwongen de voorwaarden van de Russen te accepteren. Het aantal doden aan Russische zijde wordt geschat op 20.000.

DE KRACHT VAN DE FILM

LINKSBOVEN: Barbara Stanwyck, de ster van diverse Hollywood-producties, is een echte femme fatale.

BOVEN: Joan Crawford, de onbetwiste koningin van de 'women's pictures' uit de jaren '30.

LINKS: de onweerstaanbare Clark Gable wordt in de Tweede Wereldoorlog opgeleid als boordschutter.

BOVEN: Hollywood-danser Fred Astaire swingt een behoorlijk bedrag bij elkaar op een benefiettoernee in de oorlog.

BOVEN: de Hollywood Bond Cavalcade, een grote groep filmsterren die door de VS reist om geld op te halen.

RECHTS: Warner Brothers Studios in Burbank, Californië.

RECHTS: een waar paleis is het – het overdadige interieur van het Avalon Theatre in Chicago.

ACHTERGROND: in het Bay Shore Sunrise Drive-In Theatre is plaats voor 1900 auto's.

OORLOG EN VREDE

Amerika sluit zich na de aanval op Pearl Harbor aan bij de geallieerden, waardoor er wereldwijd gewapende conflicten ontstaan die de eerste helft van dit decennium volledig beheersen. De atoombom op Hiroshima maakt een einde aan de oorlog in het Oosten, maar de krachten die hierdoor ontketend worden, maken veel mensen doodsbang. Het 'IJzeren Gordijn' wordt gesloten en scheidt Oost- en West-Europa. De NAVO wordt opgericht in een poging verdere conflicten te voorkomen. Een spontane, positieve houding tegenover het leven komt tot uitdrukking in de geboortegolf direct na de oorlog wanneer men de toekomst met meer optimisme tegemoet ziet.

RECHTS: kleine mensen, enorm materieel. De foto is typerend voor het atoomtijdperk.

1940–1949

DE BELANGRIJKSTE GEBEURTENISSEN

- ONTDEKKING VAN PENICILLINE
- PEARL HARBOR
- KLEURENTELEVISIES
- ARABISCHE LIGA
- EINDE VAN DE TWEEDE WERELDOORLOG
- DE VERENIGDE NATIES
- HIROSHIMA
- HET IJZEREN GORDIJN
- ATOOMENERGIE
- DE 'NEW LOOK'
- DE 'BABYBOOM'
- HET MARSHALL-PLAN
- DE VERDELING VAN INDIA
- DE MOORD OP GANDHI
- OPRICHTING VAN DE STAAT ISRAEL
- OPRICHTING VAN DE NAVO
- STICHTING VAN DE VOLKSREPUBLIEK CHINA

TOTALE WERELDBEVOLKING: 2.295 MILJOEN

SOMBERE TIJDEN VOOR DE GEALLIEERDEN

Een jaar vol rampspoed. De oorlog escaleert; Nederland, België en Frankrijk worden snel na elkaar ingenomen en Groot-Brittannië staat er tijdelijk alleen voor. Geallieerde troepen worden op het nippertje gered op de stranden bij Duinkerken. Winston Churchill wordt premier van Engeland en de RAF en de Luftwaffe vechten boven Engeland de Battle of Britain uit. Generaal de Gaulle vlucht naar Engeland en sluit zich aan bij het Franse verzet. In Warschau worden de joden gedwongen bij elkaar te gaan wonen in een getto. Leon Trotski wordt vermoord. Een van de kleine lichtpuntjes is Charlie Chaplins vertolking van een belachelijke, besnorde megalomaan in

1940

12 maart De oorlog tussen Finland en Rusland wordt beëindigd

9 april Denemarken wordt ingenomen door de Duitsers

13 mei Winston Churchill wordt premier van Groot-Brittannië
15 mei Nederland wordt door Duitsland bezet
28 mei België wordt door Duitsland bezet

4 juni Geallieerde troepen worden geëvacueerd uit Duinkerken
18 juni Charles de Gaulle ontsnapt naar Engeland
19 juni Italië verklaart de geallieerden de oorlog
23 juni Frankrijk capituleert

21 augustus Leon Trotski wordt vermoord in Mexico

27 september Japan sluit zich formeel aan bij Italië en Duitsland

15 oktober Premiere van de film *The Great Dictator* van Chaplin

HET EINDE VAN DE WINTEROORLOG

Een bestand tussen de Sovjet-Unie en Finland maakt een einde aan de barre oorlog tussen deze landen. Finland raakt een deel van zijn grensgebied kwijt aan Rusland.

CHURCHILL NEEMT HET ROER OVER

Winston Churchill wordt premier van Groot-Brittannië na de val van Neville Chamberlain, die zware kritiek kreeg te verduren vanwege zijn inadequate reactie op de Duitse inval in Noorwegen. Churchill vormt een regering waarin alle partijen zitting hebben; Clement Attlee, leider van de Labour Party, is vice-premier.

ONDERGRONDSE KUNST

Op 12 september valt een hond in een gat in Lascaux, Zuidwest-Frankrijk. Hierdoor ontdekken twee jongetjes bij toeval schilderingen in een grot. De schilderingen zijn 17.000 jaar oud.

BOVEN: St.-Paul's Cathedral in Londen tijdens de Blitzkrieg.

LEON TROTSKY (LEV DAVIDOVICH BRONSTEIN) (1879–1940)

De Russische revolutionair wordt vermoord met een ijspriem in Mexico-Stad. Na de revolutie werd Trotski volkscommissaris voor Buitenlandse Zaken; als volkscommissaris van Oorlog recruteerde hij het Rode leger om de Wit-Russen te verslaan. Na de dood van Lenin keerden zijn kansen, en zijn geloof in de permanente revolutie vond veel weerstand bij Stalin, die hem in 1929 verbant. Pas jaren later, in de glasnost, wordt bekend dat Trotski vermoord werd door de geheime politie in opdracht van Stalin.

BOVEN: Hitler in Parijs voor de Eiffeltoren.

ONDER: Winston Churchill leidt de Britse conservatieven na de dood van Chamberlain.

ORANJE
De Nederlandse koninklijke familie vlucht op 12 mei naar Engeland. Op 13 mei volgen koningin Wilhelmina en het kabinet.

BELGIE
De Belgische koning Leopold III tekent de onvoorwaardelijke capitulatie van de Belgische troepen zonder dat de regering daarmee akkoord is gegaan.

FRANKRIJK VALT
Duitse legereenheden dringen Frankrijk binnen na de inname van Nederland en België. De Franse regering valt en een nieuwe regering wordt gevormd in Vichy. Maarschalk Henri Pétain neemt de leiding als president en premier. Eenheden van het Vrije Franse leger verzamelen zich in ballingschap in Londen onder generaal Charles de Gaulle.

BLITZKRIEG
Duitse bommenwerpers beginnen hun aanval op Londen en richten zich met name op de dokken in East End. Er vallen veel slachtoffers en de mensen worden gedwongen te schuilen in de metrotunnels. Andere belangrijke Britse steden, zoals Plymouth en Coventry, hebben zwaar te lijden van de aanhoudende bombardementen.

DE NIEUWE DALAI LAMA
De vijf jaar oude Llhamo Thondup wordt tot de dertiende Dalai Lama uitgeroepen onder de naam Tenzing Gyatso.

PALAZZO DELLA CIVILITA DEL LAVORO
Mussolini maakt plannen voor een grote tentoonstelling in 1942: Exposizione Universale di Roma, bedoeld om het fascisme te verheerlijken. Zijn plannen worden verworpen, maar het gebouw, het 'Paleis voor de ontwikkeling van werk', wordt wel afgemaakt. De voorzijde wordt een symbool van fascistische kunst.

FOR WHOM THE BELL TOLLS
Deze roman is een van de succesvolste werken over de Spaanse burgeroorlog. Het boek van Ernest Hemingway gaat over de relatie tussen een jonge Amerikaanse vrijwilliger en een groep republikeinse guerillastrijders die achter de linies van Franco opereren. Volgens velen is dit zijn beste boek.

FRANCIS SCOTT (F. SCOTT) FITZGERALD (1896–1940)

De Amerikaanse schrijver overlijdt na een hartaanval. Hij is dan slechts 44 jaar oud en werkt aan zijn boek *The Last Tycoon*. Zijn boeken over de jaren '20 en '30 beschrijven de sfeer van de 'jazz'-generatie, die nog jong was tijdens de Eerste Wereldoorlog. Zijn bekendste boeken zijn *The Great Gatsby* (1925) en *Tender is the night* (1934).

BOVEN: Erwin Rommel, een belangrijke Duitse commandant, leidt met succes een pantserdivisie tijdens de invasie in Frankrijk in 1940. Hij gaat later naar Afrika.

PARK IN AFRIKA
In Tanzania wordt de Serengeti, het eerste Nationale Park in Oost-Afrika opgezet. De Britse bestuurders vergroten de oppervlakte van het 233.100 ha grote leeuwenreservaat, dat in 1929 werd opgericht.

PENICILLINE
De in Australië geboren patholoog Howard Florey en de in Duitsland geboren chemicus Ernst Chain, werkzaam in Oxford, ontwikkelen penicilline als antibioticum. Het wordt op grote schaal geproduceerd in de VS.

COELIAKIE
Nederlandse artsen ontdekken dat coeliakie –waardoor de dunne darm niet in staat is voeding (vooral vetten) te absorberen– veroorzaakt kan worden door overgevoeligheid voor gluten, het belangrijkste eiwit in tarwe en rogge. De ontdekking wordt bij toeval gedaan als de Duitse bezetters alle voorraden tarwe en rogge opeisen, waarna de coeliakiepatiënten in de Nederlandse ziekenhuizen opknappen.

REPRESAILLES
In juli neemt de Duitse bezetter als reactie op de internering van Duitsers in Nederlands-Indië een groep van 231 vooraanstaande mensen in gijzeling en stelt hen op transport naar het concentratiekamp Buchenwald.

SS
In Nederland richt Anton Mussert de SS op.

WIE IS ADENOID HYNKEL?
Zo noemt Charlie Chaplin de hoofdfiguur van zijn film *The great dictator*. In de film wordt de draak gestoken met de activiteiten van Hitler en Mussolini.

GEEN SPELEN
De Olypische Winter- en Zomerpelen gaan vanwege de oorlog niet door.

NOG TWEE ELEMENTEN
De Amerikaanse natuurkundigen Edwin M. McMillan en Philip H. Abelson ontdekken het element neptunium, met een atoomgetal van 93. McMillan, Glenn T. Seaborg en anderen ontdekken vervolgens plutonium met atoomgetal 94.

JEEP
Het Amerikaanse leger test het prototype van een terreinwagen voor verkenningstochten, de GPV, 'General Purpose Vehicle'. Dit acroniem wordt later afgekort tot jeep.

(ARTHUR) NEVILLE CHAMBERLAIN (1869–1940)

De voormalige Britse premier overlijdt zes maanden nadat hij opgevolgd is door Winston Churchill. Chamberlain was degene die in 1938 terugkwam met het akkoord van München en triomfantelijk meldde: "Peace in our time". Hij had juist Sudetenland aan Hitler gegeven in ruil voor vrede.

DE VS SLUITEN ZICH AAN

Franklin D. Roosevelt introduceert de 'lend-lease'-wet, omdat anders de geallieerden waarschijnlijk de oorlog zouden verliezen. Niet iedereen is het met Roosevelt eens, maar de stemming slaat om wanneer Japan toeslaat en de Amerikaanse luchtmachtbasis op Pearl Harbor, Hawaii, verwoest. Amerika gaat nu daadwerkelijk aan de oorlog deelnemen. Hitler valt Rusland binnen. De burgerbevolking aan beide kanten heeft te lijden onder de zware bombardementen op steden en dorpen. Straalvliegtuigen worden nu door beide partijen ingezet.

1941

27 mei *De Bismarck* zinkt

1 juni Griekenland wordt veroverd door Duitsland

11 augustus Churchill en Roosevelt komen bij elkaar en tekenen het Atlantisch Handvest

19 september Duitsland neemt Kiev in en negeert het niet-aanvalsverdrag

1 november Onthulling van Mount Rushmore

7 december Bombardement op Pearl Harbor

LEND-LEASE

De 'lend-lease'-wet wordt van kracht, zodat de Amerikaanse president materiaal mag verkopen, lenen of leasen aan landen wier verdediging in het belang van de VS is. Groot-Brittannië profiteert hier zeer van, want zij ruilen renteloze leningen voor een periode van 99 jaar op marinebases in het Caribisch gebied en Newfoundland tegen vijftig torpedoboten.

USSR EN JAPAN SLUITEN EEN OVEREENKOMST

Rusland tekent een neutraliteitsverdrag met Japan, dat zal duren tot de laatste oorlogsdagen in 1945. Het verdrag zorgt ervoor dat Japan en Rusland niet op twee fronten tegelijk hoeven te vechten, waardoor Rusland de handen vrij heeft voor de strijd tegen Duitsland en Japan de VS en Zuidoost-Azië kan aanvallen.

LONDEN VERWOEST

De zwaarste Duitse bombardementen van de oorlog treffen Londen. 550 bommenwerpers gooien onder andere 100.000 brandbommen op de hoofdstad. Het Lagerhuis wordt verwoest en meer dan 1400 mensen worden gedood. Meer dan 20.000 mensen zijn om het leven gekomen en 25.000 gewond geraakt sinds het moment dat de Duitse bommenwerpers de stad begonnen te bestoken.

KUNST UIT DE SCHUILKELDER

De Engelse beeldhouwer Henry Moore maakt een serie tekeningen van mensen in Londense schuilkelders. Het zijn afbeeldingen van gewone mensen in een crisissituatie en ze geven een schrijnend beeld van de oorlog. De tekeningen laten zien hoe een beeldhouwer de massa en de vorm van personen kan vastleggen in een tekening.

BOVEN: de Amerikaanse basis op Pearl Harbor wordt onverwacht aangevallen door zo'n 360 Japanse vliegtuigen.

PEARL HARBOR

Na de Japanse aanval op de Amerikaanse vloot bij Pearl Harbor in de Stille Oceaan sluiten de VS zich aan bij de oorlog. De Amerikaanse economie richten op de oorlog: fabrieken produceren oorlogsmaterieel en duizenden vrouwen worden aangespoord om in de fabrieken te gaan werken.

GELE STER

Duitse joden vanaf zes jaar worden gedwongen een gele Davidsster te dragen, zodat ze gemakkelijk herkenbaar zijn. Joden in Polen dragen de ster al.

AMY JOHNSON (1903–1941)

De Engelse luchtvaartpionier overlijdt ten gevolge van een vliegtuigongeluk tijdens haar werkzaamheden voor de Britse Hulptroepen voor Luchttransport. Ze was de eerste vrouw die alleen van Engeland naar Australië vloog in 1930, ze maakte diverse record-solovluchten en vloog in 1933 over de Atlantische Oceaan en in 1934 naar India met haar echtgenoot James Mollison.

CITIZEN KANE
Deze film, die het leven van een krantenmagnaat (geïnspireerd op William Randolph Hearst) weergeeft, is een enorm succes voor Orson Welles. Welles is co-auteur, producent, regisseur en hoofdrolspeler. Hij vestigt zijn naam als een van de groten van Hollywood door met een combinatie van camerawerk, muziek, verhaaltechniek en verlichting een van de indrukwekkendste films ooit te maken.

ATLANTISCH HANDVEST
Churchill en Roosevelt ontmoeten elkaar aan boord van een oorlogsschip voor de kust van Newfoundland en worden het eens over het Atlantisch Handvest, waardoor de twee landen nauw met elkaar verbonden worden.

TWEEMOTORIG STRAALVLIEGTUIG
Het eerste jachtvliegtuig met twee straalmotoren ter wereld, de German Heinkel He 280, maakt zijn eerste vlucht. Het vliegtuig wordt vanaf 1944 geproduceerd onder de naam Gloster Meteor.

LEOPOLD
De Belgische koning Leopold hertrouwt zes jaar na de dood van zijn vrouw Astrid met Liliane Baels.

JAMES AUGUSTINE ALOYSIUS JOYCE (1882–1941)

De invloedrijke Ierse schrijver overlijdt in Zürich na een operatie aan een ontsteking aan de twaalfvingerige darm. Vanaf 1902 woonde hij voornamelijk in Europa, hoofdzakelijk in Parijs, waar de *Ulysses* werd gepubliceerd in 1922. *The Dubliners* (1914), *A portrait of the artist as a young man* (1914-1915) en *Finnegans wake* (1939) zijn andere werken van hem.

SYMFONIE VOOR LENINGRAD
De eerste drie delen van de Symfonie nr. 7 van Dmitri Shostakovitsj worden geschreven tijdens een bombardement op de stad. De muziek wordt uitgevoerd met het geluid van bommen op de achtergrond. Het werk is een van de composities van deze componist, die de heroïsche rol van Rusland in de Tweede Wereldoorlog indrukwekkend verklanken.

LET US NOW PRAISE FAMOUS MEN
De Amerikaanse fotograaf Walker Evans (1903-1975) werkt aan het eind van de jaren '30 samen met schrijver en journalist James Agee. Hij maakt de foto's bij de tekst van Agee over de depressie in het zuiden van Amerika. Het is de bedoeling er een artikel voor het tijdschrift *Fortune* van te maken, maar het wordt niet geplaatst. Agee breidt daarom de tekst uit en het resultaat is dit historische boek.

MUTTER COURAGE
Het beroemde toneelstuk van de Duitse dramaturg Berthold Brecht wordt eerst opgevoerd in Zürich. Het is een complex verhaal waarin Brecht probeert aan te tonen dat oorlog iedereen onmenselijk maakt, ook moeder Courage. Het publiek reageert echter positief op de vitaliteit van de hoofdpersoon en Brecht verandert de tekst na de opvoering.

MUGGENSPRAY
Insecticiden in spuitbussen worden aan de Amerikaanse troepen in de Stille Oceaan uitgereikt. Deze spray is ontwikkeld door chemicus L.D. Goodhue en insectenkenner W.N. Sullivan en beschermt de troepen tegen ziekten die door insecten worden overgebracht. De spuitbus was al eerder, in 1926, in Noorwegen uitgevonden.

STAKING
Op 25 februari wordt in Amsterdam geprotesteerd tegen de anti-joodse razzia's. De wilde staking gaat de geschiedenis in als de Februaristaking.

ONDER: in het team van de New York Yankees spelen onder anderen (v.l.n.r.) Joe DiMaggio, Charles (King Kong) Keller en Bill Dickey.

BOVEN: door de krachtige lichtstralen worden vijandelijke vliegtuigen eerder opgemerkt.

ADELINE VIRGINIA (VIRGINIA) WOOLF (geb. STEPHEN) (1882–1941)

De Britse experimentele en modernistische schrijfster pleegt zelfmoord. Ze lijdt al lang aan depressies en verdrinkt in de rivier de Ouse bij haar huis in Sussex. Enkele van haar werken zijn *Mrs Dalloway* (1925), *To the Lighthouse* (1927) en het feministische essay *A Room of One's Own* (1929). Samen met haar echtgenoot Leonard Woolf richtte ze in 1917 Hogarth Press op en haar naam is synoniem met die van de Bloomsbury Group.

POLYESTERGAREN

J.R. Whitfield en J.T. Dickson, twee wetenschappers die werken voor de Britse Calico Association, maken het eerste polyester textielgaren, dat later als ™Terylene en ™Dacron op de markt zal komen.

FRISDRANK

Gevriesdroogd sinaasappelsap wordt aan het Amerikaanse leger geleverd, nadat het proces van vriesdrogen in de VS wordt toegepast voor het bewaren van voedingsmiddelen. Bevroren eten of drinken, dat daarna gedroogd wordt, kan snel weer in de oude vorm worden teruggebracht zonder verlies van smaak.

VERHEERLIJKT IN STEEN

Mount Rushmore wordt onthuld. De granieten gezichten van de presidenten Lincoln, Washington, Jefferson en Theodore Roosevelt kijken uit over de Black Hills in Dakota. Beeldhouwer Gutzon Borglum was vijftien jaar eerder met het werk begonnen, maar heeft de voltooiing van zijn meesterwerk niet mogen beleven.

TWEEDE WERELDOORLOG

Het grootste conflict van de 20e eeuw, de Tweede Wereldoorlog, raakt ieder continent en verwoest enkele. Men schat dat er ongeveer 15 miljoen militairen opgekomen zijn en 25 miljoen militairen gewond zijn geraakt. Onder burgers zijn er ongeveer 38 miljoen slachtoffers gevallen. Grote delen van de Europese en Russische infrastructuur zijn verwoest en de inwoners van Oost-Europa worden geconfronteerd met verschuivende grenzen.

DATA TWEEDE WERELDOORLOG

12 maart 1938, Oostenrijk geannexeerd Duitse troepen marcheren Oostenrijk binnen om de Anschluss met Duitsland zeker te stellen.

15 maart 1939, Tsjechoslowakije Duitse troepen vallen Praag binnen. Tsjechoslowakije valt uiteen.

1 september-7 oktober 1939 Polen wordt onder de voet gelopen door gewapende troepen, ondersteund door bommenjagers en gevechtsvliegtuigen die grondaanvallen uitvoeren. Onder de Duitsers vallen 14.000 doden en 30.300 gewonden; onder de Polen zijn meer dan 120.000 slachtoffers en 450.000 gevangenen te betreuren.

3 september 1939 Groot-Brittannië verklaart Duitsland de oorlog.

9 april 1940, Denemarken wordt veroverd. De Duitsers willen de vliegvelden gebruiken voor de aanval op Noorwegen.

8/9 april-8 juni 1940, Noorwegen Tijdens de Duitse invasie van Noorwegen, bedoeld om de toelevering van ijzererts uit Zweden veilig te stellen, worden 5300 Duitsers gedood of gewond en verliest Duitsland drie kruisers, tien torpedoboten, acht onderzeeboten, elf transportschepen en elf andere schepen.

10 mei-25 juni 1940 De Duitsers vallen aan in het westen, waardoor Britse en Franse troepen oprukken naar Nederland, voor de Duitsers doorbreken bij Sedan en in een groot offensief in de richting van het Kanaal de Britten afsnijden van Frankrijk. Nederland valt op 15 mei en België op 27 mei, Frankrijk capituleert op 22 juni en de strijd eindigt op 25 juni. Op de grond hebben de Duitsers te maken met 27.000 doden, 110.000 gewonden en 18.000 vermisten. Aan Franse zijde zijn er 90.000 doden, 200.000 gewonden en 1900.000 gevangen genomen of vermist. België betreurt 23.000 slachtoffers, Nederland 10.000 en Groot-Brittannië 68.000. In de lucht verliest Duitsland 1284 vliegtuigen, de RAF 931 en de Fransen 560.

BOVEN: SA, SS en andere Duitse troepen in Neurenberg. In het eerste jaar van de oorlog heeft Duitsland een overmacht aan troepen en materieel, waardoor het land een grote voorsprong heeft.

DE EVACUATIE VANUIT DUINKERKEN

Duitse tankdivisies omsingelen Britse, Franse en Belgische troepen rond de havenstad Duinkerken in Noord-Frankrijk. Tussen 26 mei en 4 juni 1940 worden 338.000 soldaten gered door de Britse marine, die wordt bijgestaan door de Franse marine en vele bootjes van Engelse burgers.

BOVEN: nazi-bijeenkomst in Neurenberg.

ONDER: Hitler kondigt de annexatie van Oostenrijk aan in de Rijksdag.

RECHTS: een Tsjechische vrouw huilt om de Duitse bezetting van Tsjechoslowakije, een van de vele expansionistische activiteiten van Hitler.

STRIJDTONELEN

NOORD-AFRIKA EN HET MIDDELLANDSE-ZEEGEBIED 1940–43

De strijd die in Noord-Afrika uitgevochten wordt tussen de Britten (met steun van de Amerikanen) en de Italianen en Duitsers in de tweede helft van 1942, was uitzonderlijk in de Tweede Wereldoorlog. In het gebied woonden weinig burgers, waardoor er alleen slachtoffers onder de militairen vielen. De tactieken die werden ontwikkeld voor oorlogvoering in de woestijn, waren vergelijkbaar met de tactieken die tijdens zeeslagen werden toegepast.

TOBROEK
22 januari-november 1941 en 18-20 juni 1942

De voormalige Italiaanse havenstad wordt bezet door de Britten en troepen uit de Gemenebest achter de Duitse linies van januari tot november 1941. Als de stad echter in juni 1942 opnieuw wordt bestookt door de Duitsers, slagen deze laatsten en wordt de stad met zijn waardevolle voorraden veroverd. Er worden 33.000 mensen gevangengenomen.

EL ALAMEIN 23 oktober-4 november 1942

De troepen uit Groot-Brittannië en de Gemenebest vallen de troepen van de Asmogendheden aan, die zich goed hebben ingegraven. Aan Britse zijde sneuvelen er 2350 man, raken er 8950 gewond en zijn er 2260 vermisten. Aan de andere kant zijn er 10.000 doden, 15.000 gewonden en worden 30.000 man gevangenen genomen.

TORCH-LANDINGEN 8 november 1942

Ongeveer 36.000 Britse en Amerikaanse manschappen landen op twee locaties in Frans Noordwest-Afrika.

JOEGOSLAVIE EN GRIEKENLAND
6 april-23 april 1941

Nadat het Italiaanse leger betrokken was geraakt bij Griekenland, en Joegoslavië een coup tegen zijn pro-As-regering had gepleegd, besluit Hitler deze twee landen binnen te vallen. In Joegoslavië vallen 558 slachtoffers, terwijl 345.000 Joegoslavische soldaten gevangen worden genomen. In Griekenland vallen er 4500 Duitse slachtoffers; 70.000 Grieken worden gedood of raken gewond en 270.000 worden gevangengenomen. Onder de Britten die de Grieken te hulp waren geschoten, vallen 12.000 slachtoffers.

OPERATIE MERCURY 20 mei 1941

De Duitse luchtaanval op Kreta. De Luftwaffe zet 22.750 man aan de grond met behulp van 493 Ju 52 transportvliegtuigen en ongeveer 80 zweefvliegtuigen.

BOVEN: generaal Montgomery wist door zijn vastberadenheid Rommel in Afrika te verslaan.

LINKS: de Russen breken door de Duitse linies buiten Leningrad.

RUSLAND EN HET OOSTELIJK FRONT 1941-1944

Hitler beweert dat Rusland zo in verval is geraakt dat "we alleen maar de deur in hoeven te trappen en de hele verrotte boel zal in puin vallen". De inval in Rusland is het logische gevolg van de nazi-doctrine.

BELEGERING VAN LENINGRAD
1 september-27 januari 1944
Leningrad wordt bijna de hele oorlog lang belegerd, maar weet de Duitse aanvallen te weerstaan. Rond 1944 zijn er bijna een miljoen inwoners gedood of gestorven van honger.

MINSK juni-juli 1941
Slag na de omsingeling van de stad, waarbij vijftien divisies van het Sovjetleger worden vernietigd.

SEBASTOPOL november 1941-3 juli 1942
Deze haven in de Zwarte Zee en marinebasis van de Sovjets wordt belegerd door tien Duitse infanteriedivisies met 120 artilleriestukken. De eenheden van het Sovjetleger bestaan uit 106.000 manschappen met 700 geweren en mortieren. De haven wordt ingenomen, maar enkele verdedigers kunnen toch met een bootje worden geëvacueerd.

KHARKOV 24 oktober 1941-22 augustus 1943
Rond Kharkov wordt in 1942 en 1943 zwaar gevochten. In 1942 vindt er na een omsingeling een grote slag plaats, waarbij 250.000 Russen gevangen worden genomen.

STALINGRAD 19 augustus 1942-31 januari 1943
De aanval op deze Russische stad eindigt voor Hitler in een drama en vormt het begin van de vernietiging van het 6e Duitse leger en het verlies van anderhalf miljoen manschappen, 3500 tanks, 12.000 geweren en mortieren, 7500 voertuigen en 3000 vliegtuigen.

KURSK 5 juli-17 juli 1943
Het Duitse tegenoffensief waarvan de Russen door berichten van de inlichtingendienst vooraf op de hoogte zijn. Beide zijden verliezen meer dan 1500 tanks, maar de Russen gaan in de aanval en de Duitsers geven de moed op.

BERLIJN 16 april-2 mei 1945
De laatste slag om de Duitse hoofdstad kost aan 100.000 Russen het leven en er worden er 136.000 gevangen genomen. Geschat wordt dat er bij het gevecht 100.000 burgers gedood zijn.

OPSTAND IN WARSCHAU

Tussen 1 augustus en 2 oktober 1944 willen Poolse patriotten hun stad bevrijden terwijl de Sovjet-legers naderen. Op bevel van Stalin staken de Russen hun opmars tot de Polen zijn verslagen.

BOVEN: enorme bombardementen op Monte Cassino.

SICILIE EN ITALIE 1943-1945

Churchill stelt voor Italië aan te vallen. Het blijkt een veel zwaardere opgave te zijn dan werd voorzien, met amfibische operaties en gevechten in de bergen in hartje winter.

SICILIE 10 juli-18 augustus 1943
Door landingen van Britse en Amerikaanse troepen moeten de Asmogendheden zich terugtrekken naar de Straat van Messina. Ze slagen erin 40.000 Duitsers en 60.000 Italianen te evacueren, maar er zijn 178.000 slachtoffers en gevangenen. Onder de geallieerden zijn 31.158 slachtoffers, van wie 11.923 Amerikanen.

SALERNO 9 september 1943
De Amerikaanse en Britse troepen die landen op het vasteland van Italië stuiten op hevige tegenstand van de Duitsers. Pas als versterking is aangerukt, boeken zij succes en op de 15e trekken de Duitsers zich terug.

MONTE CASSINO 15 februari-18 mei 1944
Het innemen van dit sterke verdedigingspunt gaat ten koste van 21.000 geallieerde slachtoffers, waaronder 4100 manschappen die gedood worden tijdens de gevechten. Als Cassino valt, nemen de geallieerden 20.000 mensen gevangen en is de weg naar Rome vrij.

ANZIO 22 januari-25 mei 1944
De aanval op Anzio, een amfibische operatie die is bedoeld om een omtrekkende beweging rond Cassino te maken, loopt eigenlijk vast op de stranden, waardoor er aan Amerikaanse zijde 21.000 slachtoffers en aan Duitse ongeveer 11.000 vallen.

ROME 5 juni 1944
Door de zware aanval van de Amerikanen op de Italiaanse hoofdstad in een poging de stad te bevrijden, weet het 10e Duitse leger als eenheid te ontsnappen.

DE STRIJD OM EUROPA

NORMANDIË EN NOORDWEST-EUROPA 1942-1945

BRUNEVAL

27 en 28 februari 1942

In een gezamenlijke operatie doen Britse paratroepen een inval in een Duits radarstation en verwijdert een technicus van de RAF zeer belangrijke onderdelen voor de eenheid door de Britse Marine wordt geëvacueerd.

DIEPPE

19 augustus 1942

Een grootschalige aanval op de Franse havenstad Dieppe door 5000 Canadezen en 1000 commando's wordt een grote mislukking. De Canadezen verliezen 215 officieren en 3164 manschappen, de commando's 24 officieren en 223 manschappen, terwijl aan Duitse zijde 345 doden en 268 gewonden vallen.

COUTANCES

17 juli 1944

USAAF P-38's zijn actief bij de eerste aanval met napalm, gericht op een brandstofdepot in Coutances.

ONDER: de geallieerde aanval op Dieppe kost duizenden Canadese soldaten het leven.

D-DAY, 6 JUNI 1944

De Brits-Amerikaanse landingen op de kust van Normandië betekenen een ommekeer in het verloop van de oorlog in Europa. Er nemen 1213 oorlogsschepen, 4126 landingsvaartuigen, 736 aanvullende vaartuigen en 864 koopvaardijschepen aan deel. Op 6 juni, rond middernacht, zijn 57.500 Amerikaanse en 75.000 Britse en Canadese manschappen geland op de kust. Onder de geallieerden vallen 2500 doden en 8500 gewonden.

FALAISE 13-21 augustus 1944

De Duitse eenheden die door de Amerikanen afgesneden zijn, breken uit bij St.-Lo en worden vanuit de lucht gebombardeerd. Als het gat gedicht is, zijn slechts 20.000 van de 80.000 Duitsers ontsnapt. Ze laten enorme hoeveelheden wapens en uitrusting achter.

ARNHEM

17-25 september 1944 De operatie rond Arnhem maakt deel uit van een luchtaanval om de bruggen over de Rijn te veroveren. Britse eenheden van de 1e Airborne Division moeten zich na zware Duitse aanvallen terugtrekken. 1130 Britten komen om en 6000 worden gevangengenomen, van wie de helft gewond is. Bij de Duitsers vallen er 3300 slachtoffers.

BOVEN: Normandië, 6 juni: Amerikaanse soldaten verlaten hun vaartuig en waden naar het strand.

RECHTS: Britse paratroepen in de lucht boven Arnhem betekenen het begin van de rampzalige Operation Market Garden.

DE ARDENNEN
16 december 1944-16 januari 1945
Het laatste grote Duitse offensief in het westen tegen het Amerikaanse leger is in eerste instantie succesvol, maar wordt uiteindelijk gestopt en vernietigd door de Amerikaanse strijdkrachten met hulp van de Britten. Bij de Duitsers vallen ca. 100.000 doden, bij de Amerikanen 81.000 en bij de Britten 1400.

REMAGEN
7 maart 1945
De spoorbrug bij Ludendorf over de Rijn wordt onbeschadigd door manschappen van de 9e Amerikaanse pantserdivisie ingenomen.

LEGERS STEKEN DE RIJN OVER
23 maart 1945
Door de inzet van grote aantallen amfibievoertuigen om de Rijn over te steken en parachutisten zijn Britse en Amerikaanse strijdkrachten in staat het Ruhrgebied te veroveren.

OORLOG IN HET OOSTEN 1941–45

Hoewel Japan al in oorlog is met China, breekt de oorlog met de VS en Engeland pas in december 1941 uit. De Japanners hoopten door een overwinning bij Pearl Harbor toegang te krijgen tot olie en grondstofvoorraden.

HONGKONG
8-25 december 1941
De Britten verzetten zich hevig. Er zijn 2000 slachtoffers en 11.000 gevangenen; er sneuvelen 2745 Japanners.

MALEISIE EN SINGAPORE
8 december 1941-15 februari 1942
Na Japanse landingen op drie plaatsen vallen er 5000 slachtoffers. Als de Japanners Singapore innemen, vallen er 9800 slachtoffers. Ze nemen 32.000 Indische, 16.000 Britse en 14.000 Australische soldaten gevangen, van wie meer dan de helft in gevangenschap overlijdt.

FILIPPIJNEN
10 december 1941-6-7 mei 1942
Japanse troepen landen op de Filippijnen en drijven de Amerikaanse en Filippijnse soldaten terug naar het schiereiland Bataan, dat zij tot 9 april weten te behouden. Ongeveer 76.000 manschappen geven zich over, onder wie 12.000 Amerikanen; ten minste 10.000 van hen overlijden tijdens hun tocht naar de gevangenis. Corregidor valt het laatst, waar het garnizoen 2000 slachtoffers heeft.

ONDER: Japanse troepen landen op het eiland Corregidor, ondanks de verdediging van Amerikaanse en Filippijnse manschappen.

NIEUW-GUINEA 1942-26 augustus 1944
Na de Japanse landingen verslaan de Australische en de Amerikaanse troepen Japan. De verliezen zijn groot: 57.046 Australische slachtoffers onder wie 12.161 doden; 19.000 Amerikaanse slachtoffers; 13.000 Japanse slachtoffers in Papua en 35.000 in Nieuw-Guinea.

TARAWA 20-23 november 1943
Tarawa wordt verdedigd door 4800 Japanse mariniers. Bij het Amerikaanse marinecorps vallen 1500 doden en gewonden.

KOHIMA/IMPHAL BURMA 4-18 april 1944
Ongeveer 13.000 Japanners sneuvelen in de slag om Kohima. Bij Imphal komen 53.000 man om het leven door gevechten en ziekte. Deze twee overwinningen betekenden het keerpunt voor de Britten in Burma.

SAIPAN 15 juni-9 juli 1944
Van een garnizoen van 30.000 man worden slechts duizend Japanners gevangengenomen. Er sneuvelen 3426 Amerikanen.

GUAM 21 juli-10 augustus 1944
Het eiland wordt verdedigd door 20.000 soldaten. Uiteindelijk vallen er 1023 doden. Door de verovering van het eiland beschikt de Amerikaanse luchtmacht over een basis voor zware bombardementen op Japan.

DE FILIPPIJNEN

De strijd om de Filippijnen duurt van 17 oktober 1944 tot 4 juli 1945. De verovering is van zeer groot belang voor de commandant van de VS in het Verre Oosten, generaal Douglas MacArthur, die een groot deel van zijn carrière in dit deel van de wereld heeft doorgebracht.

LEYTE, 17 OKTOBER-25 DECEMBER 1944
Er vallen 15.584 Amerikaanse slachtoffers, onder wie 3.584 doden. Van de Japanners zijn geen cijfers bekend; men schat dat er 70.000 doden zijn gevallen.

LUZON, 15 DECEMBER-4 JULI 1945
Zware gevechten gaan vooraf aan de bevrijding van het eiland waarop Manilla, de hoofdstad van de Filippijnen ligt. Onder de Amerikanen vallen 37.854 doden of gewonden; in Manilla alleen sneuvelden er al 16.000 Japanners.

CORREGIDOR 16-21 FEBRUARI 1945
De Amerikanen beginnen een gecombineerde aanval vanuit zee en vanuit de lucht op het versterkte eiland. Ten minste 3300 Japanners komen om het leven.

BOVEN: Amerikaandse troepen steken de Chindwinrivier in Birma over.

IWO JIMA 16 februari-26 maart 1945
Het gevecht om het eilandje (21 km²) dat door 21.000 man verdedigd wordt, kost de VS 6821 doden en 18.200 gewonden. Er zijn maar weinig Japanse overlevenden. Iwo Jima is van strategisch belang; Japan gebruikte het als basis voor hun gevechtsvliegtuigen, die van hieruit Amerikaanse bommenwerpers aanvielen.

OKINAWA 1 april-2 juli 1945
Tijdens het gevecht om dit eiland van 2100 km² sneuvelen 2938 mariniers en 4675 soldaten en raken er 31.807 gewond. Onder de Japanners vallen 100.000 doden en 10.000 gevangenen.

ONDER: Amerikaanse mariniers op weg naar het strand van Iwo Jima.

LUCHTOORLOG IN HET WESTEN

BATTLE OF BRITAIN 10 juli-12 oktober 1940
Na de val van Frankrijk heeft Groot-Brittannië geen bondgenoten meer in West-Europa. Hitler plant luchtaanvallen op Groot-Brittannië als voorbereiding op een invasie door Duitse grondtroepen. De Luftwaffe beschikt over 2800 vliegtuigen, de RAF over 700. Bijna 500 RAF piloten worden gedood en 400 gewond. Toch weten de Britten de Luftwaffe te weerstaan en een invasie te voorkomen.

BLITZKRIEG 7 september 1940-10 mei 1941
Na de mislukte Battle of Britain gaat Hermann Goering, Luftwaffe-commandant, over tot nachtvluchten en het bombarderen van burgerdoelen. Havens en grote steden worden het vaakst getroffen; Londen wordt bijna elke nacht geraakt. In de nacht van 14 op 15 november 1940 wordt Coventry in de Midlands verwoest, wanneer zo'n 449 Duitse bommenjagers 503 ton zware explosieven en 881 brandbommen laten vallen; 550 mensen worden gedood en 1200 mensen raken gewond.

EERSTE VLUCHT VAN EEN TWEEMOTORIG STRAALVLIEGTUIG 2 april 1941
De Duitse He 280 komt in actie. De maximale horizontale snelheid is 820 km per uur.

DAMBUSTERS 16/17 mei 1943
Bommenjagers van de RAF voeren aanvallen uit met 'springende' bommen op de Sorpe-, de Mohne- en de Ederdam. De Mohne- en de Ederdam breken, maar de Sorpedam is slechts beschadigd.

PEENEMUNDE
17/18 augustus 1943
Omdat de inlichtingendienst heeft gemeld dat Peenemunde aan de Baltische zee een onderzoekscentrum voor raketten is, wordt de plaats door Lancaster bommenwerpers van de RAF aangevallen.

STRAALVLIEGTUIGEN IN ACTIE oktober 1944
Me 262 straalvliegtuigen houden de RAF en de USAAF bezig. De eerste overwinning in de lucht: een B17 wordt neergehaald door een piloot van het commando Nowotny.

V-WAPENS CAMPAGNE
13 juni 1944-29 maart 1945
De vergeldingswapens zijn de V1 (de ZZG-76 vliegende bom) en de V2 (de A-4 ballistische raket). Er zijn ongeveer 35.000 V1's gemaakt; 9521 worden afgevuurd op Groot-Brittannië en 4621 daarvan worden vernietigd. Ca. 5200 V2's worden gelanceerd in de richting van Antwerpen, Luik en Londen. Op 4 augustus 1944 haalt een Gloster Meteor straalvliegtuig een V1 neer. De piloot, 1e luitenant Dean, tikt het projectiel met zijn vleugel naar de grond.

BLZ. 265: de V2, Hitlers wraak.

BOMBARDEMENTEN VAN DE RAF EN DE USAAF

De Royal Air Force (RAF) beginnen de oorlog met het uitwerpen van pamfletten boven Duitsland. Aan het eind van de oorlog bombardeert de United States Army Air Force (USAAF) vijandige doelen op klaarlichte dag, terwijl de RAF 's nachts vliegt. Hoewel er militaire en tactische doelen worden geraakt, vernietigt de RAF ook grote gebieden met woonhuizen.

• 30-31 mei 1942. Tijdens het eerste RAF bombardement met meer dan duizend bommenwerpers vliegen 1046 bommenjagers over Keulen, waar ze 1455 ton bommen laten vallen, waardoor 486 mensen gedood en 5027 gewond worden en 18.440 gebouwen worden vernietigd. Tussen 1943 en 1944 wordt het Ruhrgebied door de RAF en de USAAF aangevallen. Eind 1943 heeft de geallieerde luchtmacht 200.000 ton bommen op Duitsland gegooid – veel daarvan op het Ruhrgebied.

• 24, 27, 29 juli en 2 augustus 1943. Brandbommen veroorzaken een vuurzee, waardoor 22 km² van Hamburg in de as wordt gelegd en 44.600 burgers en 800 militairen worden gedood. Tussen 23 augustus 1943 en maart 1944 richten 16 zware bombardementen door de RAF op Berlijn schade aan in de stad, maar wordt niet voorkomen dat de hoofdstad kan blijven functioneren. Tijdens 9111 vluchten verliest de RAF 492 bommenwerpers.

• Op 17 augustus en 14 oktober 1943 richt de USAAF zijn bombardementen op Duitse kogellagerfabrieken in Schweinfurt. Hoewel strategisch zeer belangrijk, kosten de bombardementen zeer veel: 36 bommenwerpers bij de eerste en zestig bij de tweede aanval.

• Van 13 op 14 februari 1945 verliezen 30.000 tot 60.000 burgers in Dresden, waaronder veel vluchtelingen, het leven bij bombardementen door de RAF en de USAAF, overdag en 's nachts.

LUCHTOORLOG IN HET OOSTEN

PEARL HARBOR, HAWAII 7 december 1941
Na deze aanval doen de VS mee aan de oorlog. Tijdens een Japanse verrassingsaanval die slechts twee uur duurt (door 135 Japanse duikbommenwerpers, 104 bommenwerpers en 81 jachtvliegtuigen die opstegen van vliegdekschepen), worden 18 oorlogsschepen tot zinken gebracht of beschadigd, 187 vliegtuigen vernield en 2400 Amerikaanse militairen gedood. De Amerikaanse vliegdekschepen zijn op zee en kunnen ontsnappen. De Japanners verliezen 29 vliegtuigen en vijf tweepersoonsduikboten.

AANVAL OP TOKYO 18 april 1942
Zestien Noord-Amerikaanse B-25 Mitchells, onder commando van luitenant kolonel James Doolitle, die opstijgen van de *USS Hornet*, vallen Tokyo, Nagoya, Kobe en Yokohama aan en vliegen daarna door naar China.

KAMIKAZE 19 oktober 1944-april 1945
Door aanvallen door zo'n vijfduizend kamikazepiloten worden zes belangrijke geallieerde schepen tot zinken gebracht of beschadigd, waaronder een escorterend vliegdekschip.

BRANDBOMMEN OP TOKYO 9/10 maart 1945
De eerste aanval met brandbommen op de Japanse hoofdstad vernielt het stadscentrum en doodt 100.000 mensen.

HIROSHIMA 6 augustus 1945
Een atoombom wordt op de Japanse stad gegooid door een B-29 met kolonel Paul Tibbets als piloot. Dit is het begin van een nieuwe manier van oorlogvoeren. De bom vernietigt 122 km² en doodt 70.000 mensen.

NAGASAKI 9 augustus 1945
Een tweede atoombom wordt gegooid door een B-29 met majoor Charles Sweeney als piloot: 24.000 doden.

LINKS: luitenant-kolonel James Doolittle met een van zijn B25 Mitchell bommenwerpers, die de aanval op Tokyo uitvoerden. Hij was aanvoerder van de 8th Air Force in 1944 en 1945.

ZEESLAGEN IN HET WESTEN

BOVEN: de *Graf Spee* wordt opgeblazen door de kapitein, nadat het schip bij de rivier de Plate ernstig beschadigd is geraakt.

GRAF SPEE 13-17 december 1939
Na een gevecht met drie Britse kruisschepen waar geen einde aan lijkt te komen, wordt de kleine *Admiral Graf Spee* door de kapitein tot zinken gebracht in de rivier de Plate, na opdracht uit Berlijn.

TARANTO 11 november 1940
Bij deze luchtactie vallen 27 Swordfish torpedojagers van het vliegdekschip *HMS Illustrious* de Italiaanse vloot aan, die veilig in de basis van Taranto voor anker ligt. Ze beschadigen drie oorlogsbodems en twee kruisers en brengen twee andere schepen tot zinken. De Britten verliezen twee vliegtuigen.

KAAP MATAPAN 27-28 maart 1941
Door het opvangen van signalen slagen drie Britse slagschepen erin 3 Italiaanse 8-inch kruisschepen, twee kleinere kruisschepen en twee torpedobootjagers tot zinken te brengen en een slagschip te beschadigen. De Britten verliezen twee marinevliegtuigen.

HMS HOOD EN BISMARCK 24-27 mei 1941
De *Bismarck* werd gebruikt om schepen op de Atlantische Oceaan aan te vallen. Op 24 mei 1941 brengt hij de Britse slagkruiser *HMS Hood* voor de kust van Groenland tot zinken. Slechts 3 van de 2500 opvarenden overleven. Bijna de hele Britse marine komt in actie en op 29 mei wordt de *Bismarck* voor de Franse kust gesignaleerd. De vuurkracht van vijf torpedoboten, twee slagschepen en een kruiser zijn nodig om de *Bismarck* tot zinken te brengen; de kapitein en 2000 opvarenden verdrinken.

OPERATIE CERBERUS 12 februari 1942
De Duitse slagkruisers *Gneisenau*, *Scharnhorst* en de zware kruiser *Prinz Eugen* varen bij daglicht door het Kanaal van Brest naar Duitsland. Beide kruisers raken beschadigd door mijnen van de Britten.

ZEESLAGEN IN HET OOSTEN

DE SLAG VAN DE KORAALZEE 6-8 mei 1942
Dit is de eerste belangrijke zeeslag ter wereld die uitsluitend door vliegtuigen wordt uitgevochten. De Amerikaanse marine verliest het vliegdekschip *Lexington* en de Japanners het vliegdekschip *Shoho*. Door de overwinning wordt voorkomen dat Japan aanvallen kan uitvoeren op scheepvaartroutes naar Australië.

MIDWAY 3-6 JUNI
Dit is het keerpunt van de oorlog in de Grote Oceaan. De Amerikaanse marine brengt het zware Japanse vliegdekschip *Akagi*, de vliegdekschepen *Kaga* en *Soryu* en enige tijd daarna het vliegdekschip *Hiryu* tot zinken. De Amerikanen verliezen 150 vliegtuigen, 307 manschappen, de torpedojager *Hammann* en het vliegdekschip *Yorktown*.

DE SLAG IN DE FILIPPIJNSE ZEE
19-20 juni 1944
Amerikaanse piloten schieten 330 Japanse vliegtuigen neer en verliezen er zelf dertig tijdens een luchtactie die 'the great Marianas turkey shoot' wordt genoemd. De Amerikaanse onderzeeboot *Albacore* brengt het vliegdekschip *Taiho* tot zinken en de onderzeeboot *Cavalla* het vliegdekschip *Shokaku*.

DE SLAG IN DE GOLF VAN LEYTE, FILIPPIJNEN
23-26 oktober 1944
Aan beide zijden worden zware verliezen geleden in een drievoudige zeeslag, de zwaarste ooit qua tonnage. De Amerikaanse marine verliest drie vliegdekschepen, twee torpedojagers en een volgschip. De strijd kost de Japanners drie slagschepen, vier vliegdekschepen, tien kruisers en negen torpedojagers. De Japanners zetten kamikazetoestellen in, maar de overwinning is voor de VS.

BOVEN: Britten en Australiërs worden gered door de *OSS Sealion.*

DE MUSASHI EN DE YAMATO ZINKEN
24 oktober en 7 april 1945
De *Yamato* wordt met het zusterschip *Musashi* tot zinken gebracht door vliegtuigen van Amerikaanse vliegdekschepen. Het zijn de grootste, best beveiligde en uitgeruste slagschepen ter wereld.

BOVEN: de Amerikaanse marine nadert Ulithi.

RECHTS: de *USS Pennsylvania* en drie kruisers varen naar de Golf van Lingayen.

HET CONFLICT BREIDT ZICH UIT: AFRIKA EN HET VERRE OOSTEN

De Japanners nemen Singapore in en Europa wordt geconfronteerd met gevechten in het oosten en tegelijkertijd met een front in Noord-Afrika. De VS wreken Pearl Harbor met een overwinning op de Japanners bij Midway in de Stille Oceaan. In Frankrijk valt de collaborerende regering in Vichy. In Berlijn spreekt Hitler openlijk over zijn oplossing voor het 'joodse probleem'. De voorloper van de Verenigde Naties wordt opgericht. De film *Casablanca* verbeeldt de romantiek van het verzet tegen de onderdrukking.

1942

1 januari 26 landen ondertekenen de Verklaring van de Verenigde Naties

15 februari Singapore wordt door Japan veroverd

7 juni De slag bij Midway; de VS wreken Pearl Harbor

23 oktober De geallieerden winnen de slag om El Alamein

RECHTS: de Russische kolonel Tashin klimt uit een Amerikaanse bommenwerper.

BOVEN: een geallieerd konvooi in Iran met voorraden voor de Russen. De VS leveren wapens, materieel en vliegtuigen aan de Sovjet-Unie.

LINKS: gevechtsvliegtuigen van de VS wachten tot ze overgebracht worden naar Rusland.

BOVEN: een Amerikaans bevoorradingskonvooi moet wachten in de bergen in Iran.

BOVEN: de Britse premier Churchill inspecteert de Russische troepen tijdens zijn bezoek aan Moskou.

DE NATIES VERENIGD
De VS, de USSR, Groot-Brittannië, China en 22 andere geallieerde landen beloven dat zij geen afzonderlijke vredesverdragen met Duitsland, Italië of Japan zullen sluiten. Tijdens de conferentie in Washington wordt de basis gelegd voor de de Verenigde Naties.

ANTI-BRITSE STEMMING IN INDIA
De Indiase Congrespartij roept de Britten op India direct te verlaten. In de herfst ontstaan rellen onder de bevolking en diverse leden van de Congrespartij worden gevangengezet.

JODENSTER
Sinds begin mei zijn alle joden in Nederland verplicht in het openbaar de gele jodenster te dragen.

ONDER: Irving Berlins *God bless America* wordt het officieuze volkslied van de VS.

DE OPLOSSING VAN DE NAZI'S
Nazileiders komen in het geheim bij elkaar bij de Wannsee om te spreken over een 'oplossing voor het joodse vraagstuk'. Er worden plannen gesmeed om alle Europese joden uit te roeien in zes vernietigingskampen.

SINGAPORE VEROVERD
De overgave van het bolwerk Singapore aan Japan is het begin van het einde van de Britse onoverwinnelijkheid in het Verre Oosten. De Japanners sporen de inwoners van de Britse, Franse en Nederlandse koloniën in de regio aan in opstand te komen.

OORLOG IN AFRIKA
Terwijl Duitse troepen doorgaan met de invasie van Rusland, neemt de druk om een tweede front tegen Hitler te vormen in West-Europa toe. Groot-Brittannië en de VS overwegen een invasie in Noord-Afrika.

MESSERSCHMITTS
De Duitse Messerschmitt Me 262A-1a tweemotorige jachtvliegtuig wordt het eerste straalvliegtuig ter wereld dat ingezet wordt voor gevechtshandelingen.

BOVEN: in de film *Casablanca* spelen Ingrid Bergman en Humphrey Bogart twee verliefde mensen tijdens de oorlog.

BOVEN: Bing Crosby (links) en Bob Hope gaan door met hun *Road*-films. Dit jaar is de bestemming Marokko.

DE EERSTE KERNREACTOR
De in Italië geboren natuurkundige Enrico Fermi (1901-1954) start de eerste kernreactor op, gebouwd op de squashbaan van de Universiteit van Chicago. Fermi laat de eerste gecontroleerde kettingreactie zien.

VICHY VALT
Duitse troepen bezetten het Franse Vichy en maken een einde aan de semi-onafhankelijkheid van het land. De Franse vloot is tot zinken gebracht in de haven van Toulon opdat hij niet in Duitse handen zou vallen.

MILITAIRE HELIKOPTERS
De Sikorsky XR-2 is de eerste helikopter die wordt ontworpen en gebouwd voor militaire acties. Hij wordt getest door het Amerikaanse leger.

DE EERSTE V2-RAKET
Op 2 oktober lanceren de Duitsers met succes hun eerste V2-raket. Hij vliegt over een afstand van 19 km. V2's worden vanaf 1944 aan het front ingezet.

ACHTERHUIS
Op 8 juli duiken de joodse Anne Frank en haar familie onder in een achterhuis aan de Prinsengracht in Amsterdam.

HET GETTO VAN WARSCHAU
De Duitsers vallen in september het getto van Warschau binnen en vermoorden de 50.000 joodse bewoners. In 1939 waren er nog 2,5 miljoen Poolse joden, maar de Duitsers vermoorden hen of voeren hen af naar vernietigingskampen.

OF ALL THE BARS IN ALL THE TOWNS...
Humphrey Bogart en Ingrid Bergman spelen de hoofdrollen in *Casablanca*, de anti-nazifilm van de Hongaarse regisseur Michael Curtiz.

DE BUITENSTAANDER
Het boek van de Franse schrijver Albert Camus over een man die niet in staat is zich aan te passen aan de conventies en gedragscodes wordt het symbool voor een modern dilemma: hoe kunnen we onze eigen waarden vaststellen als we die van de maatschappij om ons heen afwijzen? Hetzelfde jaar verschijnen Camu's essays *De Mythe van Sisyphus*, waarin het idee van 'het absurde' naar voren komt.

ANTIGONE: EEN HEDENDAAGSE MYTHE
De modernisering door de Franse toneelschrijver Jean Anouilh van deze Griekse mythe beschrijft de problemen van Frankrijk. De onderdrukker Creon staat symbool voor het compromis van de Vichy-regering en de idealistische Antigone voor de waarden van de vrijheid.

AUSCHWITZ
In juni en juli worden de eerste joden vanuit Westerbork op transport gesteld naar het vernietigingskamp Auschwitz.

MODIEUS ONDERGOED
Het T-shirt maakt deel uit van de voorgeschreven bovenkleding van de Amerikaanse marine. Het wordt omschreven als een in T-vorm gebreid katoenen hemd met een ronde hals en korte mouwen die in een rechte hoek zijn vastgenaaid voor maximale absorptie van zweet onder de oksels. Dergelijke shirts werden tot dan alleen als ondergoed gedragen.

HEET!
Heinz produceert het zelfverwarmende blik voor hongerige manschappen die niet in staat zijn te koken. Als het deksel eraf gehaald wordt, brengt een ontsteking een warmte afgevend mengsel tot ontbranding, dat in een buis zit die door het blik loopt.

HET TIJ KEERT ALS DE GEALLIEERDEN TERUGSLAAN

De geallieerden bepalen hun strategie: ze willen Italië uitschakelen en daarna hun aandacht richten op Duitsland en tot slot Japan. Sicilië valt als eerste en Italië geeft zich uiteindelijk over. Door de komst van vliegdekschepen in de Atlantische Oceaan neemt het aantal onderzeeboten die de konvooischepen steeds bedreigden, sterk af, zodat voedsel en voorraden weer aangevoerd kunnen worden. De eerste elektromechanische computer wordt in Groot-Brittannië gebruikt en ontcijfert Duitse berichten. In een Zwitsers laboratorium ontdekt Albert Hofmann bij toeval LSD. In New York zingt de jonge Francis Albert Sinatra zijn songs.

1943

3 januari De belegering van Leningrad wordt beëindigd

18 april Opstand door de inwoners van het getto van Warschau

18 mei De aanval met de 'dambrekers'

10 juli De geallieerden landen op Sicilië

8 september De As breekt als Italië zich overgeeft

28 november Churchill, Roosevelt en Stalin ontmoeten elkaar in Teheran

BOVEN: steeds meer vrouwen gaan werken in fabrieken en vervangen daar de mannen die naar het front zijn vertrokken.

BOVEN: tienernidool Frank Sinatra verovert al zingend de harten van miljoenen mensen.

LINKS: vrouwen werken niet meer thuis, maar in fabrieken. Ze krijgen zo een onafhankelijkheid die ze na de oorlog niet meer op willen geven.

RECHTS: lang haar en het lichaam van de vrouw moeten beschermd worden in de fabriek. Deze vrouw draagt een borstbeschermer tegen rondvliegende onderdelen.

BOVEN: de moord op vierduizend Poolse officieren wordt ontdekt in een bos bij Katyn.

ONDER: president Roosevelt geniet van zijn verjaardagstaart na afloop van de conferentie in Casablanca.

HET AKKOORD IN CASABLANCA

Churchill en Roosevelt ontmoeten elkaar in Casablanca in Marokko en besluiten samen te strijden voor een onvoorwaardelijke overgave van Duitsland, Italië en Japan. De geallieerden spreken af Italië binnen te vallen.

AFSCHUWELIJKE ONTDEKKING IN HET BOS VAN KATYN

Duitse eenheden ontdekken de lijken van meer dan 4000 Poolse legerofficieren in een massagraf in het bos van Katyn bij Smolensk in Rusland. De Duitsers beschuldigen de Russen ervan hen gedood te hebben. Door de moorden ontstaat er grote spanning tussen de Russische en de Poolse regering in ballingschap in Londen.

OVERWINNING IN DE ATLANTISCHE OCEAAN

De campagne van Duitse onderzeeboten tegen geallieerde schepen neemt af als geallieerde vliegtuigen, die opstijgen van vliegdekschepen die in Noord-Afrika overbodig zijn, de onderzeeboten op zee kunnen opsporen. In 1942 ging elke maand meer dan 650.000 ton goederen verloren, maar rond mei 1943 was dat nog maar 18.000 ton per maand, nadat zeventien onderzeeërs tot zinken zijn gebracht. Door dit succes in het noordelijk deel van de Atlantische Oceaan kan er weer meer voedsel en oorlogsmaterieel aan Groot-Brittannië worden geleverd.

SICILIE VALT

De geallieerden vallen Sicilië binnen. Mussolini wordt weggestuurd door koning Victor Emmanuel en de nieuwe regering geeft zich in september onvoorwaardelijk over. Als gevolg hiervan rukken Duitse troepen massaal op in Italië om de voormalige bondgenoot te verdedigen. Mussolini roept een nieuwe Italiaanse republiek uit in Saló bij het Gardameer.

SEYFERT-STERREN

De Amerikaanse astronoom Carl K. Seyfert ontdekt dat een klein aantal sterrengroepen ongewoon heldere nuclei bevat en radiogolven en infrarode energie uitstraalt. Ze worden nu de Seyfert-sterren genoemd.

EEN ONVERWACHTE TRIP

LSD (lysergsaurediathylamide) wordt bij toeval ontdekt door Albert Hofmann, een Zwitsers chemicus van Sandoz AG. Zijn beschrijving van een 'trip' leidt tot nader onderzoek.

DE STRATEGIE VAN TEHERAN

De leiders van Rusland, de VS en Groot-Brittannië ontmoeten elkaar voor de eerste keer in de Iraanse hoofdstad Teheran om over de oorlog te praten. Churchill en Roosevelt leggen hun plannen voor de invasie van Frankrijk uit.

STUITERBOMMEN

Flying Lancaster bommenwerpers, het 617e squadron van de RAF, slagen erin met speciaal daarvoor ontworpen bommen de Mohne- en de Ederdam bij Mulheim en Dortmund in Duitsland op te blazen. De bommen, die over het water stuiteren als steentjes over een vijver, zijn ontworpen door de Britse luchtvaartingenieur Barnes Wallis (1887-1979).

STOP DE PERSEN

De *Frankfurter Zeitung*, een zeer gerespecteerde krant, wordt door Hitler verboden. Na de oorlog komt de *Algemeine Zeitung* ervoor in de plaats en later de *Frankfurter Algemeine Zeitung*, die plechtig belooft de eerlijkheid en de objectiviteit van zijn voorganger te zullen voortzetten.

HET ZIJN EN HET NIETS

De belangrijkste bijdrage aan de filosofie van de existentialist Jean-Paul Sartre wordt in dit boek beschreven, waarin de tegenstelling tussen objectieve dingen en het menselijk geweten wordt onderzocht. Het vat de vervreemding van de intellectueel in het tijdperk na de oorlog samen met zinnen als "de mens is veroordeeld tot vrijheid".

OVEREENKOMST IN QUEBEC

Britse en Amerikaanse leiders komen in Quebec bij elkaar en besluiten eerst Duitsland en pas daarna Japan te verslaan. Ook maken ze plannen voor een invasie van Frankrijk in mei 1944.

BIRMA-SPOORLIJN

Duizenden geallieerde krijgsgevangenen komen om het leven tijdens de aanleg van een spoorweg dwars door de oerwouden van Thailand en Birma.

NIERDIALYSE

Tijdens de Duitse bezetting van Nederland bouwt de natuurkundige Willem J. Kolff in het geheim aan de eerste kunstnier, waarmee afvalstoffen tijdelijk uit de bloedsomloop verwijderd kunnen worden en beschadigde nieren op tijd kunnen herstellen.

AVONTUUR ONDER WATER

SCUBA (selfcontained underwater breathing apparatus) duikapparatuur, uitgevonden door de Franse marineduikers Jacques-Yves Cousteau en Emile Gagnan, wordt met succes getest. Het wordt op de markt gebracht als de Aqualong en bestaat uit een stalen fles met perslucht en een controleklep om de lucht onder normale druk toe te voeren, terwijl de duiker rustig rond kan zwemmen.

RASSEN IN DE VS

Gunnar Myrdal, een Zweedse socioloog die is aangetrokken door de Carnegie Foundation, publiceert *The American dilemma*, een uitgebreid onderzoek naar rassenverhoudingen in de VS en de relatie tot het democratisch proces.

RELLEN

In Los Angeles en Detroit raken zwarte en Latijns-Amerikaanse jongeren in opzichtige lange kostuums met brede schouders en revers en wijde broeken (zots) slaags met blanke militairen. Veel mensen raken gewond en 35 mensen worden gedood.

REUSACHTIG BREIN

Colossus, de eerste elektromechanische computer ter wereld, wordt op Bletchley Park in Buckinghamshire in gebruik genomen om Duitse berichten te ontcijferen.

INVASIE, BEVRIJDING EN VERGELDING

De Duitse oorlogsheld kolonel Von Stauffenberg slaagt er niet in Hitler te vermoorden. De gigantische operatie van de landingen op D-day op de kust van Normandië is een succes voor de geallieerden en Parijs wordt in augustus bevrijd. Ter vergelding bombardeert Hitler Londen met V1- en V2-raketten. Buiten het oorlogsgebied worden de Wereldbank, het Internationale Monetaire Fonds en de Arabische Liga opgericht. Franklin D. Roosevelt begint aan zijn vierde termijn als president van de VS.

1944

4 juni Geallieerde en Amerikaanse troepen nemen Rome in
6 juni D-Day. De geallieerden veroveren Frankrijk
17 juni IJsland wordt een republiek

25 augustus Parijs wordt bevrijd

2 september Brussel wordt bevrijd
5 september Oprichting Benelux
9 september Londen wordt getroffen door V2-raketten

LINKS: een radarantenne van het Amerikaanse leger detecteert vijandelijke luchtinvasies.

BOVEN: de 8th Air Force vernietigen de Focke Wulf-fabriek in Marienburg in een van de eerste grote luchtaanvallen.

AANSLAG MISLUKT
Een samenzwering door hoge Duitse officieren om Hitler te vermoorden in zijn hoofdkwartier in Rastenburg mislukt. De leider van de samenzwering, graaf Claus von Stauffenberg, wordt diezelfde avond doodgeschoten en in de maanden erna worden nog eens vijfduizend mensen geëxecuteerd.

OPSTAND IN WARSCHAU
De burgers van Warschau komen in opstand tegen de Duitse bezetter als het Russische Rode Leger de stad in augustus nadert. De Russen echter geven de rebellen geen enkele steun en de opstand mislukt, waarna de stad in oktober door het Duitse leger wordt vernietigd. Veel Polen worden gedood of verbannen.

WEER GEEN SPELEN
De Olympische Spelen vinden opnieuw geen doorgang vanwege de Tweede Wereldoorlog.

VRIJHEID VOOR PARIJS
Parijs wordt door de geallieerden bevrijd. Generaal de Gaulle trekt triomferend de stad binnen en brengt de voorlopige regering terug uit Algiers, het ballingsoord in Noord-Afrika. In november 1945 wordt De Gaulle gekozen tot president van de voorlopige regering.

WERELDBANK
Een internationale monetaire en financiële conferentie wordt gehouden in Bretton Woods in de VS om een economische wereldorde vast te stellen, gebaseerd op vaste wisselkoersen. De Wereldbank en het Internationale Monetaire Fonds worden opgericht om fondsen en leningen te verstrekken om de internationale economie te helpen.

(ALTON) GLENN MILLER
(1904–1944)

Waarschijnlijk is de leider van de bigband om het leven gekomen toen hij in een klein vliegtuigje het Kanaal overstak. Hij begon zijn carrière in 1924, toen hij zich aansloot bij de Ben Pollack Band, en was vanaf 1937 leider van een dansorkest. Hij had zich aangemeld voor het leger in 1943 en was gestationeerd in Europa, waar hij met de Glenn Miller Army Air Force Band optrad voor de troepen.

DAME ETHEL MARY SMYTH
(1858–1944)

De enigszins excentrieke Engelse componiste en feministe overlijdt. Ze componeerde de *Vrouwenmars*, het strijdlied voor de Sociale en Politieke Unie voor Vrouwen in 1911, en werken als *The Boatswain's Mate* (1916) en de opera *The Wreckers* (die het eerst in 1916 in Duitsland werd opgevoerd). Haar autobiografische werken zijn *Female Pipings for Eden* (1933) en *What Happened Next* (1940).

LINKS: de bevrijding van Parijs – Parijzenaren zoeken dekking wanneer sluipschutters hen vanaf een gebouw op de Place de la Concorde onder vuur nemen.

HONGERWINTER
Vele mensen in Nederland sterven van de kou of de honger in de wintermaanden voor de bevrijding in de lente van 1945.

STREPTOMYCINE
De in Rusland geboren microbioloog Selman Waksman isoleert het antibioticum streptomycine, dat wordt gebruikt om tuberculose te bestrijden.

IJSLAND ONAFHANKELIJK
Het IJslandse parlement stemt voor onafhankelijkheid van Denemarken. IJsland werd in 1940, toen Denemarken werd bezet, ingenomen door Britse troepen om te voorkomen dat het zou worden bezet door de Duitsers. Sinds juli 1941 zijn er Amerikaanse troepen gelegerd.

PIET MONDRIAN (PIETER CORNELIS MONDRIAAN) (1872–1944)

De Nederlandse schilder en oprichter van de invloedrijke groep De Stijl overlijdt. Hij richtte de groep op in de jaren '20, hield zich bezig met de ontwikkeling van het modernisme in de architectuur, schilderkunst en ontwerpkunst, en zijn werk is afgezien van zijn vroege figuratieve schilderijen geheel abstract. Mondriaan maakte gebruik van rasters, lijnen en primaire kleuren. De laatste zes jaren van zijn leven woonde hij in Londen en New York. Zijn invloed op de moderne kunst is enorm.

VLIEGENDE BOMMEN
Duitslands geheime wapen –de onbemande V1-raket– wordt gelanceerd in de richting van Zuidoost-Engeland. De 'doodlebug' (of vliegende bom) zoals hij wordt genoemd, bevat bijna een ton zware explosieven en bereikt een snelheid van meer dan 6000 km per uur. Vanwege de grote vernietigingskracht geven de Britse autoriteiten opdracht tot een tweede massale evacuatie van meer dan een miljoen kinderen en hun moeders vanuit de hoofdstad naar het veiliger platteland.

VEZELS
Het eerste garen wordt gemaakt van polyestervezels, in 1941 ontdekt door de Britse chemicus John Rex Whinfield en onder de naam terylene in Groot-Brittannië en als dacron in de VS op de markt gebracht. Het is hittebestendig, sterk en kleurvast.

MEER BOMMEN
Ondanks voortdurende bombardementen op Duitsland neemt de Duitse luchtmacht in februari wraak door zijn zwaarste bombardementen sinds mei 1941 op Londen uit te voeren. De maand erna beginnen Amerikaanse bommenwerpers met het bombarderen van Berlijn op klaarlichte dag.

PAPIERCHROMATOGRAFIE
De Britse chemici Archer J.P Porter en Richard Synge ontwikkelen het proces van papierchromatografie, waarbij papieren filters worden gebruikt om de componenten van complexe chemische mengsels te scheiden.

SYNTHETISCHE KININE
Een synthetische (in het laboratorium gemaakte) soort

LINKS: soldaten van het US Women's Army Corps melden zich in Nieuw-Guinea.

ONDER: de Nederlandse koninklijke familie poseert in de tuin van hun tijdelijke verblijf in Otawa.

BOVEN: generaal Eisenhower spreekt paratroepen toe voor hun missie.

kinine wordt in 1944 in de VS vervaardigd, omdat de aanvoer van kinine naar Europa en de VS is afgesneden door de Japanse bezetting van Oost-Indië.

LEOPOLD

In België wordt de broer van koning Leopold, prins Karel, regent wanneer Leopolds positie onhoudbaar blijkt, maar hij weigert af te treden (later worden deze gebeurtenissen de 'koningskwestie' genoemd). Prins Karel zal regent blijven tot 1950.

MECHANISCHE REKENMACHINE

De Amerikaanse pionier voor data-processing Howard H. Aiken staat aan het hoofd van een team dat de Harvard Mark I bouwt, de eerst automatische rekenmachine ter wereld. Hij is mechanisch, 15 m lang en weegt 4 ton.

DRIE STUDIES VOOR FIGUREN AAN DE VOET VAN EEN KRUIS

Door deze schilderijen wordt de naam van de Ierse schilder Francis Bacon (1909-1992) gevestigd. Deze drie monsterlijke, bizarre figuren lijken het lijden van de oorlog te verbeelden en aan te geven dat de wereld als gevolg daarvan is veranderd. Ze zullen sensatie en ontsteltenis veroorzaken als ze in 1945 tentoongesteld worden.

ARABISCHE LIGA

Zeven Arabische regeringen en afgezanten van de Palestijnen richten de Arabische Liga op om contacten tussen Arabische staten te bevorderen en de kans op conflicten zo klein mogelijk te maken.

NASLEEP EN ATOOMBOMMEN

Na zes jaren van bittere strijd komt er een eind aan de Tweede Wereldoorlog. De geallieerden bevrijden gevangenen in de vernietigingskampen, waarbij de gruwelijke verschrikkingen van de holocaust aan het licht komen. Atoombommen vallen op Japan – de start van een nieuw en afschrikwekkend tijdperk. De Verenigde Naties worden opgericht met als doel conflicten te voorkomen en de wereldvrede veilig te stellen. De eerste elektronische computer wordt gebouwd.

1945

17 januari Het Sovjetleger neemt Warschau in
27 januari Russische troepen bevrijden Auschwitz

4-11 februari De conferentie van Jalta. Roosevelt, Stalin en Churchill plannen de overgave van Duitsland
13-14 februari De geallieerden bombarderen Dresden in Duitsland

7 maart Amerikaanse troepen veroveren de Ludendorfbrug
9 maart *Les Enfants du Paradis* gaat in Parijs in première
23 maart Geallieerde legers trekken de Rijn over

1 april-2 juli De slag om Okinawa
12 april De Amerikaanse president Roosevelt overlijdt
28 april Mussolini wordt doodgeschoten door partizanen
30 april Hitler pleegt zelfmoord

2 mei Berlijn geeft zich over aan de Russen
8 mei 'VE day', victorie in Europa

16 juli De Amerikanen testen de eerste atoombom
17 juli-2 augustus Conferentie in Potsdam

6 augustus Atoombom op Hiroshima
9 augustus Atoombom op Nagasaki
17 augustus Indonesië roept de onafhankelijkheid uit

2 september Japan geeft zich over, de Tweede Wereldoorlog is voorbij

11 oktober Gevechten in China tussen nationalisten en communisten
24 oktober De VN worden formeel opgericht

2 november Het nazi-proces in Neurenberg

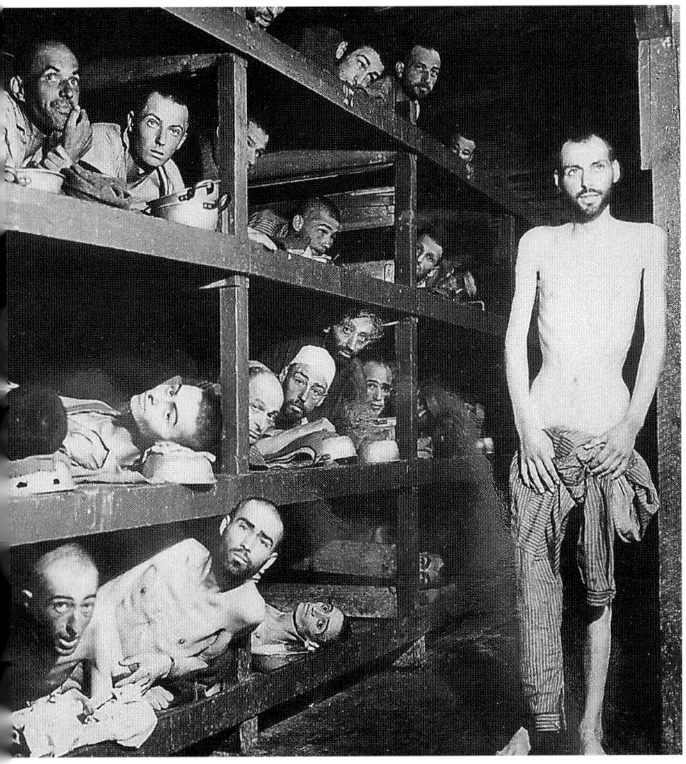

CONCENTRATIEKAMPEN ONTZET

In januari bevrijden Russische troepen het vernietigingskamp Auschwitz in Polen, waar zij ongeveer 7000 mensen vinden die de verschrikkingen hebben overleefd. In de volgende vijf maanden ontzetten geallieerde troepen alle vernietigingskampen en concentratiekampen in bezet Europa, waar zij duizenden uitgemergelde mensen vinden. Amerikaanse troepen die Dachau binnengaan, zijn zo ontzet over de conditie van de 33.000 overlevenden en de bergen lijken die ze aantreffen, dat ze alle 500 SS-bewakers doodschieten. Het exacte aantal mensen dat in de kampen is omgekomen, is niet bekend, maar waarschijnlijk zijn het er in totaal meer dan zes miljoen. Veel van hen zijn joden, anderen zigeuners, gehandicapten en homoseksuelen.

BOVEN EN RECHTS: de verschrikkingen van de Duitse *Auflösung* worden geleidelijk duidelijk als de wereld hoort van de concentratiekampen.

ONDER: een van de weinige overlevenden van de Japanse bombardementen op Shanghai.

BOVEN: Karl Doenitz, Duitslands nieuwe politieke leider, wordt door geallieerde troepen in opdracht van Eisenhower gearresteerd.

BOVEN: Churchill, Roosevelt en Stalin, bondgenoten tegen Hitler, bespreken op Jalta hoe het verder moet.

DE CONFERENTIE IN JALTA

De drie geallieerde leiders –de Amerikaanse president Roosevelt, de Russische premier Stalin en de Britse premier Churchill– komen bij elkaar in Jalta op de Krim om de onvoorwaardelijke overgave van Duitsland en de opdeling van het land na de oorlog te bespreken. Ze worden het eens over het lot van Berlijn en Polen en maken afspraken over de eerste conferentie van de Verenigde Naties, die in San Francisco gehouden zal worden. Stalin stemt toe zich aan te sluiten bij de oorlog tegen Japan wanneer de oorlog in Europa voorbij is; in ruil hiervoor zal Rusland controle krijgen over Noord-Korea.

DRESDEN GEBOMBARDEERD

Om te voorkomen dat voorraden het oostelijke front bij Rusland bereiken, veranderen Britse en Amerikaanse bommenwerpers de industriestad Dresden in een ruïne, waarbij 30.000 tot 60.000 burgers gedood worden. De bombardementen worden in Groot-Brittannië door velen veroordeeld, meestal om humanitaire redenen.

BRANDBOMMEN OP TOKYO

De eerste aanvallen met brandbommen op de Japanse hoofdstad verwoesten het centrum van de stad en doden 100.000 mensen.

BOVEN: na de capitulatie van Japan gaat luitenant-generaal Torashiro Kawabe aan boord van een vliegtuig op weg naar een conferentie in Manila.

GEVECHTEN ROND DE FILIPPIJNEN

De Amerikanen beginnen een aanval vanaf zee en vanuit de lucht op het eiland Corregidor. Ze bevrijden Okinawa, Manilla en het piepkleine eilandje Iwo Jima. Er vallen aan beide zijden erg veel slachtoffers. Vooral de inname van het zwaar versterkte eiland Iwo Jima biedt de Amerikanen een goede basis voor de bombardementen op Japan.

LEIDERS OVERLIJDEN

Drie leiders van de oorlog overlijden binnen enkele dagen: Franklin Roosevelt sterft na een hersenbloeding, Benito Mussolini wordt doodgeschoten door Italiaanse partizanen en Adolf Hitler pleegt zelfmoord.

VERENIGDE NATIES

In april begint de oprichtingsbijeenkomst van de Verenigde Naties in San Francisco. In juni tekenen 51 lidstaten het handvest van de VN. Net als de Volkenbond, de voorloper van de VN, is het doel de internationale vrede en veiligheid te bewaren. Een Internationaal Hof van Justitie wordt in den Haag gevestigd.

DE WERELD

Op 6 mei tekent prins Bernhard namens Nederland het capitulatieakkoord in hotel De Wereld in Wageningen.

VE DAY

De oorlog eindigt in mei met de onvoorwaardelijke overgave van Duitsland. In heel Europa vieren de mensen op 8 mei VE day ('Victory in Europe'), ook al zijn veel Europese steden veranderd in ruïnes en is voedsel schaars.

SIGNALEN VAN DE MAAN

Amerikaanse en Hongaarse experts reflecteren tegelijkertijd radarsignalen van de maan terug naar de aarde.

DAVID LLOYD GEORGE (1863–1945)

De Britse liberale premier van de coalitieregering (1916-1922) tijdens en direct na de Eerste Wereldoorlog overlijdt. Hij zat in het parlement tot het jaar van zijn dood. Hij was in Wales geboren en getogen en kon een goed en vurig betoog houden. Als minister van Financiën (1908-1915) was hij verantwoordelijk voor het radicale 'volksbudget' van 1909 en introduceerde hij pensioenen, uitbetaling bij ziekte en het sociale verzekeringssysteem.

BOVEN: Clement Atlee (tweede van links) wordt de nieuwe Britse premier.

HIROSHIMA EN NAGASAKI
In augustus laten Amerikaanse bommenwerpers atoombommen vallen op de Japanse steden Hiroshima en Nagasaki. De atoombom op Hiroshima heeft als bijnaam 'Little Boy' en wordt afgeworpen door de B-29 van piloot kolonel Paul Tibbets. De bom verwoest een oppervlakte van 122 km² en 70.000 mensen worden gedood. De atoombom die op Nagaski wordt gegooid, heeft als bijnaam 'Fat Man' en doodt 24.000 mensen.

CHINESE BURGEROORLOG
De burgeroorlog tussen de nationalisten of Kwomintang, onder Tjiang Kai-Sjek (1887-1975), en de communisten onder Mao Zedong (1893-1976) om de heerschappij over Mantsjoerije laait weer op. De oorlog breidt zich binnen een jaar over heel China uit.

FRANKLIN D(ELANO) ROOSEVELT (1882–1945)

De Amerikaanse democratische president Franklin D. Roosevelt overlijdt. Hij was president vanaf 1932 en won vier achtereenvolgende verkiezingen. Hij introduceerde de New Deal die de VS uit de depressie trok, bedacht de 'lend-lease'-constructie in 1940-1941, waarbij de VS wapens leverden aan Groot-Brittannië, en nam deel aan de bijeenkomst op Jalta waar werd geprobeerd een oplossing voor de problemen voor het Europa van na de oorlog te vinden.

INDONESIE KONDIGT DE ONAFHANKELIJKHEID AF
Na de overgave van Japan, dat de eilanden had bezet, kondigt de Indonesische Nationale Partij de onafhankelijkheid van Nederland af, dat echter weigert de nieuwe regering te erkennen. Spoedig breken er gevechten uit tussen het nationalistische volksleger van Indonesië en de Britten en later de Nederlandse troepen. In november 1946 en daarna in januari 1948 wordt een wapenstilstand afgekondigd.

JAPAN GEEFT ZICH OVER
De Russen verklaren Japan de oorlog en vallen Mantsjoerije binnen, bezetten Noord-Korea en de noordelijke eilanden van Japan. Japan geeft zich onvoorwaardelijk over, waarmee een eind komt aan de oorlog in de Grote Oceaan.

DE EERSTE ATOOMBOM WORDT GETEST
Amerikaanse wetenschappers onder leiding van de kernfysicus professor Robert Oppenheimer (1904-1967) testen de eerste atoombom in de woestijn van Alamagordo in New Mexico. Er ontstaat een paddestoelvormige wolk van 1220 m hoog.

POTSDAM
Stalin, Churchill en Truman ontmoeten elkaar in Potsdam in Oost-Duitsland om de bezetting van Duitsland te regelen.

BOVEN: het tribunaal in Neurenberg hoort getuigenissen van de afschuwelijke oorlogsmisdaden van de Duitse leiders.

BOVEN: Sir Alexander Fleming, die de penicilline ontdekte, legt de werking uit aan de dankbare ex-patiënt.

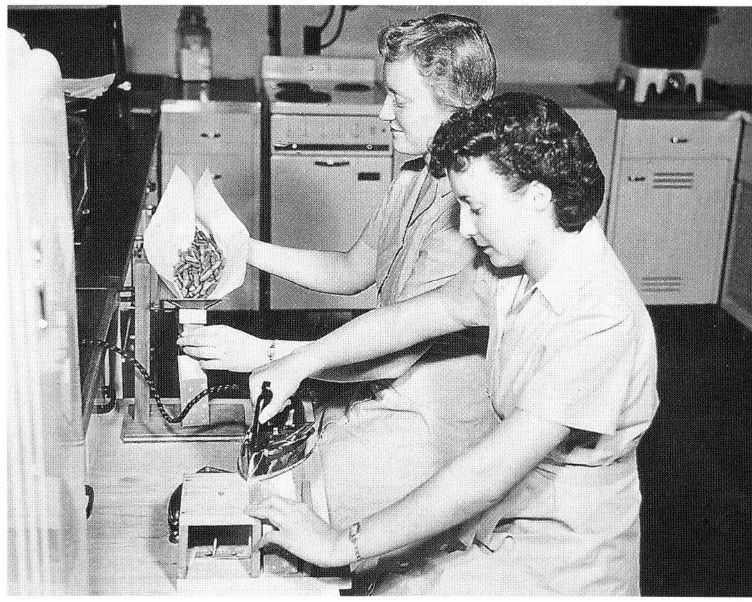

BOVEN: diepvriesvoedsel wordt populair in de VS en veel Amerikanen gaan thuis zelf aan de slag.

VIETNAM ROEPT DE REPUBLIEK UIT
Nationalistische en communistische Vietminh-eenheden onder aanvoering van Ho Chi Minh (1860-1969) trekken Hanoi binnen en dwingen de keizer af te treden. Een maand later roepen ze Vietnam uit tot republiek, die echter niet door Frankrijk, de voormalige koloniale overheerser, wordt erkend.

OORLOGSMISDADEN
Het geallieerde Internationale Militaire Tribunaal begint het proces tegen voormalige nazi-leiders in Neurenberg. Wanneer het wordt afgesloten in september 1946, zijn twaalf nazi's ter dood, drie tot levenslange gevangenisstraf en vier tot langdurige celstraf veroordeeld; drie worden vrijgesproken.

FOTO'S UIT BUCHENWALD
De Amerikaanse fotografe Margaret Bourke-White (1906-1971) toont foto's van het concentratiekamp Buchenwald. De foto's zijn genomen toen het kamp werd bevrijd door de geallieerden. Voor het eerst zien de mensen de waarheid over deze gruweldaden.

ANIMAL FARM
George Orwell (1903-1950) publiceert zijn boek *Animal farm* – een satire over revoluties, in het bijzonder die in Rusland. In het boek wordt beschreven hoe een nieuwe tirannie de oude vervangt als varkens hun menselijke bazen van de boerderij verjagen en daarna zelf menselijke trekjes beginnen te vertonen.

HENRY V
De filmversie van Shakespeares toneelstuk *Henry V* van de acteur Laurence Olivier wordt vertoond en wordt enthousiast ontvangen door het Britse publiek. Olivier toont een Engeland in de greep van een lange oorlog in Europa en weerspiegelt daarmee de huidige positie van Engeland.

HUIS-CLOS
Jean-Paul Sartre (1905-1980) heeft een nieuw toneelstuk geschreven, dat zijn allerberoemdste zal worden. *Huis-clos* (*Achter gesloten deuren*) laat drie mensen zien die opgesloten zitten in een kamer in de hel.

ABSTRACT EXPRESSIONISME
De Amerikaanse schilder Jackson Pollock (1906-1956) is een van de leidende figuren van deze nieuwe kunstvorm. Zijn manier van schilderen met spetters verf lijkt willekeurig, maar hij maakt er buitengewoon mooie en krachtige schilderijen mee.

LES ENFANTS DU PARADIS
De Franse acteur Jean-Louis Barrault speelt de rol van de mimespeler in de verfilming van het romantische toneeldrama *Les enfants du paradis* van Marcel Carné. De film wordt onmiddellijk een klassieker.

DE KOMST VAN ENIAC
De eerste geheel elektronische computer ENIAC (Electronic Numerical Integrator And Calculator) wordt gebouwd aan de universiteit van Pennsylvania. Hij weegt meer dan 27 ton, heeft 18.000 buizen en is duizend keer sneller dan de Mark I van Harvard.

HET 'ONTBREKENDE' ELEMENT WORDT GEVONDEN
Element 61, het zeldzame aardmetaal promethium, wordt door drie Amerikaanse chemici gevonden: Charles D. Coryell, Lawrence E. Glendenin en J.A. Marinsky. Hiermee wordt het laatste gat in de lijst van elementen gevuld.

DE ATOOMBOM

BOVEN: de Enola Gay na de vlucht over Hiroshima.

BOVEN: de plutoniumbom 'Fat Man' wordt ingezet tegen Nagasaki.

BOVEN: de bemanning van de Enola Gay otnvangt de laatste instructies.

RECHTS: de ongelooflijke wolk boven Nagasaki.

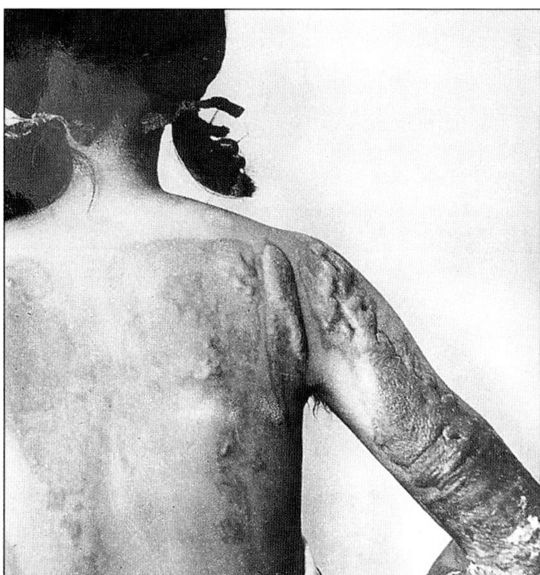

DETAIL: het patroon van de kimono van dit slachtoffer is in de huid gebrand.

BOVEN EN ONDER: bewijs van de afgrijselijke vernietiging door de eerste atoomwapens.

HET IJZEREN GORDIJN WORDT DICHTGETROKKEN

De Verenigde Naties komen bijeen voor de eerste vergadering, maar de Koude Oorlog is al begonnen wanneer de Britse premier Churchill waarschuwt voor een 'IJzeren Gordijn', dat communisten en niet-communisten in Europa van elkaar zal scheiden. Het woord 'bikini' wordt opgenomen in het taalgebruik naar aanleiding van de Amerikaanse atoomproeven bij het koraaleiland Bikini én als woord voor een nieuw en gewaagd badpak. Parijs wordt een centrum voor onconventionele schrijvers en kunstenaars.

1946

10 januari De eerste bijeenkomst van de Verenigde Naties wordt geopend in Londen
20 januari Generaal de Gaulle treedt af als president van Frankrijk

1 februari De Noor Trygve Lie wordt gekozen als voorzitter van de VN
4 februari Juan Perón wordt gekozen als president van Argentinië

5 maart Churchill houdt zijn speech over het 'IJzeren Gordijn'
6 maart Frankrijk erkent Vietnam als democratische republiek

mei In Griekenland breekt een burgeroorlog uit

2 juni Italië wordt definitief een republiek

4 juli De Filippijnen worden onafhankelijk van Amerikaans bestuur
5 juli De bikini wordt getoond in Parijs

3 oktober De algemene vergadering van de VN komt bijeen in New York

23 november Franse troepen bombarderen Haiphong in Vietnam, waarbij ca. 20.000 mensen om het leven komen. Oorlog tussen Frankrijk en Indo-China

20 december Franse troepen bezetten Hanoi, de hoofdstad van Vietnam. Ho Chi Minh roept op tot verzet tegen de Fransen

BLZ. 289: een atoom- of paddestoelenwolk boven het eiland Bikini, een van de Marshall-eilanden waar de Amerikanen in de jaren '40 en '50 hun nucleaire wapens testten.

BOVEN: generaal Charles de Gaulle treedt al na twee maanden af als leider van de Franse voorlopige regering. Meer dan tien jaar later wordt hij door het Franse volk als president gekozen – een ambt dat hij meer dan tien jaar zal bekleden.

DE GAULLE TREEDT AF
Generaal de Gaulle (1890-1970) treedt af als president van Frankrijk vanwege de voortdurende oppositie van de communisten tegen zijn regering.

PERON GEKOZEN ALS PRESIDENT
Juan Perón (1895-1970) wordt de nieuwe president van Argentinië. Hij was in 1943 een van de officieren die de regering overnamen, en versterkte zijn macht in het leger en onder de arbeiders. In 1945 raakte hij voor korte tijd de macht kwijt door een door de VS gesteunde coup, maar hij wist zijn positie al snel te herstellen. Veel van zijn populariteit is te danken aan zijn vrouw Evita.

GRIEKSE OORLOG
In Griekenland breekt een burgeroorlog uit tussen het koningsgezinde Democratische leger van Griekenland, gesteund door de Britten, en het communistische Nationale Volksbevrijdingsleger ondersteund door Albanië, Bulgarije en Joegoslavië. In september wordt na een volksstemming de monarchie hersteld. De strijd gaat door tot de communisten verslagen zijn in oktober 1949.

IJZEREN GORDIJN
Tijdens een toespraak waarschuwt Winston Churchill (1874-1964) dat er in Europa een 'IJzeren Gordijn' wordt dichtgetrokken van de Baltische Zee tot aan de Adriatische Zee, doordat de Russen hun greep op Oost-Europa verstevigen. Voor veel mensen markeert deze speech het begin van de Koude Oorlog.

OORLOG TUSSEN FRANKRIJK EN INDO-CHINA
De Fransen erkennen de oprichting van de Democratische Republiek Vietnam met de communistische leider Ho Chi Minh aan het hoofd, onderdeel van een door Frankrijk geleide Indo-Chinese Federatie. De relatie tussen Frankrijk en Ho Chi Minh verslechtert en in november bombarderen de Fransen de noordelijke havenstad Haiphong, waarbij zo'n 20.000 mensen om het leven komen. Deze oorlog zal tot 1954 duren.

ZORBA DE GRIEK
Het boek *Zorba de Griek* van Nikos Kazantzakis (1883-1957) wordt gepubliceerd. Het verhaal van Zorba en zijn hartstochtelijke liefde voor het leven is een enorm succes in Griekenland en zal in vele talen vertaald worden als echte klassieker.

DE ITALIAANSE REPUBLIEK
Een referendum in Italië wijst uit dat de grote meerderheid voor een republiek is. Koning Umberto II (1904-1983) gaat in ballingschap en premier Alcide de Gasperi (1881-1954) wordt tijdelijk staatshoofd. De geallieerden gaan ermee akkoord de Dodekanisos aan Griekenland, stukken land aan Joegoslavië en delen van Noord-Italië aan Frankrijk over te dragen.

ITALIAANSE VROUWEN KRIJGEN KIESRECHT
In juni krijgen Italiaanse vrouwen voor het eerst kiesrecht bij nationale verkiezingen.

RELLEN IN INDIA
Meer dan 3000 mensen komen om bij gevechten tussen moslims en Hindoes in Calcutta. De rellen komen voort uit de onrust die wordt veroorzaakt door het Britse voorstel voor onafhankelijkheid van India.

DE FILIPPIJNEN ONAFHANKELIJK
In juli worden de Filippijnen onafhankelijk van de VS.

HET HUIS VAN BERNARDO ALBA
The house of Bernardo Alba is het laatste drama van de Spaanse dichter Federico Garcia Lorca. Het wordt opgevoerd in 1945, negen jaar na de dood van de schrijver, en bevestigt zijn positie als de belangrijkste moderne dramaturg van Spanje.

ATOOMPROEVEN
De Amerikanen brengen de eerste van een aantal atoombommen tot ontploffing bij het koraaleiland Bikini bij de Marshall-eilanden in de Grote Oceaan. Doel: de effecten op oorlogsschepen en dieren testen.

JOHN MAYNARD KEYNES 1E BARON (1883–1946)

De Engelse econoom en mecenas John Maynard Keynes was adviseur van het Ministerie van Financiën tijdens de Eerste en de Tweede Wereldoorlog en ontwikkelde de theorie van de planeconomie. Hij had grote invloed op de New Deal van Roosevelt en was betrokken bij de oprichting van het Internationale Monetaire Fonds. Zijn twee belangrijkste boeken, *A treatise on money* (1930) en *General theory of employment, interest and money* (1936) werden geschreven als antwoord op de enorme werkloosheid.

BOVEN: de Amerikaanse kunstverzamelaar en politicus Nelson A. Rockefeller. Rockefeller wordt later de 41e president van de VS.

ESPRESSO

De Gaggia-koffiemachine wordt uitgevonden in Italië. Het apparaat maakt met behulp van stoom espresso, die heel snel populair wordt.

GEWAAGDE BIKINI

De Franse modeontwerper Louis Rénard toont in Parijs een kort tweedelig badpak voor vrouwen. Hij noemt het een 'bikini' – volgens Rénard is het effect minstens zo explosief als dat van de pas geteste bom.

PATERSON

De Amerikaanse dichter William Carlos Williams begint met zijn lange gedicht *Paterson*. Hij zal er de rest van zijn leven delen aan blijven toevoegen. Gebruikmakend van anekdoten, brieven, rapporten, gesprekken en traditionelere poëtische passages, probeert hij een typisch Amerikaans kunstwerk te creëren, waarin het dagelijks leven van gewone Amerikanen wordt beschreven.

SCHIETSTOEL

De Britse luchtvaartingenieur James Martin voert met behulp van dummy's de eerste tests uit met de schietstoel, waarmee piloten een neerstortend vliegtuig kunnen verlaten.

INDONESIE

In maart landt bij Batavia de voorhoede van het Nederlandse leger. In oktober komt door Britse bemiddeling een wapenstilstand tussen Nederland en de Republiek Indonesië tot stand.

ZOOMLENS

De Amerikaanse wetenschapper Frank Back van de Zoomar Corporation ontwikkelt de eerste zoomlens voor camera's.

WIJK VAN DE BOHÉMIENS

De Parijse wijk St. Germain-des-Prés wordt het centrum van schrijvers, kunstenaars en musici, waaronder de existentialist Jean-Paul Sartre, de feminist Simone de Beauvoir en de beeldhouwer Alberto Giacometti.

RECHTS: Het oosten ontmoet het westen (1945), al zijn de eerste scheuren in de betrekkingen al zichtbaar.

NIEUWE LANDEN EN EEN BABYBOOM

India wordt opgedeeld in twee aparte, onafhankelijke staten: India en Pakistan; de scheiding veroorzaakt problemen. De VN stemmen voor opdeling van Palestina, een beslissing die ook problemen oplevert. Marshall-hulp helpt bij de wederopbouw van Europa en een Amerikaanse piloot doorbreekt de geluidsbarrière. De damesmode vertoont een 'new look', en een nieuwe manier van acteren, 'method acting', is te zien op het toneel. In 1947 begint ook de 'babyboom' en een vrijere manier van opvoeden.

1947

25 januari Al 'Scarface' Capone, de gangster uit Chicago overlijdt

12 februari De Franse ontwerper Christian Dior lanceert de 'New Look'

12 maart De Amerikaanse president Truman geeft een overzicht van de 'Truman Doctrine'
19 maart Chinese nationalisten veroveren de communistische hoofdstad Yan'an

7 april Automobielfabrikant Henry Ford overlijdt
15 april Jackie Robinson is de eerste zwarte honkballer in de Amerikaanse Major League

5 juni De Amerikaanse minister van Buitenlandse Zaken George Marshall organiseert hulp voor Europa
15 juni Het dagboek van Anne Frank wordt gepubliceerd

15 augustus India wordt onafhankelijk. Stichting van Pakistan

18 september De USAAF wordt de United States Air Force

14 oktober De Amerikaanse piloot Chuck Yeager vliegt door de geluidsbarrière

29 november De VN kondigen hun plan voor de opdeling van Palestina aan

LINKS EN ONDER: de miljonair en zakenman Howard Hughes in de cockpit van zijn 18.500 kg zware 'flying boat', het grootste vliegtuig ter wereld, in Long Beach, Californië. Hughes behaalde in het achtmotorige vliegtuig een recordsnelheid van 160 km per uur.

TRUMAN-DOCTRINE

Nadat de Britse regering heeft aangekomdogd dat men niet langer troepen in Griekenland kan stationeren om de communisten tijdens de burgeroorlog te bestrijden, wil de Amerikaanse president Truman hulp bieden aan de Griekse en Turkse regering om hen te beschermen tegen het communisme. Bij deze Truman-doctrine beloven de VS hulp aan "vrije volken die zich verweren tegen pogingen tot onderwerping door gewapende minderheden of door druk van buitenaf".

MARSHALL-HULP

De Amerikaanse minister van Buitenlandse Zaken George Marshall (1880-1959) kondigt grootscheepse financiële hulp aan voor Europese landen, waardoor de Europese economie weers snel zal herstellen. De Marshall-hulp wordt in West-Europa aangenomen, maar door de Oost-Europese landen die bezet zijn door Rusland, afgewezen.

FOKKER

Op 1 februari wordt de NV Verenigde Nederlandse Vliegtuigfabrieken Fokker opgericht.

INDIA VERDEELD

Groot-Brittannië verdeelt het Brits-Indische rijk en geeft India en Pakistan onafhankelijkheid; Birma en Ceylon worden een jaar later onafhankelijk. De verdeling maakt een einde aan meer dan 160 jaar Brits bestuur. Er breken gevechten uit tussen India en Pakistan over de staat Kasjmier, waarvan de moslimbevolking in opstand komt en zich wil aansluiten bij Pakistan, terwijl de Hindoeleider zich bij India wil aansluiten.

NEW LOOK

De Franse modeontwerper Christian Dior toont een sensationele 'new look'. Na de soberheid van de oorlogsjaren worden de modellen van Dior met hun overvloed aan materialen, taille, zachte schouders en wijde rokken enthousiast door de dames ontvangen.

GEVECHTEN IN PALESTINA

Groot-Brittannië geeft het mandaat over Palestina over aan de VN, omdat het niet in staat is het land onder controle te houden. De VN stemt vóór opdeling van Palestina met verschillende thuislanden voor joden en Palestijnen. Beide partijen zijn het hier niet mee eens en al snel breken er gevechten uit.

BOVEN: enorme sneeuwval in New York in december 1947. Grote hoeveelheden sneeuw worden in East River in Manhattan gedumpt.

ONDER: de Amerikaanse piloot kapitein Charles Yeager is de eerste persoon die de geluidsbarrière weet te doorbreken in zijn Bell X-I vliegtuig met rakermotoren.

UFO'S

In de Amerikaanse staat Washington wordt melding gemaakt van Unidentified Flying Objects (UFO's) – eerst door piloot Kenneth Arnold en later door andere inwoners. De vele berichten over vliegende schotelvormige voorwerpen die hun licht laten schijnen langs de nachtelijke hemel, worden door de Amerikaanse luchtmacht niet serieus genomen.

DE STER BRANDO

Het toneelstuk *A streetcar named desire* van Tenessee Williams wordt opgevoerd met Marlon Brando als Stanley Kowalski. Hij maakt gebruikt van de Stanislavski-methode, waarbij de nadruk ligt op realisme en identificatie met het personage, en niet op de presentatie van een voordracht.

ACTOR'S STUDIO

De Actor's Studio, opgericht in New York door Elia Kazan, Robert Lewis en Cheryl Crawford, propageert en populariseert de Stanislavski-methode in de VS. Veel bekende Amerikaanse acteurs volgen er hun opleiding, vooral in de jaren '50.

DE 'HOLLYWOOD TEN'

Tien Amerikaanse regisseurs en tekstschrijvers weigeren te getuigen voor de commissie van het Huis van niet-Amerikaanse activiteiten, die geobsedeerd zijn door het

BOVEN: Marlon Brando schittert op het toneel in Tenessee Williams' *A streetcar named desire*. Brando speelt ook de hoofdrol in de filmversie van het stuk en wordt een van de beroemdste acteurs ter wereld.

BOVEN: de honkballer Jackie Robinson is de eerste zwarte honkballer die niet in de speciale Negro Leagues, maar gewoon in de Major League voor de Brooklyn Dodgers uitkomt. Robinson maakt een begin met de strijd tegen het racisme in de sport.

najagen van veronderstelde communisten. Ze krijgen een gevangenisstraf van een jaar. Dit is het begin van de heksenjacht in de filmwereld en elders.

HET DAGBOEK VAN ANNE FRANK

Het dagboek van het joodse meisje Anne Frank, dat in 1945 in een concentratiekamp sterft, wordt gepubliceerd. Het boek geeft een treffend beeld van de holocaust. Het verhaal over de onderduiktijd van haar familie in Amsterdam en de uiteindelijke ontdekking door de nazi's wordt overal ter wereld bekend.

SUPERSONISCHE VLUCHT

In oktober wordt de Amerikaanse legerpiloot Charles 'Chuck' Yeager de eerste mens die sneller vliegt dan het geluid (ca. 343 m per seconde) in een Bell X1 vliegtuig met een raketmotor.

CHLORAMPHENICOL ONTDEKT

Wetenschappers ontdekken chloramphenicol, een breedspectrumantibioticum. Bij sommige patiënten beschadigt het middel het beenmerg. Daarom wordt het gebruik ervan beperkt tot ernstige infecties waarvoor veiliger medicijnen niet sterk genoeg zijn.

KOOLSTOFDATERING

De Amerikaanse chemicus Willard F. Libby (1908-1980) en zijn medewerkers perfectioneren de C14-methode. De hoeveelheid van dit desintegrerende radioactieve materiaal die achterblijft in organische resten toont aan hoe lang deze resten al dood zijn.

KREEFTNEVEL

Australische radio-astronomen ontdekken dat de nevel rond het sterrenbeeld kreeft een krachtige radiobron is. De nevel is het gasachtige restant van een supernova, een ster die in 1054 geëxplodeerd is.

ALPHONSE (AL) CAPONE (1899–1947)

De Amerikaanse gangster Al Capone, ook wel bekend als Scarface, overlijdt. Als jongen sloot hij zich aan bij een straatbende en hij verwierf rijkdom en werd berucht tijdens de Drooglegging. De beruchte moordpartij op Valentijnsdag 1929 was een gevecht tussen zijn eigen en een rivaliserende bende. Hij werd in 1931 naar de gevangenis gestuurd op beschuldiging van belastingfraude, maar werd vervroegd vrijgelaten om gezondheidsredenen. Hij bracht de rest van zijn leven door op zijn landgoed in Florida.

DE TRANSISTOR ONTDEKT
De Amerikaanse natuurkundigen John Bardeen, Walter Brattain en William Schockley vinden de transistor uit, een heel klein elektronisch apparaatje dat elektrische stroom beheerst. Het betekent een revolutie voor alle elektronische apparatuur, die zich hierna in versneld tempo zal ontwikkelen.

POLAROID
De Amerikaanse wetenschapper Edwin H. Land (1909-1991) ontwikkelt en demonstreert de ™Polaroid Land Camera, die binnen een paar seconden nadat een foto is gemaakt, een afdruk kan produceren. Het zal nog jaren duren voordat deze techniek commercieel aangewend kan worden.

HELL'S ANGELS
De Hell's Angels –motorbendes op Harley-Davidsons– veroorzaken rellen wanneer zij samenkomen in Hollister in Noord-Californië. De duizenden in leer geklede motorrijders zwerven rond door Californië en overtreden in hun jacht naar spanning en sensatie de wet. Door hun gewelddadig optreden worden ze al snel berucht.

BABYBOOM
Een geboortegolf komt op gang met 3411 geregistreerde geboorten in de VS en 20,5 geboorten per 1000 –een vijfde meer dan het aantal geboorten in 1939– in Groot-Brittannië.

MAGNETRONS
De eerste magnetrons worden verkocht in de VS. Ze werden in 1945 door Percy LeBaron Spencer uitgevonden nadat een chocoladereep in zijn zak gesmolten was door een elektriciteitsbuis van een fabrieksradar. De magnetrons zijn erg groot en bedoeld voor de commerciële bereiding van voedsel.

EERSTE ZWARTE HONKBALLER IN DE MAJOR LEAGUE
Jackie Robinson wordt de eerste Afro-Amerikaanse honkballer in de Major League; hij speelt voor de Brooklyn Dodgers.

DODE-ZEEROLLEN
De Dode-Zeerollen worden ontdekt als een jonge bedoeïen, Muhammad ad-Dibh, een grot bij Qumran in Jordanië onderzoekt en een aarden kruik vindt met daarin beschreven rollen van leer en perkament. Ze zijn geschreven door de Essenen, een joodse sekte uit de 1e eeuw v.Chr.

MIXER VOOR HUISHOUDELIJK GEBRUIK
Een elektrische mixer voor huishoudelijk gebruik wordt gemaakt in de VS. Hij werd in 1919 uitgevonden, maar werd alleen maar in commerciële keukens gebruikt tot Frederick J. Ossius de 'Waring Blender' op de markt bracht, genoemd naar de orkestleider Fred Waring. De mixer is al snel gemeengoed in de VS.

PERSOONLIJKHEIDSASPECTEN
Hans Eysenck, een Britse psycholoog, publiceert *Dimensions of personality*, een onderzoek naar neurotische aandoeningen en extravert gedrag.

VRIJE OPVOEDING
De Amerikaanse kinderarts Benjamin Spock publiceert *The common sense book of baby and child care*, het eerste praktische handboek voor kinderverzorging, dat hij schreef tijdens zijn diensttijd. Hij verwerpt autoritaire opvoedingsmethoden en bepleit een liberale opvoeding. Zijn boek wordt een absolute bestseller in de wereld –ook door de vele medische aanwijzingen die het bevat– en zal tot in de jaren '80 op dit gebied gezaghebbend blijven.

HENRY FORD
(1863–1947)

De Amerikaanse autofabrikant Henry Ford, die in 1903 de Ford Motor Company oprichtte, overlijdt. Hij introduceerde de lopende band, waardoor auto's veel efficiënter in elkaar gezet konden worden. Enerzijds weigerde hij de vakbonden te erkennen, anderzijds betaalde hij ongebruikelijk hoge lonen, zelfs toen dit in tegenspraak was met het beleid van de regering tijdens de New Deal. Hij richtte de Ford Foundation op. Op 82-jarige leeftijd, vlak voor zijn dood, probeerde hij de zeggenschap over de fabrieken weer van zijn kleinzoon over te nemen.

BLZ. 296 BOVEN: George Catlett Marshall initieert het European Recovery Programme, beter bekend als het Marshallplan, dat het verwoeste Europa weer op de been moet helpen. Zo'n 13 miljoen dollar bereikt Europa in de vorm van voedsel en machines. Dit vrachtschip wordt gevuld met voorraden.

BOVEN: niet alleen Europa profiteert van de Marshall-hulp. Bloem en rijst worden naar Noord-Afrika verscheept, waar ook is gevochten tijdens de Tweede Wereldoorlog.

RECHTS: materieel, voertuigen en machines vallen ook onder de Marshall-hulp. Hoewel het het belangrijkste doel was Europa te helpen bij de wederopbouw, was een niet onbelangrijke bijkomstigheid het toeroepen van een halt aan het communisme in Europa.

BLOKKADE VAN BERLIJN EN EEN NIEUW ISRAEL

De Indiase leider Gandhi wordt vermoord en in Zuid-Afrika introduceert de nieuwe nationalistische regering de apartheid. De onafhankelijke staat Israël wordt uitgeroepen, wat onmiddellijk leidt tot een Arabisch-Israëlisch conflict. Communistische troepen in China veroveren Peking en een luchtbrug naar Berlijn doorbreekt de blokkade van West-Duitsland door Rusland. De Olympische Spelen worden weer georganiseerd en de Amerikaanse seksuoloog Alfred Kinsey toont de waarheid achter het seksuele gedrag van de man.

1948

20 januari Mahatma Gandhi wordt vermoord door een extremistische hindoe
30 januari Olympische Winterspelen in St.-Moritz

11 februari De Russische filmregisseur Sergei Eisenstein overlijdt
20 februari De communisten grijpen de macht in Tsjechoslowakije

14 mei De onafhankelijke staat Israël wordt uitgeroepen
15 mei Egypte, Jordanië, Syrië, Irak en Libanon vallen Israël binnen
26 mei Jan Smuts wordt verslagen tijdens de verkiezingen in Zuid-Afrika

16 juni De Maleisische communisten beginnen een campagne tegen de Britten
26 juni Luchtbrug voor Berlijn
28 juni Joegoslavië wordt uit de Kominform gezet

5 juli De National Health Service wordt in Groot-Brittannië ingevoerd
29 juli Olympische Spelen in Londen

16 augustus De Amerikaanse honkbalheld Babe Ruth overlijdt

4 september Koningin Wilhelmina treedt af en wordt opgevolgd door Juliana
9 september Noord-Korea roept zichzelf uit tot republiek

10 december De Vergadering van de VS neemt de Universele Verklaring van de Rechten van de Mens aan
15 december Nederlandse troepen nemen Djakarta in Indonesië in

BOVEN: een Amerikaanse skister doet mee aan de afdaling voor vrouwen op de vijfde Olympische Winterspelen.

BOVEN: de Tsjechische kunstschaatskampioene Aja Vrzanova oefent voor de Olympische Winterspelen van 1948 in St.-Moritz. Door de oorlog werden de spelen in 1940 en 1944 afgelast.

RECHTS: het Noorse bobsleeteam in actie in St.-Moritz. De sport werd een eeuw ervoor in Zwitserland populair.

ONAFHANKELIJK ISRAEL

Op de dag dat er een einde komt aan het mandaat van Groot-Brittannië, roepen de Joodse Nationale Raad en de Algemene Zionistische Raad de onafhankelijke staat Israël uit, met David Ben-Gurion (1886-1973) als premier en Chaim Weizmann (1874-1952) als president. Zowel de VS als Rusland erkennen de nieuwe staat.

ARABISCH-ISRAELISCHE OORLOG

Zes Arabische legers –uit Egypte, Jordanië, Syrië, Irak en Libanon– vallen Israël aan op de dag na de onafhankelijkheidsverklaring. De Israëli's kunnen de aanval afweren en gaan in de tegenaanval. De strijd gaat door tot er in 1949 een staakt-het-vuren wordt afgekondigd. Grenzen worden bepaald en Jeruzalem wordt verdeeld, maar de stad blijft toegankelijk via een smalle strook land. Aan Israëlische zijde vallen 8000 slachtoffers en aan Arabische 20.000.

DE TELESCOOP VAN HALE

De telescoop van Hale, met een glazen spiegel van 500 cm, de grootste in zijn tijd, wordt officieel in gebruik genomen op Mount Palomar in Californië. Hij is ontworpen door de astrofysicus George E. Hale (1868-1938).

THE NAKED AND THE DEAD

De Amerikaan Norman Mailer schrijft zijn boek *The naked and the dead*, waarmee zijn naam als schrijver gevestigd is. Het is een realistisch verhaal dat gebaseerd is op zijn ervaringen op de Grote Oceaan; het is een van de beste Amerikaanse boeken over de Tweede Wereldoorlog.

BOVEN: met een replica van de Brandenburger Tor wordt geprotesteerd tegen het feit dat het monument nu op Russisch grondgebied staat. De leuze "Die Freiheit siegt" en de beer zijn symbolen van Berlijn.

NATIONALISTEN AAN DE MACHT
In Zuid-Afrika wordt Jan Smuts bij de algemene verkiezingen verslagen door de extreem-rechtse Afrikaaner Nationalistische Partij. Douglas Malan (1874-1959) wordt premier en introduceert wetten voor de apartheid, de rassenscheiding die blanke overheersing in Zuid-Afrika veiligstelt.

MALEISISCHE NOODTOESTAND
In juni begint het Maleisische Bevrijdingsleger (MRLA), dat grotendeels uit etnische Chinese communisten bestaat, een gewelddadige campagne tegen de Britse regering met sabotage, moordpartijen en terrorisme. De Britten nemen hierop diverse maatregelen zoals het verhuizen van bevolkingsgroepen en patrouilles over lange afstand. De MRLA wordt verslagen in 1957, maar de noodmaatregelen blijven tot 1960 van kracht.

OAS
De Organisatie van Amerikaanse Staten (OAS) wordt opgericht om alle landen van Amerika te verbinden.

CRY, THE BELOVED COUNTRY
De Zuid-Afrikaanse schrijver Alan Paton (1903-1959) publiceert zijn boek. Hij beschrijft de lotgevallen van dominee Stephen Kumalo, die van zijn township naar Johannesburg gaat, waar hij ontdekt dat zich een ramp heeft voltrokken in het leven van zijn zuster en zijn zoon. Het boek is een uitgebreid betoog voor begrip tussen verschillende rassen.

EEN CAMERA IN LONDEN
Op foto's van Bill Brandt (1904-1983) zijn een vredig Londen te zien – Brandt is dankbaar voor het einde van de oorlog. Hij toont een stad die verlicht wordt door gedempt zonlicht of maanlicht. De foto's vormen een contrast met de vroegere grimmige reeksen oorlogsfoto's van Brandt, zoals *Een nacht in Londen*.

COMMUNISTISCHE COUP
De communistische partij organiseert een coup in Tsjechoslowakije en neemt de macht over. Een maand later, in maart, wordt de populaire minister van Buitenlandse Zaken Jan Masaryk dood aangetroffen bij zijn flat. Velen verdenken de communisten ervan hem vermoord te hebben.

JOEGOSLAVIE UITGESLOTEN
Rusland gooit Joegoslavië uit Kominform, het communistische informatiebureau dat is opgericht om activiteiten van communistische partijen in heel Europa te coördineren, vanwege politieke meningsverschillen met Stalin. In de volgende tien jaar krijgt de Joegoslavische leider Tito, de naam die Josef Broz (1892-1980) zichzelf heeft gegeven, steeds meer steun vanuit West-Europa bij zijn strijd tegen Rusland.

TURANGALILA-SYMFONIE
Deze enorme symfonie in tien delen wordt door de Franse componist Olivier Messiaen (1908-1992) omschreven als een liefdeslied of een vreugdezang. Door de exotische klanken wordt het een van de populairste werken van de componist.

KONINGIN WILHELMINA TREEDT AF
In Nederland doet koningin Wilhelmina troonsafstand na vijftig jaar koningin te zijn geweest. Haar opvolgster is haar dochter Juliana.

MENSENRECHTEN
De VN nemen de Universele Verklaring van de Rechten van de Mens aan, waarmee de rechten en de vrijheid van onderdrukking en slavernij van ieder mens, ongeacht zijn ras, geslacht, sociale status, taal, religie en kleur, erkend worden. Er is veel werk verricht bij het opstellen van het handvest door Eleanor Roosevelt (1884-1962), weduwe van de voormalige Amerikaanse president en afgevaardigde van de VN.

CHINESE BURGEROORLOG
In China zijn de communisten aan de winnende hand. Ze verslaan de nationalisten en veroveren Mantsjoerije. De nationalisten onder aanvoering van Tjiang Kai-Sjek trekken zich terug in het zuiden. De communisten nemen Peking in en roepen de Communistische Staat uit in Noord-China. In november hebben de nationalisten zich teruggetrokken achter de Chinese muur.

INDONESIE
De vijandelijkheden in Indonesië gaan nog steeds door. Op 9 maart wordt in Batavia de Voorlopige Regering van Indonesië geïnstalleerd. Nederlandse luchtmachteenheden nemen Djakarta in en zetten de regering van Soekarno gevangen.

PISAN CANTOS
De Amerikaanse dichter Ezra Pound (1885-1972) publiceert de *Pisan cantos*, een aflevering van zijn epische gedicht *Cantos*. Pound bedacht het gedicht toen hij in de Tweede Wereldoorlog in een Amerikaans gevangenkamp zat vanwege zijn 'verraderlijke' radio-uitzendingen; het werk werd voltooid in een psychiatrische inrichting.

MAHATMA ('GROTE ZIEL') GANDHI (1869–1948)

De Indiase leider Mahatma Gandhi wordt vermoord. Gandhi was een groot pacifistisch leider, patriot en sociale hervormer, maar was van oorsprong advocaat. Hij gaf zijn goedlopende praktijk op en ging naar Zuid-Afrika waar hij twintig jaar lang streed tegen discriminatie. In 1914 ging hij terug naar India en pleitte voor de onafhankelijkheid van India, hoewel hij een overtuigd aanhanger van Groot-Brittannië was. Hij stond voor burgerlijke ongehoorzaamheid zonder geweld, maar verschillende van zijn campagnes, waaronder de zoutmars in de jaren '30, leverden hem een gevangenisstraf op. In 1946 onderhandelde hij met Groot-Brittannië over onafhankelijkheid.

DE WERELD VAN CHRISTINA

De Amerikaanse kunstenaar Andrew Wyeth schildert zijn verlamde buurvrouw Anna Christina Olson met op de achtergrond een lege horizon en een huis. Het schilderij, dat een van de bekendste van deze kunstenaar zal worden, laat het vermogen zien van Wyeth om de beperkte wereld van de invalide vrouw te verbeelden en toont tegelijkertijd zijn liefde voor het landschap rond zijn zomerhuis in Maine.

SEKSUALITEIT

Het Kinsey-rapport *Seksueel gedrag van de man* laat onverwacht een verscheidenheid in seksueel gedrag bij mensen zien en veroorzaakt veel discussie. Het is geschreven door Alfred Charles Kinsey (1894-1956), professor in de zoölogie aan de universiteit van Indiana en is gebaseerd op meer dan vijfduizend gevallen die hij sinds 1938 heeft waargenomen.

LANGSPEELPLATEN

Door plastic in plaats van schellak te gebruiken kunnen Amerikaanse platenmaatschappijen langspeelplaten produceren met twee snelheden: 33,5 toeren en 45 toeren per minuut.

DE ATMOSFEER VAN MARS

De in Nederland geboren Amerikaanse astronoom Gerard P. Kuiper (1905-1973) meldt dat de atmosfeer van Mars grotendeels uit kooldioxide bestaat, een feit dat later door proeven in de ruimte bewezen wordt. Hij ontdekt ook Miranda, de vijfde maan van de planeet Uranus.

DE EERSTE ATOOMKLOK

De eerste atoomklok wordt gebouwd bij het Amerikaanse Nationale Instituut voor Standaardisering in Washington D.C.. Hij is tot op een seconde in de driehonderd jaar nauwkeurig. Latere atoomklokken zijn tot op een seconde in de 200.000 jaar nauwkeurig.

UITVINDING VAN DE BATHYSCAAF

De Zwitserse natuurkundige Auguste Piccard (1884-1962) vindt de bathyscaaf uit, een duiktoestel voor diepzeeonderzoek. Hij test het apparaat tot een diepte van 1370 m. Door deze uitvinding kunnen de diepste delen van de oceanen onderzocht worden.

NUCLEAIRE STRUCTUREN

De natuurkundigen Hans Jensen uit Duitsland en de in Duitsland geboren Maria Goeppert Mayer uit de VS ontdekken onafhankelijk van elkaar de structuur van atoomkernen.

SPEUREN IN HET ATOOM

De Amerikaanse natuurkundige Richard Feynman (1918-1988) ontwikkelt de theorie van de kwantumelektrodynamica, de interactie tussen de subatomaire deeltjes elektrons, fotons en positrons.

ENKELWANDIGE BANDEN

De Amerikaanse Goodyear Company brengt banden zonder binnenband op de markt voor motorvoertuigen.

CYBERNETICA

De Amerikaanse statisticus Norbert Wiener bedenkt en benoemt een nieuwe tak van wetenschap: cybernetica, de studie naar de communicatiemechanismen bij dieren en machines.

OUDE STUURMAN

Thor Heyerdahl, de Noorse etnograaf, vertrekt vanuit Peru met een Scandinavische bemanning op een vlot van balsahout, dat gebouwd is volgens technieken die gebruikt werden door de Inca's. Na meer dan 8046 km gezeild en rondgedreven te hebben, bereikt hij de Tuamotu-archipel. Hij bewijst daarmee dat de precolumbiaanse mensen de Grote Oceaan wellicht zijn overgestoken en Polynesië misschien hebben gekolonialiseerd.

DE EERSTE SPORTSCHOENEN

De Duitse firma Adidas, fabrikant van sportkleding, maakt sportschoenen van canvas en rubber van brandstoftanks die zijn overgebleven na de oorlog. De eerste schoen, ontworpen door Adolf Dassler, is versierd met drie witte strepen.

KLITTENBAND UITGEVONDEN

Sluitingen van klittenband worden uitgevonden door een Zwitserse ingenieur, George de Mestral. Hij werd geïnspi-

GEORGE HERMAN (BABE) RUTH (1895–1948)

De Amerikaanse honkballer en coach Babe Ruth overlijdt. Hij kwam in actie op tien wereldkampioenschappen en maakte een recordaantal homeruns, dat pas verbeterd zal worden in 1974. Babe Ruth speelde voor de Boston Red Socks (1914-1919), de New York Yankees (1920-1934) en de Boston Braves (1935-1938).

reerd door stekelige klitten op zijn kleding en in de vacht van zijn hond na een wandeling.

GEPLAND OUDERSCHAP

De Internationale Federatie voor Gepland Ouderschap wordt opgericht door de en oprichtster van de beweging voor geboortebeperking Margaret Sanger (1883-1966).

ABORTUS OP VERZOEK

Omdat de bevolking van Japan de tachtig miljoen nadert en als reactie op de toenemende geboorteafwijkingen ten gevolge van de atoomexplosies in 1945, staat de Wet op de Bescherming van het Ongeboren Kind abortus toe.

WINTERSPELEN

De vijfde Winterspelen worden gehouden in St.-Moritz, Zwitserland, dat in de Tweede Wereldoorlog niet beschadigd is. Door de tekorten na de oorlog zijn er echter weinig atleten en toeschouwers. De afdaling voor dames en heren wordt aan het programma toegevoegd, zodat de alpinesporten nog belangrijker worden.

SOBERE SPELEN

De Olympische Spelen worden gehouden in Londen op de plek die al in 1944 voor de toen afgelaste spelen was aangewezen. De evenementen werden gekenmerkt door schaarste en de deelnemers verblijven in kazernes, maar toch komt er een grote menigte toeschouwers op de spelen in het Wembleystadion af. De atlete Fanny Blankers-Koen, moeder van twee kinderen en bijgenaamd 'de vliegende huisvrouw', neemt vier gouden medailles mee naar huis.

BOVEN: president Truman (linksachter) wordt enthousiast begroet in Washington na zijn herverkiezing in november. Op de achtergrond is het Capitool zichtbaar.

LINKSBOVEN: American Flying Wing vliegtuigen zijn te herkennen aan de afwezigheid van staart en romp, waardoor ze een derde korter zijn dan gewone vliegtuigen. Deze superefficiënte bommenwerpers zijn gefotografeerd in Hawthorne in Californië.

RECHTSBOVEN: het huis van de Amerikaanse architect en ontwerper Charles Eames in Santa Monica, Californië. Eames is met name beroemd om zijn vernieuwende stoelen, die inmiddels collectors items zijn.

LINKS: Californië is erg belangrijk voor de Amerikaanse olieproductie. Een olieveld als dit in Long Beach is geen ongewoon gezicht in deze staat. Olie zorgt voor een groot deel voor de rijkdom in de VS.

DE FILMINDUSTRIE

LINKSBOVEN: de Britse regisseur en producent Alfred Hitchcock is al vroeg een belangrijk man in Hollywood.

RECHTSBOVEN: achter de schermen in Hollywood.

RECHTS: de grootsheid van Hollywood, verlicht door schijnwerpers tijdens de première van een nieuwe film.

BOVEN: de regisseur bekijkt de set vanaf een platform aan een kraan. Door het gebruik van kranen nemen de mogelijkheden enorm toe.

BOVEN: op locatie voor de verfilming van Hemingways *For whom the bell tolls*. De regisseur legt de acteurs uit wat hij wil zien.

RECHTS: de in Oostenrijk geboren regisseur Fritz Lang (midden) legt iets uit aan actrice Joan Bennett op de set van *Woman in the window*. Lang vluchtte naar de VS om aan de nazi's te ontkomen.

ONDER: de western onderscheidt de Amerikaanse filmcultuur van alle andere. John Ford is de maker van klassiekers als *Stage coach*.

DE NAVO EN DE VOLKSREPUBLIEK

De Chinese communisten verslaan de Kwomintang en richten de Volksrepubliek China op met Mao Zedong aan het hoofd. De NAVO wordt opgericht om wederzijdse steun aan westerse landen te bieden en de verdeling van de wereld in communistische en niet-communistische delen wordt onderstreept door de verdeling van Duitsland in Oost en West. In de architectuur spelen glas en staal een belangrijke rol, een wapenwedloop tussen Rusland en de VS begint en het boek *1984* waarschuwt voor een sombere toekomst.

1949

1 januari De oorlog tussen India en Pakistan over Kasjmier eindigt in een staakt-het-vuren
10 januari De Chinese communisten nemen Xuzhou in

4 april De Noord-Atlantische Verdragsorganisatie (NAVO) wordt opgericht
16 april De westerse geallieerden maken 1398 vluchten in 24 uur en leveren 13.147 ton goederen af in Berlijn
24 april Communistische eenheden naderen Shanghai in China

12 mei Er komt een einde aan de blokkade van Berlijn
23 mei De Federale Republiek Duitsland (West-Duitsland) wordt opgericht
26 mei Shanghai valt in communistische handen

20 juli Een staakt-het-vuren wordt uitgeroepen tijdens de Arabisch-Israëlische oorlog

23 september De Sovjet-Unie test een atoombom
30 september De Berlijnse luchtbrug wordt opgeheven

1 oktober Mao Zedong kondigt de oprichting van de Volksrepubliek China aan
7 oktober De DDR wordt opgericht (Oost-Duitsland)
16 oktober De Griekse burgeroorlog eindigt in een overwinning op de rebellen

8 december De Kwomintang (de Chinese nationalisten) verlaten het moederland China en gaan naar Formosa (het latere Taiwan)
27 december Nederland draagt de soevereiniteit van Indonesië over

LINKS: afgevaardigden van Nederland en de VS ondertekenen het verdrag van de NAVO. Onder de oprichters bevond zich ook België.

NAVO EN RAAD VAN EUROPA

Tien Europese landen, waaronder Nederland en België, sluiten zich aan bij de VS en Canada en vormen de Noord-Atlantische Verdragsorganisatie (NAVO), die steun moet bieden in geval van agressie. In mei richten tien West-Europese landen, waaronder de eerder neutrale landen Zweden en Ierland, de Raad van Europa op om vrijheid en gerechtigheid te steunen. De Raad komt bijeen in Straatsburg en omvat tevens een Europees Hof voor Mensenrechten.

WEST- EN OOST-DUITSLAND

De VS, Groot-Brittannië en Frankrijk voegen hun drie zones in West-Duitsland bij elkaar om de Federale Republiek te vormen, die in mei wordt opgericht met Bonn als de hoofdstad. In september wordt de christendemocraat Konrad Adenauer (1876-1967) kanselier. Een maand later richt Rusland de Duitse Democratische Republiek op in Oost-Duitsland.

DE WAPENWEDLOOP BEGINT

Rusland voert zijn eerste atoomproef uit en brengt een bom tot ontploffing in Kazachstan – dit is het begin van de wapenwedloop met de VS.

DE VOLKSREPUBLIEK CHINA

Na de overwinning in de burgeroorlog richt de Chinese communistische partij de Volksrepubliek op onder leiding van Mao Zedong (1893-1976). De nationalisten van de Kwomintang trekken zich terug op Taiwan voor de kust van China onder leiding van Tjiang Kai-Sjek.

INDONESIE

Na langdurige en complexe vredesonderhandelingen met hulp van de VN draagt Nederland de soevereiniteit over aan Indonesië onder leiding van president Soekarno (1902-1970). Indonesië wordt onafhankelijk van de voormalige koloniale heerser. De oorlog, die vier jaar heeft geduurd, heeft 25.000 Nederlandse en 75.000 Indonesische slachtoffers gekost.

DE DERDE MAN

De Amerikaanse acteur en regisseur Orson Welles (1915-1985) vertolkt op briljante wijze de rol van Harry Lime in de film *The thrid man* van Carol Reed, naar het scenario van Graham Greene. De muziek, het Harry Lime-thema door Anton Karas, wordt bijna net zo beroemd als de film zelf.

DOOD VAN EEN HANDELSREIZIGER

Een van de succesvolste Amerikaanse toneelstukken ooit is *Dood van een handelsreiziger*. Arthur Miller wordt hierdoor een van de belangrijkste Amerikaanse toneelschrijvers. Het is het verhaal van Willy Loman die zijn greep op het leven verliest en instort, omdat hij te zeer vertrouwt op de lege waarden van de moderne maatschappij.

1984

1984 van de Britse schrijver George Orwell wordt gepubliceerd en staat onmiddellijk in de belangstelling van lezers overal ter wereld. Veel uitdrukkingen uit het boek –met als beroemdste 'Big Brother'– worden opgenomen in het dagelijkse taalgebruik.

BOVEN: Tjang Kai-Sjek, president van de Volksrepubliek China, vocht tijdens de oorlog tegen de Japanners.

BOVEN: officiële vertegenwoordigers van de VN delen katoenen kleding uit aan de behoeftige Japanse bevolking in het Reikangebouw in Tokyo. De kleding is afkomstig van het VN-kinderfonds.

DE TWEEDE SEKSE

De française Simone de Beauvoir (1908-1986) publiceert *De tweede sekse* waarin, met kunst, literatuur en filosofie als uitgangspunt, beschreven wordt hoe mannen voortdurend de rechten van vrouwen hebben genegeerd. Het boek roept op tot de afschaffing van de mythe van 'de eeuwige vrouw'. Het is een baanbrekend boek, dat later de basistekst zal vormen voor de vrijheidsbeweging voor vrouwen en gedurende tientallen jaren een bestseller over de hele wereld zal worden.

GLAZEN HUIS

Het Glass House van Philip Johnson in New Canaan, Connecticut, bestaat eigenlijk uit een glazen doos met een stalen frame en is een typisch voorbeeld van een aantal modernistische huizen die in die tijd werden ontworpen. Dit huis, waarvan het ontwerp sterk beïnvloed werd door Mies van der Rohe, is een uitstekend voorbeeld van de stelling 'minder is meer'. Functionaliteit is zowel voor gebouwen als inrichting de eerste vereiste.

DE MAAN VAN NEPTUNUS

De in Nederland geboren Amerikaanse astronoom Gerard P. Kuiper ontdekt de tweede maan van de planeet Neptunus, die nu Nereïde genoemd wordt.

RECORDRAKET

De Amerikanen lanceren de WAC Corporal, een onderzoeksraket die de tot dan toe recordhoogte bereikt van 402 km. Hij wordt gelanceerd als de tweede trap van een V2-raket.

MEER ELEMENTEN WORDEN GEVONDEN

Amerikaanse chemici onder leiding van Glenn T. Seaborg maken en ontdekken nog twee elementen: nummer 97, berkelium, en 98, californium. Het zijn radioactieve, zeldzame aardmetalen.

SIKKELCELANEMIE

De Amerikaanse biochemicus Linus C. Pauling (1901-1994) ontdekt dat de erfelijke sikkelcelanemie wordt veroorzaakt door verschillen in het bloed. Mensen met deze aandoening blijken daarnaast immuun te zijn voor malaria.

OORLOG TUSSEN INDIA EN PAKISTAN

De gevechten tussen India en Pakistan worden beëindigd en Indiase troepen bezetten Kashmier.

BASKETBALBOND

De rivaliserende National Basketball League en de Amerikaanse Basketball Association fuseren en vormen samen de National Basketball Association (NBA) in Amerika.

RECHTS: in de kleine Amerikaanse stad Mount Vernon wordt ook in de late avonduren honkbal gespeeld. De sport is mateloos populair in Amerika en de spelers genieten groot aanzien.

BOVEN: tijdens trans-Atlantische vluchten worden de bedden opgemaakt voor de passagiers.

BOVEN: de oudste luchtvaartmaatschappij ter wereld, KLM, komt met de 'Flying Dutchman', die tussen Amsterdam en New York vliegt.

BOVEN: de mechanische rekenmachine die getallen met 9 nullen kan optellen in minder dan een vijfde van een seconde.

BOVEN: na de oorlog heeft zelfs het neutrale Zwitserland het moeilijk. De VS bieden hulp in de vorm van voedsel.

BERLIJNSE LUCHTBRUG

De westerse geallieerden zetten een luchtbrug naar Berlijn op om voorraden te vervoeren. De toegang over land naar het westelijk deel van Berlijn, dat onder bestuur staat van Frankrijk, Berlijn en de VS, wordt geblokkeerd door Rusland. De luchtbrug blijft bestaan tot mei 1949, wanneer Rusland zijn greep op de stad versoepelt en transport onder geleide toestaat over de autobahn door Oost-Duitsland. Er worden in totaal 277.264 vluchten gemaakt.

BOVEN: een West-Duitse politieagent geeft instructies aan wachtende Oost-Duitsers, terwijl voedselpakketten worden verdeeld in het kader van een westers hulpprogramma.

BOVEN: miniparachutes droppen snoep en kauwgom voor Duiste kinderen.

ONDER: C-54 Skymasters worden uitgeladen op de luchtmachtbasis Tempelhof.

BOVEN: een C-74 Globemaster landt op het vliegveld Gatow met een voorraad meel voor Berlijn.

RECHTS: in een kinderwagen worden blikjes voedsel vervoerd, die in het kader van het West-Duitse-Amerikaanse hulpprogramma worden gebracht.

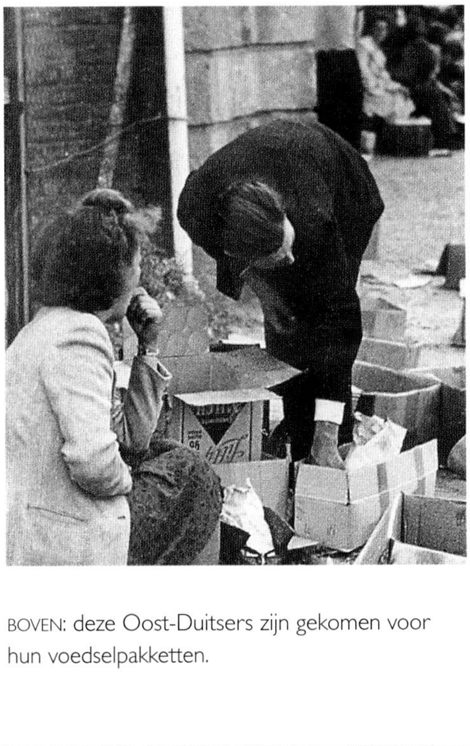

BOVEN: deze Oost-Duitsers zijn gekomen voor hun voedselpakketten.

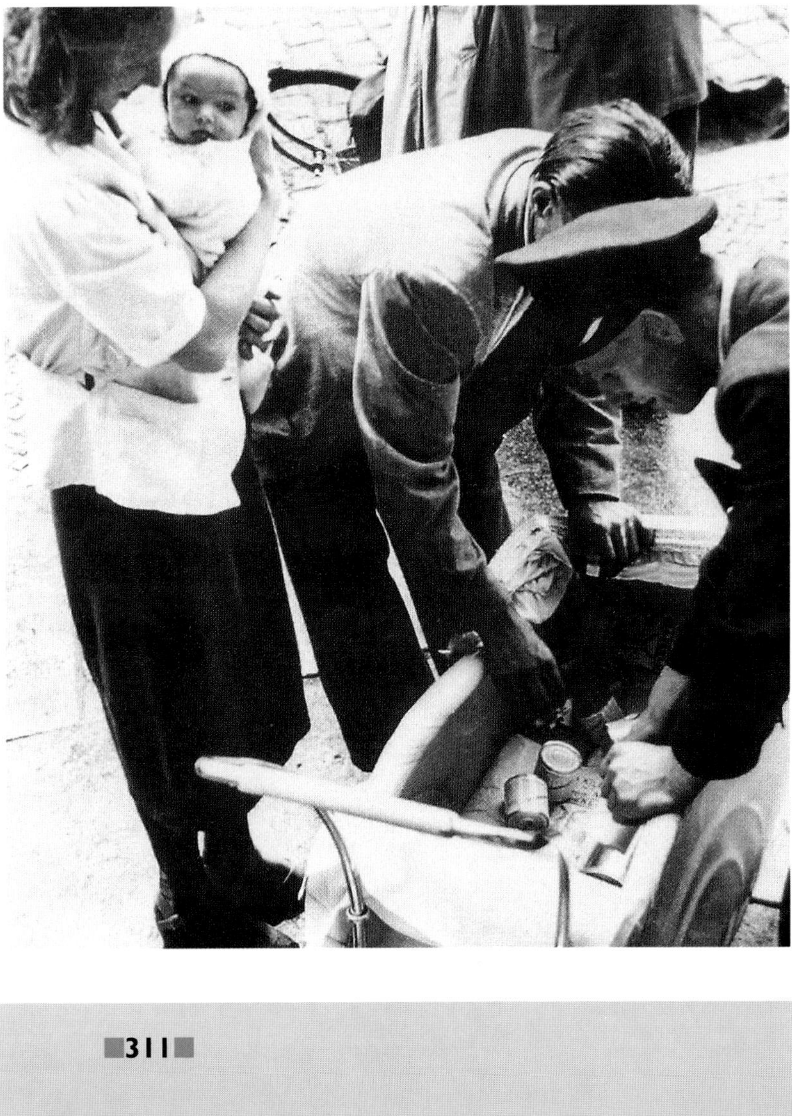

HET ATOOMTIJDPERK

Deze periode staat in het teken van de naoorlogse paranoia; spionage, de Koude Oorlog en heksenjachten zijn de voornaamste zorgen van de militairen en politici. In Korea ontstaat oorlog en in Afrika en Cuba breken opstanden uit. De baby's van de 'boom' in de jaren '40 groeien op tot een nieuw fenomeen dat 'teenager' wordt genoemd; ze creëren hun eigen muziek, die in geen enkel opzicht lijkt op die van hun ouders. Rock-'n-roll klinkt op de radio en Elvis Presley wiegt met zijn heupen voor de ogen van de gevestigde orde; de beatgeneratie probeert de geneugten en risico's van het leven in vrijheid tot uitdrukking te brengen. De wedloop in de ruimte begint: de USSR lanceren de *Spoetnik I* en *II* in een baan om de aarde.

ACHTERGROND: het handschrift van Albert Einstein, waarin hij zijn relativiteitstheorie heeft beschreven.

1950–1959

DE BELANGRIJKSTE GEBEURTENISSEN

- DE KOREAANSE OORLOG
- HEKSENJACHT OP COMMUNISTEN
- CHINA VALT TIBET BINNEN
- ROCK-'N-ROLL
- BURGEROORLOG IN CUBA
- DE MOUNT EVEREST WORDT BEKLOMMEN
- DE STRUCTUUR VAN DNA WORDT ONTRAFELD
- DE WATERSTOFBOM
- BEAT
- HET WARSCHAUPACT
- HET POLIOVACCIN
- DE OPSTAND IN HONGARIJE
- DE SUEZCRISIS
- DE EEG WORDT OPGERICHT
- DE RUSSISCHE *SPOETNIKS* IN DE RUIMTE
- ACTIES VOOR KERNONTWAPENING
- ELVIS PRESLEY
- FIDEL GRIJPT DE MACHT IN CUBA

TOTALE WERELDBEVOLKING: 2.516 MILJOEN

ells – wie dieselbe gegenwärti

in ihrer Anwendung auf bewegte

welche den Phänomenen nicht

t. Man denke z. B. an die elektr

chen einem Magneten und

omen hängt hier nur ab von

d Magnet, während nach

Fälle, dass der eine oder der

sei; streng voneinander zu

ich der Magnet und ruht der

des Magneten ein elektrisches

welches an den Orten, wo sich

erzeugt. Ruht aber der Magnet

t in der Umgebung des Magnet

Leiter eine elektromotorische

e entspricht, die aber – Gleichheit

ins Auge gefassten Fällen vora

OORLOG EN HEKSENJACHT

De oorlog in Korea breekt uit als het communistische Noord-Korea Zuid-Korea binnenvalt. Eenheden van de Verenigde Naties onder bevel van de VS steunen Zuid-Korea. Later dit jaar valt China Tibet binnen. De strijd tegen het communisme in de westerse wereld wordt een obsessie: in de VS vinden een ware heksenjacht en vele geruchtmakende spionageprocessen plaats. Europese landen maken plannen voor een gezamenlijke handelsmarkt en een van oorsprong Nederlandse astronoom meet de planeet Pluto.

1950

9 januari Senator McCarthy beweert dat er communisten werken op het Amerikaanse Ministerie van Binnenlandse Zaken

1 maart De atoomdeskundige Klaus Fuchs wordt veroordeeld tot veertien jaar gevangenisstraf voor het verraden van geheimen aan Rusland

1 mei Door de huwelijkswet in China krijgen vrouwen gelijke rechten in huwelijk en scheiding
9 mei Het Schuman-plan stelt de oprichting van een Europese instantie voor de productie van kolen en staal in Duitsland en Frankrijk voor

25 juni Noord-Koreaanse legereenheden vallen de Zuid-Koreaanse republiek binnen. Oorlog in Korea
28 juni Het Noord-Koreaanse leger verovert Seoul in Zuid-Korea

1 juli De eerste VN-troepen arriveren in Korea
16 juli WK-voetbal in Brazilië

1 augustus Koning Leopold III van België doet afstand van de troon

11 september De Zuid-Afrikaanse politicus Jan Smuts overlijdt
16 september Amerikaanse mariniers landen met amfibievaartuigen bij Inchon in Korea
26 september Amerikaanse troepen heroveren Seoul

1 oktober Zuid-Koreaanse en Amerikaanse troepen trekken over de grens tussen Noord- en Zuid-Korea
21 oktober Het Chinese leger bezet Tibet

24 november Amerikaanse troepen beginnen een offensief in Noord-Korea
26 november Chinese troepen mengen zich in de oorlog in Korea

HEKSENJACHT OP COMMUNISTEN
De Amerikaanse senator Joe McCarthy (1909-1957) beweert dat er 57 communisten en 205 sympathisanten werken op het Ministerie van Buitenlandse Zaken. De senaatscommissie voor buitenlandse betrekkingen moet de beschuldigingen onderzoeken en er ontstaat onder leiding van McCarthy een heksenjacht op vermeende communisten, die voortduurt tot in oktober 1953 de aanval wordt geopend op het Amerikaanse leger. Hierdoor komt hij zelf in oktober 1954 onder censuur te staan en dat betekent al snel zijn ondergang.

SPIONAGEKOORTS
In Groot-Brittannië wordt de atoomwetenschapper dr. Klaus Fuchs (1911-1988) gearresteerd en veroordeeld tot veertien jaar gevangenisstraf voor het leveren van atoomgeheimen aan de Russen. Door zijn acties konden Russische wetenschappers hun nucleaire plannen verder ontwikkelen. In 1951 worden de Amerikaanse communisten Julius en Ethel Rosenberg veroordeeld en geëxecuteerd op de elektrische stoel. In juni 1951 lopen de Britse diplomaten Guy Burgess en Donald MacLean over naar Rusland.

GEZAMENLIJK ECONOMISCH BELEID
De Franse minister van Buitenlandse Zaken Robert Schuman (1886-1963) schrijft een plan voor samenwerking van de Franse en Duitse kolen- en staalindustrie onder gemeenschappelijk gezag, waar ook andere landen zich bij aan kunnen sluiten. Het plan, dat wordt uitgewerkt door de Franse econoom Jean Monnet, vormt de basis voor de vorming van de Europese Gemeenschap voor Kolen en Staal (EGKS), die in april 1951 in Parijs wordt opgericht en waar Frankrijk, West-Duitsland, Italië en de Benelux zich bij aansluiten. De EGKS treedt in juli 1952 in werking.

OPSTAND VAN DE HUK OP DE FILIPPIJNEN
De Hukbalahap –het anti-Japanse Volksleger–, een communistische verzetsgroep in Luzon die guerillatactieken gebruikt tegen de pas onafhankelijk geworden Filippijnse republiek, valt Manilla aan. Er wordt echter een inval gedaan op hun geheime hoofdkwartier en de aanval wordt afgeblazen. Hun leider geeft zich in 1954 over.

MILJOENEN TELEVISIEKIJKERS
Meer dan 75 miljoen mensen kijken naar de eerste transcontinentale televisie-uitzending in Amerika. Hieruit blijkt de toenemende populariteit van commerciële televisienetwerken sinds 1946.

DE VIERDE WK
De winnaar van de WK voetbal in Brazilië is bekend na wedstrijden in de kampioenspoule van vier teams. Uruguay wordt weer kampioen, maar het poulesysteem wordt hierna niet meer gebruikt. Engeland doet voor het eerst mee, maar worden verslagen door de VS.

DE CHINEZEN IN TIBET
De Chinezen vallen Tibet binnen en het land wordt, ondanks een verzoek om hulp aan de VN, zeer snel onder de voet gelopen. De jonge Dalai Lama blijft achter en is in naam hoofd, maar vlucht uiteindelijk naar India.

BOVEN: de televisie wordt in de jaren '50 een van de populairste consumptieartikelen.

BOVEN: de NAVO richt zich op een gezamenlijk defensiebeleid. Deze vergadering, voorgezeten door de Amerikaanse minister van Buitenlandse Zaken Dean Acheton (rechts), vindt plaats in Brussel aan het eind van de jaren '50.

LEOPOLD DOET AFSTAND
Koning Leopold III keert terug naar België na een afwezigheid van zes jaar en doet definitief afstand van de troon ten gunste van zijn zoon Boudewijn.

BOVEN: de gouden eeuw van de filmindustrie begint in de jaren '50. In *All the king's men*, gebaseerd op een roman van Robert Penn Warren, spelen sterren me als Broderick Crawford, Jeanne Dru, John Ireland en Mercedes McCambridge.

KURT WEILL (1900–1950)

De in Duitsland geboren componist Kurt Weill overlijdt. De componist van *Mac the knife* en *September song* werkte samen met Berthold Brecht aan *Aufstieg und Fahl der Stadt Mahagonny* (1927-1929) en aan de buitengewoon succesvolle *Die Dreigrosschenoper* (1928). Hij verliet in 1933 nazi-Duitsland met zijn vrouw, de zangeres Lotte Lenya, en vestigde zich in 1935 in de VS, waar hij diverse Broadwaymusicals componeerde.

JAN CHRISTIAN SMUTS (1870–1950)

De Zuid-Afrikaanse staatsman en ex-premier Jan Christian Smuts overlijdt. Hij werkte mee aan de oprichting van de Unie van Zuid-Afrika (1910), was lid van het oorlogskabinet van het Britse Rijk tijdens de Eerste Wereldoorlog en trad op als raadgever voor het Britse oorlogskabinet tijdens de Tweede Wereldoorlog.

UNIVERSITEITSSTAD

De modernistische architecten Mario Pani en Enrique del Moral ontwerpen een complex in Midden-Amerika: de campus van de Autonome Nationale Universiteit van Mexico.

HOE GROOT IS PLUTO?

In maart meet de in Nederland geboren Amerikaanse astronoom Gerard P. Kuiper de planeet Pluto. De diameter wordt definitief vastgesteld door de Hubble-telescoop aan het eind van de jaren '90: 2324 km.

DE OORT-MASSA

De Nederlandse astrofysicus Jan Oort (1900-1992) is van mening dat er zich een enorm aantal kometen op grote afstand van de zon bevindt. Later wordt dit verschijnsel naar hem genoemd: de Oort-massa.

CYCLAMAAT

Cyclamaat, een kunstmatige zoetstof die veel gebruikt wordt in voeding en dranken, wordt geïntroduceerd.

DINER'S CREDIT CARD

De Diner's Club wordt in de VS opgericht door Ralph Schneider, die de eerste 'rekeningkaart' uitgeeft, een voorloper van de credit card (hij wordt elke maand afbetaald).

IN DE CEL

De Belgische cytoloog (celkundige) Albert Claude (1899-1983) ontdekt met behulp van een elektronenmicroscoop het endoplasmisch reticulum, een netwerk van ruimte binnen een levende cel dat alles bij elkaar houdt.

GELIJKHEID VOOR CHINESE VROUWEN

De communistische regering van Mao Zedong heeft een nieuwe huwelijkswet aangenomen, die de rol erkent die vrouwen hebben gespeeld bij de communistische triomf. Gedwongen, gearrangeerde huwelijken, polygamie, kinderhuwelijken en kindermoord worden verboden.

EEN DODE VAN 2000 JAAR

De man van Tollund, een lijk van tweeduizend jaar oud, wordt goed geconserveerd gevonden in een veenmoeras bij Jutland in Denemarken. De man, die dertig tot veertig jaar oud was, was gedood door ophanging of wurging.

GEORGANISEERD REIZEN

Georganiseerde reizen worden geïntroduceerd door de Belg Gerard Blitz en Vladimir Raitz, die goedkope kampeerplaatsen aanbieden op Mallorca en Corsica.

COMPUTERSCHAKEN

De Amerikaanse wiskundige Claude E. Shannon ontwerpt de eerste schakende computer.

LUCHTVAARTDIENST MET STRAALVLIEGTUIGEN

De eerste luchtvaartdienst met straalvliegtuigen wordt

VASLAV NIJINSKY (1890–1950)

De beroemde Russische danser en choreograaf Nijinski overlijdt. Na zijn opleiding aan de Keizerlijke Balletschool in St.-Petersburg werd hij eerste danser bij het Ballets Russes van Diaghilev. Helaas werd hij, na een periode van gevangenschap in de Eerste Wereldoorlog, in 1917 schizofreen, waarna het leven hem zwaar viel.

HET PLASTIC TIJDPERK

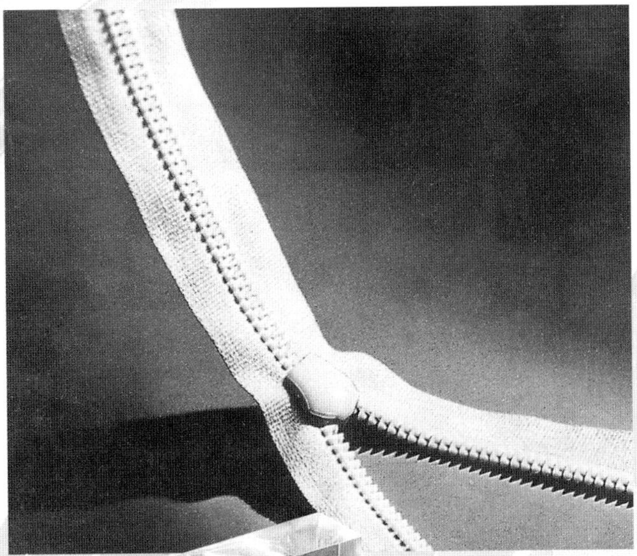

BOVEN: de pas ontworpen nylon ritsen zijn zo licht dat ze voor dunne stoffen gebruikt kunnen worden. Ze zijn bestand tegen wasmiddelen en hete strijkijzers.

BOVEN: een stevige, waterafstotende plasticsoort bedekt de buitenkant van deze radio.

BOVEN: een klok in transparant plastic.

BOVEN: een telefoon van bakeliet, een vroege plasticsoort.

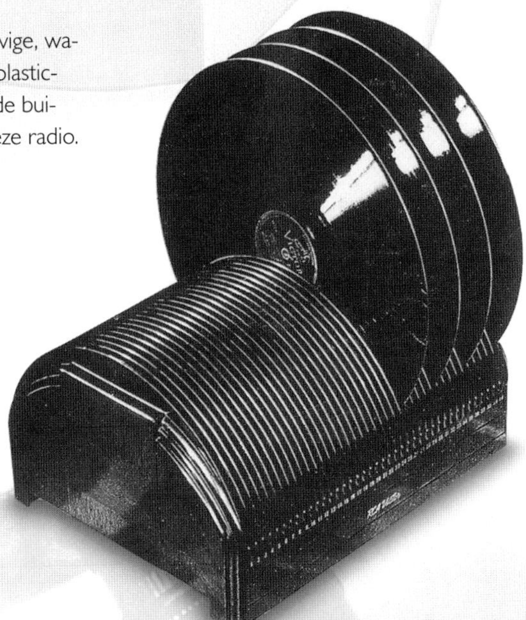

BOVEN: plastic kon voor elke vorm worden gebruikt – ook voor heel ingewikkelde voorwerpen.

ingewijd met een vlucht van Londen naar Parijs met een Vickers Vicount 630 vliegtuig met vier turboprops.

JEUGDMODE

'Bobbysoxers', die zo genoemd worden vanwege de kniekousen die ze dragen, vormen een nieuwe jeugdgroep in de VS. Het zijn tienerfans van de zanger Frank Sinatra.

RASHOMON

De film *Rashomon* van de Japanse regisseur Akira Kurosawa gaat in première en vestigt de reputatie van Kurosawa. Het is het verslag van een gewelddadige misdaad vanuit vier verschillende perspectieven. Kurosawa zal later beroemd worden door de historische Samuraifilm *The Seven Samurai* (1954).

DE STEENTIJD OP DE NOORDPOOL

De Denen ronden een drie jaar durende expeditie naar Groenland af, waarbij zij het Perrylandplateau hebben onderzocht. Ze hebben sporen gevonden van semipermanente woonplaatsen van een volk uit de Steentijd dat 750 km van de Noordpool woonde.

DE OORLOG IN KOREA

Noord-Koreaanse legereenheden vallen Zuid-Korea binnen, waardoor er een bittere strijd ontstaat die drie jaar zal duren. Troepen van de VN, onder aanvoering van de VS komen Zuid-Korea te hulp, terwijl China zich in november aansluit bij Noord-Korea. Noord-Koreaanse troepen dringen de Koreaanse en Amerikaanse troepen terug naar een smalle strook land bij Pusan. In september 1950 landen Amerikaanse mariniers bij Inchon, de haven bij het Zuid-Koreaanse Seoul.

De succesvolle landingen leiden tot een tegenoffensief bij de Chinese grens. Met de vereende krachten van 485.000 man dwingen ze de 365.000 man sterke legers van de VN zich terug te trekken naar het zuiden. Een tegenaanval van de VN stabiliseert de linie. In juni 1951 staan de twee partijen tegenover elkaar op de 38e breedtegraad. In 1953 worden er onderhandelingen gevoerd en gevangenen uitgewisseld. Aan het einde van de oorlog tellen de VN 118.515 doden, 264.591 gewonden en 92.987 gevangenen. De communistische legers tellen 1600.000 slachtoffers, van wie 171.000 gevangen zijn genomen.

BOVEN: een soldaat staat op wacht.

BOVEN: US Navy Sky raiders vuren raketten af op Noord-Koreaanse stellin

BOVEN: een Amerikaanse soldaat troost een collega, terwijl een andere de namen van de slachtoffers noteert.

BOVEN: bij Oetlook-tong ondersteunen deze geweren de infanterie.

BOVEN: de Amerikaanse marine gebruikt ladders bij de amfibielandingen bij Inchon.

RECHTS: een Koreaanse afgevaardigde bij de conferentie van Kaesong.

ONDER: beelden van het conflict. Amerikaanse mariniers naderen onder dekking vanuit de lucht (linksboven); VN-troepen vechten in de straten van Seoul (rechtsboven); bombardement op pakhuizen in Wonsan in Noord-Korea (linksonder); de *USS Missouri* vuurt een 16 inch machinegeweer af om de communicatie in het noorden te verstoren (rechtsonder).

SPIONNEN, PACTEN EN BEATNIKS

De oorlogen in Korea en Indo-China gaan door. Libië wordt onafhankelijk. Een nieuwe en zeer geavanceerde digitale computer, UNIVAC 1, wordt ontwikkeld; hij gebruikt magnetisch tape om informatie op te slaan en af te geven en zal een revolutionaire invloed hebben in het bedrijfsleven. *The catcher in the rye* van de Amerikaanse schrijver J.D. Salinger verhaalt van een held, wiens vervreemding overal ter wereld wordt begrepen door de jongeren. De Amerikaanse componist Menotti schrijft speciaal voor tv een opera.

1951

1 januari Noord-Korea en China nemen Seoul in
26 januari De VN beginnen een tegenoffensief tegen het Chinese en het Koreaanse leger

30 maart Julius en Ethel Rosenbaum worden schuldig bevonden aan spionage

22 april De Slag bij de rivier de Imjin in Korea. De VN verdedigen zich tegen Chinese en Koreaanse troepen

25 mei De Britse diplomaten Burgess en MacLean worden verdacht van spionage en verlaten Groot-Brittannië

1 september De VS, Australië en Nieuw-Zeeland tekenen een veiligheidsovereenkomst voor het Pacifisch gebied
8 september Het vredesverdrag met Japan wordt getekend

13 december De Franse Nationale Assemblée ratificeert het plan van Schuman
24 december Libië wordt onafhankelijk

BOVEN: president Harry S. Truman spreekt het volk toe, 1951.

BLZ. 321: de enorme ontwikkelingen in de luchtvaart worden duidelijk gemaakt door de dubbeldekker die 96 km per uur vloog in 1912 en het North American F-86 Sabre straalvliegtuig, dat 1072 km per uur haalt in 1951.

FU-332

BOVEN: Zuid-Koreaanse vluchtelingen lopen langs de spoorrails op weg naar veiliger plaatsen.

BOVEN: in Saudi-Arabië geven Amerikaanse landbouwexperts voorlichting over landbouwtechnieken voor de woestijn.

EINDELIJK VREDE
Vertegenwoordigers uit 49 landen komen bij elkaar in San Francisco om het vredesverdrag met Japan te tekenen, waarmee de vijandigheden van de Tweede Wereldoorlog formeel beëindigd zijn.

LIBIE ONAFHANKELIJK
De voormalige Italiaanse kolonie Libië wordt onafhankelijk. Het land was tijdens de oorlog bezet door de Britten en wordt de eerste onafhankelijke staat die wordt opgericht door een resolutie van de VN, en de eerste voormalige Europese kolonie in Noord-Afrika die onafhankelijkheid krijgt.

DE FRANSE OORLOG IN INDO-CHINA
De oorlog in Indo-China gaat door. De Vietminh vormt een volksfront met communistische groeperingen in Laos en Cambodja.

ONGEDIERTEBESTRIJDING
In Australië wordt geëxperimenteerd met biologische ongediertebestrijding, wanneer myxomatose uit Brazilië naar schapenboeren wordt gebracht om konijnen te doden. De konijnen werden in 1859 door kolonisten meegebracht; er zijn nu meer dan vijfhonderd miljoen en deze dieren eten al het gras op. In de VS introduceert de entomoloog Edward F. Knipling van het Ministerie van Landbouw de sterilisatie van vrouwelijke insecten.

THE CATCHER IN THE RYE
De Amerikaanse schrijver J.D. Salinger schrijft een korte roman: *The catcher in the rye*. Het is het verhaal van de jonge Holden Caulfield, die wegloopt van kostschool. Door Holden's weerstand tegen het 'achterbakse' gedrag van volwassenen wordt het boek zeer snel populair bij tieners.

DE VERNIELDE STAD
Dit werk van de Russische beeldhouwer Ossip Zadkine (1890-1967) is een monument voor de slachtoffers (voornamelijk onder de burgerbevolking) van de bombardementen door de nazi's op Rotterdam in 1940. Het beeld krijgt een toonaangevende plaats en wordt wereldberoemd.

AMAHL AND THE NIGHTLY VISITORS
De Amerikaanse componist Gian Carlo Menotti schrijft dit werk speciaal voor het steeds populairder wordende medium televisie. Het is een kerststuk en gaat op kerstavond in première. Het is tevens zijn beroemdste werk.

BILLY BUDD
De opera *Billy Budd* van de Engelse componist Benjamin Britten (1913-1976) wordt opgevoerd en is gebaseerd op het boek *Billy Budd* van Herman Melville. De schrijver E.M. Forster schrijft samen met Eric Crozier het libretto en de Engelse tenor Peter Pears vertolkt de hoofdrol.

UNIVAC I
De eerste op grote schaal geproduceerde computer is UNIVAC 1 (Universal Automatic Computer). Het apparaat slaat informatie op magnetische tapes op.

KLEVERIG ONDERWERP
De Amerikaanse wetenschapper Fred Joyner ontdekt bij toeval een lijmsoort die overal aan vastplakt. Het wordt een van de eerste lijmsoorten die in enkele seconden hard worden als er geen lucht bij komt.

FESTIVAL IN GROOT-BRITTANNIE
Het Festival of Britain wordt geopend in Londen rond de Royal Festival Hall van Robert Matthew en een 'koepel vol ontdekkingen'. Onder de geëxposeerde voorwerpen zijn nieuwe textielsoorten, minimalistische meubels van metaal en plastic, en moderne kunst en design. In de Telekinema, de grote attractie, vertoont men stereoscopische films, die door een speciale bril worden bekeken.

BOVEN: de 35e jaarlijkse Indy 500 in Indianapolis wordt gewonnen door Lee Wallard in een recordtijd van 3 uur, 57 minuten en 38 seconden. Hij behaalt een gemiddelde snelheid van 201,99 km per uur.

DE MELKWEG
De Amerikaanse astronoom William Morgan bevestigt dat ons eigen sterrenstelsel, de Melkweg, een spiraalvormige constructie heeft. Het zonnestelsel is een tak van de spiraal.

FLUORIDERING
Er wordt ontdekt dat fluoride, dat in sommige soorten drinkwater van nature aanwezig is, tandbederf voorkomt. Daarom voegt men nu fluoride toe aan drinkwater op plaatsen waar het niet van nature in het water aanwezig is.

LUDWIG JOSEF JOHANN WITTGENSTEIN (1899–1951)

De in Oostenrijk geboren Britse filosoof Ludwig Wittgenstein overlijdt aan kanker in Cambridge. Zijn vroege werk, *Tractatus logico-philosophicus* (1921) had zeer veel invloed en kreeg zeer veel volgelingen toen hij in 1942 een baan aan de universiteit van Cambridge accepteerde, hoewel hij niets meer had gepubliceerd. Zijn tweede belangrijke werk *Philosophical investigations* (1953) en andere geschriften worden na zijn dood gepubliceerd.

ROCK-'N-ROLL IS EEN BLIJVERTJE

De VS nemen proeven met een waterstofbom in de Grote Oceaan nu de rivaliteit tussen Amerika en Rusland toeneemt. De Keniase stam van de Mau-Mau komt in opstand tegen het Britse koloniale bewind en de noodtoestand wordt afgekondigd. Transistoren worden op allerlei manieren toegepast, van telefoons tot radio's, en rock-'n-roll wordt steeds populairder. De rivaliteit van de Koude Oorlog is merkbaar op de Olympische Spelen, waar de Tsjech Zatopec er vandoor gaat met drie gouden medailles.

1952

6 februari De Britse koning George VI overlijdt. Koningin Elizabeth II volgt hem op
14 februari De Olympische Winterspelen worden geopend in Oslo

1 maart In India worden de eerste nationale verkiezingen gehouden. De Congrespartij van Pandit Nehru krijgt 364 van de 489 zetels in het parlement

19 juli De Olympische Spelen worden geopend in Finland
25 juli De Europese Gemeenschap voor kolen en staal wordt opgericht
26 juli Eva (Evita) Perón overlijdt aan kanker
27 juli Emil Zatopek wint drie gouden medailles voor Tsjechoslowakije

11 september Eritrea wordt bij Ethiopië gevoegd

20 oktober De acties van de Mau-Mau beginnen; noodtoestand in Kenia

1 november Amerikaanse wetenschappers testen een waterstofbom in de Grote Oceaan
5 november Dwight D. Eisenhower wint de Amerikaanse presidentsverkiezingen
9 november Chaim Weizmann, de eerste president van Israël, overlijdt

BOVEN: de Californische wijngebieden Napa, Sonoma en Mendocino produceren prima wijnen.

DE VS TESTEN DE H-BOM
Amerikaanse wetenschappers nemen proeven met een waterstofbom bij de Eniwetk-atol in de buurt van de Marshall-eilanden in de Grote Oceaan. Volgens waarnemers wordt een eilandje compleet weggevaagd door de klap. Radioactief stof stuift op tot wel 40 km hoog en verspreidt zich over een afstand van 126 km. De waterstofbom is een thermonucleair wapen, dat werkt op basis van atoomsplitsing.

IKE WORDT PRESIDENT
In november wint de voormalige generaal Dwight D. Eisenhower (1890-1969) zeer overtuigend de presidentsverkiezingen voor de republikeinen. Zijn vice-president is Richard Nixon.

MAU-MAU IN ACTIE
In Kenia breekt een opstand uit tegen het Britse koloniale bewind. De opstand wordt voornamelijk aangevoerd door de stammen van de Kikuyu en de Meru. De Britten kondigen de noodtoestand af en zetten 50.000 soldaten in. De problemen gaan door tot 1960.

EEN NIEUWE BRITSE KONINGIN
George VI overlijdt en prinses Elizabeth (geb. 1926) wordt koningin Elizabeth II.

ERITREA SAMENGEVOEGD MET ETHIOPIE
In Oost-Afrika wordt de voormalige Italiaanse kolonie Eritrea door de VN bij Ethiopië gevoegd.

DE DOOD VAN EVITA
Eva Perón (Evita), de vrouw van president Juan Perón, overlijdt aan kanker. Jaren later blijkt dat Evita onder meer met de nazi's zaken deed.

ROCK-'N-ROLL DOET ZIJN INTREDE
Rock-'n-roll doet in Amerika zijn intrede tijdens de Moondog rock-'n-roll party van Alan Freed op het WJW radiostation in Cleveland, Ohio. De muziek verspreidt zich over de hele wereld en wordt in Engeland populair bij de teddyboys; in Nederland bij de nozems.

DE VLIEGENDE KOMEET
Het eerste vliegtuig ter wereld dat is aangedreven door straalmotoren, de Britse De Havilland DH 106 Comet 1, betekent het begin van een reguliere passagiersverbinding tussen Londen en Johannesburg.

ELEMENTEN ONTDEKT
De elementen 99 en 100, einsteinium en fermium, worden ontdekt –na het ontploffen van een waterstofbom– door Amerikaanse wetenschappers van de universiteit van Californië en twee Amerikaanse laboratoria.

WACHTEN OP GODOT
Het beroemdste toneelstuk van de Ierse schrijver Samuel Beckett, *Waiting for Godot*, wordt opgevoerd – het is een hoogtepunt in de geschiedenis van het toneel. Het is het verhaal van twee zwervers die wachten op de mysterieuze Godot die nooit komt. Hun hachelijke situatie lijkt een weerspiegeling van de hopeloosheid van deze tijd.

VEELZIJDIGE TRANSISTOREN
In Japan wordt de eerste zaktransistorradio geproduceerd door Masaru Ibuka, die de technologie van de Western Electric Co afdeling van het Amerikaanse At&T verbetert en de radio onder de naam Sony op de markt brengt. De eerste hoortoestellen met transistor worden in de VS geproduceerd en in Groot-Brittannië worden transistoren toegepast in het kiesapparaat van de centrale telefoon om automatisch kiezen mogelijk te maken.

WRAKONDERZOEK MET SCUBA
Het eerste archeologische onderzoek naar een wrak met behulp van een scuba-duikuitrusting wordt verricht door de Franse duiker en mariene archeoloog Jacques Cousteau, die een Grieks schip met wijnkruiken ontdekt voor de kust van Marseille.

MARIA MONTESSORI (1870–1952)

De Italiaanse onderwijspionier en arts Maria Montessori overlijdt. Haar onderwijsmethoden, gebaseerd op spelend leren, werden ontwikkeld vanuit haar ervaringen op haar school voor kinderen met leerproblemen. Montessorischolen zijn overal ter wereld gesticht.

CHAIM AZRIEL WEIZMANN (1874–1952)

Dr. Chaim Weizmann, in 1948 de eerste president van Israël, overlijdt. Hij was een eminent chemicus, geboren in Rusland. Als jongeman werkte hij in Zwitserland, waar hij een van de leiders van de zionisten werd. In Groot-Brittannië, waar hij woonde van 1904 tot 1934, ontdekte hij de bacterie *Clostridium acetobutylium*, die actief is bij de productie van aceton uit koolhydraten.

ONDER: televisiestudio's schieten als paddestoelen uit de grond als reactie op de enorme populariteit van dit nieuwe medium.

UNITE D'HABITATION
De Franse architect Le Corbusier (1887-1965) ontwerpt een opmerkelijk woonproject in Marseille. Behalve appartementen zijn er ook faciliteiten zoals winkels, een zwembad, een gymzaal en een crèche in opgenomen.

ANTABUSE
Het medicijn Antabuse®, dat alcoholisten helpt te stoppen met drinken, komt op de markt als disulphiram.

GASCHROMATOGRAFIE
De Britse biochemici Archer Martin en A.T. James vinden de gaschromatografie uit, waarmee chemische gassen gescheiden kunnen worden.

4'33"
De Amerikaanse componist John Cage heeft een stuk voor piano 'geschreven' waarin 4 minuten en 33 seconden stilte opgenomen zijn. Het publiek wordt opgeroepen te luisteren naar de geluiden in hun directe omgeving.

REMSLAAP
Biologen die slaappatronen bestuderen, ontdekken dat er een periode is waarin de ogen van de slaper snelle bewegingen maken. Deze periode wordt bekend als de droom- of remslaap (rapid eye movement).

INSULINE GEANALYSEERD
De Britse biochemicus Frederick Sanger ontdekt dat insuline een proteïne is en werkt de exacte structuur ervan uit.

DRIJVEND GLAS
De Engelse glasmaker Arthur Pilkington vindt drijvend glas uit. Vloeibaar glas drijft op een bak gesmolten tin, waardoor een geheel vlakke en glanzende laag ontstaat.

VRUCHTWATERPUNCTIE
Artsen ontwikkelen amnioscopie (vruchtwaterpunctie), een procedure waarbij tijdens de zwangerschap een beetje vruchtwater uit de baarmoeder van de vrouw onderzocht kan worden om te kijken of haar baby gezond is.

ACRYL KOMT OP DE MARKT
Nieuwe acrylvezels zoals Orlon, ontdekt door Du Pont, en Acrilan, geproduceerd door de Chemstrand Corporation worden, in de VS op de markt gebracht. De vezels zijn zacht en er kan mee gebreid worden.

DE ZUIDPOOL IN KAART
De Zuidpool wordt vanuit de lucht in kaart gebracht en belangrijke gletsjers worden door een Noors-Zweeds-Britse expeditie onderzocht. De expeditie werd georganiseerd door H.V. Sverdrup, voormalig directeur van het Scripps Instituut in de VS en hoogleraar oceanografie in Californië.

AUSTRALISCHE GOUDZOEKER ONTDEKT ERTSBERG
Een berg ijzererts wordt in de Hammersley Range ontdekt door de Australische goudzoeker Langley George Hancock, die roestkleurige aardlagen opmerkt nadat zijn vliegtuig uit koers is geraakt. Hij houdt zijn ontdekking geheim en wacht op een wijziging van de mijnbouwwet.

DE EERSTE SUIKERVRIJE LIMONADE
In No-Cal ginger ale, de eerste suikervrije limonade, wordt cyclamaat gebruikt als zoetstof in plaats van suiker. De drank is ook zoutloos.

OLYMPISCHE SPELEN
Massa's mensen bezoeken de eerste Olympische Winterspelen in Scandinavië, in het Noorse Oslo. Een recordaantal van 150.000 toeschouwers kijkt naar het schansspringen en het hele land juicht voor drie gouden medailles van de schaatser Hjalmar 'Hjallis' Anderson. Russische atleten doen mee aan de zomerspelen in Helsinki in Finland en de rivaliteit van de Koude Oorlog is ook merkbaar tijdens de Spelen. De Tsjech Emil Zatopek brengt de Finse toeschouwers, die een goede langeafstandsloper zeer kunnen waarderen, in vervoering. Hij wint goud op de 5000 m, de 10.000 m en de marathon.

MARIA EVA (EVITA) DUARTE DE PERON (1919–1952)

Eva Perón, de zeer populaire tweede vrouw van de Argentijnse rechtse president Juan Perón, overlijdt op 33-jarige leeftijd aan kanker. Ze had een grote invloed op haar echtgenoot en zette zich in voor het vrouwenkiesrecht en hervormingen op sociaal gebied en in de gezondheidszorg. Het Argentijnse volk rouwt om haar dood.

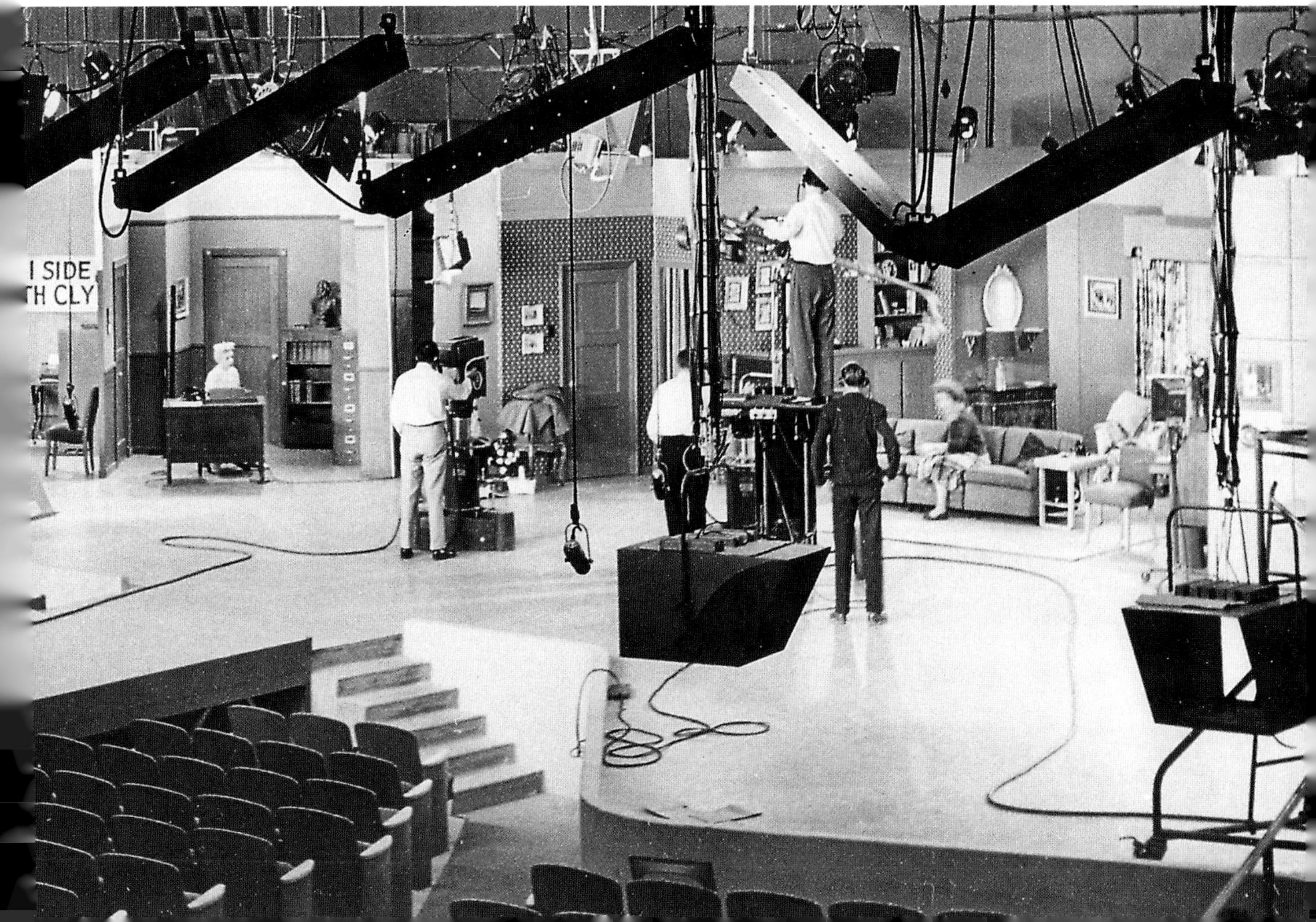

DUBBELE HELIX ONTCIJFERD

De Russische leider Jozef Stalin overlijdt en wordt opgevolgd door Nikita Chroesjtsjov. De oorlog in Korea wordt beëindigd. Britse wetenschappers ontdekken de geheimen van het leven door de structuur van DNA te ontrafelen en de hoogste berg ter wereld, de Mount Everest, wordt eindelijk bedwongen. In Nederland zijn er grote overstromingen en een Amerikaanse natuurbeschermer waarschuwt voor de gevaren van misbruik van de natuurlijke rijkdommen van de aarde.

1953

20 januari Dwight Eisenhower wordt geïnaugureerd als de 34e president van de VS
31 januari Watersnoodramp in het zuiden van Nederland.

10 februari De gemeenschappelijke markt voor kolen en staal tussen diverse Europese landen treedt in werking

5 maart Jozef Stalin, leider van de Sovjet-Unie, overlijdt

25 april Britse wetenschappers ontrafelen de structuur van DNA

29 mei De bergbeklimmers Hillary en Tensing bereiken de top van de Mount Everest. Het bericht wordt op 1 juni ontvangen

17 juni In Oost-Duitsland verandert een arbeidersstaking in een opstand tegen het communistische regime

5 juli Imre Nagy wordt premier van Hongarije
26 juli Fidel Castro leidt een poging tot omverwerping van de regering van Batista
27 juli In Korea wordt een wapenstilstand getekend om een einde te maken aan de oorlog

12 september Nikita Chroestsjov wordt benoemd tot voorzitter van het Centrale Comité van de communistische partij in Rusland

23 november Het Hongaarse voetbalteam verslaat het Britse elftal op Wembley

STALIN OVERLIJDT

Jozef Stalin, die bijna dertig jaar leider van Rusland is geweest, overlijdt op 73-jarige leeftijd. Georgi Malenkov volgt hem op als premier, maar in september wordt Nikita Chroesjtsjov (1894-1971) leider van de Communistische Partij.

EINDE VAN DE OORLOG IN KOREA

In Panmunjon in Korea wordt een wapenstilstand getekend, waardoor er een einde komt aan de reeds drie jaar durende oorlog in Korea. Gevangenen worden uitgewisseld en beide partijen trekken zich terug uit door hen bezette gebieden. Volgens het akkoord blijft Korea verdeeld in Noord- en Zuid-Korea.

OPSTAND NEERGESLAGEN

In Oost-Berlijn wordt een arbeidersopstand tegen de verdeling van de stad en het harde beleid van de Russen neergeslagen door Russische tanks.

HET HONGAARSE REGIME WORDT MINDER STRENG

Imre Nagy (1895-1958) wordt de nieuwe premier van Hongarije. Hij kondigt een einde aan de gedwongen collectivisatie van de landbouw aan en versoepelt de communistische regels enigszins.

SCHAALDIERVERGIFTIGING

Milieuvervuiling blijkt de doodsoorzaak bij mensen die vis en schaaldieren aten uit Minamata Bay bij Kyushu en in Niigata in Honshu. Het water blijkt vergiftigd te zijn met lood, een bijproduct in industriële processen.

BOVEN: deze Tsjechen ontsnappen naar het Westen door in een gestolen tank door de grenspost te denderen.

BOVEN: een miniwapen –cyanidekogels in een sigarettendoosje– wordt gebruikt door Oost-Duitse geheime agenten in het voortdurende conflict met het Westen.

ONDER: na het tekenen van de wapenstilstand in juli 1953 gaan de onderhandelingen om een einde aan de oorlog te maken voort. Tot in september worden er gevangenen geruild.

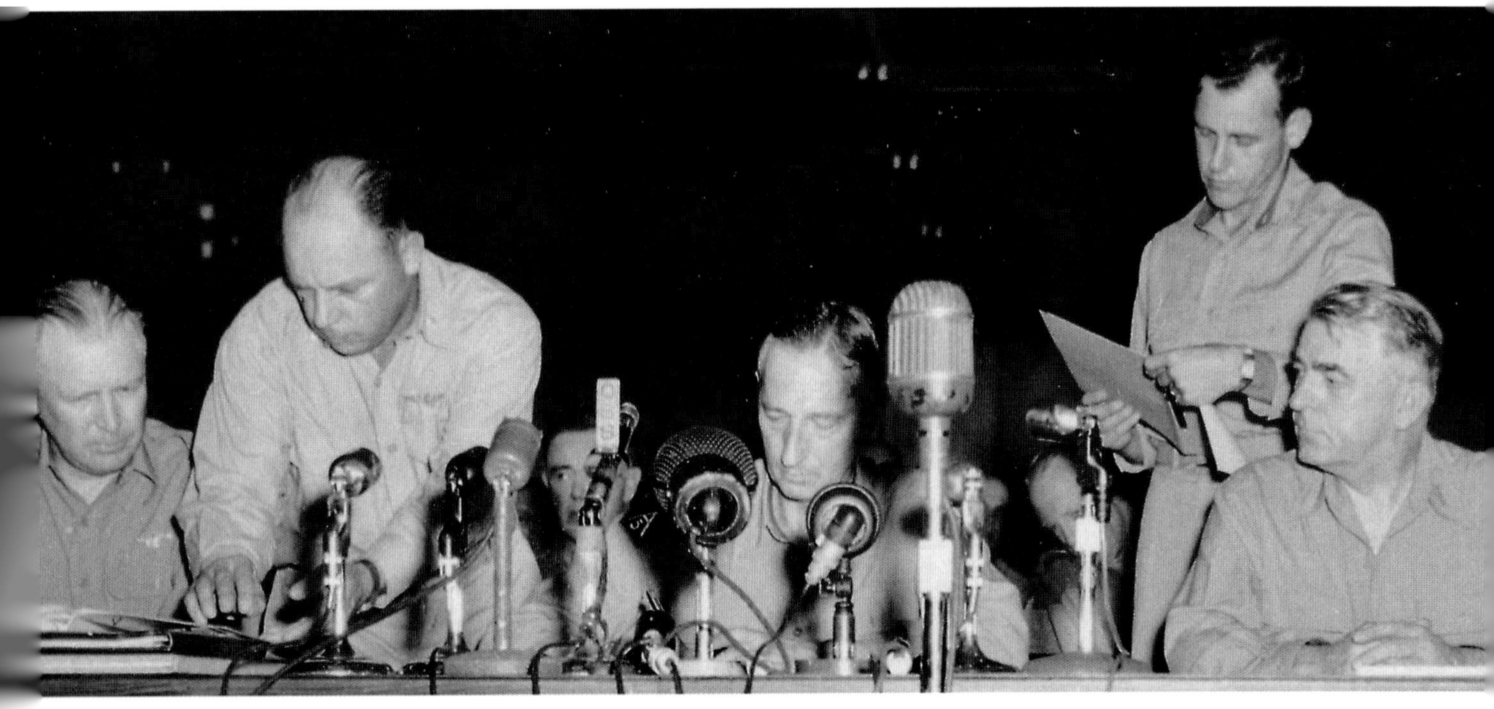

BOVEN: Oost-Duitsers verbranden en vertrappen Sovjet-vlaggen tijdens rellen in de verdeelde stad Berlijn.

BURGEROORLOG IN CUBA

De communistische rebellenleider Fidel Castro (geboren 1927) leidt de aanval op legerbarakken in Cuba in een mislukte poging de regering van premier Batista omver te werpen. Diverse rebellen worden gedood; Castro en anderen worden gevangengenomen.

GEMEENSCHAPPELIJK KOLEN EN STAAL

De landen die zich hebben verenigd in de Europese Gemeenschap voor Kolen en Staal –Frankrijk, Italië, Luxemburg, België, Nederland en West-Duitsland– beginnen een gemeenschappelijke markt voor kolen, ijzererts en staal.

ACHTERGROND: tests met de atoombom worden uitgevoerd op de Bikini-eilanden in de Stille Oceaan.

DUBBELE HELIX

De Britse wetenschappers Francis Crick, James Watson, Maurice Wilkins en Rosalind Frank hebben de strucuur van de complexe molecuul DNA (deoxyribonucleic acid) ontrafeld – de chemische stof die de basis vormt van de genen, die erfelijke eigenschappen overbrengen. De structuur van DNA wordt gevormd door twee strengen die vervlochten zijn tot een dubbele helix. Door deze ontdekking kunnen wetenschappers nu vaststellen hoe levende organismen zichzelf reproduceren.

WATERSNOODRAMP

Stormwinden en springvloed veroorzaken ernstige overstromingen in Nederland, die vele slachtoffers eisen. Hierna besluit men te beginnen met het dertig jaar durende Deltaplan, waarbij dammen in brede riviermondingen en zeearmen, een stormvloedkering in de monding van de Oosterschelde en over de Schelde de langste brug ter wereld worden gebouwd.

UNDER MILK WOOD

De Welshe dichter Dylan Thomas (1914-1953) gebruikt zijn levendige taal en humor om een stuk te schrijven voor stemmen. *Under milk wood* is gesitueerd in een plaatsje aan de kust van Wales en gaat over het dagelijkse leven, de liefdes en dromen van de inwoners.

DE GRENZEN VAN ONZE AARDE

De Amerikaanse zoöloog en milieuactivist Fairfield Osborne publiceert *The Limits of Our Earth*, waarin hij waarschuwt voor misbruik van de beschikbare natuurlijke rijkdommen en het gevaar van overbevolking. In *Our Plundered Planet*, dat gepubliceerd werd in 1948, zet hij de gevaren uiteen die kleven aan het gebruik van DDT.

THE CRUCIBLE

Het toneelstuk *The crucible* van de Amerikaanse toneelschrijver Arthur Miller wordt opgevoerd. Het onderwerp zijn de 17e-eeuwse heksenprocessen in Salem in Massachusetts, die als metafoor worden gebruikt voor de jacht op en de veroordeling van 'communisten' door McCarthy en co.

BOVEN: een manier om kernafval te dumpen was door het diep in de grond te begraven.

SCIENTOLOGY OPGERICHT
De Scientology-kerk wordt opgericht in Washington DC door een voormalige zeeman, Lafayette Ronald Hubbard.

GEODETISCHE KOEPELS
Er staan geodetische koepels bij het hoofdkantoor van Ford in Dearborn in Michigan. Ze zijn bedacht door ontwerper en schrijver Richard Buckminster Fuller (1895-1983), die ze in de jaren '30 en '40 ontwikkelde. Door hun vele vlakken bieden de geodetische koepels maximale ruimte, die overdekt wordt door een zeer lichte constructie. Ze zijn ook goedkoop om te maken, geschikt voor prefabricatie en eenvoudig in elkaar te zetten.

MAGNETRON
Percy L. Spencer vraagt patent aan voor de magnetron. De oven wordt aanvankelijk alleen gebruikt in hotelkeukens en dergelijke, maar wordt later aangepast voor huishoudelijk gebruik.

DE EVEREST BEDWONGEN
De Nieuw-Zeelander Edmund Hilary en de Tibetaanse sherpa Tenzing Norgay worden de eerste mensen die de 8840 m hoge top van de Mount Everest bereiken, de hoogste berg ter wereld.

NOBELPRIJS
De Nederlandse wetenschapper Zernike ontvangt de Nobelprijs voor de natuurkunde voor zijn bijdrage aan de fasecontramicroscoop.

RECHTS: Jozef Stalin (Iosif Vissarionovich Dzugashvilli) overlijdt. In zijn jeugd werd hij van een theologisch seminarium gestuurd vanwege zijn marxistische ideeën.

MASER
De Amerikaanse natuurkundige Charles Townes bedenkt een apparaat om zeer krachtige microgolven op te wekken. Hij noemt het een 'maser', een afkorting van Microwave Amplification by Stimulated Emission of Radiation (versterking van microgolven door middel van opgewekte stralingsemissie).

MELK IN UW KOFFIE?
Roompoeder voor koffie, geproduceerd door M&R Dietetic Laboratories in Ohio in de VS, wordt in 1950 gevolgd door de productie van gedroogde melk door de Amerikaanse zuivelspecialist David. D. Peebles.

HART-LONGMACHINE
De Amerikaanse chirurg John H. Gibbon ontwikkelt een hart-longmachine en gebruikt hem om een patiënt in leven te houden tijdens een hartoperatie.

GO TELL IT ON THE MOUNTAIN
De zwarte Amerikaanse schrijver James Baldwin (1924-1987) publiceert zijn eerste boek *Go tell it on the mountain*. Het verhaal speelt zich af in Harlem en is gebaseerd op Baldwins eigen leven. De roman vestigt Baldwins naam als auteur van het leven en de ellende van zwarte Amerikanen.

EEN SCHOK IN DE VOETBALWERELD
Het Hongaarse voetbalelftal met Ferenc Puskas als captain verslaat het Engelse team met 6-3 op de Engelse thuisbasis Wembley, en wordt daardoor het eerste buitenlandse team dat Engeland op eigen bodem heeft verslagen.

WEGWERP-BIC
De Bic, een wegwerpbalpen, bedacht door baron Bich, wordt verkocht in Parijs.

JOSEPH STALIN (1879–1953)

De Sovjetleider Jozef Stalin overlijdt. Hij werd geboren in Georgië als zoon van een schoenmaker. Stalin bekeerde zich tot het bolsjewisme en werd in 1922 voorzitter van het Centrale Comité. Toen Lenin in 1924 overleed, volgde Stalin hem op als de leider van de Sovjet-Unie, waarbij hij meedogenloos alle tegenstand de kop in drukte. Door collectivisatie en diverse vijfjarenplannen transformeerde hij de Russische economie en maakte van het land een wereldmacht.

PROBLEMEN IN ALGERIJE EN VIETNAM

Anti-Frans geweld laait op in Algerijnse strijd voor onafhankelijkheid. Vietnam, Laos en Cambodja worden onafhankelijk en Vietnam wordt in tweeën gedeeld. Het begin van het atoomtijdperk wordt onderstreept door de lancering van de eerste kernonderzeeër ter wereld en de opening van de eerste kernreactor ter wereld. Een Engelse atleet legt de mijl af in minder dan 4 minuten, Marlon Brando wordt een cultfiguur en de eerste succesvolle niertransplantatie wordt verricht.

1954

21 januari De eerste atoomonderzeeër wordt te water gelaten in de VS

1 maart Amerika neemt proeven met een waterstofbom bij de Marshall-eilanden, wat wereldwijd leidt tot grote bezorgdheid

9 april Een Comet-straalvliegtuig stort neer ten noorden van Messina op Sicilië
24 april De Mau-Mau opgepakt in Kenia

6 mei Roger Bannister loopt de mijl in minder dan vier minuten
7 mei Franse troepen moeten zich overgeven in Dien Bien Phu in Vietnam
17 mei Het Amerikaanse Supreme Court oordeelt dat rassenscheiding op scholen volgens de grondwet verboden is

27 juni De eerste kerncentrale wordt geopend in Rusland

15 juli De Boeing 707 maakt zijn eerste vlucht in Seattle in de VS
20 juli De wapenstilstand die in Genève wordt getekend, maakt een einde aan de oorlog tussen Frankrijk en Indo-China. Cambodja, Laos en Vietnam worden onafhankelijk en Vietnam wordt gedeeld op de 79e breedtegraad

8 september De Zuidoost-Aziatische Verdragsorganisatie (SEATO) wordt opgericht

8 oktober Communistische eenheden bezetten Hanoi in Noord-Vietnam

1 november Geweld breekt uit in Algerije: het begin van de Algerijnse onafhankelijkheidsoorlog

2 december De Amerikaanse senaat berispt senator Joseph McCarthy

BOVEN: Vietnamese burgers in Hanoi richten een provisorische straatmarkt in, terwijl ze wachten op evacuatie.

RECHTS: een anticommunist, net vrijgelaten, zwaait met de Zuid-Koreaanse vlag bij zijn aankomst in Seoul.

VIETMINH NEEMT DIEN BIEN PHU IN

In Vietnam worden ca. 10.000 Franse soldaten omsingeld bij Dien Bien Phu door het 50.000 man sterke Vietminh-leger, aangevoerd door generaal Gap. De Fransen moeten zich overgeven na een belegering van 56 dagen. Dit verlies leidt tot een reeks overeenkomsten tussen Frankrijk en andere machtige landen. Frankrijk erkent de onafhankelijkheid van Cambodja en Laos en stemt in met de onafhankelijkheid en de verdeling van Vietnam.

DE EERSTE KERNONDERZEEËR

De eerste onderzeeër ter wereld die wordt aangedreven door kernenergie, wordt door de Amerikaanse marine in gebruik genomen. Hij wordt aangedreven door twee stoomturbines en de hitte die nodig is voor de stoom wordt geleverd door een kernreactor.

LINKS: de openingsceremonie van een stadion en sportcomplex in Bukarest, Roemenië.

BOVEN: de resten van een Tsjechisch vliegtuig dat over het IJzeren Gordijn werd gevlogen door Karel Cihak.

RASSENSCHEIDING MAG NIET
De Hoge Raad in Amerika oordeelt in de rechtszaak van Brown tegen de Onderwijsraad van Topeka dat rassenscheiding op scholen ongrondwettelijk is. Het oordeel leidt tot spanning tussen de rassen in alle zuidelijke staten.

DE BIKINI-ATOL
De VS testen hun tweede waterstofbom op de Bikini-atol bij de Marshall-eilanden. De bom is meer dan vijfhonderd keer zo krachtig als de atoombom die op Hiroshima werd gegooid en baart de wereld grote zorgen. Japanse vissers die zich in de buurt bevonden, lopen brandwonden op en worden ziek.

KERNCENTRALE
De eerste kerncentrale voor het opwekken van elektriciteit wordt nabij Moskou gebouwd. De centrale kan 5 megawatt elektriciteit genereren, genoeg voor een kleine stad.

OPRICHTING VAN DE SEATO
Acht landen (de VS, Australië, Nieuw-Zeeland, Pakistan, Thailand, de Filippijnen, Groot-Brittannië en Frankrijk) tekenen een defensieverdrag in Manilla, waarmee de oprichting van de Zuidoost-Aziatische Verdragsorganisatie (SEATO) een feit is. De bond moet de landen beschermen tegen de macht van de communisten in de regio.

ROCK AROUND THE CLOCK
Bill Haley and the Comets brengen hun nieuwste plaat uit: *Rock around the clock*. Er worden in korte tijd een miljoen exemplaren van verkocht. Het nieuwe geluid van rock-'n-roll is hiermee gevestigd binnen de muziekwereld. In Memphis, Tennessee, neemt Elvis Presley (1935-1977) *That's all right momma* op voor Sun Records

ZONNECEL
De zonnecel wordt ontwikkeld door Bell Laboratories van AT&T en maakt het mogelijk zonlicht direct om te zetten in elektriciteit. De Vereniging voor de Toepassing van Zonne-energie wordt opgericht in de VS en er wordt een tijdschrift uitgegeven: *The sun at work*.

LINKS: maarschalk Tito van Joegoslavië neemt de parade af tijdens een bezoek aan Turkije. Naast hem de Turkse president Bayar.

NEDERLAND VERLEENT AUTONOMIE

De Nederlandse regering verleent verregaande binnenlandse autonomie aan de overzeese gebiedsdelen Suriname en de Antillen.

ALGERIJNSE ONAFHANKELIJKHEIDSOORLOG

Er breekt een opstand uit tegen het Franse bestuur in de Noord-Afrikaanse kolonie Algerije, die door Frankrijk niet als een kolonie wordt beschouwd, maar als een onderdeel van het moederland. De rebellen noemen zichzelf het Algerijnse Nationale Vrijheidsleger (FLN) en beginnen een langdurige en bloedige strijd voor onafhankelijkheid die tot 1962 zal duren. De Fransen behalen een militaire overwinning, maar verliezen de politieke strijd met de VN. Als generaal de Gaulle in 1958 president wordt, besluit hij Frankrijk terug te trekken uit Algerije.

LORD OF THE FLIES

De Engelse schrijver William Golding (1911-1993) schrijft *Lord of the Flies*. Het boek beschrijft wat er gebeurt wanneer een groep schooljongens, die na een vliegtuigongeluk zijn terechtgekomen op een onbewoond eiland, een democratische gemeenschap probeert op te zetten.

DE LIJNBAAN IN ROTTERDAM

Deze lange winkelstraat voor voetgangers –ongeveer 600 m van het commerciële hart van Rotterdam tot het station– neemt een prominente plaats in bij de indeling van de stad. Overal in Europa zullen spoedig andere voetgangersgebieden ontstaan.

LA STRADA

De poëtische, tragikomische film *La strada* van de Italiaanse regisseur Federico Fellini (1920-1993) gaat in première. De hoofdrol in de film, waarin het leven van twee rondtrekkende clowns wordt getoond, wordt gespeeld door Fellini's vrouw Giulietta Masina en de muziek is van Nino Rota.

BRANDO ON THE WATERFRONT

On the waterfront, met Marlon Brando als een ex-beroepsbokser in de hoofdrol, is de nieuwste film van regisseur Elia Kazan. De rol, die Brando een Oscar zal opleveren, is zijn eerste na zijn sterke vertolking van de in leer geklede leider van een motorbende in *The wild one*.

COMETS STORTEN NEER

Na het neerstorten van een vliegtuig van het type Comet ten noorden van Messina op Sicilië, worden alle Comets aan de grond gehouden. Een wordt volledig uit elkaar gehaald om de oorzaak op te sporen. Metaalmoeheid in de cockpit blijkt de oorzaak van de rampen.

DUITSLAND VERSLAAT HONGARIJE

Het getalenteerde Hongaarse team wordt in Zwitserland verslagen door Duitsland in de finale van het WK-voetbal in 1954. De Hongaarse sterspeler Ferenc Puskas scoort weliswaar, maar Hongarije verliest met 3-2.

DE HAVEN VAN ROTTERDAM

Europoort in Rotterdam, de grootste haven van Europa, begint met de gedeeltelijke ontwikkeling van een reusachtig industrieel ontwikkelingsgebied in de Botlek aan de westkant van de stad.

MOONIES

De Koreaanse evangelist Sun Myung Moon richt de Unification Church op. Zijn volgelingen worden ook wel 'moonies' genoemd. De Moon-sekte is bekend geworden door de massale huwelijksvoltrekking tussen leden van de kerk die elkaar tot de trouwdag niet kennen.

EEN MIJL IN 4 MINUTEN

De Engelse atleet Roger Bannister bereikt een hoogtepunt: hij loopt de mijl in minder dan 4 minuten. De 25-jarige medicijnenstudent doorbreekt de magische grens van 4 minuten op de atletiekbaan van de universiteit van Oxford.

DE PIL WORDT GETEST

Het eerste orale anticonceptiemiddel is een pil voor vrouwen en bevat een synthetisch hormoon. De pil is ontwik-

RECHTS: Joegoslavische troepen marcheren door Belgrado ter ere van het bezoek van de Turkse president Bayar naar aanleiding van de triple alliantie tussen Turkije, Joegoslavië en Griekenland.

keld door de Amerikaanse fysioloog Gregory Pincus en wordt een jaar later met succes getest in Puerto Rico.

VTOL-VLIEGTUIG

Het Amerikaanse marinejachtvliegtuig Convair XFY-1 maakt zijn eerste testvlucht. Het is een VTOL (Vertical Take-Off and Landing aircraft) en heeft als bijnaam 'de vliegende springstok'.

GESLAAGDE NIERTRANSPLANTATIE

De Amerikaanse chirurgen J. Hartwell Harrison en Joseph Murray verrichten de eerste geslaagde niertransplantatie. De donor is de eeneiige tweelingbroer van de ontvanger.

PLASTIC LENZEN

Contactlenzen, al bekend vanaf 1887, zijn verkrijgbaar in plastic, waardoor ze lichter en comfortabeler zijn.

ENRICO FERMI (1901–1954)

De invloedrijke atoomdeskundige Enrico Fermi overlijdt. Hij werd in 1901 in Italië geboren, waar hij zijn opleiding volgde en tot 1938 werkte. Samen met zijn collega's was hij de eerste die uraniumatomen splitste door ze te beschieten met neutronen. Hiermee leverde hij een bijdrage aan de ontwikkeling van atoomkracht en kernwapens. Hij kreeg in 1938 de Nobelprijs voor natuurkunde en vertrok daarna naar de VS vanwege het antisemitisme in Italië. Later werd hij Amerikaans staatsburger. Hij was verantwoordelijk voor de eerste kernreactor, die in 1942 in Chicago werd gebouwd.

BOVEN: De leiders van de drie bezettingsmachten van West-Duitsland –Pierre Mendes-France van Frankrijk, Anthony Eden van Engeland en John Foster Dulles van de VS– ontmoeten kanselier Konrad Adenauer in Parijs t.g.v. het einde van de bezetting.

ONDER: het Franse vreemdelingenlegioen ondervraagt een Viet-Minh-soldaat in de Indo-Chinese oorlog.

BOVEN: de Dalai Lama en voorzitter Mao op het Eerste nationale Volkscongres in Peking.

HENRI EMILE BENOIT MATISSE (1869–1954)

De beroemde Franse schilder, glaskunstenaar en beeldhouwer Henri Matisse overlijdt. Ook op hoge leeftijd was hij actief; de laatste jaren maakte hij werk met papierknipsels (*L'Escargot*, 1953). Als jongeman behoorde Matisse tot een groep die vanaf 1905 bekend stond als 'Les Fauves' (de wilden). Hoewel hij werd beïnvloed door het Kubisme, was zijn schilderwerk eerder representatief: hij wordt bewonderd om zijn vloeiende lijnen en het gebruik van pure kleuren.

RECHTS: de arbeidersparade op het Rode Plein in Moskou ter ere van de 37e verjaardag van de Oktoberrevolutie.

BOVEN: Rocky Marciano deelt de beslissende klap uit in het gevecht tegen uitdager Ez Charles.

HET EINDE VAN DE RASSENSCHEIDING

In Kenia wordt de opstand van de Mau-Mau beëindigd door een amnestieregeling. Afrikaanse en Aziatische landen verenigen zich in een niet-gebonden coalitie – zonder de twee supermachten. Oost-Europese landen vormen het Warschau-pact als tegenhanger van de NAVO. Het poliovaccin wordt getest en een nieuw vervoermiddel, de hovercraft, wordt gepatenteerd. De beatgeneratie krijgt een eigen stem. Jazz-musicus Charlie Parker komt te overlijden, evenals de beroemde wetenschapper Albert Einstein.

1955

18 januari In Kenia wordt amnestie verleend om de opstand van de Mau-Mau te beëindigen

12 maart De Amerikaanse jazzmusicus Charlie Parker overlijdt

18 april De in Duitsland geboren wetenschapper Albert Einstein overlijdt
18-24 april In Bandung in Indonesië wordt een Afro-Aziatische conferentie gehouden om een 'niet-gebonden' verbond te sluiten

14 mei Het Warschaupact wordt opgericht
15 mei Oostenrijk wordt opnieuw onafhankelijk

11 juni Meer dan tachtig toeschouwers en een coureur komen om het leven tijdens de autoraces van Le Mans

18 juli In Californië wordt Disneyland geopend

30 augustus-7 september De Griekse, de Turkse en de Britse ministers van Buitenlandse Zaken komen in Londen bijeen om te praten over Cyprus

30 september De 23-jarige Amerikaanse filmster James Dean komt om het leven bij een auto-ongeluk

BOVEN: premier Nehru van India bespreekt het beleid met Richard Nixon tijdens diens bezoek aan India.

RECHTSBOVEN: Rosa Parks wordt gearresteerd wegens overtreding van de wet op de rassenscheiding in Montgomery, Alabama.

MAU-MAU-OPSTAND BEEINDIGD

In Kenia maakt een amnestieregeling met de Britse regering een einde aan de opstand door de Mau-Mau tegen de Britse overheersing. De Mau-Mau, een geheim genootschap van de Kikuyu-stam, werd in 1948 opgericht en begon in 1952 aan een reeks brandstichtingen en moordpartijen om de blanken te verdrijven uit Kikuyuland en de Britten te dwingen Kenia te verlaten. De leider, Jomo Kenyatta (1889-1978), werd gevangengezet en de Mau-Mau verloren in maart 1953 veel terrein na een bloedbad bij Lari in de Rift-vallei, waarbij meer dan tachtig voornamelijk Afrikanen om het leven kwamen. In totaal zijn meer dan 11.000 Mau-Mau gedood tijdens de opstand, vooral door andere Afrikanen.

WARSCHAUPACT

Als antwoord op de toetreding van West-Duitsland tot de NAVO in oktober 1954 richten zeven Oost-Europese landen –Albanië, Bulgarije, Tsjechoslowakije, Oost-Duitsland, Hongarije, Polen en Roemenië– met Rusland het Warschaupact op. Hierdoor ontstaat een gezamenlijke militaire structuur met een hoofdkwartier in Moskou en Russische troepen in alle lidstaten.

MENDELEVIUM

Het element 101 wordt kunstmatig geproduceerd door een Amerikaans team onder leiding van Glenn T. Seaborg.

EEN GROTE FAMILIE

Fotograaf Edward Steichen (1879-1973) richt een opmerkelijke tentoonstelling in het Museum of Modern Art in New York in. Hij toont ruim vijfhonderd foto's, die werden geselecteerd uit meer dan twee miljoen afbeeldingen die vanuit de hele wereld werden aangeboden.

BOVEN: president Ngo Dinh Diem van Zuid-Vietnam en boeddhistische priesters.

ZWARTE VROUW GEARRESTEERD

In Montgomery, Alabama, wordt de zwarte Rosa Parks gearresteerd, omdat ze in de bus zit op een plaats die gereserveerd is voor blanken. Haar arrestatie leidt tot een massale boycot van alle bussen in Montgomery. De demonstranten worden aangevoerd door Martin Luther King.

BOVEN: Dizzy Gillespie, de uitvinder van de bebop, blaast een deuntje voor de New Yorkse democraat Adam Powell.

BOVEN: jazzklarinetist Benny Goodman.

NIET-GEBONDEN COALITIE

De leiders van 29 Afrikaanse en Aziatische landen zijn in Bandung in Indonesië bij elkaar gekomen op uitnodiging van president Soekarno (1902-1970) om een 'niet-gebonden coalitie' te vormen van landen die tegen 'het imperialisme en het kolonialisme' van de twee supermachten, de VS en Rusland, zijn.

OOSTENRIJKSE ONAFHANKELIJKHEID

De VS, de USSR, Groot-Brittannië en Frankrijk besluiten de onafhankelijkheid van Oostenrijk te herstellen volgens de grenzen van 1937. Oostenrijk belooft neutraliteit, zal zich niet aansluiten bij Duitsland en schaft de Habsburger-monarchie definitief af. Het verdrag verbetert de relatie tussen Oost- en West-Europa.

BOVEN: in veel westerse huishoudens wordt de televisie het middelpunt.

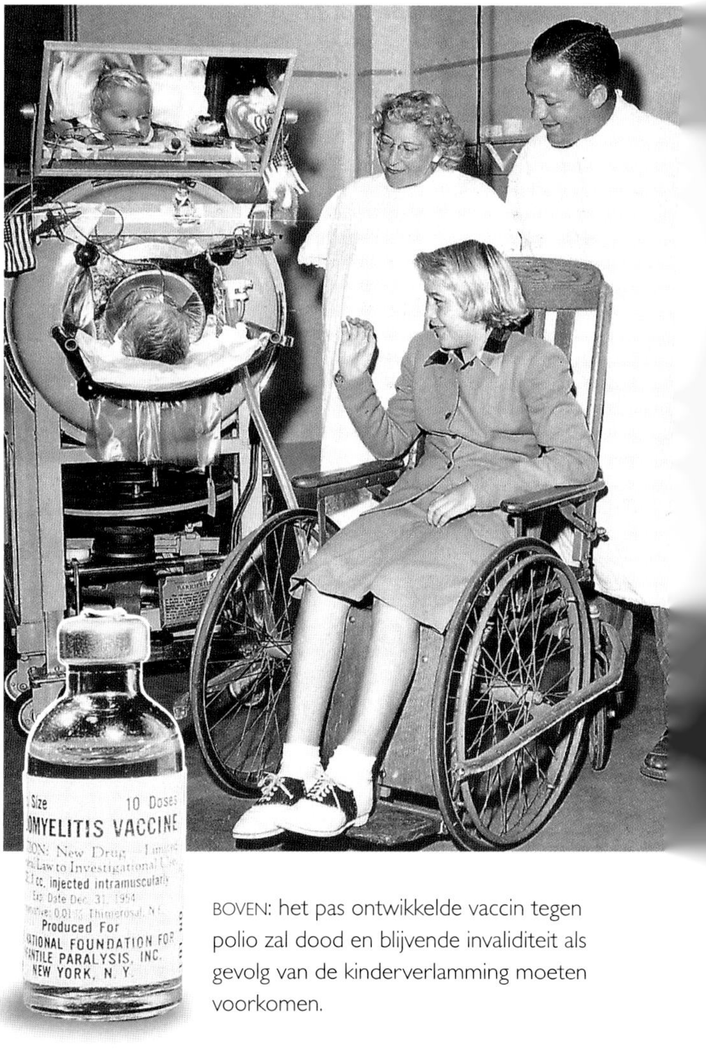

BOVEN: het pas ontwikkelde vaccin tegen polio zal dood en blijvende invaliditeit als gevolg van de kinderverlamming moeten voorkomen.

ONAFHANKELIJKHEIDSOORLOG OP CYPRUS

De Griekse Cyprioten beginnen een guerillaoorlog voor onafhankelijkheid van de Britten. De leiding is in handen van de Nationale Organisatie voor Cypriotische Strijders (EOKA) en hun doel is hereniging met Griekenland. Een van de leiders is de Cypriotische aartsbisschop Makarios.

POLIOVACCINS

De Amerikaanse arts en microbioloog Jonas Salk (1945-1995) kondigt de ontwikkeling van een vaccin tegen poliomyelitis aan. Met het te injecteren vaccin zijn lange tijd proeven gedaan. De Amerikaanse viroloog Albert Sabin (1906-1993) heeft ook een vaccin tegen poliomyelitis ontwikkeld. Het is een oraal vaccin, dat ingenomen kan worden op een suikerklontje.

HOWL: HET LIED VAN DE BEATGENERATIE

De Amerikaanse beatdichter Allen Ginsberg (1926-1997) publiceert *Howl and other poems*. Het is een lang gedicht, waarin materiële waarden worden verworpen. Daarnaast is het een lofzang op de Amerikaanse droom. Na de publicatie krijgt een groep jonge schrijvers, bekend als de 'beat generation', grote bekendheid.

ANTIPROTONEN

Wetenschappers vinden antiprotonen, kortdurend actieve subatomische deeltjes die identiek zijn aan protonen, maar een negatieve elektrische lading hebben.

MODERNE KAPEL

De Franse architect Le Corbusier voltooit zijn kapel van Notre Dame de Haut in het Franse Ronchamp. Door de gebogen wanden van wit gestuukt beton en het grote golvende dak voegt hij nieuwe plastische elementen toe aan de moderne architectuur.

LOLITA

De in Rusland geboren Amerikaanse schrijver Vladimir Nabokov (1899-1977) publiceert *Lolita*. Het verhaal over de schrijver van middelbare leeftijd die verliefd is op een jong meisje, veroorzaakt hevige discussies – waardoor nog meer mensen het boek lezen.

CHARLES 'BIRD' PARKER (1920–1955)

De beroemde, in Kansas geboren tenor- en altsaxofonist Charlie Parker overlijdt – deels als gevolg van zijn levenslange verslaving aan heroïne en alcohol. Hij werd zeer bewonderd om zijn improvisatietalent, was een van de pioniers van de bebop en had een grote invloed op de ontwikkeling van de jazz in de jaren '40. Hij speelde in kwintetten met musici als de trompettisten Dizzy Gillespie en Miles Davis en pianisten Al Haig en Duke Jordan.

BOVEN: studenten in Berlijn branden fakkels ter herinnering aan de slachtoffers van de opstand op 17 juni 1953.

JAMES BYRON DEAN (1931–1955)

De jonge Amerikaanse acteur James Dean komt om het leven bij een auto-ongeluk. Hij vestigde zijn naam in de film *East of Eden* (1955), die al snel gevolgd werd door *Rebel without a cause*. Hij begon zijn carrière tijdens zijn studie aan de universiteit van Californië en volgde een opleiding aan de Actors Studio. De film *Giant* zal in 1956 verschijnen.

ALBERT EINSTEIN (1879–1955)

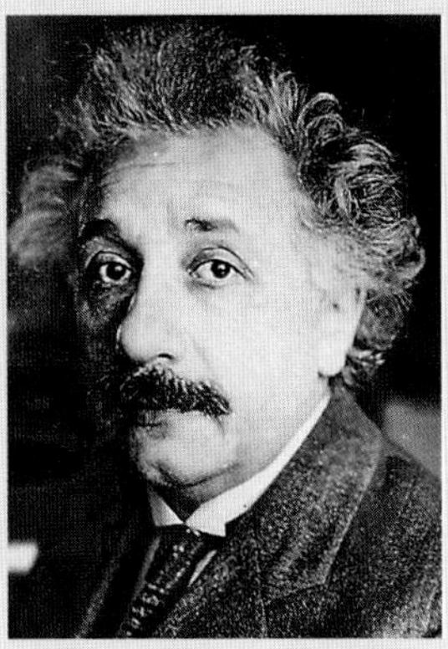

Albert Einstein, waarschijnlijk de belangrijkste wetenschapper van deze eeuw, overlijdt. Zijn werk over de relativiteitstheorie (gepubliceerd in 1905 en 1916) gaf een verklaring voor problemen die sinds Newton onopgelost waren gebleven en leverde hem in 1921 de Nobelprijs op. Hij werd in Duitsland geboren, maar nam later de Amerikaanse nationaliteit aan.

BOVEN: de *USS Nautilus* is Amerika's eerste onderzeeër op atoomenergie.

ANTIAANBAKLAAG

De Franse ingenieur Mark Grégoire ontwikkelt een koekenpan die bedekt is met een laagje PTFE, polytetrafluoroethyleen, een gladde plasticsoort die in 1938 werd ontwikkeld.

SYNTHETISCHE DIAMANTEN

Het General Electric Research Laboratory in de VS maakt de eerste synthetische diamanten door koolstof onder zeer hoge temperatuur en druk te bewerken.

PATENT OP DE HOVERCRAFT

De Britse radiotelegrafisch ingenieur en botenontwerper Christopher Cockerell heeft patent aangevraagd op de hovercraft.

DODELIJKE SMOG

In Groot-Brittannië wordt met behulp van een nieuwe Clean Air Act gepoogd de luchtvervuiling in de steden te beperken door het verbranden van zachte kolen, die veel rook veroorzaken, te verbieden. In Londen, diverse grote Britse steden en in de VS zijn sinds 1950 meer dan negenduizend mensen overleden aan de gevolgen van smog.

DISNEYLAND WORDT GEOPEND

De Amerikaanse filmregisseur Walt Disney (1901-1966), schepper van de wereldberoemde Mickey Mouse, heeft in Anaheim in Californië een fantastisch pretpark geopend: Disneyland.

ONDER: de hal van de luchthaven in St.-Louis is ontworpen door de in Missouri gevestigde architecten Helmuth, Yamasaki en Leinweber.

MODE IN DE JAREN '50

In de jaren '50 komt de mode tot een creatieve explosie, waarin de groeiende onafhankelijkheid van vrouwen duidelijk tot uiting komt.

LINKS: elegant maar losjes is het motto in de mode van de jaren '50.

BOVEN: na de oorlog gaan steeds meer vrouwen werken en is er vraag naar een ander soort kleding.

BOVEN EN RECHTS: de kleding geeft uitdrukking aan de behoefte aan luxe én aan de pas verworven onafhankelijkheid van de vrouw.

BOVEN: betaalbare, gemakkelijke kleding voor de vakantie.

DE SUEZCRISIS EN OPSTAND IN HONGARIJE

Tanks uit de Sovjet-Unie slaan in Hongarije een opstand neer, ondanks het beroep dat Hongarije heeft gedaan op de VN. De politieke spanning in de wereld neemt toe tijdens de Suezcrisis en Israël valt Egypte aan. Fidel Castro en zijn volgelingen beginnen in Cuba een guerillaoorlog tegen het regime van Batista. Op het gebied van de geneeskunde is er de toepassing van nierdialyse en astronomen meten de oppervlaktetemperatuur van de planeet Venus. De liedjes uit de musical *My fair lady* en *Heartbreak hotel* van Elvis Presley worden grote hits.

1956

1 januari Sudan wordt een onafhankelijke republiek
26 januari De Olympische Winterspelen in Italië worden op de televisie uitgezonden

29 februari De Russische premier Nikita Chroestsjov hekelt de politiek van Stalin

2 maart Marokko wordt onafhankelijk van Frankrijk
9 maart Aartsbisschop Makarios wordt uit Cyprus gedeporteerd
20 maart Tunesië wordt onafhankelijk van Frankrijk

26 juli President Nasser van Egypte nationaliseert het Suezkanaal

14 augustus De Duitse schrijver Bertolt Brecht overlijdt

23 oktober Demonstranten in Hongarije eisen een democratische regering
24 oktober Imre Nagy wordt tot premier van Hongarije benoemd
29 oktober Het Israëlische leger valt de Sinaï binnen

1 november Spoedzitting van de VN vanwege de Suezcrisis
2 november De Hongaarse regering vraagt de VN om steun tegen de Russische invasie
5 november Britse paratroepen landen in Port Saïd in Egypte
20 november Castro en een aantal volgelingen landen in Cuba en beginnen een guerillaoorlog tegen Batista
22 november De Olympische Spelen worden in Melbourne geopend

5 december Britse en Franse troepen trekken zich terug uit Egypte

BOVEN: demonstranten tegen de regering in Saloniki, Griekenland, gebruiken rollen krantenpapier als barricade voor de legertanks.

STALIN GEHEKELD

Nikita Chroestsjov, die de macht in Rusland nu stevig in handen heeft, hekelt Stalin tijdens een besloten zitting van de partij. De breuk met het stalinisme leidt tot een vermindering van de staatscontrole en de terreur in Rusland, waardoor enkele Oost-Europese landen hun banden met Rusland wat losser proberen te maken.

MAKARIOS GEDEPORTEERD

Groot-Brittannië deporteert aartsbisschop Makarios en andere Grieks-Cypriotische leiders naar de Seychellen. De Britten vermoeden dat zij banden onderhouden met terroristen van de EOKA, die strijdt voor aansluiting van Cyprus bij Griekenland. Het conflict tussen de Grieken en de Turken op het eiland is de laatste jaren toegenomen, omdat de Grieken zich bij Griekenland willen aansluiten en de Turken hun rechten proberen te beschermen.

ARABISCH-ISRAELISCHE OORLOG

In oktober valt het kleine, maar goed uitgeruste en getrainde Israëlische leger na geheime afspraken met de Britse en Franse regering Egyptische eenheden in de Sinaï aan. Deze eenheden bedreigden de doorgang van Israël vanuit Eilat naar de Rode Zee. Met een bliksemactie veroveren ze de Sinaï en enorme hoeveelheden militaire uitrusting van de Egyptenaren en maken zij zeer veel krijgsgevangenen. De Frans-Britse bemoeienis met Suez was ogenschijnlijk bedoeld om de vrede te bewaren door het Israëlische en het Egyptische leger te scheiden.

CUBAANSE OPSTANDELINGEN

Fidel Castro en zijn volgelingen, onder wie zijn broer Raul en Che Guevarra (1928-1967), landen met het jacht *Gramma* op Cuba. Ze beginnen een guerillastrijd om de dictatoriale regering van president Batista omver te werpen. Nadat vrijwilligers zich hebben aangesloten bij de groep in de bergen van de Sierra Maestra, zijn de rebellen in staat een offensief te starten.

VOORMALIGE KOLONIEN ONAFHANKELIJK

De voormalige Engels-Egyptische kolonie Sudan wordt in januari onafhankelijk van Groot-Brittannië. Marokko en Tunesië worden in maart onafhankelijk van Frankrijk.

VOLKSTONEEL?

Het toneelstuk *Look back in anger* van de Britse schrijver John Osborne wordt opgevoerd. De hoofdpersoon is de 'angry young man' Jimmy Porter, die het archetype van een generatie zal worden. Het toneelstuk is een typisch voorbeeld van het toneel dat zich afspeelt in een arbeidersmilieu of de lagere middenklasse.

HET ZEVENDE ZEGEL

The seventh seal met acteur Max von Sydow in de hoofdrol is de nieuwste film van de Zweedse regisseur Ingmar Bergman. In de film wordt een spelletje schaak gespeeld door de Dood en een ridder die het goede in de mensheid tracht te bewijzen. De film vestigt Bergmans reputatie.

HEARTBREAK HOTEL

Elvis Presley neemt *Heartbreak hotel* op en maakt zijn filmdebuut in *Love me tender*. Hij verschijnt live op de Amerikaanse televisie in de Ed Sullivan Show.

MY FAIR LADY

De musical *My fair lady* van Alan Jay Lerner en Frederick Loewe gaat op Broadway in première. Het stuk is gebaseerd op *Pygmalion* van George Bernard Shaw en is een ongelooflijk succes.

DE SUEZ-CRISIS

In juli nationaliseert de Egyptische president Nasser (1918-1970) de Engels-Franse maatschappij die het Suezkanaal beheert, de uiterst belangrijke waterverbinding tussen de Middellandse Zee en de Rode Zee. De actie wordt door Groot-Brittannië fel veroordeeld. Nasser ging ertoe over nadat Groot-Brittannië en de VS weigerden mee te betalen aan de bouw van de Aswandam in de Nijl, die werd ontworpen om de hoeveelheid landbouwgrond in Egypte drastisch te vergroten en om hydro-elektriciteit op te wekken. De dam wordt uiteindelijk gebouwd met steun van de Sovjet-Unie. In november starten de Britten en de Fransen samen met de Israëli's een lucht- en amfibieaanval om het Suez-kanaal in te nemen. Operationeel gezien zijn de landingen een succes, maar politiek zijn ze rampzalig. De VN stemt voor een staakt-het-vuren na de internationale afkeuring van de Engels-Franse invasie (met de VS voorop). Groot-Brittannië en Frankrijk zijn gedwongen hun aanval te staken en zich in december terug te trekken. De Britse premier Antony Eden treedt als gevolg van dit debacle het jaar erop af en zowel Engeland als Frankrijk verliest zijn gezicht door deze kwestie.

LONG DAY'S JOURNEY

Long day's journey into night, een stuk van de Amerikaanse toneelschrijver Eugene O'Neill, wordt opgevoerd. Het is een familietragedie, deels gebaseerd op het leven van de schrijver, en laat zien hoe het gezin van de ex-acteur James Tyrone, zijn aan drugs verslaafde vrouw Mary en hun twee zoons uiteenvalt.

BOVEN: demonstranten in de Poolse straten. De groeiende onrust zal leiden tot de rellen van Poznan.

TRANSATLANTISCHE TELEFOONKABEL

De eerste kabel waardoor telefoongesprekken overgebracht kunnen worden, TAT 1, wordt in de Atlantische Oceaan van Schotland naar Newfoundland gelegd. Over een afstand van 3620 km zijn 51 versterkers geplaatst om de signalen te versterken.

NEUTRINO'S ONTDEKT

De Amerikaanse natuurkundigen Frederick Reines en Clyde Lorrain ontdekken de subatomaire deeltjes neutrino's en antineutrino's.

DE VIDEOTAPE

De Californische firma Ampex maakt het eerste videoapparaat voor commercieel gebruik. Er worden banden van 5 cm breed voor gebruikt.

DE EERSTE NIERDIALYSE

Het apparaat voor nierdialyse dat in 1943 door de Nederlandse arts Willem J. Kolff werd bedacht, wordt in Amerika in gebruik genomen. De machine gebruikt een aantal membranen om onzuiverheden uit het bloed te filteren.

HETE VENUS

Bij het bestuderen van microgolven die door de planeet Venus worden afgegeven, ontdekken Amerikaanse astronomen dat de oppervlaktetemperatuur ver boven het kookpunt ligt (tijdens een test in de ruimte in 1962 wordt 500 °C gemeten).

CELBOODSCHAPPERS GEVONDEN

Wetenschappers ontdekken bij de bestudering van cellen boodschapper-RNA (ribonucleïnezuur). Hierdoor worden de plannen om een proteïne uit het DNA (deoxyribonucleïnezuur) voor die proteïne te maken gewijzigd en wordt de boodschapper gebruikt om een nieuw proteïne te maken.

INTERFERON

De Britse viroloog Alick Isaacs en zijn Zwitserse collega Jean Lindenmann ontdekken interferon, een beschermende substantie die in de cellen geproduceerd wordt als ze door virussen geïnfecteerd worden.

TELEVISIE

De eerste Olympische Winterspelen die op de televisie worden uitgezonden, worden gehouden in Cortina d'Ampezzo in Italië. De Spelen worden gered door hevige sneeuwval op de dag van de opening. Bij het ijshockey domineren de Russen en de Canadezen.

BORSTVOEDING WORDT GESTIMULEERD

In Franklin Park in Illinois wordt La Leche League opgericht om het geven van borstvoeding te stimuleren. Men heeft namelijk ontdekt dat moedermelk baby's extra bescherming geeft tegen ziekten.

LINKS: de Olympische Spelen in Melbourne trekken zeer veel publiek.

Enkele hoogtepunten: de Brit Chris Brasher wint de 3000 m hordenloop (uiterst boven) en de Amerikaan Milt Campbell (boven) wint goud bij de tienkamp. De Australische vrouwen domineren de atletieknummers.

BELGISCHE RAMP

In augustus vinden er in de mijn Bois du Casier nabij Marcinelles een ontploffing en vervolgens een brand plaats. 262 mensen komen om het leven.

SPELEN IN MELBOURNE

Het is de eerste keer dat de Olympische Spelen op het zuidelijk halfrond worden gehouden. Er is sprake van politieke boycots door de nasleep van de Suezcrisis en de Russische inval in Hongarije. De Russische turnster Larissa Latynina wint viermaal goud, één maal zilver en één maal brons.

LINKS: voorbereidingen voor de Amerikaanse Zuidpoolexpeditie. De verkenners vertrekken vanaf het voorraadschip in McMurdo Sound.

BERTOLT EUGEN FRIEDRICH BRECHT (1898–1956)

De in Duitsland geboren toneelschrijver en toneelregisseur Bertolt Brecht overlijdt. Na zijn vertrek uit Duitsland vestigde hij zich in Hollywood, maar hij keerde terug naar zijn geboorteland om het radicale theatergezelschap Berliner Ensemble op te richten. Op basis van zijn marxistische politieke overtuigingen introduceerde hij een revolutionaire benadering van theater, die objectiviteit van het publiek eiste. Enkele van zijn toneelstukken zijn *Mutter Courage* (1941) en *Der Kaukasische Kreidekreis* (1944-1945). Hij werkte samen met de componist Kurt Weill aan *Dreigrosschenoper* (1928) en andere muzikale producties.

DE OPSTAND IN HONGARIJE

In Budapest wordt gedemonstreerd tegen de Sovjetoverheersing. Hongarije maakt sinds 1946 deel uit van het oostblok. De voormalige Hongaarse premier Imre Nagy, die in februari 1955 werd gedwongen ontslag te nemen, komt weer aan de macht en belooft hervormingen, nadat demonstranten een democratische regering en terugtrekking van de Russische troepen hebben geëist. De demonstraties breiden zich echter uit tot een grote opstand tegen Rusland. Nagy vormt een regering waarin ook niet-communisten zitting hebben en trekt Hongarije terug uit het Warschaupact; tegelijkertijd vraagt hij het Westen te helpen bij een eventuele invasie door Rusland. Moskou stuurt in november 2500 tanks en pantserwagens en 200.000 soldaten naar Hongarije. In de straten van Budapest wordt gevochten: er vallen 12.000 Hongaarse slachtoffers. Nagy wordt vervangen door János Kádár die naar de andere kant overloopt om regeringsleider te kunnen worden. Nagy wordt na een geheim proces geëxecuteerd in juni 1958.

BOVEN: studenten met machinegeweren voor de universiteit van Budapest tijdens de Oktoberrevolutie. Ze strijden tegen de Sovjet-overheersers.

RECHTS: in Mexico tonen arbeiders zich solidair met de Hongaarse opstand.

DIEGO RIVERA
(1886–1957)

De Mexicaanse schilder Diego Rivera overlijdt. Zijn indrukwekkende werk, dat vooral bestaat uit muurschilderingen in openbare gebouwen in zowel Mexico als de VS, was geïnspireerd op volkskunst en Rivera's revolutionaire overtuigingen. Sommige van zijn werken veroorzaakten veel ophef door de ideologische onderwerpen.

BOVEN: de Amerikaanse president Eisenhower tekent de documenten voor de oprichting van de International Atomic Energy Agency.

BOVEN: de toekomstige astronaut John H. Glenn vliegt non-stop rond de aarde in een B52 bommenwerper.

MARS TEGEN DE BOM

De VS lanceren de *Explorer I*, de eerste van een reeks wetenschappelijke satellieten. Een antikernwapenbeweging wordt opgericht om de gevoelens van de tegenstanders van kernwapens te vertolken. Charles de Gaulle wordt president van Frankrijk en krijgt te maken met grote problemen in Algerije. De nieuwe anticonceptiepil wordt in Amerika op de markt gebracht en zal het leven van vrouwen (en mannen) veranderen. In Nederland wordt een conferentie over seksuele gelijkheid gehouden en in de VS wordt Barbie geboren.

1958

3 januari Een expeditie uit Nieuw-Zeeland bereikt de Zuidpool
20 januari Een Britse expeditie bereikt de Zuidpool
31 januari Amerika lanceert de *Explorer I*

3 februari De Benelux wordt een economische unie
6 februari De selectie van Manchester United komt om het leven bij een vliegtuigongeluk
17 februari In Londen wordt een antikernwapenbeweging opgericht onder het motto 'ban de bom'

24 maart Elvis Presley begint aan zijn twee jaar durende diensttijd

7 april Eerste antikernwapendemonstratie van Londen naar het kernonderzoeksinstituut Aldermaston

29 mei Vanwege de crisis in Algerije doet Frankrijk een beroep op Charles de Gaulle

29 juni Brazilië wint de WK voetbal

14 juli Het leger pleegt een coup tegen koning Feisal II van Irak
14 juli Koning Hoessein van Jordanië wordt het hoofd van de Arabische Liga
15 juli De VS sturen troepen naar Libanon

9 september Rassenrellen in het Londense Notting Hill

2 oktober Guinea wordt een onafhankelijke republiek

21 december Charles de Gaulle wordt gekozen tot president van Frankrijk

BOVEN LINKS: de charismatische zanger en pianist Jerry Lee Lewis schokt de wereld.

BOVEN: tieners met hun eigen muziek, stijl, rages en taal zijn een nieuw fenomeen in de jaren '50.

BAN DE BOM

Tegenstanders van kernwapens richten een antikernwapenbeweging op tijdens een massale bijeenkomst in Londen, waar ze worden toegesproken door de filosoof Bertrand Russell (1872-1970). Ze lopen van Londen naar het atoomonderzoeksinstituut in Aldermaston om te protesteren tegen de wapenwedloop. Elders in Europa worden gelijksoortige organisaties opgericht.

BENELUX

België, Nederland en Luxemburg komen in Den Haag bij elkaar en tekenen het Brits Unieverdrag, waardoor vrij verkeer van kapitaal, goederen en personen tussen de drie landen mogelijk wordt.

DE GAULLE AAN DE MACHT

De problemen in Algerije duren voort. Na een opstand van Franse kolonisten in Algerije tegen de onderhandelingen van de Franse regering met Algerijnse nationalisten, valt de Franse regering en komt Charles de Gaulle (1890-1970) aan de macht. Hij roept voor zes maanden de noodtoestand uit en ontwerpt een nieuwe grondwet, waardoor er een einde komt aan de wankelende Vierde Republiek en een Vijfde Republiek wordt opgericht met grote presidentiële macht. In december wordt De Gaulle president van Frankrijk en belooft gesprekken met de Algerijnse rebellen.

KONING FEISAL AFGEZET

In Irak maakt het leger een einde aan de pro-westerse monarchie van koning Feisal, waardoor de hele regio labiel wordt. Als gevolg hiervan landen Amerikaanse troepen in Libanon en Britse troepen in Jordanië om de regeringen van deze landen te steunen tegen een mogelijke coup.

BOVEN: Charles de Gaulle wordt tot president gekozen in Frankrijk en zal dat blijven tot 1969.

BOVEN: Marian Anderson, een Amerikaanse alt, wordt begeleid door het Bombay City Orchestra in een scène van *The lady from Philadelphia.*

BOVEN: componist en dirigent Leonard Bernstein bij een repetitie van het New York Philharmonic Symphony Orchestra.

GUINEA ONAFHANKELIJK
Premier Sekou Toure (1922-1984) verklaart Guinea tot een onafhankelijke republiek.

DE LUIPAARD
Het enige boek dat de Siciliaanse prins Giuseppe di Lampedusa (1896-1957) heeft geschreven, wordt na zijn dood uitgegeven.

BIEDERMANN UND DIE BRANDSTIFTER
Het toneelstuk *Biedermann und die Brandstifter* van de architect en schrijver Max Frisch wordt opgevoerd. Het hekelt de zelfgenoegzaamheid van de middenklasse.

NOBELIUM WORDT GEPRODUCEERD
Amerikaanse wetenschappers produceren nobelium, het element 102. Het is het negende en het laatste element waarbij Glenn T. Seaborg betrokken is.

BOVEN EN RECHTS: de Vanguard-satelliet wordt in de ruimte gebracht door de Vanguard-raket, in die tijd de grootste in zijn soort.

WERELDTENTOONSTELLING
In Brussel wordt ter gelegenheid van de Wereldtentoonstelling het Atomium onthuld. Het werk is een 102 m hoge, metalen vergroting van een ijzerkristal met negen bollen (atomen). De ontwerper is ingenieur A. Waterkeyn.

SEAGRAM
Het Seagramgebouw, een nieuw kantorencomplex in New

York, is het summum op het gebied van moderne torens. Het gebouw is sober, goed geproportioneerd en gebaseerd op een structuur van glas en metaal. Het is een ontwerp van Mies van der Rohe (1886-1969) en Philip Johnson (geboren 1906).

EXPLORER I
Amerika gaat Rusland achterna en stuurt zijn eerste kunstmatige satelliet de ruimte in. De lanceerraket werd ontwikkeld door Werner von Braun, voormalig hoofd van het Duitse V2-programma.

VAN ALLEN-ZONE
Op voorstel van de natuurkundige James van Allen (geboren 1914) bevat de Amerikaanse satelliet *Explorer 4* stralingsschilden die bekleed zijn met een dikke laag lood. Ze registreren kosmische stralen, waardoor wordt aangetoond dat er zones zijn met een zeer sterke straling – de Van Allen-zones.

ONDERZEEER ONDER DE NOORDELIJKE IJSZEE
De Amerikaanse atoomonderzeeër *Nautilus* vaart onder de ijskap van de Noordelijke IJszee door.

NIEUW-ZEELAND IS DE EERSTE
Het team uit Nieuw-Zeeland van Edmund Hillary verslaat het Britse team van Vivien Pole in de tocht over land naar de Zuidpool. Hillary vertrok vanuit McMurdo Sound en de Britten vanuit de Vansee Zee. Als bijdrage aan het internationale geofysicajaar gaat het Britse team door en maakt de eerste oversteek over de pool.

DE PIL
De pil, het eerste orale anticonceptiemiddel voor vrouwen, wordt in de VS op de markt gebracht. Hij bevat synthetische hormonen, oestrogeen en progesteron, en voorkomt bevruchting door het simuleren van zwangerschap. De pil werd ontwikkeld door Gregory Pincus, die in 1951 contact had met de feministe Margaret Sanger. Pincus maakte de pil samen met Hudson Hoagland en Min-Cheh Chang in 1954.

GELIJKHEID VAN DE SEKSEN
De Nederlandse COC (Cultuur- en Ontspannings Centrum) organiseert de vijfde internationale conferentie over seksuele gelijkheid. De conferentie betekent steun aan homoseksuelen in heel Europa.

BARBIE IS GEBOREN
In Amerika wordt de pop Barbie geproduceerd door Mattel. Barbie ziet eruit als een tienermodel. Een complete, moderne garderobe wordt voor de presentatie in 1959 ontworpen.

AMERICAN EXPRESS
De Amerikaanse bank geeft de eerste credit card uit, American Express. Rond december wordt de kaart door zo'n 500.000 mensen gebruikt.

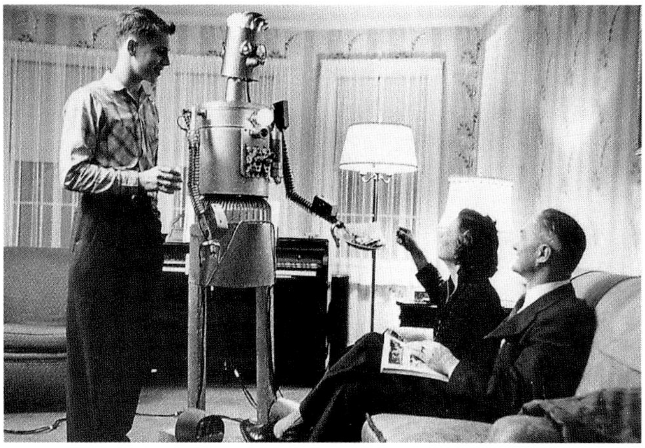

BOVEN: de veertienjarige Amerikaanse Sherwood Fuehrer ontwerpt een 1,80 m lange robot Gizmo, die bediend kan worden met een afstandsbediening.

HOELAHOEP EN SKATEBOARD
Nieuwe rages veroveren de VS: de hoelahoep, bedacht door Arthur Melin en Richard Knerr, en de skateboard, bedacht door Bill en Mark Richards, maken hun opwachting in Californië.

NOBELPRIJS
De Belg G. Pire ontvangt de Nobelprijs voor de vrede.

STEREO
Platenmaatschappijen in de VS en Groot-Brittannië brengen de eerste stereogrammofoonplaten uit.

GEDRAG VAN DE MENS BEGRIJPEN
Claude Levi-Strauss, een in België geboren antropoloog en hoogleraar etnologie aan de universiteit van Parijs, publiceert *Structurele antropologie*. Hij is van mening dat samenlevingen een gelijke structuur hebben, die de manier waarop mythen worden gecreëerd, weergeeft en die –mits op de juiste manier gepubliceerd– ons in staat stelt het gedrag van een samenleving te begrijpen.

VOETBALLERS
Acht leden van het jonge elftal van Manchester United komen om het leven als hun vliegtuig neerstort op het vliegveld van München tijdens de terugreis na een wedstrijd tegen Rode Ster Belgrado.

BRILJANT BRAZILIE
Het WK voetbal wordt gehouden in Zweden. De wereld maakt kennis met misschien wel de grootste voetballer aller tijden, de Braziliaan Pele. Hij scoort zes keer en Brazilië wordt wereldkampioen na Zweden met 5-2 te hebben verslagen in de finale.

POLYGAMIE AAN BANDEN GELEGD
De regering van het pas onafhankelijk geworden Marokko verruimt de wet ten gunste van vrouwen: zij mogen zelf hun echtgenoot kiezen en polygamie wordt verboden.

CASTRO GRIJPT DE MACHT IN CUBA

In Cuba slaagt Fidel Castro erin Batista te verdrijven en de macht over te nemen. De Dalai Lama, de geestelijke leider van de Tibetanen, ontvlucht het door China bezette Tibet. De oudste menselijke resten worden gevonden in Afrika. Het nieuwe Guggenheimmuseum in New York wordt geopend, maar de architect van het gebouw, Frank Lloyd Wright, is enige tijd voor de voltooiing overleden. Een Russisch ruimteschip maakt een noodlanding op de maan en stuurt de eerste foto's van de schaduwzijde van de maan naar de aarde.

1959

1 januari Batista treedt af en vlucht uit Cuba na guerilla-acties
3 januari Castro trekt Havanna binnen en stelt een tijdelijke regering in

17 maart Opstand in Tibet tegen de Chinezen. De Dalai Lama wordt Tibet uitgesmokkeld

3 april De Dalai Lama bereikt India
9 april Frank Lloyd Wright overlijdt

26 juni Opening van de Saint Lawrence Seaway

17 juli Britse antropologen ontdekken de *Homo habilis*

7 augustus Chinese troepen trekken het noordoosten van India binnen

26 oktober Een Russisch ruimteschip fotografeert de achterkant van de maan

10 november De VN veroordelen de apartheid in Zuid-Afrika

20 november Oprichting van de Europese Vrijhandelsassociatie (EVA)

1 december Het Antarctisch Verdrag wordt ondertekend door twaalf landen. Alle territoriale aanspraken worden opgeschort in het belang van de internationale wetenschappelijke samenwerking.

BOVEN: keizerpinguïns en de *USS Glacier* op de Zuidpool.

BOVEN: een Oost-Duitse broodverkoper naast een poster van de Sovjetpremier Nikita Chroestsjov die de Duitse communistische leider Walter Ulbricht de hand schudt.

ONDER: aapjes in de ruimte verschaffen informatie over belangrijke biomedische factoren.

BOVEN: luchtafweergeschut in de 1 mei-parade in Berlijn.

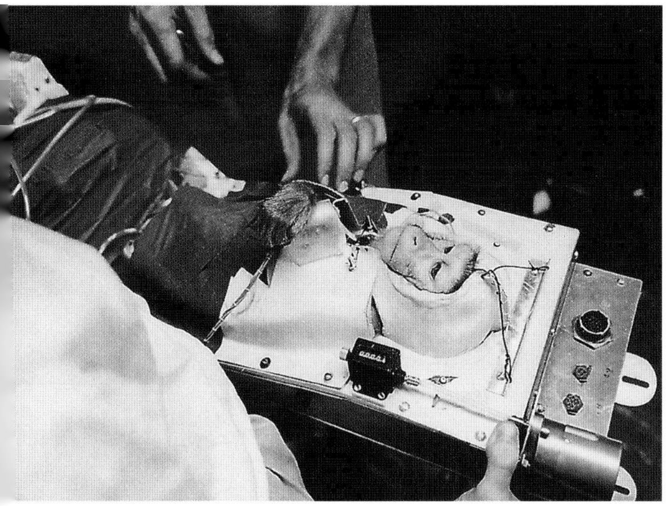

LINKS: een nieuw type radiotelescoop, ontwikkeld door de Australische astronoom dr. Ronald Bracewell.

BOVEN: de boeg van de kruiser *USS Long Beach,* het eerste schip van de Amerikaanse marine dat werd aangedreven door atoomenergie, op de marinewerf in Quincy, Massachusetts.

BUDDY (CHARLES HARDIN) HOLLY (1936–1959)

Charles Hardin, beter bekend als Buddy Holly, komt om het leven bij een vliegtuigongeluk. De fans van de Amerikaanse rocker zijn ontroostbaar. Samen met zijn band de Crickets bepaalde hij de samenstelling van bands: twee gitaren, een bas en een drumstel. De band gebruikte zeer vernieuwende opnametechnieken. Buddy Holly heeft zeer veel opnamen gemaakt.

CASTRO AAN DE MACHT

Fidel Castro neemt de macht op Cuba over, nadat Batista gevlucht is naar de Dominicaanse Republiek. De machtsovername vindt plaats, nadat er een einde is gekomen aan een opstand die meer dan twee jaar heeft geduurd. Dr. Manuel Urratia wordt benoemd tot tijdelijk president van Cuba en Castro wordt premier.

DE DALAI LAMA VLUCHT

Een opstand tegen de Chinese overheersing wordt door het Chinese leger onderdrukt en de boeddhistische geestelijk leider van Tibet, de Dalai Lama, wordt uit Tibet gesmokkeld en vlucht naar India. Hij vraagt de VN in te grijpen.

JOHN FOSTER DULLES (1888–1959)

De Amerikaanse Republikeinse politicus John Foster Dulles overlijdt aan kanker. Als minister van Binnenlandse Zaken in de jaren '50 gebruikte hij al zijn energie om de wereld bewust te maken van de dreiging van het communisme. Hij droeg daarmee bij aan de toename van de spanning rond de Koude Oorlog.

BURGEROORLOG IN RWANDA

Er breekt een burgeroorlog uit in Rwanda, dat onlangs zelfbestuur kreeg van België, de koloniale heerser. De regerende stam van de Tutsi's, die slechts een klein percentage van de bevolking vormt, wordt aangevallen door de Hutu's, waartoe ongeveer 85% van de bevolking hoort. Een door Hutu's gedomineerde republiek wordt uitgeroepen na door de VN gecontroleerde verkiezingen. Als gewapende Tutsi-vluchtelingen de nieuwe natie aanvallen, worden ze verdreven en veel Tutsi's worden uit wraak vermoord.

CONFLICT OVER DE GRENS INDIA-CHINA

In de Himalaya breekt een grensconflict uit tussen India en China, ingegeven door de overtuiging van de Chinezen dat de door de Britten vastgestelde grens niet langer geldig is.

BOVEN: de Indiase premier Jawaharal Nehru bij de opening van de Hirakuddam, een van de projecten die door irrigatie de voedselproductie moeten opvoeren en die hydro-elektriciteit moeten leveren aan de Indiase industrie in ontwikkeling.

RECHTS: honden in Russische raketcabines, die erop zijn ontworpen konijnen mee te nemen op korte ruimtevluchten. Twee honden gaan echt de ruimte in en keren veilig terug.

EVA
Acht Europese landen –Zweden, Noorwegen, Denemarken, Groot-Brittannië, Portugal, Oostenrijk, IJsland en Zwitserland– richten de Europese Vrijhandels Associatie op (EVA) als tegenhanger van de EEG.

DE EERSTE REIS NAAR DE MAAN
De *Lunar II*, een onbemand Russisch ruimteschip, probeert als eerste op de maan te landen. Op weg naar de bestemming bevestigt hij het bestaan van de zonnewind, een stroom van gassen die wordt uitgestoten door de zon. Later dit jaar draait de *Lunar III* in een baan rond de maan en stuurt foto's van de schaduwzijde naar de aarde.

HET GUGGENHEIMMUSEUM
Door zijn unieke, spiraalvormige ontwerp is het nieuwe Guggenheimmuseum in New York een van de opvallendste moderne gebouwen. De schilderijen zijn opgehangen langs een spiraalsgewijs oplopende helling.

NEUSHOORN
De in Roemenië geboren toneelschrijver Eugène Ionesco (1912-1994) schrijft 'antitoneel', een mengeling van nachtmerrie en klucht. In zijn nieuwste stuk *Rinoceros* veranderen de vertolkers een voor een in neushoorns.

KLUSJESMAN GEVONDEN
De Britse antropologen Louis en Mary Leakey ontdekken in de Olduvai-kloof in Tanzania fossiele resten van de vroegste menselijke soort, die twee miljoen jaar geleden leefde. Ze noemen hem *Homo habilis*, de 'klusjesman'. De stenen werktuigen die op de vindplaats worden aangetroffen, zijn de oudste die ooit gevonden zijn.

DIE BLECHTROMMEL
De Duitse schrijver Günter Grass (1927) schrijft *Die Blechtrommel*. Het boek over Oskar, die als kind besluit niet verder te groeien, wordt in Duitsland een bestseller.

KONINKLIJKE PUBLICATIE
Koningin Wilhelmina publiceert haar autobiografie *Eenzaam, maar niet alleen*.

BELGISCH HUWELIJK
Op 2 juli treedt in België de broer van koning Boudewijn, prins Albert, in het huwelijk met Paola.

ZWITSERSE VROUWEN AFGEWEZEN
De Zwitserse kiezers stemmen tegen een ingediend amendement op de grondwet dat vrouwen kiesrecht bij landelijke verkiezingen zou moeten geven en dat zou moeten toestaan dat zij mogen solliciteren naar functies bij de landelijke overheid.

SOME LIKE IT HOT
De Amerikaanse filmster Marilyn Monroe (1926-1962) speelt de hoofdrol van de zangeres Honey in een nieuwe film van Billy Wilder: *Some like it hot*. De film is een vrolijke komedie, die Monroes faam bevestigt.

BILLIE (ELEANOR FAGANA) HOLIDAY (1915–1959)

De Amerikaanse jazz-zangeres Billy Holiday, ook wel bekend als Lady Day, overlijdt. Ze zong met toonaangevende musici als Benny Goodman, Lester Young, Count Basie en Louis Armstrong en laat plaatopnamen na van liedjes als *Easy Living* (1937).

NOUVELLE VAGUE
De Franse filmregisseur Alain Resnais (geboren 1922) brengt zijn eerste lange film in première: *Hiroshima mon amour*. De film speelt zich af in Hiroshima en vestigt de naam van Resnais als een van de belangrijkste leden van de nouvelle vague. Ook de Franse filmregisseur Jean Luc Godard (geboren 1930) toont dit jaar aan een waardig lid van de nouvelle vague te zijn, wanneer hij zijn eerste speelfilm *A bout de souffle* uitbrengt.

DE ZUIDPOOL
Het Zuidpoolverdrag dat ondertekent wordt door twaalf landen, waaronder de VS, Groot-Brittannië en Rusland, schort alle territoriale en militaire claims op, beperkt de exploratie van de Zuidpool tot vreedzame doeleinden en benoemt het gebied tot domein voor wetenschappelijk onderzoek. Het verdrag is in elk geval van kracht tot 1989.

STOCKCARRACE
De beroemdste stockcarrace van Amerika wordt voor het eerst verreden op de International Speedway van Daytona in Florida. Lee Petty wint de eerste Daytona 500.

DE SAINT LAWRENCE SEAWAY
In juni wordt de Saint Lawrence Seaway geopend, een netwerk van rivieren, meren en kanalen, voor transport met grote oceaanschepen.

UITPUILENDE AARDE
De Amerikaanse satelliet *Vanguard I* cirkelt duizenden keren rond de aarde en toont dat de planeet aan de zuidkant ca. 7,6 m dikker is dan aan de noordkant.

FRANK LLOYD WRIGHT (1867–1959)

Architect Frank Lloyd Wright overlijdt. Hij heeft diverse opvallende gebouwen ontworpen, waaronder woonhuizen als het Robie House in de stijl van een ranch (1908) en het wereldberoemde Fallingwater (1937). Daarnaast ontwierp hij ook bedrijfspanden als het Johnson Wax Office (1936). Hij werkte nog aan het bijna voltooide Guggenheimmuseum in New York ten tijde van zijn overlijden.

DE SWINGENDE JAREN '60

In de jaren '60 vindt er een ware uitbarsting van volkscultuur plaats. In de VS ontstaat een nieuw Camelot met president Kennedy in de rol van koning Arthur. Het is een decennium waarin de mens op zoek is naar vrede, liefde en wederzijds begrip. Toch is er ook zeer veel geweld: revoluties, moorden, rellen, protesten en demonstraties zijn aan de orde van de dag. In Amerika en Afrika komen zwarten op voor hun rechten. Fanatisme en hoop nemen toe als de USSR en de VS met elkaar strijden om de ruimte. De USSR wint de eerste ronde, maar aan het einde van het decennium zet een Amerikaan als eerste voet op de maan.

BLZ. 363: demonstraties voor burgerrechten zijn kenmerkend voor dit decennium.

1960–1969

DE BELANGRIJKSTE GEBEURTENISSEN

- BLOEDBAD IN SHARPEVILLE
- JOHN F. KENNEDY WORDT VERMOORD
- DE ANTICONCEPTIEPIL
- DE MENS IN DE RUIMTE
- DE CUBAANSE CRISIS
- DE BERLIJNSE MUUR
- ALGEMENE BURGERRECHTEN
- DE OORLOG IN VIETNAM
- DE BEATLES
- MINIROKKEN
- BLACK POWER
- ONAFHANKELIJKHEID IN RHODESIE
- HET POLIOVACCIN
- DE PRAAGSE LENTE
- DE ZOMER VAN DE LIEFDE
- DE ZESDAAGSE OORLOG
- STUDENTENOPSTAND
- MENSEN OP DE MAAN

TOTALE WERELDBEVOLKING: 3.109 MILJOEN

UAW SUPPORTS BOLD ACTION TO ABOLISH POVERTY IN THIS LAND OF PLENTY
AMERICA! Why Not NOW?
I Have A Dream... ONE AMERICA
VIVA LA JUSTICIA
ALL Rights For ALL People
UAW SUPPORTS ECONOMIC BILL OF RIGHTS
REDEEM THE AMERICAN PROMISE LIFE, LIBERTY, HAPPINESS FOR ALL

EEN FRISSE WIND STEEKT OP

Het begin van het decennium is kenmerkend voor het verdere verloop: vrijheid dient zich in allerlei vormen aan. In Afrika verdwijnt de koloniale macht van Europese landen wanneer steeds meer landen onafhankelijk worden. Alleen Zuid-Afrika, waar de blanke minderheid haar wil oplegt aan de zwarte bevolking, verzet zich tegen deze tendens – het resultaat is een bloedbad in de township Sharpeville. In de VS wordt een jonge, dynamische president gekozen: John Fitzgerald Kennedy. De Italiaanse regisseur Federico Fellini anticipeert op de seksuele revolutie met zijn film *La dolce vita*.

1960

4 januari De Franse schrijver Albert Camus komt op 46-jarige leeftijd bij een auto-ongeluk om het leven
8 januari Kenneth Kaunda wordt vrijgelaten uit de gevangenis in Noord-Rhodesië (Zambia)
23 januari De bathyscaaf Trieste duikt naar een recorddiepte van 10.910 m in de Marianentrog

18 februari Olympische Winterspelen in Squaw Valley, Californië

21 maart Bloedbad in Sharpeville. De Zuid-Afrikaanse politie raakt in paniek en doodt 56 zwarte demonstranten

1 april De eerste weersatelliet, de *Tiros I*, wordt gelanceerd

1 mei De Russen schieten een Amerikaans U2 spionagetoestel neer boven het Oeralgebergte
30 mei De Russische schrijver Boris Pasternak overlijdt

30 juni Belgisch Kongo wordt onafhankelijk en heet voortaan Republiek Kongo

16 augustus De Britse kolonie Cyprus wordt een onafhankelijke republiek

8 november Senator John F. Kennedy wordt gekozen tot de 35e president van Amerika

BOVEN: de democraat John F. Kennedy wordt president.

BOVEN: brokstukken van een Amerikaans spionagevliegtuig, dat is neergeschoten door de Russen, worden in Moskou tentoongesteld.

EINDE AAN DE BLANKE OVERHEERSING IN AFRIKA
Kameroen wordt onafhankelijk van Frankrijk. In de volgende elf maanden krijgen dertien voormalige koloniën, Somalië (een combinatie van voormalige Britse en Italiaanse koloniën) en Nigeria hun onafhankelijkheid. In juni wordt Belgisch Kongo onafhankelijk; het nieuwe land heet Republiek Kongo en Patric Lumumba wordt premier. De Britse premier Harold MacMillan zegt tijdens een bezoek aan Zuid-Afrika dat er een "wind of change" over het continent waait nu de zwarte Afrikaanse staten onafhankelijk worden en er een einde komt aan het blanke bewind.

BLOEDBAD IN TOWNSHIP
De politie opent het vuur op demonstranten in de township Sharpeville, ten zuiden van Johannesburg. 56 Afrikanen worden gedood en 162 raken gewond. De demonstranten protesteren tegen de nieuwe pasjeswet, die eist dat alle Afrikanen zich te allen tijde kunnen identificeren. Het Afrikaans Nationaal Congres (ANC) en het Pan-Afrikaans Congres (PAC) worden na het bloedbad verboden. Na internationale protesten is Zuid-Afrika gedwongen uit de Gemenebest te stappen en wordt het in mei 1961 een zelfstandige republiek, waardoor het internationale isolement van de apartheidsregering verder toeneemt.

EICHMANN IS GEVONDEN
Israëlische officieren van de geheime dienst ontvoeren Adolf Eichmann, de SS-officier die het brein was achter 'die Endlösung' tijdens de Tweede Wereldoorlog, uit Argentinië en brengen hem naar Israël. Hij wordt in 1961 berecht in Jeruzalem en in mei 1962 opgehangen wegens misdaden tegen het joodse volk.

JFK
John F. Kennedy, 43 jaar oud, wint nipt de presidentsverkiezingen en wordt de 35e president van de VS. Zijn tegenstander was de republikein Richard Nixon.

SPIONAGE VANUIT DE LUCHT
Piloot Gary Powers wordt met zijn vliegtuig, een US U2 spionagetoestel, neergeschoten boven Rusland. De bijeenkomst tussen de vier grootmachten, die op dat moment in Parijs plaatsvindt en tot doel heeft de spanning in Europa te verminderen, wordt zonder overeenstemming beëindigd, omdat de VS weigeren zich te verontschuldigen voor het vliegen in het Russische luchtruim.

BOUWEN IN BRASILIA
Lúcio Costa en Oscar Niemeyer zijn de architecten van de parlementsgebouwen in Brasilia, de nieuwe hoofdstad van Brazilië. De opvallende modernistische stijl van de gebouwen brengt de Latijns-Amerikaanse architectuur internationaal aanzien.

VERDEELD MAAR ONAFHANKELIJK
Na vijf jaar geruzie wordt het eiland Cyprus een onafhankelijke republiek binnen het Gemenebest met de Grieks-Cypriotisch aartsbisschop Makarios als president en de Turks-Cypriotische dr. Fazil Kütchük als vice-president.

DE OPRICHTING VAN DE OPEC
In Bagdad besluiten vijf olie-exporterende landen –Irak, Iran, Koeweit, Saudi-Arabië en Venezuela– de Organisation of Petroleum Exporting Countries (OPEC) op te richten om hun belangen te beschermen.

LA DOLCE VITA
Deze film van Federico Fellini –met Marcello Mastroianni in de hoofdrol– brengt de decadente wereld in beeld.

BOVEN: de radiozender The voice of America is te horen in West-Berlijn.

ONDER: Ghanese troepen maken deel uit van de VN-macht in Congo.

ALBERT CAMUS (1913–1960)

De in Algerije geboren Franse existentialistische schrijver en voormalig verzetslid Albert Camus komt met een onvoltooide autobiografische roman op zak bij een auto-ongeluk om het leven. Hij werd beroemd met zijn eerste roman *L'étranger* (1942), spoedig gevolgd door *Le mythe de Sisyphe* (1942). Enkele andere werken van Camus zijn *La peste* (1947) en *La chute* (1956), politieke geschriften zoals *Hedendaagse kronieken* (1950-1953) en diverse toneelstukken. Hij zat direct na de bevrijding met Jean-Paul Sartre in de redactie van de linkse krant Combat.

BORIS LEONIDOVITSJ PASTERNAK (1890–1960)

De Russische schrijver en dichter Boris Pasternak overlijdt. Hij is bij ons vooral bekend als de schrijver van *Dr. Zhivago* (1957), waarin de desillusie beschreven wordt die volgt op de idealistische ideeën van de revolutie. Het boek werd in Rusland verboden. Minder bekend is het feit dat Pasternak vele jaren de officiële Russische vertaler was van werk van Shakespeare, Goethe, de Franse dichter Verlaine en anderen.

DE HUISBEWAARDER

Het toneelstuk *The caretaker* maakt Harold Pinter tot een van de belangrijkste jonge Britse toneelschrijvers. Hij is bekend om zijn sterke dialogen (realistisch vanwege het gebruik van gewone taal en welsprekende pauzes).

DE EERSTE LASER

De Amerikaanse natuurkundige Theodore H. Maiman bouwt de eerste laser. De naam is afgeleid van de eerste letters van Light Amplification by Stimulated Emission of Radiation (versterking van licht door middel van gestimuleerde emissie van straling). Hij gebruikt een kunstmatige, robijnrode cilinder om een lichtstraal te krijgen die zich nauwelijks verspreidt.

RABBIT, RUN

Dit is het eerste boek uit de serie over het leven van ex-basketballer Harry Angstrom, geschreven door de Amerikaan John Updike. Het werk, geschreven in levendig proza, maakt van Updike een beroemd schrijver.

TO KILL A MOCKINGBIRD

Het in het zuiden gesitueerde verhaal van Harper Lee wordt verteld vanuit het perspectief van de twee kinderen van een blanke advocaat, die een zwarte man verdedigt die ten onrechte wordt beschuldigd van verkrachting. Het boek wordt een bestseller.

GEINTEGREERDE SCHAKELINGEN

Transistors worden zo klein dat ze op kleine siliconenchips geëtst kunnen worden en zo geïntegreerde schakelingen kunnen vormen. Elke chip kan het werk van vele transistors verrichten.

ROND DE WERELD ONDER WATER

De Amerikaanse kernonderzeeër *Triton* is het eerste vaartuig dat rond de aarde vaart zonder ook maar één keer naar de oppervlakte te komen. De reis wordt in 84 dagen afgelegd.

OMGAAN MET CRIMINALITEIT

De Amerikaanse schrijver en psycholoog Paul Goodman beroept zich in *Growing up absurd* op de literatuur, politieke theorieën en de psychologie en bepleit een anti-autoritaire benadering voor de omgang met criminelen en jonge wetsovertreders.

LADY CHATTERLEY
Penguin Books Limited wordt aangeklaagd voor de publicatie van "een obsceen boek, getiteld *Lady Chatterley's lover*". Het beruchte boek van de Brit D.H. Lawrence werd in 1928 in het geheim in Florence gepubliceerd. De verdediging roept diverse eminente literaire figuren op die getuigen voor de literaire waarde van het boek en de uitgevers worden vrijgesproken.

UITBREIDENDE ZEEBODEM
Harry Hammond Hess, hoogleraar geofysica aan het Amerikaanse Princeton, poneert de stelling dat de zeebodem zich vanuit de vulkanische riffen middenin de oceaan naar buiten uitbreidt en op die manier continentverschuivingen veroorzaakt.

WEERSATELLIETEN
De eerste weersatelliet, *Tiros* I, wordt gelanceerd op 1 april door de VS; in november volgt de *Tiros II*. De bevindingen van deze satellieten zijn zeer nuttig voor het maken van weersvoorspellingen, met name de vroege waarneming van tornado's en windhozen.

EEN NAUWKEURIGER METER
De meter, oorspronkelijk bepaalt door adviseurs van Napoleon als zijnde een tienmiljoenste deel van de afstand van de evenaar tot de Noordpool, wordt nauwkeuriger vastgesteld op 1.650.763,73 golflengte van oranjerood licht van de isotoop krypton-86.

KONINGSKOPPEL
De Belgische koning Boudewijn treedt in het huwelijk met de Spaanse Fabiola de Mora y Aragón.

RECORDDUIK IN DE DIEPTE
De bathyscaaf *Trieste* daalt bijna 11 km af in de Marianen-trog in de Grote Oceaan – voor zover bekend het diepste punt in de oceaan. Hij wordt bestuurd door luitenant ter zee Don Walsh en de Franse ingenieur Jacques Piccard, de zoon van de uitvinder.

FIRST LADY VAN SRI LANKA
Sirimavo Bandaranaike, weduwe van de vermoorde premier van Ceylon en voorzitter van de Vrijheidspartij voor Sri Lanka, wordt de eerste vrouwelijke premier ter wereld.

OSCAR EN BERT
De Nederlandse regisseur Bert Haanstra ontvangt een Oscar voor zijn korte documentaire *Glas*.

DE PIL
Het eerste orale voorbehoedmiddel, een combinatie van oestrogeen en progesteron, komt in de VS in de verkoop. De producent, GD Searle uit Illinois, test 'de pil' eerst op vijftig vrouwen, alvorens hem in te voeren.

BOVEN: de Amerikaanse Pershing-raket, een tweetraps ballistisch wapen, bij een proeflancering vanaf een mobiele basis.

RECHTS: I mei in Moskou, een traditie waarbij de militaire macht en kracht van de USSR worden getoond.

BOVEN: de vernielingen die in Chili zijn aangericht door een aantal aardbevingen.

ONDER: Wilma Rudolph (VS) wint goud op de 100 m tijdens de Olympische Spelen.

RECHTS: Rafer Johnson wint goud voor de VS op de tienkamp.

LEVEN MET LEEUWEN

Born Free, een weergave van haar ervaringen met leeuwen in Kenya, van de Duitse Joy Adamson, heeft na verschijning grote invloed. Men raakt op grote schaal overtuigd van het dreigende uitsterven van vele wilde dieren.

WINTERSPELEN

De achtste winterspelen in Californië vinden plaats in een gloednieuwe accomodatie in Squaw Valley. Gastheer Amerika wint goud bij ijshockey, tegen de verwachtingen in. Twee Duitse sporters winnen goud dat altijd naar Scandinavië ging.

BOVEN: de Amerikaanse onderzeeër *Triton*, de grootste ter wereld, vaart onder water de aarde rond.

VOETBALRECORD

De Spaanse ploeg van Real Madrid breekt een record door voor de vijfde maal de Europacup te winnen. In de finale verslaat Real Eintracht Frankfurt met 7-3. Ferenc Puskas scoort viermaal, Alfredo di Stefano driemaal.

OLYMPISCHE SPELEN IN ROME

Rusland haalt meer medailles dan de Verenigde Staten tijdens de zeventiende Olympische spelen in Rome. De Hongaar Aladar Gerevich eindigt zijn carrière op zijn vijftigste. Hij voegt weer een gouden medaille toe aan de zes gouden medailles die hij al had. Cassius Clay (later Mohammed Ali) behaalt eveneens goud in zijn klasse.

LEEGGEVIST

De totale vangst in de wereld bedraagt in de jaren '60 40 miljoen ton, twee keer zo veel als in de jaren '50 bij elkaar werd gevist. Vooral Russische schepen zijn voor de Amerikaanse atlantische kust verantwoordelijk voor een vermindering van de haringpopulatie met 90%. Schelvis is er zelfs helemaal verdwenen.

EEN NIEUWE PEN

De eerste fijnschrijver, de Augtust Pentel, wordt op de markt gebracht door Tokyo Stationery Co.

WEDLOOP IN DE RUIMTE

Slechts drie maanden na de inauguratie van president Kennedy is er een crisis in Cuba. De VS sturen een groot aantal militaire waarnemers naar Vietnam, wat zal leiden tot een grootscheeps conflict. Rusland stuurt kosmonaut Yuri Gagarin triomfantelijk de ruimte in. De Amerikaan Alan Shepard gaat als tweede omhoog en blijft langer in de ruimte.

ONDER: de maan wordt het belangrijkste doel voor de VS en USSR.

1961

14 januari Zuid-Afrika introduceert een nieuwe munteenheid

20 januari John F. Kennedy wordt geïnaugureerd als president van de VS

12 april De Russische kosmonaut Yuri Gagarin wordt de eerste man in de ruimte

17 april Cubaanse ballingen landen in de Varkensbaai op Cuba, maar worden verslagen

5 mei De Amerikaanse astronaut Alan B. Shepard wordt de tweede man in de ruimte

31 mei Zuid-Afrika treedt uit het Gemenebest en wordt een onafhankelijke republiek

17-18 augustus De Oost-Duitsers bouwen de Berlijnse Muur om Oost- en West-Berlijn te scheiden

17 september De secretaris-generaal van de VN Dag Hammarskjöld komt om het leven bij een vliegtuigongeluk boven Kongo

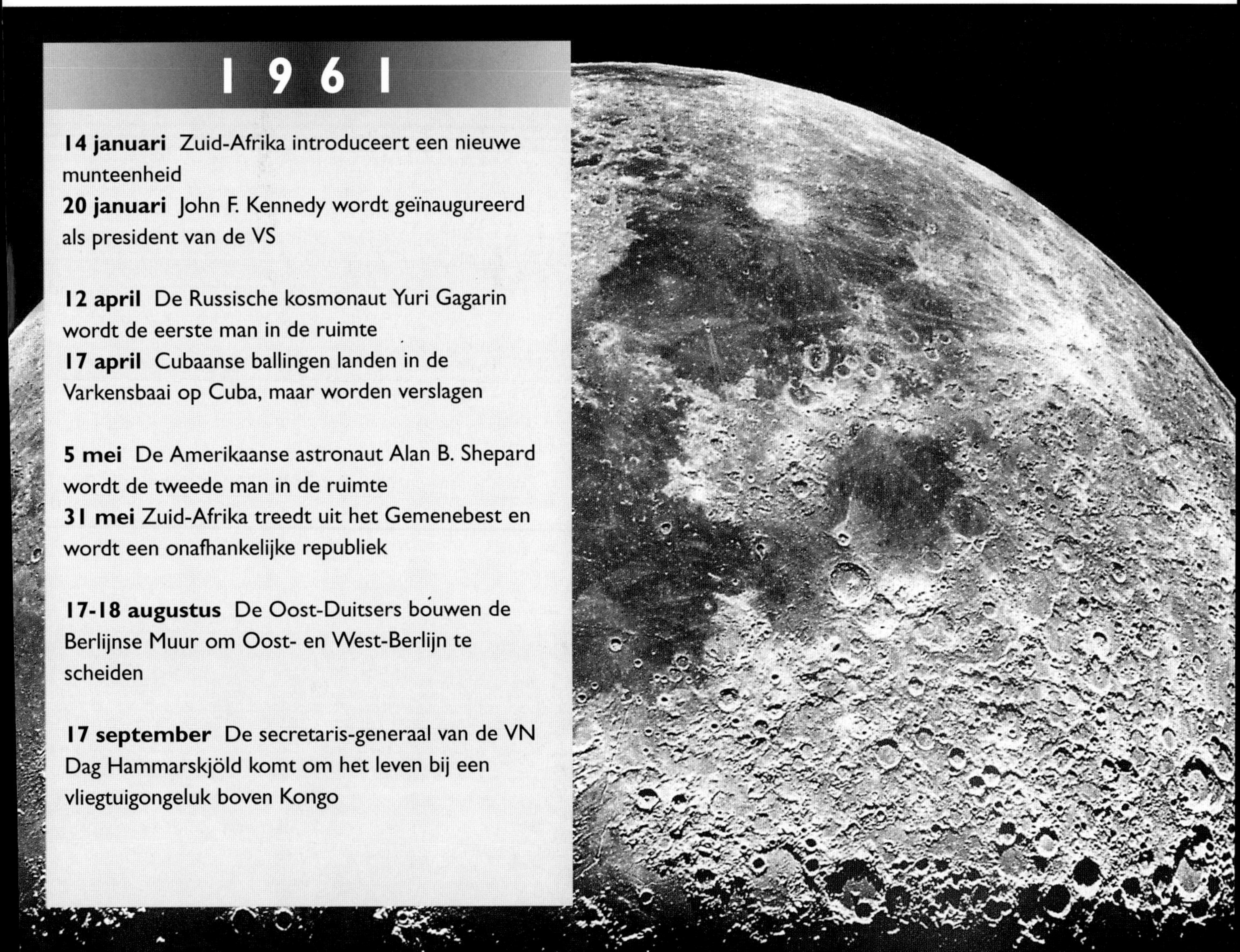

VARKENSBAAI

In april landen 1500, door Amerikaanse militaire instructeurs getrainde, Cubaanse ballingen in de Varkensbaai (Bahia de Cochinos) bij Cuba. De verwachte opstand tegen Fidel Castro blijft uit en de invallers worden gedood of gevangengenomen. De Amerikaanse regering krijgt zware kritiek te verduren.

COUP IN ALGERIJE MISLUKT

Het Franse leger komt in opstand tegen de regering van de Gaulle, vanwege haar houding in de Algerijnse onafhankelijkheid. De Gaulle roept de noodtoestand uit en de coup mislukt. De leiders worden veroordeeld voor verraad en acht van hen krijgen de doodstraf.

LINKS EN RECHTSBOVEN: auto's veroveren de wereld: de productie stijgt en de wegen worden uitgebreid.

BOVEN: de Cubaanse leider Fidel Castro berekent zijn kansen tijdens het Varkensbaaiconflict met de VS.

RECHTS: Cubaanse troepen plegen een tegenaanval op Playa Larga.

ONAFHANKELIJKHEID IN AFRIKA
Sierra Leone (in mei) en Tanganyika (in december) wordt door de Britten onafhankelijkheid verleend.

DE MUUR
De Oost-Duitse autoriteiten sluiten West-Berlijn af en bouwen een muur dwars door de stad om te voorkomen dat Oost-Duitsers naar het Westen vluchten.

BABI YAR
Het gedicht van de Russische dichter Yevgeny Yevtushenko is een monument voor de joden die in de Tweede Wereldoorlog vermoord zijn in Babi Yar bij Kiev. Hij neemt stelling tegen het Russische en nazistische antisemitisme.

TRAGEDIE VOOR DE VN
Dag Hammarskjöld, secretaris-generaal van de VN, komt om het leven bij een vliegtuigongeluk tijdens een missie om vrede in Kongo te bewerkstelligen. Hij wordt opgevolgd door U Thant, een diplomaat uit Burma.

EEN DANSER LOOPT OVER
Tijdens een tournee met het Kirov Ballet springt de Russische balletdanser Rudolf Nureyev (1938-1993) op het vliegveld van Parijs naar de vrijheid. Het ballet in het Westen heeft er een ster bij en ballet haalt overal de voorpagina. Vanaf 1962 zal Nureyev regelmatig optreden met Margot Fonteyn.

MEER MILITAIRE WAARNEMERS
De VS verhogen het aantal militaire waarnemers in Zuid-Vietnam om de regering te beschermen tegen communistische aanvallen vanuit het noorden.

CATCH-22
De lijvige debuutroman van de Amerikaan Joseph Heller, over het leven bij de Amerikaanse luchtmacht in de Tweede Wereldoorlog, wordt een groot commercieel succes. Het boek haalt uit naar bureaucratie en naar oorlog.

EEN NIEUW VOORBEHOEDMIDDEL
Het spiraaltje, of IUD (een middel dat in de baarmoeder wordt ingebracht), wordt door de Amerikaan Jack Lippes geïntroduceerd. Het wordt gemaakt van onbuigzaam plastic en zal wellicht minder irritatie veroorzaken in het lichaam en minder gauw uitgestoten worden dan de eenvoudige zilveren ring die Ernest Grafenburg in 1930 introduceerde.

DE EERSTE MAN IN DE RUIMTE
Rusland verslaat Amerika in de ruimtewedloop. Op 12 april wordt de Russische kosmonaut Yuri Gagarin (1934-1968) de eerste man in een baan om de aarde in een ruimteschip dat werd gelanceerd vanaf de *Vostok I* uit Kazachstan. Hij maakt een enkele baan om de aarde op een hoogte van maximaal 327 km en met een snelheid van maximaal 28.096 km per uur. Zijn ruimteschip landt na 108 minuten veilig bij het dorp Smelovka in de Russische regio Saratov.

DE EERSTE AMERIKAAN IN DE RUIMTE
Op 5 mei maakt de Amerikaanse astronaut Alan Bartlett Shepard jr. de tweede ruimtevlucht, een 'sprongetje' van maar 5 minuten in de *Freedom* 7-capsule.

DE TWEEDE RUS IN DE RUIMTE
Op 6 augustus vliegt de kosmonaut Gherman Titov zeventien keer om de aarde.

DE BELOFTE
Op 25 mei belooft de Amerikaanse president John F. Kennedy dat de VS ernaar zullen streven de eerste man op de maan te zetten.

DE JACHT OP DE QUARK
De Amerikaanse natuurkundige Murray Gell-Mann introduceert de quarktheorie om het vreemde gedrag van deeltjes te verklaren. Hij krijgt er in 1969 de Nobelprijs voor natuurkunde voor.

MEGASTAD
In december wordt Tokyo de eerste stad ter wereld met een inwonertal van tien miljoen.

ERNEST MILLAR HEMINGWAY (1899–1961)

De Amerikaanse schrijver en Nobelprijswinnaar pleegt zelfmoord in zijn huis in Idaho. Na de Eerste Wereldoorlog (waaraan hij deelnam als chauffeur voor het Rode Kruis) keerde hij terug in de journalistiek als buitenlands correspondent in Parijs en maakt hij een begin met zijn carrière van intens levende, alcoholistische schrijver en liefhebber van stierengevechten. Hij trouwde vier keer en woonde in Europa en Florida voor hij zich in Cuba vestigde. Enkele van zijn werken zijn *The sun also rises* (1926), *A farewell to arms* (1929), *Death in the afternoon* (1932), *For whom the bell tolls* (1940, over de Spaanse Burgeroorlog) en *The old man and the sea* (1952).

ATMOSPHERES
De Hongaarse componist György Ligeti componeert *Atmosphères*, een opvallend werk voor orkest waarin iedere musicus zijn eigen partij speelt. Alle partijen tezamen vormen een zwevende, ruimtelijke textuur.

THE BABE VERSLAGEN
Roger Maris verbetert het 'niet te verbeteren' record van collega-Yankee Babe Ruth en maakt zijn 61e homerun in één seizoen. Een voordeel voor Maris is dat het seizoen extra lang is. Door alle aandacht van de media en de stress is Maris' haar uitgevallen.

STRIJD TEGEN OVERGEWICHT
De Amerikaanse huisvrouw Jean Nidetch richt Weight Watchers op. In haar afslankprogramma's wordt een dieet met veel proteïnen (aanbevolen door Norman Joliffe van het Departement voor Gezondheid in New York); daarnaast wordt bepaalde voeding verboden.

LAWRENCIUM
Het kunstmatig tot stand gebrachte element 103, lawrencium, wordt geproduceerd door de Amerikaanse wetenschappers Albert Ghiorso, Torbjörn Sikkeland, Almon E. Larsh en Robert M. Latimer. Het element wordt genoemd naar Ernest Lawrence, de Amerikaanse uitvinder van de deeltjesversneller.

ONDER: oude boortorens in Baytour, Texas. De olie wordt gebruikt voor benzine, waarvan steeds meer nodig is.

TYPEMACHINE MET GOLFBAL
International Business Machines uit Amerika introduceert de typemachine met de 'golfbal'. De letters zitten op een ronddraaiende bol in plaats van op afzonderlijke typarmen. Het lettertype kan veranderd worden door het bolletje te verwisselen.

STRAATGEVECHTEN
In Nederland raken groepen jongeren, de zogenaamde nozems, slaags met de politie in Den Haag. Het is de beginperiode van de Europese protestbewegingen.

NIEUWE CAMPUSSEN
In Groot-Brittannië worden drie nieuwe universiteiten gebouwd. Het is het begin van een enorme uitbreiding van de universitaire capaciteit overal ter wereld, bedoeld voor de opleiding van de naoorlogse babyboomers.

VECHTEN VOOR VRIJHEID
In Groot-Brittannië wordt Amnesty International opgericht. Het is een niet-politieke organisatie die gewetensgevangenen overal ter wereld steunt.

TIJD VOOR VERANDERING
Elektronische horloges worden op de markt gebracht. Opwinden is nu verleden tijd, want de horloges lopen op een batterijtje.

ONDER: raketten op weg naar Cuba. Hun aanwezigheid zet het conflict op scherp.

BOVEN: auto nr. 5 komt spectaculair aan z'n eind in de Daytona 500 race in Daytona Beach, Florida. Let op de raket op de achtergrond: het Kennedy Space Center is de buurman van Daytona International Speedway.

RED DE DIEREN

Het Wereldnatuurfonds (WWF) wordt opgericht, een internationale organisatie die geld inzamelt voor de bescherming van wilde dieren. Het hoofdkantoor zetelt in Zwitserland.

EINDE AAN KOLONIALISME IN INDIA

Indiase troepen vallen de Portugese kolonie Goa en andere enclaves in India binnen, wat het eind van de laatste Europese koloniën betekent.

PATRICE LUMUMBA (1925–1961)

Patrice Lumumba (geboren als Katako Kombe), de eerste premier van de Democratische Republiek Kongo (later Zaïre) toen het land een jaar geleden onafhankelijk werd van België, wordt gearresteerd door zijn eigen leger en vermoord door inwoners van Katanga.

CARL GUSTAV JUNG (1875–1961)

Carl Jung, de Zwitserse psychiater die de begrippen collectief onderbewustzijn, introvert en extrovert heeft geïntroduceerd en de school voor analytische psychologie heeft opgericht, overlijdt. Hij werkte in Wenen samen met Sigmund Freud, maar ze gingen uit elkaar vanwege de vasthoudendheid van de laatste (volgens Jung) met betrekking tot de psychoseksuele kenmerken van neurosen. Tot het werk van Jung behoren *De psychologie van het onderbewustzijn* (1911-1912), *Psychologie en religie* (1937) en *Het onbekende wezen* (1957). Hij had net zijn autobiografie *Herinneringen, dromen en bespiegelingen* (gepubliceerd in 1962) voltooid.

DE EERSTE AMERIKAAN IN DE RUIMTE

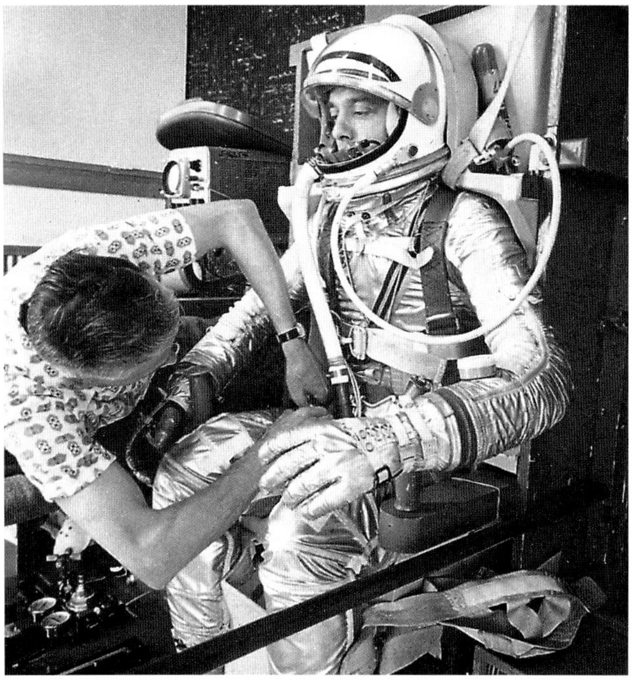

BOVEN: astronaut Alan Shepard kleedt zich voor zijn ruimtereis.

ONDER: hij komt veilig in de Atlantische Oceaan.

ONDER: de president feliciteert Amerika's eerste ruimteheld.

BOVEN: de *Freedom* 7 vertrekt van Cape Canaveral.

OP DE RAND VAN EEN TOTALE OORLOG

De USSR en de VS komen tegenover elkaar te staan in Cuba en de wereld houdt zijn adem in nu een kernoorlog dreigt. Het conflict wordt opgelost. Ondertussen gaat de verovering van de ruimte door: John Glenn vliegt driemaal rond de aarde en Telstar, de eerste communicatiesatelliet, wordt gelanceerd. Een onbemand ruimtevaartuig stuurt foto's van Venus naar de aarde. Meesterspion James Bond verschijnt voor het eerst op het witte doek en de mooie Marilyn Monroe overlijdt.

1962

1 januari West-Samoa wordt de eerste onafhankelijke staat in de Grote Oceaan

20 februari Astronaut John Glenn maakt de eerste echte Amerikaanse ruimtereis: hij vliegt drie keer rond de aarde

3 juli Algerije wordt onafhankelijk van Frankrijk
10 juli De Telstar, de eerste telecommunicatiesatelliet, wordt gelanceerd

5 augustus De Amerikaanse ster Marilyn Monroe wordt dood aangetroffen

9 oktober Uganda wordt onafhankelijk binnen het Gemenebest
22 oktober De Amerikaanse president John F. Kennedy kondigt aan dat Rusland bases voor kernraketten heeft ingericht op Cuba

28 november Koningin Wilhelmina, die regeerde van 1890 tot 1948, overlijdt op 82-jarige leeftijd

14 december De ruimtesonde *Mariner 2* maakt de eerste vlucht naar een andere planeet en 'scheert' langs Venus

LINKSBOVEN: een Amerikaanse wachtpost in de Cubaanse crisis.

BOVEN: de antitankbemanning op Cuba wacht af.

BOVEN: studenten in Costa Rica protesteren tegen het Russische ingrijpen in Cuba.

LINKS: Marilyn Monroe, die in 1962 overlijdt, vermaakt de troepen.

NOG MEER ONAFHANKELIJKHEID

West-Samoa is het eerste eiland in de Grote Oceaan dat onafhankelijk van Groot-Brittannië wordt. Later dit jaar worden Jamaica, Trinidad, Tobago en Uganda onafhankelijk van Groot-Brittannië, en Burundi en Rwanda van België.

LAWRENCE OF ARABIA

In de avonturenfilm van de Britse regisseur David Lean zijn alle elementen verenigd –camerawerk, acteerwerk, decors, muziek– tot een opmerkelijk geheel, een van de meesterwerken uit de Britse filmgeschiedenis. Door de film wordt Peter O'Toole internationaal beroemd; Omar Sharif verschijnt voor het eerst in een Engelstalige film.

MARILYN MONROE (NORMA JEAN MORTENSON) (1926–1962)

De Amerikaanse filmster Marilyn Monroe wordt dood aangetroffen; waarschijnlijk heeft ze een overdosis slaappillen ingenomen. Na gewerkt te hebben als model en figurante, maakte ze naam in *How to marry a millionaire* en *Gentlemen prefer blondes* (beide 1953). Daarna speelde ze in de komedies *The seven year itch* (1955) en *Some like it hot* (1959). Ze volgde lessen aan de Actors' Studio en trouwde met toneelschrijver Arthur Miller, die *The misfits* (1961) voor haar schreef en wie van ze scheidde in 1961. Haar naam werd in verband gebracht met die van president Kennedy en zijn broer Robert.

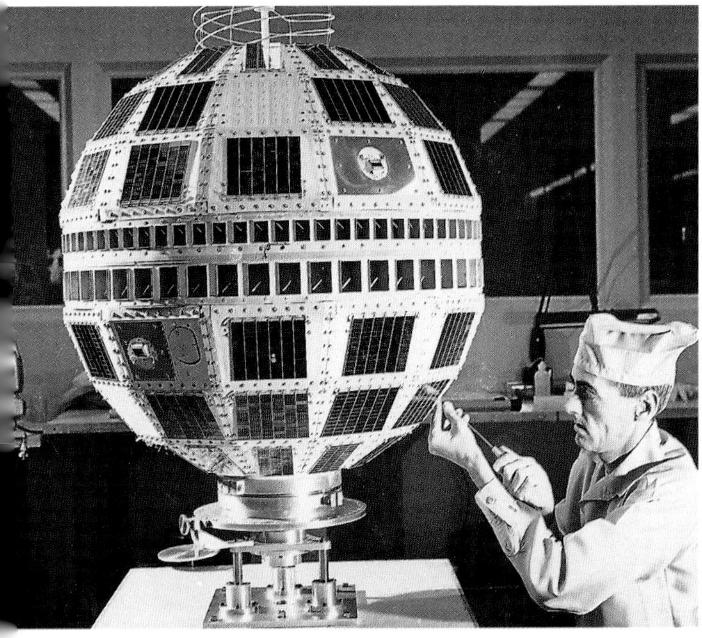

BOVEN: de Telstar wordt gebouwd in het laboratorium van Bell Telephone. De satelliet rechts vangt de signalen van de Telstar op.

HET TWA-GEBOUW OP KENNEDY AIRPORT
De Finse architect Eero Saarinen (1910-1961) ontwerpt het opvallende betonnen dak van de terminal, dat veel mensen doet denken aan een vliegende adelaar. Hoewel de architect ontkent dat dit zijn bedoeling was, toont het gebouw aan dat voor veel mensen, moderne architectuur een symbolische betekenis kan hebben.

DE TELSTAR GELANCEERD
Amerika lanceert de eerste telecommunicatiesatelliet, de Telstar I. Hierdoor is het mogelijk transatlantische tv-beelden te ontvangen, maar slechts voor perioden van 20 minuten.

CRISIS ROND CUBA
Nadat Rusland kernraketten op Cuba heeft geplaatst, legt de VS een blokkade rond het eiland. Amerika en Rusland komen tegenover elkaar te staan en brengen de wereld op de rand van een kernoorlog. Uiteindelijk worden de Russische raketten verwijderd.

DE EERSTE ECHTE AMERIKAANSE RUIMTEVLUCHT
De Amerikaanse astronaut John Glenn jr. maakt de eerste echte Amerikaanse ruimtevlucht: drie banen om de aarde in de *Friendship* 7. Hij verblijft 5 uur in de ruimte.

TWEE CHEESEBURGERS
De Amerikaanse beeldhouwer Claes Oldenburg, een van de leidende figuren van de Pop Art, is beroemd om zijn extravagante, surrealistische interpretatie van alledaagse voorwerpen (gipsmodellen die enkele malen vergroot zijn). Hij richt zich nu op plastische sculpturen, waarbij hij een voorwerp modelleert van zacht materiaal en vult met kapok.

DR. NO
Dit is de eerste van een lange reeks films rond de Britse geheim agent James Bond, gebaseerd op de boeken van schrijver Ian Fleming. In deze film speelt de Schotse acteur Sean Connery de hoofdrol. Hij zal de rol van "Bond, James Bond" nog zes keer spelen.

CASSETTEBANDJES
Het Nederlandse elektronicabedrijf Philips introduceert het cassettebandje, dat afgespeeld kan worden op draagbare cassetterecorders. Hieruit ontstaan de muziekcassettes en ingesproken kranten voor blinden.

EEN DAG UIT HET LEVEN VAN IVAN DENISOVITSJ
Het boek van de Russische schrijver Alexander Solzjenitsyn over de Russische Goelagarchipel beschrijft het leven van een gevangene. Voor vele mensen in het Westen is dit de eerste keer dat ze een dergelijk verslag onder ogen krijgen.

SOFTENONTRAGEDIE
Softenon, dat in 1958 op de markt werd gebracht als een ongevaarlijke slaappil en een remedie tegen ochtendmisselijkheid tijdens zwangerschap, wordt uit de schappen gehaald als blijkt dat vrouwen die het middel geslikt hebben, kinderen met ernstige afwijkingen kunnen baren.

MARINER 2 WORDT GELANCEERD
De Amerikaanse ruimtesonde *Mariner 2* wordt gelanceerd om Venus te onderzoeken. Het is de eerste tocht naar een andere planeet. De sonde meet de temperatuur van de planeet en bevestigt het bestaan van zonnewind.

LEVE ALGERIJE
Na acht jaar oorlog wordt Algerije onafhankelijk van Frankrijk. Ben Bella wordt president van de nieuwe republiek.

GELIJKE STUDIEKANSEN
De zwarte student en luchtmachtveteraan James Howard Meredith schrijft zich in bij de universiteit van Mississippi, die wordt gedwongen hem toe te laten na een gerechtelijk vonnis dat werd bevestigd door de Hoge Raad. Op de campus breken rellen uit, als Meredith op 30 september binnen probeert te komen. Hij moet uiteindelijk worden begeleid door sheriffs en worden beschermd door het leger.

SILENT SPRING
De Amerikaanse mariene biologe Rachel Carson waarschuwt in haar boek in scherpe bewoordingen voor het lukraak gebruik van pesticiden. Ze slaagt in haar opzet, want er breekt een tijd van meer zorg voor het milieu aan.

BIER IN BLIK
Bier wordt verkocht in aluminium blikjes, die worden geopend met een ringetje, geproduceerd door de Aluminium Corporation of America. De aluminium blikjes worden voor het eerst gemaakt in 1958 en vervangen al snel de blikken van ijzer bekleed met tin.

WERELDKAMPIOEN
Brazilië wint de wereldbeker voetbal tijdens een grimmige finale in Chili.

BOVEN: grenspost in het 'Bamboe Gordijn', dat de volksrepubliek China en Hongkong scheidt.

LINKS: de *NS Savannah*, het eerste koopvaardijschip dat aangedreven wordt door kernenergie.

BOVEN: de tewaterlating van de Amerikaanse kernonderzeeër *Alexander Hamilton*.

EEN VERDEELD BERLIJN

LINKS: Oost-Berlijners dragen rode vlaggen tijdens de 1 mei-parade na de bouw van de muur.

LINKSONDER: Willy Brandt, de burgemeester van West-Berlijn, en zijn zonen kijken naar het Russische deel van de stad.

HIERONDER: Oost-Berlijnse troepen tonen hun militaire macht, hoewel diverse soldaten zouden overlopen naar het Westen.

ONDER: president Kennedy bezoekt de Berlijnse Muur.

EEN DROOM EN EEN AANSLAG

Valentina Tereshkova scoort voor de USSR en voor vrouwen als de eerste vrouwelijke astronaut. Om de kans op een nucleaire ramp te verkleinen, wordt er een hotline aangelegd tussen het Witte Huis en het Kremlin. President de Gaulle houdt Groot-Brittannië buiten de EG; Indonesië en Maleisië verklaren zichzelf onafhankelijk; Afrikaanse landen vormen de Organisatie voor Afrikaanse Eenheid. Martin Luther King, de leider van de burgerrechtenbeweging, loopt naar Washington en houdt daar zijn wereldberoemde speech. Het jaar eindigt in een tragedie als president Kennedy wordt vermoord in Dallas.

1963

28 januari De Amerikaanse dichter Robert Frost overlijdt
29 januari De Europees Economische Gemeenschap verwerpt het verzoek van Groot-Brittannië om toetreding

3 juni Paus Johannes XXIII overlijdt na vier jaar paus te zijn geweest
16 juni De eerste vrouw in de ruimte, de Russische Valentina Tereshkova, vertrekt voor een vlucht van drie dagen
20 juni Amerika en Rusland besluiten een hotline tussen het Witte Huis en het Kremlin aan te leggen

31 juli De Peerage Act geeft Britse peers die hun zetel geërfd hebben, het recht afstand te doen van hun titel. De burggraaf van Stansgate Tony Benn is de eerste

5 augustus De VS, Rusland en Groot-Brittannië tekenen een kernverdrag
28 augustus De zwarte leider Martin Luther King houdt zijn beroemde speech in Washington DC

15 september Onenigheid tussen Maleisië en Indonesië

18 oktober De Britse premier Harold Macmillan treedt af en wordt opgevolgd door de Earl of Home (die later zijn titel zal opgeven)

22 november President John F. Kennedy wordt vermoord in Dallas. Zijn opvolger is vice-president Lyndon B. Johnson
24 november Jack Ruby doodt Lee Harvey Oswald, die ervan verdacht wordt Kennedy te hebben vermoord

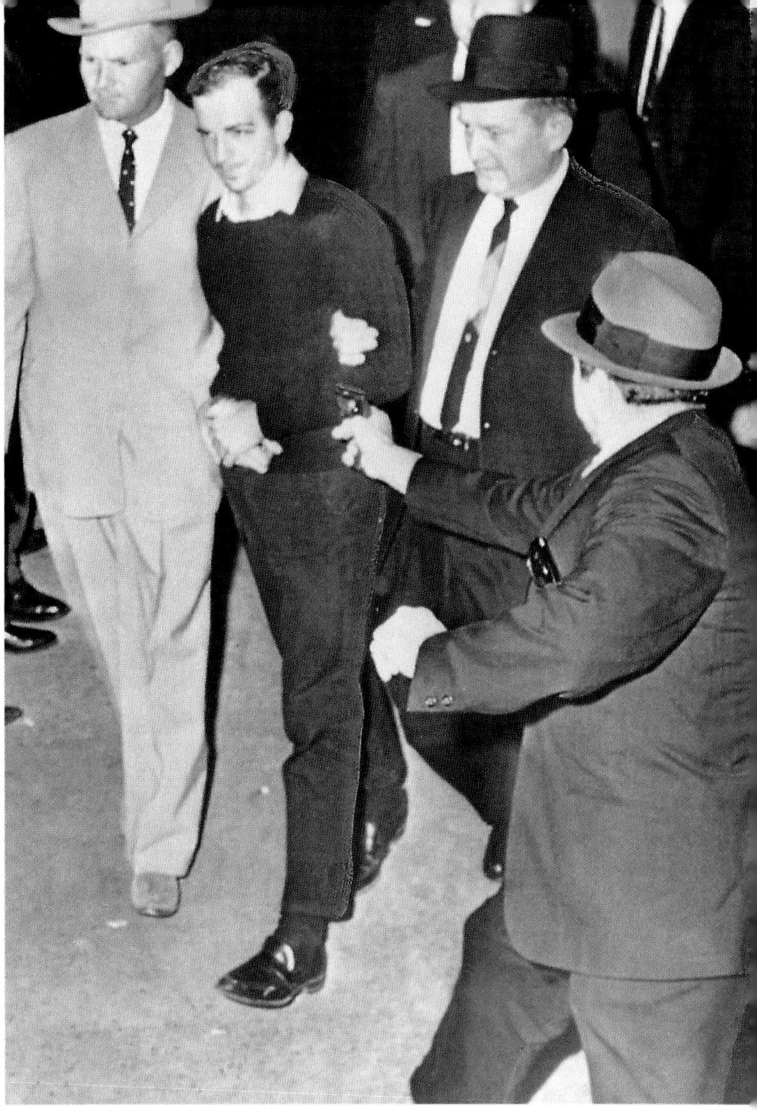

BOVEN: het schoolboekenmagazijn vanwaar de president beschoten zou kunnen zijn. De politie heeft de mogelijke posities van de schutter aangegeven.

RECHTS: de vermoedelijke dader Lee Harvey Oswald wordt gearresteerd. Voor hij echter terecht kan staan, wordt hij doodgeschoten door Jack Ruby.

ONAFHANKELIJK INDONESIE EN MALEISIE
De laatste Nederlandse kolonie in Oost-Indië, Irian-Jaya, wordt een deel van Indonesië. In september sluiten de Britse koloniën Singapore, Sarawak en Sabah zich aan bij Maleisië in de Federatie van Maleisië. Er ontstaat een conflict tussen de Britten, het Gemenebest en Maleisië enerzijds en Indonesië anderzijds, als Indonesische troepen Maleisië binnenvallen in een poging heel Borneo in handen te krijgen. Aan de zijde van het Gemenebest vallen 150 doden en 234 gewonden en worden 4 mensen gevangengenomen. Onder de Indonesiërs vallen 590 doden en 222 gewonden en worden 771 personen gevangengenomen. De strijd duurt voort tot er een vredesverdrag wordt getekend in augustus 1966.

AFRIKA VERENIGT ZICH
De Organisatie voor Afrikaanse Eenheid (OAU) wordt in de Ethiopische hoofdstad Addis Abeba opgericht door Afrikaanse leiders. De organisatie moet de samenwerking bevorderen en een einde maken aan het kolonialisme in Afrika.

KENNEDY IN BERLIJN
President Kennedy brengt een bezoek aan West-Berlijn om zijn steun te betuigen aan de vrijheid. Hij verklaart daar: "Ich bin ein Berliner". Diezelfde maand wordt er een hotline aangelegd tussen Washington en Moskou.

TEGEN DE BOM
Rusland, Groot-Brittannië en de VS tekenen het kernverdrag, waardoor bovengrondse kernproeven, zowel in de ruimte als onder water, worden verboden. Veel andere landen tekenen het verdrag later.

I HAVE A DREAM
Meer dan 200.000 burgerrechtenactivisten, met Martin Luther King voorop, lopen naar Washington. In zijn speech met de uitspraak "I have a dream" stelt King dat op een dag iedereen gelijke rechten zal hebben.

MOORD IN TEXAS
President Kennedy wordt vermoord in Dallas, Texas – naar men denkt door een in zijn eentje opererende schutter. Vice-president Lyndon Johnson neemt het ambt over. Ene Lee Harvey Oswald wordt al spoedig gearresteerd, maar hij wordt zelf doodgeschoten voor hij terecht kan staan. Met betrekking tot de moord op Kennedy zullen er de komende decennia talloze complottheorieën opduiken.

DE EERSTE VROUW IN DE RUIMTE
De Russische kosmonaute Valentina Tereshkova is de eerste vrouw in de ruimte. Ze maakt 45 banen om de aarde in de *Vostok 6*.

QUASARS GEIDENTIFICEERD
Quasars –quasistellaire radiobronnen– worden geïdentificeerd door de Amerikaanse astronoom Allan Rex Sandage en de Australische astronoom Cyril Hazard. Quasars zijn voorwerpen heel ver in de ruimte.

EEN MUIS
De Amerikaanse wetenschapper Douglas Engelbart bedenkt de computermuis.

BOVEN: Joan Baez en Bob Dylan, de koning en koningin van het protestlied, op de burgerrechtendemonstratie.

NEDERLANDS PROTEST
In Nederland voeren de provo's actie voor de vrijheid van onderdrukte minderheden zoals homoseksuelen, voor invoering van wetten tegen milieuvervuiling en voor bescherming van de binnensteden tegen projectontwikkeling.

SCORPIO RISING
Kenneth Anger, nestor van experimentele, onafhankelijke filmproducenten, maakt *Scorpio Rising*, een documentaire over motorrijders in New York. Hoewel de film gemaakt is buiten de normale productie- en distributiekanalen om, wordt hij door miljoenen mensen bekeken.

NIEUWE ALLIANTIES IN AFRIKA
Kenia en Zanzibar worden onafhankelijke staten binnen het Britse Gemenebest. Zanzibar sluit zich in april 1964 aan bij Tanganyika, waardoor een nieuwe natie gevormd wordt: Tanzania.

LED UITGEVONDEN
De Amerikaanse wetenschapper Nick Holonyak vindt de lichtgevende diode (LED) uit, een halfgeleider die opgloeit als er stroom door geleid wordt. De dioden worden gebruikt in klokken, rekenmachines en andere beeldschermverlichting.

KOOLSTOFVEZEL
Ingenieurs van het Royal Aircraft Establishment in Engeland maken koolstofvezels: dunne, sterke vezels van bijna pure koolstof met plastic. De vezels worden gebruikt in ruimteschepen, omdat ze licht en toch zeer sterk zijn.

DE EERSTE HOLOGRAMMEN
De Amerikaanse wetenschappers Emmett Leith en Juris Upatneiks zijn de eersten die een demonstratie van holografie geven. Ze maken gebruik van de pas uitgevonden laser om licht te projecteren, waardoor driedimensionale beelden ontstaan.

DE GAULLE ZEGT: 'NON'
Generaal de Gaulle spreekt zijn veto uit over Groot-Brittanniës verzoek zich te mogen aansluiten bij de EEG.

HET VROUWELIJK MYSTERIE
Betty Friedan publiceert *The feminine mystique*, een onderzoek naar de sociale voorwaarden die bepalend zijn voor de manier waarop het leven van vrouwen verloopt.

BUNKERMENTALITEIT
Atoomschuilkelders worden overal in de VS in de kelders van huizen en andere gebouwen ingericht voor mensen die bang zijn voor een kernoorlog. De bunkers worden voorzien van de eerste levensbehoeften.

ZWEVENDE MESSEN
Het Britse bedrijf Flymo produceert de Hover-grasmaaier. Hij werkt volgens hetzelfde principe als de hovercraft, die zweeft op een luchtkussen net boven de grond. De grasmaaier kan gemakkelijk voortgeduwd worden door velden met veel hoog gras.

DODEN IN DE FRANSE KUNSTWERELD
De dichter en schrijver Jean Cocteau, de componist Francois Poulenc en de kunstenaar Georges Braque overlijden dit jaar.

BLZ. 383: Jackie Kennedy en haar kinderen op de begrafenis in Washington DC.

EDITH PIAF (EDITH GIOVANNA GASSION) (1915–1963)
De Franse chansonnière Edith Piaf overlijdt na een langdurig ziekbed. Piaf (Frans voor 'mus'), wier vader een bekend acrobaat was, begon haar carrière in de straten van Parijs en werd overal ter wereld beroemd met liedjes als *La vie en rose* en *Je ne regrette rien*.

BOVEN: Cubaanse vluchtelingen voor de kust van Miami.

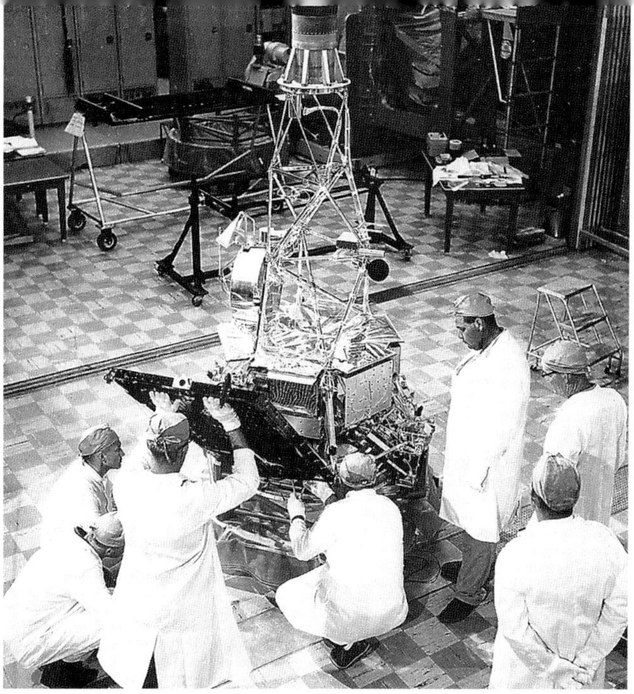

BOVEN: in Cape Canaveral werken ingenieurs aan een ruimtevaartuig met zonnepanelen die de energie van de zon moeten benutten.

BURGERRECHTENBEWEGING

BOVEN: de charismatische Martin Luther King voert de mars aan.

UITERST LINKS: zwarte beroemdheden als Sidney Poitier, Harry Belafonte (boven) en Sammy Davis jr (onder) lopen mee.

ONDER: wat begon als een vreedzame demonstratie loopt uit op gevechten; de gemoederen lopen hoog op.

ONDER: entertainer Sammy Davis jr. is erbij.

BLZ. 384: 20.000 demonstranten in Washington DC.

ONDER: de spanning tussen zwarte en blanke jongeren is op straat merkbaar.

DE JAREN '60 BEGINNEN TE SWINGEN

In Zuid-Afrika groeit de spanning als de leider van het ANC, Nelson Mandela, wordt veroordeeld tot levenslange gevangenisstraf en Ian Smith namens de blanken in Zuid-Rhodesië een eenzijdige onafhankelijkheidsverklaring plant. In de VS staan de zaken er beter voor: Martin Luther King krijgt de Nobelprijs voor de vrede en het wetsontwerp over Burgerrechten wordt aangenomen. Drie Russische kosmonauten cirkelen om de aarde en de Amerikaanse ruimtesonde *Ranger* maakt de eerste foto's van de schaduwzijde van de maan.

1964

29 januari De negende Winterspelen worden geopend in het Oostenrijkse Innsbruck

5 april De Amerikaanse generaal McArthur overlijdt op 84-jarige leeftijd

27 mei Jawaharlal Nehru, premier van India, overlijdt op 74-jarige leeftijd

11 juni In Zuid-Afrika wordt de leider van het ANC, Nelson Mandela, veroordeeld tot levenslang vanwege een poging de regering omver te werpen

6 juli Het Britse territorium Nyasaland wordt zelfstandig en heet voortaan Malawi
31 juli Het ruimteschip de *Ranger* fotografeert de maan

10 oktober De achttiende Olympische Spelen worden geopend in Tokyo
12-13 oktober Drie Russen gaan voor het eerst samen de ruimte in
14 oktober Martin Luther King krijgt de Nobelprijs voor de vrede
15 oktober De Russische leider Nikita Chroestsjov wordt vervangen door Leonid Brezjnev en Alexei Kosygin
16 oktober Harold Wilson vormt een labourregering in Londen
24 oktober Noord-Rhodesië wordt onafhankelijk en heet voortaan Zambia

BOVEN: vier Britse jongemannen veroveren de wereld. Hun fans vertonen duidelijke symptomen van Beatlemania.

MANDELA IN DE GEVANGENIS
Nelson Mandela, leider van het ANC, wordt na het proces in Rivona tot levenslang veroordeeld wegens sabotage en een poging de regering omver te werpen. Hij wordt naar Robbeneiland in de Tafelbaai bij Kaapstad gestuurd.

MEER VRIJHEID VOOR AFRIKA
Malawi krijgt onafhankelijkheid van Groot-Brittannië. In oktober wordt Noord-Rhodesië, dat voortaan Zambia zal heten, onafhankelijk, waardoor de Britse poging om een Centraal-Afrikaanse Federatie op te richten mislukt. Alleen het door blanken gedomineerde Zuid-Afrika en een paar kleine Britse, Spaanse en Portugese koloniën in West-Afrika blijven nog onder Europees bestuur.

BURGERRECHTEN IN AMERIKA
In de VS wordt de Wet op de Burgerrechten aangenomen. Discriminatie op grond van ras bij sollicitaties, in het openbaar vervoer, bij vakbondslidmaatschap en bij nationale activiteiten is vanaf nu moment verboden. De verordening is de belangrijkste, op zichzelf staande burgerrechtenwet in de Amerikaanse geschiedenis.

CHROETSJOV AFGEZET
De Russische premier Nikita Chroetsjov wordt opzij geschoven als hij met vakantie is en vervangen door Leonid Brezjnev als leider van de Communistische Partij en Alexei Kosygin als premier.

EEN HUIS VOOR VANNA VENTURI
De Amerikaanse architect Robert Venturi ontwerpt als een van de eersten een postmodern huis in Chestnut Hill in Pennsylvania. Sommige aspecten van het huis (zoals de onderbroken lijn van de voorzijde) zijn voorboden van de postmodernistische stijl en het is duidelijk dat Venturi in de periode dat het huis werd gebouwd, zijn boek *Complexity and contradiction in architecture* schreef. In dit boek en in ander werk van zijn hand bepleit hij het belang van zowel historische relaties als inspiratie door moderne ontwikkelingen in de architectuur.

MARAT/SADE
The persecution and assassination of Marat as performed by the inmates of the asylum of Charenton under the direction of the marquis de Sade (ook wel bekend als *Marat/Sade*) is het bekendste toneelstuk van Peter Weiss. Het stuk, waarin De Sade de regie voert over een toneelstuk waarin de moord op Marat wordt vertolkt, terwijl krankzinnigen op de achtergrond mompelen, wordt het archetype van 'saditisch toneel'.

FOR THE UNION DEAD
In deze en andere bundels protesteert de Amerikaanse dichter Robert Lowell tegen de moorddadige, onmenselijke invloed van oorlog en geweld. Zijn bezorgdheid over Amerika en de Amerikaanse tradities onderscheidt hem van zijn 'confessionele' tijdgenoten.

BOVEN: zwarte stemgerechtigden in Baton Rouge.

ONDER: Brazilianen vieren de geslaagde revolutie in Rio.

JAWAHARLAL (PANDIT) NEHRU (1889–1964)

De Indiase leider en staatsman Jawaharlal Nehru (1889-1964), die studeerde aan Harrow en Cambridge en ook wel 'Pandit' of 'leraar' wordt genoemd, overlijdt. Tijdens het Britse bewind bracht hij in totaal achttien jaar in gevangenschap door en werd hij gekozen tot voorzitter van het Indiaas Nationaal Congres (1928). Hij werd de eerste premier van zijn land na de onafhankelijkheid in 1974, was verantwoordelijk voor de niet-gebonden politiek van India en legde de basis voor de industriële ontwikkeling.

SMITH NEEMT HET ROER OVER

Ian Smith wordt premier van Zuid-Rhodesië. Hij is het niet eens met de Britse plannen om de Afrikaanse meerderheid democratische rechten te geven en is van plan een eenzijdige onafhankelijkheid uit te roepen.

DODEN IN DE AMUSEMENTSWERELD

De stille broer Adolph 'Harpo' Marx (geboren 1884) overlijdt, evenals de schrijver Ian Fleming (geboren 1908), de geestelijke vader van James Bond.

DR STRANGELOVE, OR HOW I LEARNED TO STOP WORRYING AND LOVE THE BOMB

Stanley Kubrick (1928-1999) is de regisseur van deze antioorlogskomedie, met acteur Peter Sellers in drie rollen. De film wordt overal ter wereld een succes, want men is zich door de recente crisis rond de stationering van kernraketten op Cuba zeer sterk bewust geworden van het probleem van de atoombom.

REQUIEM

Het eerbetoon in dichtvorm van de Russische dichteres Anna Akhmatova aan hen die onder het regime van Stalin omkwamen, wordt gepubliceerd. Akhmatova schreef het in de jaren '40, waarna het direct verboden werd. De publicatie is de bevestiging van haar naam als de grootste en moedigste Russische dichter van de 20e eeuw.

'THE FAB FOUR' IN AMERIKA

De Engelse Beatles, die in hun eigen land al tot godheden zijn verheven, veroveren de VS. De Amerikaanse tieners worden aangestoken door de Beatlemania.

MARILYN IN ROOD

Andy Warhol maakt een van zijn beroemdste Pop Art-werken: hij beeldt een onderwerp af uit de populaire cultuur en maakt daarbij gebruik van de moderne reproductietechniek.

DOUGLAS MACARTHUR (1880–1964)

De Amerikaanse generaal Douglas MacArthur overlijdt. De veelvuldig gedecoreerde veteraan uit de Eerste Wereldoorlog werd bevelhebber van de Amerikaanse troepen in het Verre Oosten in 1941 en later opperbevelhebber van de troepen in de Stille Oceaan. Als opperbevelhebber van de geallieerden stond hij aan het hoofd van de bezettingsmacht van Japan (1945-1951). In 1950 werd hij benoemd tot opperbevelhebber voor de VN in Korea, maar hij werd ontheven van zijn functie door president Truman toen zij van mening verschilden over de reactie op de inval door China.

IN C

De Amerikaanse componist Terry Riley is een van de bedenkers van het minimalisme, dat door dit stuk beroemd wordt. Het stuk bestaat uit een steeds herhaalde hoge C op de piano, als achtergrond voor een reeks van 53 korte fragmenten, die de spelers zo vaak ze maar willen kunnen herhalen.

SUPERSNEL

De Japanse 'bullet train' gaat rijden tussen Tokyo en Osaka. Hij kan een snelheid bereiken van 200 km per uur.

RUIMTEVLUCHT VAN MEERDERE MENSEN

In oktober neemt het Russische ruimteschip de *Voshkod I* 3 kosmonauten mee op een reis van zestien banen om de aarde – de eerste ruimtevlucht waaraan meerdere mensen tegelijk deelnemen.

BOVEN: van de bouw van de Sharavathi-waterkrachtcentrale nabij Mysore in India wordt gerealiseerd met financiële steun van Amerika.

ONDER: Finse troepen maken deel uit van de VN-macht tijdens de onlusten op het eiland Cyprus.

ONDER: de Cleveland Browns en de Baltimore Colts strijden om de NFL-titel. Jim Brown van Cleveland helpt zijn team aan de overwinning.

BOVEN: de camera's aan boord van het onbemande ruimtevaartschip *Ranger II*. De camera's maken meer dan 4000 foto's van het heelal.

BOVEN: Brigitte Bardot, internationaal sekssymbool en actrice zal zich later inzetten voor de rechten van dieren.

ELEMENT 104

Russische en Amerikaanse wetenschappers claimen het element 104 geproduceerd te hebben. Er worden verschillende namen voor bedacht: kurchatovium, rutherfordium en unnilquadium.

JONGENSSPEELGOED

Hasbro brengt de speelgoedsoldaten Action Man (in Europa) en GI Joe (in de VS) op de markt, die bij jongetjes net zo populair zullen worden als Barbie bij de meisjes. Oorlogstuig en een reeks uniformen voor de pop worden ook verkocht.

ONDER: de commissie Warren onderzoekt de moord op Kennedy. Hun bevindingen stellen niet iedereen tevreden.

ENGELAND SWINGT

In *Times magazine* wordt swingend Londen beschreven: hier heerst koopwoede, wordt kleding die als doel heeft te shockeren verkocht in piepkleine boetieks in plaats van warenhuizen en modezaken, en zien discotheken eruit als nachtclubs met flitsende lichten op de maat van harde muziek. De huizen worden heringericht volgens de regels van ontwerper Terence Conran, met spullen van Habitat, Conrans meubel- en interieurwinkel.

RAMP IN ALASKA

Door een aardbeving in Alaska met een kracht van 8,4 op de schaal van Richter (later bijgesteld tot 9,2) komen 110 mensen om het leven en ontstaat een tsunami (vloedgolf) van 67 m, de grootste die ooit is geregistreerd.

BOVEN: de Unisphere, symbool van de wereldtentoonstelling in New York met meer dan 20.000 bezoekers op de eerste zondag.

ACHTERGRONDSTRALING
De Amerikaanse wetenschappers Arno Allen Prenzias en Robert Woodrow Wilson ontdekken het bestaan van achtergrondstraling van microgolven die in de ruimte vanuit allerlei richtingen komen. Ze veronderstellen dat het een 'echo' is van de oerknal, waardoor de wereld is ontstaan.

BEATLES EN STONES
Bij een rondvaart door de Amsterdamse grachten veroorzaken de Beatles hysterie en chaotische toestanden. Fans van de Rolling Stones veroorzaken een nog grotere chaos in het Kuhrhaus; na een kwartiertje breken de Engelse supersterren hun optreden af.

OLYMPISCHE WINTERSPELEN
Duizenden tonnen sneeuw worden door het Oostenrijkse leger naar Innsbruck gebracht om de negende Olympische Winterspelen mogelijk te maken. Er doen elfhonderd deelnemers mee aan 34 wedstrijdonderdelen – in beide gevallen een recordaantal. De Russische Lidia Skoblikova wint goud op vier nummers van het hardrijden op de schaats en Sjoukje Dijkstra wint een gouden medaille bij het kunstrijden. Voor het eerst wordt er op de Olympische Spelen gerodeld.

BEELDEN VAN DE MAAN
De Amerikaanse ruimtesonde *Ranger* maakt de eerste, van dichtbij genomen filmopnamen van de maan.

HIJ IS DE BESTE
Cassius Clay verslaat kampioen Sonny Liston en wordt op 22-jarige leeftijd kampioen boksen in de categorie zwaargewicht. In 1962 sloot Clay zich aan bij de sekte van de Black Muslim. Hij gebruikt nu zijn titel om het racisme in Amerika aan de kaak te stellen. Hij verandert zijn naam in Muhammad Ali en weigert zich te melden voor de oorlog in Vietnam, waarna zijn titel wordt afgenomen. Van juni 1967 tot februari 1970 bokst hij geen wedstrijden meer, maar vanaf 1970 zal hij de titel nog twee keer winnen.

ZUID-AFRIKAANSE SPORTERS GEBOYCOT
Het Internationaal Olympisch Comité sluit Zuid-Afrika uit van deelname vanwege de apartheid. Later worden door de internationale gemeenschap alle contacten op sportgebied verbroken.

OLYMPISCHE SPELEN
De achttiende Spelen vinden plaats in Tokyo, 24 jaar nadat de Spelen in Tokyo werden afgelast vanwege de oorlog. Het is de eerste keer dat de Spelen in Azië worden gehouden en er worden diverse nieuwe records gevestigd. Judo (Anton Geesink wint goud) en volleybal worden aan het programma toegevoegd en er doen maar liefst 93 landen mee.

RECHTS: Cassius Clay, later Mohammed Ali, danst als een vlinder, maar slaat genadeloos.

RASSENRELLEN EN HET RODE BOEKJE

In de VS wordt de leider van de Black Muslims, Malcolm X, vermoord. Nobelprijswinnaar Martin Luther King wordt gearresteerd voor de mars op Alabama en rassenrellen laaien op in Watts in Los Angeles. In China komt de Culturele Revolutie op gang, onder leiding van Mao Zedong en vastgelegd in zijn *Rode boekje*. De eerste ruimtewandeling wordt gemaakt en de Mariner 4 maakt beelden van de kraters op Mars. Tussen India en Pakistan breekt oorlog uit. In een poging het negatieve te verdrijven, moedigt Timothy Leary de mensen aan iets opwindends te doen. De Hare Krishna-beweging ontstaat.

1965

24 januari De voormalige Britse premier Sir Winston Churchill overlijdt op 90-jarige leeftijd

1 februari Martin Luther King wordt gearresteerd na het leiden van de mars voor burgerrechten op Alabama

21 februari De zwarte Amerikaanse activist Malcolm X wordt vermoord in New York

18 maart De Russische kosmonaut Alexei Leonov maakt de eerste ruimtewandeling

6 april De Early Bird, de eerste geostationaire telecommunicatiesatelliet, wordt gelanceerd

9 april Tussen Pakistan en India breekt een conflict uit

14 juli De Amerikaanse ruimtesonde Mariner IV fotografeert Mars

15 augustus In Watts, een wijk in Los Angeles, breken rassenrellen uit

1 september Tussen India en Pakistan breekt een oorlog uit over Kashmier

4 september De Frans-Duitse zendeling Albert Schweitzer overlijdt

11 november De blanke regering van Rhodesië beslist tot een onwettige, eenzijdige onafhankelijkheidsverklaring

LINKS: Malcolm X, de zwarte Amerikaanse strijder voor de burgerrechten, wordt vermoord in New York.

BOVEN: Eero Saarinens adelaarvormige TWA-terminal op de luchthaven Kennedy.

MALCOLM X VERMOORD
Malcolm X, een vooraanstaand lid van de Black Muslims, wordt in New York door zijn voormalige collega's vermoord. Malcolm X was een tegenstander van de geweldloze burgerrechtenbeweging van Martin Luther King en voorstander van zwart separatisme. De laatste jaren streefde hij echter meer naar samenwerking tussen de rassen dan naar een confrontatie.

DEMONSTREREN IN ALABAMA
Martin Luther King gaat voorop in een mars van Selma in Alabama naar Montgomery om te protesteren tegen de gebrekkige burgerrechten in de zuidelijke staten. In augustus breken rassenrellen uit in de wijk Watts in Los Angeles.

OORLOG TUSSEN INDIA EN PAKISTAN
Tussen India en Pakistan ontstaan in april grensgevechten op de grens Kutch-Sind. In september steken Pakistaanse eenheden de wapenvrije zone in Kashmier over, waardoor een oorlog tussen India en Pakistan uitbreekt. India stuurt 900.000 manschappen naar West-Pakistan. Tijdens gevechten bij Lahore verliezen de Pakistanen 450 tanks. Onder de Indiase slachtoffers zijn 2212 doden, 7636 gewonden en zo'n 1500 vermisten. Het aantal doden onder de Pakistanen in ongeveer 5800. In januari wordt tijdens gesprekken in het Russische Tasjkent overeenstemming over vrede bereikt.

KRATERS OP MARS
De Amerikaanse ruimtesonde *Mariner 4* fotografeert Mars op een afstand van slechts 9700 km en stuurt 21 beelden naar de aarde, waarop te zien is dat de oppervlakte net als die van de maan bezaaid is met kraters.

HET TERRACOTTA LEGER
Het graf van een Chinese koning van de Han-dynastie, Liu Sheng, koning van Zongshan (154-112 v Chr.), blijkt drieduizend miniatuurbeelden van ruiters en infanteristen te bevatten.

CULTURELE REVOLUTIE IN CHINA
De Chinese leider Lin Piao roept op tot een Culturele Revolutie om het revolutionaire vuur aan te wakkeren en tegenstanders van de revolutie uit te schakelen. De Rode Garde, die de nieuwe revolutie aanvoert, richt zich op intellectuelen en partijambtenaren, en veel scholen worden gesloten. De Culturele Revolutie is de aanzet tot de cultus rond Mao Zedong en duurt tot het ontslag van president Liu Shaoqi.

RELLEN
In de wijk Watts in Los Angeles breken rellen uit als een zwarte man wordt gearresteerd wegens rijden onder invloed.

ARIEL
De beroemdste bundel van de Amerikaanse dichteres Sylvia Plath maakt diepe indruk op de lezers door de strakke verbale en poëtische beheersing waarmee extreme situaties en labiele mentale stemmingen worden weergegeven.

ALBERT SCHWEITZER (1875–1965)

De in de Elzas geboren Frans-Duitse zendeling, musicoloog en theoloog Albert Schweitzer overlijdt. Nadat hij in 1913 zijn artsenbul had gehaald, zette hij met zijn vrouw een medische zendelingenpost op in Frans Equatoriaal Afrika, waar lepra en slaapziekte zeer veel voorkwamen. In Europa was hij ook bekend door de orgelconcerten die hij gaf om zijn project te financieren, en om zijn vele geschriften over religie, cultuur en muziek. In 1952 kreeg hij de Nobelprijs voor de vrede.

BOVEN: allerlei soorten drugs zijn verkrijgbaar in dit decennium – officieel zijn ze verboden.

UDI IN RHODESIE

De blanke minderheidsregering van Zuid-Rhodesië met leider Ian Smith geeft een eenzijdige onafhankelijksverklaring van Groot-Brittannië uit. Engeland noemt de actie illegaal en legt sancties op. In december 1972 starten de zwarte onafhankelijkheidsbewegingen ZANU en ZAPU een gezamenlijke actie tegen Rhodesië met Russische en Chinese steun. De oorlog is afgelopen als ZANU, met Robert Mugabe als leider, de macht grijpt. Rhodesië wordt Zimbabwe.

OORLOG IN DE WOESTIJN

In Dhofar en Oman breekt een oorlog uit tussen gewapende eenheden van de sultan met Britse steun en het communistische Dhofar-bevrijdingsfront, dat later onderdeel zal worden van het Volksfront voor de Bevrijding van Bezette Arabische Golfstaten (PFLOAG). Tussen 1971 en 1975 zullen onder de eenheden van de sultan 187 doden en 559 gewonden vallen.

TRAINSPOTTING

De Tsjechische schrijver Bohumil Hrabal wordt heel beroemd met zijn verhaal over Milos Hrma, een medewerker van de spoorwegen die toekijkt als de nazi's troepen verplaatsen door Tsjechoslowakije naar het oostelijk front. Er zal in 1966 een film van gemaakt worden onder regie van Jiri Menzel.

HET LABORATORIUM VAN HET SALK-INSTITUUT

De verwerking van beton bij de bouw van enorme gebouwen is een van de aspecten waardoor dit ontwerp van de Amerikaanse architect Louis Kahn in La Jolla in Californië beschouwd kan worden als een van zijn belangrijkste werken. De indeling, waarbij de mechanische diensten allemaal zijn gesitueerd op de laagste verdiepingen om het vloeroppervlak van de laboratoriumruimten niet te doorbreken, is ook van belang.

EEN OUDE KAART VAN EEN NIEUW CONTINENT

Er wordt een kaart gevonden die getekend werd op perkament in 1440 (52 jaar voor Columbus Amerika ontdekte), waarop ten westen van Groenland een groot eiland te zien is dat 'Vinland' wordt genoemd. Dit is Newfoundland, het land dat ontdekt werd door de Noorse ontdekkingsreizigers Bjarni en Leif Eriksson die in de 11e eeuw de Westelijke Oceaan overstaken.

DE EERSTE RUIMTEWANDELINGEN

Op 18 maart maakt de kosmonaut Aleksei Leonov de eerste 'ruimtewandeling', waarbij hij, verbonden aan zijn ruimteschip *Voshkod II*, vrij door de ruimte zweeft. Hij blijft 10 minuten buiten het ruimteschip. De astronaut Edward H. White maakt op 3 juni een ruimtewandeling die 4 minuten langer duurt.

DE EARLY BIRD VLIEGT

Op 6 april wordt in Amerika de *Early Bird* (later de *Intelsat 1* genoemd) gelanceerd, de eerste geostationaire communicatiesatelliet. De satelliet zorgt voor een permanente verbinding tussen Europa en Noord-Amerika.

COMPUTERS KRIMPEN

De eerste zogenaamde minicomputer wordt in de VS geïntroduceerd. Hij heeft een geheugen van 4 k en kost slechts 18.000 dollar.

DOE IETS OPWINDENDS, SLUIT JE AAN

Timothy Leary, een ex-hoogleraar psychologie aan Harvard,

CHARLES-EDOUARD JEANNERET (LE CORBUSIER) (1887–1965)

De in Zwitserland geboren Franse architect en stedenbouwkundige Charles-Edouard Jeanneret, beter bekend als Le Corbusier, overlijdt. Hij was een van de invloedrijkste architecten van de moderne beweging, die zich toelegde op het ontwikkelen van vormen voor het technische tijdperk, en erflater van het modulaire systeem (systeembouw). Een van zijn ontwerpen is de Unité d'habitation in Marseille (1945-1950). Hij werkte mee aan de stadsontwikkeling, het gerechtsgebouw en de secretarie van Chandigargh (1951-1956). Ook schreef hij onder meer *Towards a new architecture* (1923).

BOVEN: Julie Andrews is de ster van *The sound of music.*

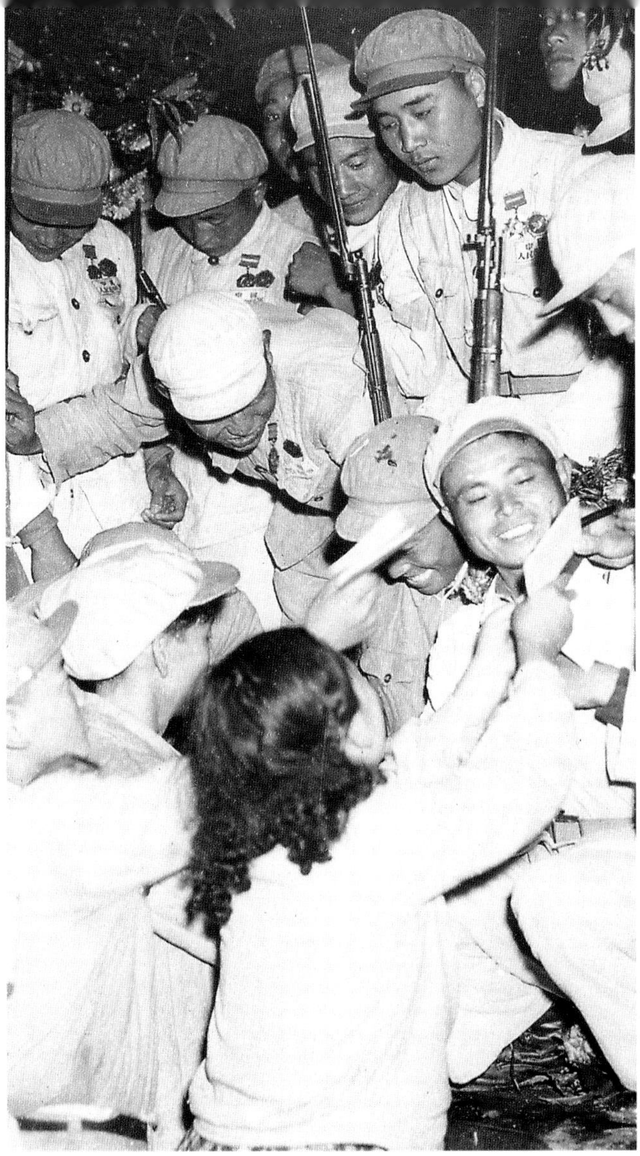

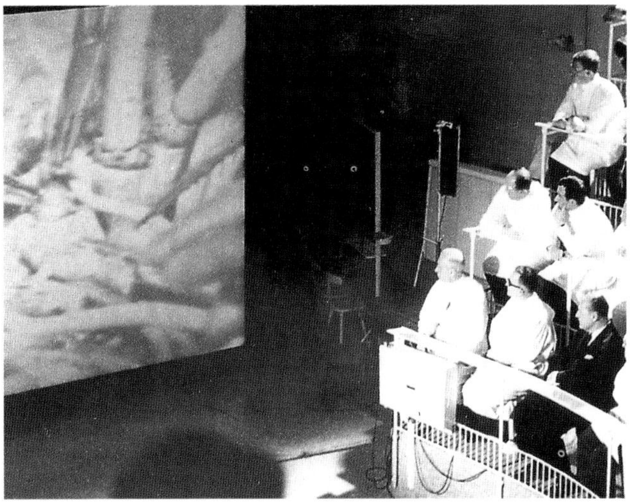

BOVEN: een openhartoperatie in Houston kan live worden gevolgd in Genève, met behulp van de Amerikaanse satelliet Early Bird.

LINKS: tijdens de Chinese culturele revolutie lijdt het volk onder de intimiderende macht van de Rode Garde onder leiding van voorzitter Mao.

publiceert *The psychedelic reader*, waarin hij de lezers oproept "iets opwindends" te doen, "je aan te sluiten en de samenleving de rug toe te keren", waarmee hij het gebruik van verdovende en psychedelische middelen propageerde – Leary was in 1963 ontslagen vanwege experimenten met LSD.

HARE KRISHNA
In New York wordt de Internationale Beweging van het Bewustzijn van Krishna opgericht door Bhaktivedanta, een Indiase wijsgeer en chemicus die naar de VS kwam met slechts 50 dollar op zak en een paar klankbekkens om het woord van Krishna te verspreiden. Zijn volgelingen scheren zich kaal, dragen gele gewaden en zingen monotoon.

BABYRACEWAGENS
De lichtgewicht, opvouwbare babybuggy van McLaren verschijnt.

KONGO
In de voormalige Belgische kolonie Kongo vindt een staatsgreep plaats. De nieuwe leider is Mobutu.

KUNSTGRAS
De honkballers van Houston Astros zijn de eersten die op 'astroturf' (kunstgras) spelen. De bouwers van het stadion hadden gehoopt dat er ondanks de overdekking gras zou groeien in het Astrodome – delen van het dak waren doorzichtig. De spelers werden echter verblind door de felle zon, steeds als ze een hoge bal wilden vangen. Daarom werd het dak overgeschilderd, waardoor het gras doodging. Een kunstlaag werd ervoor in de plaats gelegd.

KONINGSKOPPEL
De Nederlandse kroonprinses Beatrix maakt haar verloving met de Duitse Claus von Amsberg bekend.

WINSTON LEONARD SPENCER CHURCHILL (1874–1965)

De Engelse staatsman en premier tijdens de oorlog Sir Winston Churchill overlijdt en duizenden mensen staan langs de weg om hem hun laatste eer te bewijzen. Zijn politieke carrière begon in 1900, van 1924 tot 1929 was hij minister van Financiën voor de conservatieven en na het aftreden van Neville Chamberlain vormde hij de coalitieregering die regeerde tijdens de oorlog. Hij was premier van 1940 tot 1945 en maakte in die tijd gebruik van zijn redenaarskunst om radiotoespraken te houden die het moreel van de natie moesten opkrikken. Na de oorlog was hij premier van 1951 tot 1955.

OVERSTROMINGEN EN HAPPENINGS

Indira Gandhi neemt het roer over in India en de Zuid-Afrikaanse premier Hendrik Verwoerd wordt vermoord. Een burgeroorlog breekt uit in de Dominicaanse Republiek en er worden mariniers naartoe gestuurd. Venetië en Florence worden getroffen door overstromingen, waardoor Italiaanse kunstschatten van onschatbare waarde verloren gaan of beschadigd raken. Onbemande Russische en Amerikaanse ruimtesondes slagen er in op de maan te landen. Op aarde valt een waterstofbom overboord.

1966

11 januari Indira Gandhi wordt premier van India na de dood van Lal Bahandra Shastri

3 februari Een Russische ruimtesonde landt op de maan

10 maart Prinses Beatrix treedt in het huwelijk met Claus von Amsberg, een Duits diplomaat

31 maart Labour behaalt een zeer duidelijke overwinning bij de Britse algemene verkiezingen en krijgt een duidelijke meerderheid

24 april In de Dominicaanse Republiek breekt een burgeroorlog uit

26 mei Brits-Guyana wordt onafhankelijk en heet voortaan Guyana

3 juni Een Amerikaanse ruimtesonde maakt een landing op de maan

30 juli Het Engelse voetbalelftal wordt wereldkampioen

6 september De Zuid-Afrikaanse premier Hendrik Verwoerd wordt vermoord in het parlement

13 september B.J. Forster wordt premier van Zuid-Afrika

15 december Walt Disney overlijdt op 65-jarige leeftijd

GANDHI WORDT PREMIER
Indira Gandhi, de dochter van Nehru, wordt premier van India na de onverwachte dood van Lal Shastri.

ONAFHANKELIJKHEID IN AFRIKA EN DE CARIBEN
Guyana wordt onafhankelijk van Groot-Brittannië, gevolgd door Botswana, Lesotho en Barbados. Zeven andere Caribische eilanden en Belize worden pas in 1983 onafhankelijk van Groot-Brittannië.

BURGEROORLOG IN DE DOMINICAANSE REPUBLIEK
Ongeveer 20.000 Amerikaanse mariniers worden bij de burgeroorlog ingezet om de vrede te herstellen na de coup, waarbij president Juan Bosch werd afgezet. Bij de gevechten komen meer dan tweeduizend Dominicanen om het leven. Verkiezingen in oktober 1966 brengen de rust weer terug, waarna Amerika zich terugtrekt.

VERWOERD VERMOORD
De Zuid-Afrikaanse premier Hendrik Verwoerd, overtuigd voorstander van de apartheid, wordt in het parlement in Kaapstad doodgestoken. Zijn opvolger is Johannes Vorster.

MAANFOTO'S
Binnen enkele maanden tijd maakt zowel een Russische als een Amerikaanse ruimtesonde een landing op de maan. Ze maken allebei foto's van het oppervlak, waardoor het mogelijk is beide kanten van de maan voor het eerst in kaart te brengen.

YAMANASHI-CENTRUM
De Japanse architect Kenzo Tange is de ontwerper van dit centrum voor pers, radio en televisie in Kobe. De vormgeving is zeer vernieuwend: kantoorruimten worden gedragen door zestien massief betonnen zuilen, elk met een doorsnee van ca. 5 m.

KOPPELEN IN DE RUIMTE
Aan boord van de *Gemini 8* trachten de Amerikaanse astronauten Neil Armstrong en David Scott in de laatste fase van hun verblijf in de ruimte te koppelen, maar door een technische fout is de koppeling niet geheel succesvol. De mogelijkheid om in de ruimte een koppeling tot stand te brengen is essentieel voor elke poging om op de maan te landen.

DIE BASSARIDEN
De Duitse componist Hans Werner Henze bewerkt het historische drama *De bacchanten* van Euripides tot wat hij zelf beschouwd als zijn beste opera. De rationele, gedisciplineerde koning Pentheus (mogelijk een symbool voor het nazisme) wordt overwonnen door de irrationele Dionysus.

KOKEN OP KERAMIEK
De keramische kookplaat, een plat vlak dat bestaat uit warme en koude zones, wordt geïntroduceerd door een Amerikaanse glasfabrikant. Op het vlak worden de plaatsen van de warme zones gemarkeerd, die door elektrische elementen eronder worden verhit.

BOVEN: een onderwaterresearchapparaat aan kabels (boven) en de mini-onderzeeër Alvin vinden een overboord geslagen atoombom terug.

TEGEN INTERPRETATIE
De Amerikaanse schrijfster Susan Sontag schrijft een aantal invloedrijke essaybundels. In haar eerste boek komen zeer veel verschillende onderwerpen aan de orde –kunst, film, muziek, politiek–, waarmee haar naam als een van de nieuwe intellectuelen van Amerika wordt gevestigd.

TELEFONEREN DOOR GLAS
De Britse wetenschappers Charles Kao en George Hockham ontwikkelen telefoonkabels gemaakt van optische glasvezels. Door de vezeloptiek is het mogelijk via een kabel veel meer telefoonverbindingen tot stand te brengen dan voorheen.

OVERSTROMINGEN IN ITALIE
De stad Venetië overstroomt als het water bij Venetië door de hoge waterstand in de Adriatische Zee stijgt tot boven het normale niveau. Door stormen in Noord-Italië treedt de Arno buiten zijn oevers en overstroomt Florence.

Historische gebouwen, fresco's, schilderijen, beeldhouwwerken en boeken raken beschadigd.

WAT EEN HAPPENING

De 'happening' wordt geïntroduceerd door de Amerikaanse schilder Robert Rauschenberg tijdens de New York Armory Show. Het is een vorm van performance art, die veel navolging zal vinden.

WATERSTOFBOM VERLOREN EN GEVONDEN

In februari valt per ongeluk een waterstofbom van een Amerikaanse bommenwerper. Gelukkig wordt hij twee maanden later intact teruggevonden op de bodem van de Atlantische Oceaan.

DOOD IN DE KUNSTENAARSWERELD

De Amerikaanse komiek uit de stomme films, Buster Keaton (geboren 1886), overlijdt, evenals dichter André Breton (ook geboren 1886), oprichter van de surrealistische beweging.

BEATRIX GETROUWD

Niet iedereen is blij met het huwelijk van prinses Beatrix en Claus von Amsberg: in Amsterdam breken rellen uit en gooien demonstranten een rookbom.

WALTER ELIAS (WALT) DISNEY (1901–1966)

De Amerikaanse tekenfilmproducent is de maker van figuren als Mickey Mouse en Donald Duck. Hij ontwikkelde de eerste tekenfilm in kleur: *Sneeuwwitje en de zeven dwergen* (1937). Daarna volgden *Pinokkio* (1940), *Bambi* (1946), *Lady en de Vagebond* (1956) en vele andere. Hij opende in 1955 in Californië het pretpark Disneyland.

LINKS: Walt Disney overlijdt op 65-jarige leeftijd. Hij produceerde ook natuur- en avonturenfilms.

ONDER: een schaalmodel van Boeings supersonische vliegtuig, dat nooit gemaakt zal worden.

LINKS: werkzaamheden in *Sealab II*. Nieuwsgierige vissen kijken toe.

BOVEN: *Sealab II*, het onderzoeksstation van de Amerikaanse marine.

SCHOON EN GROEN
Biologisch afbreekbare vloeibare zeep wordt geïntroduceerd. Men is van mening dat deze zeep beter voor het milieu is.

THEY THINK IT'S ALL OVER...
Ook Engeland heeft het voordeel van het organiserende land: De duitsers verliezen de WK-finale na verlenging met 4-2. Geoff Hurst scoort voor de Engelsen drie keer.

VOEDSELTEKORT
Er is een enorm voedseltekort ontstaan door langdurige droogte in Azië en de Sahel, mislukte oogsten in Rusland en de groeiende wereldbevolking. Later wordt in Azië een kleine rijstsoort geïntroduceerd die een hoge opbrengst geeft.

ONDER: Cubaanse vluchtelingen worden bij Florida opgepikt.

DE ZOMER VAN DE LIEFDE

Het festival in Monterey is het begin van de 'summer of love'. Een burgeroorlog verscheurt Nigeria en Israël wint de Zesdaagse Oorlog. De protesten tegen de betrokkenheid van Amerika in Vietnam worden in de VS en elders in de wereld steeds luider. De militairen nemen de macht over in Griekenland en de deelnemers aan de wedloop in de ruimte krijgen te maken met de eerste tragedies. De charismatische rebel Che Guevara wordt gedood en zijn portret wordt een ikoon voor een hele generatie. In Zuid-Afrika wordt de eerste harttransplantatie uitgevoerd.

1967

27 januari Drie Amerikaanse astronauten komen om het leven als hun ruimtevaartuig bij een proef in brand vliegt

19 april De voormalige Duitse kanselier Konrad Adenauer overlijdt op 91-jarige leeftijd
21 april Een kolonelsjunta neemt in Griekenland de macht over na een militaire coup
24 april De kosmonaut Vladimir Komorov komt om het leven als de parachute van zijn ruimtevaartuig niet functioneert bij de landing
27 april Beatrix bevalt van een gezonde zoon: Willem Alexander Claus George Ferdinand

26 mei Na de oprichting van Biafra breekt in Nigeria een burgeroorlog uit
28 mei De Britse zeiler Francis Chichester zeilt als eerste alleen rond de wereld

5-10 juni De Zesdaagse Oorlog. Israël verslaat het leger van vijf Arabische staten

1 juli De EEG, de Europese Gemeenschap voor Kolen en Staal, en Euratom gaan samen en vormen de Europese Gemeenschap (EG)
24 juli President Charles de Gaulle haalt zich de woede van Canada op de hals door zijn steun te betuigen aan de onafhankelijkheidswens van Quebec

9 oktober Guerillaleider Che Guevara wordt gedood in Bolivia

3 december De eerste harttransplantatie bij een mens wordt uitgevoerd in Zuid-Afrika. De patiënt leeft na de operatie slechts achttien dagen
31 december Ter gelegenheid van de honderdste verjaardag van Canada wordt in Montreal de Expo 67 geopend

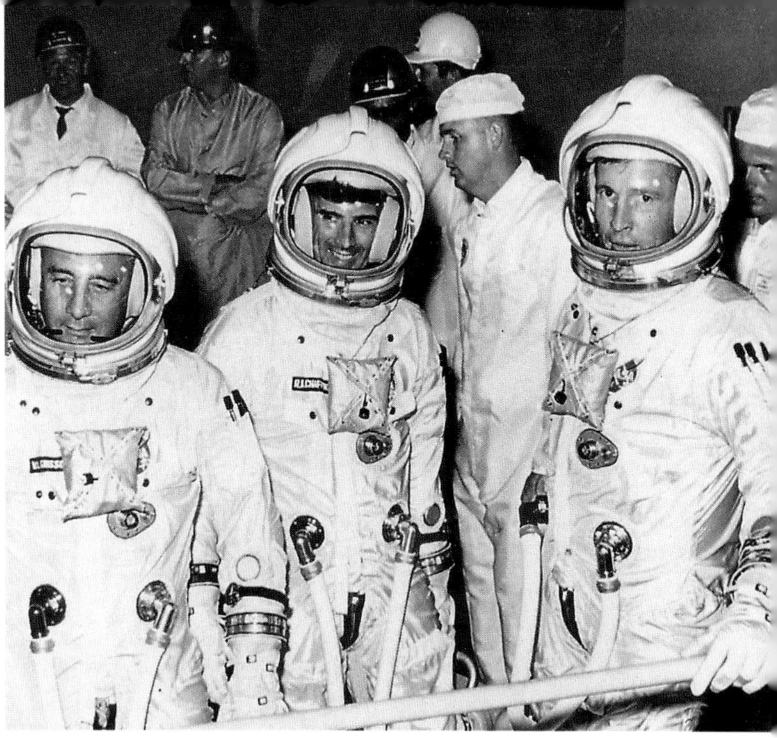

BOVEN: de astronauten Gus Grissom, Roger Chafee en Ed White komen om het leven als hun *Apollo*-capsule (links) verbrandt.

VERBOD OP TESTEN IN DE RUIMTE
Het verdrag waarmee kernwapens in de ruimte verboden worden, wordt ondertekend door de VS, Rusland en zestig andere landen.

GRIEKENLAND ONDER MILITAIR BESTUUR
In Griekenland neemt een junta van rechtse kolonels, onder aanvoering van kolonel Georges Papadopoulos, de macht over.

BURGEROORLOG IN NIGERIA
Na een militaire coup en ruzie tussen de stammen roept de voornamelijk door Ibo bewoonde regio in het oosten van Nigeria een eenzijdige onafhankelijkheid uit: de republiek Biafra met luitenant-kolonel Odemegu Ojukwu aan de leiding. De Nigeriaanse federale regering voert grond- en luchtaanvallen uit. Veel vluchtelingen proberen aan de gevechten te ontkomen en velen sterven door voedselgebrek. De opstand eindigt in januari 1970. In Biafra sterven 200.000 mensen van de honger en door gevechten; het aantal slachtoffers in Nigeria wordt geschat op 10.000.

ZESDAAGSE OORLOG
Tijdens een preventieve aanval op zijn Arabische buren, die zijn grenzen bedreigden, trekt Israël Egypte, Jordanië en Syrië binnen voor een oorlog die zes dagen zal duren. Hierbij worden nieuwe grenzen vastgelegd: bij het Suezkanaal en aan de rivier de Jordaan. De Golan-hoogte wordt ingenomen en Jeruzalem weer samengevoegd. Onder de Israëli's vallen 679 doden; de Arabieren tellen 3000 doden, 6000 gewonden en 12.000 gevangenen. De vluchtelingen van de westelijke Jordaanoever vormen de basis van het Palestijnse Bevrijdingsfront (PLO), die achter de aanvallen op Israël zal zitten.

EUROPA VERENIGD
De Europese Gemeenschap (EG) komt voort uit de Europees Economische Gemeenschap (EEG), de Europese Gemeenschap voor Kolen en Staal (EGKS) en Euratom. In december spreekt Frankrijk voor de tweede keer zijn veto uit over het verzoek om toetreding van Groot-Brittannië.

DEMONSTRATIE TEGEN VIETNAM
In Washington stellen anti-oorlogsdemonstranten, onder wie de schrijver Norman Mailer en de dichter Robert Lowell, zich op rond het Pentagon. Ze worden door soldaten en politiemensen verdreven met knuppels en geweerkolven en 250 mensen worden gearresteerd. Demonstraties tegen de oorlog in Vietnam zullen steeds vaker gehouden worden.

VRIJHEID VOOR QUEBEC
De Franse president Charles de Gaulle wakkert het nationalisme in Quebec aan door tijdens een bezoek aan Canada zijn steun te betuigen aan een vrij Quebec.

CHE DOOD
De in Argentinië geboren marxist en mede-initiator van de Cubaanse revolutie Ernesto 'Che' Guevara wordt gedood in Bolivia, als hij probeert een opstand tegen de regering te organiseren.

PREMIER VERMIST
De Australische premier Harold Holt wordt vermist. Vermoed wordt dat hij is verdronken tijdens het zwemmen voor de kust van Portsea in Victoria.

HONDERD JAAR EENZAAMHEID
De Colombiaanse schrijver Gabriel García Márquez beschrijft een in verval rakend dorp, gezien door de ogen van zeven generaties van een familie. In het boek vinden zowel magische en bizarre als realistische, alledaagse voorvallen plaats en elk detail heeft een duidelijke betekenis. Hierdoor is het boek een zeer goed voorbeeld van het magisch-realisme.

DE TRAGIEK VAN DE BLUEBIRD
De Britse coureur Donald Campbell komt om het leven op Coniston Water in het Lake District bij een poging het wereldsnelheidsrecord op het water te breken in zijn door straalmotoren aangedreven raceboot.

BOVEN: psychedelische rockers Jim Morrison en The Doors brengen de originele elpee *Light my fire* uit.

HOMOSEKSUALITEIT GELEGALISEERD
Homoseksualiteit wordt in de Britse Wet Seksuele Misdrijven niet langer als een misdaad beschouwd. Seksuele handelingen met wederzijds goedvinden tussen volwassen mannen van 21 jaar en ouder worden gelegaliseerd.

DOOD VAN EEN NATUURKUNDIGE
J. Robert Oppenheimer (geboren 1904) overlijdt. Als kernfysicus maakt hij deel uit van het team dat de atoombom ontwikkelde en maakte. Hij nam echter in 1945 ontslag uit protest tegen de bom op Hiroshima en Nagasaki.

HET MEDIUM IS DE BOODSCHAP
In hun sociologisch-filosofische verhandeling *The medium is the message* analyseren de Canadezen Marshall McLuhan en Quentin Fiore de hedendaagse cultuur, media en de invloed van drukwerk op de beschaving. Het werk heeft een sterke invloed op het denken over allerlei zaken – van advertenties tot literatuur. De titel van het boek introduceert een nieuwe kreet in het taalgebruik. McLuhan is tevens de bedenker van het concept 'global village', waarmee de enorme toename van communicatiemogelijkheden wordt aangeduid.

ROSENCRANTZ EN GUILDENSTERN ZIJN DOOD
Het tweede toneelstuk van de in Tsjechië geboren toneelschrijver Tom Stoppard levert hem roem en aandacht op. Het stuk gaat over het leven buiten de toneelwereld van twee acteurs, die een ondergeschikte rol spelen in Shakespeares *Hamlet*. Het talent van de schrijver om een idee uit te werken en zijn originele taal zijn zeer opmerkelijk.

TRAGEDIES IN DE RUIMTEVAART
Drie Amerikaanse astronauten –Roger B. Chaffee, Virgil I. Grissom en Edward H. White– komen om het leven als een *Apollo* ruimteschip tijdens een test op aarde in brand vliegt. De Russische *Sojoez I* stort neer op aarde, als de parachute bij de landing niet werkt. De kosmonaut Vladimir M. Komarov komt om het leven.

JOGGING
Het boek *Jogging* van de atletiekcoach van de universiteit van Oregon, Bill Bowerman, is mede de oorzaak van de jogging- en hardlooprage.

GASBEL
Onder het Groningse Slochteren blijkt 's werelds grootste gasbel te zitten: ca. 1650 miljard kubieke meter.

NOG EEN NIEUW ELEMENT
Het kunstmatige radioactieve element 105 wordt door Russische wetenschappers geproduceerd, die er de naam nielsbohrium aan willen geven. Amerikaanse wetenschappers produceren het ook en zij noemen het hahnium. Geen van beide namen wordt geaccepteerd.

DOOD IN DE KUNST
De Britse actrice Vivien Leigh (geboren 1913), de Amerikaanse jazzmusicus John Coltrane (geboren 1926),

schrijfster en critica Dorothy Parker (geboren 1893), actrice Jayne Mansfield (geboren 1932), acteur Spencer Tracy (geboren 1900) en de Franse schrijver André Maurois (geboren 1885) overlijden allen dit jaar.

PULSARS ONTDEKT
De Britse astronoom Jocelyn Bell Burnell ontdekt pulserende sterren (die later pulsars genoemd zullen worden). Ze gebruikte daarbij een radiotelescoop met meerdere schotels, waaraan ze op de universiteit van Cambridge had meegebouwd.

NOVEMBER STEPS
November steps van de Japanse componist Toru Takemitsu wordt voor het eerst uitgevoerd. Het is geschreven voor een westers orkest en twee Japanse instrumenten, de biwa en de shakuhachi, en het stuk combineert Japanse en Westerse klassieke muziektradities.

EXPO 67
In april wordt in Montreal de Expo 67 geopend om de honderdste verjaardag van Canada op 31 december 1966 te vieren. Het Canadese paviljoen is een omgekeerde piramide die Katimavik genoemd wordt, het Inuit-woord voor 'ontmoetingsplaats'. Amerika toont moderne kunst in een geodesische koepel.

ADEN ONAFHANKELIJK
Groot-Brittannië verleent Aden in Jemen, zijn laatste kolonie in het Midden-Oosten, onafhankelijkheid na jarenlange binnenlandse opstand.

EERSTE HARTTRANSPLANTATIE BIJ EEN MENS
De Zuid-Afrikaanse chirurg Christiaan Barnard voert de eerste harttransplantatie uit op een mens in het Grote Schuur-ziekenhuis. De patiënt, Louis Washkansky, overlijdt echter achttien dagen later aan longontsteking.

THE SUMMER OF LOVE
Het popfestival van Monterey in San Francisco is het startsein voor de zomer van de liefde. De hippiezomer zal zich uitbreiden naar Londen, waar popfestivals worden georganiseerd in Hyde Park, en naar Amsterdam, de Europese hoofdstad voor alternatieve cultuur.

ABORTUSHERVORMINGEN
Abortus wordt in Groot-Brittannië gelegaliseerd mits onder medisch toezicht en getoetst aan gespecificeerde criteria. In Zweden, Denemarken en IJsland werd abortus op diverse gronden al voor de Tweede Wereldoorlog gelegaliseerd, maar in West-Europa is Engeland de eerste. Ook in de Amerikaanse staat Colorado is abortus vanaf 1967 toegestaan.

DE NAAKTE AAP
De Britse zoöloog Desmond Morris vergelijkt in zijn boek aspecten van het menselijk gedrag –het jachtinstinct, het leven in paren, gezamenlijk verzorgen en territoriumdrift– met het gedrag van dieren en vooral van apen.

KONRAD ADENAUER (1876–1967)

De Duitse staatsman Konrad Adenauer overlijdt. Adenauer, die in 1917 begon als burgemeester van Keulen, werd ontslagen en gevangengezet door de nazi's, maar door de geallieerden in 1945 gerehabiliteerd toen hij de Christen Democratische Unie (CDU) oprichtte. Hij was kanselier van de bondsrepubliek Duitsland van 1949 tot 1963.

WIELRENNER
De Belgische wielrenner Eddy Merckx begint aan zijn glorietijd. Merckx wordt wereldkampioen op de weg in 1967, 1971 en 1974. Hij wint de Giro in 1968, 1970, 1972, 1973 en 1974. De Tour de France wint hij in 1969, 1970, 1971, 1972 en 1974.

COGNITIEVE PSYCHOLOGIE
In overeenstemming met de ideeën in dit boek richt de Amerikaanse psycholoog Ulric Neisser zich op het analyseren van mentale processen, zoals geheugen en perceptie, in plaats van op het bestuderen van menselijk gedrag. Neisser is van mening dat de mens zijn ervaringen gebruikt om modellen (schema's) te maken, die hij gebruikt om indrukken te analyseren en om te anticiperen op wat mogelijk kan gebeuren.

ELEMENTEN VAN SEMIOLOGIE
De Franse filosoof Roland Barthes (1915-1980) ontwikkelt het idee dat elke uiting van een cultuur (van taal en literatuur tot kleding en kinderspeelgoed) een systeem van tekens is, die tezamen een hulpmiddel zijn om de cultuur te interpreteren en te begrijpen.

BESTRAALDE VOEDING
Het Amerikaanse Ministerie van Landbouw begint bij wijze van proef met de bestraling van tarwe en andere gewassen om insecten te doden.

ZEILEN ROND DE WERELD
De Britse zeiler Francis Chichester zeilt in zijn eentje rond de wereld in zijn jacht *Gypsy Moth IV*.

RENE FRANÇOIS GHISLAIN MAGRITTE (1898–1967)

De Belgische surrealistische schilder René Magritte overlijdt. In 1924 werd hij lid van de pas opgerichte Belgische Surrealisten. Hij produceerde steeds vervreemdende, bizarre, maar nauwkeurig uitgevoerde schilderijen van combinaties van de meest uiteenlopende onderwerpen, zoals de keurige mannen met bolhoed die uit de lucht komen vallen in *Golconda* (1953).

DE OORLOG IN VIETNAM

Afgezien van de Amerikaanse Burgeroorlog is de oorlog in Vietnam de oorlog die de meeste verdeeldheid zaait in de VS. De VS zijn betrokken geraakt bij de oorlog tussen Noord- en Zuid-Vietnam en moeten vervolgens hun uiterste best doen zich op een eervolle manier terug te trekken. Het begon allemaal in juli 1959, toen de VS grote aantallen 'militaire waarnemers' naar Zuid-Vietnam stuurden. In 1964 ontaardde het conflict in een totale oorlog. Tijdens de oorlog vallen er aan Zuid-Vietnamese zijde 150.000 doden en 400.000 gewonden, onder de Noord-Vietnamezen en de Viet Cong 100.000 doden en 300.000 gewonden, en onder de Amerikanen (van 1 januari 1961 tot 27 januari 1972) 46.000 doden en 300.000 gewonden. De oorlog duurt tot 30 april 1975 en wordt uiteindelijk door de hele wereld verafschuwd.

LINKS: een Amerikaanse verkenningspatrouille ontdekt het netwerk van tunnels dat de Viet Cong gebruikt als basis.

BELANGRIJKE DATA IN DE OORLOG IN VIETNAM

5 augustus 1964
Vliegtuigen, opgestegen van de *USS Constellation* en *Ticonderoga* vallen de Noord-Vietnamese bases voor torpedoboten aan.

2 maart 1965
Operatie Rolling Thunder, de eerste grote aanval door de Amerikaanse luchtmacht en marine op Noord-Vietnam.

8 maart, 1965 De eerste Amerikaanse mariniers arriveren in Zuid-Vietnam.

22 januari-14 april 1968 Khe Sanh
Ca. zesduizend Amerikaanse mariniers en Zuid-Vietnamese soldaten met 46 stuks geschut verdedigen een basis in de bergen tegen 15.000 man van drie Noord-Vietnamese divisies.

30-31 januari 1968 Tet-offensief
De poging van de Viet Cong en de Noord-Vietnamezen een grote overwinning te behalen op de VS en Zuid-Vietnam gaat ten koste van 46.000 doden en 9000 gewonden. Zuid-Vietnam telt 2800 doden en 8900 gewonden en Amerika 1600 doden en 7800 gewonden. Het is een militaire afgang voor het Noorden, maar politiek gezien een overwinning.

8 februari-9 april 1971 Lam Son 719
De mislukte inval van het Zuid-Vietnamese leger in Laos om de bevoorrading via de Ho Chi Minh-route te saboteren. Bij de Amerikanen vallen ca. 200 doden en 2000 gewonden, bij de Zuid-Vietnamezen 1500 doden, 5500 gewonden en 700 vermisten en bij de Noord-Vietnamezen 14.000 doden en 70 gevangenen.

BOVEN: ook in de straten wordt gevochten – net zo gevaarlijk als in de jungle.

BOVEN: de ronddraaiende rotoren van helikopters – hét geluid van de oorlog in Vietnam.

BOVEN: Zuid-Vietnamese burgers ontvluchten en onheilsplek, waar drie Viet Cong-soldaten zijn doodgeschoten.

BOVEN: Amerikaanse mariniers bewegen zich voorzichtig door de overstroomde rijstvelden tijdens Operation Deckhouse.

STRAAT-GEVECHTEN

Het is een jaar vol geweld en confrontaties: de Praagse Lente in Tsjechoslowakije wordt door Russische tanks gesmoord, Martin Luther King en senator Robert Kennedy worden vermoord en opstandige studenten gaan de straat op in Parijs. In Vietnam gebruikt de Viet Cong al zijn energie en stootkracht voor het Tet-offensief; de Amerikaanse vergeldingsacties veroorzaken protesten in de VS. In Ierland is burgerlijke ongehoorzaamheid de aanleiding voor tientallen jaren van problemen. De Olympische Spelen in Mexico zullen herinnerd worden als de Spelen van de Black Power.

1968

5 januari Hervormer Alexander Dubcek wordt voorzitter van de Tsjechische communistische partij
30 januari De Viet Cong begint het Tet-offensief tegen Zuid-Vietnam

6 februari De tiende Winterspelen worden geopend in het Franse Grenoble

4 april De Amerikaanse zwarte leider Martin Luther King wordt vermoord in Memphis, Tennessee

2 mei Demonstrerende studenten in Parijs raken slaags met de politie

5 juni Senator Robert F. Kennedy wordt neergeschoten in Los Angeles. Hij overlijdt een dag later

6 juli 61 landen tekenen een nonproliferatieverdrag voor kernwapens
31 juli Start van de eerste reguliere veerdienst per hovercraft over het Kanaal

20 augustus Russische troepen vallen Tsjechoslowakije binnen en maken een einde aan de hervormingsplannen van Dubcek

5-6 oktober Demonstranten voor burgerrechten in het Noord-Ierse Londonderry raken slaags met de politie
12 oktober De negentiende Olympische Spelen worden in Mexico-Stad geopend

5 november De republikein Richard Nixon wordt gekozen tot president van de VS

LINKS: burgerrechtenactivist Martin Luther King wordt vermoord, waarna onlusten en rellen uitbreken (boven).

LENTE IN PRAAG

Alexander Dubcek wordt in januari eerste secretaris van de Tsjechische communistische partij en begint met de hervormingen die later bekend zullen worden als de Praagse Lente. Zeven maanden later vallen tanks van de Russen en hun bondgenoten het land binnen om een einde te maken aan deze hervormingen. Dubcek blijft echter aan de macht tot hij opzij wordt geschoven in april 1969. Later wordt hij ambassadeur in Turkije.

DE DOOD VAN EEN DROOM

De leider van de burgerrechtenbeweging Martin Luther King wordt door een onbekende schutter doodgeschoten in een motel in Memphis, Tennessee. Zijn dood leidt tot grote onlusten in heel Amerika.

WEER EEN KENNEDY DOODGESCHOTEN

De democratische senator en broer van JFK, Robert Kennedy, wordt doodgeschoten, nadat hij de voorronden van de verkiezingen in Californië gewonnen heeft. Zijn dood leidt tot algemene ontgoocheling in de VS en resulteert in

de overwinning van de republikeinse kandidaat Richard Nixon bij de presidentsverkiezingen in november.

TET-OFFENSIEF

De Viet Cong maakt gebruik van de rustige periode rond de 'Tet' (nieuwjaar) en begint een aanval op diverse doelen tegelijk, zoals Saigon en andere strategische delen van het land. De Viet Cong bezet de Amerikaanse ambassade in Saigon en verovert Hue. De VS en Zuid-Vietnam vechten terug in februari en heroveren Hue, maar de wraak, die op de televisie wordt uitgezonden en die ook executies van burgers inhoudt, heeft een groot effect op de publieke opinie in de VS.

SINFONIA

De Italiaanse componist Luciano Berio schrijft *Sinfonia* voor de Swingle Singers. Er zitten veel citaten in het stuk, zowel musicaal als verbaal, en verwijzingen naar recente gebeurte-

LINKS: de opkomst van de aarde, gefotografeerd door de bemanning van de *Apollo 8*, die in december van dit jaar rond de maan vliegt.

ONDER: plastic onderzoeksballonnen worden de stratosfeer ingestuurd om gegevens te verzamelen voor atmosferisch onderzoek.

LINKS: Robert F. Kennedy wordt vermoord door de Jordaanse student Sirhan Bissara Sirhan.

nissen (de studentenonlusten in Parijs). Het einde is een overpeinzing over het leven en de dood van Martin Luther King.

LES EVENEMENTS

Franse studenten die protesteren onder andere tegen de oorlog in Vietnam, bezetten hun universiteiten en uiten hun protesten op straat. In Parijs worden barricades opgeworpen en de regering komt bijna ten val. Overal in Europa en de VS wordt geprotesteerd. Overal wordt gedemonstreerd tegen de autocratische structuur van universiteiten. In Nederland leidt het rapport Maris, dat oproept tot vergaande centralisatie van universiteitsmiddelen, tot demonstraties in Utrecht, Delft, Leiden, Wageningen, Groningen en later Amsterdam.

NONPROLIFERATIEVERDRAG

In Londen tekenen 61 landen, waaronder Groot-Brittannië, de VS en Rusland, het nonproliferatieverdrag.

PROBLEMEN IN IERLAND

Ongeregeldheden breken uit als demonstranten die protesteren tegen de discriminatie van katholieken door het protestantse meerderheidskabinet, slaags raken met de politie. In de maanden erop voeren de demonstranten hun acties in heel Ierland op. De katholieke minderheid heeft sinds de opdeling van Ierland in 1922 geen volledige burgerrechten gehad. Rellen in Londonderry kunnen niet meer door de Royal Ulster Constabulary (RUC) in de hand gehouden worden en de Britten sturen troepen om de orde te herstellen.

EEN MIJLENLANGE TEKENING

Twee parallel lopende lijnen door de woestijn vormen samen de *Mijlenlange tekening* van Walter de Maris.

GETIJDEKRACHT

De eerste geslaagde getijdekrachtcentrale wordt bij de rivier de Rance in Bretagne in gebruik genomen.

TOURWINNAAR

Jan Janssen wint de Tour de France.

BOVEN: foto's als van deze gewonde soldaat maken diepe indruk.

ASTRONAUTEN OM DE MAAN

In december draait het Amerikaanse ruimteschip de *Apollo VIII* 20 uur lang rond de maan. Aan boord bevinden zich Frank Borman, James A. Lovell en William A. Anders.

MARCEL DUCHAMP (1887–1968)

De in Frankrijk geboren kunstenaar Marcel Duchamp, pionier van het Dadaïsme en het Surrealisme, overlijdt. Hij verhuisde in 1915 naar de VS en schokte de kunstwereld met zijn 'instant'-werken, zoals zijn urinaal getiteld *Fontein uit 1917*. Een van zijn andere werken is *Large glass: the bride stripped bare by her bachelors even* – een constructie van lood, draad en aluminiumfolie op een groot stuk vensterglas, dat hij in 1923 onvoltooid opzij schoof, nadat hij er acht jaar aan gewerkt had. Daarna concentreerde hij zich op schaken.

PULSARS GEIDENTIFICEERD

De Amerikaanse astronoom Thomas Gold ontdekt dat pulsars die in 1967 voor het eerst werden waargenomen, in werkelijkheid neutronensterren zijn.

UNIVERSITEIT VAN LEUVEN

De Belgische Katholieke Universiteit Leuven wordt opgesplitst in 2 onafhankelijke universiteiten: de KU Leuven in het Vlaamse gedeelte en de Universitié Catholique de Louvain (UCL) in het Waalse landsgedeelte, in Louvain-la-Neuve.

OLIE IN ALASKA

Amerikaanse aardoliebedrijven ontdekken een enorm olieveld in Prudhoe Bay bij de Poolzeekust van Noord-Alaska.

SCHONERE MUREN

De Amerikaanse firma Du Pont maakt afwasbaar behang. Het wordt gemaakt van polyethyleen en scheurt niet snel. Een soepeler variant wordt gebruikt om er wegwerpondergoed en -uniformen van te maken.

BOVEN: Coretta King spreekt voor het Lincoln Memorial in Washington DC na de moord op haar echtgenoot.

WIMBLEDON VOOR PROFESSIONALS

Rod Laver wint de eerste Open Wimbledon. Na een lange strijd tegen het opkomende professionalisme staat het toernooi voor het eerst deelname van professionele tennissers toe.

OLYMPISCHE WINTERSPELEN

De meeste evenementen van de tiende Winterspelen spelen zich af in het Franse Grenoble. Zeven 'dorpen' bieden onderdak aan de deelnemers. Drugtests na elke wedstrijd worden voor het eerst toegepast. De Franse skiër Jean-Claude Killy maakt zijn landgenoten gelukkig door drie gouden medailles te winnen.

BLACK POWER OLYMPIADE

De negentiende Olympische Spelen in Mexico zijn beslist gedenkwaardig te noemen. De hoogte van Mexico-Stad is voordelig voor de sprinters en er worden 34 wereldrecords en 38 olympische records gevestigd. De Amerikaan Bob Beaman verbetert het verspringrecord met 55 cm en Jim Hines wint de 100 m in 9,95 seconden. Maar de hardlopers Tommie Smith en John Carlos bepalen het beeld van de Spelen als zij een gehandschoende vuist heffen op het erepodium en zo een groet brengen aan de Black Power. Het Amerikaanse team stuurt de winnaars van de 200 m naar huis, maar de hele wereld is getuige geweest van hun protest. De Amerikaan Dick Fosbury zorgt voor een revolutie in het hoogspringen met zijn Fosbury-flop.

ONDER: Robert F. Kennedy wordt begraven in Arlington, Virginia. De kist wordt gedragen door zijn oudste zoon Joseph, vrienden en familieleden.

BOVEN: president Lyndon B. Johnson wordt welkom geheten in El Salvador, waar hij op staatsbezoek is.

BOVEN: senator Richard M. Nixon op campagne in Oregon, in de hoop de verkiezingen nu wel te winnen.

BOVEN: de Keniaan Neftali Temo wint goud op de 10.000 m. Het is de eerste medaille op de Spelen van Mexico.

MAANLANDING EN FLOWERPOWER

Het absolute hoogtepunt is de geslaagde maanlanding, waarvan de hele wereld getuige is. De Amerikaanse president Nixon begint met de terugtrekking van zijn troepen uit Vietnam en in Zuid-Amerika blijkt dat voetbal inderdaad oorlog is. In Biafra heerst hongersnood, omdat Nigeria de aanvoer van hulpgoederen via de lucht tegenhoudt. Jumbojets vervoeren veel passagiers; de *Concorde* vliegt sneller. Rituele moorden door de 'familie' van George Manson schokken Californië. En Woodstock beheerst de harten van een complete generatie.

BLZ. 413: de Amerikaanse astronaut Neil Armstrong vervult Kennedy's belofte van 1961: Amerika zet een mens op de maan.

1969

3 februari Yasser Arafat wordt benoemd tot leider van de Palestijnse Bevrijdingsorganisatie PLO
9 februari De Amerikaanse *Boeing 747,* het grootste vliegtuig ter wereld, maakt zijn eerste vlucht

2 maart De Brits-Franse Concorde, het eerste supersonische vliegtuig, maakt zijn eerste vlucht

28 april President Charles de Gaulle van Frankrijk treedt af

14 mei De Amerikaanse president Nixon stelt terugtrekking van Amerikaanse, geallieerde en Noord-Vietnamese troepen uit Zuid-Vietnam voor

1 juli In Groot-Brittannië wordt Prins Charles geïnstalleerd als prins van Wales
13 juli Rellen om een voetbalwedstrijd leiden tot oorlog tussen Honduras en El Salvador
20 juli De Amerikaan Neil Armstrong is de eerste mens die voet op de maan zet

19 augustus Britse troepen nemen veiligheidstaken over in Noord-Ierland

1 september De Libische koning Idris wordt door kolonel Gaddaffi onttroond. Gaddaffi benoemt zichzelf tot staatshoofd
3 september President Ho Chi Minh van Noord-Vietnam overlijdt op 79-jarige leeftijd

BOVEN: president Nixon begroet de pers in de socialistische republiek Roemenië. Hij is de eerste Amerikaanse president die dit land bezoekt.

TROEPEN IN NOORD-IERLAND
Britse troepen patrouilleren in de straten om de katholieken te beschermen tegen aanvallen van protestantse groeperingen. De troepen zijn bedoeld als tijdelijke maatregel om de twee gemeenschappen uit elkaar te houden, maar blijven als de situatie steeds dreigender wordt.

EEN COUP IN LIBIE
Koning Idris van Libië wordt afgezet na een coup en vervangen door kolonel Muammar Gaddafi, aanhanger van de politieke theorieën van Mao Zedong.

OSTPOLITIK IN DUITSLAND
De sociaal-democraten winnen de algemene verkiezingen en Willy Brandt, de vroegere burgemeester van Berlijn, wordt kanselier. Hij is de eerste sociaal-democratische leider in West-Duitsland. Hij initieert het beleid van de Ostpolitik – verzoening met het Oostblok.

EEN NIEUWE LEIDER IN ISRAEL
De zeventig jaar oude Golda Meir wordt de eerste vrouwelijke premier van Israël.

MANSON-MOORDEN
De Amerikaanse actrice Sharon Tate, de vrouw van regisseur Roman Polanski, wordt samen met vier anderen vermoord in haar huis in Beverly Hills. Een echtpaar uit dezelfde chique buurt, Leno Lo Bianca en zijn vrouw, wordt eveneens vermoord. Charles Manson en vier leden van zijn in de woestijn levende hippiefamilie worden uiteindelijk gearresteerd, berecht en schuldig bevonden aan de misdaden.

SLAUGHTERHOUSE FIVE
Het boek van de Amerikaanse schrijver Kurt Vonnegut, dat zich deels afspeelt tijdens de bombardementen op Dresden, bevat verschillende genres. Het is deels science-fiction, deels anti-oorlog en deels autobiografisch. Door het grove taalgebruik en de surrealistische aanpak wordt het boek zeer populair. Vonnegut heeft veel boeken geschreven, maar dit zal altijd het bekendste blijven.

PROTEST VAN PALACH
Jan Palach, een Tsjechische filosofiestudent, steekt zichzelf in brand uit protest tegen de Russische bezetting van zijn land.

DE GENERAAL TREEDT AF
Generaal de Gaulle treedt af als president van Frankrijk, nadat hij een constitutioneel referendum verloren heeft. De Gaullist Georges Pompidou wint in juni de presidentsverkiezingen.

NOBELPRIJS
Voor het eerst wordt er een Nobelprijs voor de economie uitgeloofd. De Nederlander Jan Tinbergen krijgt de prijs.

FLOWERPOWER
Op een muziekfestival op een modderig terrein bij een boerderij in Woodstock in de staat New York komen 400.000 mensen bij elkaar voor een drie dagen durende manifestatie voor vrede, liefde en wederzijds begrip. Optredens worden onder andere verzorgd door Jimi Hendrix, The Who, The Band en Janis Joplin.

TRAGEDIE IN BIAFRA
Nu Nigeria hulpvliegtuigen de toegang weigert zijn duizenden mensen in de afgesplitste provincie Biafra gedoemd van de honger te sterven. De televisie stuurt afgrijselijke beelden van broodmagere kindertjes de wereld in.

HAIR PEACE
Op 25 maart staan in het Amsterdamse Hilton John Lennon en zijn vrouw Yoko Ono vanuit hun bed de pers te woord. Ze verklaren een 'bed-in' voor de vrede te houden.

MONTY PYTHON'S FLYING CIRCUS
De Britse komiek John Cleese en zijn collega's brengen een nieuwe en bizarre soort humor op de televisie. De manier van acteren, de taalgrappen en de levendigheid geven televisiehumor iets surrealistisch. De programma's worden ook elders in Europa en Amerika zeer populair.

ARCHITECTEN OVERLIJDEN
De invloedrijke Duitse architecten Ludwig Mies van der Rohe (geboren 1886) en Walter Gropius (geboren 1883), de oprichter van Bauhaus, overlijden.

RELLEN ROND STONEWALL
In New York doet de politie een inval in de Stonewall Bar, die populair is bij lesbiennes en homoseksuelen. De politie ondervindt echter veel tegenstand. Dit kan gezien worden als het begin van de strijd om rechten voor homoseksuelen.

BEZETTING
In Amsterdam wordt het Maagdenhuis, het bestuurscentrum van de Universiteit van Amsterdam, bezet door studenten die meer medezeggenschap eisen.

SUPERSONISCHE VLIEGTUIGEN
In maart maakt het allereerste supersonische vliegtuig, de Brits-Franse *Concorde 001*, zijn eerste vlucht in Frankrijk. Rusland kan niet achter blijven en twee maanden later maakt het Russische supersonische vliegtuig *TU-144* zijn eerste vlucht.

VERBOD OP ANTIBIOTICA
Het Britse Ministerie van Landbouw en het Amerikaanse Bureau voor de Voeding verbieden de toevoeging van penicilline en tetracycline aan veevoer, omdat de kans bestaat dat er steeds meer resistente bacteria ontstaan.

METEORIETEN OP DE ZUIDPOOL
Japanse geologen vinden meteorieten op de ijskap van de Zuidpool.

VOORBIJ DE REGENBOOG
Judy Garland (geboren 1922), die in eenieders herinnering zal blijven voortleven als Dorothy uit *The wizard of Oz*, overlijdt in Londen.

A GIANT STEP FOR MANKIND
Neil Armstrong is de eerste man die voet op de maan zet, 18 minuten later gevolgd door Edwin 'Buzz' Aldrin. Ze zijn de eerste mensen die een andere planeet fotograferen, waarbij ze gebruik maken van aangepaste Hasselblad-camera's. De derde astronaut is Michael Collins, die in de *Apollo 11* in een baan rond de maan blijft vliegen om de anderen weer op te pikken en terug naar de aarde te brengen. De hele missie wordt uitgezonden op de televisie en overal ter wereld bekeken.

HO CHI MINH (GEBOREN NGUYEN THAT THANH) (1890–1969)

De Vietnamese leider Ho Chi Minh is door de oorlog in Vietnam bij eenieder bekend geworden. Hij was de zoon van een Mandarijn en tussen 1912 en 1930 bracht hij veel van zijn tijd door in Groot-Brittannië, de VS, Frankrijk en Moskou. Hij richtte de Indo-Chinese communistische partij (1930) en de Onafhankelijkheidsbeweging Viet Mihn (1941) op, hij voerde zijn land aan in de strijd tegen de Fransen (1946-1954) en werd in 1954 premier van de nieuwe staat Noord-Vietnam. Ho Chi Minh leidde de strijd tegen het door de VS gesteunde Zuid-Vietnam, die in 1964 uitmondde in de oorlog die in 1969 nog steeds niet voorbij is.

BOVEN: de King is terug. Elvis Presley treedt weer op, voornamelijk in Las Vegas.

NOORDWESTPASSAGE
De Amerikaanse ijsbreker en supertanker *Manhattan* vaart als eerste commerciële schip door de Noordwestpassage, de waterweg langs Noord-Canada, die de Grote en de Atlantische Oceaan met elkaar verbindt.

VOETBAL IS OORLOG
El Salvador en Honduras gaan met elkaar op de vuist om een potje voetbal. Hondurese burgers vallen Salvadoranen aan in Honduras, nadat El Salvador een kwalificatiewedstrijd voor het WK in Mexico heeft gewonnen. De regering van El Salvador valt Honduras hierover aan en de gevechten duren een week.

EEN VLIEGENDE OLIFANT
Het grootste commerciële straalvliegtuig, de *Boeing 747*, maakt zijn eerste vlucht. Het vliegtuig krijgt de bijnaam jumbojet en kan 362 passagiers vervoeren.

OLIE IN DE NOORDZEE
Er wordt ruwe olie van goede kwaliteit gevonden in het noordelijk deel van de Noordzee tussen Groot-Brittannië en Noorwegen. De vondst betekent een toename van de welvaart in beide landen.

LOPEN OP WATER
De Britse transarctische expeditie onder leiding van Wally Herbert bereikt Spitsbergen. De leden zijn de eerste mensen die de bevroren IJszee te voet zijn overgestoken. Ze hebben in 464 dagen een afstand van 5760 km afgelegd vanaf Point Barrow in Alaska.

SESAM OPEN U
De Amerikaanse tv begint met de uitzending van Sesamstraat. Het programma verandert de houding van kinderen ten opzichte van leren radicaal. De serie wordt onder meer gefinancierd door het Amerikaanse Ministerie van Onderwijs. Commerciële televisietechniek wordt gebruikt om kinderen letters en cijfers te leren in het Engels en het Spaans. Kermit de kikker en andere 'muppets' treden voor het eerst op.

WAARSCHUWING
Het rapport *Problems of the human environment*, geschreven in opdracht van de VN, meldt dat vijfhonderd miljoen hectare landbouwgrond en tweederde van de oorspronkelijke bebossing van de wereld zijn verdwenen, hoofdzakelijk door slechte landbouwmethoden en houtkap.

OFF THE ROAD
De Amerikaanse schrijver Jack Kerouac (geboren 1922), beatnik en schrijver van de roman *On the road*, overlijdt.

MILIEUVERVUILING VERSPREIDT ZICH
De ongerustheid over milieuvervuiling neemt toe, nadat miljoenen vissen in de Rijn doodgaan door lekke vaten met de insecticide Thiodan 2, die in 1967 in de rivier zijn gegooid. In 1968 ontsnapt zenuwgas op een Amerikaanse legerbasis in Utah, waardoor zesduizend schapen worden gedood. Vervolgens maakt Japan melding van cadmiumvergiftiging en Texas van kwikvergiftiging. In Arizona wordt DDT gevonden in moedermelk.

SUCCES IN DE SUPERBOWL
Door de Superbowl III krijgt het evenement grote bekendheid. De pas opgerichte New York Jets uit de Junior American Football League verslaan de Baltimore Colts uit de NFL. De verpletterende 16-7 overwinning was al voorspeld door de quarterback van de Jets, Joe Namath.

REIS NAAR DE MAAN

BOVEN: de *Apollo 11* begint zijn historische vlucht naar de maan.

LINKS: de ruimtecapsule (het besturingscompartiment) van de *Apollo 11* boven de Mare Tranquillitatis, gefotografeerd vanuit de Lunar Module.

BOVEN: de bemanning van de *Apollo 12* –het tweede Amerikaanse team dat op de maan heeft gelopen– is veilig geland. Het zijn (v.l.n.r.) Charles Conrad jr, Richard F. Gordon jr en Alan L. Bean.

BOVEN: aan boord van de *USS Hornet* begroet president Nixon de bemanning van de *Apollo 11* na hun terugkeer van de maan.

DE MENS OP DE MAAN

In de jaren '60 zien we mensen op de maan. Men is erin geslaagd in dit decennium, dat ontwikkelingen op vele gebieden laat zien, het uiteindelijke doel te bereiken, nadat in 1961 de eerste pogingen ter voorbereiding werden gedaan. *De Apollo 11* zet de astronauten af en de hele wereld ziet hoe deze 'kleine stap voor de mens, maar reusachtige stap voor de mensheid' gezet wordt. Enkele maanden later zet de *Apollo 12* het ruimteonderzoek voort.

LINKSBOVEN: een astronaut pakt de spullen uit voor de maanoppervlakexperimenten tijdens het eerste 'uitstapje' buiten de *Apollo 12*.

RECHTSBOVEN: de breekbaar ogende *Apollo* Lunar Module. Astronauten Alan Bean en Charles Conrad landen hiermee op de maan, terwijl Richard Gordon in het besturingscompartiment blijft.

LINKS: de gezagvoerder van de *Apollo 11*, Neil Armstrong, gefotografeerd door Edwin 'Buzz' Aldrin, neemt onmiddellijk monsters van het maanoppervlak voor het geval de expeditie verkort wordt. Armstrong en Aldrin blijven iets meer dan 21 uur op de maan.

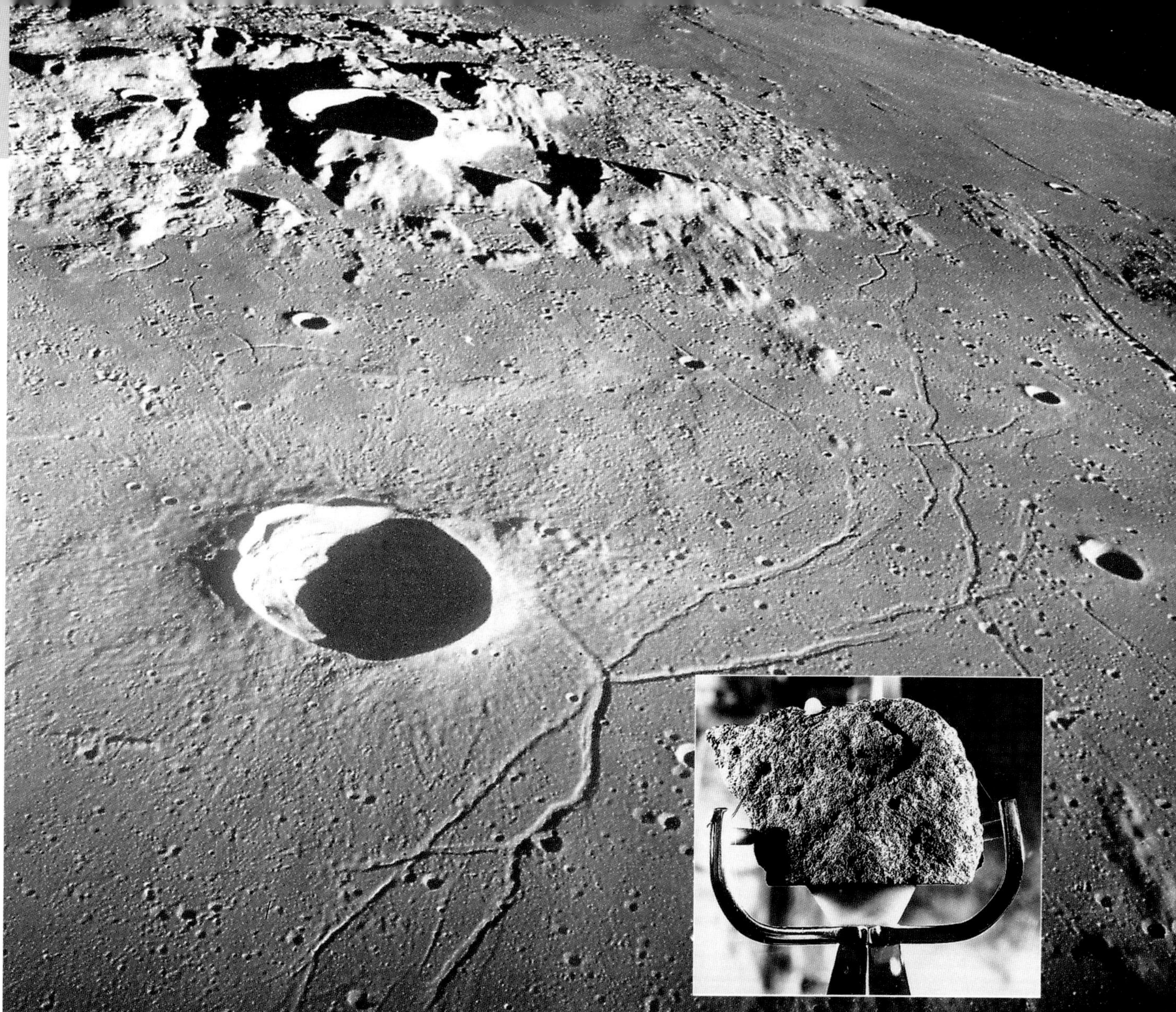

BOVEN: het maanoppervlak is bezaaid met kraters en ravijnen.

INZET: een stuk maansteen wordt in november naar de aarde gebracht door de *Apollo 12*.

RECHTS: de mens bekijkt zijn eigen thuis. De foto is gemaakt door de *Apollo 10* tijdens zijn vlucht rond de maan. De prachtige blauw met groene aarde is een verrassing voor velen.

REVOLUTIE EN BEVRIJDING

Terwijl burgeroorlogen, coups en onderdrukking plaatsvinden, ontwikkelt de technologie zich steeds verder: de burgerluchtvaart wordt supersonisch, computers doen hun intrede in het dagelijks leven en er worden reageerbuisbaby's geboren. Mars is praktisch 'kaal', de mens verliest zijn belangstelling voor de ruimte en concentreert zich op milieuvervuiling en de gevolgen van de technologie op het milieu. Het feminisme wordt strijdlustiger en tevens een trend. De eerste tekenen van religieus fundamentalisme worden zichtbaar in het Midden-Oosten.

BLZ. 421: demonstranten protesteren tegen de oorlog in Vietnam.

1970–1979

DE BELANGRIJKE GEBEURTENISSEN

- IDI AMIN GRIJPT DE MACHT IN UGANDA
- GREENPEACE BEGINT MET ACTIES
- PROBLEMEN IN NOORD-IERLAND
- DE OORLOG IN VIETNAM WORDT BEEINDIGD
- WATERGATE
- DE OLYMPIADE VAN DE ZWARTE SEPTEMBER
- COUP DOOR PINOCHET IN CHILI
- DE KABELJAUWOORLOG
- REGIME VAN POL POT IN CAMBODJA
- PUNKROCK
- BURGEROORLOG IN LIBANON
- STEVE BIKO
- ELVIS PRESLEY OVERLIJDT
- DE EERSTE REAGEERBUISBABY WORDT GEBOREN
- BURGEROORLOG IN NICARAGUA
- RECHTEN VOOR HOMOSEKSUELEN
- EEN ISLAMITISCHE REVOLUTIE IN IRAN
- THREE MILE ISLAND
- RUSLAND VALT AFGANISTAN BINNEN

TOTALE WERELDBEVOLKING: 3.693 MILJOEN

ONTSPANNING IN HET OOSTEN EN DODEN OP DE CAMPUS

In het nieuwe decennium gaan de protesten tegen de Amerikaanse inmenging in Vietnam door, ondanks beloften over terugtrekking. Er worden anti-oorlogsdemonstraties gehouden en in Amerika worden vier studenten door de Nationale Garde doodgeschoten op de campus van de universiteit van Kent in Ohio. De West-Duitse kanselier Willy Brandt tracht de verhoudingen met Oost-Duitsland te verbeteren. De Palestijnse organisatie Zwarte September wordt opgericht en voert aanvallen uit op Jordanië. De *Apollo 13* doet zijn naam eer aan: de astronauten keren pas na vele schietgebedjes weer terug op aarde. De politieke zwaargewichten Charles de Gaulle en Gamal Nasser van Egypte verdwijnen van het wereldtoneel.

1970

19 maart De eerste ontmoeting tussen de staatshoofden van Oost- en West-Duitsland

11-13 april De missie van de *Apollo 13* wordt afgebroken na een explosie, de bemanning keert veilig op aarde terug

5 september In Chili wordt de marxist Salvador Allende gekozen tot president
16-27 september Oorlog tussen het Jordaanse leger en de Palestijnse militie
18 september De Amerikaan Jimi Hendrix (geboren 1943) overlijdt
28 september In Egypte overlijdt president Nasser op 52-jarige leeftijd
29 september Anwar Sadat wordt president van Egypte

9 november De voormalige Franse president Charles de Gaulle overlijdt op 79-jarige leeftijd
17 november De Russische ruimtesonde *Luna 17* landt op de maan en plaatst een onbemand onderzoeksvoertuig

7 december West-Duitsland en Polen ondertekenen een verdrag waarmee de grenzen van Polen erkend worden

BOVEN: de staf van Houston Mission Control viert de veilige landing van de *Apollo 13*, een missie met veel problemen.

DUITSE ONTSPANNING

De eerste ontmoeting tussen Willy Brandt van West-Duitsland en Willy Stoph van Oost-Duitsland in Erfurt brengt in Europa een détente op gang.

DODEN OP DE CAMPUS

Nationale Gardisten schieten in Amerika vier anti-oorlogsdemonstranten dood op de campus van de Kent State University in Ohio. Anti-oorlogdemonstraties tegen de Amerikaanse inmenging in de oorlog in Vietnam blijven in heel de VS voortduren.

ALLENDE WINT IN CHILI

Salvador Allende wint de presidentsverkiezingen. Hij wordt het eerste democratisch gekozen marxistische staatshoofd ter wereld en begint aan hervormingen, waardoor onder meer de kopermijnen van Amerikaanse dochtermaatschappijen genationaliseerd worden.

ZWARTE SEPTEMBER

Als militante Palestijnen drie vliegtuigen op weg naar Jordanië kapen, verjaagt de Jordaanse regering de Palestijnen. Jordanië krijgt de macht over het land terug na een maand van strijd, die de geschiedenis in zal gaan als 'Zwarte september'.

PROBLEMEN MET ADEN

Na vier jaar trekken de Britse troepen zich terug uit Aden, dat onafhankelijk wordt. De terugtrekking gaat gepaard met een conflict met het Nationaal Bevrijdingsfront. Aan Britse zijde zijn 57 doden en 651 gewonden te betreuren. Onder de plaatselijke bevolking vallen nog meer slachtoffers: 280 doden en 922 gewonden.

RECHTS: aquanauten bootsen de omstandigheden in de ruimte na. Ze verblijven twintig dagen in de onderzeeër *Tektite II*, ontworpen en gefinancierd door de NASA.

WISSELING VAN DE MACHT IN EGYPTE

De Egyptische president Gamal Abdel Nasser (geboren 1918) overlijdt en wordt opgevolgd door Anwar Sadat.

HIPPIES IN NEDERLAND

Hippies worden verdreven van het Nationale Monument op de Dam in Amsterdam. De tolerante Nederlandse hoofdstad is de alternatieve hoofdstad van Europa geworden.

POOLSE GRENS WORDT VASTGELEGD

West-Duitsland en Polen ondertekenen een verdrag waarmee ze de huidige grens tussen Polen en Duitsland erkennen.

DRAMA IN DE RUIMTE

Het Amerikaanse ruimteschip *Apollo 13* heeft op weg naar de maan met een explosie te maken. De astronauten James Lovell, John Swigert en Fred Haise slagen er in om op aanwijzingen van de vluchtleiding het beschadigde ruimtevoertuig rond de maan te leiden. Ze gebruiken het maanlandingsvaartuig *Aquarius* als 'reddingsboot'.

I KNOW WHY THE CAGED BIRD SINGS
In haar autobiografie vertelt de Amerikaanse Maya Angelou over seksueel misbruik en rassendiscriminatie (ze is verkracht toen ze acht was en heeft een tijd niet kunnen spreken). Hoewel Angelou al poëzie heeft gepubliceerd, breekt ze nu echt door. Er zullen nog meer autobiografische romans volgen.

DE LUNOKHOD ONDERZOEKT DE MAAN
Het Russische onbemande ruimteschip *Luna 17* zet een voertuig met acht wielen op de maan: *Lunokhod 1*. Het wagentje legt een afstand van meer dan een kilometer af, waarbij het maanoppervlak via een afstandsbediening wordt onderzocht.

M*A*S*H
De setting van de nieuwste film van regisseur Robert Altman is de oorlog in Korea. De vergelijking met de oorlog in Vietnam is al snel getrokken. Van de film wordt een tv-serie gemaakt, die zo'n dertig jaar later nog steeds wordt uitgezonden.

DE TOESTAND IN IERLAND ESCALEERT
In Ierland wordt op 31 oktober een Britse soldaat door het Provisional Irish Republican Army gedood. Dit betekent oorlog tussen het onwettige leger en de Engelse regering.

ONDERZOEK OP VENUS
De Russische ruimtesonde *Venera 7* laat diverse instrumenten neerkomen op Venus. Ze versturen 23 minuten lang informatie tot ze door de enorme hitte worden vernietigd.

THE FEMALE EUNUCH
De Australische schrijfster, academica en feministe Germaine Greer beweert dat karakteristieke eigenschappen van vrouwen die traditioneel door mannen gewaardeerd worden (tederheid, passiviteit) de "castratie" van de ware persoonlijkheid van de vrouw betekenen. Het wordt een zeer belangrijk feministisch boek.

BOVEN: de verfilming van *One day in the life of Ivan Denisovich*, Solzjenitsyns sombere beschrijving van het leven in een Russische goelag.

RECHTS: Burt Bacharach wint een Oscar voor zijn soundtrack voor de film *Butch Cassidy and the Sundance Kid* (1969).

VOETBAL
Feijenoord verovert in Milaan de Europacup 1 na een 2-1 overwinning op Celtic.

CROW
Met deze bundel voldoet Ted Hughes aan de verwachting dat hij een van de grootste Engelse dichters van zijn generatie zou worden. De sinistere persoonlijkheid Crow, die overleeft door zijn afkeer van de mens, is literair een zeer indrukwekkende figuur.

DE ONOPZETTELIJKE DOOD VAN EEN ANARCHIST
In zijn toneelstuk laat de Italiaanse marxist Dario Fo zich inspireren door traditionele Europese vormen van toneel (*farce, commedia dell'arte*) en brengt een bijtende satire in het theater.

FLOPPY DISKS
De Amerikaanse computerfirma IBM introduceert floppy disks, waarop computergegevens kunnen worden opgeslagen.

HET WORDT VOL IN DE LUCHT
China en Japan lanceren hun eerste ruimtesatellieten.

GECOMPUTERISEERDE CATALOGUS
Het Smithsonian Institute in Washington DC begint met het samenstellen van een gecomputeriseerde catalogus van alle planten in de VS.

ONDERZOEK VAN DE AARDKORST
Russische wetenschappers boren een gat van 15 km diep op het schiereiland Kola ten noorden van de poolcirkel om de aardkorst te bestuderen.

CHARLES ANDRE JOSEPH MARIE DE GAULLE (1890–1970)

De voormalige Franse president en oprichter in ballingschap van het Vrije Franse Leger (1940) Charles de Gaulle overlijdt. Hij was legerofficier in de Eerste Wereldoorlog, leidde de voorlopige regeringen na de Tweede Wereldoorlog en werd in 1958 president van de Vijfde Republiek. Hij wordt beschouwd als degene die de crisis in Algerije heeft opgelost en het na-oorlogse Frankrijk heeft gestabiliseerd. De manier waarop hij op de protesten in mei 1968 reageerde, maakte hem aanvankelijk nog populairder, maar in 1969 trad hij daartoe gedwongen af.

MILIEUACTIVISTEN EN ZWARTE GATEN

De Canadese actiegroep Greenpeace gaat in Alaska zijn eerste confrontatie aan. In Zwitserland krijgen vrouwen eindelijk kiesrecht. Oost-Pakistan roept de onafhankelijkheid uit en kiest een nieuwe naam, Bangladesh, en in Uganda grijpt Idi Amin de macht. Amerikaanse astronauten brengen opnieuw een bezoek aan de maan en Rusland lanceert een ruimtestation. Homoseksuelen komen openlijk op voor hun rechten en hun zelfrespect groeit. In de ruimte worden zwarte gaten ontdekt – de sporen van geïmplodeerde sterren die zwaartekracht absorberen.

1971

10 januari De Franse modekoningin Coco Chanel overlijdt op 87-jarige leeftijd

7 februari Zwitserse vrouwen krijgen kiesrecht
15 februari Engeland gaat over op het decimale stelsel
20 februari Idi Amin grijpt de macht in Uganda

26 maart De Awami League verklaart Oost-Pakistan tot een onafhankelijke staat genaamd Bangladesh

6 april De Russisch-Amerikaanse componist Igor Strawinsky overlijdt op 88-jarige leeftijd
19 april De Russen lanceren het eerste ruimtestation, *Sojoez I*
25 april In de VS demonstreren 200.000 mensen in Washington DC tegen de oorlog in Vietnam

30 juni Drie Russische kosmonauten worden dood aangetroffen in hun ruimteschip na een schijnbaar probleemloze landing

1 juli De West-Indische cricketer en politicus Learie Constantine (baron Constantine) overlijdt op 69-jarige leeftijd

9 augustus Opsluiting zonder proces ingevoerd in Noord-Ierland

30 september De Canadese milieuorganisatie Greenpeace organiseert zijn eerste protestactie in Alaska

12 november President Nixon maakt een einde aan de Amerikaanse aanvallen in Vietnam

6 december India erkent de onafhankelijkheid van Bangladesh en raakt in oorlog met Pakistan
17 december De oorlog tussen India en Pakistan wordt beëindigd

LINKS: vrouwen eisen legalisatie van abortus en het recht om te kiezen.

BOVEN: de feministische schrijfster Betty Friedan leidt de NOW, de nationale organisatie van vrouwen.

LINKS: Gloria Steinem, een voormalig Playboy-model, komt op voor de rechten van de vrouw.

BOVEN: vrouwen steunen het Amerikaanse amendement voor gelijke rechten.

HET HARDER-HUIS
De excentrieke Amerikaanse architect Bruce Goff ontwerpt dit huis voor een kalkoenfokker in Minnesota. Bij de bouw worden natuurlijke en 'postmoderne' materialen gebruikt: stenen, hout, dakspanen en oranje dakbedekking.

KRANKZINNIGEN EN SPECIALISTEN
De verhalen- en gedichtenbundel van de Nigeriaanse schrijver Wole Soyinka bewijst de veelzijdigheid van de schrijver. In zijn werken benadrukt hij de noodzaak van een herkenbare Afrikaanse schrijfcultuur, deels gevoed door, maar onafhankelijk van de Europese cultuur.

UNDERNEATH THE ARCHES
De Britse kunstenaars Gilbert en George spelen de variété-artiesten Bud Flanagan en Chesney Allen (wier gezongen en gedanste duet *Underneath the arches* een van de bekendste nummers is) voor hun eerste 'levende beeldhouwwerk'. Er wordt veel om gelachen, maar ook veel over gediscussieerd – wat precies de bedoeling was.

VIDEO THUIS
Philips brengt de eerste videocassetterecorder (VCR) voor de consument op de markt. De speelduur van de cassetteband is 1 uur.

MAANWAGENTJE
De Amerikaanse astronauten David Scott en James Irwin onderzoeken het maanoppervlak in een rondrijdend maanvoertuig tijdens een missie van de *Apollo 15*.

CHINA IN DE VN
China wordt lid van de VN en neemt de plaats van Taiwan in, die sinds 1945 in de VN zat.

BOVEN: de vlaggen van 126 landen wapperen bij het gebouw van de VN in New York. China sluit zich dit jaar aan.

ONDER: de *Apollo 14* wordt gelanceerd. Alan B. Shepard, Stuart A. Roose en Edgar D. Mitchell zijn de astronauten bij deze missie.

GABRIELLE (COCO) CHANEL (1883–1971)

De Franse modeontwerpster Coco Chanel overlijdt. Ze richtte haar Parijse modehuis in 1924 op en ontwierp de klassieke hemdsjurk en het pakje met het kraagloze jasje. Ze ontwierp ook het eenvoudige zwarte jurkje dat het altijd goed doet, en bracht tevens eigen parfums op de markt, met name Chanel 5. Na zich lange tijd teruggetrokken te hebben uit de modewereld, pakte ze haar carrière weer op in de jaren '50.

BOVEN: beatdichter Alan Ginsberg ontmoet zijn fans.

ONDER: dr. Daniel Ellsberg, de informant in Watergate.

BANGLADESH WORDT ONAFHANKELIJK

Onder leiding van sjeik Mujibur Rahman wint de Awami-alliantie alle zetels in Oost-Pakistan bij de algemene verkiezingen in december 1970; men begint de onderhandelingen voor een nieuwe grondwet voor de provincie. Als de gesprekken mislukken, roept Rahman de onafhankelijkheid van Bangladesh uit –uit protest tegen de verontachtzaming van de provincie door West-Pakistan– en richt in april in Calcutta een regering in ballingschap op. De spanning leidt tot grensconflicten tussen India en Oost-Pakistan en in december tot een korte oorlog. Indiase troepen verslaan het Pakistaanse leger, waarna Pakistan verdeeld raakt en Bangladesh onafhankelijk wordt.

HOMOSEKSUELE EMANCIPATIE

Homoseksuele groeperingen treden in grote steden in Europa, de VS en Australië op de voorgrond na de oprichting van actieve Amerikaanse groeperingen, die een succesvolle campagne voerden om de rechten van homoseksuelen onder de aandacht te brengen.

VAE OPGERICHT

Zes sjeikdommen vormen samen de Verenigde Arabische Emiraten na het vertrek van Groot-Brittannië uit de Perzische Golf, waar de Britten 150 jaar aan de macht waren. Bahrein en Qatar worden geheel onafhankelijk.

'ZAK'-REKENMACHINE

Het Amerikaanse bedrijf Texas Instruments maakt de eerste zakrekenmachine, de Pocketronic. Het apparaat wordt onmiddellijk op grote schaal geproduceerd.

INTERNERING IN IERLAND

De Britse regering introduceert internering zonder proces. Rellen en hongerstakingen zijn het gevolg.

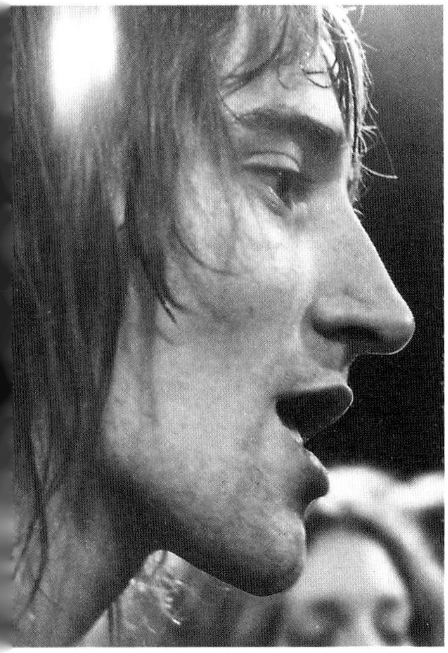

BOVEN: de Britse rocker Rod Stewart treedt op in de VS.

BOVEN: de Smiley, symbool van onder meer lessen in drugsgebruik, zal in de jaren '80 weer populair worden.

ZWARTE GATEN GEVONDEN

Astronomen ontdekken zwarte gaten in het heelal. De Engelse natuurkundige Stephen Hawking had dit al voorspeld. Zwarte gaten zijn uiteengevallen sterren waarvan de zwaartekracht zo sterk is dat ze zelfs geen licht kunnen afgeven en daardoor niet met het oog waar te nemen zijn.

DIGITAAL HORLOGE

De Amerikaanse ingenieurs George Theiss en Willy Crabtree ontwikkelen het eerste digitale horloge, dat gevoed wordt door een vibrerend kwartskristal.

IGOR FYODOROVITSJ STRAWINSKY (1882–1971)

Componist, pianist en dirigent Igor Strawinksy overlijdt in New York. Hij was in 1882 geboren in Rusland, maar vertrok na de revolutie naar Frankrijk en werd na zijn verhuizing in 1939 naar de VS Amerikaans staatsburger. Hij kreeg bekendheid met zijn muziek voor het Ballets Russes van Diaghilev, *De vuurvogel* (1910), *Petroesjka* (1911) en *Le sacre du printemps* (1913). Enkele van zijn andere werken zijn *Pulcinella* (1919-1920) en *The rake's progress* (1951) en composities voor orkest, zang en kamerensembles. Hij liet zich door zeer diverse bronnen inspireren, zoals Russische volksmuziek, Amerikaanse jazz, Verdi, Monteverdi, barokmuziek en muziek uit de Weense school. Hij wordt begraven in Venetië, op de begraafplaats San Michele, vlak bij Diaghilev.

DRAAIEN OM MARS

In november vliegt de Amerikaanse ruimtesonde de Mariner 9 rond Mars, de eerste planeet die op deze manier bekeken wordt. De Mariner 9 stuurt 7329 foto's naar de aarde, zodat wetenschappers in staat zijn de planeet nauwkeurig in kaart te brengen.

HET EERSTE RUIMTESTATION

Op 19 april lanceren de Russen de *Saljoet 1*, het eerste ruimtestation. Het plan is een soort basiskamp in te richten, zodat verschillende teams van kosmonauten elkaar af kunnen wisselen.

KOSMONAUTEN KOMEN OM

Drie Russische kosmonauten worden dood teruggevonden in hun *Sojoez II* na een schijnbaar probleemloze landing. Hun dood wordt toegeschreven aan zuurstofgebrek in de cabine.

MAANSTENEN

De Amerikaanse ruimteschepen *Apollo 14* en *Apollo 15* brengen stenen van de maan mee naar de aarde voor onderzoek. De bemanning van de *Apollo 15*, David Scott en James Irwin, verzamelt de stenen tijdens een tocht met een maanvoertuig of 'maanbuggy'.

BLOODY SUNDAY EN ZWARTE SEPTEMBER

Op zondag 30 januari worden dertien burgers in het Ierse Londonderry gedood. President Nixon gaat naar China om eventueel een alliantie te vormen met de derde wereldmacht, terwijl in zijn vaderland inbrekers worden betrapt, die in het Watergate Hotel afluisterapparatuur willen plaatsen. Bij de Olympische Spelen in München vermoorden Palestijnse activisten elf Israëlische sporters. In Burundi richten de rivaliserende stammen van de Hutu's en de Tutsi's een slachtpartij aan. Over J. Edgar Hoover worden enkele verrassende feiten bekendgemaakt.

1972

30 januari Bloody Sunday in Londonderry: Britse troepen schieten op demonstranten en er vallen dertien doden
30 januari Pakistan stapt uit het Gemenebest

2 februari De Winterspelen worden geopend in Sapporo, Japan
21 februari De Amerikaanse president Nixon begint aan zijn bezoek aan China

2 maart Amerika lanceert de *Pioneer 10* om Jupiter te fotograferen
30 maart Groot-Brittannië schorst het Noord-Ierse parlement en brengt het land onder direct bestuur van Londen

28 mei De hertog van Windsor (ex-koning Edward III) overlijdt op 77-jarige leeftijd

17 juni Inbrekers proberen afluisterapparatuur te plaatsen in het hoofdkwartier van de democratische partij in het Watergategebouw in Washington DC

23 juli Amerika lanceert de *Landsat I*, die om de aarde cirkelt en series foto's maakt
31 juli De Belgische politicus Paul Henri Spaak overlijdt op 72-jarige leeftijd

4 augustus President Idi Amin van Uganda beveelt alle Aziaten het land te verlaten
26 augustus Opening van de 20e Olympische Spelen in München

5 september Arabische terroristen vermoorden elf Israëlische deelnemers aan de Spelen

2 december Labour wint de algemene verkiezingen in Australië
7-19 december De laatste *Apollo*-missie naar de maan

BOVEN: commandant John W. Young en de Amerikaanse vlag, die de bemanning van de *Apollo 16* op de maan plant.

LINKS: commandant Gene Cernan in het maanvoertuig van de *Apollo 17*.

BOVEN: het maanlandingstoestel van *Apollo 16*, *Orion*.

BOVEN: president Nixon gaat naar China en ontmoet Tsjoe En-Lai, premier van de volksrepubliek.

WATERGATE
Inbrekers in het hoofdkwartier van de democratische partij in het Watergate Hotel worden betrapt en gearresteerd. In de maanden erna wordt vastgesteld dat zij werkten voor president Richard Nixon, tijdens diens herverkiezingscampagne voor de presidentsverkiezingen van 1972. Nixon verslaat zijn democratische tegenstander, de anti-oorlogsactivist George McGovern, met gemak.

BOVEN: Olga Korbut wint drie gouden plakken op de Spelen.

BLOODY SUNDAY
In het Noord-Ierse Londonderry openen Britse paratroepen het vuur op ongewapende demonstranten, die protesteren tegen het gevangenzetten van leden van het Ierse Republikeinse Leger (IRA) door de Britten. Dertien burgers komen om het leven. Bloody Sunday is een dieptepunt in de relatie tussen de katholieke gemeenschap en het Britse leger en het geweld in de provincie neemt er enorm door toe. Als direct gevolg van het geweld wordt het Noord-Ierse parlement geschorst en komt het land onder direct bestuur van Londen te staan.

NIXON IN CHINA
President Richard Nixon brengt een historisch bezoek aan China en ontmoet de communistische leiders. Door het bezoek verbetert de relatie tussen de twee grootmachten, die beide goede redenen hebben om samen te werken tegen Rusland.

UIT UGANDA UITGEZET
De Ugandese president Idi Amin zet 50.000 Aziaten met een Brits paspoort het land uit, omdat zij de nationale economie zouden ontwrichten. De Aziaten vertrekken binnen drie maanden, waardoor Uganda economisch geruïneerd wordt: fabrieken worden gesloten en belangrijke vormen van dienstverlening worden abrupt beëindigd.

AUSTRALIE EN DE STILLE OCEAAN
Gough Whitlam brengt Labour de overwinning bij de algemene verkiezingen in Australië. Hij brengt radicale veranderingen aan in de buitenlandse politiek van het land: in plaats van op de VS richt hij zich op Azië, erkent China, verleent Papua Nieuw-Guinea onafhankelijkheid, verleent dienstweigeraars voor Vietnam gratie en schaft de dienstplicht af.

RELIGIE VOOR HOMOSEKSUELEN
Een kerkgenootschap voor homoseksuelen, opgezet in 1968 in Los Angeles door Troy Perry, een uit zijn ambt gezette dominee van de Pinkstergemeente, breidt zich uit over heel Amerika. In Nederland benoemt de Evangelisch Lutherse Kerk homoseksuele dominees.

LASERVISION
Philips introduceert een systeem om met behulp van lasers opnamen te maken op plastic schijfjes. Het systeem wordt later als LaserVision op de markt gebracht.

OLYMPISCHE WINTERSPELEN IN JAPAN
Discussies over amateurisme leiden tot de diskwalificatie van een skiër en de terugtrekking van het Canadese ijshockeyteam bij de elfde Olympische Winterspelen in Sapporo in Japan. De opbrengsten van de televisierechten lopen op tot 8,47 miljoen dollar, drie keer zoveel als in 1968.

DE SNELHEID VAN HET LICHT OPNIEUW GEMETEN
De Amerikaanse wetenschapper Kenneth M. Evenson bedenkt een manier om de snelheid van het licht te meten, die nauwkeuriger is dan tot dan toe: 299.284 km per seconde.

BOVEN: de auteur Stokely Carmichael, strijder tegen de rassendiscriminatie.

DE OLYMPIADE VAN DE ZWARTE SEPTEMBER

Palestijnse terroristen beheersen de twintigste Olympische Spelen in het Duitse München. Ze vermoorden uiteindelijk elf Israëlische deelnemers en een politieman. De Duitse autoriteiten maken een puinhoop van de reddingsoperatie als de terroristen en gijzelaars op de militaire luchthaven overstappen van helikopters in een vliegtuig; vijf van de acht Palestijnen worden gedood. Het IOC weigert te buigen voor geweld en met goedkeuring van de Israëlische regering worden de Spelen voortgezet met de vlaggen halfstok. De Amerikaanse zwemmer Mark Spitz haalt zeven gouden medailles binnen; de Russische turnster Olga Korbut is de lieveling van het publiek en wint drie gouden plakken.

INGEPAKT

De in Bulgarije geboren Franse kunstenaar Christo pakt een deel van de Australische kust in. Er is 92.000 m² plastic nodig voor het enorme kunstwerk.

EQUIVALENT 8

Het kunstwerk *Equivalent 8* van de Amerikaanse beeldhouwer Carl André bestaat uit een stapel van 120 bakstenen. De aankoop door de Tate Gallery in Londen wordt door de pers en het publiek sterk bekritiseerd.

EINDSPEL

De nonconformistische Bobby Fischer wordt gehuldigd als de eerste Amerikaanse wereldkampioen schaken, nadat hij in IJsland de Rus Boris Spassky heeft verslagen.

JOHN EDGAR HOOVER (1895–1972)

De Amerikaan J. (John) Edgar Hoover, die 48 jaar hoofd van de FBI is geweest, overlijdt. Hij was verantwoordelijk voor het opzetten van de nationale vingerafdrukkenbank en het misdaadlaboratorium van de FBI. Hij drukte de gangsterpraktijken in de jaren '20 en '30 de kop in, evenals de na-oorlogse verspreiding van socialistische en communistische sympathieën. Om hem zijn functie te kunnen laten bekleden werd er voor hem een uitzondering gemaakt op de pensioenregelingen voor ambtenaren. Later wordt ontdekt dat Hoover homoseksueel was, terwijl hij zich in het openbaar altijd had voorgedaan als homohater.

DE VN EN HET MILIEU

In Stockholm wordt een conferentie over het milieu van de mensheid gehouden. Er wordt gesproken over diverse aspecten daarvan.

LANCERING VAN DE LANDSAT I

De VS lanceren de *Landsat I* (of Earth Resources Test Satellite), die om de achttien dagen het oppervlak van de aarde fotografeert op een reeks beeldstroken die de hele aardbol, behalve de Noord- en de Zuidpool, bestrijken. De foto's leveren zeer belangrijke informatie over onder andere de groei van gewassen, ontbossing en overstromingen.

OP WEG NAAR JUPITER

NASA (het Amerikaanse lucht- en ruimtevaartbureau) lanceert de *Pioneer 10*, een ruimtesonde die is ontwikkeld om close-ups van Jupiter te maken. De *Pioneer 10* zal de enorme planeet vermoedelijk in december 1973 passeren.

IN A FREE STATE

In het boek van de in Trinidad geboren schrijver V.S. Naipaul wordt identiteit bestudeerd door middel van drie met elkaar in verband staande verhalen over mensen die verblijven buiten hun geboortegrond. Zijn sombere visie is typerend voor het latere werk van de schrijver.

CAT SCANNER

De Britse ingenieur Godfrey Hounsfield en de Zuid-Afrikaanse arts Allan Cormack zijn de uitvinders van de gecomputeriseerde axiale tomograaf (cat scanner genoemd). Men maakt gebruik van computertechnologie om foto's van de hersenen te maken. Het apparaat zal een belangrijke rol gaan spelen bij het stellen van diagnoses.

BLOEDBADEN IN BURUNDI

Rebellerende Hutu's vermoorden duizenden landgenoten die behoren tot de regerende minderheid van de Tutsi's. De Tutsi's nemen wraak, waarna nog meer doden vallen.

MILIEUVERVUILING

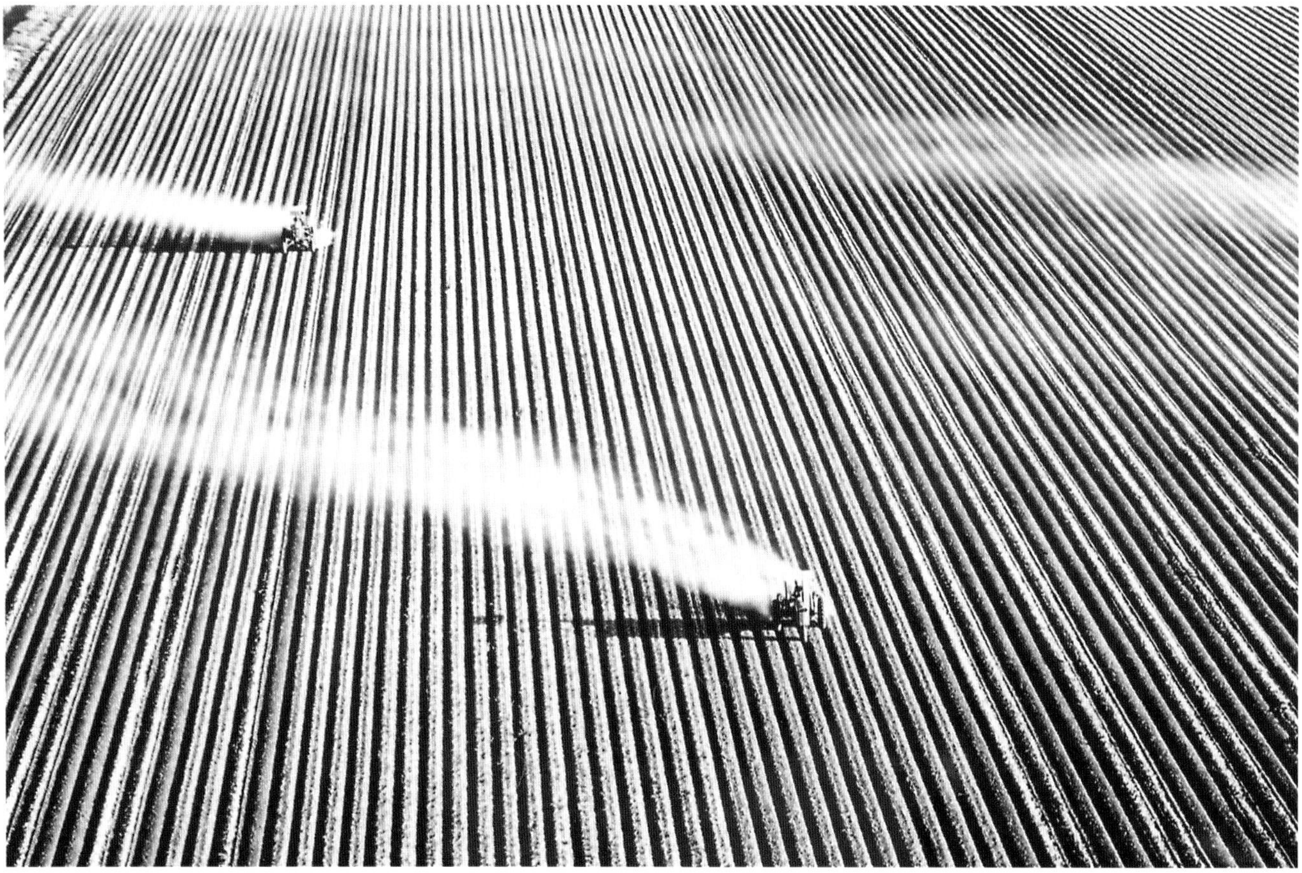

BOVEN: pesticiden en enorme boerenbedrijven domineren de landbouw. ONDER: een autokerkhof – symbool van de rijkdom in het Westen.

BOVEN: Dallas, Texas, waar de snelwegen overheersen.

BOVEN: luchtvervuiling door een metaalfabriek.

BOVEN: een rivier wordt een open riool.

VREDE IN VIETNAM, OORLOG IN HET MIDDEN-OOSTEN

Vredesverdragen worden ondertekend om een einde te maken aan de oorlogen in Vietnam en het buurland Laos. Het zal jaren duren voor de VS zich hersteld hebben van deze verloren strijd. In Chili wordt president Allende vermoord. Egypte en Syrië vallen Israël aan in de Jom Kippoer-oorlog. In het noordelijk deel van de Atlantische Oceaan vechten IJslandse vissers met de Britse marine om de grenzen van de territoriale wateren. CITES wordt opgericht om de handel in bedreigde diersoorten te controleren en Denemarken, Groot-Brittannië en Ierland treden toe tot de EG.

1973

1 januari Denemarken, Ierland en Groot-Brittannië sluiten zich aan bij de EG
22 januari De voormalige Amerikaanse president Lyndon B. Johnson overlijdt op 64-jarige leeftijd
27 januari Noord- en Zuid-Vietnam, de Viet Cong en de VS tekenen een wapenstilstand

8 maart De VS lanceren *Pioneer II* om close-ups te maken van Jupiter en Saturnus

8 april De Spaanse schilder Pablo Picasso overlijdt op 91-jarige leeftijd

25 mei De VS lanceren *Skylab*, hun eerste ruimtestation

11-12 september In Chili grijpt de junta onder leiding van Augusto Pinochet de macht. President Allende wordt vermoord

6 oktober Arabische buurlanden vallen Israël aan op Jom Kippoer, de joodse dag der verzoening
10 oktober De Amerikaanse vice-president Spiro T. Agnew treedt af na een schandaal vanwege belastingontduiking
24 oktober De Jom Kippoer-oorlog is voorbij

3 november De VS lanceren *Mariner 10* om Venus en Mercurius te fotograferen

1 december David Ben-Goerion, voormalig premier van Israël, overlijdt op 87-jarige leeftijd
6 december Gerald Ford wordt de nieuwe vice-president van de VS

BOVEN: voormalig president Lyndon Baines Johnson overlijdt.

VREDE IN VIETNAM
In Vietnam wordt een staakt-het-vuren uitgeroepen als er in Parijs een vredesverdrag wordt getekend tussen de VS en Noord- en Zuid-Vietnam. De VS beloven al hun troepen terug te trekken en krijgsgevangenen uit te wisselen met Vietnam.

COUP IN CHILI
President Allende van Chili wordt afgezet en gedood bij een coup van generaal Pinochet. De nieuwe militaire regering roept de staat van beleg uit en zet tegenstanders gevangen of vermoordt hen; duizenden mensen vluchten het land uit.

JOM KIPPOER
Egypte en Syrië vallen aan op de joodse feestdag Jom Kippoer, Grote verzoendag. Israël vecht terug en steekt het Suezkanaal over, waardoor het oprukkende Egyptische leger afgesneden dreigt te worden. De VN brengen een staakt-het-vuren tot stand, maar de olieproducerende Arabische landen verhogen uit protest tegen de Amerikaanse steun aan Israël de olieprijs met 70 procent. Het gevolg is dat het Westen getroffen wordt door inflatie en olie schaars wordt. In Nederland vinden autoloze zondagen plaats.

DE TWEEDE SLAG BIJ WOUNDED KNEE
Leden van de Amerikaanse Vereniging voor Indianen nemen Wounded Knee in het Sioux-reservaat in Zuid-Dakota in uit protest tegen het niet nakomen van de verdragen tussen de Amerikaanse regering en de indianen.

STAAKT-HET-VUREN IN LAOS
In deze voormalige Franse kolonie vecht de Pathet Lao met steun van de Noord-Vietnamezen tegen de koningsgezinde Laotiaanse regering. Daar de route van de Ho Chi Minh door Laos loopt, steunen de VS de strijd van regering van Laos tegen de 35.000 manschappen van de Pathet Lao. Als in 1973 Zuid-Vietnam overwonnen wordt door het Noorden, wordt een staakt-het-vuren overeengekomen. In 1975 zal Laos geheel onder bestuur van de Pathet Lao komen te staan.

PLANETEN IN DE STRATOSFEER
De Amerikaanse ruimtesonde *Mariner 10* wordt gelanceerd om Venus en Mercurius te bestuderen, de twee planeten tussen de aarde en de zon.

UITBREIDING VAN DE EG
Groot-Brittannië, Ierland en Denemarken sluiten zich aan bij de Europese Gemeenschap, nadat de nieuwe Franse regering van Georges Pompidou haar veto intrekt.

OPEN UNIVERSITEIT
De eerste afgestudeerden aan de Open Universiteit ontvangen hun diploma. De opleiding werd in 1969 in Groot-Brittannië in het leven geroepen.

CITES WORDT OPGESTELD
In Washington wordt een Verdrag over de Internationale Handel in Bedreigde Diersoorten (CITES) opgesteld tijdens een conferentie om een einde aan deze handel te maken. Het wordt ondertekend door tachtig landen.

OVER RUW TERREIN
De mountainbike wordt ontworpen door de Marin County

PABLO CASALS (1876–1973)

De in Spanje geboren cellist Pablo Casals overlijdt in Puerto Rico, waar hij sinds 1956 woont. Zijn eerste optredens vonden plaats in cafés in Barcelona, maar sinds zijn eerste tournee door Amerika in 1901 wordt hij beschouwd als de grootste cellist ter wereld. Hij treedt solo op en met pianist Alfred Cortot en violist Jacques Thibaut. Toen hij als Spaanse banneling in Frankrijk woonde, organiseerde hij het Prades Festival, waarna hij zich vestigde in Zuid-Amerika.

BOVEN: Richard M. Nixon legt de eed af voor zijn tweede termijn als president, die slechts twee jaar zal duren.

BOVEN: John Mitchell en zijn advocaat tijdens het Watergate-onderzoek.

BOVEN: Nixons stafchef Robert Halderman is opgeroepen als getuige in de zaak Watergate.

Canyon-fietsclub. Hiermee kan men fietsen op ravijnhellingen in Californië.

HET OPERAGEBOUW VAN SYDNEY

Het door Jørn Utzon ontworpen operagebouw is eindelijk klaar. De bouw was een aaneenschakeling van gestuntel en gedraai. De autoriteiten keurden de tekeningen van Utzon goed vóór was bedacht hoe de daken gemaakt moesten worden. Men moest de functie van de twee belangrijkste auditoria omwisselen en zelfs een loterij organiseren om de bouw te kunnen bekostigen.

EEN BEETJE NACHTMUZIEK

Een van de succesvolste eerste musicals van de Amerikaanse componist Stephen Sondheim –*Night music*– heeft een tragikomische plot, die is gebaseerd op de film *Smiles on a summer night* van Bergman.

DAG VOOR NACHT

Deze film van de Franse regisseur François Truffaut gaat over het maken van films. De liefdevolle verfilming van de prettige aspecten en de frustraties van deze kunstvorm toont vele kanten van het vak – van de technische details en de rekwisieten tot de relatie tussen acteurs en regisseur, en tussen film en realiteit.

GRAVITY'S RAINBOW

De Amerikaanse schrijver Thomas Pynchon schrijft zijn dikste boek, dat speelt aan het einde van de Tweede Wereldoorlog.

MUZIEK VOOR STUKKEN HOUT

Deze compositie van Steve Reich is een typisch minimalistisch stuk, geschreven voor vijf op elkaar afgestemde claves (Zuid-Amerikaanse muziekinstrumenten), die elk afzonderlijk een bepaalde reeks noten spelen. Het is een van de extreemste vormen van minimalisme.

KABELJAUWSE TWISTEN

Tussen IJsland en Groot-Brittannië ontstaat onenigheid als IJsland zijn territoriale wateren uitbreidt van 80 km tot 320 km uit de kust en daarmee de viswateren van de Britten binnendringt. Britse vissersboten varen onder escorte van een enorme sleepboot de zone binnen en de toestand escaleert zeer snel, waarop de marine van de beide landen wordt ingezet. Er zijn rellen bij de Britse ambassade in Reykjavik.

VULKAAN OP IJSLAND

Door een vulkaanuitbarsting op Heimaey moeten alle vijfduizend bewoners het eiland middenin de nacht verlaten.

SKYLAB

Het eerste Amerikaanse ruimtestation *Skylab* wordt gelanceerd en op 435 km hoogte in een baan om de aarde gebracht. In de loop van het jaar wordt drie keer een bemanning van drie personen naar *Skylab* gestuurd. Het station geeft informatie over natuurlijke rijkdommen op aarde en de structuur van de zon.

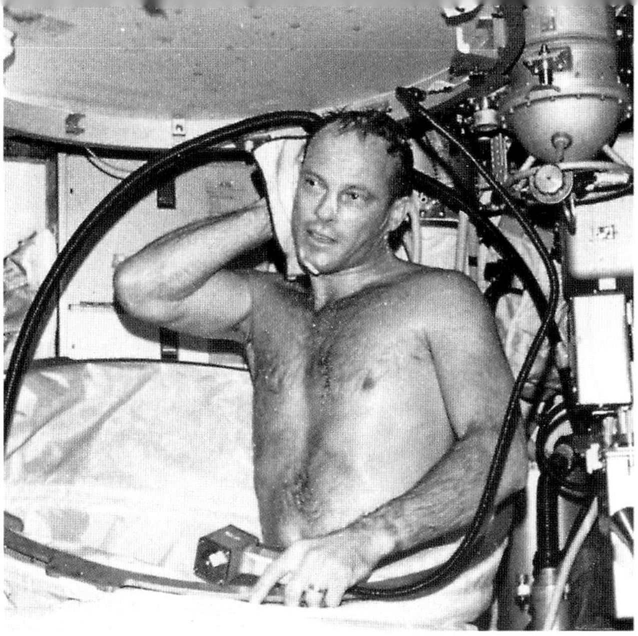

LINKSBOVEN: in *Skylab 3* gaat het leven gewoon door.

RECHTS: astronaut Jack Lousma aan het werk buiten *Skylab 3*.

JUPITER EN SATURNUS WORDEN ONDERZOCHT
De Nasa lanceert *Pioneer 11*, een ruimtesonde die ontworpen is om close-ups te maken van zowel Jupiter (in 1974) als Saturnus (in 1979).

GENETISCHE MANIPULATIE
De Amerikaanse chemici Stanley H. Cohen en Herbert W. Boyer maken gebruik van genetische manipulatie om bacteriën kleine hoeveelheden insuline te laten produceren. Het is de eerste keer dat genetische manipulatie wordt toegepast.

TOPPER
Johan Cruijff wordt door zijn collega's gekozen tot Europees voetballer van het jaar.

DOOD IN DE KUNST
In 1973 overlijden filmgangster Edward G. Robinson (geboren 1893), de Amerikaanse schrijfster Pearl S. Buck (geboren 1892), de Franse schilder Jacques Lipchitz (geboren 1891), kung fu-ster Bruce Lee (geboren 1940), Brits toneelschrijver Noel Coward (geboren 1899), regisseur John Ford (geboren 1895), schrijver J.R.R. Tolkien (geboren 1892) en dichter W.H. Auden (geboren 1907).

BOVEN: Redford en Newman in *The sting*, die een Oscar kreeg.

DOOD IN DE POLITIEK
Ook de voormalige Amerikaanse president Lyndon Baines Johnson (geboren 1908), Jeanette Rankin, het eerste vrouwelijke congreslid (geboren 1880) en Fulgenico Batista, de Cubaanse dictator (geboren 1901), overlijden in 1973.

KLEIN MAAR FIJN
De Amerikaanse econoom E.F. Schumacher introduceert het idee van een alternatieve technologie in zijn bestseller *Small is beautiful: a study of economics as if people mattered*.

DEMONSTRATIE VAN TELETEKST
Britse televisiemaatschappijen demonstreren teletekst – nieuws- en informatiepagina's die uitgezonden worden naast de gewone programma's.

PABLO PICASSO
(1881–1973)

Pablo Picasso, de productieve schilder, beeldhouwer en keramisch kunstenaar, die in 1881 in Spanje werd geboren maar vele jaren in Frankrijk heeft gewoond en gewerkt, overlijdt. Samen met Georges Braque ontwikkelde hij het Kubisme en heeft hij een zeer grote invloed gehad op de ontwikkeling van de moderne kunst. Vanaf 1917 ontwierp hij kostuums en decors voor het Ballets Russes en in de Tweede Wereldoorlog sloot hij zich aan bij de communisten. Zijn schilderij *Guernica* is een symbool geworden voor antioorlogskunst.

ONTSLAG VOOR IMPEACHMENT

President Richard Nixon neemt gedwongen ontslag vóór hij wordt afgezet als gevolg van Watergate. Een militaire coup tegen het dictatorschap in Portugal leidt tot democratie en onafhankelijkheid voor de Portugese koloniën Goa, Moçambique en Portugees Guinea. Op Cyprus wordt president Makarios afgezet en Turkije valt het eiland binnen. In Griekenland krijgt weer een burgerregering. In Etiopië wordt Haile Selassie afgezet en verbannen, en worden de oudste menselijke resten gevonden. Het drijfgas in spuitbussen, CFK, blijkt de oorzaak te zijn van het gat in de ozonlaag. Antropologen vinden de oudste menselijke voetafdrukken in de Olduvai-kloof in Afrika en de *Mariner 10* maakt foto's van Mercurius en Venus.

1974

8 februari Drie Amerikaanse astronauten keren terug op aarde na een recordverblijf van 84 dagen in *Skylab*

25 april Generaal Antonio de Spinola grijpt de macht in Portugal

1 juli De Argentijnse president Juan Peron overlijdt op 78-jarige leeftijd. Hij wordt opgevolgd door zijn vrouw Isabel
15 juli In Cyprus zet de Nationale Garde president Makarios af. De ex-terrorist Nicos Sampson neemt zijn plaats in
20 juli Turkije valt Cyprus binnen
23 juli De Griekse militaire regering treedt af

24 juli Constantine Karamanlis keert terug uit ballingschap om in Griekenland een burgerregering te vormen

9 augustus Vanwege Watergate wordt Nixon de eerste Amerikaanse president die aftreedt. Vice-president Gerald Ford volgt hem op

12 september Keizer Haile Selassie van Etiopië wordt na een militaire coup afgezet

12 november In Etiopië wordt de zeer oude stammoeder van de mens gevonden; ze wordt Lucy genoemd

BOVEN: president Nixon bijt van zich af tijdens het Watergate-schandaal en spreekt de jonge republikeinen toe.

MOÇAMBIQUE ONAFHANKELIJK

Het bevrijdingsfront van Moçambique (FRELIMO) vecht al sinds 1962 tegen het 40.000 manschappen tellende leger van Portugal. Tijdens 350 acties vielen er aan de zijde van FRELIMO vierduizend slachtoffers, maar in 1974 profiteren de tienduizend FRELIMO-strijders onder aanvoering van de marxist Samora Machel van de coup in Portugal en nemen grote delen van Moçambique in. Machels onderhandelingen met de Portugezen zijn succesvol en hij wordt in 1975 gekozen tot de eerste president van Moçambique. Het land zal aanvankelijk vrij labiel zijn, als door Rhodesië gesteunde leden van de anti-communistische Moçambiquaanse nationale verzetsbeweging (MNR) de olietoevoer en communicatieverbindingen saboteren en Zuid-Afrikaanse eenheden het zuiden van Moçambique binnenvallen om bases van het ANC aan te vallen.

NIXON NEEMT ONTSLAG

President Nixon neemt ontslag om afzetting vanwege zijn rol in de Watergate-zaak te voorkomen. Hij wordt opgevolgd door vice-president Gerald Ford, die Nixon prompt kwijtschelding van strafvervolging verleent. Enkele assistenten van Nixon belanden wel in de gevangenis.

PERON OVERLIJDT

Na de dood van president Juan Peron wordt zijn vrouw Isabel presidente, de eerste vrouw in een dergelijke functie in heel Latijns-Amerika. Ze wordt door een militaire coup in maart 1976 ten val gebracht.

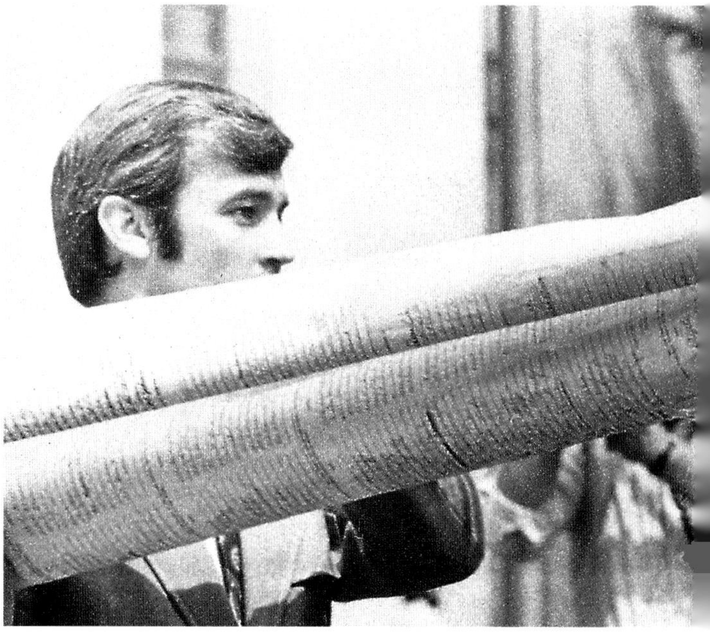

BOVEN: Amerikaanse en Russische ruimtevaartuigen worden tentoongesteld.

COUP IN PORTUGAL
Een militaire coup onder aanvoering van generaal De Spinola werpt de Portugese regering omver tijdens de 'Anjerrevolutie'. Er worden maatregelen genomen om de democratie te herstellen. De socialistische leider Mario Soares keert terug uit zijn ballingsoord en bezorgt zijn partij de overwinning in de eerste democratische verkiezingen in april 1975. Een communistische coup door linkse soldaten in november 1975 mislukt.

SAM GOLDWYN
De filmmagnaat Sam Goldwyn overlijdt. Hij werd geboren in 1882 als Samuel Goldfish en was oorspronkelijk handschoenenverkoper. Zijn films waren altijd bedoeld voor het hele gezin en hij was beroemd om zijn 'Goldwynismen' ("een mondeling contract is nog niet het papier waar het op is geschreven, waard").

BURGERREGERING IN GRIEKENLAND
Als gevolg van het debacle op Cyprus treedt de Griekse militaire regering af en komt er weer een burgerregering. Ex-premier Constantine Karamanlis keert terug vanuit zijn ballingsoord Parijs en vormt een nieuwe regering; hij wint de verkiezingen in november. In december stemt Griekenland voor een republiek, waardoor de kans op herstel van de monarchie verkeken is.

GUINEE-BISSAU ONAFHANKELIJK
Nationalisten van de Afrikaanse partij voor onafhankelijkheid van Guinee en Kaapverdië (PAIGC) vechten al vanaf 1963 voor onafhankelijkheid van Portugal. In 1973 heeft de PAIGC tweederde van Portugees Guinee in handen en na de militaire coup in Lissabon in 1974 wordt het land onafhankelijk.

HAILE SELASSIE AFGEZET
Keizer Haile Selassie wordt afgezet na een coup door linkse militairen, nadat zijn macht door een grote hongersnood in 1973 sterk afgenomen was. De nieuwe regering brengt Selassie in augustus 1975 om het leven.

DUITSE OVERWINNING
Het Nederlands elftal –met het 'totaalvoetbal'– zal volgens de kenners wereldkampioen worden in Duitsland, maar West-Duitsland verslaat Nederland in de finale met 2-1.

TOUR DE FORCE
De Belgische wielrenner Eddy Merckx finisht voor de vijfde keer in zes jaar als eerste in de Tour de France.

KNOKKEN MET DE GROOTSTE
Muhammad Ali verovert de bokstitel in de categorie zwaargewicht; hij verslaat George Foreman in Kinshasa, Zaïre. Het gevecht duurt acht ronden – tot Foreman knockout gaat.

RUIMTEVAARTRECORD
Op 8 februari keren drie astronauten terug naar de aarde, nadat ze 84 dagen in het *Skylab* hebben doorgebracht. Het is de laatste missie naar het ruimtestation.

MARINER PASSEERT PLANETEN
De Amerikaanse ruimtesonde *Mariner 10* passeert Venus en passeert op 29 maart Mercurius. De sonde vliegt op de zon en passeert Mercurius nog twee keer, op 21 september en op 16 maart 1975.

OUDE VOETAFDRUKKEN
In Laetoli, bij de Olduvaikloof in Tanzania, worden fossielen van hominiden die drie miljoen jaren geleden leefden, gevonden door de Britse archeoloog Richard Leaky en zijn team. Het zijn de oudst bekende voetafdrukken van hominiden.

BOVEN: de petitie zo groot als een boom, getekend door de mensen die vinden dat Nixon moet aftreden.

SCHEIDING VAN CYPRUS
De Nationale Garde brengt president Makarios ten val en vervangt hem door de voormalige EOKA-terrorist Nicos Sampson, die voorstander is van hereniging met Griekenland. Turkije valt daarop het noordelijk deel van het eiland binnen en deelt het eiland op. De Turken richten in februari 1975 een eigen staat op.

GEMAKKELIJK SCHEREN
Lichtgewicht wegwerpscheermesjes worden door Gillette in Boston ontwikkeld.

NOG EEN MAAN VOOR JUPITER
De Amerikaanse astronoom Charles T. Kowall ontdekt nog een satelliet bij Jupiter, die later Leda zal worden genoemd.

'LUCY' WORDT GEVONDEN
De Amerikaanse antropoloog Donald C. Johansen ontdekt in Etiopië het fossiele skelet van een vrouwelijke *Australopithecus afarensis*, een aapachtige voorouder van de mens. Ze wordt Lucy genoemd, naar het liedje van de Beatles, *Lucy in the sky with diamonds*.

SPUITBUSSEN AANGEKLAAGD
De Amerikaanse wetenschappers Sherwood Rowland en Mario Molina wijzen erop dat chlorofluorkoolstof (CFK) de ozonlaag kan aantasten.

POMPIDOU OVERLIJDT
De Franse president Georges Pompidou overlijdt aan een niet nader genoemde ziekte.

RECHTS: bioscoopgangers griezelen – *Jaws*.

THE DUKE VERLAAT HET TONEEL
De Amerikaanse jazzpianist Duke (Edward Kennedy) Ellington overlijdt. Hij was een van de groten in de wereld van de bigbands. Zijn carrière duurde maar liefst 55 jaar.

NOG EEN QUARK
De Amerikaanse natuurwetenschapper Burton Richter ontdekt nog een quark (een secundaire eenheid van protonen en neutronen). Deze heet 'betoverde quark'.

HISTORISCHE AMERIKAAN
Antropologen die een nieuwe dateringtechniek gebruiken, ontdekken dat de schedel van een mens, die in Zuid-Californië werd gevonden, 48.000 jaar oud is. Hiermee wordt aangetoond dat er al veel langer mensen in Noord-Amerika hebben gewoond dan tot dan toe werd aangenomen.

HOOG IN CANADA
De enorme telecommunicatietoren in Toronto, de CN, is de hoogste vrijstaande constructie ter wereld. Hij is maar liefst 553 m hoog.

SOLZJENITSYN VERBANNEN
Het eerste deel van de *Goelag archipel* wordt gepubliceerd en de schrijver Alexander Solzjenitsyn wordt verbannen uit Rusland.

ZWEEDS WATERLOO?
Op het Eurovisie Songfestival wint de Zweedse groep ABBA met het liedje *Waterloo*.

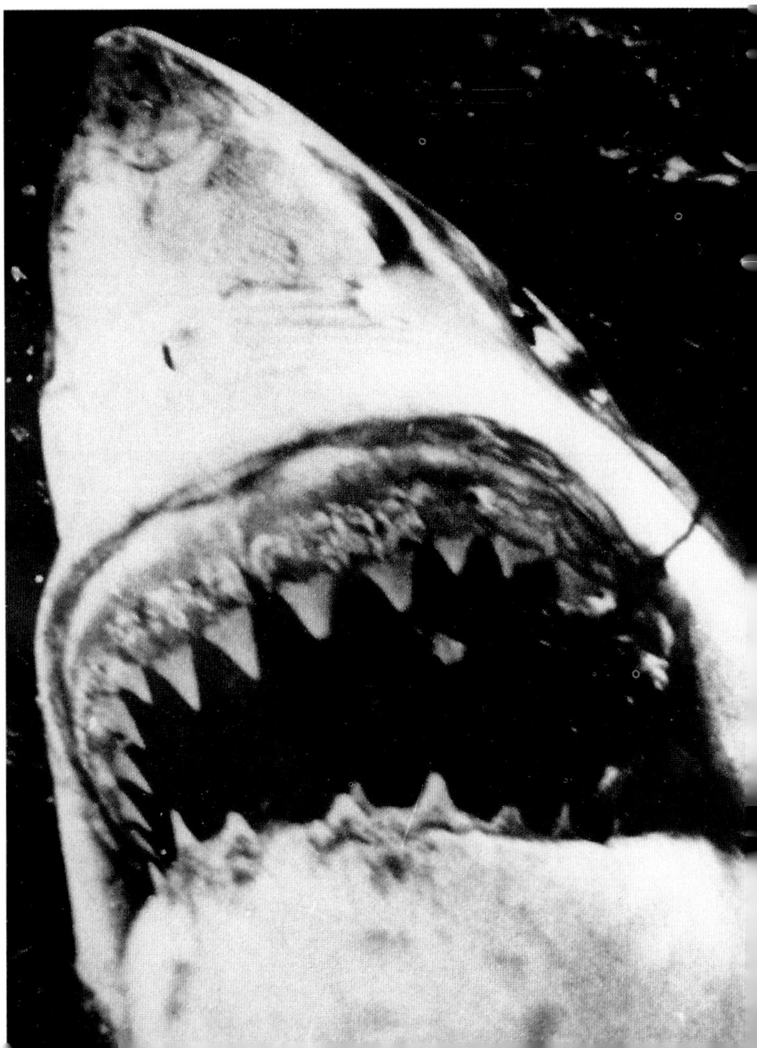

WATERGATE

BOVEN: adviseur John D. Ehrlichmann overlegt met zijn advocaat tijdens het onderzoek naar zijn rol in Watergate.

BOVEN: John Ehrlichmann en de pers. Nixons adviseurs worden mede schuldig bevonden aan het grootste schandaal van de jaren '70.

LINKS: John Dean getuigt tijdens het proces.

BOVEN: senator Sam Erwin legt zijn getuigenis af in het Watergateproces.

BOVEN: bergen papieren en bandjes – belastende verklaringen in het Watergateproces .

LINKS: president Nixon staat er alleen voor als zelfs zijn eigen advocaat tegen hem getuigt.

HANDDRUK IN DE RUIMTE

De oorlog in Vietnam is eindelijk afgelopen. De Rode Khmer onder leiding van Pol Pot neemt Cambodja in en richt een bloedbad aan. Indonesië valt Oost-Timor binnen. De VS en Rusland sluiten zich in de ruimte bij elkaar aan, als twee van hun ruimteschepen, cirkelend in een baan rond de aarde, gekoppeld worden. De VS lanceren ruimtesondes om te onderzoeken of er leven op Mars is, terwijl Russische ruimtesondes de allereerste beelden van de planeet Venus naar de aarde sturen. Archeologen vinden een 'leger' van tweeduizend jaar oud.

1975

5 april De president van Nationalistisch China, Tjiang Kai-Sjek, overlijdt
17 april De Rode Khmer komt aan de macht in Cambodja
31 april De oorlog in Vietnam is afgelopen. Saigon capituleert en er volgt een massale evacuatie van Amerikanen

6 juni Israël valt Libanon aan
12 juni De Indiase premier Indira Gandhi wordt schuldig bevonden aan corruptie
25 juni Moçambique wordt onafhankelijk

11 juli Archeologen ontdekken een zeer oud terracotta leger in China
17 juli Amerikaanse astronauten en Russische kosmonauten ontmoeten elkaar in de ruimte

1 augustus De conferentie van de OVSE (Organisatie voor Veiligheid en Samenwerking in Europa) vindt plaats in Helsinki

10 november Angola wordt onafhankelijk van Portugal
20 november Generaal Franco overlijdt in Spanje
22 november De monarchie wordt hersteld in Spanje
24 november In Angola breekt een burgeroorlog uit

7 december Indonesische troepen vallen Oost-Timor binnen

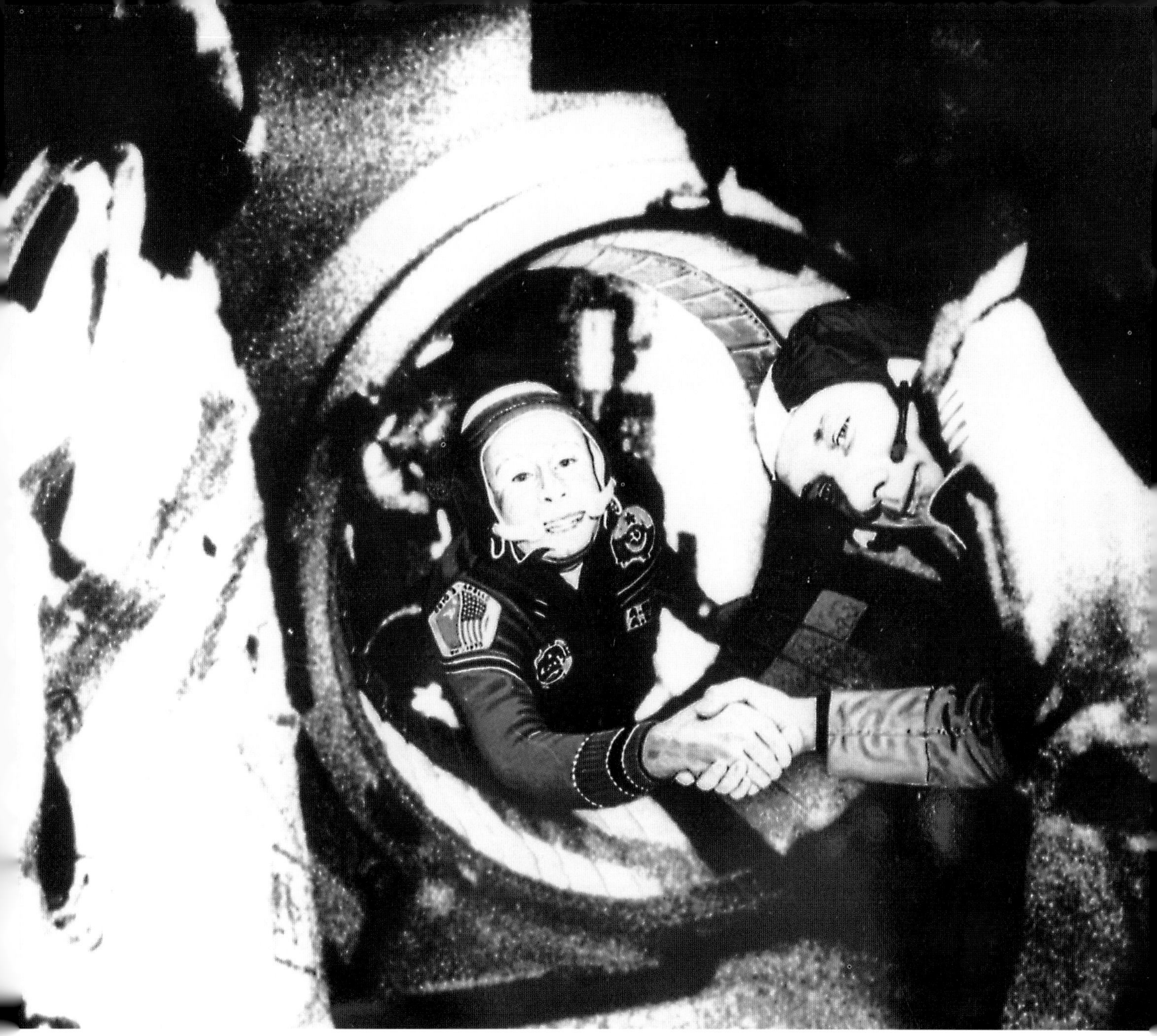

BOVEN: Russische en Amerikaanse astronauten ontmoeten elkaar in de ruimte in een gezamenlijke missie, waarbij de ruimtevaartuigen tijdens hun baan om de aarde worden gekoppeld.

RODE KHMER GRIJPT DE MACHT

In Cambodja grijpt de communistische Rode Khmer onder leiding van Pol Pot (1926-1998) de macht, het begin van een vier jaar durend regime van terreur. Binnen enkele maanden zijn duizenden Cambodjanen geëxecuteerd. De steden worden ontvolkt en de mensen worden gedwongen op het land te werken, omdat de nieuwe regering het land opnieuw wil opbouwen. Meer dan 3,5 miljoen mensen –de helft van de totale bevolking– komen om.

INDONESIË VALT OOST-TIMOR BINNEN

Indonesische paratroepen vallen de voormalige Portugese kolonie Oost-Timor binnen, vlak voordat zij onafhankelijk zou worden. Het land is verwikkeld in een burgeroorlog tussen de Timorese Democratische Unie (UDT), gesteund door de Timorese Democratische Volksunie (APODETI), en het door de communisten gesteunde Revolutionaire Front voor de Onafhankelijkheid (FRETILIN). De actie van Indonesië maakt weliswaar een einde aan de gevechten, maar het land wordt nu wel door de Indonesiërs bezet. De Oost-Timorezen verzetten zich, met als gevolg gewelddadige onderdrukking en schending van mensenrechten.

DE OORLOG IN VIETNAM IS VOORBIJ

Het communistische Noord-Vietnam verovert eindelijk Zuid-Vietnam, waarmee er een einde komt aan de oorlog die vijftien jaar duurde. De oude hoofdstad Saigon wordt herdoopt in Ho Chi Minh-Stad.

KOLONIËN ONAFHANKELIJK

Moçambique wordt onafhankelijk van Portugal, net als de Kaapverdische Eilanden, Angola en Sao Tomé en Principé. In Zuid-Amerika wordt de voormalige Nederlandse kolonie Suriname ook onafhankelijk.

MISSIES NAAR MARS EN VENUS

Amerika lanceert twee ruimtesondes –*Viking 1* en *Viking 2*–, die op zoek gaan naar tekenen van leven op Mars. In oktober maken de Russische ruimtesondes *Venera 9* en *Venera 10* de allereerste beelden van Venus.

BOVEN: de Russische *Sojoez* wordt naar de lanceerbasis gebracht.

RECHTSBOVEN: een interpretatie van een kunstenaar – *Sojoez* in zijn baan om de aarde.

BURGEROORLOG IN ANGOLA

Twee weken na de onafhankelijkheid verhevigt de burgeroorlog in Angola. Duizenden mensen komen om het leven als rivaliserende groeperingen strijden om de macht in het land. Rusland en Cuba steunen de Marxistische Volksbeweging voor de Bevrijding van Angola (MPLA); Amerika steunt niet-marxistische groeperingen: het Nationale Angolese Bevrijdingsfront (FNLA) en UNITA (de Nationale Unie voor de Totale Onafhankelijkheid van Angola).

INDIRA GANDHI SCHULDIG BEVONDEN

Premier Indira Gandhi (1917-1984) wordt schuldig bevonden aan verkiezingsfraude. Ze roept de noodtoestand uit, waarmee het mogelijk is censuur op te leggen en oppositieleiders gevangen te zetten. De noodtoestand duurt tot januari 1977, als Gandhi verkiezingen uitschrijft die ze verliest van de oppositiepartij Janata. Ze komt in 1980 echter opnieuw aan de macht.

TERRACOTTA LEGER

In China doen archeologen een zeer bijzondere ontdekking als ze een gigantisch leger van zesduizend terracotta soldaten vinden bij de oude Chinese hoofdstad Xian. De soldaten zijn ongeveer tweeduizend jaar oud en moesten waarschijnlijk het graf van de eerste keizer in 206 v.Chr. bewaken. De terracotta soldaten staan opgesteld in rijen. Ze zijn allemaal verschillend en wellicht gemodelleerd naar bestaande personen.

BIJEENKOMST VOOR MENSENRECHTEN

In het Finse Helsinki komen meer dan dertig Europese landen en de VS en Canada bijeen om de Slotverklaring van de OVSE te tekenen. Ze beloven geen geweld te gebruiken bij conflicten en de mensenrechten te respecteren.

DEMOCRATIE IN SPANJE

Generaal Franco overlijdt en Spanje wordt weer een monarchie; Franco wordt opgevolgd door koning Juan Carlos. De koning neemt maatregelen om de democratie te herstellen en verleent amnestie aan alle tegenstanders van de vorige regering.

BURGEROORLOG IN LIBANON

Israël wil de Palestijnse Bevrijdingsorganisatie PLO in Zuid-Libanon vernietigen en begint in juni de operatie 'vrede voor Galilea'. Er wordt gevochten tot aan Beirut, waarbij aan Israëlische zijde ca. 370 doden en 2400 gewonden vallen. Ca. 17.800 PLO-leden en Syriërs worden eveneens gedood en meer dan 30.000 raken gewond. In 1976 verlaat de PLO Libanon met achterlating van hun zware wapens.

MIDDENATLANTISCHE DUIKEN

Drie onderzoeksduikboten maken in totaal 43 duiken naar de Middenatlantische Rug om foto's te nemen en rotsmonsters te verzamelen.

TENNISSUCCES

De Amerikaan Arthur Ashe (1943-1993) verslaat op Wimbledon zijn landgenoot Jimmy Connors en wordt de eerste zwarte winnaar van Wimbledon.

VERRE STERREN

De grootte van de ruimte wordt weer eens benadrukt, als de Amerikaanse astronoom Hyron Spinrad ontdekt dat een vaag zichtbare groep sterren zo'n 8 miljard lichtjaren van de aarde is verwijderd. In Nederland brengen astronomen uit Leiden het radiomelkwegstelsel 3C236 in kaart; het omspant 18 miljoen lichtjaren.

HANDDRUK IN DE RUIMTE

Amerikaanse astronauten in een *Apollo*-ruimteschip en Russische kosmonauten in een *Sojoez*-ruimteschip maken zo'n 225 km boven de Atlantische Oceaan een koppeling. De Amerikaanse kapitein Tom Stafford en de Rus Alexei Leonov schudden elkaar de hand via de luikopening van hun ruimteschepen. Tijdens de koppeling voeren de bemanningen samen wetenschappelijke experimenten uit.

GEZONDE VOEDING

Gezond vegetarisch eten wordt steeds populairder. Dit komt mede door het macrobiotische dieet, gebaseerd op bruine rijst, natuurlijk zout en groene thee, dat in de jaren '60 ook een rage was. Het belang van gezonde voeding wordt onderstreept door een rapport van een Britse arts, waarin een verband tussen darmkanker en een vezelarm dieet wordt gelegd.

EEN BOEK VAN ZAND

Deze recente verzameling verhalen door de Argentijnse schrijver Jorge Luis Borges (1899-1986) bevestigt zijn internationale reputatie als een meester in het schrijven van serieuze raadselachtigheden, waarbij hij speelt met de waarheid, de identiteit en de tijd. Zijn fictie wordt populair vanwege de overeenkomst met het magisch-realisme, al is Borges eigenlijk een eenling, die tot geen enkele stroming behoort.

EEN NIEUW WINKELCENTRUM

SITE Projects Inc. heeft een nieuw winkelcentrum ontworpen: het Almeda-Genoa in Houston, Texas, dat een heel duidelijk voorbeeld is van SITE's humoristische stijl. De voorgevel lijkt op instorten te staan en heeft gaten, stapels bakstenen en onafgewerkte randen – een moderne ruïne.

RITUEL, TER HERINNERING AAN BRUNO MADERNA

De Franse modernistische componist Pierre Boulez (geboren 1925) heeft een werk geschreven ter herinnering aan zijn Italiaanse collega Bruno Maderna. Het uitvoerende ensemble bestaat uit acht groepen, gedomineerd door een groep koperinstrumenten. Het stuk maakt veel indruk door de manier waarop akkoorden en ritmes zijn verwerkt.

FRANCISCO FRANCO (1892–1975)

Generaal Franco, de leider van de nationalisten tijdens de Spaanse Burgeroorlog en dictator van Spanje sinds 1939, overlijdt in Madrid. In 1969 verklaarde hij dat de monarchie na zijn dood hersteld zou worden.

BOVEN: Arthur Ashe, de eerste zwarte speler die de herenenkelfinale op Wimbledon wint.

OPENLIJK HOMO

In Nederland treden homo's openlijk naar buiten als gevolg van een campagne ter erkenning van homo's door het COC (organisatie voor mannen) en de MUM (Man-Vrouw-Maatschappij voor vrouwen).

STREAKEN

Aan beide zijden van de Atlantische Oceaan is er sprake van een nieuwe rage: het streaken. In diverse landen worden sportevenementen verstoord door naakte mensen, zowel mannen als vrouwen, die over het veld rennen.

PC'S TE KOOP

In de VS wordt de allereerste personal computer, de Altair, op de markt gebracht.

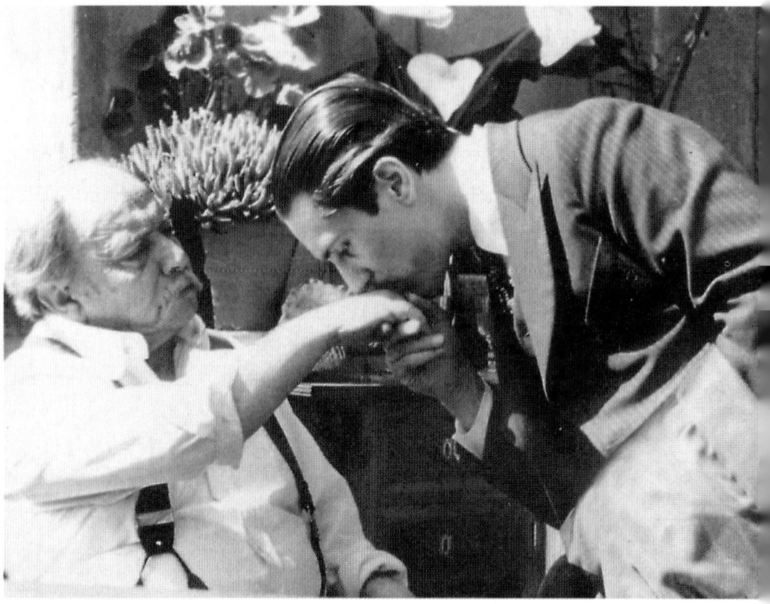

BOVEN: scène uit *The godfather II*, die zes Oscars wint.

GEWELD DOOR APARTHEID, EN SUPERSONISCH VLIEGEN

Voorzitter Mao, de Chinese leider van de revolutie, overlijdt. De politie opent het vuur op studenten in Soweto en Afrikaanse landen boycotten de Olympische Spelen. In Uganda worden gijzelaars door een bliksemsnelle actie van Israëlische commando's bevrijd. Een uniek supersonisch straalvliegtuig, de Concorde, wordt ingezet voor reguliere passagiersvluchten. De drugswetten in Nederland worden verruimd.

1976

21 januari *Concordes* vliegen van Parijs naar Rio de Janeiro en van Londen naar Bahrein, waarmee een reguliere passagiersdienst per *Concorde* een feit is

4 februari De Winterspelen worden geopend in het Oostenrijkse Innsbruck
27 februari Polisario verklaart de Westelijke Sahara onafhankelijk

24 maart President Peron van Argentinië wordt afgezet na een militaire coup

14 april De Westelijke Sahara wordt opgedeeld tussen Marokko en Mauretanië

16-25 juni De Zuid-Afrikaanse politie schiet studenten neer in Soweto en in andere townships

3 juli Israëlische commando's bevrijden gijzelaars op het vliegveld van Entebbe in Nigeria
20 juli De Amerikaanse ruimtesonde *Viking* landt op Mars
31 juli De Olympische Spelen worden geopend in Montreal

8 augustus Vrouwen in Noord-Ierland richten een vredesbeweging op

9 september Voorzitter Mao Zedong overlijdt in China

23 oktober De 'Bende van vier' met onder andere de weduwe van Mao wordt gearresteerd in China

2 november De democraat Jimmy Carter wint de Amerikaanse presidentsverkiezingen
15 november De Parti Quebecois behaalt een grote overwinning tijdens de verkiezingen in het Canadese Quebec
27 november Noord-Ierse vrouwen lopen voorop in een vredesmars door Londen, waaraan 30.000 mensen deelnemen

BOVEN: in het kader van Sail komen enorme schepen uit 28 landen naar New York. Dit is de Portugese *Sagres*.

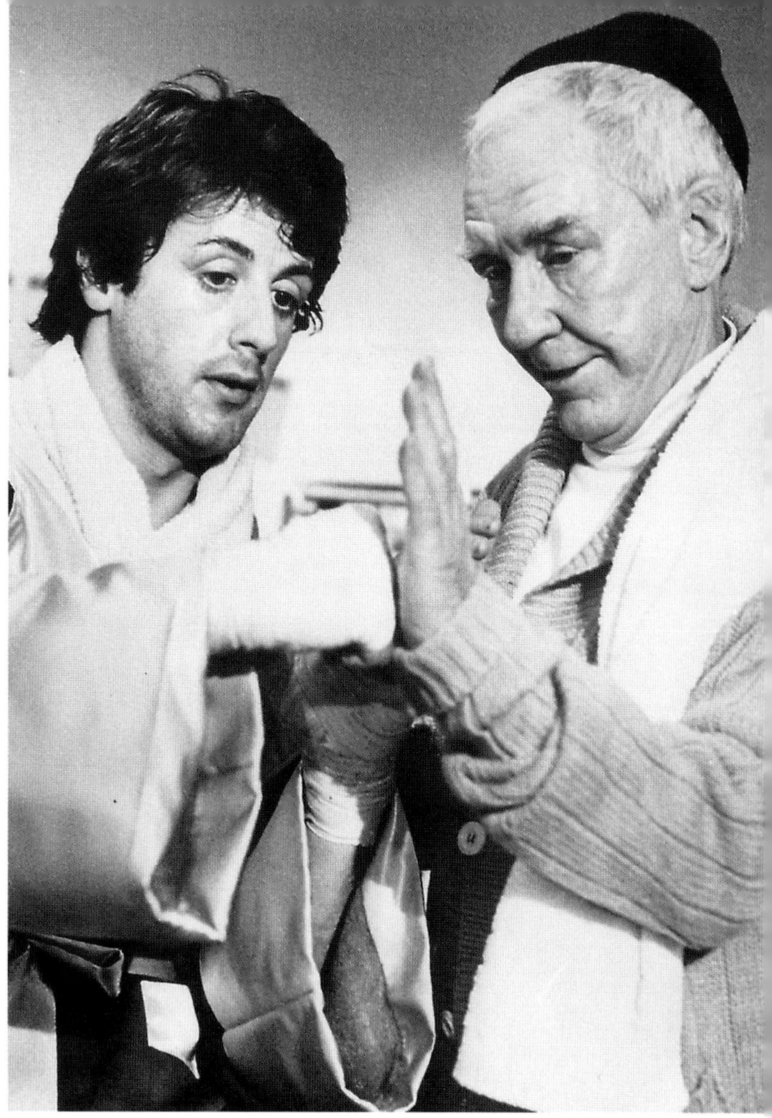

BOVEN: dé filmhit is *Rocky*, geschreven door Sylvester Stallone, die zelf de hoofdrol speelt. Er volgt een hele serie.

REDDING IN ENTEBBE

Israëlische commando's redden 110 mensen die gegijzeld worden op de luchthaven van Entebbe in Uganda, nadat hun Air France-toestel werd gekaapt door Palestijnse terroristen en werd gedwongen naar Entebbe te vliegen. Bij de actie worden alle zeven gijzelnemers, twintig Ugandese soldaten en drie gijzelaars gedood. Het merendeel van de Ugandese luchtmacht op de grond wordt door de Israëli's gedood.

DODEN IN SOWETO

In de zwarte township Soweto wordt heftig geprotesteerd tegen het besluit van de regering dat leerlingen van middelbare scholen onderwezen moeten worden in de Afrikaanse taal, die door de zwarte Zuid-Afrikanen wordt gezien als de taal van de onderdrukking. De politie opent het vuur: 76 studenten worden gedood en meer dan 1.000 raken gewond. Daarna trekt de regering haar omstreden onderwijsplannen in.

NEDERLAND VERRUIMT DE DRUGSWETTEN

De drugswetten in Nederland worden verruimd door een herziening van de opiumwet uit 1928. Op het bezit van softdrugs staat nu de laagst mogelijke straf voor drugsovertredingen.

ONENIGHEID OVER DE WESTELIJKE SAHARA

Na Franco's dood wordt de Spaanse kolonie West-Sahara verdeeld tussen Marokko en Mauretanië. De in 1973 opgerichte nationalistische onafhankelijkheidsbeweging Polisario wijst de verdeling echter af en begint een guerillaoorlog. Mauretanië trekt zich terug en laat de heerschappij over de kolonie en de jarenlange strijd tegen Polisario geheel aan Marokko over.

SUPERSONISCHE VOGEL

De luchtvaart wordt supersonisch als met twee Frans-Britse supersonische *Concorde*-turbojets –de ene vertrekkend vanuit Parijs en de andere vanuit Londen– een reguliere passagiersdienst over de Atlantische Oceaan wordt opgezet. De *Concorde*, met de opvallende kromme neus en het uiterlijk van een heel exotische vogel, vliegt met een snelheid van 2338 km per uur en steekt in drie uur de oceaan over.

QUEBEC NAAR DE STEMBUS

In Canada wint de Parti Québecois, die onafhankelijkheid voor Quebec nastreeft, met een ruime meerderheid de verkiezingen in de staat. De partij, die wordt geleid door René Levesque, belooft een referendum over de onafhankelijkheid van Canada. In mei 1980 stemt Quebec met grote meerderheid voor de aansluiting bij Canada.

DAME AGATHA MARY CLARISSA CHRISTIE (1890–1976)

Agatha Christie (geboren Miller) overlijdt. Ze schreef vele detectiveverhalen en toneelstukken en was de schepper van de beroemde Belgische detective Hercule Poirot en de nieuwsgierige Miss Marple. Een van haar vele succesvolle toneelstukken is *The mousetrap*, dat vanaf 1952 in Londen wordt gespeeld – zeker tot ruim in 2000.

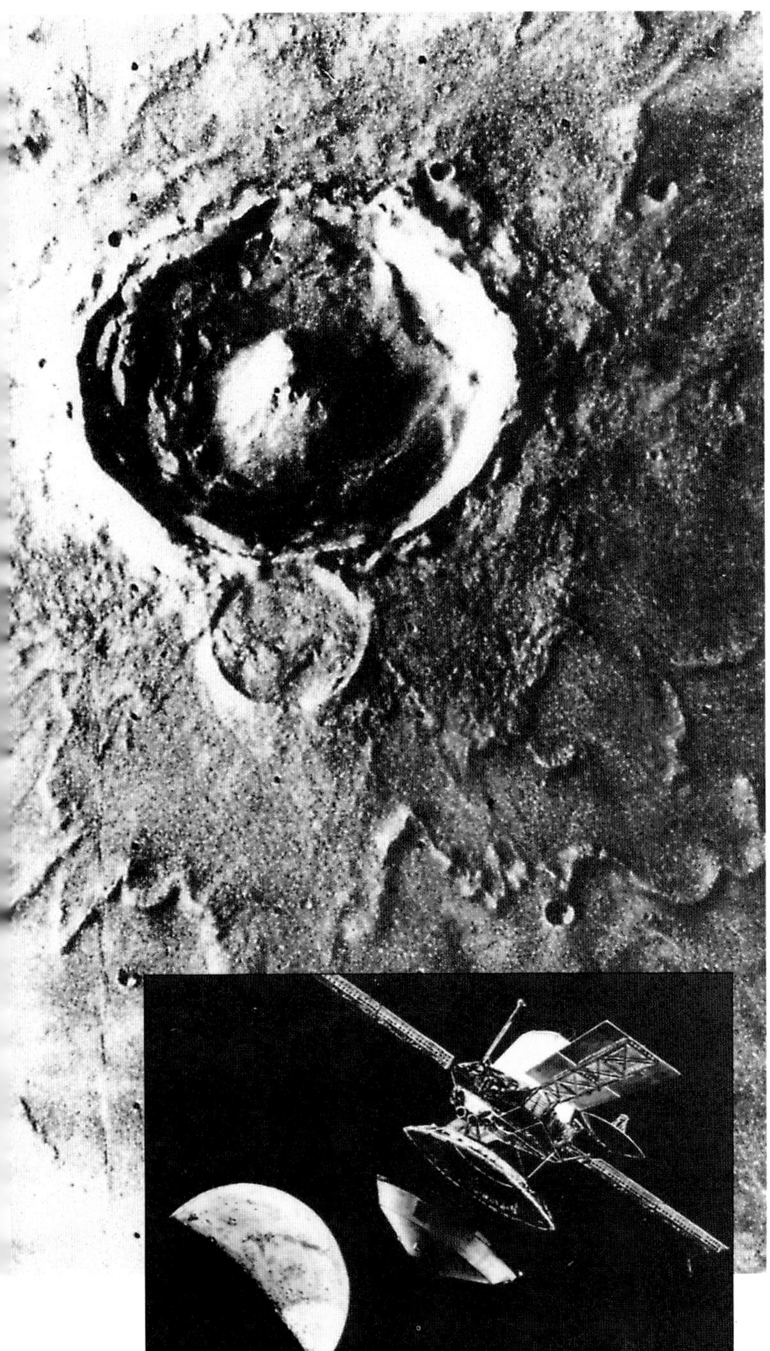

BOVEN: het oppervlak van Mars, gefotografeerd door *Viking I*. De inzet toont een model van de *Viking* in een baan om de rode planeet.

BOVEN: de Amerikaan John Naber wint goud bij de 100 m rugslag tijdens de Spelen in Montreal.

VUILE OORLOG IN ARGENTINIE

President Isabel Peron van Argentinië wordt afgezet na een militaire coup en er wordt een driekoppige junta onder leiding van luitenant-generaal Jorge Videla geïnstalleerd. De grondwet wordt gewijzigd en de junta bindt de strijd aan met linkse activisten of mensen die ervan verdacht worden linkse sympathieën te koesteren. Acties van politieke en vakbonden worden verboden. Tussen 1976 en 1983 'verdwijnen' 10.000 tot 15.000 mensen; ze zijn vermoord of worden nooit meer teruggevonden.

EINSTEIN OP HET STRAND

De Amerikaanse componist Philip Glass (geboren 1937) schrijft een nieuwe opera: *Einstein on the beach*. Vanwege het minimalistische principe gebeurt er weinig, al is de opera wel enigszins hypnotiserend.

GEEN LEVEN OP MARS

De Amerikaanse ruimtesonde *Viking 1* landt op Mars en stuurt close-ups van het oppervlak naar de aarde. De foto's tonen een kale vlakte, bezaaid met rotsen en zonder enig teken van leven. Maar er zijn sporen van droge rivierbeddingen, die aantonen dat er ooit water geweest is. De sonde neemt ook enkele grondmonsters en onderzoekt die op de aanwezigheid van micro-organismen.

ROOTS

De Amerikaanse schrijver Alex Haley (1921-1992) publiceert een nieuwe roman: *Roots*, de geschiedenis van een zwarte Afrikaan die als slaaf wordt verkocht, en zijn nakomelingen. In de roman beschrijft Haley, die ook al een biografie over de zwarte Amerikaanse activist Malcolm X publiceerde, armoede en rassenhaat als moderne vormen van slavernij. Het boek wordt een groot succes.

OLYMPISCHE WINTERSPELEN

Nadat Denver zich heeft teruggetrokken, worden de Olympische Winterspelen gehouden in het Oostenrijkse Innsbruck, waar de faciliteiten van 1968 worden gebruikt. De Oostenrijkse held Franz Klammer pakt het goud in de afdaling voor mannen en de Duitse Rosi Mittermaier wint twee gouden medailles en één zilveren.

VROUWELIJKE PRIESTERS

De episcopaalse kerk –de Amerikaanse tak van de anglicaanse kerk– stemt in met de wijding van vrouwelijke priesters. In juli 1974 werden, in strijd met de wetten van de kerk, al elf vrouwelijke priesters gewijd door vier Amerikaanse episcopaalse bisschoppen.

IERSE VROUWEN VOOR DE VREDE

De vrouwen van Belfast beginnen een campagne voor de vrede. Ze organiseren een protestmars tegen de voortdurende gevechten in Noord-Ierland; aan de mars nemen 30.000 mensen deel.

SYMPHONY OF SORROWFUL SONGS

De Poolse componist Henryk Górecki schrijft een nieuwe symfonie: *Symphony no. 3 or symphony of sorrowful songs*. Door het gebruik van traditionele vormen (canons) en een tonaal idioom wijkt het af van de harde modernistische stijl van het eerdere werk van de componist.

TURNSTER STRAALT OP GEBOYCOTTE SPELEN

Onder zeer strenge veiligheidsmaatregelen en in een onvoltooid gebouw worden de Olympische Spelen in Montreal geopend. Afrikaanse landen boycotten de Spelen uit protest tegen de contacten tussen de Nieuw-Zeelandse en de Zuid-Afrikaanse rugbyteams. De 14-jarige Roemeense turnster Nadia Comaneci wint vijf medailles.

HET HITE-RAPPORT

De Amerikaanse feministe Shere Hite publiceert *The Hite report: a nationwide study of female sexuality*. Het is het resultaat van vijf jaar onderzoek onder drieduizend vrouwen en bevat informatie over alle aspecten van de seksualiteit van vrouwen. Veel traditionele assumpties over seksualiteit van vrouwen worden in het boek op de korrel genomen.

MAO ZEDONG (1893–1976)

De Chinese marxistische leider Mao Zedong overlijdt. Mao was een van de oprichters van de Chinese communistische partij in 1921; hij leidde de lange strijd tegen de Japanners en later voerde hij de nationalisten van de Kwomintang aan. In 1949 werd hij de eerste voorzitter van de nieuwe Volksrepubliek China. In 1958 initieerde hij de rampzalige 'Grote sprong voorwaarts', die landbouwhervormingen afdwong; later dat jaar trad hij af als staatshoofd. Hij bleef echter partijvoorzitter en in 1962 werd zijn *Rode boekje*, waarin veel van zijn gezegden en gedachten waren opgetekend, door heel China fanatiek bestudeerd. In 1966 gaf hij het startsein voor de Culturele Revolutie met als doel de vijanden van het socialisme uit de weg te ruimen. In 1970 werd hij de absolute alleenheerser van China.

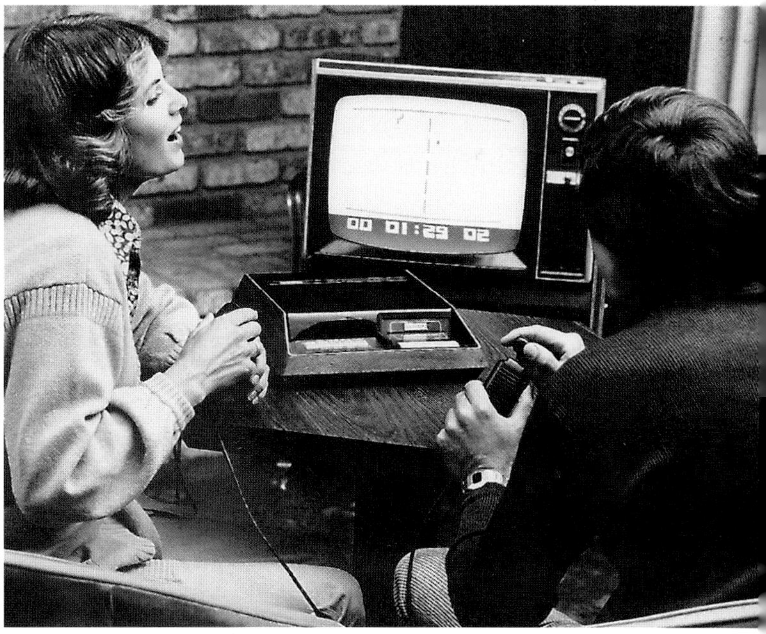

BOVEN: dit virtuele partijtje tennis is een van de tweehonderd verschillende computerspelletjes die verkrijgbaar zijn.

VETERANENZIEKTE

Het eerste geval van een nieuw soort longontsteking doet zich voor tijdens een bijeenkomst van Amerikaanse veteranen in Philadelphia: de veteranenziekte.

MOUNTAINBIKE-RACE

De eerste officiële mountainbike-race vindt plaats over een parcours van 3,2 km op Mount Tamalpais.

MAANSTENEN GEDATEERD

Onderzoekers ontdekken dat het maansteenmonster 76535 ten minste 4,54 miljard jaar oud is.

BOVEN: de Washington Red Skins spelen tegen de New York Jets.

BOVEN: rockfans bij een concert.

BOVEN: sommigen raken geïnspireerd en maken zelf muziek.

POPFESTIVALS

BOVEN: de rockband Lynyrd Skynyrd speelt voor een uitzinnig publiek.

STAR WARS EN MICROSOFT

De zwarte Zuid-Afrikaanse activist Steve Biko wordt gedood tijdens voorarrest. Afrikaanse landen boycotten de Olympische Spelen. Charta 77 eist naleving van de mensenrechten in Tsjechoslowakije. De negentien jaar oude Bill Gates richt Microsoft op en het Centre Pompidou is een opvallende nieuwe attractie in Parijs. De film *Star Wars* lokt zeer veel menapen naar de bioscoop. Een nieuwe medische behandeling voor hartziekten wordt ontwikkeld: de ballon-angioplastiek. Elvis Presley, *the king of rock-'n-roll*, overlijdt.

1977

7 januari In Tsjechoslowakije vraagt Charta 77 om naleving van de mensenrechten

17 januari In de VS wordt Gary Gilmore geëxecuteerd. Het is de eerste executie sinds tien jaar

18 februari De aartsbisschop van Uganda wordt vermoord door het leger van Idi Amin

10 maart Astronomen ontdekken ringen rond de planeet Uranus

27 maart Twee jumbojets botsen boven de Canarische Eilanden op elkaar en er komen meer dan vijfhonderd mensen om het leven

15 juni De eerste democratische verkiezingen in Spanje sinds 1936 leiden tot een overwinning voor de centrumpartijen

16 augustus Elvis Presley overlijdt in Memphis

7 september Amerika en Panama tekenen een verdrag waarbij de kanaalzone weer aan Panama wordt overgedragen

12 september De zwarte Zuid-Afrikaanse activist Steve Biko sterft tijdens zijn voorarrest

19 november De Egyptische president Sadat brengt een bezoek aan Israël, dat is bedoeld als vredesmissie

LINKS: de Amerikaanse tennisser Jimmy Connors wint Wimbledon.

LUCHTRAMP

Twee jumbojets komen met elkaar in botsing boven het vliegveld van Tenerife op de Canarische Eilanden. Meer dan 570 mensen worden gedood, voor het merendeel Amerikaanse vakantiegangers. Het is de grootste ramp in de geschiedenis van de luchtvaart.

CHARTA 77 EIST BURGERRECHTEN

In Tsjechoslowakije tekenen 240 intellectuelen en dissidenten Charta 77, waarmee zij de regering oproepen de burgerrechten na te leven, die zij beloofden te zullen steunen als onderdeel van het Verdrag van Helsinki in 1975. Enkelen van de ondertekenaars worden gearresteerd en leider Jan Potocka overlijdt nadat hij door de politie is ondervraagd.

CENTRE POMPIDOU

De Italiaan Renzo Piano en de Engelsman Richard Rogers hebben in Parijs een revolutionair kunstencentrum ontworpen: het Centre Pompidou. Het is een veelbesproken gebouw: alle bedrijfsonderdelen (afvoerbuizen, bedrading, liften, verwarmingsbuizen) zijn zichtbaar aan de buitenkant van het gebouw en vormen een opvallend decoratieve wirwar. Hierdoor ontstaan in het gebouw grote, ononderbroken expositieruimten.

STAR WARS

Er wordt een nieuwe sciencefictionfilm uitgebracht, die meteen succesvol is. De regisseur van *Star wars* is de Amerikaan George Lucas en in de film zijn geweldige special effects te zien. De hoofdpersonen zijn een prinses, een knappe held en twee robots, R2D2 en C-3PO.

MICROSOFT OPGERICHT

Paul Allen en Bill Gates richten een computersoftwarebedrijf op, Microsoft. Gates is nog maar negentien en zal binnen tien jaar miljonair zijn; Microsoft zal de grootste producent van microcomputersoftware ter wereld worden.

BIKO GEDOOD

Steve Biko wordt door de Zuid-Afrikaanse politie gedood als hij in voorarrest zit. Hij was een van de leiders die werden gearresteerd na de uitvaardiging van de nieuwe veiligheidswetten. Bij de autopsie wordt hersenletsel geconstateerd. Ongeveer 15.000 mensen wonen zijn begrafenis bij. Biko's dood veroorzaakt overal ter wereld grote verontwaardiging en de internationale druk neemt toe op de apartheidsregering van de Nationale Partij.

BESPREKINGEN TUSSEN EGYPTE EN ISRAEL

President Sadat (1918-1981) van Egypte biedt Israël vrede aan, waardoor hij in conflict komt met andere Arabische machthebbers. Eind november brengt hij een bezoek aan Israël en houdt hij een toespraak in het Israëlische parlement, de Knesset.

SIR CHARLES SPENCER (CHARLIE) CHAPLIN (1889–1977)

De Engelse komiek en filmproducent Charlie Chaplin overlijdt. Na een moeilijke jeugd werd hij lid van het vaudevillegezelschap van Fred Karno; hij ging met hen naar Hollywood, waar hij tussen 1914 en 1916 ongeveer één film per twee weken maakte. Hij bedacht de wereldberoemde zwerver met zijn platvoeten, zijn wijde broek en zijn bolhoed. Zijn talent kwam het best tot zijn recht in de stomme film en hij zal in de herinnering blijven voortleven door klassiekers als *The kid* (1920), *The gold rush* (1925), *City lights* (1931) en *Modern Times*.

BOVEN EN UITERST BOVEN: de 1280 km lange Trans-Alaska oliepijpleiding wordt gebouwd.

RECHTS: bulldozers worden ingezet bij de aanleg van het 576 km lange wegennet voor de pijpleiding.

LEVEN DIEP IN DE OCEAAN

Amerikaanse wetenschappers aan boord van de duikboot Alvin ontdekken dat er wormen, krabben en vissen leven in warm water afkomstig uit openingen in het Galapagosrif bij Ecuador, waar absoluut geen zonlicht kan doordringen. De wezens voeden zich met bacteriën.

DE DOODSTRAF WORDT WEER UITGEVOERD

In de VS wordt de doodstraf uitgevoerd als de veroordeelde moordenaar Gary Gilmore wordt geëxecuteerd door een vuurpeloton. Het is de eerste executie in tien jaar. Er wordt fel geprotesteerd en veel over gediscussieerd.

PANAMA KRIJGT KANAAL TERUG

De Amerikaanse president Jimmy Carter en de Panamese generaal Omar Torrijos ondertekenen een verdrag waarmee de kanaalzone in 2000 aan Panama wordt overgedragen.

MOLUKKEN

Molukse onafhankelijkheidsstrijders kapen in De Punt een trein en in Bovensmilde een lagere school om aandacht te vragen voor hun probleem.

AARTSBISSCHOP VERMOORD

Het regime van de Ugandese president Idi Amin wordt steeds wreder, nadat het leger van Amin de verdediger van de voorvechter van de burgerrechten Janani Luwum, aartsbisschop van Uganda, heeft vermoord.

DE RINGEN VAN URANUS

Astronomen ontdekken ringen rond de planeet Uranus.

DEMOCRATIE IN SPANJE

In Spanje worden de eerste democratische verkiezingen sinds 1936 gehouden. Adolfo Suarez (geboren 1932) en de Democratische Centrumpartij komen als overwinnaar uit de bus.

BOVEN: in de rockmuziek wordt veel geld verdiend.

ONDER: de Griekse operadiva Maria Callas overlijdt dit jaar.

MARIA ANNA-SOPHIA CECILIA CALLAS (1923–1977)

De beroemde sopraan Maria Callas overlijdt in Parijs. Ze werd als kind van Griekse ouders geboren in New York en studeerde vanaf haar vijftiende aan het conservatorium in Athene. In 1940 debuteerde ze in Athene. Ze zong vele rollen, van Brunhilde tot Violetta, en haar status van prima donna werd gevestigd door haar eerste optreden als Aïda in de Scala van Milaan in 1950. Ze werkte met dirigenten als Giulini en Karajan, en producers als Visconti en Zeffirelli, en trok overal volle zalen. Haar laatste rol was die van Tosca in 1965 in Covent Garden, maar ze bleef platen opnemen en gaf zo nu en dan een concert. Zowel privé als door haar beroep stond ze steeds volop in de belangstelling. Een geliefd onderwerp voor de roddelpers overal ter wereld was haar conflictueuze verhouding met de Griekse scheepsmagnaat Ari Onassis.

ELVIS ARON PRESLEY (1935–1977)

De populairste popster ter wereld, Elvis Presley, overlijdt plotseling in zijn huis in Memphis als gevolg van overgewicht en drugsgebruik. Presley werd geboren in Mississippi en zong daar in het kerkkoor. Hij werd beroemd met zijn eerste single *That's all right mama* in 1954 en zal in de herinnering blijven voortleven door klassiekers als *Heartbreak hotel*, *Hound dog*, *Don't be cruel* en de liedjes uit zijn films uit 1958 *Jailhouse rock* en *King Creole*. Halverwege de jaren '60 trad hij niet meer op, maar in de jaren '70 begon hij weer op te treden, met name in zweterige nachtclubs in Las Vegas.

BALLONANGIOPLASTIEK

De Zwitserse arts Andreas Grünzig bedenkt de ballonangioplastiek. Hierbij wordt een heel klein ballonnetje in een afgesloten slagader gebracht om hem weer open te maken. Het proces wordt ook wel dotteren genoemd.

DE GOSSAMER CONDOR VLIEGT

In Californië 'fietst' Bryan Allen een 36 kg zwaar vliegtuigje, de *Gossamer Condor*, in 6 minuten en 22,5 seconden over een parcours van 1,96 km. Hij wint daarmee 87.000 dollar voor een door een mens aangedreven vlucht.

POKKEN UITGEBANNEN

Na een campagne door de Wereld Gezondheidsorganisatie WHO om de ziekte uit te bannen wordt het laatste geval van pokken gevonden in Somalia. Totale uitbanning van de ziekte wordt formeel in 1980 aangekondigd.

RECHTS: Elvis Presley in Las Vegas, een jaar voor hij overlijdt na een overdosis medicijnen.

WERNHER VON BRAUN (1912–1977)

De in Duitsland geboren raketexpert Wernher von Braun overlijdt. Von Braun perfectioneerde de V2-raketten die de Duitsers in de Tweede Wereldoorlog gebruikten, maar gaf zich samen met zijn team aan het einde van de oorlog over, waarna hij zich in de VS vestigde en zijn werk voortzette. Vanaf 1955 was hij Amerikaans staatsburger en verantwoordelijk voor de ontwikkeling van de satelliet *Explorer* (1958). Als directeur van het Marshal Space Flight Center (1960-1970) ontwikkelde hij de raket, die werd gebruikt bij de landing van de *Apollo 8* op de maan in 1969.

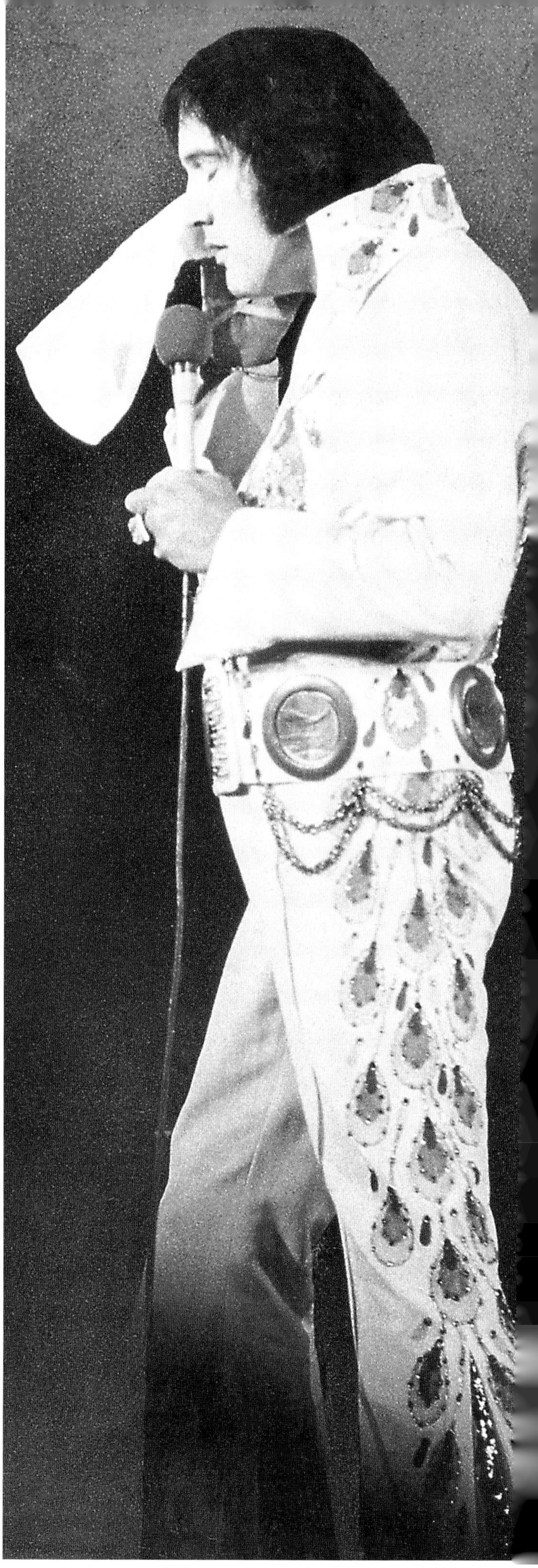

REAGEERBUISBABY'S GEBOREN

De allereerste reageerbuisbaby sinds de ontwikkeling van de invitrofertilizatie wordt geboren. Astronomen ontdekken een nieuwe maan van de planeet Pluto en Amerikaanse ruimtesondes beginnen de oppervlakte van Venus in kaart te brengen. In Nicaragua breekt een burgeroorlog uit. Egypte en Israël sluiten vrede in Camp David. De grootste olievervuiling ooit vindt plaats en milieudeskundigen maken zich steeds meer bezorgd om het effect van CFK's op de ozonlaag.

1978

1 maart Met steun van de communisten kan er in Italië middels een 'historisch compromis', een nieuwe regering gevormd worden
8 maart De VN roepen 8 maart uit tot Internationale Vrouwendag
16 maart De grootste olielekkage ooit vindt plaats voor de Franse kust

20 mei De VS lanceren de ruimtesonde *Pioneer I*, die in een baan om Venus zal draaien

22 juni Charon, een satelliet van Pluto, wordt ontdekt

25 juli De allereerste reageerbuisbaby wordt geboren

17 augustus De eerste bemande transatlantische tocht in een heteluchtballon
22 augustus De Keniase politicus Jomo Kenyatta overlijdt (geb. 1891)
22-24 augustus Sandinisten bezetten het parlementsgebouw in Nicaragua

5-17 september Vredestop in Camp David met de Amerikaanse president Carter, president Sadat van Egypte en de Israëlische premier Begin
15 september De Amerikaanse bokser Mohammed Ali verslaat Leon Spinks

16 oktober De aartsbisschop van Krakow, Karol Wojtyla, wordt de eerste niet-Italiaanse paus sinds vier eeuwen

29 november Meer dan negenhonderd leden van een sekte plegen massaal zelfmoord in Guyana

25 december Vietnam begint aan een grootscheepse invasie van Cambodja

BOVEN: vrouwen tijdens de ERA-mars. ERA staat voor Equal Opportunities Amendment, die nog niet door het Congres is aangenomen.

HISTORISCH COMPROMIS
in Italië wordt een 'historisch compromis' gesloten tussen de Christen-Democraten en de communisten, waardoor premier Andreotti met steun van de communisten aan de macht komt. De Italiaanse communistische partij is de grootste in West-Europa en door de overeenkomst heeft ze voor het eerst na de oorlog invloed in de regering.

VREDESTOP IN CAMP DAVID
Een topoverleg, gehouden in het buitenverblijf van de Amerikaanse president in Camp David, leidt tot vrede tussen Egypte en Israël. Volgens de overeenkomst tussen president Anwar Sadat van Egypte en de Israëlische premier Menachem Begin zal Israël het schiereiland van de Sinaï teruggeven aan Egypte. De Arabische wereld heeft zware kritiek op de overeenkomst.

RUIMTESONDES NAAR VENUS
De Amerikaanse lucht- en ruimtevaartdienst (NASA) lanceert twee ruimtesondes: *Pioneer I* in mei en *Pioneer II* in augustus. Ze vliegen in december in een baan rond Venus en brengen het oppervlak met behulp van radar in kaart.

VIETNAM VALT CAMBODJA BINNEN
Vietnam valt het land binnen om de regering van de Rode Khmer omver te werpen. De Vietnamezen nemen in januari de hoofdstad Pnom Penh in en stellen rebellenleider Heng Samrin aan als leider. De ontdekking van de 'killing fields' waar de Rode Khmer zijn duizenden slachtoffers begroef, veroorzaakt internationaal hevige verontwaardiging. Ondanks het verlies van de macht blijft de Rode Khmer gewapend verzet bieden tot hun leider Pol Pot, wellicht door zelfmoord, in 1998 overlijdt.

BURGEROORLOG IN NICARAGUA
In augustus vallen in Nicaragua de guerilla's van het Sandinistische Nationale Bevrijdingsfront de regeringstroepen van president Anastasio Somoza aan en veroveren ze de parlementsgebouwen in Managua. In september is de opstand onderdrukt ten koste van 5000 doden en 10.000 gewonden.

EEN POOLSE PAUS
De in Polen geboren Johannes Paulus II (geboren 1920) wordt de eerste niet-Italiaanse paus in 435 jaar na de dood van Paulus VI en Johannes Paulus I. Johannes Paulus II is een conservatieve man, die zijn ambt gebruikt om de communistische overheersing van Oost-Europa te veroordelen en liberale ontwikkelingen binnen de kerk tegen te houden.

CFK'S VERBODEN
Het gebruik van chlorofluorocarbon wordt verboden in de VS en in Zweden, omdat men meent dat ze de ozonlaag aantasten. CFK's zijn synthetische chemische stoffen die gebruikt worden als drijfgas in spuitbussen, koelmiddel in koelkasten en airconditioners, en bij de fabricage van schuimplastic dozen voor kant-en-klaarmaaltijden.

DE MAAN VAN PLUTO GEOBSERVEERD
De Amerikaanse astronomen James W. Christy en Robert S. Harrington van het Amerikaanse Marine Observatorium in Washington hebben ontdekt dat Pluto een maan heeft, die ze Charon noemen. Eerdere pogingen om vast te stellen of Pluto een maan heeft, zijn mislukt, omdat de planeet zo ver van ons verwijderd is.

INTERNATIONALE VROUWENDAG
8 maart is de officiële vrouwendag. Zeventig jaar geleden, op 8 maart 1908, eisten honderden vrouwen die werkten in de naaiateliers in New York kiesrecht, en in 1910 noemden de Socialistische Internationale Vrouwenbeweging onder leiding van de Duitse feministe Clara Zetkin (1857-1933) deze dag Internationale Vrouwendag. Dit is nu officieel door de VN bekrachtigd.

GOLDA MEIR (1898–1978)

Golda Meir, de voormalige premier van Israël, overlijdt. Ze werd geboren in Rusland en woonde in de VS voor ze zich in 1921 in Palestina vestigde. Ze was actief in de Arbeidersbeweging en werd na de oprichting van de nieuwe staat Israëlisch ambassadeur in de Sovjet-Unie. In 1949 trad ze als minister toe tot de regering en in 1969 werd ze gekozen tot premier. Ze trad af na de vierde Arabisch-Israelische oorlog in 1974.

ERNSTIGE OLIEVERVUILING

De supertanker *Amoco Cadiz* loopt tijdens een storm op de Atlantische Oceaan aan de grond voor de kust van Bretagne en breekt in tweeën. Ongeveer 80.000 ton ruwe olie vernietigt de Franse stranden, grote stukken natuurlijk gebied en visgronden. Het is tot dat moment de grootste olievlek die ooit is ontstaan.

EVITA

Een musical, gecomponeerd door Andrew Lloyd Webber met liedjes van Tim Rice, gaat in première. De musical heet *Evita* en is gebaseerd op het leven van de Argentijnse presidentsvrouw Evita Peron. Hij wordt een enorm succes.

VIRUSGENEN ONDERZOCHT

Het genoom (de genetische structuur) van het virus SV 40 wordt ontrafeld. Het is het eerste organisme dat op deze manier wordt onderzocht.

SKATEBOARDGEKTE

Tieners hebben iets nieuws ontdekt: skateboarden. Trottoirs en parken in Europa en de VS worden bevolkt door jongeren die halsbrekende toeren uithalen.

REAGEERBUISBABY'S

In Groot-Brittannië wordt Louise Brown geboren, de eerste reageerbuisbaby ter wereld. Het is het resultaat van de inspanningen van fysioloog Robert Edwards en gynaecoloog Patrick Steptoe, die een methode hebben ontwikkeld om een eitje buiten het menselijk lichaam te bevruchten. De nieuwe techniek wordt 'invitro' genoemd: de eicel wordt bevrucht in een reageerbuis. Het embryo wordt dan teruggeplaatst in de baarmoeder, waar het zich op natuurlijke wijze verder ontwikkelt. In oktober wordt in Calcutta een tweede reageerbuisbaby geboren, het kind van Bela en Pravat Agarwal.

MASSALE ZELFMOORD

Meer dan negenhonderd leden van de People's Temple, een religieuze sekte onder leiding van dominee Jim Jones, die woont in het regenwoud van Guyana, plegen massaal zelfmoord. Onder de doden zijn volwassenen en kinderen die overleden zijn door het drinken van cyanide – sommigen zijn gedwongen.

DE FILM SUPERMAN

Een nieuwe film gaat in première: *Superman*, met in de hoofdrol Christopher Reeve, geregisseerd door Richard Donner. Er zijn diverse fantastische special effects in deze duurste film ooit te zien.

TRANSATLANTISCHE BALLONVAART

Drie Amerikaanse zakenlieden slagen erin de eerste bemande transatlantische ballonvaart te maken van de VS naar Frankrijk in 137 uur en 18 minuten.

VEELZIJDIGE FOOD PROCESSOR

De elektrische Magimix food processor komt op de markt. Hij is ontworpen in Frankrijk en combineert diverse toepassingen in één apparaat.

TALES OF THE CITY

Armistead Maupin publiceert *Tales of the city*. Het zijn verhalen over het leven in San Francisco, die eerst als column verschenen in de *San Francisco Chronicle*. Ze verschijnen nu voor het eerst in boekvorm.

DYSON-REINIGING

Middelpuntvliedende kracht wordt door de Britse uitvinder James Dyson aangewend om stof en vuil op te nemen in een industriële of huishoudelijke omgeving. Zijn Dual Cyclone is het eerste alternatief voor de stofzuiger sinds de Hoover in 1908 op de markt verscheen.

ARGENTINIE VERSLAAT NEDERLAND

Nederland verliest opnieuw van een gastland in de finale van het WK. Dit keer wint Argentinië met 3-1.

OVERWINNING VOOR ALI

De Amerikaanse bokser Mohammed Ali verslaat Leon Spinks, die hem eerder de titel had ontnomen, en wint daarmee voor de derde keer de titel bij het boksen in de categorie zwaargewicht – een unieke prestatie.

IRON MAN RACE

In Hawaii wordt een wedstrijd georganiseerd tussen fanatiekelingen: 4 km zwemmen, 180 km fietsen en 42 km hardlopen moeten uitwijzen wie de beste allrounder is.

JOMO KENYATTA (CA. 1889–1978)

De Keniase leider Jomo Kenyatta overlijdt op ongeveer 90-jarige leeftijd. De vroegere herdersjongen die later aan de universiteit van Londen zou studeren, was president van de Pan Afrikaanse Federatie en vanaf 1946 president van de Keniase Afrikaanse Unie. Hij was de Mau Mauleider van de Kikuyu tijdens de strijd om teruggave van het grondgebied en zat van 1952 tot 1959 in de gevangenis. Hij werd in 1963 voor de onafhankelijkheid premier en in 1964 president.

REVOLUTIE IN IRAN

De sjah van Iran vlucht naar het buitenland en de fundamentalistische geestelijk leider ayatollah Khomeini neemt de macht over; Amerikanen worden gegijzeld. De Sandinisten boeken een overwinning in Nicaragua. Rusland valt Afganistan binnen. De macht van Idi Amin is ten einde. Een ongeluk op Three Miles Island wijst op de gevaren van kernenergie. Ruimtesondes sturen foto's van Venus en Saturnus naar de aarde en een piepkleine eenpersoonsmuziekinstallatie wordt door Sony op de markt gebracht.

1979

8 januari De Vietnamezen bezetten Phnom Penh in Cambodja en werpen de regering van de Rode Khmer omver

16 januari De sjah van Iran ontvlucht zijn land

26 maart Israël en Egypte ondertekenen een vredesverdrag

28 maart Bij de kerncentrale op Three Mile Island in de VS vindt een ernstig ongeluk plaats

2 april In Noordoost-Cambodja worden massagraven ontdekt, die bewijzen dat er door de Rode Khmer op grote schaal gemoord is

11 april Het Tanzaniaanse leger zet de Ugandese dictator Idi Amin af

4 mei Margaret Thatcher wordt de eerste vrouwelijke premier van Groot-Brittannië

18 juni Rusland en de VS tekenen een wapenbeheersingsakkoord (Strategic Arms Limitation Treaty, of SALT)

17 juli Generaal Samoza vlucht uit Nicaragua na de overwinning van de Sandinisten

4 november Volgelingen van ayatollah Khomeini dringen de Amerikaanse ambassade in Teheran binnen en gijzelen het personeel

4 december De eerste succesvolle lancering van de Europese ruimteraket *Ariane*

10 december Moeder Theresa wint de Nobelprijs

27 december Rusland valt Afganistan binnen

ISLAMITISCHE REVOLUTIE IN IRAN
De sjah vlucht naar Egypte als aanhangers van de fundamentalistische geestelijk leider ayatollah Khomeini (1900-1989) de macht grijpen. Hij vlucht na maanden van demonstraties en onrust en zijn vlucht wordt enthousiast begroet. De ayatollah keert terug uit zijn ballingsoord Parijs en richt een islamitische republiek op. In november vallen studenten de Amerikaanse ambassade in Teheran binnen en nemen 63 Amerikaanse stafleden en veertig anderen in gijzeling, waarmee ze hun eis voor berechting van de sjah kracht bijzetten. De crisis leidt tot een confrontatie tussen Iran en de VS. De gijzelaars worden pas in januari 1981 vrijgelaten – na 444 dagen gevangenschap.

OVERWINNING VAN DE SANDINISTEN
In Nicaragua breken opnieuw gevechten uit. Deze keer zijn de marxistische Sandinisten beter bewapend en uitgerust door Cuba. In juli hebben ze de Nicaraguaanse dictator generaal Anastasio Somoza naar de VS gejaagd – het einde van een wreed en corrupt dictatoriaal regime. De Sandinistische rebellen, genoemd naar de revolutionaire leider die in de jaren '30 werd gedood, vormen een tijdelijke regering.

REBELLEN IN EL SALVADOR
Een communistische guerillabeweging, het Farabundo Marti Liberation Front (FMLN), begint een oorlog tegen het rechtse bewind in El Salvador.

THREE MILE ISLAND
Bij de kerncentrale op Three Mile Island in Pennsylvania vindt een ernstig ongeluk plaats. Door een technische fout raakt een kernreactor oververhit en ontsnapt er een hoeveelheid radioactief gas. Vanwege het gevaar van een totale afsmelting worden duizenden mensen geëvacueerd. De crisis wordt bezworen, maar het is het ernstigste kernongeluk in de VS.

THE CHINA SYNDROME
De Amerikaanse actrice Jane Fonda speelt in de film *The China syndrom* de rol van een journaliste die de geruchten over een afsmelting in een kerncentrale onderzoekt. De titel verwijst naar het vuur dat, naar men zegt, dwars door de aarde China zou kunnen bereiken. De film is zeer actueel na het ongeluk bij Three Mile Island.

BURGEROORLOG IN UGANDA
De Ugandese dictator Idi Amin heeft het Kageragebied in Noord-Tanzania, bij de grens met Uganda, geannexeerd. De Tanzaniaanse president Julius Neyere stuurt troepen om het Ugandese Nationaal Bevrijdingsleger (UNLA) te steunen, dat is opgericht om te vechten tegen de dictatoriale en steeds bloeddorstiger wordende Idi Amin. Als de troepen Kampala naderen, worden ze korte tijd tegengehouden door Libische troepen, die Amin te hulp zijn gekomen, maar UNLA slaagt er in de hoofdstad in te nemen en Amin is gedwongen te vluchten. Er wordt een burgerregering gevormd.

CHINA VALT VIETNAM BINNEN
Chinese eenheden vallen in Noord-Vietnam Cao Bang binnen als vergelding voor de Vietnamese inval in Cambodja. De Chinese opmars wordt gestuit en China moet zich terugtrekken, nadat er 20.000 doden en gewonden zijn gevallen. Het aantal slachtoffers onder de Vietnamezen wordt geschat op meer dan 27.000 doden en gewonden.

THATCHER WINT
In Groot-Brittannië wordt Margaret Thatcher (geboren 1925) de eerste vrouwelijke Britse premier, nadat haar conservatieve partij de algemene verkiezingen heeft gewonnen. Ze vaart een rechtse koers met een vrijemarkteconomie, waarbij staatseigendommen worden geprivatiseerd. Haar regering is sterk anti-vakbond.

BOVEN EN LINKS: homoseksuelen demonstreren in Washington voor gelijke rechten.

BOVEN: de eigenaar van een heuse drugswinkel in Washington, waar marihuana en benodigdheden verkocht worden.

SALT-2
De Amerikaanse president Jimmy Carter (geboren 1924) en de Russische leider Bresjnev (1906-1982) ondertekenen het Salt-2 akkoord, waarin overeengekomen wordt dat het aantal strategische kernwapens aan beide zijden beperkt zal blijven tot 2250. De overeenkomst werd nooit geratificeerd door de Amerikaanse senaat en wordt losgelaten als de bewapening aan het begin van de jaren '80 toeneemt.

RUSLAND VALT AFGANISTAN BINNEN
Met als doel een snelle machtswisseling stuurt de Russische president Leonid Bresjnev 55.000 soldaten naar Afganistan, die president Amin moeten afzetten en een nieuwe Afgaanse president Babrak Kamal moeten installeren. Dit is het begin van een slepende guerillaoorlog. De communistische coup ondervindt tegenstand van fundamentalistische moslims, die gesteund worden door de VS.

FIETSEN OVER HET KANAAL
In juni vliegt de 34 kg wegende Gossamer Albatros over het Kanaal, met aan de stuurknuppel de Amerikaanse bioloog Bryan Allen, die de propeller met pedalen draaiende houdt.

GLUONEN ONTDEKT
Amerikaanse wetenschappers ontdekken het bestaan van elementaire deeltjes die quarks bijeenhouden. Ze worden gluonen genoemd.

THE DINNER PARTY
De multimedia-installatie *The dinner party* van de Amerikaanse feministe en kunstenares Judy Chicago wordt onthuld. Het is een eerbetoon aan vrouwen in de geschiedenis. Rond een driehoekige tafel zijn 39 plaatsen gecreeerd, voor elke vrouw die iets heeft betekend. De tafel is geplaatst op een vloer waarin de namen van 999 beroemde vrouwen gegraveerd zijn.

APOCALYPSE NOW
De film *Apocalypse now* van regisseur Francis Ford Coppola is een vrije bewerking van het boek *Heart of darkness* van Joseph Conrad. Het verhaal in de film speelt zich af tijdens de oorlog in Vietnam. De bioscoopgangers zijn diep onder de indruk van de helikopters en de oorlogshandelingen, en het aangrijpende verhaal van de zoektocht van kapitein Benjamin Willard (Martin Sheen) naar Kurtz (Marlon Brando).

FOTO'S UIT DE RUIMTE
De Amerikaanse ruimtesonde *Pioneer II*, die in 1973 werd gelanceerd, stuurt foto's van Saturnus naar de aarde. *De Voyager I*, die in 1977 werd gelanceerd en moest profiteren van een centrering van Jupiter, Saturnus, Uranus en Neptunus, stuurt in maart foto's van de ringen van Jupiter. *Voyager 1* en *2* passeren de planeten op minder dan 4800 km en ontdekken daarbij een krachtig magnetisch veld rond Jupiter en constante onweersbuien. Ze fotograferen ook de satellieten van de planeet.

SKYLAB STORT NEER
Het Amerikaanse ruimtestation *Skylab I* valt neer op aarde. Het heeft een afstand van 140 miljoen km afgelegd sinds de lancering in 1973.

LINKS: de Israëlische leider Menachem Begin begroet de menigte na het ondertekenen van de akkoorden van Camp David.

RECHTS: het ongeluk in de kerncentrale Three Mile Island roept felle reacties op. Duizenden zijn bezorgd over de veiligheid en gaan de straat op.

BOVEN: rijen auto's bij de Amerikaanse tankstations tijdens de oliecrisis eind jaren '70.

LINKS: slimme winkeliers slaan benzine in voor de hamsterende consument.

Studio 78

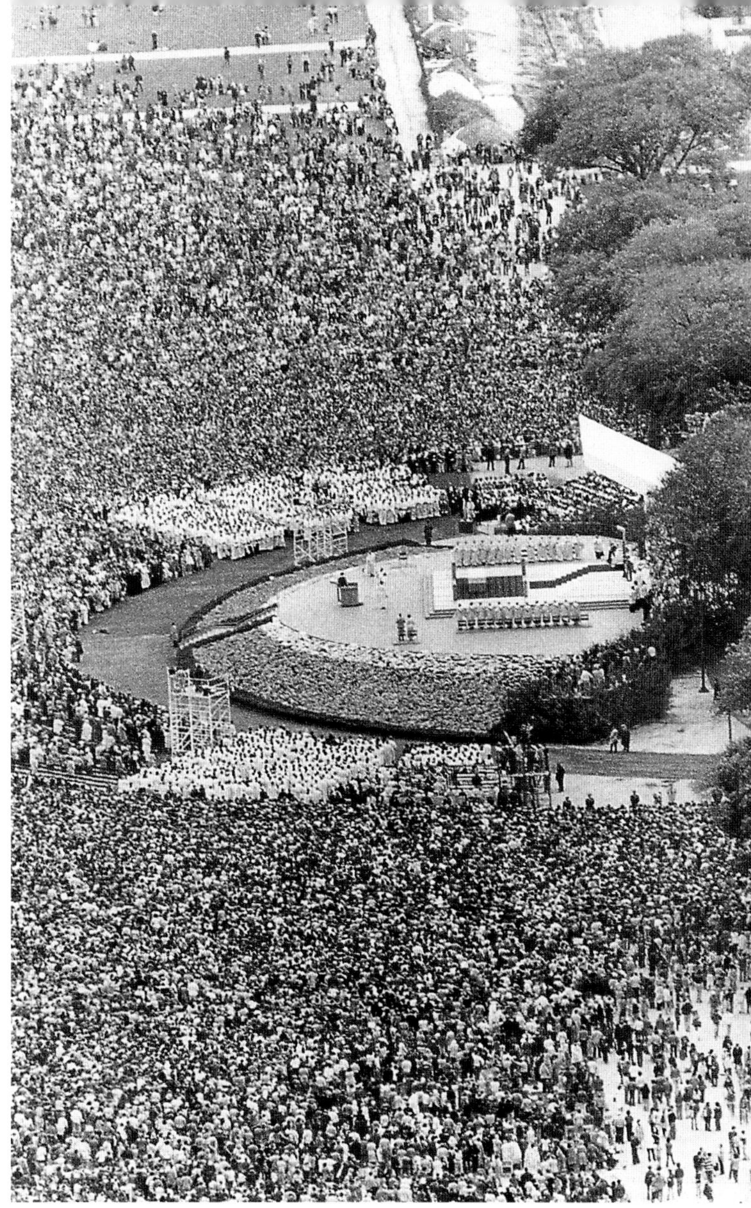

BOVEN EN LINKSBOVEN: paus Johannes Paulus II komt naar de VS en draagt een mis op in the Mall in Washington DC.

IRAANSE VROUWEN PROTESTEREN
Op 8 maart, de Internationale Vrouwendag, protesteren Iraanse vrouwen tegen de strenge islamitische wetten, die onder de ayatollah Khomeini zijn ingevoerd.

SPORTSCHOENEN MET LUCHTKUSSENS
De eerste sportschoenen met luchtkussens worden door Frank Rudy van de firma Nike ontwikkeld. De firma werd in 1967 opgericht en bracht hardloopschoenen met een nylon bovenzijde op de markt. De schoenen waren ontwikkeld door William J. Bowerman, de atletiekcoach van de universiteit van Oregon.

POSTMODERNISME
Jean François Lyotard publiceert een nieuw onderzoek, waarin een betoog wordt gehouden voor een afstandelijke, ironische benadering, die bekend zal worden onder de naam postmodernisme. Het is een term die de komende tien jaar vaak gebruikt zal worden op allerlei terreinen, waaronder de literatuur en de architectuur.

BLZ. 468 BOVEN: de discokoorts heerst nog steeds in Studio 78, een nachtclub in New York.

BLZ. 468: twee jaar na *Saturday night fever* worden er nog steeds danswedstrijden gehouden.

NOBELPRIJS VOOR DE VREDE
Moeder Teresa (1910-1997), een rooms-katholieke non uit Albanië en de oprichtster van de religieuze orde van de Zusters der liefde die in Calcutta werken, wordt de Nobelprijs voor de vrede toegekend.

WALKMANS
De Japanse firma Sony introduceert de walkman, een draagbare, stereocassettespeler met een koptelefoon.

NIEUWE AANWIJZINGEN OVER DINO'S
De Amerikaanse wetenschappers Luis en Walter Akvarez ontdekken sporen van een gigantische meteorietinslag, ongeveer 63 miljoen jaar geleden. Ze opperen dat het stof dat daardoor is opgewaaid, het klimaat wellicht heeft veranderd en tot het uitsterven van de dinosaurussen heeft geleid.

ROLLERBLADES
De broers Scott en Brennan Olsen fabriceren de eerste populaire rollerblades of inline skates in Minneapolis. Ze willen ook in de zomer kunnen schaatsen.

THE GLOBAL VILLAGE

In de jaren '80 komen de verschillende landen van de wereld nader tot elkaar, vooral door het groeiende bewustzijn van de schade die aan het milieu wordt toegebracht. Armoede en de hongersnood in Afrika plagen het geweten van de wereld nu de kloof tussen arm en rijk steeds breder wordt. Maar de ontdekking van een gat in de ozonlaag en de kernramp in Tsjernobyl tonen aan dat iedereen, rijk en arm, getroffen wordt door de milieuvervuiling. Op politiek gebied vinden er in deze periode grote veranderingen plaats: het INF–akkoord wordt getekend, de Berlijnse Muur valt en er komt een einde aan de Koude Oorlog.

BLZ. 471: Live Aid, het unieke concert dat een gigantisch geldbedrag voor de hongersnood in Ethiopië opleverde.

1980–1989

DE BELANGRIJKSTE GEBEURTENISSEN

- OORLOG TUSSEN IRAN EN IRAK
- DE FALKLANDOORLOG
- BURGEROORLOGEN IN MIDDEN-AMERIKA
- THREE MILE ISLAND EN TSJERNOBYL
- LIVE AID EN DE HONGERSNOOD
- INF–AKKOORD
- IRANGATE
- DE SOVJET-UNIE VALT UITEEN
- KOUDE OORLOG TEN EINDE
- ORGAANTRANSPLANTATIES
- AIDS
- LANCERING RUIMTEVEER EN RUIMTELABORATORIUM
- ONTDEKKING VAN HET GAT IN DE OZONLAAG
- COMPACTDISCS
- POSTMODERNISME

TOTALE WERELDBEVOLKING: 4.450 MILJOEN

FEED THE WORLD
JULY 13th 1985 at WEMBLEY STADIUM
LIVE AID
PEPSI
Kodak

SOLIDARITEIT EN OORLOG

In Polen worden onafhankelijke vakbonden erkend en Irak valt buurland Iran binnen, waardoor de twee landen in staat van oorlog zijn. De voormalige filmster Ronald Reagan wint de Amerikaanse presidentsverkiezingen. Prinses Beatrix wordt koningin van Nederland. Amerikaanse pogingen om de gijzelaars in Iran te bevrijden mislukt. Een nieuwe gezondheids- en fitnessrage verovert de VS en Europa. President Tito van Joegoslavië overlijdt.

1980

13 februari In Lake Placid in de staat New York worden de Olympische Winterspelen gehouden

18 april Rhodesië wordt wettelijk onafhankelijk en heet voortaan Zimbabwe

25 april De poging van de VS om gijzelaars in Teheran te bevrijden verloopt rampzalig

30 april Kroonprinses Beatrix wordt koningin van Nederland

4 mei President Tito van Joegoslavië overlijdt

18 mei In de staat Washington vindt een uitbarsting van de vulkaan Mount St. Helens plaats

19 juli Opening 22e Olympische Spelen in Moskou

31 augustus In Polen worden onafhankelijke vakbonden erkend

22 september Irak valt Iran binnen

4 november De republikein Ronald Reagan wint de Amerikaanse presidentsverkiezingen

3 december De ex-Beatle John Lennon wordt doodgeschoten voor zijn huis in New York

BOVEN: ex-Beatle John Lennon is in New York vermoord.

BOVEN: de kroning van Beatrix in de Nieuwe Kerk in Amsterdam. Prins Claus staat naast haar.

OORLOG TUSSEN IRAN EN IRAK

Irak maakt gebruik van de onrust in Iran en valt zijn buurland binnen in een poging de strategische vaarroute Shatt al-Arab naar de Golf te veroveren. In de volgende acht jaren zet Irak chemische wapens in en worden door beide partijen raketten op belangrijke steden afgevuurd. Irak vuurt ook raketten af op tankers die olie vanuit Iran verschepen. In 1988 volgt een bestand.

MISLUKTE REDDING

De VS stuurt leden van de Delta Force 322 km Iran in in een poging –Operation Eagle Claw– de gijzelaars die worden vastgehouden in de Amerikaanse ambassade in Teheran te bevrijden. Als er bijgetankt moet worden in de woestijn, ontstaan er technische problemen. De eenheid trekt zich terug, maar het vliegtuig komt in botsing met het tankvliegtuig. Er vallen acht doden en diverse gewonden.

ZIMBABWE

Na de val van de opstandige, geheel blanke regering in Rhodesië stemt Groot-Brittannië in met een nieuwe multiraciale grondwet voor het land en wordt de laatste Britse kolonie in Afrika onafhankelijk. Robert Mugabe (geb. 1924) wordt premier van het nieuwe land Zimbabwe.

TITO OVERLIJDT

De Joegoslavische president Josip Tito overlijdt. Na zijn dood wordt er een collectief presidentschap van acht man geïnstalleerd. Al spoedig lopen de spanningen tussen de Serviërs en de Kroaten in het land op.

BEATRIX WORDT KONINGIN

In Nederland bestijgt prinses Beatrix (geb. 1938) de troon, wanneer haar moeder koningin Juliana aftreedt.

GEZONDHEID – DE NIEUWE MODE

Overal in de VS en Europa worden gezondheidsclubs en fitnesscentra geopend, waar elektronische hardloopmachines, aerobiclessen en danstrainingen tegemoetkomen aan de wens een goede conditie op te bouwen. De rage heeft grote invloed op de mode en cosmetica.

POOLSE SOLIDARITEIT

Na twee maanden van stakingen en demonstraties tegen de regering worden onafhankelijke vakbonden in Polen erkend volgens een overeenkomst tussen Lech Walesa (geb. 1943), stakingsleider op de Lenin-scheepswerf in Gdansk, en de Poolse regering. De vakbond Solidariteit wordt officieel opgericht in oktober.

REAGAN GEKOZEN TOT PRESIDENT

De republikein Ronald Reagan (geb. 1911) verslaat de zittende president Jimmy Carter en wint de Amerikaanse presidentsverkiezingen. Hij draait de consensuspolitiek van zijn voorganger terug en begint het wapenarsenaal tegen Rusland op te voeren, in nauwe samenwerking met de Britse regering van Margaret Thatcher.

BOVEN: Rubiks kubus.

MOEILIJKE KUBUS
De kubus van Rubik wordt in diverse landen speelgoed van het jaar. Het spel bestaat uit 26 kleine gekleurde blokjes die ronddraaien rond een centrale as. Bedenker van de kubus is de Hongaarse hoogleraar vormgeving Erno Rubik. Hij krijgt een patent, waardoor hij geen cent rijker wordt van de rage.

AMADEUS
Een nieuw toneelstuk van de Britse dramaturg Peter Shaffer (geb. 1926) is in première gegaan. *Amadeus* is het verhaal van Mozart en de veronderstelde moord op hem door zijn 'rivaal', de componist Salieri. Door de vrijmoedige beschrijving van de aardse, obscene kant van Mozarts karakter, wekt het stuk veel beroering.

UITBARSTING VAN MOUNT ST. HELENS
De sedert 1857 slapende vulkaan Mount St. Helens in de staat Washington barst uit. De eruptie heeft de kracht van 4.1 op de schaal van Richter. Alle leven in een straal van 600 km^2 wordt vernietigd en er komen zeker acht mensen om het leven.

DE SOLAR MAX WORDT GELANCEERD
De *Solar Max* (de Amerikaanse Solar Maximum Mission Observatory) wordt gelanceerd om te onderzoeken wat er gebeurt als er sprake is van zonnevlekken.

OLYMPISCHE WINTERSPELEN
Bij de 13e Olympische Winterspelen, in het Amerikaanse Lake Placid, wordt voor het eerst gebruikgemaakt van kunstsneeuw. De schaatser Eric Heiden wint vijf gouden medailles.

PROJECT BYKER
In het Britse Newcastle is een baanbrekend huizenbouwproject van start gegaan. Belangrijk kenmerk is dat de toekomstige bewoners betrokken worden bij het ontwerp.

VLIEGEN OP ZONNE-ENERGIE
De *Gossamer Penguin* maakt als eerste door zonne-energie aangedreven vliegtuig een vlucht in Californië. De energie wordt verkregen uit panelen met zonne-elektrische cellen.

OLYMPISCHE SPELEN IN MOSKOU
Opnieuw botsen politiek en sport met elkaar tijdens de Olympische Spelen. De VS gaan voorop in een boycot, waar ook West-Duitsland en Kenia aan deelnemen, uit protest tegen de Russische inval in Afganistan. Sportieve hoogtepunten zijn de verrichtingen van de Britse atleten Sebastian Coe en Steve Ovett bij atletiek.

ONDER: "May the force be with you" – *The empire strikes back* verschijnt drie jaar na *Star wars.*

IJSLAND KRIJGT EEN VROUWELIJKE PRESIDENT
Vigdis Finnbogadottir (geb. 1930) wordt gekozen tot president van IJsland. Ze krijgt iets meer dan een derde van de stemmen, verslaat drie mannelijke rivalen en wordt de eerste democratisch gekozen vrouwelijke president ter wereld.

BORG WINT ZIJN VIJFDE TITEL
De Zweedse tennisster Bjorn Borg (geb. 1956) wint zijn vijfde Wimbledon titel op rij door John McEnroe in de finale te verslaan.

JEAN-PAUL SARTRE (1905–1980)

De Franse existentialistische filosoof, schrijver en marxist Jean-Paul Sartre overlijdt. Na de Tweede Wereldoorlog, waarin hij lid was van het verzet, richtte hij samen met Simone de Beauvoir de linkse krant *Les Temps Modernes* op en werd hij bekend als een van de intellectuelen die bijeen kwamen in de cafés aan de Parijse Rive Gauche. Hij schreef vele belangrijke filosofische werken die overal ter wereld stof deden opwaaien door de existentialistische ideeënwereld. Er verscheen ook fictie van zijn hand. Tijdens de rellen in mei 1968 ging Sartre opnieuw de straat op om de studenten en arbeiders te steunen, maar de laatste jaren van zijn leven had hij te kampen met een slechte gezondheid en was hij bijna blind.

BOVEN: de Zweed Björn Borg wint wederom Wimbledon.

ONDER: deze infrarode opname door een NASA U2 toont de vulkaan Mount St. Helens, twee jaar voor de uitbarsting.

BOVEN: de Amerikaanse golfer Jack Nicklaus laat zien dat hij bij de besten hoort.

BOVEN: ayatollah Khomeini, de fundamentalistische Iraanse leider, wordt door velen gesteund.

BOVEN: Josip Tito, president van Joegoslavië, en zijn vrouw.

JOSIP TITO (GEBOREN JOSIP BROZ) (1892–1980)

President Tito van Joegoslavië, die in 1937 hoofd van de Joegoslavische communistische partij werd en sinds de oprichting in 1945 aan het hoofd heeft gestaan van de nieuwe Federale Republiek, overlijdt. Hij werd door Stalin gezien als revisionist vanwege de liberalistische politiek die hij voorstond, en hoewel hij sinds 1974 president voor het leven was, stelde hij de laatste jaren een roulerend leiderschap in. De toekomst van het land is nu onzeker.

EEN NIEUWE REGIE

In de jaren '70 en de vroege jaren '80 komt er een nieuwe generatie regisseurs en producenten op. Hun werk zorgt er –ondanks de populariteit van de tv– voor dat mensen weer naar de bioscoop gaan. Grote actiefilms, kaskrakers en sciencefiction verhalen worden uitgebracht en de special effects zijn de nieuwe sterren van het witte doek.

BOVEN: Francis Ford Coppola is vooral bekend geworden door *The godfather*, de serie films over de maffia.

BOVEN: regisseur Michael Cimino wordt beroemd met *The deer hunter* (1978) met Robert de Niro (rechts) en Meryl Streep.

BOVEN: de succesvolle Steven Spielberg, maker van onder andere *Jaws*, *Close encounters of the third kind*, *ET* en de *Indiana Jones*-trilogie.

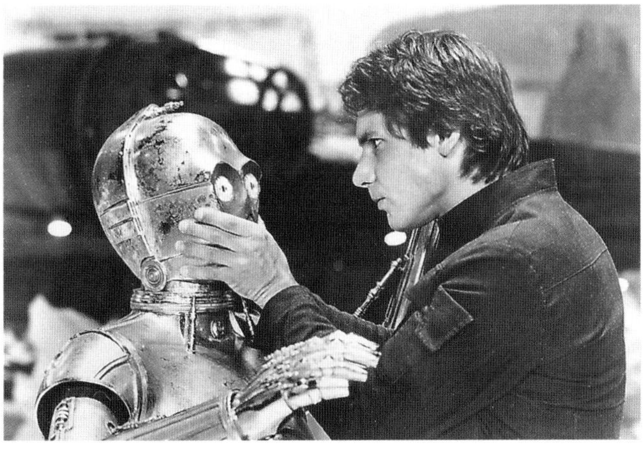

BOVEN: een scène uit *Star Wars* – de film die het begin van de succesvolle carrière van Lucas betekent.

BOVEN: Douglas Trumball, een meester in special effects en de regisseur van *Silent running* (1972).

AIDS – EEN MEEDOGEN-LOZE ZIEKTE

Iran laat de Amerikaanse gijzelaars na een gevangenschap van 444 dagen gaan. De onrust in Polen neemt toe en de staat van beleg wordt uitgeroepen. François Mitterand wordt gekozen als de eerste socialistische president van Frankrijk. President Sadat van Egypte wordt vermoord. De Franse hogesnelheidstrein haalt snelheden van meer dan 300 km per uur. Een nieuwe ziekte –AIDS– steekt de kop op en de eerste hart-longtransplantatie wordt uitgevoerd.

BLZ. 479: de Britse premier Margaret Thatcher ontmoet de Franse socialistische president François Mitterand.

1981

10 januari Griekenland treedt toe tot de Europese Gemeenschap
20 januari Amerikaanse gijzelaars worden vrijgelaten in Teheran

3 februari Gro Harlem Brundtland wordt de eerste vrouwelijke premier van Noorwegen
23 februari De Guardia Civil bestormt de Spaanse Cortes (het parlement), maar de coup mislukt

12 april Een Amerikaans ruimteveer, dat meerdere malen gebruikt kan worden, maakt zijn eerste vlucht
30 april De Poolse communistische regering stemt in met beperkte hervormingen

5 mei In Ierland overlijdt IRA-activist Bobby Sands na zijn hongerstaking
10 mei François Mitterand wordt de eerste socialistische president van Frankrijk

29 juli In Groot-Brittannië trouwen prins Charles en Lady Diana Spencer

6 oktober President Sadat van Egypte wordt vermoord

13 december In Polen wordt de staat van beleg afgekondigd

BOVEN: de Egyptische president Anwar Sadat wordt dit jaar vermoord.

BOVEN: de Amerikaanse auteur Susan Sontag brengt met andere westerse intellectuelen een bezoek aan Moskou.

BOVEN: afgevaardigden van de VS en de USSR ontmoeten elkaar in Geneve en bespreken het terugdringen van het aantal kernwapens.

BOVEN: booreilanden in de Noordzee, waar veel olie blijkt te zitten.

BOVEN: de Amerikaanse componist Samuel Barber overlijdt.

ONRUST IN POLEN

In Polen geeft de regering de macht over aan het leger; generaal Jaruzelski (geb. 1923) wordt premier. Hij voert in april enkele hervormingen door om de onafhankelijke vakbond Solidariteit, die een algemene staking leidt, gunstig te stemmen. Na demonstraties tegen voedseltekort en onrust in het hele land, roept hij in december de staat van beleg uit na druk van Rusland, waardoor alle burgerlijke vrijheid aan banden wordt gelegd en Lech Walesa wordt gearresteerd. Solidariteit blijft tot oktober 1982 verboden.

COUPPOGING

Rechtse leden van de paramilitaire Guardia Civil bestormen de Cortes, het Spaanse parlement, in een poging om de regering omver te werpen. Koning Juan Carlos beveelt in militair uniform het leger dat achter de coup lijkt te staan, zich te scharen achter de democratisch gekozen regering. Voormalige aanhangers van Franco worden hierna snel uit het leger ontslagen.

MITTERAND WORDT PRESIDENT

François Mitterand (1916-1996) wordt de eerste socialistische president van Frankrijk als hij de verkiezingen wint van de zittende president Valéry Giscard d'Estaing. Mitterands socialistische partij wint met overgrote meerderheid de algemene verkiezingen in juni. Onder de nieuwe ministers zijn drie leden van de communistische partij.

SADAT VERMOORD

De Egyptische president Anwar Sadat wordt tijdens een militaire parade vermoord door een moslim-extremist, die daarmee protesteert tegen het vredesverdrag met Israël. Sadat wordt opgevolgd door vice-president Hosni Mubarak (geb. 1928).

GIJZELAARS VRIJGELATEN

De laatste 52 gijzelaars mogen de Amerikaanse ambassade in Teheran verlaten, waar ze werden vastgehouden door aanhangers van de ayatollah.

GRIEKENLAND BIJ DE EG

De nieuwe democratische staat Griekenland wordt het tiende lid van de Europese Gemeenschap.

GEVANGEN HONGERSTAKER WINT DE VERKIEZINGEN

IRA-activist Bobby Sands wint met een duidelijke meerderheid de tussentijdse verkiezingen in Fermanagh en Zuid-Tyrone in Noord-Ierland van de Unionisten. Bobby Sands, die in de gevangenis in hongerstaking is, overlijdt een maand later.

HOGESNELHEIDSTREIN

In februari start tussen Parijs en Lyon een reguliere dienst van de nieuwe Franse TGV (*train à grande vitesse*). De trein haalt een topsnelheid van 380 km per uur.

LINKS: in april wordt de eerste spaceshuttle gelanceerd, die rond de aarde kan vliegen en op eigen kracht terug kan keren.

BOVEN: moderne kunst in een moderne omgeving. Alexander Calders *Flamingo* voor het Federal Center in Chicago.

DEMONSTRATIE

Zo'n 400.000 mensen demonstreren in Amsterdam tegen de plaatsing van middellangeafstandsraketten in Europa.

DE EERSTE VLUCHT VAN DE RUIMTEVEER

Amerika's eerste spaceshuttle *Columbia* maakt zijn eerste vlucht en keert twee dagen later veilig terug.

AIDS ONTDEKT

Het Amerikaanse Center for Disease Control ontdekt de eerste gevallen van wat een nieuwe ziekte blijkt te zijn: AIDS (Acquired Immune Deficiency Syndrome). De ziekte tast het natuurlijke afweersysteem van de patiënt aan.

RAIDERS OF THE LOST ARK

Deze nieuwe film is een grote hit. Harrison Ford (geb. 1942) speelt de rol van Indiana Jones, een archeoloog en avonturier, die het opneemt tegen een bende nazi's die op zoek zijn naar de Ark des Verbonds.

BOB MARLEY (1945–1981)

De Jamaicaanse reggaezanger Bob Marley (geboren Robert Nesta) overlijdt aan kanker. De rastafari zanger en gitarist heeft reggae internationale bekendheid gegeven. Aanvankelijk maakte hij deel uit van een driemansband genaamd The Wailers, maar later trad Marley overal ter wereld op als solist. Zijn laatste elpee *Uprising* verscheen vorig jaar. Enkele van zijn bekendste nummers zijn *No woman no cry* en *I shot the sheriff*.

ONTDEKKINGSREIS IN HET ZONNESTELSEL

Sinds het begin van het ruimteonderzoek in 1961 hebben geavanceerde ruimtevoertuigen geprobeerd de maan en de ons omringende planeten in kaart te brengen door foto's en materiaalonderzoek. We hebben in 30 jaar meer geleerd dan in alle voorgaande eeuwen.

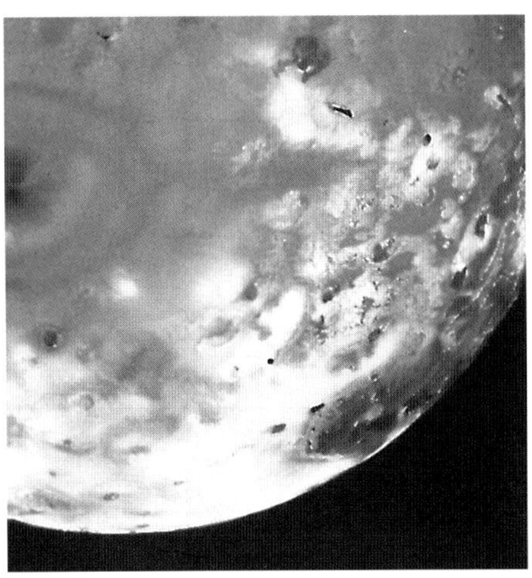

LINKSBOVEN: Jupiter gefotografeerd vanuit de *Voyager I* in 1979.

BOVEN: een dun laagje ijs op Mars, door *Viking Lander 2.*

RECHTS: fotocollage van Mercurius van foto's door de *Mariner 10.*

LINKS: de binnenste van Jupiters zestien manen, gezien vanuit de *Voyager I.*

LINKSONDER: Venus, gezien als halve maan vanuit *Pioneer Venus I.*

RECHTSONDER: Saturnus, gefotografeerd vanuit de *Voyager 2* in 1980.

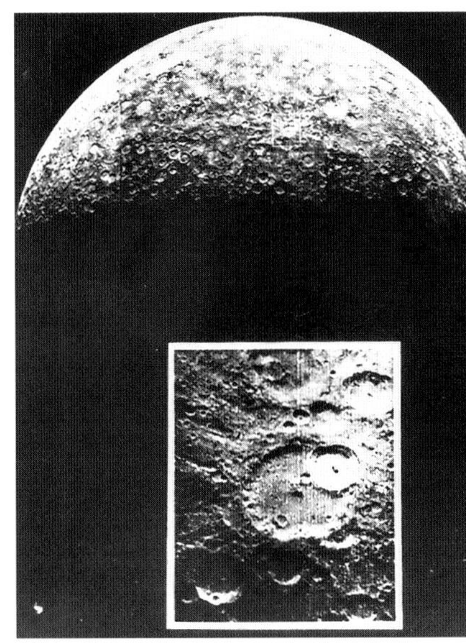

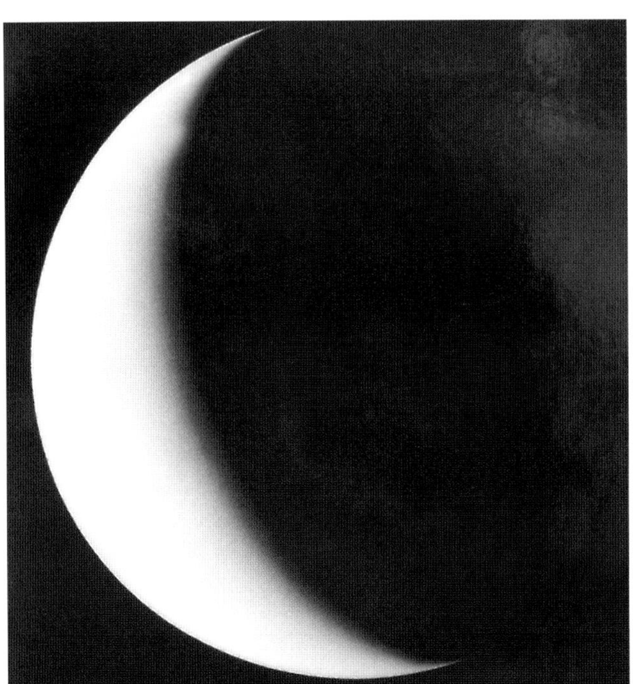

BOVEN: Salman Rushdie, de in Bombay geboren schrijver van *Midnight's children*, een roman over de opsplitsing van India. Later in de jaren '80 haalt hij zich de woede van de ayatollah Khomeini op de hals.

MIDNIGHT'S CHILDREN

De auteur Salman Rushdie (geb. 1947) heeft een episch verhaal geschreven: *Midnight's children*. Het zijn verhalen over personen die zijn geboren in de tijd dat India onafhankelijk werd. Rushdie's naam als belangrijk Brits schrijver wordt gevestigd met dit boek.

SUCCESVOLLE HART-LONGTRANSPLANTATIE

In Californië krijgt Mary D. Golkhe als eerste een nieuw hart en twee longen. Drie eerdere ontvangers leefden slechts enkele dagen. Deze operatie blijkt een succes.

PC OP DE MARKT

Het Amerikaanse IBM introduceert een personal computer (de PC), die gebruik maakt van het Microsoft Disc Operating System (MS-DOS). Het wordt het standaardprogramma voor de hele computerindustrie.

REDS

De Amerikaanse filmacteur Warren Beatty (geb. 1937) is de hoofdrolspeler, mede-auteur en regisseur van de film *Reds*. Het verhaal gaat over John Reed, journalist en oprichter van de Amerikaanse communistische partij. Er is veel kritiek op de film vanwege de rommelige structuur, maar de opnamen door Vittorio Storaro zijn prachtig.

BOVEN: Dacca in Bangladesh, waar president Zia ur-Rahman, leider van de nationalistische partij, in mei wordt vermoord.

NIEUWE MICROSCOOP

De West-Duitse natuurkundige Gerd Binnig (geb. 1947) en de Zwitserse natuurkundige Heinrich Roher ontwikkelen een nieuwe microscoop, die individuele atomen kan identificeren.

REGIONALE RADIOSTUDIO

In Oostenrijk heeft Gustav Peichl een nieuwe radiostudio ontworpen, waarbij het gebruik van goedkope geprefabriceerde betonnen delen wordt gecombineerd met opvallende hightech elementen als glimmende, verchroomde verwarmingsbuizen.

ANTI-APARTHEIDBETOGINGEN

Felle anti-apartheidsbetogingen verstoren de tournee van het Zuid-Afrikaanse rugbyteam door Nieuw-Zeeland. Dergelijke woedende protesten vielen de Zuid-Afrikaners ook ten deel tijdens het bezoek aan Groot-Brittannië in 1969.

BURGEROORLOG IN MIDDEN-AMERIKA

Groot-Brittannië en Argentinië verklaren elkaar de oorlog over de Falklandeilanden. Israël verdrijft de PLO uit Beirut en christelijke falangisten vermoorden Palestijnse vluchtelingen. In Nicaragua wordt de noodtoestand uitgeroepen. Helmut Kohl wordt bondskanselier van Duitsland. De VN waarschuwt voor de vernietiging van de regenwouden in de wereld. Het postmodernisme dringt door in de architectuur, compactdiscs komen op de markt en Rusland stuurt een nieuw ruimtestation in een baan om de aarde.

1982

15 maart In Nicaragua wordt de noodtoestand uitgeroepen

2 april Argentijnse troepen vallen de Falklandeilanden (de Malvinas) binnen
4 april Een speciale eenheid van de Britse Marine stoomt op naar de Falklandeilanden
19 april Rusland lanceert een nieuw ruimtestation in een baan om de aarde

2 mei De Britse onderzeeër HMS *Conqueror* brengt de Argentijnse kruiser *General Belgrano* tot zinken
4 mei De Britse torpedojager HMS *Sheffield* wordt tot zinken gebracht door Argentijnse raketten

5 juni Israël valt Libanon binnen
14 juni Het Argentijnse leger geeft zich over. De Falklandoorlog is voorbij

23 juli De International Whaling Commission pleit voor een totaal verbod op de walvisvangst

30 augustus Yasser Arafat en de Palestijnen verlaten Beirut

18 september Palestijnen worden vermoord door christelijke falangisten

1 oktober Helmut Kohl wordt de nieuwe Duitse bondskanselier
28 oktober De socialisten winnen de verkiezingen in Spanje

BOVEN: Helmut Kohl, de Duitse bondskanselier.

BOVEN: Britse bommenwerpers worden ingezet in de Falklandoorlog tussen Groot-Brittannië en Argentinië.

DE FALKLANDOORLOG
Tussen Argentinië en Groot-Brittannië breekt een oorlog uit over de zeggenschap over de Falklandeilanden. In april start de junta onder generaal Galtieri Operatie Rosario en valt men de Falklandeilanden binnen. De VN nemen een resolutie aan waarin de Argentijnen worden opgeroepen zich terug te trekken. Een Britse speciale eenheid wordt ingezet en na een felle strijd geven de Argentijnen zich over en worden de eilanden in juni weer overgedragen aan de Britten.

ISRAËL VALT LIBANON BINNEN
Na luchtaanvallen vallen Israëlische legereenheden Libanon binnen, waar sinds 1964 het hoofdkwartier van het Palestijnse Bevrijdingsfront (PLO) is gevestigd. Israëlische en Syrische eenheden raken in het zuiden van Libanon slaags en de Israëli's omsingelen zesduizend guerrillastrijders van de PLO in West-Beirut en eisen hun overgave. In juli biedt de Palestijnse leider Yasser Arafat (geb. 1929) aan de resolutie van de Veiligheidsraad van de VN waarin het bestaansrecht van Israël wordt erkend, te accepteren in ruil voor erkenning van de PLO door de VS, maar de VS weigeren. Eind augustus is de PLO verdreven uit Beirut.

EL SALVADOR
In El Salvador, waar in 1980 de mensenrechtenactivist Oscar Romero werd vermoord, gaat de burgeroorlog onverminderd voort. Er worden verkiezingen gehouden, die gepaard gaan met veel geweld en waaraan de linkse partijen weigeren deel te nemen. De christendemocraten onder leiding van José Duarte, die al sinds 1980 president is, keren terug, maar worden door een coalitie van rechts gedwarsboomd.

BLOEDBAD ONDER DE PALESTIJNEN
Na de moord op de pasgekozen Libanese president Bashir Gemayel, vallen christelijke falangisten Palestijnse vluchtelingenkampen West-Beirut binnen en doden meer dan achthonderd Palestijnen.

LICHTEND PAD
In Peru worden de maoistische guerrillastrijders van Sendero Luminoso (Lichtend Pad), onder aanvoering van Dr Renoso Guzman, steeds actiever.

DE SOCIALISTEN WINNEN IN SPANJE
In Spanje boekt de socialistische partij onder leiding van Felipe Gonzalez (geb. 1942) voor het eerst sinds de burgeroorlog een grote overwinning bij de algemene verkiezingen. Hij blijft tot 1996 aan de macht.

INGRID BERGMAN
(1915–1982)

De Zweedse actrice Ingrid Bergman overlijdt. Ze speelde in veel Engelstalige films, waaronder *Casablanca* (1942, met Humphrey Bogart) en diverse andere Hollywoodhits in de jaren '40. Na een tijd in Europa keerde ze in 1956 terug naar Hollywood om *Anastasia* en *The inn of sixth happiness* (1958) op te nemen. De laatste jaren speelde ze ook toneel en verscheen ze op televisie en in de film *Herfstsonate* van Ingmar Bergman (1978).

BOVEN: Henry Fonda (met dochter Jane en Katherine Hepburn) wint zijn enige Oscar met *On golden pond*.

KOHL WORDT KANSELIER

De sociaal-democratische regering van Helmut Schmidt valt en zijn plaats als kanselier wordt ingenomen door de christen-democraat Helmut Kohl (geb. 1930), die tot 1998 aan de macht blijft. Kohl wil graag de eenheid in de Europese Gemeenschap bevorderen.

EEN NIEUW RUSSISCH RUIMTESTATION

De Sovjet-Unie brengt een nieuw ruimtestation in een baan om de aarde. De *Soljoez 7* vervangt een ouder ruimtestation dat al vier jaar om de aarde draait.

NICARAGUA

President Daniel Ortega (geb. 1945) roept de noodtoestand uit na guerrilla-aanvallen op bruggen en olie-installaties. De relatie met de VS is verslechterd na het aantreden van Reagan en de Amerikaanse steun aan het land is sinds 1981 bevroren. In 1982 onderneemt de VS pogingen om de nieuwe regering van Nicaragua te destabiliseren door rechtse guerrillabendes, de zogenaamde Contras, te steunen.

SOVJETLEIDERS OVERLIJDEN

De Russische president Leonid Bresjnev overlijdt, waarna een periode van zwak leiderschap begint. Twee andere kopstukken, Yuri Andropov en Konstantin Tsjernenko, overlijden binnen drie jaar.

DE MARY ROSE WORDT GELICHT

Archeologen onder leiding van Margaret Rule lichten het wrak van het oorlogsschip van de Britse koning Hendrik VIII, de *Mary Rose*, dat al 437 jaar voor de kust van Portsmouth lag.

RUIMTEVEER LANCEERT EEN SATELLIET

Het Amerikaanse ruimteveer *Columbia* vervoert twee communicatiesatellieten en brengt die in een baan om de aarde. Er zijn twee specialisten aan boord van het ruimteveer; zij zijn geen astronauten, maar reizen mee als extra bemanningsleden.

DE KOMST VAN CD'S

Compactdiscs of cd's, waarop geluid digitaal wordt opgeslagen door middel van microscopische groefjes en die worden afgespeeld met behulp van een laserstraal, en cd-spelers worden op de markt gebracht door het Nederlandse Philips en het Amerikaanse CBS/Sony.

DE EERSTE LASERPRINTERS

De eerste laserprinters voor computers, geproduceerd door IBM, worden op de markt gebracht.

POSTMODERNISTISCHE GEBOUWEN

Het Portland Public Services Building in Oregon, ontworpen door de Amerikaan Michael Graves (geb. 1934), is wellicht het eerste postmodernistische gebouw. De kleurrijke voorgevel, de lijnen op de buitenmuren en het gebruik van ornamentele beeldhouwkunst maken van dit gebouw iets unieks.

Een gebouw in New York claimt echter ook het 'eerste echte postmodernistische gebouw' te zijn. Dit AT&T-gebouw van de architecten Philip Johnson en John Burgee is zeer controversieel en valt direct op door de enorme gebroken timpaan, een historische verwijzing die kenmerkend is voor de nieuwe stijl.

LINKS: de Italianen mogen de beker in ontvangst nemen, nadat ze in de WK-finale Duitsland met 4-2 verslagen hebben.

SURINAME
In Suriname vinden de zogenaamde decembermoorden plaats. Vijftien oppositieleiders worden geëxecuteerd. Desi Bouterse lijkt betrokken te zijn bij de moorden.

THE COLOUR PURPLE
De Amerikaanse schrijfster Alice Walker (geb. 1944) publiceert haar eerste boek, *The colour purple.* Haar verhaal levert haar de Pulitzer-prijs op.

HET HUIS MET DE GEESTEN
De Chileense schrijfster Isabel Allende (geb. 1942) krijgt internationaal bekendheid met haar eersate roman *Het huis met de geesten.* Het verhaal ontstond uit haar vlucht uit Chili na de moord op haar oom, Salvador Allende.

VERNIETIGING VAN HET REGENWOUD
Milieudeskundigen beginnen zich zorgen te maken over de regenwouden, nadat de VN hebben berekend dat ca. acht miljoen hectare regenwoud per jaar wordt vernietigd.

PAC-MAN RAGE
Het computerspelletje Pac-Man wordt in korte tijd zeer populair in de VS en Europa.

ITALIE WINT HET WK
Italië wint in Spanje het WK-voetbal door in een teleurstellende finale Duitsland te verslaan met 3-1.

BOVEN: de Russische leider Leonid Bresjnev wordt begraven in Moskou. Zijn opvolger –slechts voor korte tijd– is Yuri Andropov.

LINKS: de latere leider Mikhail Gorbatsjov. Na de dood van Bresjnev beginnen de glasnost en de perestroika.

MORATORIUM OP DE WALVISVAART
De International Whaling Commission stemt in met een vier jaar durend moratorium op de commerciële walvisvaart, dat zal ingaan in 1985-1986. De vangst voor wetenschappelijk onderzoek wordt echter voortgezet en dus noemen veel commerciële walvisvaarders zich nu 'wetenschappers'.

CASA ROTONDA
Casa Rotonda van de in Zwitserland geboren architect Mario Botta is een voorbeeld van de flair van Europese architecten voor het creëren van originele vormen. Het is een huis in de vorm van een cilinder.

DUITSE GROENEN EN ET

In Sri Lanka breekt een burgeroorlog uit. Een Zuid-Koreaanse Boeing 747 wordt neergeschoten door een Russisch gevechtsvliegtuig. Overal in Europa worden antikernwapendemonstraties gehouden. De Duitse Groenen winnen enkele zetels in de Bundestag. Amerikaanse mariniers vallen het eiland Grenada binnen. Er wordt meer bekend over AIDS. Een nieuw apparaatje, de muis, maakt werken met de computer gemakkelijker. *ET*, de film van Steven Spielberg, wordt een enorm succes.

BLZ. 489: glasvezel leidt tot een revolutie in de telecommunicatie.

1983

23 maart Ronald Reagan doet een voorstel voor een nieuw Star Wars-verdedigingssysteem

27 juli Tussen de regering van Sri Lanka en de Tamil Tijgers breekt een burgeroorlog uit

21 augustus De Filippijnse oppositieleider Benigno Aquino wordt vermoord

1 september Een Russisch gevechtsvliegtuig schiet een Zuid-Koreaanse boeing 747 neer

20 oktober De snelheid van het licht wordt opnieuw bepaald
22 oktober Antikernwapendemonstraties in Europa tegen de plaatsing van kruisraketten en Pershing-raketten
25 oktober Amerika valt Grenada binnen

28 november Het Europese ruimtelaboratorium gaat de ruimte in

10 december Raúl Alfonsin wordt president van Argentinië

BOVEN: Boy George en zijn band Culture Club maken het Westen bekend met 'genderbending' en 'crossdressing'.

RUSLAND SCHIET EEN BOEING NEER

Een Zuid-Koreaanse boeing 747 die boven het eiland Sakhalin voor de oostkust van Siberië vliegt, wordt door Russische piloten uit de lucht geschoten. Alle 269 burgers aan boord komen om het leven, maar de Russen beweren dat het een spionagevlucht was. Door de aanval neemt de spanning tussen Rusland en het Westen weer toe.

ANTIKERNWAPENPROTESTEN

In heel Europa wordt gedomonstreerd tegen de plaatsing van Amerikaanse kruisraketten en Pershing II-raketten. Door de plaatsing zou het aantal kernkoppen in Europa toenemen en bijdragen aan de wapenwedloop tussen de VS en Rusland. In Groot-Brittannië richten vrouwen in september 1981 een permanent vredeskamp in bij Greenham Common, waar 96 kruisraketten zijn gepland. De vrouwen houden een voortdurende wake voor de vrede.

DE DUITSE GROENEN

De Groenen (Die Grünen) halen 5,6% van de stemmen tijdens de nationale verkiezingen voor de Bundestag en zijn daardoor voor het eerst vertegenwoordigd in het Duitse parlement. Onder degenen die een zetel krijgen, is Petra Kelly (1947-1992), milieuactiviste, antikernwapenactiviste en medeoprichtster van de Groene partij. De bezorgdheid over het milieu en kernenergie heeft in heel Europa geleid tot steeds meer steun voor de Europese partij van de Groenen sinds de oprichting in 1979.

MILITAIR REGIME IN ARGENTINIE BEEINDIGD

Raúl Alfonsin (geb. 1927) wordt president van Argentinië, waarmee er een einde komt aan het acht jaar durende militaire regime. De repressieve maatregelen van de militairen hebben de gehele gemeenschap getekend, maar sinds de nederlaag in de Falklandoorlog in 1982 zijn ze alle zeggenschap kwijtgeraakt.

AMERIKA VALT GRENADA BINNEN

De aanwezigheid van duizend Amerikaanse studenten en een linkse, niet gekozen regering die Cuba om hulp had gevraagd bij de bouw van een internationale luchthaven, brengt de VS ertoe om een invasie van het eiland Grenada te beginnen. Zevenduizend Amerikaanse soldaten weten na twee dagen de vrij ongetrainde, slecht uitgeruste en ongeorganiseerde vijand te bedwingen.

MUIZEN VOOR TOETSENBORDEN

De firma Apple introduceert de computermuis, een apparaatje dat een pijl over het scherm kan bewegen en commando's doorgeeft aan de computer via een klik op een knop.

AQUINO VERMOORD

Oppositieleider Benigno Aquino wordt vermoord op het vliegveld als hij terugkeert na drie jaar ballingschap om mee te doen aan de komende algemene verkiezingen. De regering Marcos wordt onmiddellijk verdacht van de moord en de oppositie wordt steeds heviger.

BOVEN: in het Amerikaanse leger vervangt de Hummer of Humvee, een multifunctioneel voertuig, de ouwe trouw jeep.

SRI LANKA

In Sri Lanka breekt een burgeroorlog uit tussen het regeringsleger en Tamil-separatisten uit het noorden, het bevrijdingsleger van de Tamil Tijgers, die hun basis hebben op het schiereiland Jafna. De oorlog duurt tot in de jaren '90.

HIV-VIRUS ONTDEKT

Onderzoekers in Frankrijk ontdekken het virus dat AIDS veroorzaakt. Het wordt HIV-1 genoemd, Human Immune Deficiency Virus. Amerikaanse onderzoekers bevestigen de ontdekking na een jaar.

VERBETERDE PETUNIA'S

Wetenschappers in Duitsland en de VS brengen genen van een bacterie over in cellen van petunia's, waardoor planten ontstaan die resistent zijn tegen antibiotica.

VERDER IN DE RUIMTE

Het in Europa gebouwde *Spacelab* wordt door de Amerikaanse ruimteveer *Columbia* in de ruimte gebracht. In juni wordt de *Pioneer 10*, die in 1972 werd gelanceerd, de eerste ruimtesonde die de Melkweg passeert en verder in het zonnestelsel doorreist.

ET

De Amerikaanse filmregisseur Steven Spielberg (geb. 1946) heeft een nieuwe film uitgebracht. Het is een sentimenteel verhaal over een buitenaards wezen dat de aarde bezoekt.

BELGISCHE EX-KONING

De voormalige koning Leopold III, vader van de huidige koning Boudewijn en diens broer Albert, overlijdt.

EL NINO

Oceanografen melden dat de periode van extra warm water langs de Zuid-Amerikaanse kust, die werd veroorzaakt door El Niño en die begon in 1982, de ernstigste is die ooit is genoteerd. El Niño veroorzaakt overstromingen en droogte.

BOVEN: Amerikaanse grondtroepen tijdens de twee dagen durende invasie van het eilandje Grenada.

LINKS: de luchtmacht maakt zich op voor de landing.

ONDER: een marine- en legerpatrouille tijdens operatie Urgent Fury, de Amerikaanse invasie van Grenada. De mannen op de achtergrond zitten in een in beslag genomen Russisch voertuig.

MEDISCHE VOORUITGANG

Technologische verbeteringen, deels onwikkeld voor de ruimtevaart, worden met succes toegepast in de medische wetenschap. Computers, lasers, elektronica en kernenergie krijgen een eigen rol bij de diagnose en de operatie.

RECHTS: bij microchirurgie gebruikt men sterke vergrootglazen, lasergestuurde instrumenten en videoschermen.

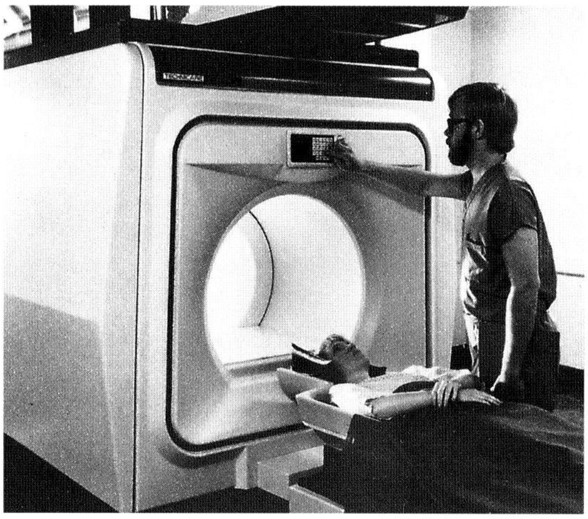

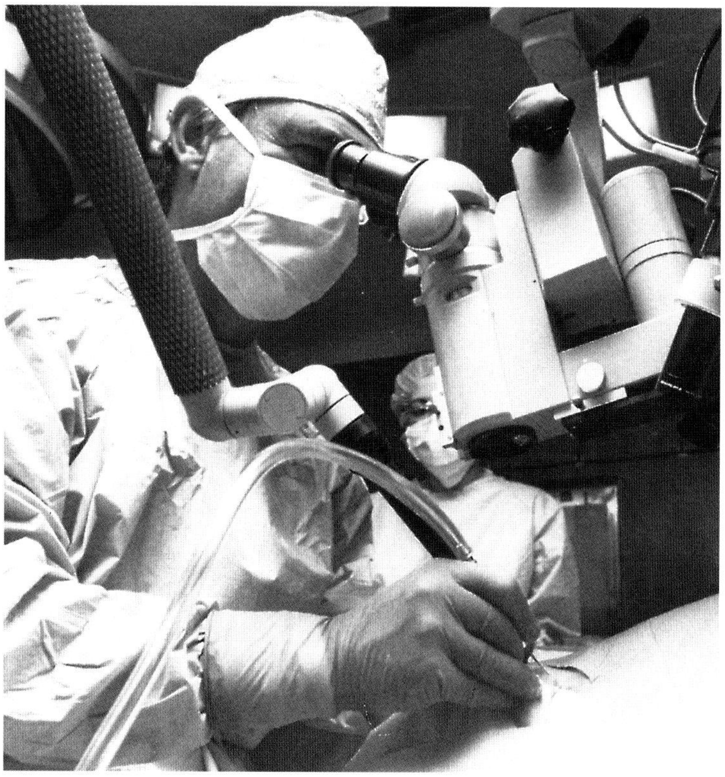

BOVEN: de Nuclear Magnetic Resonance Scanner spoort beschadigingen en kankergezwellen in botten op.

ONDER: elektroden die zijn verbonden met een computerbeeldscherm registreren de hartslag en mogelijke afwijkingen van het normale beeld.

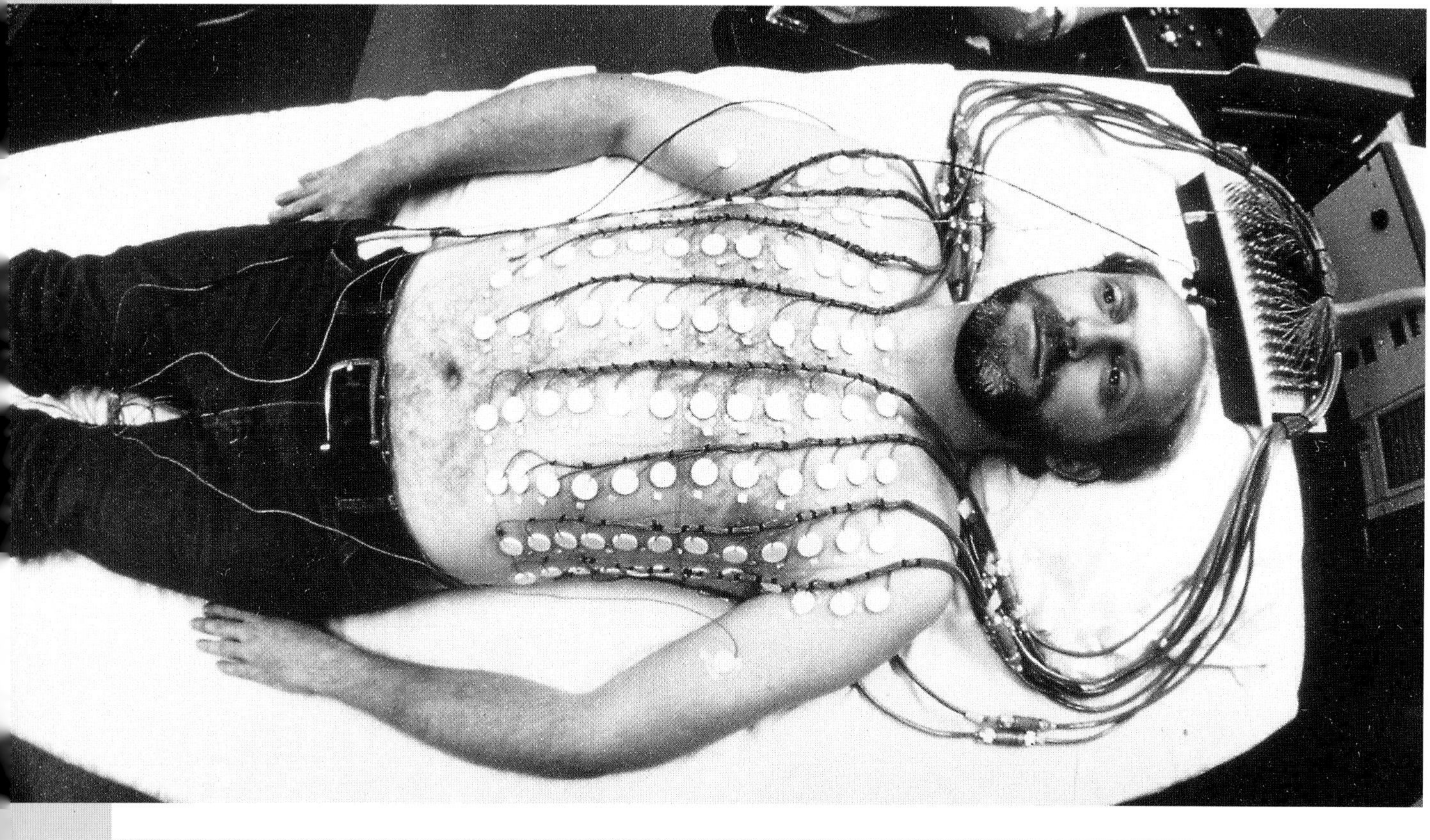

BOVEN: de ruïnes op het vliegveld van Beirut, waar 241 Amerikaanse mariniers omkomen bij een terroristische aanslag. De mariniers waren in Libanon om de vrede te bewaren tussen de Israëliers en de Palestijnen.

SPREKENDE CAMERA
De firma Minolta introduceert een 35 mm camera die 'spreekt' tegen de gebruiker. Hij geeft een waarschuwing als er problemen zijn voor de volgende opname.

SNELHEID VAN HET LICHT
Een internationaal comité stelt de snelheid van het licht vast op precies 299.792.458 m per seconde.

UNISEKS IN DE MODE
Uniseks –een gelijke manier van kleden en levensstijl voor beide seksen– wordt de nieuwe trend onder jongeren. De trend wordt mede veroorzaakt door het succes van bands als Culture Club met zanger Boy George.

KUNSTHART
De gepensioneerde tandarts Barney B. Clark, de eerste patiënt die een Jarvik-kunsthart kreeg, overlijdt na 112 dagen. Het kunsthart functioneerde goed, maar andere organen niet. De operatie werd een jaar geleden uitgevoerd aan de universiteit van Utah. Het kunsthart is gemaakt van plastic en metaal en is genoemd naar zijn uitvinder, Robert Jarvik.

BALTHAZAR JOHANNES (JOHN) VORSTER (1915–1983)

John Vorster, premier van Zuid-Afrika van 1966-1978 en lid van de Afrikaner Nationalistische partij, overlijdt. Onder de regering van Verwoerd (1961-1966) was hij minister van Justitie en toen Verwoerd vermoord was, werd Vorster premier. Onder zijn leiding werd de apartheid in stand gehouden. In 1979 werd hij gedwongen terug te treden als president, toen hij schuldig werd bevonden aan misbruik van regeringsfondsen.

HET MASKER VAN ORPHEUS
In de nieuwe opera van de Britse componist Harrison Birtwistle (geb. 1934) wordt het verhaal van Orpheus verteld. Birtwistle gebruikt naast de traditionele taal van de opera (stemmen en instrumenten) op band opgenomen intermezzo's van harpmuziek, die door een computer gebroken, geanalyseerd en opnieuw gespeeld worden om ritmes te creëren die veel sneller en gecompliceerder zijn dan een mens zou kunnen realiseren.

VRIJWILLIGE EUTHANASIE IN NEDERLAND
In Nederland wordt vrijwillige euthanasie geïntroduceerd voor mensen in de terminale fase van een ernstige ziekte.

RECHTS: het buitenaardse wezen ET in de gelijknamige film van Steven Spielberg.

DE CHALLENGER

Meer dan tien jaar na de eerste kennismaking met de maan lanceren de VS de spaceshuttle, een ruimtevoertuig dat een raket en een ruimteveer, dat naar de aarde kan terugkeren, bevat. Het eerste veer is de *Challenger*, gelanceerd in 1981 en tot 1986 in gebruik. Het doel is wetenschappelijk, militair en commercieel onderzoek. Spectaculair onderdeel van de ruimtereizen zijn de 'uitstapjes': verblijf buiten het veer, waarin de astronauten reparaties en onderhoud uitvoeren.

BOVEN: de astronauten F. Story Musgrave en Donald H. Peterson oefenen voor de uit te voeren werkzaamheden.

ONDER: de mannen blijven bijna vier uur buiten, terwijl de *Challenger* om de aarde draait.

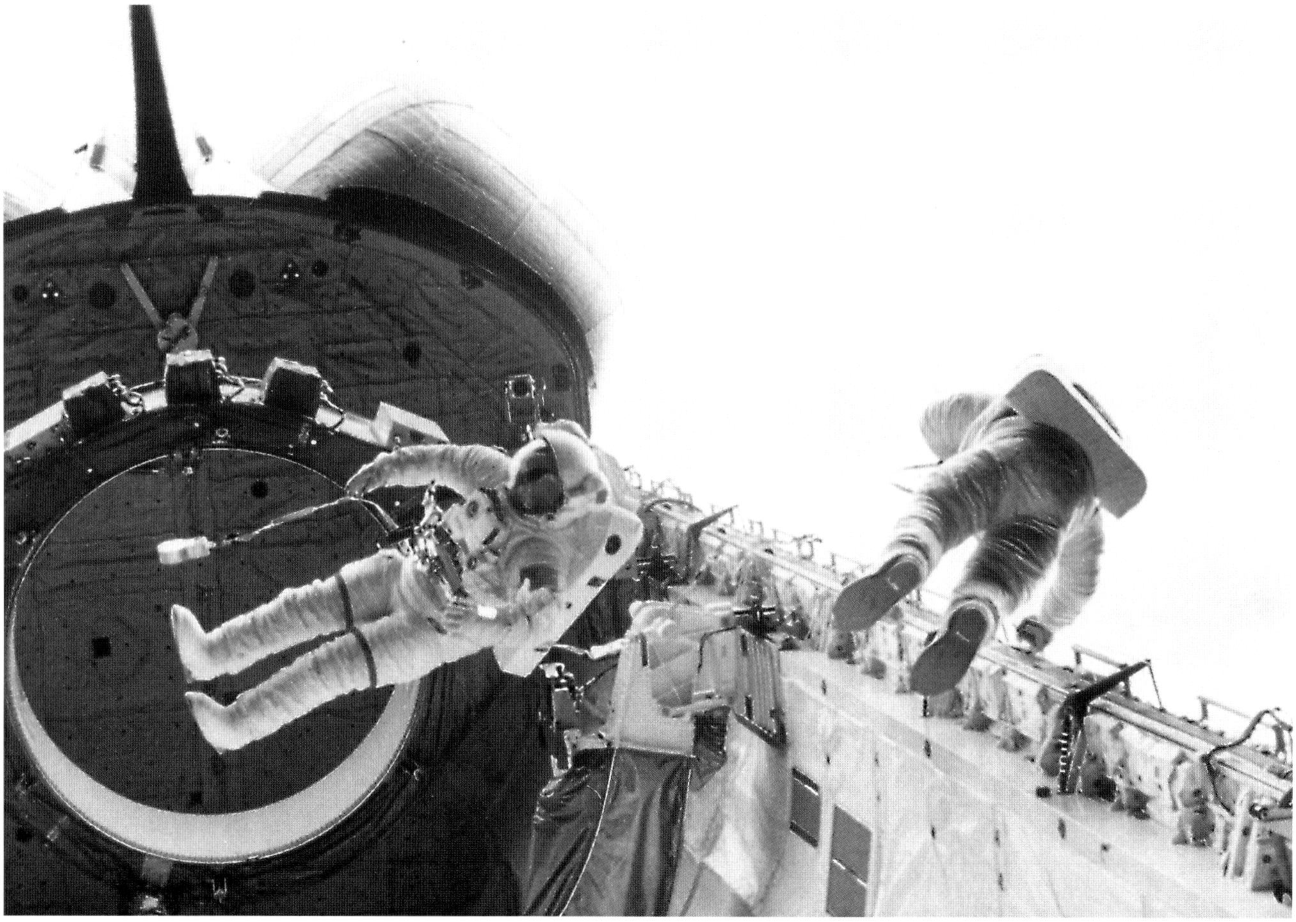

BOVEN: tijdens een missie in 1984 test Bruce McCandless de door stikstof aangedreven, handbestuurde Manned Maneuvering Unit (MMU), die de astronaut zeer mobiel maakt. Vorige ruimtewandelaars zaten met tuien vast aan het moederschip.

LINKS: op een missie in 1985 proberen Sherwood C. Spring en Jerry L. Ross buiten de shuttle onderdelen in elkaar te zetten.

AMRITSAR, BHOPAL EN ZURE REGEN

Sikh-nationalisten worden vermoord bij de Gouden Tempel in Amritsar; uit wraak wordt de Indiase premier Indira Gandhi vermoord. In Groot-Brittannië plaats de IRA een bom in het gebouw waar de Conservatieve Partij bijeen is. In Ottawa beloven diverse landen dat zij de uitstoot van kooldioxide, waardoor zure regen veroorzaakt wordt, zullen verminderen. In India komen meer dan tweeduizend mensen om het leven door gifgas. Vrouwen maken een ruimtewandeling en aartsbisschop Tutu krijgt de Nobelprijs.

1984

9 februari De Russische president Andropov overlijdt. Hij wordt opgevolgd door Tsjernenko
11 februari Irak bombardeert burgerdoelen in Iran

20 april Demonstraties in West-Duitsland tegen het plaatsen van Amerikaanse raketten in Europa

10 mei Het Internationale Gerechtshof in Den Haag bepaalt dat Amerika de blokkade van Nicaraguaanse havens moet beëindigen
10 mei De Deense regering stemt voor uitstel van betaling aan de NAVO uit protest tegen het plaatsen van Pershing II en kruisraketten in Europa
24 mei Iraanse oorlogsvliegtuigen vallen olietankers voor de kust van Saudi-Arabië aan

6 juni Bij de bestorming van de Gouden Tempel in Amritsar door het Indiase leger komen nationalistische Sikhs om het leven

28 juli De 23e Olympische Spelen worden geopend in Los Angeles

4 augustus Tamils en Singalezen in Sri Lanka raken slaags met elkaar

26 september Groot-Brittannië stemt in met de overdracht van Hongkong aan China

12 oktober De IRA plaatst een bom tijdens een congres van de Conservatieve partij in Brighton
31 oktober De Indiase premier Indira Gandhi wordt vermoord

4 november De Sandinisten winnen de verkiezingen in Nicaragua

3 december In Bhopal in India ontsnapt gifgas, waardoor duizenden doden en gewonden vallen

BOVEN: rouwenden en doden in Bhopal, waar door een lek gifgas is ontsnapt.

BOVEN: de ex-B-filmacteur Ronald Reagan spreekt de senaat toe. Hij is na zijn eerste termijn herkozen.

LINKS: India Ghandi, eerste minister van India, met de Sikh-lijfwacht die haar later zal vermoorden.

DE GOUDEN TEMPEL

In juni bezetten nationalistische Sikhs de Alkali Dal, de Gouden Tempel in het Indiase Amritsar in een poging een onafhankelijke Sikh-staat –Khalistan– af te dwingen. De Gouden Tempel is een van de heiligste plaatsen van de Sikhs. De Indiase regering laat een aanval uitvoeren en het leger bestormt de tempel en neemt hem in. Er wordt hevig gevochten: volgens officiële cijfers worden er 493 nationalisten en 83 soldaten gedood. In oktober wordt premier Indira Gandhi vermoord door haar Sikh-lijfwachten. De zoon van mevrouw Gandhi, Rajiv (1944-1991), volgt haar op als premier. Na de moord slaan de hindoes terug en ongeveer drieduizend Sikhs worden afgeslacht.

EEN BOM IN BRIGHTON

De IRA plaatst een bom in Brighton, in het hotel waar de conservatieven een congres houden. Premier Margaret Thatcher en haar kabinet ontsnappen aan de dood. Twee mensen komen om het leven en velen raken gewond. Met de bom wilde de IRA de Britten dwingen zich terug te trekken uit Noord-Ierland.

FRANCOIS TRUFFAUT (1932–1984)

De Franse filmregisseur van de 'nouvelle vague' en criticus François Truffaut overlijdt. Door zijn eerste speelfilm *Les quatre cents coups* (1959) werd meteen zijn reputatie gevestigd. Deze reputatie werd nog groter na *Jules et Jim* in 1962. Veel van zijn films zijn een losjes met elkaar verbonden reeks gebeurtenissen, gespeeld door acteur Jean-Pierre Leaud, de jonge held uit Truffauds eerste film.

GIFGASLEK IN BHOPAL

Ongeveer 2500 mensen worden gedood en duizenden raken gewond als gifgas ontsnapt uit de Amerikaanse fabriek van Union Carbide bij Bhopal in Mahadya Pradesh in India. In de fabriek worden pesticiden voor de Derde Wereld gemaakt.

ONDER: de verwoeste gevel van het Grand Hotel in Brighton, waar de IRA een aanslag pleegt op de conservatieve partij.

BOVEN: de Frans-Britse Concorde vliegt nog steeds over de Atlantische Oceaan, ondanks de bezwaren van milieuactivisten.

HONGKONG WORDT TERUGGEGEVEN
Groot-Brittannië gaat akkoord met de overdracht van Hongkong aan China in 1997. De 99 jaar durende lease van de New Territories loopt in 1997 af, waardoor de rest van de kolonie onleefbaar wordt als deze wordt overgedragen aan China. Volgens de overeenkomst zal Hongkong zijn kapitalistische systeem ten minste vijftig jaar mogen behouden en behoorlijke binnenlandse autonomie krijgen.

WANDELING IN DE RUIMTE
In juni wordt Svetlana Savitskaya de eerste vrouw die een wandeling in de ruimte maakt, in oktober gevolgd door de Amerikaanse astronaute Kathryn D. Sullivan.

DE EERSTE CD-ROMS
Philips en Sony passen de compactdiscs zodanig aan dat ze geschikt zijn voor de computer en produceren hun eerste cd-roms (Compact Disc Read-Only Memory).

OCEAANBORINGEN
Elf landen nemen deel aan een tien jaar durend programma van boringen om de continentale zandbanken te onderzoeken – delen van de continenten die onder de zee liggen.

DIEPZEELEVEN
Meer diepzeeleven, afhankelijk van chemische synthese en niet van fotosynthese, wordt ontdekt in de omgeving van hydrothermale luchtopeningen onder het noordelijk deel van de Stille Oceaan.

UITBREIDING VAN DE STAATSGALERIE
De Britse architecten James Stirling en Michael Wilford creëren hun eigen sobere versie van postmodernisme (met klassieke details en primaire kleuren) met deze uitbreiding van een kunstgalerie in Stuttgart.

ZURE REGEN
Tien landen komen in Ottawa bijeen en beloven de uitstoot van zwaveldioxide met 30% te verminderen om de zure regen terug te dringen, die in het Westen meren en rivieren aantast en bossen vernietigt. Pas in 1983 is ontdekt dat zure regen wordt veroorzaakt voor rookvervuiling uit energiecentrales en fabrieken.

LINDOW-MAN
De resten van een man uit de IJzertijd worden goed geconserveerd teruggevonden in veengrond bij Lindow Marsh in het Britse Cheshire. Hij lijkt het slachtoffer te zijn geweest van een religieus ritueel.

JORDAN GESELECTEERD
De Chicago Bulls selecteren de in Brooklyn geboren Michael Jordan (geb. 1963) als derde in het basketbalteam van universiteitsspelers.

OLYMPISCHE SPELEN
De 23e Olympische Spelen worden gehouden in Los Angeles. Veel communistische landen boycotten als reactie op de Amerikaanse boycot in 1980 deze Spelen, die door particulieren gefinancierd moeten worden. De Amerikaan Carl Lewis (geb. 1961) sleept vier gouden medailles in de wacht. Windsurfen, gewonnen door de Nederlander Stephan van den Berg, en synchroonzwemmen worden Olympisch.

TUTU KRIJGT DE NOBELPRIJS
De Zuid-Afrikaanse, Anglicaanse bisschop en anti-apartheidsactivist Desmond Tutu (geb. 1931) krijgt de Nobelprijs voor de Vrede. In 1985 wordt hij de eerste zwarte bisschop van Johannesburg.

INDIRA PRIYAD ARSHINI GANDHI (1917–1984)
De Indiase premier Indira Gandhi wordt vermoord door een van haar lijfwachten. Ze was de dochter van Jawaharlal Nehru, volgde een deel van haar opleiding in Oxford en was altijd al politiek actief in de Congrespartij. Ze werd premier in 1966, maar verloor haar zetel de politieke onrust van 1977. In 1980 werd ze herkozen.

PERESTROIKA EN LIVE AID

Mikhail Gorbatsjov wordt de nieuwe leider van de Sovjet-Unie. Hij belooft hervormingen door te voeren. Etiopië leidt onder de ergste hongersnood ooit. Miljoenen mensen hebben geld over voor de slachtoffers en het gigantische Live Aid wordt georganiseerd. Het Greenpeaceschip *Rainbow Warrior* wordt door Franse agenten in Nieuw-Zeeland tot zinken gebracht. De dood van Rock Hudson wijst de mensen nog meer op de gevaren van AIDS. Wetenschappers ontdekken een gat in de ozonlaag. Het wrak van de *Titanic* wordt gevonden.

1985

8 februari ANC-leider Nelson Mandela weigert de aangeboden vrijheid, omdat hij moet beloven geweld af te zweren

10 maart De Russische president Tsjernenko overlijdt
11 maart Mikhail Gorbatsjov wordt leider van de Sovjet-Unie
21 maart De Zuid-Afrikaanse politie opent het vuur op een menigte die bijeengekomen is om het bloedbad in Sharpeville van 25 jaar geleden te herdenken

11 april Ramiz Alia wordt president van Albanië na de dood van Enver Hoxha

1 mei Amerika legt handelssancties op aan Nicaragua
1 mei Aanhangers van Solidariteit raken slaags met de Poolse politie
10 mei Nationalistische Sikhs bestoken steden in India

11 juli Het Greenpeaceschip de Rainbow Warrior zinkt in de haven van Auckland
18 juli De Organisatie voor Afrikaanse Eenheid, die vergadert in Addis Abeba, meldt dat de meeste Afrikaanse landen op de rand van een economische ineenstorting staan

2 september Pol Pot treedt af als leider van de Rode Khmer
17 september Meer dan zevenduizend mensen komen om het leven bij een aardbeving in Mexico-Stad

1 oktober Israël valt het PLO-hoofdkwartier in Tunis aan
2 oktober De Amerikaanse filmster Rock Hudson overlijdt aan AIDS

15 november Door de ondertekening van een Brits-Ierse overeenkomst krijgt de Ierse republiek een adviserende rol in Noord-Ierland
29 november Zwarte vakbondsleiders vormen in Zuid-Afrika een nieuwe vakbond: COSATU

GORBATSJOV BELOOFT HERVORMINGEN

Na de dood van Konstantin Tsjernenko wordt Michail Gorbatsjov (geb. 1931) leider van de Sovjet-Unie. Hij begint het communistische systeem te hervormen en belooft glasnost (openheid) en perestroika (hervorming).

ALBANIE OPENT DE GRENZEN

Enver Hoxha, leider van Albanië sinds 1945, overlijdt. Zijn land was al die tijd geïsoleerd van de rest van Oost-Europa en volgde eerder de Chinese lijn dan de Russische. Albanië is het armste land van Europa. Langzamerhand maakt de nieuwe regering onder Ramiz Alia (geb. 1925) een einde aan dit isolement.

BOVEN: een tragedie in het Heizel-stadion in Brussel. Voor de Europacupfinale tussen Liverpool en Juventus vallen er doden onder de toeschouwers.

BRITS-IERSE OVEREENKOMST

De Britse premier Margaret Thatcher en de Ierse premier Garret Fitzgerald (geb. 1926) tekenen de Brits-Ierse overeenkomst waardoor Ierland voor het eerst een adviserende rol krijgt bij het beleid voor Noord-Ierland. De overeenkomst is bedoeld om de campagne van de IRA tegen te gaan en om een oplossing te vinden voor de voortdurende problemen in Noord-Ierland.

BOVEN: puin in Mexico-Stad na de aardbeving, waarbij meer dan tweeduizend mensen om het leven komen.

LIVE AID

De enorme hongersnood in Etiopië brengt de Ierse zanger Bob Geldof (geb. 1954) ertoe Live Aid te organiseren: een gigantisch popconcert dat tegelijkertijd in Londen en in Philadelphia wordt gehouden om geld in te zamelen voor voedselhulp. Enkele van de artiesten die belangeloos optreden, zijn Dire Straits, David Bowie, Queen en Mick Jagger. De concerten leveren 60 miljoen dollar op en zorgen ervoor dat de hele wereld weet wat er in Afrika aan de hand is. De hongersnood in Etiopië, die in 1981 na een periode van droogte en de burgeroorlog begon, is de ergste ooit.

GEORGE ORSON WELLES (1915–1985)

De Amerikaanse regisseur en acteur Orson Welles overlijdt. Zijn film *Citizen Kane* uit 1941, waarin hij ook de hoofdrol speelde, wordt zeer bewaardeerd door filmkenners. Andere succesvolle films van Welles zijn *The magnificent Ambersons* (1942) en *Touch of evil* (1958) (in beide films werd zonder zijn toestemming geknipt en werden veranderingen aangebracht door de studio). Als acteur is Welles vooral bekend om zijn beroemde vertolking van Harry Lime in *The third man* (1949).

KOERDEN VALLEN TURKIJE AAN

Het Koerdische bevrijdingsleger, de vroegere Koerdische arbeiderspartij (PKK), voert militaire acties uit tegen de Turkse regering.

RAINBOW WARRIOR ZINKT

Franse geheime agenten brengen de *Rainbow Warrior*, een schip van Greenpeace, tot zinken in de haven van Auckland. Greenpeace stuurde het schip naar dit deel van de wereld in een poging de Franse kernproeven op Mururoa te verstoren, waar alle landen in de regio heftig tegen protesteren. Bij de aanslag komt de Nederlandse fotograaf Pereira om het leven.

EEN GAT IN DE OZONLAAG

Wetenschappers van het Britse Antarctic Survey melden de ontdekking van een gat in de ozonlaag boven de Zuidpool. De bezorgdheid over de stijgende temperatuur van de aardkorst door de uitstoot van kooldioxyde neemt toe.

AIDSEPIDEMIE

De Wereldgezondheidsorganisatie (WHO) verklaart AIDS tot een epidemische ziekte. De Amerikaanse acteur Rock Hudson is de eerste beroemdheid die aan de ziekte overlijdt. De wereld wordt zich steeds meer bewust van de snelle verspreiding van de ziekte.

BELGISCH DRAMA

Op 9 november overvalt de Bende van Nijvel een Delhaize-supermarkt in Aalst. Er komen acht mensen om het leven.

DE TITANIC ONTDEKT

Een opsporingsonderzeeboot met videocamera's aan boord lokaliseert op de bodem van de Atlantische Oceaan het wrak van de *Titanic*, het passagiersschip dat zonk in 1912. Het wrak wordt ontdekt voor de kust van Newfoundland op 4000 m diepte.

GENETISCHE VINGERAFDRUK

Een team van Britse wetenschappers onder leiding van Alec Jeffreys ontwikkelen de genetische vingerafdruk, die is gebaseerd op het feit dat delen van de genetische code uniek zijn voor ieder mens.

VROUWENRECHTEN

In Nairobi wordt een internationale conferentie gehouden over de rechten van vrouwen. De conferentie wordt bijgewoond door tienduizend vrouwen.

NATUURRAMPEN

Een zeer zware aardbeving treft Mexico-Stad; zevenduizend mensen komen om het leven. In mei komen in Bangladesh tienduizend mensen om het leven door een orkaan en een vloedgolf.

JONGE SCHAAKKAMPIOEN

De Rus Gary Kasparov (geb. 1963) verslaat zijn landgenoot, de schaakkampioen Anatoly Karpov (geb. 1951), tijdens een van de langste partijen ooit gespeeld. Kasparov wordt daarmee de allerjongste schaakkampioen ooit.

RAN

De film *Ran* van de Japanse regisseur Akira Kurosawa gaat in première. *Ran* is een variatie op King Lear, verplaatst naar het 16e-eeuwse Japan. De gigantische, zeer realistische gevechten en de sterke karakterisering zijn zeer indrukwekkend.

MARC CHAGALL (1887–1985)

Kort voor zijn honderdste verjaardag overlijdt de in Rusland geboren, Frans-joodse schilder Marc Chagall. Hij verhuisde in 1922 naar Frankrijk en bleef daar het grootste deel van zijn leven wonen. Hij ontwierp decors voor Ballets Russes en maakte theateraffiches, boekillustraties en gebrandschilderde ramen en natuurlijk vele schilderijen.

MAHABHARATA

De Britse regisseur Peter Brook (geb. 1925) en de Franse schrijver Jean-Claude Carrière (geb. 1931) hebben een theaterversie gemaakt van het epische hindoe-verhaal *Mahabharata*. De productie betekent tevens erkenning voor het in Parijs gevestigde theatergezelschap van Brook, Les Bouffes du Nord.

ENGELSE VOETBALCLUBS UITGESLOTEN

Het Engelse voetbal wordt getroffen door twee afschuwelijke gebeurtenissen. In Bradford, in het noorden van Groot-Brittannië, komen 56 mensen om het leven als een oude houten tribune tot op de grond afbrand. En tijdens de Europese bekerfinale tussen Liverpool en Juventus in het Heizelstadion in Brussel worden 39 Italiaanse supporters doodgedrukt als ze proberen te vluchten voor een aanval van Liverpoolfans. Engelse clubs worden uitgesloten van de Europacups en de tragedies dwingen de Britse overheid de hooligans en de gebrekkige Britse stadions aan te pakken.

ONDER: het Greenpeaceschip de *Rainbow warrior* wordt door de Franse geheime dienst tot zinken gebracht in Nieuw-Zeeland.

STAR WARS

Met 'Star Wars' wordt het Strategic Defense Initiative-project aangeduid dat door president Ronald Reagan in 1983 werd aangekondigd en dat tien jaar van onderzoek en ontwikkeling zou vergen. Het doel is de ontwikkeling van raketten die vijandelijke raketten kunnen zoeken en vernietigen voor ze hun doel bereikt hebben. Reagan vindt dit plan essentieel in de strijd tegen het 'duivelsrijk', zoals hij de communistische landen noemt.

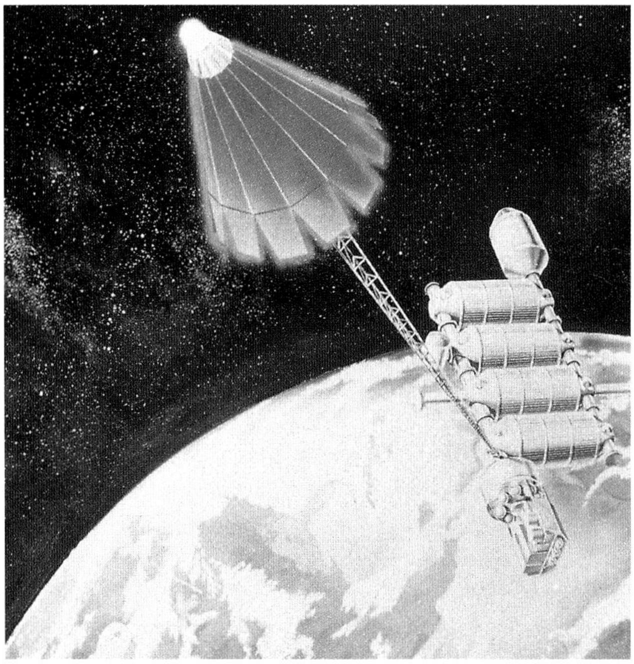

LINKS: tekening van een nucleaire energiebron voor een Star Wars-ruimtevaartuig; de shuttle voor de lancering (boven).

BOVEN: de radar die raketten van de vijand moet traceren.

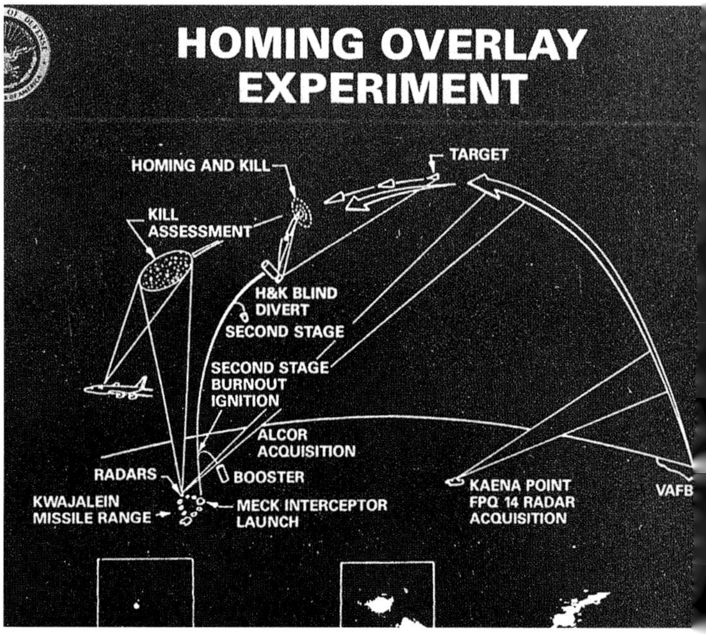

BOVEN: het schema laat zien hoe de Star Wars-raketten die van de vijand moeten onderscheppen en welke steun daarbij vanaf de grond nodig is.

BOVEN: het vernietigingsmechanisme van de raket. De metalen ribben rond de niet-explosieve kop zitten langs de raket en worden kort voor de inslag uitgeklapt.

RECHTS: de Airborne Optical Adjunct is ontwikkeld om vijandelijke kernkoppen optisch te herkennen en op te sporen en om onderscheppingstoestellen vanaf de grond te sturen.

TSJERNOBYL – EEN KERNEXPLOSIE

Een ernstig atoomongeluk doet zich voor in Tsjernobyl in de Sovjet-Unie: radioactief gas verspreidt zich over Europa. De Amerikaanse *Challenger* explodeert enkele seconden na vertrek. Cory Aquino verslaat op de Filippijnen Marcos. 'Baby Doc' wordt afgezet in Haïti. De VS voeren luchtaanvallen uit op Libië. Nieuwe hoogstandjes in de architectuur zijn de Bank van Hongkong en het Lloyds-gebouw. En de komeet Halley komt weer langs.

BLZ. 507: de *Challenger* explodeert vlak na de lancering. Alle astronauten komen om.

1986

1 januari Spanje en Portugal worden lid van de EG
25 januari Gorbatsjov kondigt een 25-jarenplan aan voor de vernietiging van kernwapens
28 januari Het Amerikaanse ruimteveer *Challenger* explodeert

7 februari De Haïtiaanse president Jean-Claude Duvalier vlucht naar Frankrijk
9 februari De komeet Halley nadert de zon
24 februari Marcos ontvlucht de Filippijnen. Cory Aquino legt de eed af als nieuwe president
28 februari Olof Palme, de premier van Zweden, wordt vermoord

11 april Brian Keenan, hoogleraar in Beirut, wordt in gijzeling genomen
15 april Amerikaanse bommenwerpers vallen vanaf Britse bases Libië aan
17 april John McCarthy, plaatsvervangend hoofd van Worldwide Television in Beirut, wordt gegijzeld
26 april In Tsjernobyl vindt een ernstig atoomongeluk plaats

12 juni President Botha roept in Zuid-Afrika de noodtoestand uit
20 juni Tijdens een conferentie van 120 landen in Parijs wordt opgeroepen tot sancties tegen Zuid-Afrika vanwege de apartheid

29 juli Argentinië wint het WK-voetbal in Mexico

21 augustus Gifgas doodt 1700 mensen in Noord-Kameroen

19 oktober President Machel van Moçambique en andere regeringsfunctionarissen komen bij een vliegtuigongeluk om het leven
20 oktober De Israëlische atoomtechnicus Mordechai Vanunu wordt ontvoerd uit Londen na het onthullen van atoomgeheimen. Hij wordt in Israël in de gevangenis gezet

BOVEN: de kaart die Caspar Weinberger, minister van Defensie, gebruikt tijdens de briefing van de Amerikaanse luchtmacht voor de bombardementen op Libië.

RECHTS: een Libisch patrouilleschip in de Golf van Sidra na de Amerikaanse luchtaanval op Libië als vergelding voor een Libische aanslag op Amerikanen in Europa.

JORGE LUIS BORGES (1899–1986)

De zeer beroemde Argentijnse schrijver Jorge Luis Borges overlijdt. Zijn werk bestaat vooral uit essays en korte verhalen, waarin de lezer meegenomen wordt in het doolhof van Borges' complexe metafysische en multidimensionele hersenspinsels. Door zijn voortschrijdende blindheid dicteerde hij vanaf 1953 zijn steeds korter wordende essays. Vanaf 1955 was hij directeur van de Nationale Bibliotheek van Argentinië. De bekendste Europese verzamelbundel van zijn werk is *Labyrinten* (1962).

SIMONE DE BEAUVOIR (1908–1986)

De Franse schrijfster en feministe Simone de Beauvoir, schrijfster van *De tweede sekse*, overlijdt. Ze was de zeer onafhankelijke partner van Jean-Paul Sartre en werkte na de oorlog samen met hem aan de uitgave van de socialistische krant *Les temps modernes*. Er zijn veel boeken en autobiografieën van haar hand verschenen. Ze schreef tevens *Adieu. Afscheid van Sartre*, over de laatste tien jaar van Sartres leven (1984).

HAITIAANSE DICTATOR AFGEZET

De door zichzelf tot president voor het leven uitgeroepen dictator van Haïti, Jean Claude Duvalier, beter bekend als 'Baby Doc', de zoon van dictator 'Papa Doc', wordt alle macht ontnomen. Het verarmde eiland werd sinds 1957 door de Duvaliers geregeerd met steun van de gevreesde geheime politie, de Tontons Macoutes. Duvalier vlucht naar Frankrijk en neemt zijn bijeengeroofde rijkdom mee. Een militaire regering neemt de macht over.

DE RAMP VAN TSJERNOBYL

In een kernreactor bij Tsjernobyl in de Oekraïne vindt een explosie plaats waardoor een radioactieve wolk over Noord-Europa drijft. Hoewel volledige afsmelting en een nucleaire ramp zijn voorkomen, worden door de radioactieve straling in het gebied vele mensen gedood en verminkt.

NOODTOESTAND IN ZUID-AFRIKA

President Botha van Zuid-Afrika roept de noodtoestand uit als preventieve maatregel tegen grote anti-apartheidsdemonstraties bij de herdenking van de opstand in Soweto, tien jaar geleden. De internationale kritiek op de maatregel is groot en de zwarte oppositie tegen de blanke regering neemt toe.

EG-LEDEN

Spanje en Portugal worden het elfde en het twaalfde lid van de Europese Gemeenschap.

AMERIKAANSE AANVAL OP LIBIE

De VS houden Libië verantwoordelijk voor de dood van enkele Amerikaanse soldaten bij een bomaanslag in Berlijn en voeren een luchtaanval uit op het land, waarbij militaire installaties bij Tripoli en Benghazi vernietigd worden.

MACHEL GEDOOD

President Samora Machel van Moçambique en 28 regeringsfunctionarissen komen bij een vliegtuigongeluk om het leven. Zuid-Afrika wordt ervan verdacht er iets mee te maken te hebben, want het destabiliseren van de zwarte buurlanden om de hun oppositie tegen de apartheidsregering te verzwakken, is onderdeel van Zuid-Afrikaanse beleid.

CHALLENGER EXPLODEERT

73 seconden na de start explodeert het Amerikaanse ruimteveer *Challenger* boven Cape Canaveral. Door de explosie, waarvan miljoenen mensen via de tv getuige zijn, komen de zeven bemanningsleden om het leven. Het is de ernstigste ramp in de geschiedenis van de ruimtevaart. Niet goed functionerende rubberen afsluitingen van een brandstofslang worden gezien als de oorzaak van het ongeluk.

HET RUIMTESTATION MIR

De Sovjet-Unie brengt het ruimtestation *Mir* in een baan om de aarde.

ONDER: de kerncentrale Tsjernobyl, drie dagen na de ergste kernramp die de wereld ooit heeft meegemaakt.

BOVEN: Corazon Aquino (links) wordt geïnaugureerd als president van de Filippijnen. Haar schoonmoeder staat naast haar.

BANK VAN HONGKONG
De Britse architect Norman Foster (geb. 1935) heeft een opmerkelijk nieuw gebouw ontworpen: de Bank van Hongkong. Het is een revolutionaire structuur waarbij de belangrijkste elementen worden gedragen door acht grote masten en de vloeren aan horizontale verstevigde balken zijn opgehangen. De structuur is aan de buitenkant zichtbaar.

AQUINO AAN DE MACHT OP DE FILIPPIJNEN
Cory Aquino (geb. 1933), weduwe van de vermoorde oppositieleider, verslaat president Ferdinand Marcos. Er volgens massale demonstraties en Marcos wordt gedwongen zijn functie neer te leggen als blijkt dat hij bij de presidentsverkiezingen in februari gefraudeerd heeft.

LLOYD'S-GEBOUW
Het nieuwe gebouw van Lloyd's in Londen, ontworpen door architect Richard Roger, wordt gedomineerd door de glanzende, met staalplaten beklede torens met daarin de trappen, en de enorme glazen hal van twaalf verdiepingen hoog. Het gebouw wordt 's nachts door schijnwerpers verlicht.

THE HANDMAID'S TALE
De Canadese schrijfster Margaret Atwood (geb. 1939) schrijft een controversieel boek. Het is een feministische utopie over een wereld waarin vruchtbare vrouwen baby's produceren voor vrouwen die zelf geen kinderen kunnen krijgen.

TERUGKEER VAN DE KOMEET HALLEY
In februari nadert de komeet Halley na 76 jaar weer de zon. De ruimtesonde de *Giotto* nadert de nucleus tot op een afstand van 600 km en registreert waardevolle gegevens.

ARGENTINIE WINT HET WK-VOETBAL
In totaal trekken de 52 wedstrijden van het WK-voetbal in Mexico 2,5 miljoen toeschouwers. Argentinië wint in de finale met 3-2 van Duitsland, nadat de Argentijnen in de halve fimale Nederland hebben verslagen.

NIEUWS VAN URANUS
De ruimtesonde *Voyager 2* nadert Uranus zeer dicht en stuurt foto's van de planeet naar de aarde. Hij ontdekt nog twee ringen en tien satellieten.

BELOVED
De nieuwste roman van de Amerikaanse schrijfster Toni Morrison (geb. 1931) heet *Beloved* en beschrijft het (ware) verhaal van een weggelopen slavin die haar dochter doodt om te voorkomen dat haar dochter eenzelfde leven als zij zal moeten leiden. Ze krijgt de Pulitzer-prijs.

EEN 'NIEUWE' DINOSAURUS
Amateurpalaeontoloog William Walker ontdekt in een kleiput in het zuiden van Engeland de fossiele botten van een nog onbekende reusachtige vleesetende dinosaurus.

NON-STOP ROND DE WERELD
De piloten Richard D. Rutan en Jeana Yeager vliegen non-stop rond de wereld in een experimenteel vliegtuig, de *Voyager*, zonder onderweg bij te tanken. De reis duurt negen dagen en drie minuten.

OSCAR VOOR FONS
De aanslag, de verfilming van de roman van Harry Mulisch, onder regie van Fons Rademakers ontvangt de Oscar voor de beste buitenlandse film.

SONGFESTIVAL
De Belgische Sandra Kim wint het Eurovisiesongfestival met het liedje *J'aime la vie*.

VLUCHTELINGEN

Conflicten en onrust overal ter wereld leiden tot grote aantallen vluchtelingen. Regeringen, liefdadigheidsinstellingen en hulporganisaties proberen mensen te helpen, te voeden en onderdak te bieden die door politieke en militaire oorzaken, en natuurrampen huis en haard achter hebben moeten laten.

LINKS: Afghaanse vluchtelingen in Iran halen water uit de *khanat*, een traditioneel irrigatiesysteem.

ONDER: een Afgaanse vluchteling in het dorp Nazdasht in Iran.

BOVEN: bootvluchtelingen uit Zuid-Vietnam zijn gered in de Zuid-Chinese Zee.

ONDER: Sumo- en Miskito-vluchtelingen worden gerepatrieerd vanuit Honduras, vanwaar ze in 1981 vluchtten naar Nicaragua.

BOVEN: Afgaanse vluchtelingen in Peshawar, Pakistan, wachten tot ze terug kunnen keren naar hun eigen land.

HET EINDE VAN DE WAPENWEDLOOP

De VS en de USSR ondertekenen een verdrag waarin zij overeenkomen de kernraketten voor de middellange afstand te ontmantelen. De Britse gezant Terry Waite wordt in Beirut in gijzeling genomen. Met het Montreal Protocol stemmen zeventig landen in met een beperking van de productie van cfk's. Irangate veroorzaakt een schandaal in de VS. De VN beginnen aan een vredesmissie om een einde te maken aan de oorlog tussen Iran en Irak. Er wordt een begin gemaakt met de bouw van de Kanaaltunnel tussen Engeland en Frankrijk.

BLZ. 513: deze deeltjesversneller kan maar liefst honderd triljoen watt energie genereren.

1987

20 januari Afgezant Terry Waite wordt in Beirut gegijzeld

5 februari Iran voert een raketaanval uit op Irak
26 februari De Amerikaanse Tower-commissie brengt een rapport uit over het Iran-contra-schandaal

6 maart Een veerboot over het Kanaal kapseist voor de Belgische kust

17 april Tamils in Sri Lanka vallen bussen aan

17 mei Een Irakese exocetraket raakt het Amerikaanse schip Stark in de Perzische Golf

11 september VN secretaris-generaal Perez de Cuellar begint aan een vredesmissie om een einde te maken aan de oorlog tussen Iran en Irak

16 oktober Een orkaan raast over Zuidoost-Engeland. Het is de ergste storm in Groot-Brittannië in driehonderd jaar

2 november De Russische leider Gorbatsjov uit zijn kritiek op Stalin in een toespraak tijdens de zeventigste herdenking van de Revolutie
8 november Tijdens de kerkdienst op Remembrance Day komen in Eniskillen, Co. Fermanaugh in Ierland, elf mensen om het leven door een IRA-bom

7 december Het INF-verdrag: Reagan en Gorbatsjov komen overeen de kernraketten voor de middellange afstand te ontmantelen

BOVEN: *De irissen* van Vincent van Gogh (1843-1890) wordt verkocht voor ca. negentig miljoen gulden: kunst als belegging.

WAITE GEGIJZELD
Terry Waite (geb. 1939), de persoonlijke afgezant van de aartsbisschop van Canterbury die naar Libanon werd gestuurd om te onderhandelen over de vrijlating van de westerse gijzelaars, wordt zelf door de Hezbollah gegijzeld. Tussen 1983 en 1992 worden bijna honderd westerlingen opgepakt in de straten van Beirut en gegijzeld, soms wel zeven jaar, in ondergrondse cellen in Libanon.

IRANGATE
De winst die gemaakt werd op de wapens die naar Iran werden gestuurd als onderdeel van de overeenkomst om Amerikaanse gijzelaars in Libanon vrij te krijgen, is gebruikt om de rechtse contra-rebellen die strijden tegen de regering van Nicaragua te steunen. Dit gaat tegen het besluit van het Amerikaanse Congres in om de steun aan de contra's te beëindigen. De gehele toedracht van het Irangatecomplot wordt uit de doeken gedaan in het rapport van de Towercommissie, die de zaak onderzoekt. De commissie is van mening dat president Reagan het Amerikaanse volk niet opzettelijk heeft misleid, maar kennelijk niet op de hoogte is van enkele belangrijke aspecten van de operatie.

INF-VERDRAG
Rusland en de VS tekenen een historische overeenkomst om alle kernwapens voor de korte en de middellange afstand te verwijderen en te ontmantelen. Door de overeenkomst moeten 1752 Russische en 859 Amerikaanse raketten met een bereik van 5000 tot 55.000 m worden vernietigd.

DE LAATSTE KEIZER
Een nieuwe film van Bernardo Bertolucci (geb. 1940) is in première gegaan. *The last emperor* is het verhaal van de laatste Mantsjoe-keizer. De film ontvangt 9 Oscars.

SCHINKELPLATZ
Architect Rob Krier hanteert een sobere stijl, waarin hij klassieke en traditionele details combineert voor zeer leefbare huizen in Berlijn.

DURE BLOEMEN
Het schilderij *De irissen* van Van Gogh wordt verkocht voor 30 miljoen Engelse ponden, een wereldrecord dat nooit eerder voor welke kunstvorm dan ook werd gehaald. Hierdoor wordt bevestigd dat de kunstenaar onder internationale verzamelaars zeer in trek is. In 1990 wordt dit bedrag zelfs nog hoger, als *Het portret van dr. Gacher* van Van Gogh 49,5 miljoen Engelse ponden opbrengt.

EEN RAMP IN ZEEBRUGGE
Op 6 maart kapseist een veerboot voor de kust van Zeebrugge in België. 187 mensen komen om het leven. Later komt aan het licht dat de boegdeuren niet gesloten waren.

COMPUTERCOMPATIBILITEIT
De firma Apple kondigt de komst van nieuwe Macintosh computers aan, waarop software gebruikt kan worden die ontworpen is voor de IBM computers van de concurrent.

DE SMART CARD
Een nieuw soort credit card, de smart card, wordt geïntroduceerd. Er zitten elektronische chips in, een piepklein toetsenbord en een schermpje.

OVEREENKOMST OVER VERBOD OP CFK'S
Zeventig landen tekenen in Montreal een afspraak om het gebruik van cfk's (chlorofluorocarbon) te handhaven op het niveau van 1986 en in 1999 het niveau tot de helft terug te brengen. Cfk's worden gezien als de oorzaak voor het dunner worden van de ozonlaag boven de Zuidpool.

DE KANAALTUNNEL
Aan Engelse zijde begint men met het boren van een tunnel onder het Kanaal tussen Engeland en Frankrijk. Het werk aan de Franse kant begint een jaar later.

EEN STER EXPLODEERT
Astronomen in de zuidelijke hemisfeer zien een supernova (een exploderende ster) in een nabijgelegen sterrenstelsel.

GENETISCHE KENNIS TEGEN DE MISDAAD
In Groot-Brittannië wordt voor het eerst een misdadiger veroordeeld op basis van een genetische vingerafdruk. De techniek werd in 1985 ontwikkeld door Alec Jeffreys van de universiteit van Leicester, die ontdekte dat de DNA-keten voor ieder mens uniek is en gebruikt kan worden voor het vaststellen van familierelaties.

DIGITALE BANDEN
Digitale audiobanden, die een zeer goede geluidskwaliteit produceren, komen op de markt. Ze worden geïntroduceerd door het Japanse Aiwa.

RUGBY VOOR AMATEURS
Nieuw-Zeeland sleept de Webb Ellis Trophy in de wacht bij de allereerste World Cup rugby voor amateurs, die in Australië en Nieuw-Zeeland wordt gespeeld.

BOVEN: angst en afschuw op de beurs van New York, als in oktober 1987 de financiële wereld instort.

ANDY WARHOL (1926–1987)
De Amerikaanse kunstenaar en filmproducent Andy Warhol overlijdt. Hij was een van de bekendste exponenten van de Pop Art en zijn ervaringen als commercieel ontwerper zijn mogelijk van invloed geweest op zijn zeefdrukken met afbeeldingen van soepblikken of Coca-Colaflesjes, en de fotografische afbeelding van Marilyn Monroe. Zijn avant-garde filmstudio in Greenwich Village produceerde onder andere *Chelsea Girls* (1967). In 1968 werd Warhol neergeschoten (hij raakte ernstig gewond) door de radicale feministe Valerie Solanas.

FRED ASTAIRE (1899–1987)
De niet te evenaren Amerikaanse danser, acteur en zanger Fred Astaire (Frederick Austerlitz) overlijdt. Na diverse successen op Broadway met zijn zus Adèle in de jaren '20 verhuisde hij na Adèles huwelijk met Lord Charles Cavendish naar Hollywood. Hij had verschillende danspartners, maar de bekendste was Ginger Rogers. Ze dansten samen met ogenschijnlijk moeiteloze gratie in *The gay divorce* (1934), *Top hat* (1935), *Swing time* (1936) en zeven andere films. Ondanks zijn 'pensionering' in 1946 ging hij door met het maken van musicals en het acteren in films.

BUSH EN BHUTTO AAN DE MACHT

In de Baltische staten ontstaat etnische en regionale onrust. De Chileense dictator Pinochet treedt af en maakt daarmee de weg vrij voor de democratie in zijn land. Door een bom explodeert een passagiersvliegtuig boven het Schotse Lockerbie. Amerika schiet per ongeluk een Iraanse airbus neer. De Olympische Spelen in Seoul worden overschaduwd door doping. Benazir Bhutto wordt de eerste vrouwelijke islamitische premier. Amerikaanse klimatologen waarschuwen voor het 'broeikaseffect'.

BLZ. 517: Benazir Bhutto, de eerste vrouwelijke president van Pakistan.

1988

26 januari Australië viert de komst van blanke kolonisten tweehonderd jaar geleden. De aboriginals houden protestdemonstraties en noemen dit een tijd van rouw

13 februari De Olympische Winterspelen worden geopend in Calgary, Canada

13 maart De Seikantunnel wordt geopend, waardoor de Japanse eilanden Honshu en Hokkaido met elkaar verbonden worden

13 mei Russische troepen trekken zich langzamerhand terug uit Afganistan

3 juli De *USS Vincennes* schiet een Iraanse airbus neer
6 juli Het olieplatform *Piper Alpha* explodeert, waardoor 290 mensen om het leven komen
18 juli Nelson Mandela wordt zeventig. De hele wereld roept om zijn vrijlating

8 augustus Een wapenstilstand betekent het einde aan acht jaar oorlog tussen Iran en Irak

17 september De Olympische Spelen worden geopend in Seoul

3 oktober De oorlog tussen Tsjaad en Libië, die al sinds 1965 woedt, wordt formeel beëindigd
6 oktober De Chileense dictator generaal Pinochet treedt af nadat hij een referendum heeft verloren

8 november De republikein George Bush wint de Amerikaanse presidentsverkiezingen
16 november Het parlement van Estland geeft zichzelf het recht een veto uit te spreken over wetten die vanuit Moskou worden opgelegd

2 december Benazir Bhutto wordt geïnaugureerd als premier van Pakistan
7 december De Russische leider Gorbatsjov kondigt plannen aan om het Rode Leger in te krimpen
21 december PanAm vlucht 103 explodeert boven Lockerbie in Schotland

ONRUST IN DE BALTISCHE STATEN

In de Baltische staten en Georgië groeit de etnische en regionale onrust als Gorbatsjov hervormingen probeert door te voeren zonder de republiek uiteen te laten vallen. De onvrede over de economische puinhoop en het gebrek aan vrijheid voor de burgers leidt tot groeiende onrust en eisen voor autonomie en zelfs onafhankelijkheid door de vijftien Sovjetrepublieken. In december kondigt Gorbatsjov een grote eenzijdige inkrimping van het Rode Leger aan.

PINOCHET TREEDT AF

De militaire leider van Chili, generaal Pinochet (geb. 1915), verliest een referendum over democratie en treedt af na vijftien jaar aan de macht te zijn geweest. Tijdens zijn presidentschap zijn 3000 mensen vermoord, 1000 mensen 'verdwenen', 200.000 mensen gemarteld en nog eens 5000 tot 6000 mensen zijn mogelijk begraven in ongemarkeerde graven. In december 1989 wordt Patricio Alwyn gekozen tot president en wordt de democratie in Chili hersteld. Pinochet wordt voor het leven gevrijwaard van strafvervolging.

BUSH WORDT PRESIDENT

George Bush, de man die acht jaar vice-president was, wint de Amerikaanse presidentsverkiezingen en zet de politiek van Ronald Reagan voort.

BOVEN: een aardbeving verwoest Armenië.

LOCKERBIE

In december stort een PanAm 747 toestel met vluchtnummer 103 neer als er een bom aan boord van het vliegtuig ontploft boven het Schotse Lockerbie. Alle 259 passagiers en 11 inwoners van Lockerbie worden gedood. Onderzoek leidt uiteindelijk naar Libië en twee geheime agenten worden schuldig geacht. Libië weigert de twee uit te leveren waarna er sancties worden opgelegd door de VN. In 1999 worden de twee verdachten naar Nederland gevlogen om volgens de Schotse wet berecht te worden.

IRAANSE AIRBUS PER ABUIS NEERGESCHOTEN

Vanaf de *USS Vincennes* wordt een Iraanse airbus per abuis neergeschoten, waarbij alle 290 passagiers om het leven komen. Na de luchtaanvallen van Irak met exocetraketten, die gericht zijn op olietankers op weg naar Iran, zijn Amerikaanse marineschepen in de Golf in de hoogste staat van paraatheid. Het automatische Aegis-luchtafweersysteem van de *Vincennes* signaleerde een vliegtuig, classificeerde het als vijandig en schoot het neer – het was echter een airbus.

HET BROEIKASEFFECT

De Amerikaanse klimatoloog James E. Hansen voorspelt dat het broeikaseffect merkbaarder wordt: een toename van kooldioxyde in de atmosfeer maakt de aarde warmer.

MENSELIJK GENOOMPROJECT

Er wordt een begin gemaakt met een onderzoek 'Human Genome Project'.

LINKS: vice-president George Bush en zijn vrouw Barbara op weg naar het Witte Huis

BOVEN: het wrak van de Pan Am 103 wordt onderzocht. Het vliegtuig ontploft boven het Schotse dorp Lockerbie.

MILIEUACTIVIST VERMOORD

De Braziliaanse milieuactivist en vakbondsleider Chico Mendez wordt vermoord door een veeboer. Mendez voerde actief campagne tegen de vernietiging van het Braziliaanse regenwoud door veehouders en had een vakbond opgericht voor rondtrekkende rubbertappers (door het tappen van rubber wordt op een verstandige manier gebruik gemaakt van het regenwoud). In 1987 ontving hij een ecologieprijs van de VN, maar hij werd ook regelmatig met de dood bedreigd.

DE SEIKAN-TUNNEL IS KLAAR

De Seikantunnel, die de Japanse eilanden Honshu en Hokkaido met elkaar verbindt, is na 24 jaar af. Deze langste tunnel ter wereld is bijna 54 km lang. De tunnel is bovendien de laatste fase in een project om een treinverbinding aan te leggen tussen de vier eilanden van Japan.

VROUWELIJKE MOSLIMLEIDER

Benazir Bhutto (geb. 1953), leider van de democratische Pakistaanse Volkspartij, wordt gekozen tot premier van Pakistan. Ze is de eerste vrouwelijke islamitische premier.

MONTAG AUS LICHT

Jarenlang is de Duitse componist Karlheinz Stockhausen (geb. 1928) bezig geweest met wat hij zelf een meesterwerk noemt: zeven opera's (een voor elke dag van de week), die gezamenlijk *Licht* genoemd worden.

OLYMPISCHE WINTERSPELEN

In Calgary worden de vijftiende Olympische Winterspelen gehouden. De Spelen zijn verlengd van twaalf tot zestien dagen. De Italiaanse skiër Alberto Tomba (geb. 1966) wint twee gouden medailles en de Duitse kunstrijdster Katarina Witt (geb. 1965) is de tweede vrouw ooit die tweemaal achter elkaar de titel wint bij het kunstschaatsen.

DE EERSTE VROUWELIJKE BISSCHOP

Barbara Harris (geb. 1930), een zwarte vrouwelijke priester, wordt gekozen tot de eerste vrouwelijke bisschop van de Anglicaanse Kerk. Ze wordt hulpbisschop in Massachusetts.

FOSSIELE VOGEL

Spaanse wetenschappers melden de ontdekking van een tot nog toe onbekende fossiele vogel die ongeveer 125 miljoen jaar geleden leefde. De vogel is de verbindende schakel tussen de *Archaeopteryx*, de oudst bekende vogel, en de huidige vogels.

VALSE LIJKWADE

Een deel van de lijkwade van Turijn –de doek waarin naar men beweert het lichaam van Christus werd gewikkeld– wordt onderworpen aan een test met radioactieve koolstof. Daardoor wordt aangetoond dat de doek uit 1350 stamt.

EINDELIJK SUCCES VOOR NEDERLAND

Het Nederlands elftal met onder anderen Ruud Gullit, Marco van Basten en Frank Rijkaard wint het EK in Duitsland.

OLYMPISCHE SPELEN IN SEOUL

Drugs beheersen de 24e Spelen in het Zuid-Koreaanse Seoul. Ben Johnson wint goud op de 100 m in de recordtijd van 9.79 seconden, maar de medaille en het record worden de Canadees ontnomen als hij bij een dopingtest positief blijkt te zijn. De Amerikaanse sprintster Florence Griffith-Joyner (Flo-Jo), die tevens bekend is om haar fraaie pakjes en haar lange nagels, laat zien dat ze een ware kampioene is en wint drie gouden en een zilveren medaille. Ze overlijdt in 1998 op nog jonge leeftijd.

HET COMMUNISME VERZWAKT

De Koude Oorlog is eindelijk afgelopen als de Berlijnse muur wordt neergehaald en West- en Oost-Duitsland weer één land worden. Oost-Europese landen –Hongarije, Polen, Roemenië en Tsjechoslowakije– werpen het communistische juk af. De laatste Russische troepen verlaten Afganistan en de burgeroorlog in Angola wordt na veertien jaar beëindigd. In China slaat het leger een pro-democratische demonstratie neer. Amerikaanse troepen vallen Panama binnen. De ayatollah spreekt een fatwa uit.

BLZ. 521: een Somalische vluchteling in Ethiopië staat in de rij voor voedsel.

1989

10 januari Cubaanse troepen trekken zich terug uit Angola
11 januari Het Hongaarse parlement neemt een wet aan waardoor politieke partijen gevormd mogen worden

2 februari De Zuid-Afrikaanse president Botha wordt opgevolgd door F.W. de Klerk
3 februari Een militaire coup maakt een einde aan 35 jaar dictatorschap van president Alfredo Stroesner van Paraguay
14 februari Ayatollah Khomeini spreekt een fatwa uit over schrijver Salman Rushdie
15 februari Na tien jaar verlaten de laatste Russische troepen Afganistan

24 maart De olietanker Exxon Valdez loopt aan de grond en er stroomt een enorme hoeveelheid olie uit het schip

17 april In China eisen studenten op het Plein van de Hemelse Vrede (Tienanmen) meer democratie
20 april Eerste verkiezingen in Tsjechoslowakije met meerdere partijen
2 mei Hongaarse troepen verwijderen grensversperringen aan de Oostenrijkse grens

4 juni Solidariteit wint de verkiezingen in Polen
23 juni De Angolese president Dos Santos en UNITA-leider Savimbi tekenen een verklaring, waarmee een einde komt aan de burgeroorlog in Angola

10 september Hongarije opent zijn grenzen voor Oost-Duitsers
12 september De nieuwe Poolse regering is de eerste sinds 1946 die niet onder Russische heerschappij valt
26 september De laatste 50.000 Vietnamese soldaten verlaten Cambodja

19 oktober Californië wordt getroffen door een aardbeving

10 november De Berlijnse muur wordt neergehaald. De Koude Oorlog is voorbij

19 december Amerikaanse troepen vallen Nicaragua binnen en zetten president Noriega af
30 december De Roemeense dictator Nicolae Ceaucescu wordt geëxecuteerd

For the month of May 1989
SEX
FULL NAME
REG No
COUNTRY
MARITAL STATUS
ACCOMPANYING DEPENDANTS
ZONE
DATE
SUB-ZONE No

DICTATORSCHAP IN PARAGUAY TEN EINDE
Generaal Alfredo Stroesner, die 35 jaar over Paraguay geheerst heeft, wordt afgezet en vervangen door generaal Andrés Rodríguez die de presidentsverkiezingen in mei wint. Door de val van Stroesner komt er een einde aan de langste militaire dictatuur in Zuid-Amerika.

DE AYATOLLAH SPREEKT EEN FATWA UIT
In Iran spreekt ayatollah Khomeini een fatwa uit tegen Salman Rushdie, de Britse auteur van de *Duivelsverzen* vanwege de naar islamitische maatstaven godslasterlijke inhoud. Rushdie duikt onder en verschijnt pas weer voorzichtig in het openbaar in september.

POLEN KRIJGT EEN NIET-COMMUNISTISCHE REGERING
De Poolse vakbond Solidariteit wordt gelegaliseerd na gesprekken tussen de leider Lech Walensa en de regering. De katholieke kerk krijgt een unieke status in Europa en Polen wordt langzaam een meerpartijendemocratie. In augustus wordt de kandidaat van Solidariteit, Tadeusz Mazowiecki, gekozen tot premier, terwijl de communistische generaal Jaruzelski (geb. 1923) aanblijft als president. Het is de eerste niet-communistische regering in Oost-Europa sinds eind jaren '40.

HONGARIJE OPENT DE GRENZEN
Het Hongaarse leger ontmantelt de grensversperringen met Oostenrijk als symbool voor de groeiende democratie in het land. Als de grensposten in september geopend worden, grijpen veel Oost-Duitsers de kans om via Hongarije naar het Westen te vluchten.

HET COMMUNISME STORT INEEN
Hongarije wordt een democratie met meerdere partijen als de communistische partij de macht uit handen geeft en de naam en ideologie wijzigt. De regering van Oost-Duitsland valt na massale demonstraties in de grote steden, georganiseerd door het Nieuwe Forum, een democratische actiegroep die oproept tot hervormingen.

IVOORHANDEL VERBODEN
De Conventie over Internationale Handel in Bedreigde Diersoorten besluit de handel in ivoor geheel te verbieden. In Kenia wordt 12 ton slagtanden van olifanten vernietigd om de bereidheid tot medewerking aan het uitbannen van de handel te benadrukken.

DE BERLIJNSE MUUR VALT
In november opent de regering de grenzen van Oost-Duitsland en breekt men de muur af die Oost- en West-Berlijn van elkaar scheidt – de stad die vanaf 1945 opgedeeld was, wordt weer een eenheid. In Bulgarije en in Tsjechoslowakije doet de communistische partij afstand van haar alleenrecht op de macht als de regeringen in deze twee landen vallen. In december wint auteur Vaclav Havel (geb. 1936) de verkiezingen en wordt de eerste niet-communistische president van Tsjechoslowakije sinds 1948.

CEAUCESCU GEEXECUTEERD
In Boekarest breken rellen uit als het Comité voor Nationale Redding, gesteund door het leger, gebouwen aanvalt waar de geheime politie van het land, de Securitate, gehuisvest is. De Roemeense dictator Nicolae Ceaucescu en zijn vrouw vluchten, maar worden al snel gepakt en op eerste kerstdag gedood door een vuurpeloton vanwege hun 'misdaden tegen het volk'. De Roemeense communistische partij wordt afgeschaft en het Nationale Reddingsfront dat nu de macht in handen heeft, belooft vrije verkiezingen en uiteindelijk democratie.

OPERATIE 'JUST CAUSE'
Ca. 12.000 Amerikaanse soldaten vallen Panama binnen om generaal Manuel Noriega te verdrijven, die verwikkeld is geraakt in de drugshandel in Zuid-Amerika en misdaden tegen de menselijkheid. Bij de gevechten komen vele Panamese en Amerikaanse burgers en soldaten om het leven.

STUDENTEN GEDOOD OP HET TIENANMENPLEIN
Studenten en andere demonstranten voor de democratie, die het Tienanmenplein in Peking bezetten, worden beschoten door het Rode Leger die het plein ontruimt. Honderden mensen worden gedood, duizenden worden gevangengenomen en de pro-democratische beweging wordt in heel China de kop ingedrukt.

RUSSEN UIT AFGANISTAN
De laatste Russische troepen verlaten Afganistan nadat ze het land tien jaar lang hebben bezet. De langdurige guerrillaoorlog heeft het leven gekost aan meer dan 15.000 Russische soldaten en meer dan 100.000 Afganen.

THE PROTECTING VEIL
Dit nieuwe stuk voor cello van de Britse componist John Tavener (geb. 1944) wordt geprezen als een zeer duidelijk voorbeeld van de 'nieuwe eenvoud' in muziek. Het wordt heel populair door het spirituele thema.

CLOSE-UP VAN NEPTUNUS
De ruimtesonde *Voyager 2* passeert Neptunus op een afstand van minder dan 5000 km na een reis van meer dan twaalf jaar. Hij verstuurt duidelijke foto's naar de aarde en ontdekt een 'grote donkere vlek' en harde wind.

AARDBEVING IN SAN FRANCISCO
Een aardbeving op de San-Andreasbreuk treft San Francisco en Oakland in Californië, waardoor 62 mensen gedood worden en er in een zeer groot gebied schade en branden ontstaan.

XTC: BRANDSTOF VOOR FEESTBEESTEN
De feestcultuur van jongeren slaat een nieuwe weg in met xtc en technodance. Feestgangers bezoeken massaal de grootschalige houseparty's.

BLZ. 523: na bijna dertig jaar valt de Berlijnse Muur. Het Oostblok valt uiteen en de Koude Oorlog komt tot een einde.

BOVEN: Batman in zijn vertrouwde omgeving in de fictieve stad Metropolis.

LINKS: onrust in Amerika, als de nadelen van het beleid van Reagan merkbaar worden, vlak nadat Reagan het Witte Huis heeft verlaten.

LINKSONDER: Somalische vluchtelingen proberen zo goed en zo kwaad als het gaat een thuis te creëren in het Ethiopische kamp Hartisheik.

BATMAN

De vertolking door de Amerikaanse filmster Michael Keaton van de *caped crusader* met zijn *boy wonder* is beslist serieuzer dan de luchtige stripverhalen en films. De decors en de rekwisieten zijn zeer indrukwekkend.

VOETBALRAMP IN HILLSBOROUGH

Bij een wedstrijd in de halve finale van de FA-cup in Sheffield komen 95 fans van Liverpool om het leven in het overvolle Hillsborough-stadion. Het is het grootste aantal doden tijdens een sportevenement in de Britse geschiedenis en veranderingen en aanpassingen van stadions zullen niet uitblijven.

EXXON VALDEZ

De olietanker *Exxon Valdez* loopt aan de grond bij Prince William Sound in Alaska. Bijna vijftig miljoen liter ruwe olie komt in zee terecht en wordt verspreidt over een gebied van 2300 km^2, waardoor aanzienlijke schade wordt toegebracht aan de natuur.

RECHTS: met een boom wordt geprobeerd olie van het wateroppervlak te halen.

ONDER: schoonmakers bekijken de schade aan de kustlijn en bepalen hoe de schade zo klein mogelijk gehouden kan worden.

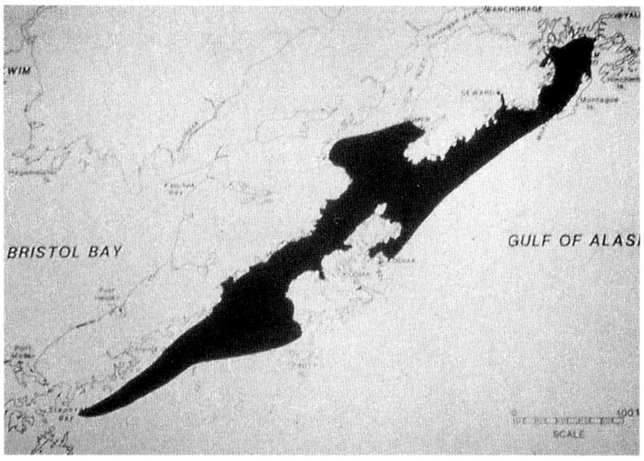

BOVEN: een brilduiker, een van de onschuldige slachtoffers.

BOVEN: luchtopname van de enorme schade.

OP WEG NAAR HET NIEUWE MILLENNIUM

In de jaren '90 verschuiven de politieke verhoudingen. De Sovjet-Unie valt uiteen en er komt een einde aan meer dan zeventig jaar Russisch communisme, waardoor de VS als enige supermacht overblijft. De val van het communisme in Oost-Europa brengt etnische spanningen aan het licht en op de Balkan breekt oorlog uit. In Zuid-Afrika daarentegen wordt de apartheid eindelijk afgeschaft. Ook in het door oorlogen verscheurde Midden-Amerika heerst vrede. Een belangrijke ontwikkeling op het gebied van de wetenschap is onder meer het in kaart brengen van verre planeten als Venus en Mercurius.

BLZ. 527: brandweer in de brandende olievelden van Kuweit tijdens de Golfoorlog van 1991.

1990–1999

DE BELANGRIJKSTE GEBEURTENISSEN

- DE SOVJETUNIE VALT UITEEN
- DE GOLFOORLOG
- EEN EINDE AAN DE APARTHEID
- JOEGOSLAVIE VALT UITEEN
- VN-TOP OVER DE AARDE
- OORLOG IN BOSNIE
- BURGEROORLOG IN RWANDA
- DE DOOD VAN PRINSES DIANA
- FAILLISSEMENT VAN DE AZIATISCHE ECONOMIE
- DE KOMEET HALE-BOPP
- LANCERING VAN DE HUBBLE-TELESCOOP
- VENUS IN KAART GEBRACHT
- HET BEGIN VAN KLONEREN
- 'ANIMATRONICS' IN DE BIOSCOOP
- HONDERD JAAR OLYMPISCHE SPELEN
- EEN EUROPESE MUNT

TOTALE WERELDBEVOLKING: **5.295** MILJOEN

DUITSLAND HERENIGD EN MANDELA VRIJ

ANC-leider Nelson Mandela wordt na 27 jaar gevangenschap vrijgelaten. Irak valt Kuweit binnen, waarop de VN en de VS direct in actie komen. De spanning stijgt als Amerikaanse troepen zich verzamelen aan de grens met Saudi-Arabië. Oost- en West-Duitsland worden eindelijk herenigd. De Sovjetunie begint uit elkaar te vallen als Litouwen de onafhankelijkheid uitroept. De Hubble-telescoop wordt gelanceerd, maar blijkt niet te werken. En er komt een nieuwe draagbare computer op de markt.

1990

2 februari President F.W. de Klerk maakt een einde aan het twintig jaar durende verbod op het ANC
21 februari Namibië wordt onafhankelijk
25 februari De Chamorra wint, gesteund door de VS, de verkiezingen in Nicaragua

11 maart Litouwen maakt zich los van de Sovjet-Unie

24 april De Hubble-telescoop wordt gelanceerd in de ruimte

29 mei Boris Jeltsin wordt gekozen tot president van de Russische Federatie

8 juni De Russische Federatie roept zichzelf uit tot een autonome staat

19 juli Iraakse troepen verzamelen zich langs de grens met Kuweit

2 augustus Iraakse troepen vallen Kuweit binnen. De emir vlucht naar Saudi-Arabië
6 augustus De Veiligheidsraad van de VN legt Irak sancties op
24 augustus Brian Keenan, die sinds 1986 in Libanon gegijzeld wordt, wordt vrijgelaten

28 september Het Servische parlement ontneemt Kosovo zijn autonomie

2 oktober Oost- en West-Duitsland worden herenigd

9 december Slobodan Milosevic wordt gekozen tot president van Servië tijdens de eerste vrije verkiezingen in het land sinds vijftig jaar

MANDELA WORDT VRIJGELATEN

De Zuid-Afrikaanse regering van premier de Klerk (geb. 1936) heft het verbod op het Afrikaans Nationaal Congres (ANC) en andere anti-apartheidsgroeperingen op en laat ANC-leider Nelson Mandela na 27 jaar gevangenschap vrij. Er wordt een begin gemaakt met de onderhandelingen om van Zuid-Afrika een multiraciale democratie te maken.

NAMIBIE ONAFHANKELIJK

De laatste Afrikaanse kolonie met een geheel blanke regering wordt onafhankelijk als Zuid-Afrika zijn controle over Zuidwest-Afrika laat varen. Het land heet vanaf nu Namibië. De voormalige Duitse kolonie stond vanaf 1919 onder Zuid-Afrikaans bestuur, volgens mandaten van de Volkenbond en de VN. Sam Nujoma (geb. 1929), de leider van de oppositiepartij SWAPO, wordt gekozen tot president.

IRAK VALT KUWEIT BINNEN

Irak valt het olielandje en sjeikdom Kuweit binnen. De emir vlucht naar Saudi-Arabië. Er volgt bijna direct een reactie op de onverwachte inval van Irak en de potentiële dreiging voor Saudi-Arabië. De VN leggen Irak sancties op en de VS brengen binnen achttien uur 2300 manschappen per vliegtuig naar Saudi-Arabië voor Operation Desert Shield. De Iraakse leider Saddam Hussein (geb. 1937) sluit een officieel vredesverdrag met de oude vijand Iran.

DUITSLAND HERENIGD

Oost- en West-Duitsland worden herenigd, nadat de Oost-Duitse verkiezingen in maart gewonnen zijn door de partijen die voor de hereniging zijn en na openhartige gesprekken met West-Duitsland. In juli draagt de regering de zelfbeschikking over de economische, monetaire en sociale politiek over aan West-Duitsland; de Duitse mark wordt de officiële munt. De verkiezingen die in december in het nieuwe Duitsland worden gehouden, worden weer gewonnen door de christen-democraat Helmut Kohl.

BOVEN: 'free at last ...' ANC-leider Nelson Mandela ontmoet George Bush in het Witte Huis

THE EUROPEAN

Een nieuw concept in de journalistiek wordt geïntroduceerd met de oprichting van *The European*, een Engelstalige krant die nieuws over Europa brengt en in heel Europa te koop is.

POSSESSION

De Britse schrijfster A.S. Byatt (geb. 1938) publiceert haar succesvolste roman tot nog toe (in het Nederlands verschenen als *Obsessie*). Het is een boek vol symbolen en symmetrieën.

BOVEN: de Hubble-telescoop, geplaatst door de *Discovery*.

BOVEN: Martina Navratilova wint het toernooi in Eastbourne – een voorafje voor haar zege op Wimbledon een maand later.

VERKIEZINGEN IN BURMA

De Nationale Democratische Partij wint de verkiezingen in Burma waar meerdere partijen aan meegedaan hebben. Het leger weigert echter de macht uit handen te geven. Aung San Suu Kyi (geb. 1945) is mede-oprichtster van de NDP. In 1991 krijgt ze de Nobelprijs voor de vrede.

VERKIEZINGEN IN NICARAGUA

De verkiezingen in Nicaragua worden gewonnen door de door de VS gesteunde Violeta Barrios de Chamorra. Een maand later heffen de VS de sancties op en eind juni zijn de contra's ontbonden. In 1991 belooft de Amerikaanse president Bush economische steun aan Nicaragua. De economische sancties en de oorlog tegen de contra's heeft Nicaragua zo'n 15 miljard dollar gekost en er zijn ongeveer 30.000 mensen om het leven gekomen.

NIEUWS VAN NEPTUNUS

De Amerikaanse ruimtesonde *Voyager 2* vliegt op minder dan 4800 km langs de planeet Neptunus en meldt de aanwezigheid van vier ringen en zes nieuwe satellieten.

GAME BOY

De Japanse computerfabrikant Nintendo brengt de game boy op de markt, de eerste programmeerbare en draagbare spelcomputer. De game boy is direct een groot succes.

TERUG NAAR DE AARDE

Het ruimteveer *Columbia* keert na zes jaar in de ruimte terug naar de aarde en brengt de Long Duration Exposure Facility mee, een container ter grootte van een treinwagon vol wetenschappelijke experimenten.

REKBAAR KERAMIEK

Japanse onderzoekers melden de ontwikkeling van een keramieksoort die tijdens de vervaardiging bij een temperatuur van 1600 °C rekbaar is.

DE HUBBLE WERKT NIET

De Hubble-ruimtetelescoop wordt vanaf het Kennedy Space Center gelanceerd door het ruimteveer *Discovery*. Hij draait op 600 km hoogte rond de aarde en is ontworpen om verder de ruimte in te kunnen kijken dan de telescopen op aarde. Helaas blijkt de belangrijkste spiegel beschadigd te zijn, waardoor de beelden onduidelijk zijn en de bruikbaarheid van de telescoop beperkt is.

SUCCES VOOR NAVRATILOVA

De in Tsjechoslowakije geboren Amerikaanse tennisster Martina Navratilova is de koningin van Wimbledon als ze haar negende titel in het enkelspel behaalt. In de finale verslaat ze de Amerikaanse Zina Garrison.

DUITSLAND WINT DE WK

Titelverdediger Argentinië doet er alles aan om de finale te bereiken van het veertiende WK-voetbal. In Rome verliest het team toch van Duitsland.

BOVEN: componist Aaron Copeland (1900-1990) is vooral bekend door zijn ballet *Appalachian spring* (1944).

BOVEN: in het Witte Huis bereiken de VS en de USSR een overeenkomst over het einde van de wapenwedloop.

ONDER: de *USS Dwight D. Eisenhower* in het Suez-kanaal op weg naar de Middellandse Zee krijgt dekking van een gevechtshelikopter.

DE SOVJET-UNIE VALT UITEEN

Het Warschaupact wordt ontbonden. In de Sovjet-Unie plegen de communisten een coup; Boris Jeltsin komt aan de macht en Mikhail Gorbatsjov treedt af. De USSR houdt 74 jaar na de Russische revolutie op te bestaan. De Golfoorlog begint met Operation Desert Storm en een alliantie onder aanvoering van de VS bevrijdt Kuweit en verslaat Irak. Kroatië en Slovenië roepen de onafhankelijkheid uit en Joegoslavië begint uit elkaar te vallen.

BLZ. 533: Irakese troepen steken olievelden buiten de stad Kuweit in brand.

1991

15 januari Irak geeft geen gehoor aan de Amerikaanse eis tot terugtrekking uit Kuweit
16 januari Operation Dessert Storm: een door de Amerikanen geleide alliantie begint met luchtaanvallen om Kuweit te bevrijden.
18 januari Irak vuurt Scuds af op Israël

17 februari Servië schort een voorlopige grondwet voor Kosovo op
22 februari Terugtrekkende Iraakse eenheden steken oliebronnen in Kuweit in brand
24 februari Grondtroepen onder aanvoering van Amerika beginnen een offensief tegen Iraakse eenheden
28 februari De Golfoorlog is voorbij

30 april Koerdische vluchtelingen verhuizen naar 'veilige gebieden'

28 mei Het Revolutionaire Democratische Volksfront van Etiopië neemt Addis Abeba in
31 mei De burgeroorlog in Angola is voorbij

17 juni De apartheid in Zuid-Afrika wordt opgeheven door de 'Population Registration Act'
24 juni De republieken Kroatië en Slovenië roepen de onafhankelijkheid uit

31 juli Bush en Gorbatsjov tekenen de Strategic Arms Reduction Treaty (START) om het aantal kernwapens voor de lange afstand terug te dringen

19 augustus Communistische voorstanders van de harde lijn organiseren een coup tegen de Russische leider Mikhail Gorbatsjov

25 september De burgeroorlog in El Salvador eindigt met een vredesakkoord

25 december Mikhail Gorbatsjov treedt af. De USSR valt uiteen

DE USSR VALT UITEEN

Nadat er een einde is gekomen aan de Sovjetheerschappij over Oost-Duitsland, wordt het Warschaupact formeel opgeheven. Binnen de Sovjet-Unie stemmen Letland en Estland in een referendum voor onafhankelijkheid. De USSR valt steeds verder uiteen als de binnenlandse, economische en politieke druk toeneemt. In augustus grijpen fanatieke communisten de macht als president Gorbatsjov met vakantie is. De coup mislukt, doordat de bevolking onder aanvoering van Boris Jeltsin, de Russische leider, zich hiertegen verzet. Het gevolg is dat de macht van Gorbatsjov ernstig is verzwakt en dat de Oekraïne en andere staten aansturen op onafhankelijkheid. In december richten Rusland, Wit-Rusland en de Oekraïne het Gemenebest van Onafhankelijke Staten op (GOS). De USSR valt uiteen en Gorbatsjov treedt op eerste kerstdag af. De macht van de communistische partij en de Sovjet-Unie zijn verleden tijd.

AIDS

Nu de basketballer Magic Johnson bekend maakt met het hiv-virus te zijn besmet en Queen-voorman Freddie Mercury aan de gevolgen van AIDS overlijdt, dringt het tot eenieder door hoe ernstig de situatie met AIDS is.

DE GOLFOORLOG

In januari beginnen onder aanvoering van de VS geallieerde luchtaanvallen op Saddam Husseins hoofdstad Bagdad – codenaam Operation Desert Thunder. Na een maand van aanhoudende bombardementen beginnen grondtroepen in februari aan de bevrijding van Kuweit. Binnen vier dagen is het doel bereikt en is het Iraakse leger uit Kuweit verdreven. Tijdens de terugtrekking steekt Irak oliebronnen in brand, waardoor ernstige vervuiling ontstaat.

ASTEROIDE GEFOTOGRAFEERD

De ruimtesonde *Galileo* passeert de asteroïde Gaspra op een afstand van minder dan 1600 km en maakt foto's. Het zijn de eerste foto's die ooit in de ruimte van een asteroïde zijn gemaakt.

PREHISTORISCHE RESTEN

In een gletsjer in de Oostenrijke Alpen worden de goed bewaard gebleven resten gevonden van een man die rond 3300 v.Chr. gestorven is. Hij was vermoedelijk een jager en had tatoeages op zijn rug, knieën en enkels; bij zijn lichaam worden een boog en een koker met pijlen gevonden.

BOVEN: de explosievenopruimingsdienst bevestigt onder water een explosieve lading aan een Irakese mijn in de Perzische Golf.

BOVEN: een F-117A stealth gevechtsvliegtuig rolt naar de startbaan voor de terugreis na Operation Desert Storm.

BOVEN: verwoeste voertuigen op snelweg 8, de weg waarlangs de Irakese troepen Kuweit hebben verlaten.

BOVEN: Haïtianen die waren gevlucht na de Amerikaanse invasie, keren terug naar hun dorpen.

BOVEN: VN Hoge Commissaris voor de Vluchtelingen Sadako Ogata bezoekt Somalische vluchtelingen na de burgeroorlog.

EEN EINDE AAN DE APARTHEID

In februari kondigt president De Klerk plannen aan alle wetten betreffende de apartheid in Zuid-Afrika af te schaffen. Er wordt een wet aangenomen die een einde moet maken aan het rassenonderscheid bij het bezitten van eigen grond en in juni worden alle overige discriminerende wetten opgeheven.

ETIOPIE EN SOMALIA

Na een langdurige burgeroorlog komt er een einde aan zeventien jaar marxistisch bewind en verlaat president Mengistu Etiopië. In het buurland Somalia breekt bijna op hetzelfde moment complete anarchie uit als rivaliserende krijgsheren strijden om de macht.

JFK

Er verschijnt een nieuwe film over de Amerikaanse president Kennedy en de complottheorie over de aanslag. De film is geregisseerd door de Amerikaan Oliver Stone (geb. 1946); de Amerikaanse acteur Kevin Costner (geb. 1955) speelt de officier van Justitie uit New Orleans.

VENUS IN KAART

Het onbemande Amerikaanse ruimteschip *Magellan* maakt met behulp van radarsignalen een kaart van het oppervlak van Venus.

POWELL HAALT BEAMON IN

Bij het WK-atletiek in Tokyo verbetert de Amerikaanse verspringer Mike Powell Bob Beamons sprong van 8,90 m met 5 cm. Beamon had het wereldrecord gevestigd op de Olympische Spelen in 1968.

NATUURRAMPEN

In april treft een tyfoon met een snelheid van 233 km per uur Bangladesh, waardoor meer dan 139.000 mensen om het leven komen en tien miljoen mensen dakloos worden. In juni barst de Mount Pinatubo uit, een vulkaan op de Filippijnen die al zeshonderd jaar had geslapen; meer dan zevenhonderd mensen komen om het leven.

CONFLICT IN JOEGOSLAVIE

Het precaire evenwicht tussen katholieken, moslims en orthodoxe etnische groeperingen, dat onder de strenge heerschappij van president Tito in stand werd gehouden, begint te wankelen. De spanning tussen de verschillende bevolkingsgroepen loopt op en Joegoslavië valt uiteen als Slovenië en Kroatië onafhankelijk worden. De situatie wordt verslechterd door de pasgekozen Servische leider Slobodan Milosevic (geb. 1941), die de etnische verschillen benadrukt om zijn macht te vergroten. Het door Serviërs gedomineerde nationale leger van Joegoslavië probeert het land bijeen te houden en valt Kroatië aan – het begin van een langdurige en bittere oorlog.

THE SILENCE OF THE LAMBS

Anthony Hopkins (geb. 1937) speelt de rol van Hannibal Lector, een voormalig psychiater en nu een seriemoordenaar. De Amerikaanse actrice Jodie Foster (geb. 1962) speelt de rol van de FBI-agente die op onderzoek uit gaat. De bloedstollende film is geregisseerd door Jonathan Demme.

JOEGOSLAVIE VALT UITEEN EN LOS ANGELES BRANDT

In voormalig Joegoslavië breekt oorlog uit tussen de verschillende etnische groeperingen en de afschuwelijke term 'etnische zuivering' wordt geïntroduceerd. In Los Angeles breken rassenonlusten uit, nadat een zwarte automobilist door politieagenten in elkaar is geslagen. In Rio de Janeiro komen de VN samen voor een topoverleg over de aarde. Nabij Parijs wordt Disneyland geopend en de Expo '92 wordt gehouden in Spanje.

1992

1 februari In El Salvador wordt het vrede dankzij onderhandelingen door de VN
8 februari De Olympische Winterspelen worden geopend

1 maart Bosnië-Herzegovina roept na een referendum de onafhankelijkheid uit
2 maart In Sarajevo breken onlusten uit tussen Serviërs, Kroaten en moslims
22 maart In Albanië komt na 25 jaar een einde aan het communistische bewind

8 april Eenheden van het Servische en het federale leger bestoken Sarajevo als het geweld in Bosnië toeneemt
29 april Een geheel blanke jury spreekt de politieagenten vrij, die terechtstonden vanwege de molestatie van een zwarte Amerikaan. Er breken rellen uit in Los Angeles

25 juli De Olympische Spelen worden geopend in Barcelona

13 augustus De VN veroordelen de Servische 'etnische zuivering' en noemen het een oorlogsmisdaad

25 september In Duitsland verbindt een nieuw kanaal de rivieren de Main en de Donau

3 november De democraat William (Bill) Clinton wint de Amerikaanse presidentsverkiezingen

BOVEN: opperbevelhebber generaal Norman Schwarzkopf spreekt zijn mannen toe tijdens Operation Desert Shield.

BOVEN: generaal Colin Powell overlegt met het Pentagon tijdens zijn bezoek aan de troepen in Operation Desert Shield.

OORLOG IN BOSNIE

De voormalige Joegoslavische provincie Bosnië heeft voor onafhankelijkheid gestemd. Er breekt oorlog uit als Kroatië en Servië proberen Bosnië op te delen volgens etnische scheidslijnen, waarbij ze de gemeenschap uit elkaar drijven door een 'etnische zuivering'. Bosnische Serviërs, gesteund door het Joegoslavische nationale leger, vallen de jonge natie aan, omdat ze willen dat het land onderdeel blijft van Groot-Servië. Ze bezetten driekwart van het land en stellen in Pale een Servische regering aan. In augustus blijkt dat er Servische vernietigingskampen bestaan, waar Bosniërs gevangen worden gehouden onder erbarmelijke omstandigheden.

OVERWINNING VOOR DE MUJAHEDDIN

De opstandige Mujaheddin in Afganistan komt na een langdurige burgeroorlog aan de macht en zet de communistische regering van president Najibullah af. De Mujaheddin leidde van 1979 tot 1989 het verzet tegen de Russische bezetting van het land.

RASSENRELLEN IN LA

In Los Angeles breken rellen uit als de blanke politiemannen die de zwarte Rodney King in elkaar hebben geslagen, worden vrijgesproken door een geheel blanke jury, hoewel de gebeurtenis op video was vastgelegd. De zwarte gemeenschap is woedend. Het i duidelijk dat er nog steeds rassendiscriminatie in de VS bestaat.

CLINTON WINT DE VERKIEZINGEN

De democraat William (Bill) Clinton (geb. 1946) uit Arkansas wint de presidentsverkiezingen, nadat het land 24 jaar lang door republikeinen is geregeerd. De republikeinen beginnen een jarenlange campagne tegen Clinton en verwijzen daarbij naar zijn overspel en het feit dat hij niet in militaire dienst is geweest.

DE LAATSTE COMMUNISTISCHE REGERING VAN EUROPA

Ook in Albanië valt de communistische regering.

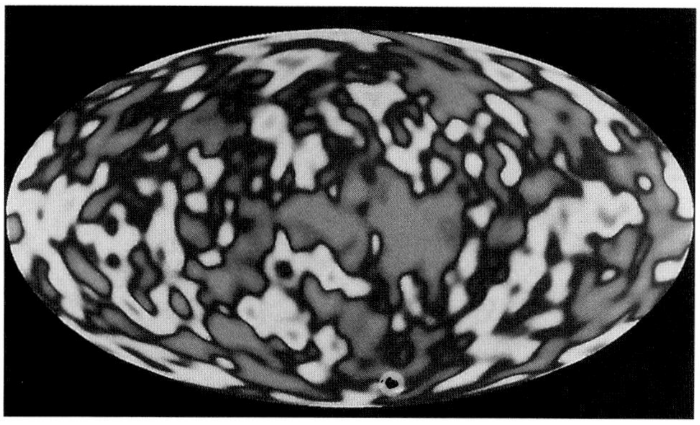

BOVEN: een klimaatkaart van de hemel, samengesteld aan de hand van NASA-gegevens van een heel jaar.

OPERATION RESTORE HOPE
In de hoofdstad Mogadishu van Somalia arriveren militaire waarnemers van de VN om te helpen bij de distributie van voedselhulp. De codenaam voor deze actie is Operation Restore Hope. Ongeveer 17.000 soldaten uit de VS en tien andere VN-landen trachten de orde te handhaven, zodat de hulpgoederen uitgedeeld kunnen worden. In oktober 1993 komen bij een actie van Amerikaanse commando's om de Somalische krijgsheer Mohamed Farrah Aidid gevangen te nemen 18 Amerikanen om het leven en raken 73 gewond.

EL SALVADOR
De VN weten eindelijk vrede in El Salvador te bewerkstelligen. De onderhandelingen begonnen in 1990. Het FMLN krijgt nu de status van politieke partij. Tussen 1979 en 1990 werden in El Salvador zo'n 100.000 mensen gedood.

BOVEN: rellen en brand in Los Angeles, nadat de zwarte Rodney King in elkaar geslagen is door de politie.

LINKS: de democratische kandidaat voor het presidentsschap Bill Clinton op campagne in Albuquerque, New Mexico.

GUERRILLA IN PERU
In Peru wordt de maoïstische leider Renoso Guzman gevangen genomen door speciale leger- en politie-eenheden, waarmee een einde komt aan de activiteiten van Lichtend Pad. Sinds het begin van de guerrilla in 1982 hebben de bomaanslagen, moorden en terreurdaden aan meer dan 23.000 mensen het leven gekost.

EXPO '92 IN SEVILLA
In april wordt de Expo'92, de eerste Wereldtentoonstelling in 22 jaar, geopend in het Spaanse Sevilla. Landen vanuit de hele wereld tonen hun nieuwste producten en prestaties op het gebied van industrie, wetenschap en de beeldende kunsten. Een blijvend monumenten is de Alamobrug, die is ontworpen door de Spaanse architect en ingenieur Santiago Calatrava. Bij de constructie van de brug is gebruikgemaakt van kabels, waardoor het geheel aan een harp doet denken.

GENETISCH GEMANIPULEERD TARWE
Amerikaanse biologen kondigen in juni aan dat zij de eerste genetisch gemanipuleerde tarwe hebben ontwikkeld die bestand is tegen zware verdelgingsmiddelen.

WATERVERBINDING
In Duitsland wordt een kanaal geopend dat de rivieren Main en Donau met elkaar verbindt. Er is nu een waterweg van de Baltische Zee naar de Zwarte Zee.

DISNEYLAND IN PARIJS
Disneyland komt naar Europa: het hele Disneycircus strijkt neer in Parijs.

SATELLIET OPGEPIKT
Drie astronauten aan boord van het ruimteveer *Endeavour* maken een ruimtewandeling en pikken de *Intelsat 6* op, een communicatiesatelliet die in de verkeerde baan is geraakt. De satelliet wordt weer in de juiste baan gebracht.

NIEUWS OVER DE OERKNAL
Wetenschappers van NASA melden dat hun Cosmic Background Explorer (COBE) satelliet, die in 1989 werd gelanceerd, stofwolken heeft ontdekt van meer dan 15 miljard jaar oud; de wolken hebben te maken met de oerknal. De Amerikaanse astrofysicus George Fitzgerald Smoot (geb. 1945), die aan het hoofd staat van de analisten van COBE, verklaart dat de satelliet fluctuaties in de achtergrondstraling heeft ontdekt, die bewaard zijn gebleven vanaf ongeveer 300.000 jaar na de oerknal. De variaties leidden tot sterren, sterrenstelsels en andere kosmische structuren.

DEMONSTRATIES TEGEN COLUMBUS
In diverse Latijns-Amerikaanse landen worden demonstraties gehouden tegen de viering van de komst van Columbus naar de Nieuwe Wereld, vijfhonderd jaar geleden.

METHAAN ONDER DE OCEAAN
Amerikaanse wetenschappers vinden hoeveelheden methaan voor de noordkust van van Noord-Amerika. Het gaat hier misschien om een enorme aardgasbron.

TOP OVER DE AARDE
In juni komen in Rio de Janeiro vertegenwoordigers van 178 landen bij elkaar voor een topoverleg over de aarde. De conferentie is georganiseerd door de VN en gaat over milieu en ontwikkeling. De meeste landen spreken af de uitstoot van cfk's, waardoor de ozonlaag steeds dunner wordt, geleidelijk te verminderen om bossen te behouden en de biodiversiteit te beschermen.

VROUWELIJKE PRIESTERS
De synode van de Kerk van Engeland stemt voor de priesterwijding voor vrouwen. In 1992 zijn in Australië tien vrouwen gewijd tot Anglicaans priester.

OLYMPISCHE WINTERSPELEN
Twaalf dorpen rond het Franse Albertville vormen samen de plaats waar de zestiende Winterspelen plaatsvinden. Nieuwe nummers zijn de shorttrack en het freestyle skiën. De zestienjarige Toni Nieminen wint goud met zijn sprong van de hoge schans, nog eens goud met zijn landenteam en brons op de lage schans.

OLYMPISCHE SPELEN
Bij de 25e Olympische Spelen in Barcelona ligt de nadruk weer op atletiek. Bij het verspringen wint de Amerikaan Carl Lewis (geb. 1961) voor de derde achtereenvolgende keer Olympisch goud.

BOVEN: de astronauten Hieb, Akers en Thuot halen de *Intelsat 6* naar binnen tijdens hun negendaagse STS-49 missie.

ISRAEL EN DE PLO TEKENEN VOOR DE VREDE

Israël en de PLO tekenen een historisch vredesakkoord. In Rusland slaat het leger een coup tegen Jeltsins regering neer. Europa vormt vanaf nu één markt. De grondrechten van de Australische aboriginals worden eindelijk erkend. Ontdekkingsreizigers steken te voet de Zuidpool over. De Nieuw-Zeelandse Jane Campion is de eerste vrouwelijke filmregisseur die de Gouden Palm wint en *Schindler's list* van Steven Spielberg gaat in première en wordt enthousiast ontvangen.

1993

1 januari De Europese Vrijhandelsmarkt wordt van kracht
1 januari Tsjechoslowakije wordt gesplitst

26 februari Bomaanslag op het World Trade Center in de VS

17 maart De balletdanser Rudolf Nureyev overlijdt

24 mei Eritrea wordt onafhankelijk

31 juli Koning Boudewijn van België overlijdt

13 september Israël en de PLO tekenen een vredesverdrag

4 oktober In Moskou voorkomt het leger een staatsgreep
15 oktober Nelson Mandela en F.W. de Klerk krijgen samen de Nobelprijs voor de vrede

1 november Het Verdrag van Maastricht treedt in werking

22 december De aboriginals in Australië krijgen grondrechten

VREDESAKKOORD IN HET MIDDEN-OOSTEN

In Washington tekenen premier Rabin van Israël en PLO-leider Yasser Arafat een verdrag, waarmee de zeggenschap over de Gazastrook en Jericho op de westelijke Jordaanoever wordt overgedragen aan de Palestijnen. Geheim overleg tussen de twee partijen in Oslo heeft geleid tot deze historische overeenkomst – de eerste stap op weg een geleidelijke overdracht van door Israël bezet gebied aan de Palestijnen in ruil voor erkenning van de staat Israël.

EUROPESE VRIJHANDELSMARKT

De Europese Vrijhandelsmarkt wordt van kracht: alle grenzen vervallen en er is vrij verkeer van handel, diensten en personen in de gehele EG mogelijk. Het verdrag van Maastricht, waarbij werd afgesproken dat er in 1999 één munt zal zijn, treedt in werking en de Europese Gemeenschap (EG) wordt de Europese Unie (EU).

FILMS VAN SPIELBERG

De Amerikaanse regisseur Steven Spielberg maakt dit jaar twee opmerkelijke, zij het zeer verschillende films. In *Jurassic park* gaan genetisch tot leven gewekte dinosaurussen te keer in een enorm pretpark – een regelrecht succes. *Schindler's list* is veel serieuzer. De film is bijna geheel opgenomen in zwart-wit en gaat over de holocaust. Spielberg vertelt het verhaal van Oscar Schindler, de Duitse zakenman die joden redde uit de concentratiekampen door ze te werk te stellen in zijn fabriek. Liam Neeson (geb. 1952) speelt de rol van Schindler en Ralph Fiennes (geb. 1963) is de SS-kampcommandant Amon Goth. In de epiloog zijn echte overlevenden te zien die samen met de weduwe van Schindler bij diens graf in Israël staan.

BOVEN: Rudolph Nureyev, waarschijnlijk de bekendste balletdanser van zijn generatie, overlijdt in Parijs.

TSJECHOSLOWAKIJE OPGEDEELD

Na het succes van de partijen die streven naar onafhankelijkheid in Slowakije, wordt Tsjechoslowakije op vriendschappelijke wijze opgedeeld, waardoor zowel Tsjechië als Slowakije onafhankelijk wordt.

COMMUNISTISCHE COUP MISLUKT

Een coup van communisten tegen de Russische regering van Boris Jeltsin wordt neergeslagen als het leger het parlementsgebouw in Moskou bestormt. De coup laat zien dat er onvrede bestaat in Rusland, die veroorzaakt wordt door de mislukte economische hervormingen.

NOG EEN SUPERNOVA

De Spaanse astronoom Francisco Garcia meldt dat hij een nieuwe supernova (exploderende ster) heeft ontdekt, ongeveer 11 miljoen lichtjaren van ons verwijderd.

RUDOLF HAMETOVITSJ NUREYEV (1938–1993)

De beroemde Russische balletdanser Rudolf Nureyev overlijdt in Parijs aan de gevolgen van AIDS. In 1961 verliet Nureyev het Kirovballet tijdens een bezoek aan Parijs en in 1962 debuteerde hij in Covent Garden met de beroemde ballerina Margot Fonteyn. Samen veranderden ze de balletwereld. Van 1983 tot 1989 was Nureyev artistiek directeur van de Parijse Opera. Als solist trad hij op met de beroemdste gezelschappen ter wereld.

BOVEN: Amerikaanse mariniers nemen deel aan de internationale Operation Restore Hope in Mogadishu, Somalia.

OORLOG IN BOSNIE
Troepen van de VN worden aangesteld om de vrede te bewaren in het door oorlog verscheurde Bosnië. Maar Bosnische Serviërs blijven Sarajevo, de hoofdstad van de regio, bestoken. Eenheden uit Kroatië beschieten de stad Mostar.

FRANCIS VINCENT (FRANK) ZAPPA (1940–1993)

De Amerikaanse muzikant Frank Zappa overlijdt na een gevecht van twee jaar tegen prostaatkanker. Zappa liep altijd voorop in de experimentele rockmuziek en was gitarist, zanger en componist. In de jaren '60 richtte hij Mothers of Invention op. Hun eerste album *Freak Out!* kwam in 1966 uit. Het eerste soloalbum van Zappa was *Lumpy gravy* (1968); zijn laatste album *Yellow shark* verschijnt dit jaar.

EERSTE VROUWELIJKE P-G
Janet Reno (geb. 1938) wordt de eerste vrouwelijke procureur-generaal van de VS. Haar nieuwe carrière loopt onmiddellijk een deuk op door een ramp waarbij meer dan zeventig leden van een religieuze sekte in Waco, Texas, om het leven komen als ze belegerd worden door de FBI.

"NIKS VRAGEN, NIKS ZEGGEN"
De Amerikaanse president Clinton bereikt een akkoord met het Ministerie van Defensie: homoseksuelen kunnen nu dienst nemen in het leger op voorwaarde dat zij niet openlijk voor hun homoseksualiteit uitkomen.

FERMAT'S LAST THEOREM
De Britse wiskundige Andrew Wiles beweert dat hij "Fermat's last theorem" heeft bewezen – een wiskundige hypothese die in 1627 door Pierre de Fermat gesteld is.

TELESCOOP VAN 8000 KM
In augustus wordt de Very Long Baseline Array in werking gesteld, die over een afstand van 8000 km geplaatst zijn. Samen vormen ze de grootste radiotelescoop ter wereld.

BOVEN: president George Bush en premier Boris Jeltsin, die net een coup door conservatieve communisten heeft overleefd.

HUBBLE GECORRIGEERD

Astronauten aan boord van het ruimteveer *Endeavour* maken vijf ruimtewandelingen om de Hubbleruimtetelescoop te 'vangen', zijn fouten te corrigeren en hem te voorzien van de recentste informatie.

VINGERAFDRUKKEN VAN DE ROMANOVS

Genetisch materiaal van de Britse nakomelingen van de Romanovs, de laatste tsaar van Rusland en zijn gezin, wordt vergeleken met materiaal afkomstig van de overblijfselen waarvan men vermoedt dat het Nicholas II en zijn gezin betreft. De overblijfselen blijken echt van de Romanovs te zijn.

SUPERMODELLEN WORDEN STERREN

Supermodellen zoals Cindy Crawford, Christy Turlington en Linda Evangelista krijgen een sterrenstatus en worden internationale beroemdheden.

RIJKSDAG

Alex Schultes wint de architectuurwedstrijd om het administratieve gebouwencomplex rond de Rijksdag te mogen ontwerpen, waarschijnlijk het belangrijkste artistieke aspect van de Duitse hereniging.

PIANO WINT DE GOUDEN PALM

De Nieuw-Zeelandse regisseur Jane Campion (geb. 1954) is de eerste vrouw die in Cannes de prestigieuze Gouden Palm wint voor haar film *The piano*. Hoofdrolspeelster Holly Hunter (geb. 1958) wint ook een prijs voor haar vertolking van de stomme heldin.

ERITREA ONAFHANKELIJK

De voormalige Italiaanse kolonie Eritrea, sinds 1952 bij Etiopië, wordt onafhankelijk. Dit is de beloning voor de rol die het land gespeeld heeft bij het omverwerpen van de regering Mengistu.

GRONDRECHTEN VOOR ABORIGINALS

In Australië neemt het federale parlement de Native Title Act aan, waarmee de rechten van aboriginals erkend worden en zijn nu gron kunnen claimen die hen door de eerste Europese kolonisten is afgenomen. Jarenlange campagnes zijn aan deze wetswijziging vooraf gegaan.

DE EERSTE VOETTOCHT OVER DE ZUIDPOOL

De Engelse ontdekkingsreizigers Ralph Fiennes (geb. 1945) en Mike Stroud zijn de eersten die te voet de Zuidpool oversteken. Na 95 dagen worden ze op een afstand van 560 km van de zee opgepikt, nadat ze 2167 km hebben gelopen. Onderweg trokken ze sleden voort met hun voorraden.

HET VERDRIET VAN BELGIE

Op 31 juli overlijdt onverwacht de Belgische koning Boudewijn. De 'roi triste' was kinderloos gebleven en wordt daarom opgevolgd door zijn jongere broer Albert II. België treurt massaal.

MANDELA WORDT PRESIDENT

In Zuid-Afrka worden multiraciale verkiezingen gehouden en Mandela wordt de allereerste zwarte president van het land. In Rwanda breken gewelddadigheden uit. De IRA kondigt een wapenstilstand aan in Noord-Ierland. Het Russische leger valt Tsjetsjenië binnen dat zich wil afscheiden. In de kunstwereld wordt gediscussieerd over dode dieren in formaldehyde en de tunnel onder het Kanaal wordt geopend. Fossiele resten in Etiopië helpen de prehistorie van de mens te dateren.

BLZ. 547: daklozen –Rwandese vluchtelingen in Rwanda– in het kamp Kibeho.

1994

5 februari Servische mortieren ontploffen op een druk bezocht marktplein in Sarajevo
23 februari Wapenstilstand in Bosnië tussen Servië en Kroatië

6 april De presidenten van Burundi en Rwanda komen om het leven bij een vliegtuigongeluk.
In Rwanda breken op grote schaal gewelddadigheden uit
26 april De eerste multiraciale verkiezingen in Zuid-Afrika leiden tot een overwinning voor het Afrikaans Nationaal Congres (ANC)

1 mei De Braziliaanse autocoureur Ayrton Senna komt om het leven
6 mei De Kanaaltunnel wordt geopend
10 mei Nelson Mandela wordt geïnaugureerd als de eerste zwarte president van Zuid-Afrika

14 augustus Carlos de jakhals, de meest gezochte terrorist, wordt gearresteerd
31 augustus Het Ierse Republikeinse Leger (IRA) kondigt een wapenstilstand aan

19 september Amerikaanse troepen vallen Haïti binnen

11 december Russische troepen vallen Tsjetsjenië binnen, nadat het land de onafhankelijkheid heeft uitgeroepen

BOVEN: *Away from the flock,* Damien Hirsts bijdrage aan 'Sensation', de tentoonstelling van het werk van jonge Britse kunstenaars.

PRESIDENT MANDELA

Nelson Mandela wordt de eerste zwarte president van Zuid-Afrika na de overwinning van het Afrikaans Nationaal Congres (ANC) in de eerste multiraciale democratische verkiezingen in het land.

MASSASLACHTING IN RWANDA

In Rwanda begint een genocide, als het door Hutu's gedomineerde leger en Hutu-extremisten 500.000 leden van de Tutsi-meerderheid vermoorden. De Tutsi's weten de macht in handen te krijgen en twee miljoen Hutu's vluchten voor hun leven naar het buurland Zaïre. De genocide en de massale uittocht vinden plaats na de dood van de presidenten van Rwanda en Burundi bij een vliegtuigongeluk. Ook in Burundi volgen dergelijke slachtpartijen.

WAPENSTILSTAND IN NOORD-IERLAND

Na de Brits-Ierse overeenkomst die in Downing Street werd gesloten tussen de premiers van Groot-Brittannië en Ierland, John Major (geb. 1943) en Albert Reynolds (geb. 1938), roept de IRA een staakt-het-vuren uit. Hierdoor kan Sinn Fein deelnemen aan de vredesbesprekingen.

DE KANAALTUNNEL WORDT GEOPEND

De Kanaaltunnel wordt geopend. Hij vormt een supersnelle treinverbinding tussen Engeland en Frankrijk.

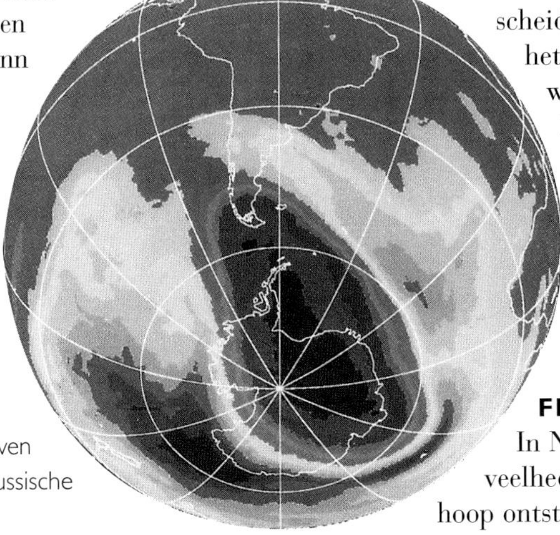

RECHTS: het enorme gat in de ozonlaag boven de Zuidpool, in kaart gebracht door de Russische satelliet Meteor 3.

DE RUSSEN VALLEN TSJETSJENIE BINNEN

Russische troepen bezetten de opstandige provincie Tsjetsjenië in de Kaukasus, nadat het eenzijdig de onafhankelijkheid had uitgeroepen. De hoofdstad Grozny wordt tijdens de gevechten met de grond gelijkgemaakt, maar de gevechten gaan door tot er een akkoord is bereikt waarin de provincie feitelijk onafhankelijkheid wordt toegezegd. De laatste Russische troepen trekken zich in januari 1997 terug. In mei 1997 tekenen Rusland en Tsjetsjenië een vredesakkoord, waarmee de afscheidingsoorlog formeel ten einde is.

BURGEROORLOG IN JEMEN

De spanning die er sinds vorig jaar bestaat tussen de Noord- en de Zuid-Jemenitische elite leidt tot een oorlog. Zo nu en dan waren er al schermutselingen toen de leiders in het Zuiden het land wilden scheiden van het Noorden, nadat in 1990 het land formeel een eenheid was geworden. Pantservoertuigen en artillerie worden bij de gevechten ingezet en in juli nemen eenheden uit het Noorden Aden in, nadat ze de stad met scuds hebben bestookt. De noordelingen vernietigen onder andere de enige brouwerij van het schiereiland.

FINSE DIAMANTEN

In Noord-Finland worden kleine hoeveelheden diamant gevonden, waardoor de hoop ontstaat dat er meer is.

VREDE IN COLOMBIA
In Colombia sluit de regering vrede met vier linkse guerrillagroeperingen.

SARAJEVO GEBOMBARDEERD
In februari slaat een Servische 122 mm mortier in op een druk bezochte markt in Sarajevo, waarbij 68 mensen worden gedood en tweehonderd mensen ernstig gewond raken. Vervolgens bombarderen de Serviërs delen van Gorazde en Srebrenica. De NAVO geeft opdracht Servische posten aan te vallen vanuit de lucht en spoort de Contactgroep van de VS, Groot-Brittannië, Rusland en Duitsland aan tot actie.

AWAY FROM THE FLOCK
De Britse kunstenaar Damien Hirst (geb. 1965) veroorzaakt verhitte debatten in de media met zijn controversiële sculpturen. Bij *Away from the flock* wordt een dood lam getoond in een glazen vat met formaldehyde.

DE VS IN HAITI
Het Amerikaanse leger landt op Haïti om de macht van het land weer in handen van een burgerregering te leggen, nadat de democratisch gekozen president Jean-Bertrand Aristide in september 1991 door het leger is afgezet. De presidentsverkiezingen die in augustus 1995 gehouden worden, resulteren in een overwinning voor een bondgenoot van Aristide.

PULP FICTION
De Amerikaanse regisseur Quentin Tarantino (geb. 1963) maakte eerder al *Reservoir dogs*. Zijn nieuwste film is *Pulp fiction* met John Travolta, Samuel L. Jackson en Harvey Keitel in de hoofdrollen.

DE LUCHTHAVEN KANSAI
Een van de grootste projecten op het gebied van weg- en waterbouwkunde van de laatste jaren, het nieuwe vliegveld van Japan, wordt geopend. De gebouwen zijn ontworpen door Renzo Piano en staan op een kunstmatig eiland.

KOMEET RAAKT JUPITER
Delen van de komeet Shoemaker-Levy 9 komen in juli in botsing met de planeet Jupiter, waardoor grote gaswolken ontstaan. De komeet barst in het magnetische veld van Jupiter uit elkaar.

DE MISSENDE SCHAKEL
De onduidelijkheid over de oorsprong van de mens wordt een klein beetje weggenomen als antropologen in Etiopië de ontdekking bekendmaken van fossiele resten van de *Australopithecus ramidus*, de vroegste directe voorouder van de mens. De resten zijn 4,4 miljoen jaar oud.

MASSALE ZELFMOORD
Leden van een internationale sekte, de Orde van de Zonnetempel, plegen massaal zelfmoord in Zwitserland en Canada. Zelfmoord in groepsverband komt vaker voor onder leden van religieuze sekten die het einde van het millennium aankondigen.

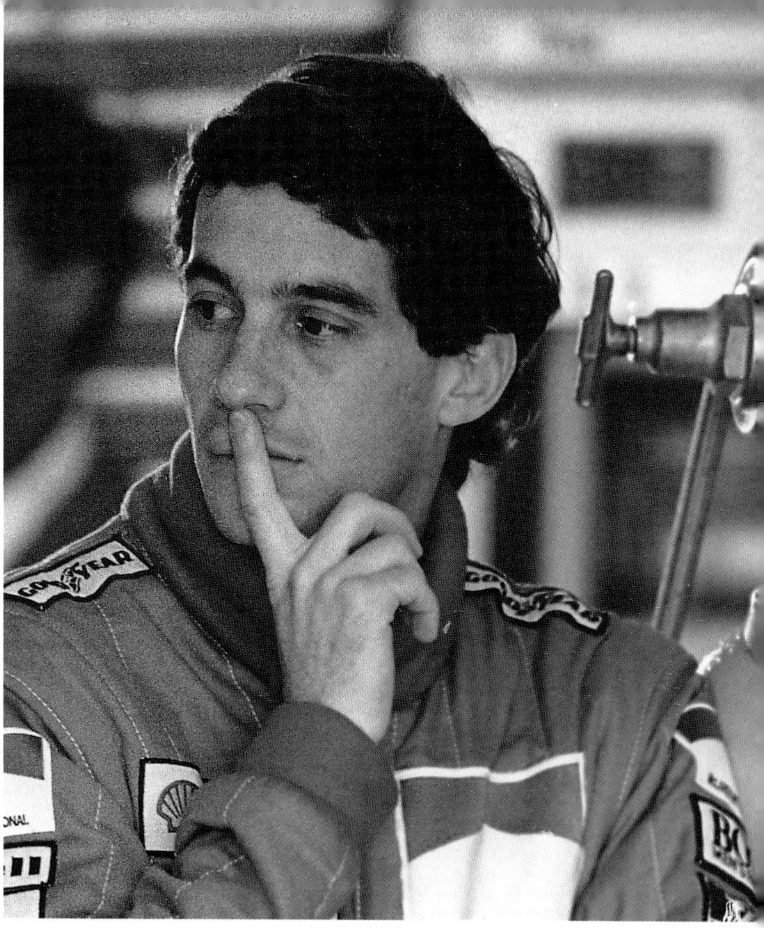

BOVEN: de Braziliaanse Formule 1-coureur Ayrton Senna sterft als zijn wagen crasht tijdens de Grand Prix van San Marinoa op Imola.

EUTHANASIE TOEGESTAAN
In Oregon steunen stemgerechtigden Measure 16, waardoor euthanasie onder bepaalde omstandigheden voor ongeneeslijk zieken wordt toegestaan.

OLYMPISCHE WINTERSPELEN
De zeer succesvolle zeventiende Winterspelen vinden plaats in het kleine Noorse plaatsje Lillehammer, een kleine twee jaar na de vorige Winterspelen.

LARA BREEKT HET RECORD
De West-Indische cricketer Brian Lara (geb. 1969) slaat het Engelse cricketteam naar een wereldrecord van 375 runs tijdens de test match in Antigua.

BRAZILIE WINT HET WK
Brazilië wint het WK-voetbal voor de vierde keer. Dit is echter de eerste finale die beslist wordt door strafschoppen. De keuze voor de VS, zelf geen voetballand, als organisator van het evenement was controversieel.

AYRTON SENNA
(1960–1994)

De legendarische Braziliaanse autocoureur Ayrton Senna overlijdt als hij met 300 km per uur crasht tijdens de Grand Prix van San Marino op Imola. In zijn korte carrière won hij 41 Grand Prixs en won hij driemaal het kampioenschap van de Formule I: in 1988, 1990 en 1992.

VREDE IN BOSNIE

Door het vredesakkoord van Dayton komt er een einde aan drie jaar oorlog in Bosnië. In Oklahoma wordt een bomaanslag gepleegd. De Israëlische premier Yitzhak Rabin wordt vermoord. Overal ter wereld ontstaat grote verontwaardiging na Franse atoomproeven en de executie van milieuactivist Ken Saro-Wiwa. De Japanse havenstad Kobe wordt verwoest door een aardbeving. Astronomen ontdekken een bruine dwerg en een sprekend varken wordt een beroemde filmster.

BLZ. 551: de spaceshuttle *Atlantis*, gefotografeerd vanuit het Russische ruimtestation *Mir.*

1995

1 januari Oostenrijk, Finland en Zweden worden lid van de EU
6 januari Tamils tekenen een wapenstilstand in Sri Lanka maar de gevechten worden hervat
17 januari Een aardbeving vernietigt Kobe in Japan

20 maart Turkse troepen vallen de Koerden aan

19 april Een bom ontploft in Oklahoma

11 juli De Serviërs nemen Srebrenica in dat door de VN was aangewezen als veilig gebied
20 juli Serviërs vallen de VN enclave Bihac in Bosnië aan

4 augustus Kroatische eenheden vallen de door Serviërs bewoonde regio Krajina binnen
30 augustus De NAVO valt Servische stellingen in Bosnië aan

1 november In Dayton, Ohio, wordt een vredesakkoord ondertekent tussen Bosnië, Kroatië en Servië
4 november De Israëlische premier Yitzhak Rabin wordt vermoord
11 november De Nigeriaanse schrijver Ken Saro-Wiwa wordt geëxecuteerd

28 december Internationale protesten volgen op Franse kernproeven

BOVEN: Yitzhak Rabin wordt doodgeschoten in Tel Aviv.

CRISIS IN BOSNIE

In juli nemen de Serviërs de VN-enclave Srebrenica in en vermoorden de mannelijke bevolking; ook belegeren ze Bihac. De maand erna bestoken de Serviërs Sarajevo, waarbij 37 mensen gedood worden. De NAVO verwoest daarop de infrastructuur in het door Servië bezette Bosnië. Na druk op de Bosnisch-Servische leider Radovan Karadzic door de Servische president Milosevic worden de zware wapens rond Sarajevo teruggetrokken. In november wordt in Dayton, Ohio, een vredesakkoord getekend dat een einde moet maken aan het conflict en dat de staat verdeelt in een Bosnische en een Kroatische federatie en de republiek Srpska (Bosnisch Servië) Het akkoord voorziet in een herenigd Bosnië, maar splitst in feite het land in tweeën, elk met een eigen regering: een moslim-Kroatische federatie en een Bosnisch-Servische republiek.

BOVEN: de resten van het overheidsgebouw in Oklahoma City na de bomaanslag. De rechtsextremistische Timothy McVeigh wordt later voor de aanslag veroordeeld.

LINKS: filmmaker en komiek Woody Allen regisseert *Mighty Aphrodite*, een komedie over liefde, huwelijk en adoptiekinderen. Allen wordt door de media aangevallen vanwege zijn verhouding met de geadopteerde dochter van zijn ex-vrouw Mia Farrow.

BOVEN: een gevluchte Bosnische Servische uit Krajina wacht op wat er gaat gebeuren.

BOMAANSLAG IN OKLAHOMA
Federale regeringsgebouwen in Oklahoma City worden opgeblazen bij een terroristische bomaanslag. Door de klap komen 167 mensen om het leven. Twee mannen worden later aangeklaagd voor de misdaad: ze hebben banden met uiterst rechtse milities die actief zijn in het Midden-Westen en fel gekant zijn tegen de federale regering.

SRI LANKA
Ondanks een tijdelijke wapenstilstand worden de gevechten tussen de regering en de Tamils hervat. De noodtoestand wordt opnieuw uitgeroepen.

FRANSE KERNPROEVEN
Frankrijk voert opnieuw ondergrondse kernproeven uit op het atol Muroroa in de Stille Oceaan. Frankrijk stopt met de serie proeven pas in januari 1996.

RABIN VERMOORD
Premier Yitzhak Rabin van Israël wordt vermoord door een joodse fanatiekeling in Tel Aviv kort na zijn deelname aan een vredesbijeenkomst. Hij wordt opgevolgd door Simon Peres, maar de moord op Rabin brengt het vredesproces met de Palestijnen in gevaar. Peres verliest de algemene verkiezingen in mei 1996 van de rechtse Benjamin Netanyahu (geb. 1949), die tegenstander is van de 'land-voor-vrede'-overeenkomst.

EEN BRUINE DWERG
Astronomen ontdekken een 'bruine dwerg', een onbekend object, kleiner dan een ster maar groter dan een vliegtuig.

SARO-WIWA GEEXECUTEERD
In Nigeria worden de milieuactivist Ken Saro-Wiwa (geb. 1941) en acht anderen geëxecuteerd door de militaire regering. Dit leidt tot een storm van protest overal ter wereld. Saro-Wiwa was de leider van de Ogoni-stam uit het zuiden van Nigeria, die protesteerde tegen de exploitatie van hun land door de internationale oliemaatschappijen. Door zijn dood wordt Nigeria geschorst uit het Gemenebest en worden sancties opgelegd.

NIEUWE EU-LEDEN
Oostenrijk, Zweden en Finland sluiten zich aan bij de EU, waardoor het ledenaantal stijgt tot vijftien. Veel andere landen, zoals Tsjechië, Hongarije, Polen, Estland, Slovenië en Cyprus, wachten geduldig tot ook zij uiteindelijk lid mogen worden.

BABE
De film *Babe*, geregisseerd door Chris Noonon, gaat over een pratend varkentje dat schapen kan drijven. De film is knap gemaakt en de kijker merkt amper wanneer de echte dieren worden vervangen door animatiefiguren.

POWDER HER FACE
De Britse componist Thomas Adès krijgt veel lof voor zijn opera *Powder her face*. De opera is gebaseerd op het soms schandaleuze leven van Margaret gravin van Argyll: haar klim op de sociale ladder en haar ondergang, zonder geld en zonder vrienden. Het motto van Margaret was: "Ga vroeg en vaak naar bed".

EEN GAT IN DE MELKWEG
Amerikaanse astronomen hebben tekenen gevonden van een zwart gat in de Melkweg.

ANTIATOMEN
Een team van Duitse, Italiaanse en Zwitserse natuurkundigen maakt de eerste antiatomen. Hun bestaansduur is slechts een fractie van een seconde vóór ze botsen met gewone atomen en verdwijnen.

DRAAIEN ROND JUPITER
Vanaf december draait het Amerikaanse ruimteschip *Galileo*, dat in 1989 werd gelanceerd, in een baan rond Jupiter. *Galileo* stuurt foto's en gegevens naar de aarde.

AARDBEVING IN KOBE
De Hanshin-aardbeving verwoest de Japanse stad Kobe. Meer dan 2700 mensen komen om het leven en meer dan duizend gebouwen worden vernield, net als de wegen en de elektriciteitscentrales in de regio. De aardbeving met een kracht van 7,2 op de schaal van Richter is de zwaarste die Japan getroffen heeft sinds 1923.

VERBOD OP EXPORT VAN LEVENDE DIEREN
Dierenbeschermers weten een tijdelijk verbod te bewerkstelligen op het exporteren van levende dieren vanuit een Britse haven. Ze vinden dat dieren in te kleine containers vervoerd worden en te lang geen eten en drinken krijgen. De demonstranten streven naar een EU-verbod op dergelijke praktijken.

TALIBAN EN HUTU'S

De Taliban nemen de Afgaanse hoofdstad Kabul in en voeren strikt islamitische wetten in. Na 36 jaar vechten komt er een einde aan de burgeroorlog in Guatemala. In Zaïre vallen de Tutsi's Hutuvluchtelingen aan. Premier Benazir Bhutto wordt ontslagen. De Amerikaanse president Bill Clinton wordt gekozen voor een tweede ambtsperiode. De EU verbiedt Brits rundvlees uit vrees voor BSE. En een bomaanslag verstoort de Olympische Spelen.

1996

17 februari De ruimtesonde *NEAR* wordt gelanceerd

13 maart Zestien schoolkinderen en hun onderwijzeres worden doodgeschoten in het Schotse Dunblane

25 maart De EU verbiedt de export van Brits rundvlees uit vrees voor BSE

29 april VN-oorlogstribunaal van de VN wordt geopend in Den Haag en onderzoekt de misdaden tegen de menselijkheid tijdens de burgeroorlog in Joegoslavië

27 juli In Atlanta explodeert een bom tijdens de Olympische Spelen

31 augustus Iraakse vliegtuigen schenden de no-fly zone van de VN

3 september Amerika vuurt kruisraketten af op Irak

27 september De Taliban nemen de macht over in Kabul

21 oktober De VN meldt dat 250.000 Hutu's uit Zaïre zijn gevlucht

5 november Bill Clinton wordt voor een tweede termijn gekozen tot president

15 november Tutsirebellen verslaan extremistische Hutumilitairen

17 december In Lima in Peru gijzelen guerrilla's van de Tupac Amaru een aantal mensen in de Japanse ambassade

29 december De burgeroorlog in Guatemala is voorbij

BOVEN: een Amerikaanse militair regelt het verkeer over de pontonbrug, die Kroatië en Bosnië-Hercegovina met elkaar verbindt.

ONDER: een Amerikaanse Howitzer tijdens Operation Joint Endeavour, onderdeel van de reactie op de crisis in voormalig Joegoslavië.

BOVEN: demonstranten in Londen reageren op de gekkekoeienziekte, die ook mensen kan ziek kan maken.

DE TALIBAN NEMEN KABUL IN

De islamitisch-fundamentalistische Taliban nemen de macht over in de Afgaanse hoofdstad Kabul. Ze voeren strenge islamitische wetten door en dwingen vrouwen in het openbaar volledig gesluierd te zijn en alle mannen hun baard te laten staan. Ze hebben geenszins het hele land in handen, maar de Taliban brengen een mate van vrede die het land sinds de Russische invasie in 1979 niet meer gekend heeft.

RWANDESE VLUCHTELINGEN

Meer dan een miljoen Hutuvluchtelingen uit Rwanda die in kampen leven, worden aangevallen door Tutsi's die worden gesteund door de Rwandese regering. Velen sterven aan cholera en andere ziekten en er is sprake van een grote humanitaire ramp in Zaïre, waardoor de regering van president Mobutu (geb. 1930) wankelt. In november keren 400.000 Hutu's terug naar Rwanda, nadat de extremisten die verantwoordelijk zijn voor de genocide in 1994 uit de vluchtelingenkampen zijn verdreven.

BENAZIR BHUTTO ONTSLAGEN

In Pakistan wordt premier Benazir Bhutto voor de tweede keer in haar carrière door de president ontslagen na beschuldigingen van corruptie. Bhutto, dochter van ex-premier Zulfikar Ali Bhutto, die in 1978 door het leger werd afgezet en geëxecuteerd, werd voor het eerst premier in 1988 na de val van de militaire regering; ze werd in 1990 ontslagen. Ze won in 1993 de verkiezingen opnieuw, maar de aanhoudende beschuldigingen van corruptie tegen haar en vooral haar echtgenoot zorgen ervoor dat ze opnieuw de macht verliest.

NOG EENS VIER JAAR

De Amerikaanse president Bill Clinton begint aan een tweede ambtstermijn door de republikein Bob Dole te verslaan. Hij krijgt 49 procent van de stemmen en Dole 41 procent. De democraten hebben echter niet de meerderheid in het Congres, waardoor het aannemen van nieuwe wetten door de oppositie bemoeilijkt wordt.

DE KOERDEN NEMEN SULAIMANIYA IN

De Koerdische Democratische Partij (KDP) verovert met steun van Irak de stad Sulaimaniya, bolwerk van de anti-Iraakse Koerdische Arbeiderspartij (PKK). De KDP beschiet een Koerdisch vluchtelingenkamp in Iran. Sulaimaniya wordt in oktober heroverd.

TUPAC AMARU NEEMT GIJZELAARS

Strijders van de Moviemento Revolucionario Tupac Amaru (MRTA) gijzelen 460 mensen in de residentie van de Japanse ambassadeur in Lima, Peru. Alle gijzelaars op 72 mensen na worden na onderhandelingen vrijgelaten. In april 1997 bestormen speciale eenheden van het Peruaanse leger de residentie, doden de veertien leden van de MRTA en bevrijden de gijzelaars.

ENORME DINOSAURUS

In de Sahara worden fossiele beenderen van een reusachtige vleesetende dinosaurus gevonden. De dinosaurus is groter dan de befaamde *Tyrannosaurus rex*.

VREDE IN GUATEMALA
Linkse guerrilla's in Guatemala tekenen een vredesverdrag met de regering, waardoor er een einde komt aan 36 jaar burgeroorlog. Twee jaar later meldt de rooms-katholieke Kerk dat de burgeroorlog het leven heeft gekost aan 150.000 leden van de indiaanse plattelandsbevolking en dat er nog 50.000 vermist worden.

UITERST BOVEN: een Italiaanse soldaat ruimt landmijnen in Praca in Bosnië op. Nu de oorlog is afgelopen, leveren landmijnen het grootste gevaar op.

BOVEN: een Amerikaanse soldaat bewaakt een IFOR (International Force)-grenspost op de weg naar Tuzla in Bosnië-Hercegovina.

TRAINSPOTTING
De film *Trainspotting* met Robert Carlyle in de hoofdrol gaat in première. De film is gebaseerd op een boek van Irving Welsh.

BELGISCH DRAMA
Wanneer twee ontvoerde en seksueel misbruikte meisjes in een kelder gevonden worden, wordt de Belg Marc Dutroux gearresteerd. De man blijkt eerder al twee meisjes vermoord te hebben. Heel België is ernstig geschokt en er is sprake van betrokkenheid van hoge politici bij de zaak Dutroux.

ASTEROIDE-ONDERZOEK
De ruimtesonde *NEAR* (Near Earth Asteroid Rendezvous) wordt op 17 februari gelanceerd om de asteroïde Eros te onderzoeken.

GEKKEKOEIENZIEKTE
Britse wetenschappers maken melding van een nieuwe variant van een zeldzame dodelijke aandoening aan het menselijke zenuwstelsel: de ziekte van Creutzfeldt-Jakob, die veroorzaakt wordt het vlees van met BSE besmette runderen. BSE wordt ontdekt bij koeien die gevoerd werden met dierlijk proteïne, afkomstig van schapen die leden aan een zenuwziekte (scrapie). In maart verbiedt de EU de export van Brits rundvlees.

ZELFMOORD IN DUIKBOOT
Noord-Koreaanse infiltranten plegen zelfmoord als hun duikboot met 26 man aan boord in september aan de grond loopt bij de Zuid-Koreaanse plaats Kangnung. Dertien opvarenden worden gedood door het Zuid-Koreaanse leger en tien zijn waarschijnlijk gedood door een officier die de voorkeur gaf aan zelfmoord boven gevangenschap.

EEUWFEEST VAN DE OLYMPISCHE SPELEN
De honderste Olympische Spelen worden gehouden in Atlanta, ondanks een sterke campagne van Athene. Elfduizend sporters uit 197 landen doen mee. De dappere sprong van de geblesseerde Kerri Strug levert de Amerikaanse turnsters goud op. De Canadees Donovan Baily wint goud en loopt een wereldrecord op de 100 m in 9,84 seconden. De Amerikaan Michael Johnson wint tweemaal goud: op de 200 en de 400 m en op de 200 m loopt hij zelfs een wereldrecord. De Ierse zwemster Michelle Smith (later De Bruin) neemt driemaal goud en één maal brons mee naar huis. Een tragisch dieptepunt is de bom die ontploft op het olympische terrein: twee mensen worden gedood en elf raken gewond.

PIEPKLEINE MOTOREN
Amerikaanse ingenieurs kondigen de constructie van micromotoren aan. De motoren zijn ca. 1 mm in het vierkant en kunnen flinterdunne mechanismen aandrijven.

LINKS: Zaïrese vluchtelingen in het kamp Nyatagusu in Kigoma, Tanzania. Ziekten als cholera vormen een groot probleem in de kampen.

ONDER: Zaïrese vluchtelingen proberen in overvolle bootjes het Tanganyikameer naar Tanzania over te steken.

DE DOOD VAN EEN PRINSES

Diana, prinses van Wales, komt om het leven bij een auto-ongeluk in Parijs. Een financiële crisis treft Zuid-oost-Azië als de waarde van de Thaise baht valt. Socialisten en sociaal-democraten maken de dienst uit bij de Europese verkiezingen. Hongkong wordt overgedragen aan China. Wetenschappers klonen met succes een schaap. De komeet met drie staarten, Hale-Bobb, passeert de aarde en 'girl power' scoort.

BLZ. 561: duizenden mensen leggen bloemen neer bij de hekken van Kensington Palace in Londen.

1997

1 januari De Ghanees Kofi Annan wordt secretaris-generaal van de VN

26 januari In Albanië breken gewelddadigheden uit na het ineenstorten van het piramidespel

27 februari Britse genetici hebben een schaap gekloond

22 april Speciale eenheden bestormen de Japanse ambassade in Lima, doden alle veertien Tupac Amaru guerrillastrijders en bevrijden de gijzelaars

1 mei Labour wint de algemene verkiezingen in Groot-Brittannië

12 mei Rusland en Tsjetsjenië tekenen een vredesakkoord

26 mei Tutsirebellen nemen de hoofdstad van Zaïre, Kinshasa, in en veranderen de naam van het land in de Democratische Republiek Kongo

1 juni De socialistische partij wint de algemene verkiezingen in Frankrijk

2 juni Timothy McVeigh wordt schuldig bevonden aan de bomaanslag in Oklahoma City

1 juli Hongkong wordt overgedragen aan China

2 juli Begin van de economische crisis in Zuidoost-Azië

31 augustus Diana, prinses van Wales, komt om het leven bij een auto-ongeluk. Haar vriend Dodi Fayed komt ook om het leven

BOVEN: de Spice Girls prediken naar eigen zeggen "girl power". Hier zijn ze bij de première van hun film *Spice – the movie*.

EUROPESE VERKIEZINGEN
In Groot-Brittannië leidt Tony Blair (geb. 1953) Labour naar een overwinning nadat achttien jaar lang de conservatieven aan de macht zijn geweest. Overwinningen voor de Franse socialisten in juni en de Duitse sociaal-democraten in september 1998 (waardoor Helmut Kohl na zestien jaar regeren moet vertrekken) leiden ertoe dat bijna heel West-Europa een socialistische of sociaal-democratische regering heeft.

HONGKONG
Hongkong, vanaf 1841 een Britse kroonkolonie, wordt overgedragen aan de China. De Chinese regering belooft de bestaande wetten en economische structuren te zullen respecteren, maar democratische instellingen worden al snel vervangen door een door Peking benoemd bestuur.

MOEDER TERESA VAN CALCUTTA (AGNES GONXHA BOJAXHIU) (1910–1997)

De Oost-Europese, rooms-katholieke missiezuster Moeder Teresa, wier werk in Calcutta bij eenieder bekend is, overlijdt. In 1928 trad ze in bij de Zusters van Loretto in Calcutta en gaf tot 1948 in het klooster les, waarna ze vertrok om alleen onder de armen te gaan werken. In 1950 stichtte ze haar zusterorde, de Orde van de Zusters der Liefde, die nu ongeveer tweeduizend leden telt en zorgt voor de armen en de zieken.

DIANA VERONGELUKT
Diana, prinses van Wales, komt om het leven bij een auto-ongeluk in Parijs. Haar dood veroorzaakt een nationale periode van shock in rouw in Groot-Brittannië en leidt tot grote kritiek op het Britse koningshuis dat te ouderwets zou zijn en Diana altijd slecht behandeld zou hebben. Zo'n twee miljard mensen volgen de begrafenis op tv. Diana's antilandmijnencampagne werpt zijn vruchten af in 1998, als een internationaal verdrag dat het gebruik van landmijnen moet verbieden, in Ottawa wordt ondertekend.

FINANCIELE RAMP
De waardedaling van de Thaise bath leidt tot een financiële crisis in heel Zuidoost-Azië. Banken gaan failliet en geld verliest zijn waarde. De crisis, die veroorzaakt wordt door een zeer hoge nationale schuld en een slecht financieel beleid, breidt zich uit naar Japan, Indonesië, Rusland en in 1999 naar Brazilië. Hoewel het IMF een reddingsplan opzet voor de getroffen landen, veroorzaakt de economische terugval chaos overal ter wereld en wordt gevreesd voor een crisis zoals die in 1930.

MOBUTU VERSLAGEN
President Mobutu, leider en dictator van Zaïre sinds 1965, raakt de macht kwijt als rebellen onder aanvoering van Laurent Kabilla zijn regering omverwerpen. Tijdens zijn presidentschap beschouwde Mobutu Zaïre als zijn persoonlijke bankrekening. Hij buitte het land uit en bracht het economisch tot op de rand van de afgrond.

FINANCIELE CRISIS IN ALBANIE
Anarchie viert hoogtij in Albanië na de ineenstorting van het corrupte piramidespel. Albaniërs die al hun spaargeld zijn kwijtgeraakt, gaan de straat op, roven wapens van het leger en vallen de regering aan. Alle buitenlanders worden geëvacueerd en de regering schrijft in juni verkiezingen uit, die leiden tot een grote overwinning voor de socialistische oppositiepartij.

DEAL TUSSEN ENGELAND EN RUSLAND
In maart tekenen de regeringen van Groot-Brittannië en Rusland een overeenkomst over gezamenlijke militaire oefeningen en uitwisseling van informatie over nieuwe wapens.

PITTIGE POWER
'Girl power' in de gedaante van de Spice Girls –Posh, Baby, Sporty, Scary en Ginger– is een enorm succes in de popmuziek. De Britse meidengroep behaalt wereldwijd grote successen met de meeste van hun singles.

E. COLI IN KAART GEBRACHT
Een Amerikaans team van genetici onder leiding van Fred Blattner stellen de complete genetische code van de bacterie *Escherichia coli* op schrift, die meer dan 4200 genen bevat. Sommige vormen van *E. coli* veroorzaken voedselvergiftiging. Een uitbarsting van *E. coli* bacteriën na het eten van besmet voedsel heeft dit jaar meer dan vierhonderd mensen in Groot-Brittannië een voedselvergiftiging bezorgd, waaraan negentien overleden.

BOVEN: het schaap Dolly, het eerste gekloonde dier, met dr. Ron James van het Roslin Institute in Edinburgh.

BOVEN: Sarajevo, de hoofdstad van Servië, wordt weer opgebouwd nu er vrede heerst in voormalig Joegoslavië.

THE FULL MONTY

Een nieuwe Britse film blijkt onverwacht een groot internationaal succes. *The full monty*, geregisseerd door Peter Cattaneo, gaat over een paar werkloze mannen in het noorden van Engeland, die willen strippen om geld te verdienen.

HET SCHAAP DOLLY

Schotse wetenschappers melden dat zij een schaap hebben gekloond uit een cel van een volwassen dier. Het schaap krijgt de naam Dolly. Het is de eerste geslaagde kloon uit niet-reproductieve cellen. Dolly is gemaakt door DNA uit een volwassen cel te combineren met een niet-bevruchte eicel waaruit het DNA was verwijderd.

HALE-BOPP

De komeet Hale-Bopp, een komeet met drie staarten, nadert in april de zon. Het is een massa steen, stof en ijs die genoemd is naar de twee Amerikaanse astronomen die hem als eerste waarnamen (Alan Hale en Thomas Bopp). De komeet zal pas over 2400 jaar terugkeren.

ZELFMOORD VAN SEKTE

Als de komeet Hale-Bopp verschijnt, de helderste komeet sinds vierhonderd jaar, plegen 39 leden van de sekte Heaven's Gate in San Diego massaal zelfmoord. De leden meenden dat zij konden ontkomen aan de vernietiging van de aarde door hun ontmoeting met een ruimtevoertuig dat door de komeet aan het zicht werd onttrokken.

HET GUGGENHEIMMUSEUM

Een van de opvallendste moderne gebouwen is het Guggenheimmuseum in Bilbao. Het is ontworpen door Frank O Gehry en heeft een opvallende met metaal beklede voorgevel, waarin gebogen vormen de bezoeker uitnodigen in een mysterieuze ruimte.

DAKLOOS DOOR OVERSTROMINGEN

70.000 mensen worden dakloos door gigantische overstromingen in Tsjechië, Duitsland en Polen.

TIGER WOODS

De Amerikaanse golfer Eldrick 'Tiger' Woods heeft op 21-jarige leeftijd het Masters golftoernooi gewonnen.

MCDONALD'S VRIJGESPROKEN

Het langste proces in de Britse geschiedenis is achter de rug als de fastfoodketen McDonald's wordt vrijgesproken nadat het bedrijf ervan was beschuldigd het milieu te schaden.

OP WEG NAAR SATURNUS

In oktober wordt het ruimteschip *Cassini/Huygens* gelanceerd voor een reis naar Saturnus. Na de aankomst in 2004 zal *Cassini* in een baan rond de planeet draaien, terwijl *Huygens*, een kleinere sonde, zal landen op Titan.

DIANA, PRINSES VAN WALES (1961–1997)

De wereld is geschokt door de plotselinge dood van Diana, prinses van Wales, die in Parijs om het leven komt bij een auto-ongeluk terwijl zij op de vlucht voor de pers is. De media hebben de ex-vrouw van de Britse kroonprins (de scheiding werd in 1996 uitgesproken) achtervolgd vanaf het moment dat haar verloving met Charles bekend werd gemaakt. Diana was betrokken bij het werk van veel liefdadigheidsinstellingen, maar sinds 1994 werkte ze vooral voor het Internationale Rode Kruis. Diana's vriend Dodi Fayed komt bij het ongeluk ook om het leven.

SEKS, DE WAARHEID EN VERZOENING

In de VS mag president Clinton toch nog aanblijven na het onderzoek naar een vermeende affaire. In Zuid-Afrika presenteert de Waarheids- en verzoeningscommissie haar rapport. In Servië loopt de spanning opnieuw op. De voormalige Chileense dictator Pinochet wordt gearresteerd. Terroristen plegen bomaanslagen op de Amerikaanse ambassades in Kenia en Tanzania. Het Goede-Vrijdagakkoord brengt vrede in Noord-Ierland. Een orkaan verwoest Midden-Amerika.

BLZ. 565: het is een zwaar jaar voor Bill Clinton, hier met vrouw en dochter.

1998

21 januari Er wordt een onderzoek gestart naar de vermeende affaire van president Clinton met een stagiaire op het Witte Huis

5 maart De NASA meldt dat er vermoedelijk water op de maan is

10 april Een akkoord, dat getekend wordt op Goede Vrijdag, betekent vrede voor Noord-Ierland

6 mei Modderstromen richten vernielingen aan in Italiaanse steden
20 mei De Indonesische president Soeharto treedt af na rellen
28 mei Pakistan voert vijf kernproeven uit

7 augustus Terroristen plegen bomaanslagen op de Amerikaanse ambassade in Nairobi in Kenia en Dar-es-Salaam in Tanzania

24 september Iran heft de fatwa tegen de auteur Salman Rushdie op

12 oktober De NAVO dreigt met luchtaanvallen op Servië
18 oktober Internationale waarnemers arriveren in de Servische provincie Kosovo
18 oktober De voormalige Chileense dictator generaal Augusto Pinochet wordt gearresteerd in Londen
24 oktober Troepen uit Zuid-Afrika en Botswana gaan Lesotho binnen
29 oktober De Zuid-Afrikaanse Waarheids- en verzoeningscommissie presenteert haar rapport

16 december De VS en Groot-Brittannië voeren luchtaanvallen uit op Irak

BOVEN: ol' blue eyes Frank Sinatra overlijdt dit jaar.

SEKSSCHANDAAL ROND CLINTON
Bill Clinton wordt er van beschuldigd een affaire te hebben met een stagiaire en haar gevraagd te hebben hierover te liegen. De beschuldigingen worden onderzocht door de onafhankelijke aanklager Kenneth Starr en leiden in november tot een poging van het Amerikaanse Congres de president af te zetten wegens onder andere meineed. De president legt een verklaring af voor het Huis van Afgevaardigden, die op televisie wordt uitgezonden, maar ondanks druk van de republikeinen wordt de president niet afgezet.

AKKOORD OP GOEDE VRIJDAG
In Noord-Ierland tekenen vertegenwoordigers van de Unionisten en de Nationalisten op Goede Vrijdag een akkoord, waarin wordt afgesproken dat een gekozen vertegenwoordiging en nieuwe organisaties zullen worden opgericht die de banden tussen het Noorden en de Republiek zullen versterken. De overeenkomst, die wordt gesloten in het bijzijn van de Britse minister voor Noord-Ierse zaken Mo Mowlam (geb. 1949), zal ook een poging doen paramilitaire groeperingen hun wapens in te doen leveren. De leider van de Unionisten, David Trimble, en de Nationalist John Hume krijgen samen de Nobelprijs voor de vrede in 1988 voor hun bemoeienis bij de totstandkoming van het akkoord.

TITANIC
De rampenfilm *Titanic* met Leonardo di Caprio en Kate Winslett is de duurste film die ooit is gemaakt. De zeer succesvolle film krijgt elf Oscars.

SOEHARTO TREEDT AF
Na de economische crisis dwingen demonstranten de Indonesische president Soeharto tot aftreden. Hij was al sinds 1967 aan de macht en wordt nu opgevolgd door vice-president Jusuf Habibi, die belooft een einde te zullen maken aan de corruptie en het nepotisme van de regering.

BOMMEN OP AMBASSADES
Islamitische fundamentalisten plegen bomaanslagen op de Amerikaanse ambassade in Nairobi in Kenia en Dar-es-Salaam in Tanzania, waardoor 257 mensen worden gedood en honderden anderen gewond raken. Als vergelding worden er vanaf Amerikaanse oorlogsschepen Tomahawk-kruisraketten afgevuurd op doelen in Afganistan en Sudan in een poging Osama bin Laden te doden, de Saudische miljonair die ervan verdacht wordt het brein te zijn achter de bomaanslagen op Amerikaanse doelen in Afrika en het Midden-Oosten. Het plan mislukt echter: de Amerikaanse inlichtingendienst ziet een farmaceutische fabriek in Khartoum aan voor een fabriek waar chemische wapens worden gemaakt.

KOSOVO
Internationale waarnemers worden naar de Servische provincie Kosovo gestuurd om toe te zien op de uitvoering van een wapenstilstand tussen leden van het Kosovo Bevrijdingsleger (UCK) en het Servische leger, nadat de NAVO gedreigd heeft met luchtaanvallen tegen Servië. De provincie, waar bijna alleen Albaniërs wonen, vecht voor onafhankelijkheid van Servië, dat de grondwet in maart 1991 opschortte en repressieve maatregelen tegen de Albaniërs invoerde. De oorlog is de volgende stap in de desintegratie van het voormalige Joegoslavië, die begon in 1991.

WAARHEID EN VERZOENING
De Waarheids- en verzoeningscommissie, onder voorzitterschap van de Nobelprijswinnaar voor de vrede aartsbisschop Desmond Tutu, presenteert haar rapport. De commissie heeft vele verklaringen afgenomen. In het rapport wordt apartheid veroordeeld als een misdaad tegen de menselijkheid, maar de commissie acht zowel de regerende ANC als de puur blanke partijen schuldig aan het schenden van de mensenrechten.

PINOCHET GEARRESTEERD
De voormalige Chileense dictator Augusto Pinochet wordt gearresteerd in Londen, nadat Spaanse rechters om zijn uitlevering hebben gevraagd om hem te berechten voor moord en martelingen. De vraag is of Pinochet recht heeft op diplomatieke onschendbaarheid, maar uiteindelijk besluit het Hooggerechtshof dat dat niet het geval is en de Britse minister van Binnenlandse Zaken gelast zijn uitlevering – waarna er hoger beroep wordt aangetekend.

LESOTHO
De Zuid-Afrikaanse regering stuurt troepen naar Lesotho om de boel te kalmeren na rellen onder de bevolking.

OPERATIE DESERT FOX
De VS en Groot-Brittannië voeren luchtaanvallen uit op Irakese doelen, nadat Sadam Hussein geweigerd heeft zijn medewerking te verlenen aan het onderzoek door de wapeninspecteurs van de VN. De Amerikaanse marine, de Amerikaanse luchtmacht en de Britse RAF voeren 650 aanvallen uit. De Amerikaanse marine vuurt 325 Tomahawk-kruisraketten af en de B-52 bommenwerpers van de Amerikaanse luchtmacht vuren negentig kruisraketten op honderd doelen af, waaronder de barakken van de Republikeinse Garde en fabrieken waar chemische en biologische wapens worden gemaakt.

BIRTHDAY LETTERS
De Britse poet laureate Ted Hughes (1930-1998) publiceert gedichten die hij geschreven heeft naar aanleiding van de zelfmoord van zijn eerste vrouw, de Amerikaanse dichteres Sylvia Plath. Het boek, dat enkele maanden voor zijn dood verschijnt, wordt enthousiast ontvangen en er worden zeer veel exemplaren van verkocht.

KERNPROEVEN
India houdt kernproeven in de buurt van Rajasthan; Pakistan reageert door vijf proeven te nemen. Beide landen beweren dat ze in de toekomst het Verdrag tegen het nemen van kernproeven zullen ondertekenen.

VIAGRA
Viagra is een nieuw medicijn tegen impotentie. Het is het meest verkochte medicijn, alleen op recept verkrijgbaar.

AARDBEVING IN ITALIE

Door een aardbeving in Assissi worden fresco's van de Italiaanse kunstenaar Giotto vernield. Er ontstaan heftige discussies of de kunstwerken beter beschermd hadden kunnen worden.

VLIEGENDE STERRENSTELSELS

Astronomen ontdekken dat de sterrenstelsels in de ruimte onafhankelijk van elkaar met steeds grotere snelheden rondvliegen, ondanks de zwaartekracht.

BIOLOGISCHE KLOK

Onderzoek toont aan dat bijna alle levende organismen, dus niet alleen mensen, beschikken over een ingebouwd mechanisme, 'de biologische klok', die door licht en temperatuur het verschil tussen dag en nacht bijhoudt.

OLYMPISCHE WINTERSPELEN

De Olympische Winterspelen in het Japanse Nagano zijn een groot succes en trekken zeer veel mensen. De records bij het schaatsen worden verpulverd door de in Nederlandse klapschaats. De nieuwe schaatsen hebben aan de voorzijde een verend scharnier, waardoor de schaatser zijn hiel kan lichten zonder het ijzer van het ijs op te tillen. De Nederlandse schaatsers winnen vijf gouden en zes andere medailles en er worden vijf wereldrecords gebroken. De ijshockeyers uit Tsjechië schokken de ijshockeywereld door de professionals uit Canada en Amerika te verslaan en de Amerikaanse Tara Lipinski wint goud bij het kunstschaatsen.

DRUGS DOMINEREN DE TOUR

De Tour de France wordt verstoord door de onthulling dat sommige renners drugs hebben gebruikt met medeweten van de ploegleiding. Nadat een ploegarts wordt betrapt met een hoeveelheid verboden drugs, volgen er een politieonderzoek, arrestaties en protesten van de renners die zich het slachtoffer voelen.

HONKBAL

Mark McGwire, de gigantische speler op het eerste honk van de St. Louis Cardinals, slaat zijn 62e homerun van het seizoen en verbetert daarmee het record van Roger Maris.

POL POT IS DOOD

Het lichaam van de voormalige leider van de Rode Khmer, Pol Pot, wordt in het noorden van Cambodja opgebaard. Tijdens zijn bewind in Cambodja (1975-1979) vielen er 1,7 miljoen slachtoffers te betreuren.

VERWOESTENDE ORKAAN

De orkaan Mitch heeft in de Midden-Amerikaanse staten Honduras, Nicaragua, El Salvador en Guatemala grote verwoestingen aangericht, voor hij over Mexico naar het Caribische gebied trok. Meer dan 10.000 mensen zijn om het leven gekomen en hele steden en dorpen zijn weggevaagd. Het economisch herstel zal vermoedelijk jaren duren.

ONDER: 'the agreement', het resultaat van het overleg over Noord-Ierland, wordt door een unionist verscheurd.

NAVO-BOMBARDEMENTEN EN VLUCHTELINGEN UIT KOSOVO

In Oost-Europa breekt oorlog uit als de NAVO luchtaanvallen op Servische militaire doelen in Joegoslavië begint. Door de acties wordt de Servische 'zuivering' van etnische Albaniërs opgevoerd en duizenden van hen vluchten uit Kososvo. De Europese munt wordt geïntroduceerd en de EU-commissie treedt af nadat er bewijzen voor fraude zijn gevonden. Koning Hussein van Jordanië overlijdt. De verdachten van de vliegramp boven Lockerbie staan eindelijk terecht. En nieuw onderzoek toont aan dat flirten gezond is.

BLZ. 568: Nelson Mandela stapt uit de Zuid-Afrikaanse politiek.

1999

1 januari Invoering van de Europese munt
24 januari Het Internationaal Olympisch Comité wordt getroffen door een schandaal. Leden zouden geld gekregen hebben voor hun stem. Zes van hen treden uiteindelijk af
26 januari Amerikaanse raketten komen neer op een woonwijk in het Iraakse Basra

4 februari De Russen proberen een kunstmaan te maken
7 februari Koning Hussein van Jordanië overlijdt
15 februari Abdullah Öcalan, leider van de Koerdische Arbeiderspartij (PKK) wordt gearresteerd in Nairobi door het Turkse leger
23 februari Groot-Brittannië vernietigt zijn laatste voorraden landmijnen

7 maart De Amerikanen dreigen met een handelsoorlog tegen Europa vanwege de import van bananen uit voormalige Amerikaanse koloniën in het Caribisch gebied en Afrika
15 maart Alle leden van de Europese Commissie treden af na berichten over fraude
24 maart De NAVO begint luchtaanvallen op Servië
31 maart Servische eenheden nemen drie Amerikaanse soldaten gevangen

5 april Twee Libiërs die worden verdacht van de bomaanslag op het vliegtuig boven Lockerbie, arriveren in Nederland voor hun proces

17 mei Ehud Barak wordt met grote meerderheid gekozen tot premier van Israël

NIEUWE NAVO-LEDEN

Hongarije, Polen en Tsjechië worden als eerste voormalige communistische landen uit Oost-Europa lid van de NAVO. De drie landen hebben ook een verzoek ingediend om lid te mogen worden van de EU.

EEN EUROPESE MUNT

In elf landen wordt de Europese munt ingevoerd, waaronder Frankrijk en Duitsland, maar niet in Groot-Brittannië. De Euro, die alleen nog maar voor transacties op papier gebruikt kan worden, wordt nu samen met de verschillende nationale munteenheden gebruikt. In 2002, als de nationale munteenheden afgeschaft worden, zullen Eurobankbiljetten en -munten overal verspreid worden.

FRAUDE IN DE EU

Alle twintig leden van de EU-commissie nemen hun ontslag na een vernietigend rapport, waarin de commissie mismanagement, corruptie, fraude en nepotisme wordt verweten. De voormalige Italiaanse premier Romano Prodi wordt benoemd tot de nieuwe voorzitter.

DE NAVO BOMBARDEERT JOEGOSLAVIE

In maart worden met bommen en kruisraketten uit twaalf NAVO-landen luchtaanvallen uitgevoerd op meer dan veertig doelen in Joegoslavië, omdat de Serviërs weigeren mee te werken aan de vredesonderhandelingen over Kosovo. Servische troepen in Kosovo dwingen etnische Albaniërs te vertrekken naar omliggende landen. Eind maart zijn ca. 300.000 Albanezen verdreven. Drie Amerikaanse soldaten van het Eerste Infanteriebataljon worden gevangengenomen in Kumanovo in Macedonië door Servische troepen die de grens over getrokken zijn. De Amerikaan Jesse Jackson weet hun vrijlating te bewerkstelligen.

INSTITUTIONEEL RACISME

In Groot-Brittannië toont het onderzoek naar de moord op de zwarte tiener Stephen Lawrence aan dat de politie de zaak slecht heeft afgehandeld en schuldig is aan 'institutioneel racisme'. In Amerika wordt een blanke extremist veroordeeld voor de moord op de zwarte James Byrd in Texas.

BERLIJN, DE NIEUWE HOOFDSTAD

Berlijn wordt weer de hoofdstad van Duitsland als de regering vanuit Bonn naar Berlijn terugverhuist. Na de val van de Muur in 1990 en de hereniging van Duitsland is Berlijn uitgebreid verbouwd om de regering onderdak te kunnen bieden.

BURGEROORLOG IN SIERRA LEONE

Gevechten in Sierra Leone verhevigen als eenheden van het Revolutionaire Eenheidsfront (RUF) Freetown plunderen en platbranden. President Kabbah beschuldigt Liberia ervan de rebellen te steunen. De burgeroorlog begon al in 1991. In 1996 werd Ahmed Kabbah democratisch tot president gekozen, maar hij werd negen maande later afgezet door de RUF. In 1997 keerde hij terug, gesteund door vijfduizend leden van de ECOMOG, maar de RUF vecht nog steeds door.

KOERDISCHE LEIDER GEARRESTEERD

Turkse speciale eenheden nemen in Nairobi de Koerdische leider Abdulah Öcalan gevangen. De arrestatie veroorzaakt in Europa veel protesten: Griekse diplomaten worden er door de Koerden van beschuldigd de Koerdische leider uitgeleverd te hebben.

NIEUWE ISRAELISCHE PREMIER

De leider van de Arbeiderspartij en Israëls meest onderscheiden soldaat Ehud Barak wordt gekozen tot premier van Israël. Hij verslaat bij de verkiezingen de zittende rechtse premier Benjamin Netanyahu. De verkiezing van Barak betekent een nieuwe start van de vredesbesprekingen in het Midden-Oosten.

DE SIXTIJNSE KAPEL

De schoonmaak van het beroemde plafond van de Sixtijnse kapel van Michelangelo is voltooid. De beroemde schilderingen blijken nu veel feller van kleur te zijn. Experts zijn verdeeld over het resultaat. Sommigen zeggen dat het plafond door de schoonmaak de originele staat weer zo dicht mogelijk benadert, anderen zeggen dat de schoonmaak te radicaal is geweest.

FALENDE SPIEGEL

Een Russische poging om een 'kunstmaan' te vervaardigen om de donkere delen van het land te verlichten faalt. Men slaagt er niet in een ruimtespiegel te ontvouwen vanuit het ruimtestation *Mir*.

DE TOCHT VAN DE STARDUST

De ruimtesonde *Stardust* vertrekt voor een reis van 5 miljard km naar de komeet Wild-2. Aan boord zit apparatuur om stof van de komeet te verzamelen.

BUITENAARDSE LEERSTOEL

De eerste academische leerstoel voor een astronoom die onderzoek zal doen naar buitenaardse intelligentie wordt ingesteld aan de Universiteit van Californië in Berkeley. De hoogleraar die de stoel krijgt, is William Welch.

DEBAT OVER GENETISCH GEMANIPULEERDE VOEDING

In Groot-Brittannië wordt uitgebreid gediscussieerd over genetisch gemanipuleerd voedsel, nadat actiegroepen en enkele wetenschappers hebben geëist dat de Britse regering een tijdelijk verbod uitvaardigt op nieuwe genetisch gemanipuleerde gewassen.

FLIRTEN IS GEZOND

Een onderzoek in het Amerikaanse tijdschrift *Psychology today* beweert dat flirten wel eens bedoeld kan zijn om ervoor te zorgen dat we de juiste partner aantrekken. Volgens het onderzoek is flirten beslist geen oppervlakkig feestgedrag, maar een manier om uiterst belangrijke informatie over de gezondheid en het vermogen totvoortplanting van een potentiële partner uit te wisselen.

MICHAEL JORDAN STOPT – ALWEER

De topbasketballer en miljardair Michael Jordan kondigt voor de tweede keer zijn vertrek aan.

LOCKERBIE-VERDACHTEN

In april worden twee Libische geheime agenten, die ervan verdacht worden verantwoordelijk te zijn voor de bom boven Lockerbie in 1988, naar een luchtmachtbasis in Nederland gevlogen om volgens de Schotse wet berecht te worden.

BANANENOORLOG

De Amerikanen dreigen met een handelsoorlog tegen Europa, omdat ze vinden dat Europa de import van bananen uit voormalige koloniën in het Caribisch gebied en Afrika bevoordeelt. De Caribische bananenproducerende landen St. Lucia en Dominica dreigen de onderhandelingen van de WTO te blokkeren. De spanning loopt nog verder op als de VS erop staat dat de EU Amerikaans rundvlees dat met hormonen is behandeld, importeert.

KONING HUSSEIN (IBN TALAL) VAN JORDANIE (1935–1999)

Koning Hussein van Jordanië overlijdt aan kanker. Hussein werd opgeleid op Harrow en Sandhurst in Engeland en regeerde Jordanië 46 jaar lang. Hij werd zeer gewaardeerd om zijn rol als vredestichter in het verscheurde Midden-Oosten. Meer dan vijftig buitenlandse staatshoofden en 800.000 Jordaniërs wonen zijn begrafenis bij.

BOVEN: een familie Kosovaarse Albaniërs vlucht Voor de Servische verschrikkingen.

ONDER: een Albanees kind laat zien wat oorlog teweegbrengt.

BELANGRIJKSTE PERSONEN VAN DE 20E EEUW

De volgende lijsten bevatten de namen van de belangrijkste winnaars en toppers van de 20e eeuw op het gebied van de kunsten, de wetenschap, sport en politiek. De lijsten vermelden de winnaars van de Nobelprijzen voor de literatuur, natuurkunde, scheikunde, geneeskunde en de vrede; 's werelds beste coureurs en voetbalelftallen; de organisatoren van de Olympische Spelen en de presidenten van de VS.

Jack Nicholson in *One flew over the cuckoo's nest*, die in 1975 de Oscars won voor beste film, beste regie en beste acteur.

OSCAR-WINNAARS

De Academy of Motion Picture Arts and Sciences is opgericht in 1927 door de filmindustrie, die daarmee haar acteurs en vaklieden wilde eren. Elk jaar kent de Academy prijzen toe, die liefkozend 'Oscars' worden genoemd. Alle aspecten van de filmindustrie worden geëerd, maar alleen de belangrijkste worden hier genoemd.

BESTE MANNELIJKE HOOFDROL

1927-1928 Emil Jannings *The Way of All Flesh, The Last Command*
1928-1929 Warner Baxter *In Old Arizona*
1929-1930 George Arliss *Disraeli*
1930-1931 Lionel Barrymore *A Free Soul*
1931-1932 Fredric March *Dr Jekyll and Mr Hyde*, Wallace Beery *The Champ*
1932-1933 Charles Laughton *The Private Life of Henry VIII*
1934 Clark Gable *It Happened One Night*
1935 Victor McLaglen *The Informer*
1936 Paul Muni *The Story of Louis Pasteur*
1937 Spencer Tracy *Captains Courageous*
1938 Spencer Tracy *Boys' Town*
1939 Robert Donat *Goodbye, Mr Chips*
1940 James Stewart *The Philadelphia Story*
1941 Gary Cooper *Sergeant York*
1942 James Cagney *Yankee Doodle Dandy*
1943 Paul Lukas *Watch on the Rhine*
1944 Bing Crosby *Going My Way*
1945 Ray Milland *The Lost Weekend*
1946 Fredric March *The Best Years of Our Lives*
1947 Ronald Colman *A Double Life*
1948 Laurence Olivier *Hamlet*
1949 Broderick Crawford *All the King's Men*
1950 José Ferrer *Cyrano de Bergerac*
1951 Humphrey Bogart *The African Queen*
1952 Gary Cooper *High Noon*
1953 William Holden *Stalag 17*
1954 Marlon Brando *On the Waterfront*
1955 Ernest Borgnine *Marty*
1956 Yul Brynner *The King and I*
1957 Alec Guinness *The Bridge on the River Kwai*
1958 David Niven *Separate Tables*
1959 Charlton Heston *Ben-Hur*
1960 Burt Lancaster *Elmer Gantry*
1961 Maximilian Schell *Judgment at Nuremberg*
1962 Gregory Peck *To Kill a Mockingbird*
1963 Sidney Poitier *Lilies of the Field*
1964 Rex Harrison *My Fair Lady*
1965 Lee Marvin *Cat Ballou*
1966 Paul Scofield *A Man for All Seasons*
1967 Rod Steiger *In the Heat of the Night*
1968 Cliff Robertson *Charly*
1969 John Wayne *True Grit*
1970 George C Scott *Patton*
1971 Gene Hackman *The French Connection*
1972 Marlon Brando *The Godfather*
1973 Jack Lemmon *Save the Tiger*
1974 Art Carney *Harry and Tonto*
1975 Jack Nicholson *One Flew Over the Cuckoo's Nest*
1976 Peter Finch *Network*
1977 Richard Dreyfuss *The Goodbye Girl*
1978 Jon Voight *Coming Home*
1979 Dustin Hoffman *Kramer vs. Kramer*
1980 Robert De Niro *Raging Bull*
1981 Henry Fonda *On Golden Pond*
1982 Ben Kingsley *Gandhi*
1983 Robert Duvall *Tender Mercies*
1984 F Murray Abraham *Amadeus*
1985 William Hurt *Kiss of the Spider Woman*
1986 Paul Newman *The Color of Money*
1987 Michael Douglas *Wall Street*
1988 Dustin Hoffman *Rain Man*
1989 Daniel Day-Lewis *My Left Foot*
1990 Jeremy Irons *Reversal of Fortune*
1991 Anthony Hopkins *The Silence of the Lambs*
1992 Al Pacino *Scent of a Woman*
1993 Tom Hanks *Philadelphia*
1994 Tom Hanks *Forrest Gump*
1995 Nicolas Cage *Leaving Las Vegas*
1996 Geoffrey Rush *Shine*
1997 Jack Nicholson *As Good As It Gets*
1998 Roberto Benigni *Life is Beautiful*

BESTE VROUWELIJKE HOOFDROL

1927-1928 Janet Gaynor *Seventh Heaven, Street Angel, Sunrise*
1928-1929 Mary Pickford *Coquette*
1929-1930 Norma Shearer *The Divorcee*
1930-1931 Marie Dressler *Min and Bill*
1931-1932 Helen Hayes *The Sin of Madelon Claudet*
1932-1933 Katharine Hepburn *Morning Glory*
1934 Claudette Colbert *It Happened One Night*
1935 Bette Davis *Dangerous*
1936 Luise Rainer *The Great Ziegfeld*
1937 Luise Rainer *The Good Earth*
1938 Bette Davis *Jezebel*
1939 Vivien Leigh *Gone with the Wind*
1940 Ginger Rogers *Kitty Foyle*
1941 Joan Fontaine *Suspicion*
1942 Greer Garson *Mrs Miniver*
1943 Jennifer Jones *The Song of Bernadette*
1944 Ingrid Bergman *Gaslight*
1945 Joan Crawford *Mildred Pierce*
1946 Olivia de Havilland *To Each His Own*
1947 Loretta Young *The Farmer's Daughter*
1948 Jane Wyman *Johnny Belinda*
1949 Olivia de Havilland *The Heiress*
1950 Judy Holliday *Born Yesterday*
1951 Vivien Leigh *A Streetcar Named Desire*
1952 Shirley Booth *Come Back, Little Sheba*
1953 Audrey Hepburn *Roman Holiday*
1954 Grace Kelly *The Country Girl*
1955 Anna Magnani *The Rose Tattoo*
1956 Ingrid Bergman *Anastasia*
1957 Joanne Woodward *The Three Faces of Eve*
1958 Susan Hayward *I Want to Live!*
1959 Simone Signoret *Room at the Top*
1960 Elizabeth Taylor *Butterfield 8*
1961 Sophia Loren *Two Women*
1962 Anne Bancroft *The Miracle Worker*
1963 Patricia Neal *Hud*
1964 Julie Andrews *Mary Poppins*
1965 Julie Christie *Darling*
1966 Elizabeth Taylor *Who's Afraid of Virginia Woolf?*
1967 Katharine Hepburn *Guess Who's Coming to Dinner*
1968 Katharine Hepburn *The Lion in Winter*, Barbra Streisand *Funny Girl*
1969 Maggie Smith *The Prime of Miss Jean Brodie*
1970 Glenda Jackson *Women in Love*
1971 Jane Fonda *Klute*
1972 Liza Minnelli *Cabaret*
1973 Glenda Jackson *A Touch of Class*
1974 Ellen Burstyn *Alice Doesn't Live Here Anymore*
1975 Louise Fletcher *One Flew Over the Cuckoo's Nest*
1976 Faye Dunaway *Network*
1977 Diane Keaton *Annie Hall*
1978 Jane Fonda *Coming Home*
1979 Sally Field *Norma Rae*
1980 Sissy Spacek *Coal Miner's Daughter*
1981 Katharine Hepburn *On Golden Pond*
1982 Meryl Streep *Sophie's Choice*
1983 Shirley MacLaine *Terms of Endearment*
1984 Sally Field *Places in the Heart*
1985 Geraldine Page *The Trip to Bountiful*
1986 Marlee Matlin *Children of a Lesser God*
1987 Cher *Moonstruck*
1988 Jodie Foster *The Accused*
1989 Jessica Tandy *Driving Miss Daisy*
1990 Kathy Bates *Misery*
1991 Jodie Foster *The Silence of the Lambs*
1992 Emma Thompson *Howards End*
1993 Holly Hunter *The Piano*
1994 Jessica Lange *Blue Sky*
1995 Susan Sarandon *Dead Man Walking*
1996 Francis McDormand *Fargo*
1997 Helen Hunt *As Good As It Gets*
1998 Gwyneth Paltrow *Shakespeare in Love*

BESTE REGIE

1927-1928 Frank Borzage *Seventh Heaven*, Lewis Milestone *Two Arabian Knights*
1928-1929 Frank Lloyd *The Divine Lady*
1929-1930 Lewis Milestone *All Quiet on the Western Front*
1930-1931 Norman Taurog *Skippy*
1931-1932 Frank Borzage *Bad Girl*
1932-1933 Frank Lloyd *Cavalcade*
1934 Frank Capra *It Happened One Night*
1935 John Ford *The Informer*
1936 Frank Capra *Mr Deeds Goes to Town*
1937 Leo McCarey *The Awful Truth*
1938 Frank Capra *You Can't Take It with You*
1939 Victor Fleming *Gone with the Wind*
1940 John Ford *The Grapes of Wrath*
1941 John Ford *How Green Was My Valley*
1942 William Wyler *Mrs Miniver*
1943 Michael Curtiz *Casablanca*
1944 Leo McCarey *Going My Way*
1945 Billy Wilder *The Lost Weekend*
1946 William Wyler *The Best Years of Our Lives*
1947 Elia Kazan *Gentleman's Agreement*
1948 John Huston *The Treasure of the Sierra Madre*
1949 Joseph L. Mankiewicz *A Letter to Three Wives*
1950 Joseph L. Mankiewicz *All About Eve*
1951 George Stevens *A Place in the Sun*
1952 John Ford *The Quiet Man*
1953 Fred Zinnemann *From Here to Eternity*
1954 Elia Kazan *On the Waterfront*
1955 Delbert Mann *Marty*
1956 George Stevens *Giant*
1957 David Lean *The Bridge on the River Kwai*
1958 Vincente Minnelli *Gigi*
1959 William Wyler *Ben-Hur*
1960 Billy Wilder *The Apartment*
1961 Robert Wise en Jerome Robbins *West Side Story*
1962 David Lean *Lawrence of Arabia*
1963 Tony Richardson *Tom Jones*
1964 George Cukor *My Fair Lady*
1965 Robert Wise *The Sound of Music*
1966 Fred Zinnemann *A Man for All Seasons*
1967 Mike Nichols *The Graduate*
1968 Sir Carol Reed *Oliver!*
1969 John Schlesinger *Midnight Cowboy*
1970 Franklin J. Schaffner *Patton*
1971 William Friedkin *The French*

Connection
1972 Bob Fosse *Cabaret*
1973 George Roy Hill *The Sting*
1974 Francis Ford Coppola *The Godfather, Part II*
1975 Milos Forman *One Flew Over the Cuckoo's Nest*
1976 John Avildsen *Rocky*
1977 Woody Allen *Annie Hall*
1978 Michael Cimino *The Deer Hunter*
1979 Robert Benton *Kramer vs. Kramer*
1980 Robert Redford *Ordinary People*
1981 Warren Beatty *Reds*
1982 Sir Richard Attenborough *Gandhi*
1983 James L. Brooks *Terms of Endearment*
1984 Milos Forman *Amadeus*
1985 Sydney Pollack *Out of Africa*
1986 Oliver Stone *Platoon*
1987 Bernardo Bertolucci *The Last Emperor*
1988 Barry Levinson *Rain Man*
1989 Oliver Stone *Born on the Fourth of July*
1990 Kevin Costner *Dances with Wolves*
1991 Jonathan Demme *The Silence of the Lambs*
1992 Clint Eastwood *Unforgiven*
1993 Steven Spielberg *Schindler's List*
1994 Robert Zemeckis *Forrest Gump*
1995 Mel Gibson *Braveheart*
1996 Anthony Minghella *The English Patient*
1997 James Cameron *Titanic*
1998 Steven Spielberg *Saving Private Ryan*

BESTE FILM

1927-1928 *Wings*
1928-1929 *The Broadway Melody*
1929-1930 *All Quiet on the Western Front*
1930-1931 *Cimarron*
1931-1932 *Grand Hotel*
1932-1933 *Cavalcade*
1934 *1934 It Happened One Night*
1935 *Mutiny on the Bounty*
1936 *The Great Ziegfeld*
1937 *The Life of Emile Zola*
1938 *You Can't Take It with You*
1939 *Gone with the Wind*
1940 *Rebecca*
1941 *How Green Was My Valley*
1942 *Mrs Miniver*
1943 *Casablanca*
1944 *Going My Way*
1945 *The Lost Weekend*
1946 *The Best Years of Our Lives*
1947 *Gentleman's Agreement*
1948 *Hamlet*
1949 *All the King's Men*
1950 *All About Eve*
1951 *An American in Paris*
1952 *The Greatest Show on Earth*
1953 *From Here to Eternity*
1954 *On the Waterfront*
1955 *Marty*
1956 *Around the World in 80 Days*
1957 *The Bridge on the River Kwai*
1958 *Gigi*
1959 *Ben-Hur*
1960 *The Apartment*
1961 *West Side Story*
1962 *Lawrence of Arabia*
1963 *Tom Jones*
1964 *My Fair Lady*
1965 *The Sound of Music*
1966 *A Man for All Seasons*
1967 *In the Heat of the Night*
1968 *Oliver!*
1969 *Midnight Cowboy*
1970 *Patton*
1971 *The French Connection*
1972 *The Godfather*
1973 *The Sting*
1974 *The Godfather, Part II*
1975 *One Flew Over the Cuckoo's Nest*
1976 *Rocky*
1977 *Annie Hall*
1978 *The Deer Hunter*
1979 *Kramer vs. Kramer*
1980 *Ordinary People*
1981 *Chariots of Fire*
1982 *Gandhi*
1983 *Terms of Endearment*
1984 *Amadeus*
1985 *Out of Africa*
1986 *Platoon*
1987 *The Last Emperor*
1988 *Rain Man*
1989 *Driving Miss Daisy*
1990 *Dances with Wolves*
1991 *The Silence of the Lambs*
1992 *Unforgiven*
1993 *Schindler's List*
1994 *Forrest Gump*
1995 *Braveheart*
1996 *The English Patient*
1997 *Titanic*
1998 *Shakespeare in Love*

Jon Voight en Dustin Hoffman in *Midnight Cowboy*, 1969.

NOBELPRIJZEN

De Nobelprijzen zijn internationale prijzen voor prestaties op het gebied van literatuur, natuurkunde, scheikunde, fysiologie of medicijnen, en vrede. De eerste prijzen werden toegekend in 1901, gefinancierd met de twee miljoen pond uit de nalatenschap van de Zweed Alfred Nobel (1833-1896), de uitvinder van het dynamiet.

PRIJZEN VOOR LITERATUUR

1901 Rene Sully-Prudhomme (Frankrijk) voor poëzie
1902 Theodor Mommsen (Duitsland) voor historische verhalen
1903 Bjornstjerne Bjornson (Norwegian) voor fictie, poëzie en toneel
1904 Frederic Mistral (Frankrijk) voor poëzie, en Jose Echegaray y Eizaguirre (Spanje) voor toneel
1905 Henryk Sienkiewicz (Polen) voor fictie
1906 Giosue Carducci (Italië) voor poëzie
1907 Rudyard Kipling (GB) voor fictie en poëzie
1908 Rudolf Eucken (Duitsland) voor filosofische geschriften
1909 Selma Lagerlof (Zweden) voor fictie en poëzie
1910 Paul von Heyse (Duitsland) voor poëzie, fictie en toneel
1911 Maurice Maeterlinck (België) voor toneel
1912 Gerhart Hauptmann (Duitsland) voor toneel
1913 Rabindranath Tagore (India) voor poëzie
1914 Geen toekenning
1915 Romain Rolland (Frankrijk) voor fictie
1916 Verner von Heidenstam (Zweden) voor poëzie
1917 Karl Gjellerup (Denemarken) voor poëzie en fictie, en Henrik Pontoppidan (Denemarken) voor fictie
1918 Geen toekenning
1919 Carl Spitteler (Zwitserland) voor fictie
1920 Knut Hamsun (Norwegen) voor fictie
1921 Anatole France (Frankrijk) voor fictie en essays
1922 Jacinto Benavente (Spanje) voor toneel
1923 William Butler Yeats (Ierland) voor poëzie
1924 Wladyslaw Reymont (Polen) voor fictie
1925 George Bernard Shaw (geb. Ierland) voor toneel
1926 Grazia Deledda (Italië) voor fictie
1927 Henri Bergson (Frankrijk) voor filosofische geschriften
1928 Sigrid Undset (Norwegen) voor fictie
1929 Thomas Mann (Duitsland) voor fictie, met name *Buddenbrooks*
1930 Sinclair Lewis (VS) voor fictie
1931 Erik Axel Karlfeldt (Zweden) voor lyrische poëzie
1932 John Galsworthy (GB) voor fictie en toneel
1933 Ivan Bunin (USSR) voor fictie, korte verhalen en poëzie
1934 Luigi Pirandello (Italië) voor toneel

Thomas Mann, winnaar in 1929 van de Nobelprijs voor de literatuur.

1935 Geen toekenning
1936 Eugene O'Neill (VS) voor toneel
1937 Roger Martin du Gard (Frankrijk) voor fictie
1938 Pearl S. Buck (VS) voor fictie
1939 Frans Eemil Sillanpaa (Finland) voor fictie
1940-1943 Geen toekenning
1944 Johannes Jensen (Denemarken) voor poëzie en fictie
1945 Gabriela Mistral (Chili) voor poëzie
1946 Hermann Hesse (Duitsland) voor fictie, poëzie en essays
1947 André Gide (Frankrijk) voor fictie
1948 T.S. Eliot (GB) voor poëzie, essays en toneel
1949 William Faulkner (VS) voor fictie (prijs uitgesteld tot 1950)
1950 Bertrand Russell (GB) voor filosofische geschriften
1951 Par Fabian Lagerkvist (Zweden) voor fictie, met name *Barabbas*
1952 François Mauriac (Frankrijk) voor fictie, essays en poëzie
1953 Sir Winston Churchill (GB) voor essays, toespraken en historische geschriften
1954 Ernest Hemingway (VS) voor fictie
1955 Halldor Laxness (IJsland) voor fictie
1956 Juan Ramon Jimenez (Spanje) voor poëzie
1957 Albert Camus (Frankrijk) voor fictie
1958 Boris Pasternak (USSR) voor fictie, met name *Dr Zhivago* (prijs geweigerd)
1959 Salvatore Quasimodo (Italië) voor lyrische poëzie
1960 Saint-John Perse (Frankrijk) voor poëzie
1961 Ivo Andric (Joegoslavië) voor fictie, met name *The Bridge on the Drina*
1962 John Steinbeck (VS) voor fictie, met name *The Winter of Our Discontent*
1963 George Seferis (Griekenland) voor lyrische poëzie
1964 Jean-Paul Sartre (Frankrijk) voor filosofische werken (prijs geweigerd)
1965 Mikhail Sholokhov (USSR) voor fictie
1966 Shmuel Yosef Agnon (Israël) voor verhalen over het joodse leven in Oost-Europa, en Nelly Sachs (geb. Duitsland) voor toneel en poëzie over het joodse volk
1967 Miguel Angel Asturias (Guatemala) voor werken geworteld in nationale identiteit en Indiaanse tradities

1968 Yasunari Kawabata (Japan) voor fictie
1969 Samuel Beckett (geb. Ierland) voor fictie en toneel
1970 Alexander Solzhenitsyn (USSR) voor fictie
1971 Pablo Neruda (Chili) voor poëzie
1972 Heinrich Böll (Duitsland) voor fictie en toneel
1973 Patrick White (Australië) voor fictie
1974 Eyvind Johnson (Zweden) voor fictie, en Harry Edmund Martinson (Zweden) voor essays, toneel, fictie en poëzie
1975 Eugenio Montale (Italië) voor poëzie
1976 Saul Bellow (VS) voor fictie
1977 Vicente Aleixandre (Spanje) voor poëzie
1978 Isaac Bashevis Singer (geb. Polen) voor fictie
1979 Odysseus Elytis (Griekenland) voor poëzie
1980 Czeslaw Milosz (Polen) voor poëzie
1981 Elias Canetti (geb. Bulgarije) voor fictie en non-fictie
1982 Gabriel Garcia Marquez (Colombia) voor fictie
1983 William Golding (GB) voor fictie
1984 Jaroslav Seifert (Tsjechië) voor poëzie
1985 Claude Simon (Frankrijk) voor fictie
1986 Wole Soyinka (Nigeria) voor toneel, poëzie en fictie
1987 Joseph Brodsky (geb. USSR) voor poëzie
1988 Najib Mahfuz (Egypte) voor fictie
1989 Camilo José Cela (Spanje) voor fictie
1990 Octavio Paz (Mexico) voor poëzie en essays
1991 Nadine Gordimer (Zuid-Afrika) voor fictie
1992 Derek Walcott (geb. St.-Lucia) voor poëzie
1993 Toni Morrison (VS) voor fictie
1994 Kenzaburo Oe (Japane) voor fictie
1995 Seamus Heaney (Ierland) voor poëzie
1996 Wislawa Szymborska (Polen) voor poëzie
1997 Dario Fo (Italië) voor toneel
1998 José Saramago (Portugal) voor fictie

PRIJZEN VOOR DE VREDE

1901 Jean Henri Dunant (Zwitserland) voor de oprichting van het Rode Kruis en de Genève-conventie, en Frederic Passy (Frankrijk) voor het oprichten van een Franse vredesbeweging
1902 Elie Ducommun (Zwitserland) voor zijn werk voor het International Peace Bureau, en Charles Albert Gobat (Zwitserland) voor het beheren van de Interparlementaire Unie
1903 Sir William Cremer (GB) voor zijn werk als oprichter en secretaris van het internationale hof van arbitrage
1904 The Institute of International Law voor studies naar de wetten van neutraliteit en andere aspecten van international recht
1905 Barones Bertha von Suttner (Oostenrijk) voor het promoten van het pacifisme en het oprichten van een Oostenrijkse vredesbeweging
1906 Theodore Roosevelt (VS) voor de vredesonderhandelingen in de oorlog tussen Rusland en Japan
1907 Ernesto Moneta (Italië) voor zijn werk als voorzitter van de Lombard League for Peace, en Louis Renault (Frankrijk) voor zijn werk voor vredesconferenties
1908 Klas Pontus Arnoldson (Zweden) voor het oprichten van de Zweedse vereniging voor arbitrage en vrede, en Fredrik Bajer (Denemarken) voor zijn werk voor het International Peace Bureau
1909 Auguste Beernaert (België) voor zijn werk voor het permanente hof van arbitrage, en Paul d'Estournelles (Frankrijk) voor het oprichten en leiden van het Franse parlementaire arbitragecomité en de Bond van Internationale Verzoening
1910 International Peace Bureau voor het promoten van internationale arbitrage en het organiseren van vredesconferenties
1911 Tobias Asser (Nederland) voor het organiseren van conferenties over internationaal recht, en Alfred Fried (Oostenrijk) voor zijn werken over vrede als redacteur van *Die Friedenswarte*
1912 Elihu Root (VS) voor het oplossen van het probleem van de Japanse immigratie naar Californië en het organiseren van de Midden-Amerikaanse vredesconferentie
1913 Henri Lafontaine (België) voor zijn werk als president van het International Peace Bureau
1914-1916 Geen toekenning
1917 Het Internationale Rode Kruis voor hulp tijdens de Eerste Wereldoorlog
1918 Geen toekenning
1919 Woodrow Wilson (VS) voor zijn poging de Eerste Wereldoorlog te beëindigen en het bepleiten van de Volkenbond (prijs uitgesteld tot 1920)
1920 Leon Bourgeois (Frankrijk) voor zijn bijdrage als president van de Raad van de Volkenbond
1921 Karl Hjalmar Branting (Zweden) voor het promoten van sociale hervormingen in Zweden en zijn werk als Zweeds afgevaardigde voor de Volkenbond, en Christian Louis Lange (Norwegen) voor zijn bijdrage als secretaris-generaal van de Interparlementaire Unie
1922 Fridtjof Nansen (Norwegen) voor hulp aan Russische krijgsgevangenen in mensen in hongergebieden in Rusland
1923-1924 Geen toekenning
1925 Austin Chamberlain (GB) voor zijn bijdrage aan de Verdragen van Locarno, en Charles G. Dawes (VS) voor zijn plan voor de Duitse herstelbetalingen
1926 Aristide Briand (Frankrijk) voor het samenstellen van de Verdragen van Locarno, en Gustav Stresemann (Duitsland) voor het feit dat hij Duitsland overhaalde het plan voor de herstelbetalingen te accepteren
1927 Ferdinand Buisson (Frankrijk) voor zijn werk als president van de Organisatie voor de rechten van de mens, en Ludwig Quidde (Duitsland) voor zijn werken voor en over vrede
1928 Geen toekenning
1929 Frank Billings Kellogg (VS) voor zijn onderhandelingen voor het Briand-Kellogg-Pact
1930 Nathan Soderblom (Zweden) voor schrijven over en werken voor vrede
1931 Jane Addams (VS) voor haar werk voor de Women's International League for Peace and Freedom, en Nicholas M. Butler (VS) zijn werk voor de Carnegie Endowment voor International Peace
1932 Geen toekenning
1933 Norman Angell (GB) voor zijn werk met het Royal Institute of International Affairs, de Volkenbond en de nationale vredesraad
1934 Arthur Henderson (GB) voor zijn werk als president van de World Disarmament Conference
1935 Carl von Ossietzky (Duitsland) voor het promoten van wereldwijde ontwapening (prijs uitgesteld tot 1936)
1936 Carlos Saavedra Lamas (Argentinië) voor zijn rol in de onderhandelingen voor een vredesregeling tussen Bolivia en Paraguay in the Chaco-oorlog
1937 Edgar Algernon Robert Gascoyne Cecil (GB) voor het promoten van de Volkenbond en zijn werk met vredesbewegingen
1938 The International Office voor Refugees voor het organiseren van hulp voor vluchtelingen
1939-1943 Geen toekenning
1944 Het Internationale Rode Kruis voor hulp tijdens de tweede Wereldoorlog
1945 Cordell Hull (VS) voor zijn werk voor de vrede als minister van Buitenlandse Zaken
1946 John R Mott (VS) voor zijn werk voor de YMCA en voor hulp aan ontheemden, en Emily Greene Balch (VS) voor haar werk voor de Women's International League for Peace and Freedom
1947 The Friends Service Council en the American Friends Service Committee voor humanitaire werkzaamheden
1948 Geen toekenning
1949 John Boyd Orr (GB) voor het organiseren van de United Nations Food and Agriculture Organization
1950 Ralph J. Bunche (VS) voor zijn werk als VN-onderhandelaar in Palestina in 1948 en 1949
1951 Leon Jouhaux (Frankrijk) voor het mede-organiseren van nationale en internationale vakbonden
1952 Albert Schweitzer (geb. Duitsland) voor humanitair werk in Afrika (prijs uitgesteld tot 1953)
1953 George Marshall (VS) voor het promoten van vrede en het Marshall Plan
1954 Bureau van de VN hoge commissaris voor de vluchtelingen voor de bescherming van miljoenen vluchtelingen en het zoeken naar blijvende oplossingen (prijs uitgesteld tot 1955)
1955-1956 Geen toekenning
1957 Lester Pearson (Canada) voor het organiseren van een VN-macht in Egypte
1958 Dominique Georges Pire (België) voor werkzaamheden t.b.v. hulp aan ontheemden
1959 Lord Noel-Baker (GB) voor het bepleiten van vrede en ontwapening
1960 Albert John Luthuli (Afrika) voor vreedzame campagnes tegen de apartheid in Zuid-Afrika
1961 Dag Hammarskjöld (Zweden) voor zijn pogingen vrede in Kongo te brengen (postuum toegekend)
1962 Linus Pauling (VS) voor zijn werk

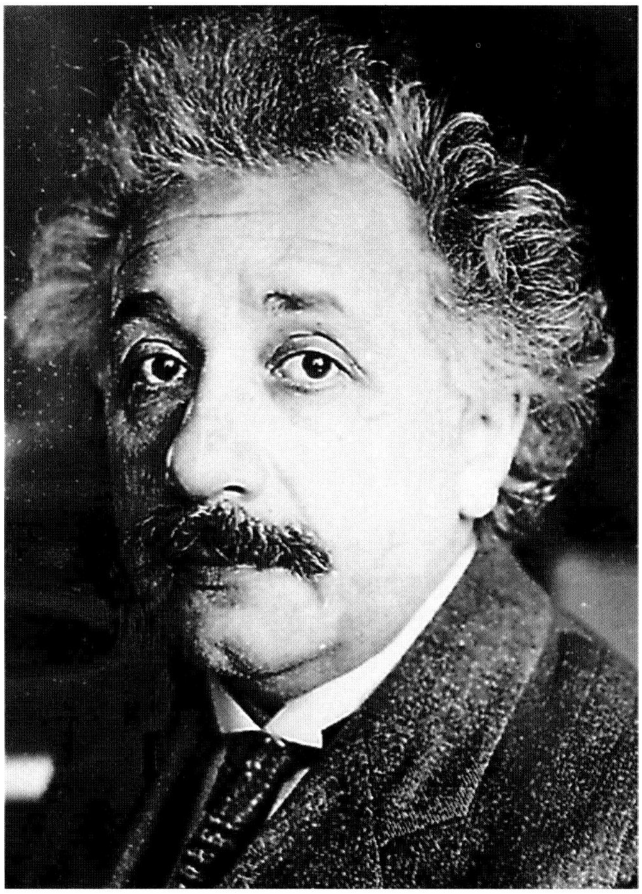

Albert Einstein, in 1921 winnaar van de Nobelprijs voor natuurkunde.

tegen kernwapens, met name zijn demonstraties tegen kernproeven
1963 Internationale Comité van het Rode Kruis en de Bond van rode Kruisverenigingen voor hun humanitaire werk
1964 Martin Luther King jr. (VS) voor het leiden van de vreedzame strijd tegen rassendiscriminatie in de VS
1965 UNICEF voor de hulp aan kinderen
1966-1967 Geen toekenning
1968 René Cassin (Frankrijk) voor zijn werk voor de mensenrechten
1969 International Labour Organization (ILO) voor de verbetering van werkomstandigheden
1970 Norman Borlaug (VS) voor het ontwikkelen van hoge-opbrengstgraan voor meer voedsel in ontwikkelingslanden
1971 Willy Brandt (Duitsland) voor zijn pogingen ter verbetering van de banden tussen communistische en nietcommunistische landen
1972 Geen toekenning
1973 Henry Kissinger (VS) en Le Duc Tho (Noord-Vietnam) voor de onderhandelingen in de wapenstilstand in de Vietnam-oorlog (Le Duc Tho weigerde)
1974 Sean MacBride (Ierland) voor zijn werk voor de mensenrechten door internationaal recht, en Eisaku Sato (Japan) voor zijn pogingen tot verbetering van de internationale betrekkingen en het verminderen van kernwapens
1975 Andrei Sakharov (USSR) voor zijn werk voor de vrede en tegen geweld en wreedheden
1976 Mairead Corrigan en Betty Williams (Ierland) voor hun organisatie ter beindiging van protestants-katholieke gevechten in Noord-Ierland (prijs uitgesteld tot 1977)
1977 Amnesty International voor hulp aan politieke gevangenen
1978 Menachem Begin (Israël) en Anwar el-Sadat (Egypte) voor hun pogingen voor het beëindigen van het Arabisch-Israëlische conflict
1979 Moeder Teresa (geb. Roemenië) voor haar hulp aan de armen in India
1980 Adolfo Perez Esquivel (Argentinië) voor werkzaamheden in de Dienst voor vrede en gerechtigheid in Latijns-Amerika, een mensenrechtenbeweging
1981 Bureau van de VN hoge commissaris voor de vluchtelingen voor het beschermen van miljoenen Vietnamezen en andere vluchtelingen
1982 Alva Myrdal (Zweden) en Alfonso Garcia Robles (Mexico) voor hun bijdrage aan de VN-ontwapeningsonderhandelingen
1983 Lech Walesa (Polen) voor zijn pogingen geweld te voorkomen in de strijd voor de rechten van arbeiders
1984 Desmond Tutu (Zuid-Afrika) voor het leiden van een geweldloze campagne tegen apartheid
1985 International Physicians for the Prevention of Nuclear War voor het voorlichten van het publiek over de gevolgen van een kernoorlog
1986 Elie Wiesel (VS) voor zijn hulp aan slachtoffers van onderdrukking en rassendiscriminatie
1987 Oscar Arias Sanchez (Costa Rica) voor het initiëren van een plan om de burgeroorlogen in Midden-Amerika te beëindigen
1988 VN-vredesmachten voor het beheersen van militaire conflicten
1989 Dalai Lama (Tibet) voor de vreedzame strijd China's bezetting van Tibet te beëindigen
1990 Mikhail Gorbatsjov (USSR) voor het bepleiten van wereldvrede
1991 Aung San Suu Kyi (Burma) voor de vreedzame strijd voor democratie en mensenrechten in Burma
1992 Rigoberta Menchu (Guatemala) voor zijn pogingen respect af te dwingen voor de rechten van de inheemse Amerikanen in Guatemala
1993 Nelson Mandela en F.W. de Klerk (Zuid-Afrika) voor de integratie van Zuid-Afrika
1994 Yasser Arafat (Palestina), Yitzhak Rabin (Israël) en Shimon Peres (Israël) voor het bewerkstelligen van Palestijns zelfbestuur
1995 Pugwash Conference on Science and World Affairs en de voorzitter Joseph Rotblat (GB) voor pogingen kernwapens uit te bannen
1996 Carlos Ximenes Belo (Timor) en Jose Ramos-Horta (Timor) voor hun werk t.b.v. het Oost-Timorese volk
1997 Jody Williams (VS) en de International Campaign to Ban Landmines voor hun werk t.b.v. een verbod op landmijnen
1998 John Hume en David Trimble voor hun pogingen een vreedzame oplossing te vinden voor het conflict in Noord-Ierland

PRIJZEN VOOR NATUURKUNDE

1901 Wilhelm Röntgen (Duitsland) voor de ontdekking van röntgenstralen
1902 Hendrik Antoon Lorentz en Pieter Zeeman (Nederland) voor de ontdekking van het Zeeman-effect van magnetisme op licht
1903 Antoine Henri Becquerel en Pierre en Marie Curie (Frankrijk) voor de ontdekking van radioactiviteit en de studie van uranium
1904 Baron Rayleigh (GB) voor de studie naar de dichtheid van gassen en de ontdekking van argon
1905 Philipp Lenard (Duitsland) voor zijn studie naar kathodestralen
1906 Sir Joseph John Thomson (GB) voor zijn studie naar de atomische structuur van elektriciteit
1907 Albert Michelson (VS) voor het ontwerp van exacte optische instrumenten en voor accurate metingen
1908 Gabriel Lippman (Frankrijk) voor kleurenfotografie
1909 Guglielmo Marconi (Italië) en Karl Ferdinand Braun (Duitsland) voor de draadloze telegrafie
1910 Johannes van der Waals (Nederland) voor de studie naar de relatie tussen vloeistoffen en gassen
1911 Wilhelm Wien (Duitsland) voor ontdekkingen over de warmtestraling van zwarte objecten
1912 Nils Dalen (Zweden) voor de automatische gasregulator voor vuurtorens
1913 Heike Kamerlingh Onnes (Nederland) voor experimenten met lage temperaturen en vloeibaar helium
1914 Max von Laue (Duitsland) voor het gebruik van kristallen voor het meten van röntgenstralen
1915 Sir William Henry Bragg en Sir William Lawrence Bragg (GB) voor het gebruik van röntgenstralen bij het bestuderen van kristalstructuren
1916 Geen toekenning
1917 Charles Barkla (GB) voor de studie van de diffusie van licht en de straling van röntgenstralen van elementen
1918 Max Planck (Duitsland) voor de quantumtheorie van licht
1919 Johannes Stark (Duitsland) voor het Strack-effect van spectra in elektrische velden
1920 Charles Guillaume (Frankrijk) voor de thermische uitzetting van metalen
1921 Albert Einstein (Duitsland) voor zijn bijdrage aan de wiskundige natuurkunde, en de wet van het foto-elektrische effect
1922 Niels Bohr (Denemarken) voor de studie van de structuur van atomen en hun relaties
1923 Robert Millikan (VS) voor het meten van de lading van elektronen en zijn werk aan het foto-elektrische effect
1924 Karl Siegbahn (Zweden) voor zijn werk met foto-elektronenmicroscoop
1925 James Franck en Gustav Hertz (Duitsland) voor de wetten over de botsing van een elektron met een atoom
1926 Jean-Baptiste Perrin (Frankrijk) voor de studie naar een methode voor het meten van atomen
1927 Arthur Compton (VS) voor het Compton-effect op röntgenstralen vanuit atomen, en Charles Wilson (GB) voor zijn methode om het pad van ionen na te gaan
1928 Owen Richardson (GB) voor de studie van thermische effecten en elektronen die door hete metalen worden gestuurd
1929 Louis Victor de Broglie (Frankrijk) voor het ontdekken van de golfbeweging van elektronen
1930 Sir Chandrasekhara Venkata Raman (India) voor het ontdekken van een stralingseffect van elementen
1931 Geen toekenning
1932 Werner Heisenberg (Duitsland) voor quantummechanica, die leidde tot ontdekkingen over waterstof
1933 Paul Dirac (GB) en Erwin Schrödinger (Oostenrijk) voor nieuwe vormen van atoomtheorie
1934 Geen toekenning
1935 Sir James Chadwick (GB) voor de ontdekking van het neutron
1936 Carl David Anderson (VS) voor de ontdekking van het positron, en Victor Hess (Oostenrijk) voor kosmische stralen
1937 Clinton Davisson (VS) en George Thomson (GB) voor interferentieverschijnselen bij kristallen die bestraald worden met elektronen
1938 Enrico Fermi (Italië) voor de ontdekking van nieuwe radioactieve elementen naast uranium
1939 Ernest Lawrence (VS) voor het uitvinden van de cyclotron en zijn werk aan kunstmatige radioactiviteit
1940-1942 Geen toekenning
1943 Otto Stern (VS) voor de thermodynamica, kwantumtheorie en kinethische gastheorie
1944 Isidor Isaac Rabi (VS) voor het vastleggen van de magnetische eigenschappen van atoomkernen

President Kennedy bij een uitreikingsceremonie van de Nobelprijzen.

1945 Wolfgang Pauli (Oostenrijk) voor het uitsluitingsprincipe (Pauli-principe) van elektronen
1946 Percy William Bridgman (VS) voor zijn werk op het gebied van zeer hoge druk
1947 Sir Edward Appleton (GB) voor het verkennen van de ionosfeer
1948 Patrick Blackett (GB) voor zijn werk aan kosmische straling
1949 Hideki Yukawa (Japanese) voor het voorspellen van het bestaan van elementaire deeltjes, mesonen genoemd
1950 Cecil Frank Powell (GB) voor de fotografische methode om atoomkernen te bestuderen en ontdekkingen m.b.t. mesonen
1951 Sir John Cockcroft (GB) en Ernest Walton (Ierland) voor hun werk aan de transmutatie van atoomenergie door kunstmatig versnelde atoomdeeltjes
1952 Felix Bloch en Edward Mills Purcell (VS) voor het ontwikkelen van magnetische meetmethoden voor atoomenergie
1953 Frits Zernike (Nederland) voor het uitvinden van de fase-contrastmicroscoop voor kankeronderzoek
1954 Max Born (Duitsland) voor onderzoek in quantummechanica, en Walter Bothe (Duitsland)
1955 Willis E. Lamb jr (VS) voor ontdekkingen over de structuur van de waterstofkern, en Polykarp Kusch (VS) voor het bepalen van het magnetische moment van de elektron
1956 John Bardeen, Walter Brattain en William Schockley (VS) voor de transistor
1957 Tsung Dao Lee en Chen Ning Yang (VS) voor het weerleggen van de wet van de wisselwerking
1958 Pavel Cherenkov, Ilya Frank en Igor Tamm (USSR) voor het ontdekken en uitleggen van het Cherenkov-effect
1959 Emilio Segre en Owen Chamberlain (VS) voor het aantonen van het bestaan van het antiproton
1960 Donald Glaser (VS) voor het uitvinden van het bellenvat voor de studie van snelbewegende kernfysische deeltjes
1961 Robert Hofstadter (VS) voor studie aan nucleonen, en Rudolf Mossbauer (Duitsland) voor onderzoek naar gammastralen
1962 Lev Davidovich Landau (Soviet) voor onderzoek aan vloeibaar helium
1963 Eugene Paul Wigner (VS) voor bijdragen aan het begrip van atoomkernen en elementaire deeltjes; en Maria Goeppert Mayer (VS) en J. Hans Jensen (Duitsland) voor werk aan de structuur van atoomkernen
1964 Charles Townes (VS) en Nikolai Basov en Alexander Prokhorov (USSR) voor het ontwikkelen van masers en lasers
1965 Sin-itiro Tomonaga (Japan) en Julian Schwinger en Richard Freyman (VS) voor werk aan de quantumelektrodynamica
1966 Alfred Kastler (Frankrijk) voor werk aan de energieniveaus van atomen
1967 Hans Albrecht Bethe (VS) voor bijdragen aan de theorie van kernreacties, met name ontdekkingen over de energieproductie van sterren
1968 Luis Alvarez (VS) voor bijdragen aan de kennis over subatomische deeltjes
1969 Murray Gell-Man (VS) voor ontdekkingen over de classificatie van atoomdeeltjes en elementaire deeltjes
1970 Hannes Olof Goast Alfven (Zweden) voor zijn werk in magnetohydrodynamica, en Louis Eugêne Felix Neel (Frankrijk) voor het ontdekken van de magnetische eigenschappen m.b.t. computergeheugens
1971 Dennis Gabor (GB) voor zijn werk in de holografie
1972 John Bardeen, Leon Cooper en John Robert Schrieffer (VS) voor werk aan de supergeleider
1973 Ivar Giaever (VS), Leo Esaki (Japan) en Brian Josephson (GB) voor werk aan elektron tunnelling door halfgeleidende en supergeleidende materialen
1974 Antony Hewish (GB) voor het ontdekken van pulsars, en Sir Martin Ryle (GB) voor het gebruik van kleine radiotelescopen
1975 L. James Rainwater (VS) en Aage Bohr en Ben Mottelson (Denemarken) voor hun werk aan de structuur van atoomkernen
1976 Burton Richter en Samuel Chao Chung Ting (VS) voor het ondekken van een elementair atoomdeeltje, psi-of J-deeltje
1977 Philip W. Anderson en John Van Vleck (VS) en Sir Nevill Mott (GB) voor hun bijdragen aan halfgeleiderontwerpen
1978 Pyotr Kapitsa (USSR) voor onderzoek in lagetemperatuurfysica, en Arno Penzias en Robert Wilson (VS) voor het ontdekken en bestuderen van kosmische microgolfachtergrondstraling
1979 Sheldon Glashow en Steven Weinberg (VS) en Abdus Salam (Pakistan) voor het ontwikkelen van een principe dat de zwakke atoomkracht en de kracht van elektromagneten verenigt
1980 James Cronin en Val Fitch (VS) voor onderzoek naar subatomaire deeltjes
1981 Nicolaas Bloembergen en Arthur Schawlow (VS) voor bijdragen aan de ontwikkeling van laserspectroscopie, en Kai Siegbahn (Zweden) voor bijdragen aan de ontwikkeling van hogeresolutie-elektronspectroscopie
1982 Kenneth Wilson (VS) voor het analyseren van de eigenschappen van materie
1983 Subrahmanyan Chandrasekhar en William Fowler (VS) voor werk aan de evolutie en dood van sterren
1984 Carlo Rubbia (Italië) en Simon van der Meer (Nederland) voor bijdragen aan de ontdekking van twee subatomaire deeltjes: de W- en Z-deeltjes
1985 Klaus von Klitzing (West-Duitsland) voor het ontwikkelen van een meting van elektrische weerstand
1986 Ernst Ruska (West-Duitsland) voor de ontdekking van de elektronmicroscoop, en Gerd Binnig (West-Duitsland) en Heinrich Rohrer (Zwitserland) voor de ontwikkeling van de 'scanning tunnelling microscoop'
1987 J. George Bednorz (West-Duitsland) en K. Alex Muller (Zwitserland) voor het ontdekken van supergeleiding in keramisch materiaal
1988 Leon Lederman, Melvin Schwartz en Jack Steinberger (VS) voor hun werk aan neutrino's
1989 Hans G. Dehmelt (VS) en Wolfgang Paul (Duitsland) voor het isoleren en meten van enkele atomen, en Norman Ramsey (VS) voor bijdragen aan de ontwikkeling bvan de atoomklok
1990 Jerome Friedman en Henry Kendall (VS) en Richard Taylor (Canada) voor het aantonen van het bestaan van quarks
1991 Pierre-Gilles de Gennes (Frankrijk) voor analyses van verbindingen en andere rangschikkingen van moleculen in bepaalde stoffen
1992 Georges Charpak (Frankrijk) voor het ontwikkelen van methoden voor het ontdekken van subatomaire deeltjes in deeltjesversnellers
1993 Russell Hulse en Joseph Taylor jr. (VS) voor het ontdekken van binary pulsars
1994 Clifvoord Shull (VS) en Bertram Brockhouse (Canada) voor het ontwikkelen van neutronverdeling om de structuur van materie te bepalen
1995 Martin Perl (VS) voor onderzoek naar de tau, en Frederick Reines (VS) voor het ontdekken van de neutrino
1996 David M. Lee, Robert C. Richardson en Douglas D. Osheroff (VS) voor het ontdekken van helium-3 als supervloeistof op extreem lage temperaturen
1997 Steven Chu en William Phillips (VS) en Claude Cohen-Tannoudji (Frankrijk) voor het tegenhouden van atomen met 'lichtdeeltjes', fotonen
1998 Robert B. Laughlin (VS) en Horst L. Stormer (geb. Duitsland) en David C. Tsui (geb. China) voor onderzoek naar het 'quantum hall' effect

PRIJZEN VOOR SCHEIKUNDE

1901 Jacobus Henricus van 't Hoff (Nederland) voor het ontdekken van de wetten van chemische dynamica en osmotische druk
1902 Emil Fischer (Duitsland) voor onderzoek naar suikers en eiwitten
1903 Svante August Arrhenius (Zweden) voor de theorie van de elektrolytische dissociatie
1904 Sir William Ramsay (GB) voor het ontdekken van helium, neon, xenon en krypton en het bepalen van hun plaats in het periodieke stelsel
1905 Adolph von Baeyer (Duitsland) voor werk aan o.a. het produceren indigo en arsenicum
1906 Henri Moissan (Frankrijk) voor het prepareren van pure fluorine en het ontwikkelen van de elektrische oven
1907 Eduard Buchner (Duitsland) voor biochemisch onderzoek en voor het ontdekken van celloze fermentatie
1908 Ernest Rutherford (GB) voor zijn ontdekking dat radioactieve elementen veranderen in andere elementen
1909 Wilhelm Ostwald (Duitsland) voor o.a. werk inzake katalyse en chemisch equilibrium
1910 Otto Wallach (Duitsland) voor werk op het gebied van alicyclische substanties
1911 Marie Curie (Frankrijk) voor het ontdekken van radium en polonium en voor het isoleren van radium en het bestuderen van de onderdelen van radium
1912 François Grignard (Frankrijk) voor het ontdekken van de Grignard-reagent voor het produceren van organische bestanddelen, en Paul Sabatier (Frankrijk) voor zijn methode van het gebruiken van nikkel als een hydrogenatiekatalysator
1913 Alfred Werner (Zwitserland) voor de coördinatietheorie over de rangschikking van atomen
1914 Theodore Richards (VS) voor het bepalen van het atomaire gewicht van vele zaken
1915 Richard Willstatter (Duitsland) voor onderzoek naar chlorophyll en andere kleurstoffen in planten
1916-1917 Geen toekenning
1918 Fritz Haber (Duitsland) voor het Haber-Bosch-proces van het produceren van ammoniak uit stikstof en waterstof
1919 Geen toekenning
1920 Walther Nerst (Duitsland) voor ontdekkingen m.b.t. warmteveranderingen in chemische reacties
1921 Frederick Soddy (GB) voor het bestuderen van radioactieve substanties en isotopen
1922 Francis Aston (GB) voor de constructie van de massaspectrograaf en de ontdekking dat niet-radioactieve elementen isotoop kunnen zijn
1923 Fritz Pregl (Oostenrijk) voor het vinden van een methode om organische substanties te analyseren
1924 Geen toekenning
1925 Richard Zsigmondy (Duitsland) voor de methode van het bestuderen van colloïden
1926 Theodor Svedberg (Zweden) voor zijn werk op het gebied van scheiding van colloïden m.b.v. ultracentrifuge
1927 Heinrich Wieland (Duitsland) voor zijn studie naar de chemische constructie van galzuren
1928 Adolf Windaus (Duitsland) voor zijn studie naar sterolen en verwante stoffen, vitaminen van de D-groep, vitamine B1
1929 Sir Arthur Harden (GB) en Hans August Simon von Euler-Chelpin (Duitsland) voor onderzoek naar suikerfermentatie en enzymen
1930 Hans Fischer (Duitsland) voor zijn studie naar o.a. de kleustof van bloed en bladeren
1931 Carl Bosch en Friedrich Bergius (Duitsland) voor het uitvinden van hogedrukmethoden om ammoniak en kool te produceren
1932 Irving Langmuir (VS) voor ontdekkingen over samenstelling en onderlinge ligging van atomen en moleculen
1933 Geen toekenning
1934 Harold Clayton Urey (VS) voor het ontdekken van deuterium
1935 Frederic en Irene Joliot-Curie (Frankrijk) voor het produceren van nieuwe radioactieve elementen
1936 Peter Debye (Nederland) voor studie aan moleculen, dipole momenten, diffractie en röntgenstralen in gas
1937 Walter Hayworth (GB) voor onderzoek aan koolhydraten en vitamine C, en Paul Karrer (Zwitserland) voor de studie naar carotenoïden, flavon en vitaminen A en B2
1938 Richard Kuhn (Duitsland) voor werk aan carotenoïden en vitaminen (geweigerd)
1939 Adolph Butenandt (Duitsland) voor zijn studie naar geslachtshormonen (geweigerd), en Leopold Ruzicka (Zwitserland) voor zijn werk aan polymethyleen

1940-1942 Geen toekenning
1943 Georg von Hevesy (Hongarije) voor het gebruiken van isotopen als indicatoren in de chemie
1944 Otto Hahn (Duitsland) voor ontdekkingen m.b.t. splitsing
1945 Artturi Virtanen (Finland) voor het uitvinden van nieuwe methoden in biochemisch onderzoek t.b.v. de landbouw
1946 James B. Sumner (VS) voor zijn ontdekking dat enzymen gekristalliseerd kunnen worden, en Wendell M. Stanley en John H. Northrop (VS) voor het prepareren van pure enzymen en virusproteïnen
1947 Sir Robert Robinson (GB) voor onderzoek aan biologisch significante plantsubstanties
1948 Arne Tiselius (Zweden) voor het ontdekken van de samengestelde structuur van eiwitten in bloedplasma
1949 William Francis Giauque (VS) voor het bestuderen van de reacties op extreme koude
1950 Otto Diels en Kurt Alder (Duitsland) voor het ontwikkelen van een methode voo het synthetisch vervaardigen van insecticiden
1951 Edwin M. McMillan en Glenn T. Seaborg (VS) voor het ontdekken van plutonium en andere elementen
1952 Archer Martin en Richard Synge (GB) voor het uitvinden van de verdelingschromatografie
1953 Hermann Staudinger (Duitsland) voor het synthetisch vervaardigen van vezels
1954 Linus Pauling (VS) voor werk op het gebied van de atoombinding
1955 Vincent Du Vigneaud (VS) voor de synthetische bereiding van het hormoon oxytocine
1956 Sir Cyril Hinshelwood (GB) en Nikolai Semenov (USSR) voor werk aan chemische kettingreacties
1957 Lord Todd (GB) voor werk aan de eiwitsamenstelling van cellen
1958 Frederick Sanger (GB) voor het ontdekken van de structuur van het insulinemolecuul
1959 Jaroslav Heyrovsky (Tsjechië) voor de ontdekking van de polarograaf
1960 Willard F. Libby (VS) voor zijn methode om de ouderdom van stoffen van vnl. plantaardige oorsprong m.b.v. C14 vast te stellen
1961 Melvin Calvin (VS) voor onderzoek naar fotosynthese
1962 Sir John Cowdery Kendrew en Max Ferdinand Perutz (GB) voor studie naar de structuur van eiwitten
1963 Giulio Natta (Italië) en Karl Ziegler (Duitsland) voor hun werk op het gebied van de polymerisatie van etheen bij lage drukken
1964 Dorothy Hodgkin (GB) voor röntgenstudies van vitamine B12 en penicilline
1965 Robert Burns Woodward (VS) voor de ontwikkeling van de organische synthesen
1966 Robert S. Mulliken (VS) droeg onder meer bij tot de ontwikkeling van de atoombom
1967 Manfred Eigen (Duitsland), Ronald Norrish en George Porter (GB) voor het ontwikkelen van technieken om snelle chemische reacties te meten
1968 Lars Onsager (VS) voor het ontwikkelen van de theorie van wederzijdse relaties van thermodynamica
1969 Derek Barton (GB) en Odd Hassel (Noorwegen) voor hun studies inzake het 'flexibele molecuul'
1970 Luis Federico Leloir (Argentinië) voor de ontdekking van chemische samenstellingen die de opslag van chemische energie in levende zaken beïnvloeden
1971 Gerhard Herzberg (Canada) voor onderzoek naar de structuur van moleculen, met name vrije radicalen
1972 Christian B. Anfinsen, Stanford Moore en William H. Stein (VS) voor fundamentele bijdragen aan onderzoek naar enzymen
1973 Geoffrey Wilkinson (GB) en Ernst Fischer (Duitsland) voor onderzoekingen naar organometaalverbindingen
1974 Paul John Flory (VS) voor werk inzake polymerisatie
1975 John Warcup Cornforth (geb. Australië) en Vladimir Prelog (Zwitserland) voor werk aan de chemische synthese van organische verbindingen
1976 William Lipscomb jr. (VS) voor onderzoek structuurchemie en de ontdekking van de driecentrumbinding
1977 Ilya Prigogine (België) voor bijdragen aan de thermodynamica
1978 Peter Mitchell (GB) voor de chemiosmotische theorie over het biologische energietransport
1979 Herbert Brown (VS) en George Wittig (Duitsland) voor onderzoek naar organometaalverbindingen
1980 Paul Berg en Walter Gilbert (VS) en Frederick Sanger (GB) voor studie naar de chemische structuur van atoomkernen
1981 Kenichi Fukui (Japanese) en Roald Hoffman (VS) voor het toepassen van de theorie van de quantummechanica om het verloop van chemische reacties te voorspellen
1982 Aaron Klug (geb. Zuid-Afrika) voor o.a. zijn werk met de elektronenmicroscoop
1983 Henry Taube (VS) voor zijn fundamentele werk op het gebied van de anorganische chemie
1984 R. Bruce Merrifield (VS) voor het ontwikkelen van een methode om peptinen te maken
1985 Herbert A. Hauptman en Jerome Karle (VS) voor hun methode om de kristalstructuur van een stof te bepalen
1986 Dudley Herschbach en Yuan Lee (VS) en John Polanyi (Canada) voor hun werk aan chemische reacties
1987 Jean-Marie Lehn (Frankrijk) en Donald Cram en Charles Pederson (VS) voor hun werk aan kunstmatige moleculen
1988 Johann Deisenhofer, Robert Huber en Hartmut Michel (West-Duitsland) voor hun ontdekking van de structuur van proteïnen die essentieel zijn voor de fotosynthese
1989 Sidney Altman en Thomas Cech (VS) voor de ontdekking dat RNA (ribonucleïnezuur) chemische reacties in cellen kan stimuleren
1990 Elias James Corey (VS) voor het kunstmatig dupliceren van natuurlijke stoffen als verbindingen in medicijngebruik
1991 Richard Ernst (Zwitserland) voor verbeteringen in het gebruik van NMR om chemicaliën te analyseren
1992 Rudolph Marcus (VS) voor het analyseren van de transfer van elektronen tussen moleculen
1993 Michael Smith (Canada) en Kary Mullis (VS) voor het ontwikkelen van gentherapie, de opsporing van HIV en de vermeerdering van fossiel DNA
1994 George Olah (VS) voor werk aan koolwaterstofmoleculen
1995 Mario Molina en F. Sherwood Rowland (VS) en Paul Crutzen (Nederland) voor de ontdekking van het 'gat' in de ozonlaag
1996 Richard E. Smalley en Robert Curl jr. (VS) en Sir Harold W. Kroto (GB) voor het ontdekken van de koolstofmoleculen fullerene
1997 Jens Skou (Denemarken) voor het aantonen van het feit dat enzymen de beweging van stoffen door een celmembraan kunnen bevorderen; en John Walker (GB) en Paul Boyer (VS) voor onderzoek naar enzymen die adenosine trifosfaat (ATP) omzetten
1998 Walter Kohn (VS) voor zijn theorie over de dichtheid van stoffen, en John A. Pople (VS) voor het ontwikkelen van rekenmethoden in de quantumchemie

PRIJZEN VOOR FYSIOLOGIE OF GENEESKUNDE

1901 Emil von Behring (Duitsland) voor het ontdekken van het serum tegen difterie
1902 Sir Ronald Ross (GB) voor het ontdekken van de manier waarop malaria wordt ovvergebracht
1903 Niels Ryberg Finsen (Denemarken) voor de behandeling van ziekten, met name lupus vulgaris, met lichttherapie
1904 Ivan Petrovich Pavlov (Russian) voor onderzoek op kliersecretie
1905 Robert Koch (Duitsland) voor onderzoek op tuberculose en de ontdekking van tuberkelbacil en tuberculine
1906 Camillo Golgi (Italië) en Santiago Ramon y Cajal (Spanje) voor onderzoek naar de bouw van het zenuwstelsel
1907 Charles Louis Alphonse Laveran (Frankrijk) voor de studie naar ziekten die worden veroorzaakt door protozoënen
1908 Paul Ehrlich (Duitsland) en Elie Metchnikoff (USSR) voor werk aan immuniteit
1909 Emil Theodor Kocher (Zwitserland) voor werk aan de fysiologie, pathologie en chirurgie van de schildklier
1910 Albrecht Kossel (Duitsland) voor de studie naar eiwitten, nucleïnen en hun splitsingsproducten
1911 Allvar Gullstrand (Zweden) voor de constructie van de spleetlampmicroscoop
1912 Alexis Carrel (Frankrijk) voor onderzoek inzake bloedvatenchirurgie en weefseltransplantatie
1913 Charles Robert Richet (Frankrijk) voor de studie naar allergiën veroorzaakt door vreemde stoffen, zoals hooikoorts
1914 Robert Barany (Oostenrijk) voor onderzoek naar de functie en aandoeningen aan het evenwichtsorganen in het middenoor
1915-18 Geen toekenning
1919 Jules Bordet (België) voor ontdekkingen over immuniteit
1920 August Krogh (Denemarken) voor onderzoek aan de fysiologie van de haarvaten
1921 Geen toekenning
1922 Archibald Hill (GB) voor de ontdekking van warmteproductie in de spieren; en Otto Meyerhof (Duitsland) voor onderzoek naar de productie van melkzuur in de spieren
1923 Sir Frederick Banting (Canada) en John Macleod (Schotland) voor de ontdekking van insuline
1924 Willem Einthoven (Nederland) voor de ontdekking van de werking van elektrocardiografie
1925 Geen toekenning
1926 Johannes Fibiger (Denemarken) voor de ontdekking van de parasiet die kanker veroorzaakt
1927 Julius Wagner von Jauregg (Oostenrijk) voor de behandeling van progressieve paralyse door kunstmatig opgewekte malaria
1928 Charles Nicolle (Frankrijk) voor onderzoek naar tyfus
1929 Christian Eijkman (Nederland) voor het ontdekken van vitaminen die beriberi voorkomen, en Sir Frederick Hopkins (GB) voor het ontdekken van vitaminen die de groei stimuleren
1930 Karl Landsteiner (VS) voor het identificeren van de menselijke bloedgroepen
1931 Otto Warburg (Duitsland) voor zijn ontdekking dat enzymen de ademhaling van weefsel bevorderen
1932 Edgar Adrian en Sir Charles Sherrington (GB) voor ontdekkingen over de functie van neuronen
1933 Thomas Morgan (VS) voor zijn onderzoek naar de rol van chromosomen in erfelijkheid
1934 George Minot, William Murphy en George Whipple (VS) voor hun ontdekking dat rauwe lever een therapie voor pernicieuze anemie is
1935 Hans Spemann (Duitsland) voor onderzoek op het gebied van ontwikkelingsmechanica of experimentele embryologie
1936 Sir Henry Dale (GB) en Otto Loewi (Oostenrijk) voor hun ontdekking dat prikkels van het autonome zenuwstelsel worden overgebracht op spieren door chemische stoffen
1937 Albert Szent-Gyorgyi (Hongarije) voor werk m.b.t. oxidatie in o.a. weefsel, vitamine C
1938 Corneille Heymans (België) voor ontdekkingen op het gebied van de regulatie van de ademhaling
1939 Gerhard Domagk (Duitsland) voor het ontdekken van Prontosil (geweigerd)
1940-1942 Geen toekenning
1943 Henrik Dam (Denemarken) voor het ontdekken van vitamine K, en Edward Doisy (VS) voor het produceren ervan
1944 Joseph Erlanger en Herbert Gasser (VS) voor werk m.b.t. potentiaalverschillen van zenuwen
1945 Alexander Fleming (GB) voor de

De Braziliaan Ayrton Senna werd driemaal wereldkampioen.

ontdekking van penicilline, en Howard Florey en Ernst Chain (GB) voor het ontwikkelen van het gebruik als antibioticum
1946 Hermann Joseph Muller (VS) voor het ontdekken dat röntgenstralen mutaties kunnen veroorzaken
1947 Carl en Gerty Cori (VS) voor hun werk m.b.t. insuline, en Bernardo Houssay (Argentinië) voor zijn studie naar de alvleesklier en de hypofyse
1948 Paul Muller (Zwitserland) voor het ontdekken van de insectendodende eigenschappen van DDT
1949 Walter Hess (Zwitserland) voor het ontdekken van hoe bepaalde delen van de hersenen organen controleren, en Antonio Moniz (Portugal) voor het gebruik van prefrontale lobotomie
1950 Philip S. Hench, Edward C. Kendall (VS) en Tadeus Reichstein (Zwitserland) voor ontdekkingen m.b.t. cortison en ACTH
1951 Max Theiler (geb. Zuid-Afrika) voor het ontwikkelen van het gele-koortsvaccin 17D
1952 Selman A. Waksman (VS) voor zijn bijdrage aan de ontdekking van streptomycine
1953 Fritz Albert Lipmann (VS) en Hans Adolf Krebs (GB) voor ontdekkingen in de biosynthese en de stofwisseling
1954 John F. Enders, Thomas H. Weller en Frederick C. Robbins (VS) voor het ontdekken van een eenvoudige methode om het poliovirus in reageerbuisjes te kweken
1955 Hugo Theorell (Zweden) voor ontdekkingen m.b.t. de aard en het gedrag van oxidatieenzymen
1956 Andre F. Cournand, Dickinson W. Richards jr. (VS) en Werner Voorssmann (Duitsland) voor het verbeteren van de hartcatheterisatie
1957 Daniel Bovet (Italië) voor het ontdekken van antihistaminen
1958 George Wells Beadle en Edward Lawrie Tatum (VS) voor onderzoek naar de gentekens, en Joshua Lederberg (VS) voor studies naar genetica in bacteriën
1959 Severo Ochoa en Arthur Kornberg (VS) voor onderzoek naar metabolisme van de cellen annex kwaadaardige weefselwoekeringen
1960 Macfarlane Burnet (Australië) en Peter Medawar (GB) voor onderzoek m.b.t. orgaantransplantatie
1961 Georg von Bekesy (VS) voor het aantonen van hoe het oor verschillende geluiden kan onderscheiden
1962 James Watson (VS) en Francis Crick en Maurice Wilkins (GB) voor hun werk met nucleïnezuur
1963 Sir John Carew Eccles (Australië) voor zijn onderzoek naar de transmissie van zenuwprikkels, en Alan Lloyd Hodgkin (GB) en Andrew Fielding Huxley (GB) voor hun beschrijving van het gedrag van zenuwprikkels
1964 Konrad E. Bloch (VS) en Feodor Lynen (Duitsland) voor hun werk m.b.t. cholesterol en vetzuren
1965 François Jacob, André Lwoff and Jacques Monod (Frankrijk) voor hun ontdekkingen m.b.t. de genetische controle van enzymen en virussynthese
1966 Francis Peyton Rous (VS) voor het ontdekken van een kankermakend virus, en Charles B Huggins (VS) voor het ontdekken van toepassen van hormonen in de behandeling van kanker
1967 Ragnar Granit (Zweden) en H. Keffer Hartline en George Wald (VS) voor hun werk m.b.t. chemische en fysiologische processen in het oog
1968 Robert W. Holley, H. Gobind Khorana en Marshall W. Nirenberg (VS) voor hun uitleg over de manier waarop genen de functie van cellen bepalen
1969 Max Delbruck, Alfred Hershey en Salvador Luria (VS) voor werk m.b.t. bacteriële genetica
1970 Julius Axelrod (VS), Bernard Katz (GB) en Ulf Svante von Euler (Zweden) voor de ontdekking van de rol van bepaalde chemicaliën in de transmissie van zenuwprikkels
1971 Earl W. Sutherland jr. (VS) voor onderzoek naar hormonen en de ontdekking van de werking van adenosinemonofosfaat
1972 Gerald M. Edelman (VS) en Rodney Porter (GB) voor het ontdekken van de chemische structuur van antilichamen
1973 Nikolaas Tinbergen (Nederland) en Konrad Lorenz en Karl von Frisch (Oostenrijk) voor hun studie naar diergedrag
1974 Christian de Duve (België) en Albert Claude en George E. Palade (VS) voor hun werk op het gebied van de celbiologie
1975 David Baltimore, Renato Dulbecco en Howard M. Temin (VS) voor onderzoek naar de manier waarop bepaalde virussen de genen van kankercellen aantasten
1976 Baruch S. Blumberg en D. Carleton Gajdusek (VS) voor hun ontdekking m.b.t. de oorsprong en verspreiding van besmettelijke ziekten
1977 Roger Guillemin, Andrew Schally en Rosalyn Yalow (VS) voor onderzoek naar hormonen
1978 Werner Arber (Zwitserland) en Daniel Nathans en Hamilton O. Smith (VS) voor de ontdekkingen m.b.t. moleculaire genetica
1979 Allan Macleod Cormack (VS) en Godfrey Newbold Hounsfield (GB) voor bijdragen aan de ontwikkeling van de CT-scanner
1980 Baruj Benacerraf en George D. Snell (VS) en Jean Dausset (Frankrijk) voor ontdekkingen over de genetische regulatie van het immuunsysteem
1981 Roger W. Sperry en David H. Hubel (VS) en Torsten Wiesel (Zweden) voor onderzoek naar de opbouw en het functioneren van de hersenen
1982 Sune Bergstrom en Bengt Samuelsson (Zweden) en John Vane (GB) voor onderzoek naar prostaglandines en verwante stoffen
1983 Barbara McClintock (VS) voor de ontdekking dat genen in cellen zich soms onverwacht gedragen
1984 Niels Jerne (GB), Georges Kohler (Duitsland) en Cesar Milstein (Argentinië) voor ontdekkingen op het gebied van de immunologie
1985 Michael S. Brown en Joseph L. Goldstein (VS) voor onderzoek naar de (ont)regeling van de cholesterolhuishouding
1986 Stanley Cohen (VS) en Rita Levi-Montalcini (geb. Italië) voor onderzoek naar cellen en orgaangroei
1987 Susumu Tonegawa (Japan) voor onderzoek naar de genetische basis van antistofdiversiteit
1988 Gertrude B. Elion en George H. Hitchings (VS) en Sir James Black (GB) voor ontdekkingen van de belangrijkste principes van medicijngebruik
1989 J. Michael Bishop en Harold E. Varmus (VS) voor onderzoek naar het ontstaan van goedaardige gezwellen
1990 Joseph E. Murray en E. Donnall Thomas (VS) voor hun werk op het gebied van immuunsystemen
1991 Erwin Neher en Bert Sakmann (Duitsland) voor het ontdekken van de manier waarop cellen met elkaar communiceren
1992 Edmond Fischer en Edwin Krebs (VS) voor hun onderzoek naar de chemische processen in cellen bij kanker en het afstoten van getransplanteerde organen
1993 Richard Roberts (geb. GB) en Phillip Sharp (VS) voor hun ontdekking van gespleten genen
1994 Alfred Gilman en Martin Rodbell (VS) voor hun ontdekking van het G-eiwit
1995 Edward B. Lewis en Eric Wieschaus (VS) en Christiane Nuesslein-Volhard (Duitsland) voor hun onderzoek naar de manier waarop genen de vroege ontwikkeling van embryo's bepalen
1996 Peter C. Doherty (Australië) en Rolf M. Zinkernagel (Zwitserland) voor hun ontdekking van de 'MHC-restrictie'
1997 Stanley Prusiner (VS) voor zijn priontheorie
1998 Robert F. Furchgott, Louis J. Ignarro en Ferid Murad (VS) voor ontdekkingen van de signaalfunctie van stikstofmonoxide in de bloedbaan

Het Olympisch stadion in Londen, 1948.

Franklin Delano Roosevelt, president van de VS van 1933–1945.

INTERNATIONALE SPORTEN

Voetbal, Formule 1 en de Olympische Spelen zijn werkelijk internationale sporten. Het volgende overzicht noemt de landen en personen die in de 20e eeuw een rol van belang hebben gespeeld.

FINALES WK-VOETBAL

JAAR	PLAATS
1930	**Montevideo**
Uruguay-Argentinië 4-2	
1934	**Rome**
Italië-Tsjechoslowakije 2-1	
1938	**Parijs**
Italië-Hongarije 4-2	
1950	**Rio de Janeiro**
Uruguay-Brazilië 2-1	
1954	**Bern**
West-Duitsland-Hongarije 3-2	
1958	**Stockholm**
Brazilië-Zweden 5-2	
1962	**Santiago**
Brazilië-Tsjechoslowakije 3-1	
1966	**Londen**
Engeland-West-Duitsland 4-2	
1970	**Mexico-Stad**
Brazilië-Italië 4-1	
1974	**München**
West-Duitsland-Nederland 2-1	
1978	**Buenos Aires**
Argentinië-Nederland 3-1	
1982	**Madrid**
Italië-West-Duitsland 3-1	
1986	**Mexico-Stad**
Argentinië-West-Duitsland 3-2	
1990	**Rome**
West-Duitsland-Argentinië 1-0	
***1994**	**Pasadena**
Brazilië-Italië 0-0	
1998	**Parijs**
Frankrijk-Brazilië 3-0	

* Brazilië wint na strafschoppen, 3-2

WINNAARS FORMULE-1

JAAR	WERELDKAMPIOEN	NATIONALITEIT
1951	Juan Fangio	Argentinië
1952	Alberto Ascari	Italië
1953	Alberto Ascar	Italië
1954	Juan Fangio	Argentinië
1955	Juan Fangio	Argentinië
1956	Juan Fangio	Argentinië
1957	Juan Fangio	Argentinië
1958	Mike Hawthorn	GB
1959	Jack Brabham	Australië
1960	Jack Brabham	Australië
1961	Phil Hill	VS
1962	Graham Hill	GB
1963	Jim Clark	GB
1964	John Surtees	GB
1965	Jim Clark	GB
1966	Jack Brabham	Australië
1967	Denis Hulme	NZ
1968	Graham Hill	GB
1969	Jackie Stewart	GB
1970	Jochen Rindt	Oostenrijk
1971	Jackie Stewart	GB
1972	Emerson Fittipaldi	Brazilië
1973	Jackie Stewart	GB
1974	Emerson Fittipaldi	Brazilië
1975	Niki Lauda	Oostenrijk
1976	James Hunt	GB
1977	Niki Lauda	Oostenrijk
1978	Mario Andretti	VS
1979	Jody Scheckter	Zuid-Afrika
1980	Alan Jones	Australië
1981	Nelson Piquet	Brazilië
1982	Keke Rosberg	Finland
1983	Nelson Piquet	Brazilië
1984	Niki Lauda	Oostenrijk
1985	Alain Prost	Frankrijk
1986	Alain Prost	Frankrijk
1987	Nelson Piquet	Brazilië
1988	Ayrton Senna	Brazilië
1989	Alain Prost	Frankrijk
1990	Ayrton Senna	Brazilië
1991	Ayrton Senna	Brazilië
1992	Nigel Mansell	GB
1993	Alain Prost	Frankrijk
1994	Michael Schumacher	Duitsland
1995	Michael Schumacher	Duitsland
1996	Damon Hill	GB
1997	Jacques Villeneuve	Canada
1998	Mika Hakkinen	Finland

ORGANISATOREN VAN OLYMPISCHE SPELEN

1900 ZOMER Parijs, Frankrijk
WINTER *Niet gehouden*
1904 ZOMER St. Louis, VS
WINTER *Niet gehouden*
1908 ZOMER Londen, Engeland
WINTER *Niet gehouden*
1912 ZOMER Stockholm, Zweden
WINTER *Niet gehouden*
1916 ZOMER *Niet gehouden*
WINTER *Niet gehouden*
1920 ZOMER Antwerpen, België
WINTER *Niet gehouden*
1924 ZOMER Parijs, Frankrijk
WINTER Chamonix, Frankrijk
1928 ZOMER Amsterdam, Nederland
WINTER St. Moritz, Zwitserland
1932 ZOMER Los Angeles, VS
WINTER Lake Placid, VS
1936 ZOMER Berlijn, Duitsland
WINTER Garmisch-Partenkirchen, Duitsland
1940 ZOMER *Niet gehouden*
WINTER *Niet gehouden*
1944 ZOMER *Niet gehouden*
WINTER *Niet gehouden*
1948 ZOMER Londen, Engeland
WINTER St Moritz, Zwitserland
1952 ZOMER Helsinki, Finland
WINTER Oslo, Noorwegen
1956 ZOMER Melbourne, Australië
WINTER Cortina, Italië
1960 ZOMER Rome, Italië
WINTER Squaw Valley, VS
1964 ZOMER Tokyo, Japan
WINTER Innsbruck, Oostenrijk
1968 ZOMER Mexico-Stad, Mexico
WINTER Grenoble, Frankrijk
1972 ZOMER München, Duitsland
WINTER Sapporo, Japan
1976 ZOMER Montreal, Canada
WINTER Innsbruck, Oostenrijk
1980 ZOMER Moskou, USSR
WINTER Lake Placid, VS
1984 ZOMER Los Angeles, VS
WINTER Sarajevo, Joegoslavië
1988 ZOMER Seoul, Zuid-Korea
WINTER Calgary, Canada
1992 ZOMER Barcelona, Spanje
WINTER Albertville, Frankrijk
1994 WINTER Lillehammer, Noorwegen
1996 ZOMER Atlanta, VS
1998 WINTER Nagano, Japan
2000 ZOMER Sydney, Australië

WESTERSE LEIDERS

De president van de VS is niet alleen de leider van zijn eigen land, maar tevens een hoofdrolspeler op het wereldtoneel. Hieronder volgt een overzicht van de mannen (toch nog toe waren het alleen maar mannen) van de leiders van de westerse wereld.

AMERIKAANSE PRESIDENTEN

1897-1901 president William McKinley *republikein*
1897-1899 vice-president Garret A. Hobart; 1901 vice-president Theodore Roosevelt
1901-1909 president Theodore Roosevelt, *republikein*
1905–1909 vice-president Charles W. Fairbanks
1909–1913 president William Howard Taft, *republikein*
1909-1912 vice-president James S. Sherman
1913-1921 1909-1913 president William Howard Taft, republikein
1913-1921 vice-president Thomas R. Marshall
1921-1923 president Warren Gamaliel Harding, *republikein*
1921-1923 vice-president Calvin Coolidge
1923-1929 president Calvin Coolidge, *republikein*
1925-1929 vice-president Charles G. Dawes
1929-1933 president Herbert Clark Hoover, *republikein*
1929-1933 vice-president Charles Curtis
1933-1945 president Franklin Delano Roosevelt, *democraat*
1933-1941 vice-president John N. Garner; 1941-1945 vice-president Henry A. Wallace; 1945 vice-president Harry S. Truman
1945-1953 president Harry S. Truman, *democraat*
1949-1953 vice-president Alben W. Barkley
1953-1961 president Dwight David Eisenhower, *republikein*
1953-1961 vice-president Richard M. Nixon
1961-1963 president John Fitzgerald Kennedy, *democraat*
1961-1963 vice-president Lyndon Baines Johnson
1963-1969 president Lyndon Baines Johnson, *democraat*
1965-1969 vice-president Hubert H. Humphrey
1969-1974 president Richard Milhous Nixon, *republikein*
1969-1973 vice-president Spiro T. Agnew; 1973-1974 vice-president Gerald R. Ford
1974-1977 president Gerald Rudolph Ford, *republikein*
1974-1977 vice-president Nelson A. Rockefeller
1977-1981 president Jimmy (James Earl) Carter, *democraat*
1977-1981 vice-president Walter F. Mondale
1981-1989 president Ronald Reagan, *republikein*
1981-1989 vice-president George Bush
1989-1993 president George Bush, *republikein*
1989-1993 vice-president Dan Quayle
1993- president Bill Clinton, *democraat*
1993- vice-president Al Gore

Bill Clinton in 1996, voor de tweede maal gekozen als president.

A

B

C

F

G

H

I

J

K

L

M

N

Q

R

S

T

U

V

W

X

Y

Z

De uitgever dankt de volgende personen en instellingen voor hun bijdragen aan deze uitgave:

Acme/The National Archives, Washington, DC
Allegheny Conference
Alyeska Pipeline Service Company
American Film Institute
American Telephone and Telegraph Company
Arabian American Oil Company
ARL Archive, VS
Bell Telephone Laboratory
Boeing Corporation
Brookhaven National Laboratory, VS
Bureau of Reclamation, VS
Carl Byoir and Associates
CBS
Centre of US-China Art Exchange
Communications Media US AID
Daytona International Speedway
Defense Advanced Research Project Agency, VS
Defense Department Photos (Marine Corps), VS
Du Pont Style News Service
Eastfoto
EPA Docuamerica/Charles O'Rear/Blair Pittman/Bob Smith/Bruce McAllister
Ezra Stroller Associates/TNA
Fairchild Camera and Instrument Corp
General Dynamics
George Bush Presidential Library
Heritage Picture Collection, UK
Hollywood Studios Photo
Howard Bingham
Howard Harrison
International News/TNA
IPS/TNA
J Baker Collection, UK
Jack M Judge
Laurence Lowry
Lick Observatory
Lockheed Corporation
Martin Luther King Memorial Bibliotheek, Washington DC, VS
Maynard Lee/Cleveland Clinic Foundation
Metro Opera, Press Department
Ministerie van Defensie, VS
Ministerie van Milieuzaken, VS
Ministerie van Waterstaat, VS
Mobile Oil Corporation
NASA
National Science Foundation, VS
NCAR Photo
New York Times Overseas Photo/TNA
Newsfeatures/TNA
North American Aviation Inc
Paramount Pictures
Pinto/TNA
Redwood Empire Association
Shell Oil
Smithsonian Institution
Sovfoto
Senaatsbibliotheek, Washington DC, VS
Steven Spielberg/USIA
Tennessee Eastman Corp
Texas Highway Department
The Domei News Photo Service
The Illustrated London News Picture Library
The National Archives (TNA), Washington DC, VS
Topham Picturepoint, UK
UNHCR/R Le Moyne; L Senigalliese; P Moumtzis; E Dagnino
United States Army Photographic Agency
Universal Pictures
UPI/TNA
US Army Air Force
US Coast Guard
US Naval Photographic Center
US Navy
US Travel Service
USIA
USIS
USSR Academy of Science
Verenigde Naties
Waldes-Kohinoor, Inc
Washington Star Photographic Collection, Washington Post
Wereldbank
Wereld Voedselorganisatie
Wide World/TNA
Witte Huis, VS
Woods Hole Oceanographic Institution